KB060595

근대 신청년과
신문화운동

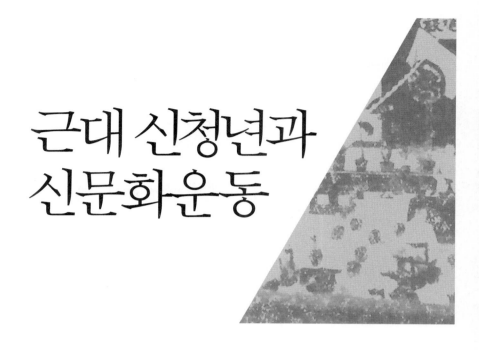

근대 신청년과
신문화운동

성 주 현 지음 ——————————————— 천도교 청년
신문화운동 전개하다

도서
출판 모시는사람들

한국근대사와 천도교의 관계는 한마디로 정의하기가 쉽지 않다. 처음에는 단순히 동학에서 천도교로 이어지면서 적지 않은 관련이 있을 것으로만 생각하였다. 그렇지만 연구를 시작하면서 한국근대사와 천도교는 떼려야 뗄 수 없는, 그런 관계임을 확인할 수 있었다. 그만큼 천도교가 한국근대사에 미치는 영향이 지대했다.

동학(東學)에서 출발한 천도교는 일제강점기 최대의 종교단체로서 3·1운동을 비롯하여 1920년대 문화운동, 어린이운동, 조선농민사의 농민운동 등 다양한 방면에서 민족운동과 사회운동을 주도하였다. 그러나 해방 이후 분단과 함께 쇠락하기 시작한 천도교는 오늘날, 과거의 틀을 벗어나지 못하고 사회의 주류에서 밀려나 변방을 맴돌고 있다. 안타까운 마음이다.

3대째 천도교 집안에서 태어나 지금까지 살아오면서, 늘 마음의 안정을 주고 당당하게 학문의 길을 갈 수 있도록 밑바탕이 되어준 천도교에 늘 감사하고 있다. 초등학교를 들어가기 전부터 아버지 손에 잡고 한가로운 길을 따라 교당으로 가던 시절이 머리에서 지워지지 않는다. 그렇다고 전혀 불만이 없었던 것은 아니다. 초등학교 시절 학교에서 종교인을 조사할 때 천도교인 손들라고 하면 괜히 쑥스러워한 적이 여러 번 있었다. 한 반에 한 명 정도 있을까 말까 하는 상황에서 손을 불쑥 든다는 것 자체가 커밍아웃을 하는 것과 마찬가지의 심정이었다. 이는 지금도 여전하다. 더욱이 동학과 천도교 연구자의 길에 가고 있는 처지에 심정이 더욱 복잡미묘하다. 언젠가 한 모임에서 천도교를 신앙한다고 하였을 때 마치 비밀결사나 사이비종교와 같이 인식하는 경우도 없지 않았다. 그만큼 천도교에 대한 사회적 인식이 부정확하거나 잊혀져 가고 있다. 이 모든 것이 천도교의 세력이 현저히 약화되었기 때문일 것이다.

그렇지만 동학과 천도교를 연구하면서 뿌듯한 마음도 없지 않았다. 자료를 찾아내고 분석하면서 느끼는 감정은 마치 숨겨진 보물을 찾아내는 심정이었다. 처음 한 학회에서 천도교 관련 논문을 발표하던 그때를 잊을 수 없다. 지금이야 회상을 하고 있지만, 발표가 끝나는 순간까지 긴장과 불안했던 심정은 늘 연구에 대한 애정을 갖게 한다. 마흔을 넘겨서 연구자의 길에 들어서는 것은 무모한 도전이기도 하였지만, 마음 한가운데는 가야 할 길을 간다는 결의가 충만해 있었다.

요즘 들어 천도교 내지 민족운동 등과 관련된 강연을 하는 경우가 적지 않은데, 그때마다 먼저 천도교인이라는 것을 밝히고 있다. 그래야만 홀가분한 마음이 들고 연구자로서 떳떳한 자세이기 때문이다. 최근 한 방송사에서 '녹두꽃'이라는 드라마를 방영하고 있다. 다행히 시청률이 비교적 높아 그나마 마음이 위안을 받고 있다.

이 책은 필자의 박사학위논문을 토대로 재구성하였다. 학위논문 주제인 '천도교청년당'은 일제강점기 최대의 청년단체로 민족운동과 사회운동을 이끌어갔다. 무엇보다도 '민족운동의 중심세력'이라는 자부심으로 무장하고 민족운동 중심에 서고자 하였다. 사회주의 세력과 때로는 대립하기도 하고 때로는 서로 협력하면서 근대 한국사회를 이끌어나갔다.

천도교청년당이라는 거대한 역사의 줄기를 연구하면서 천도교인이라는 정체성을 버릴 수는 없지만, 그렇기에 더욱 객관적으로 논지를 전개하고자 하였다. 1919년 9월 2일 창립된 천도교청년교리강연부는 천도교청년회-천도교청년당과 천도교청년동맹-천도교청우당-천도교청년당과 천도교청년동맹 등으로 명칭을 변경하며 활동하다가 1939년 해체되었다. 천도교의 대표적 단체인 천도교청년당은 천도교 이념에 입각한 전위단체로서 천도교가 추구하는 민족적 민주적 사회를 만들려고 노력하였다. 이에 대해 통사적으로 분석하였음을 밝혀두고자 한다.

그리고 보론으로 〈해방 후 천도교청우당의 부활과 활동〉을 추가하였다. 천도교청우당은 천도교청년당이 천도교청년당(신파)과 천도교청년동맹(구파)으로 분화하였다가 1931년 통합하면서 채택한 명칭으로 약 1년간 유지되다가 다시 천도교청년당과 천도교청년동맹으로 그 이름이 분화되었다. 천도교청우당이라는 이름으로 활동한 기간은 1년여에 불과하지만 천도교청년운동의 상징으로 인식되었다. 해방 후 부활된 천도교청우당은 우익보다는 좌익계와 연대하여 활동하였으며, '조선적 민주주의'를 표방하였다.

학위논문을 준비하면서 처음에는 많은 구상을 하였지만 집필 과정에서 많은 부분이 정제되었다. 학위취득 이후 곧바로 학위논문만을 책으로 출간하려고 하였지만 아쉬운 부분이 많았다. 여러 번 고민을 하다가 처음에 준비하였던 부분을 포함하는 것이 좋지 않을까 판단하였다. 그러다 보니 학위를 받은 지 10년이 훌쩍 지나 버렸다. 늦게나마 이 책을 출간하게 됨을 감사드린다. 이 책을 내기까지 많은 분들의 도움이 있었다. 지금은 작고하신 정창렬 선생님, 학위 지도교수인 박찬승 선생님, 입학 초기 지도교수였던 이완재 선생님, 공부의 깊이를 가르쳐 주신 이석규 선생님, 대학원 시절 많은 가르침을 주신 신성곤, 김현식 선생님께 깊이 감사드린다. 그리고 부족한 글에 심사하고 조언을 해주신 박환, 이준식 선생님께도 감사드린다. 아울러 필자에게 논문을 발표할 기회를 주었던 한국민족운동사학회와 독립기념관 한국독립운동사연구소에도 감사를 표한다. 뿐만 아니라 함께 연구자의 길을 갈 수 있도록 도움을 준 많은 분에게도 감사드린다.

필자에게 천도교를 연구할 수 있도록 정신적 지주로서 늘 마음의 빛을 주신 부모님과 장인·장모님, 그리고 연구자이 길을 갈수 있도록 지원해준 내수도 김양주 선생님에게 고마움을 표한다. 특히 지금은 이 세상에서 함께할 수 없는 아버지와 장모님께 깊은 감사를 드린다. 지금은 동학(同學)의 길을 함께하는 딸 지윤, 이제 막 군에서 제대하고 자신의 길을 찾아가는 아들 치헌에게 이 책이 조금이나마 도움이 되기를 기대한다. 또한 동학(同學)의 길을 함께 하면서 많은 도움을 주고 있는 동생 성강현 선생과 재민, 도현, 인순에게도 고마움을 표한다.

끝으로 이 책을 출판하기 위해 오랫동안 기다리며 편집과 교정을 해 준 도서출판 모시는사람들의 박길수 대표님과 편집을 맡아준 분에게도 깊은 감사를 표한다.

3·1운동 1백주년과 천도교청년회
창립 1백주년을 맞이하는 2019년 9월
아산 염치의 한적한 집에서 성주현 심고

근대 신청년과 신문화운동

제1장 ————————————— 서론

19세기 말부터 20세기에 이르는 시기의 우리 역사는 일본 제국주의의 침략과 식민지 지배로부터 벗어나 자주화와 근대화를 기반으로 하는 민족국가를 건설해야 한다는 시대적 과제를 안고 있었다. 이러한 시대적 과제에 응하여 우리 민족은 개항 이후 근대 민족국가 건설 운동, 일제하 민족해방운동과 신국가 건설 운동을 지속적으로 전개해 왔다.[1]

　이러한 일련의 민족국가 형성 과정에 다양한 세력들이 참여하였고, 이들 세력 중 청년운동 세력의 역할 또한 작지 않았다. 청년단체의 조직과 이를 통한 청년운동이 본격화된 시기는 3·1운동 이후였다. 3·1운동 과정에서 청년들은 초기 단계서부터 3·1운동의 이념을 선전하고 운동을 전국적으로 확산시키는 데 이바지했을 뿐만 아니라 지방에서는 만세시위를 촉발시키는 계기를 마련하기도 하였다. 그리고 3·1운동을 통해 민족의식이 급격히 성장한 청년층은 다양한 청년운동단체를 조직하면서 민족운동에 적극 참여하였다. 3·1운동 이후 일제의 식민지 지배 정책은 본질적으로는 변화가 없었지만, 무단정치에서 이른바 문화정치로 기조가 바뀌면서 제한적이나마 언론과 집회의 자유가 허용되었다. 이러한 정책의 전환으로 1910년대 무단통치하에서 불가능하였던 다양한 단체의 결성이 가능해진 것이다. 그중 대표적인 것이 청년운동단체들이었다. 당시 청년들의 활동은 "남북의 구별이 없고 동서의 우열이 없어 다같이 어떤 동일한 동기(動機)하에서 공전의 신 활동을 개시"한다고 묘사할 정도로 활발하게 전개되었다.[2] 또한 청년들의 활동은 주로 구문화의 폐해를 비판하고 신문화의 수용과 신사상의 향상 주장하며, 신도덕의 수립을 추구하는 것 등이 그 내용이다.[3] 이러한 활동을 하는 청년들에 대한 일반적인 평가는 '청년은 사회의 중견(中堅)'[4]이라는 것이었다. 그만큼 청년은 조선민족과 사회의 운명 그 자체와 동일시되어 항상 조선민족과 사회에 대한 책임이 강조되었다.[5]

3·1운동 이후 창립되기 시작한 청년단체는 1920년대 초반 집중적으로 조직되었는데, 군 단위뿐만 아니라 읍·면 단위까지 조직되었다. 종교계 청년단체를 포함하여 설립된 청년단체가 1920년에 350여 개, 1921년에는 670여 개, 그리고 1922년에는 무려 760여 개에 이르렀다.[6] 이중 종교계 청년단체는 1920년에는 98개에 불과하였으나 1922년에는 271개가 조직되었다. 이처럼 종교계 청년단체가 급성장한 것은 3·1운동 이후 미래에 대한 전망을 종교적인 방편에 의탁하거나 종교를 통한 사회개혁에 참여하고자 하는 심리가 증대되었기 때문이었다.

이 시기의 청년단체는 일반 청년단체, 종교계 청년단체, 여성 청년단체, 그리고 일제의 지배 정책에 의해 조직된 관변 청년단체로 구분할 수 있다. 종교계 청년단체는 초기에는 민족주의와 실력 양성 운동 활동을 매개로 일반 청년단체와 공동 보조를 취하였다. 일제강점기 주요 종교단체는 천도교, 기독교, 불교였다. 이들 종교단체는 본연의 종교 활동뿐만 아니라 민족운동 또는 사회운동에 적극 참여하였다. 여기에는 교단이 나름대로 그 역할을 하였지만 그 핵심적 역할은 청년단체의 몫이었다. 기독교 계통의 청년단체로서는 연합체적인 조직으로 장로교 계통의 엡윗청년회, 감리교 계통의 면려청년회, 그리고 국제 YMCA의 지부로서 조직된 기독교청년회 등이 지역별로 또는 연합회를 조직하여 활동하였다. 불교는 조선불교청년회, 조선불교유신회, 조선불교청년총동맹 등을 조직하여 민족운동 또는 사회운동에 참여하였다.

당시 이른바 '3백만 교단'으로 불렸던 천도교에서도 청년들이 중심이 되어 청년단체를 조직하였다. 3·1운동으로 교단의 중앙 교역자뿐만 아니라 지방의 주요 교역자들이 대부분 일제에 구속되거나 이를 피하기 위해 은신함에 따라 청년들은 자연히 교단의 중추적 역할을 맡게 되었고, 그리고 교단의 미래를 책임지지 않으면 안 될 상황이 되었다. 이에 천도교청년들은 교단의 장래를 새로이 기약하기 위하여 청년단체를 조직하게 되었다. 천도교 청년단체는 1919년 9월 2일 우리나라 "청년운동단체로서의 효시"[7]라 할 수 있는 천도교청년교리강연부가 창립된 후 천도교청년회, 천도교유신청년회, 천도교청년당, 천도교청년동맹, 천도교청우당 등으로 시대적 상황에 따라 분화와 통합을 거듭하면서 1930년대 후반까지 그 활동을 유지하였다.

천도교 청년단체[8] 중 처음으로 조직된 천도교청년교리강연부(이하 교리강연부)는 1919년 9월 2일 창립되어 8개월 동안 유지되었다. 교리강연부는 천도교의 지방 조직, 즉 지방교구가 있는 곳을 중심으로 지부를 설립해 나갔지만 곧 조직체를 천도교청년회로 개편하였다. 천도교청년회(이하 청년회)[9]는 교리강연부 조직의 개편으로 1920년 4월 25일 설립되었다. 청년회는 전국적으로 120여 개의 지방 조직-지회를 설립하면서 조직 확대를 위한 포교 활동을 전개했을 뿐만 아니라 종합월간지 『개벽』 발행 등의 문화운동과 '어린이의 날' 제정 등의 소년운동을 전개하였다. 그러나 1920년대 중반 들어 사회주의 계열 청년단체들이 전조선청년당대회를 개최하면서 연합 조직체의 결성을 도모해 나가자 천도교청년회는 이에 대응하여 '민족운동중심단체론'을 제기하면서 기존 조직의 발전적 해체를 통해 천도교청년당(이하 청년당)[10]으로 재출범하였다. 청년회의 조직을 그대로 이어받은 청년당은 중앙뿐만 아니라 지방조직-지방부를 강화하는 한편 천도교의 전위조직으로서 사회운동 내지 민족운동의 중심 세력으로 부상하고자 하였다. 그러나 1925년부터 시작된 교단의 분규로 인해 청년당은 신파의 천도교청년당과 구파의 천도교청년동맹(이하 청년동맹)[11]으로 각각 분화되었다. 이후 신파의 청년당은 '민족운동중심세력론'에 입각하여 유소년부, 학생부, 청년부, 여성부, 농민부, 노동부, 상민부 등 7개 부문 운동과 이를 기반으로 천도교소년회, 천도교학생회, 천도교사월회(천도교청년회), 천도교내성단, 조선농민사, 조선노동사 등 부문단체를 설립하였다. 이에 비해 구파의 청년동맹은 '민족운동연합전선론'에 따라 신간회본부 결성뿐만 아니라 지회 설립에도 적극적으로 참여하였다. 청년당과 청년동맹은 각각의 운동 노선에 따라 활동하던 중 1930년 12월 교단이 통합함에 따라 1931년 2월 천도교청우당(이하 청우당)으로 통합되었다. 그렇지만 1932년 4월 교단이 재차 분화되자 청우당도 청년당과 청년동맹으로 재분화되어 독자적으로 활동하다가 1939년 4월 전시체제기에 이르러 해체되었다.[12]

이러한 조직의 변화를 거치는 동안 다양한 활동을 통해 천도교 청년단체는 민족운동을 활발히 전개하였다. 청년회 시기 제기되었던 '민족운동중심세력' 및 '민족적 중심단체'의 논리는 청년당으로 이어졌다. 이에 따라 청년당은 민족운동 세력 내에서 독자적인 영역을 확보하고자 하였다.

일제강점기에 천도교는 민족운동의 전환기마다 그 중심에 있었거나 아니면 그 '전선'이 갈리는 경계선에 위치하였다. 민족운동연합전선의 형성과 분화, 그리고 그 범위를 둘러싼 논의에서 천도교와 청년당은 항상 논란의 대상이 되었다. 1920년대 중반 이후 천도교 청년단체의 분화와 합동은 민족운동의 분기점이 되었다. 1925년 말 결성된 제2차 조선공산당의 책임비서 강달영은 민족협동전선에 대한 논의를 거듭하는 가운데 1926년 2월 26일 개최된 제3회 중앙집행위원회에서 "민족해방의 조선독립과 공산정치의 동일기(同一期)를 획책하기 위하여 민족, 사회 양 운동자를 통일하기 위한 국민당 조직의 전제로서 천도교를 기초로 하도록 할 것"이라고 말한 바 있다.[13] 적기단(赤旗團)도 1924년 들어 운동 방향의 신 계획을 수립하면서 "천도교와 제휴를 일층 견고히 하기 위하여 양파의 대표회의를 개최하고 금후의 방침을 의정할 것"을 하나의 방침으로 정하기도 하였다.[14] 또한 1936년경 중국공산당은 반일통일전선의 대상으로 천도교를 지목하였고,[15] 이에 따라 관북 지역 청년당원은 조국광복회에 참여하였다.[16] 이처럼 천도교는 언제나 민족운동의 중심에 있었다.

그러나 청년당은 천도교의 전위조직으로의 역할을 충실히 담당하였다. 청년당은 천도교의 전위조직으로서 민족운동에서 형성되어 가던 민족운동 연합전선에 참여하기보다는 '민족운동중심세력론'이라는 논리에 따라 독자적인 노선을 유지하였다. 그리고 민족운동의 주도권을 장악하고자 하였다. 이러한 노선을 선택한 것은 조직과 인물, 지도이념 등에서 일제강점기 어느 단체보다도 강점을 가졌다고 스스로 자부하였기 때문이었다. 이러한 점에서 천도교청년당은 민족운동사상에서 상당히 중요한 단체였다고 할 수 있다. 그럼에도 불구하고 일제강점기 천도교청년당에 대한 연구자들의 관심은 크지 않았다. 다만 천도교청년회가 1920년대 초에 전개하였던 문화운동과 문화운동론, 민족운동연합론에 따른 천도교청년동맹의 역할에 대한 제한적인 연구가 이루어졌을 뿐이다. 이와 같은 기존의 연구 성과로는 천도교청년당의 성격과 역할에 대하여 올바른 역사적 평가를 하기 어렵다고 여겨진다. 일제강점기 민족운동의 한 축을 형성하였던 천도교 청년단체, 그중에서도 민족운동의 중심 세력으로서 천도교청년당을 창립한 배경, 그리고 그 조직과 활동 등이 제대로 규명될 때 천도교청년당의 역사적 평가가 가능하다고 생각된다.

한편 일제하 청년운동에 대한 연구는 주로 사회주의 계열의 청년운동을 중심으로 이루어졌다.[17] 그에 비해 미흡하지만 종교청년단체, 특히 기독교 계통의 청년단체에 대한 연구는 그나마 어느 정도 이루어졌다.[18] 그러나 천도교청년당의 조직과 활동은 당대의 역사적 비중에 비하여 연구자들의 주목을 받지 못했다. 여기에는 두 가지 요인이 있다고 보인다. 첫째는 오늘날 천도교의 종교계 내에서의 위상이 일제강점기에 비해 크게 떨어졌기 때문이다. 일제강점기 천도교는 이른바 '3백만 교단'으로 불리는 가장 강력한 종교였다. 그렇기 때문에 이 시기에 천도교는 분규와 합동을 거듭하였지만 그래도 천도교는 늘 관심의 대상이었다. 하지만 지금은 그 세력이 크게 위축되어 있어 상대적으로 주목할 여지가 적어졌다. 둘째는 종교단체라는 성격으로 인하여 주된 관심의 대상에서 비껴나 있었다. 즉 천도교청년당의 활동은 사회운동, 민족운동의 일환이라기보다는 종교운동의 일환으로 보는 시각이 강했던 것이다.

천도교청년당은 조직상의 규모나 활동 역량으로 보면 일제강점기 최대의 민족운동단체인 신간회와 견줄 만한 단체였다.[19] 1927년 2월 민족주의 운동 세력과 사회주의 운동 세력의 연합전선에 의해 설립된 신간회는 1931년 5월 해소될 때까지 전국적으로 120~150개의 지방조직과 2만~4만 명의 회원을 가질 정도로 거대한 조직이었다.[20] 천도교청년당은 1919년 9월 설립되어 1939년 4월 해체될 때까지 전국적[21]으로 120개 정도의 지방조직과 2만~4만 명 정도의 당원이 있었다.[22] 이와 같은 강력한 조직이 있었기 때문에 일제강점기 천도교청년당은 민족주의 운동 세력 및 사회주의 운동 세력의 연대 또는 대결의 대상이 되었다. 뿐만 아니라 일제의 감시와 통제의 주 대상이기도 하였다. 그리고 천도교청년당이 이와 같은 방대한 자체 조직과 활동력이 있었기 때문에 연합전선체인 신간회에 참여하지 않고 독자적인 노선을 추구할 수 있었다. 이와 같은 점들을 비추어볼 때 천도교청년당에 대한 본격적인 연구가 필요하다고 본다.

한말 근대 국민국가 수립 운동과 일제하 민족운동 과정에서 주요한 세력 중의 하나가 천도교였다. 천도교는 동학 시절 봉건사회가 해체되고 제국주의의 침략이 본격화되는 상황에서 1894년 동학농민혁명을 정점으로 하는 다양한 운동을 전개하였다. 1905년 천도교로 개편한 이후에는 대한협회를 통한 자강운동 등을 전개하였으며, 1910년대는 교육 출판활동을 통해 꾸준히 교세를 확장하며 체계적인 조직력을 갖추어 나갔다. 천도교는 이를 바탕으로 1919년 3·1운동에서 주도적 역할을 담당하였으며, 1920년대와 30년대에는 문화운동, 농민운동, 소년운동 등 각종 사회운동을 전개하면서 일제강점기 민족주의 계열의 중심 세력으로 등장하였다. 이는 천도교가 단순한 종교 조직이 아닌 정치 및 사회 조직이기도 하였음을 의미하는 것이다. 그리고 그 주요 조직 기반은 천도교 청년단체였다. 이와 같은 중요성 때문에 연구자들은 일찍부터 천도교와 청년단체에 대해 주목하여 왔다. 그렇지만 기존의 연구는 대체로 천도교 및 천도교 청년단체의 제반 활동을 종합적·계통적으로 이해하기보다는 부분적·분산적으로 이해하는 경향이 두드러졌다. 특히 천도교 청년단체는 조직 배경과 성격, 조직 운영과 지회의 조직 체계, 부문 운동과 전적 운동의 관계성, 그리고 천도교 청년들의 현실 인식과 민족운동에의 참여 상황 등을 망라하는 종합적인 연구는 없는 실정이다.

　동학 이후의 천도교에 관한 연구는 3·1운동, 청년회의 문화운동을 대상으로 하는 것이 일반적 경향이나 연구 성과로 볼 때 아직 미흡한 단계에 있다. 우선 3·1운동에서의 천도교 역할에 대한 연구는 상반된 견해가 있다. 박현서, 신용하, 박성수, 조규태는 3·1독립운동 초기의 준비 단계에서의 천도교 지도층의 역할을 민족연합전선과 관련하여 긍정적으로 보는 입장이라면,[23] 안병직은 천도교 지도층을 예속자본가들로 규정하여 소극적 친일파로 단정하는 등 부정적인 평가를 내놓았다.[24] 이현희는 민족운동사적 관점에서 3·1운동 당시 천도교의 역할을 지극히 긍정적으로 평가하였다.[25] 이현희는 계속해서 3·1운동을 전후하여 천도교 청년층으로 구성된 천도구국단[26]과 이종일 등 보성사를 중심으로 한 제2독립선언서 발표,[27] 그리고 천도교와 임시정부 수립과의 관련성을 밝힌 연구를 내놓았다.[28] 그 외에 보다 실증적으로 지방의 3·1운동에서 천도교인의 역할에 주목한 연구도 있다.[29]

3 · 1운동 이후 천도교는 천도교 청년단체, 그중에서도 천도교청년당이 중심이 되어 여러 부문에서 다양한 운동을 추진해 나갔다. 이에 따라 천도교 특히 천도교청년당에 대한 연구도 소년운동, 언론출판운동, 농민운동, 여성운동, 교육운동, 청년운동 각 부문별로 이루어져 왔다. 소년 운동에 관한 연구는 대부분 천도교소년회를 조직하고 어린이운동을 지도한 소춘 김기전과 소파 방정환을 중심으로 이루어지고,[30] 언론 출판 활동에 대한 연구는 천도교청년당에서 주도한 신문화운동에 주목하였는데 특히 출판사(개벽사)와 간행물(잡지)에 초점을 맞추었다.[31] 농민운동에 대해서는 천도교청년당의 부문운동으로 조직되었던 조선농민사와 농민을 대상으로 한 문맹퇴치, 농민공생조합 등의 농민운동에 집중되었다.[32] 천도교청년당의 여성부 부문 운동으로 전개된 여성운동은 천도교 여성운동단체의 활동과 출판물을 통한 여성운동론과 조직체의 전환에 주목하였으나 아직 구체적인 활동에 대한 연구는 미흡한 실정이다.[33] 교육운동은 개화기 종교계의 교육운동의 일환으로 연구되기 시작되었으나[34] 최근에서는 청년당과 관련하여 신교육운동 또는 시일학교 등의 연구 성과가 보이기 시작하였다.[35] 청년당의 교육운동 연구는 학생운동, 소년운동, 여성운동, 농민운동 등의 부문운동과 밀접한 관계가 있다. 또한 그 내용 면에서는 조선문화를 중요시하였는데, 이에 대한 연구는 아직 초보적 단계에 있다고 할 수 있다.

황선희는 손병희로부터 시작한 동학사상의 철학적 체계화 과정과 천도교 활동의 연계성을 규명하고 1920년대까지의 천도교 활동을 근대 사회운동의 일환으로 규정하면서 천도교의 신문화운동이 종교운동이라기보다 근대 민족운동으로 비쳐지게 된 원인을 이른바 천도교의 종교 개혁에서 찾는다.[36] 이에 비하면 조규태의 연구는 천도교의 신문화운동을 개량적 신지식인들이 중심이 되어 사회 전반에 걸쳐 전개하던 문화운동과 같은 성격으로 보고 이 운동의 개념 · 성격 · 활동 내용을 구체적으로 분석하였다.[37] 그리고 청년단체에 대한 연구도 이연복·조규태·성주현 등에 의해 이루어졌으나 아직 조직 분야에 대한 연구는 미흡한 실정이다.[38]

천도교 및 청년단체의 민족운동에 대해서는 신일철·김정인·이용창·성주현 등에 의해 다양한 연구가 축적되었다.[39] 그리고 개별 사건을 구체적으로 연구한 천도교연합회의 혁신운동과 고려혁명당 활동을 비롯하여[40] 천도교 구파를 중심으로 한 신간회 활동[41]과 6·10만세운동,[42] 그리고 천도교 신파를 중심으로 한 청년들의 비밀결사운동[43]과 통일전선운동[44] 등이 있다. 그 외에 천도교 청년단체의 주도 인물이었던 김기전,[45] 이돈화[46] 등에 대한 연구도 이루어졌다.

천도교청년당을 포함한 천도교 청년단체 또는 청년운동에 대한 연구는 다음과 같은 점들을 검토해야 한다고 본다. 첫째로 천도교 청년단체의 설립 배경이다. 천도교 청년단체는 앞에서도 언급하였지만 교리강연부, 청년회, 청년당, 청년동맹, 청우당, 그리고 다시 청년당과 청년총동맹으로 변천, 분화·통합되는 과정을 거치며 유지되었다. 이러한 제 과정에서 가장 중요한 교리강연부, 청년회, 청년당은 민족운동의 흐름에 대한 대응으로서 나타난 것이다. 그럼에도 불구하고 이에 대한 구체적인 연구는 사실상 전무한 형편이다. 그동안 천도교 청년단체의 분화는 교단의 분화에 종속적인 것으로 이해되어 왔다. 하지만 천도교 청년단체의 분화와 합동 역시 민족운동 선상에서 새롭게 조명할 필요가 있다고 생각된다. 특히 1930년대 초반 청년당과 청년동맹의 합동으로 창립된 청우당은 신간회 및 조선청년총동맹의 해소와도 밀접한 관계가 있다. 따라서 청년단체의 활동과 그 의의를 좀 더 명확히 이해하기 위해서는 청년단체 설립의 교단 내적 요인과 시대적 요인을 함께 연구해야 한다.

둘째로 천도교 청년단체의 조직 체계와 운영에 대해 검토해야 할 것이다. 이 작업이 선행되어야 천도교 청년단체의 부문운동과 전체 운동이 어떤 연관성이 있는지를 확인할 수 있기 때문이다. 그중에서도 가장 활발하게 활동을 전개하였던 청년당의 이념과 운영, 그리고 조직 체계는 단순한 논리에 의한 것이 아니라 천도교의 전위 조직의 역할을 수행하기 위한 것이었다. 따라서 청년당의 이념과 조직 체계 이해는 청년당의 활동을 이해하는 데 무엇보다도 중요하다고 할 수 있다. 특히 초기의 불문법 체제에서 벗어나 성문 당헌을 제정하면서 어느 단체보다도 강력한 조직 체계를 유지할 수 있었던 요인은 무엇인가가 검토되어야 한다. 그리고 지방 조직과 당원의 관리와 통제 시스템도 분석되어야만 천도교청년당을 이해할 수 있다고 본다.

셋째로 1930년대 천도교 청년단체의 조직 운영 방식의 변화와 시대적 대응 양상 면까지 연구의 영역을 넓힐 필요가 있다. 그동안 천도교 청년단체에 대한 연구는 주로 1920년대 초를 중심으로 이루어졌다. 따라서 1920년대 중·후반과 1930년대 청년당의 조직 변화와 일제 식민지 지배 정책에 대한 대응 양상을 확인할 필요가 있다고 본다.

넷째로 천도교청년당의 부문운동에 대해 전체적인 분석이 필요하다고 본다. 청년당의 부문운동은 1920년 4월 소년부 특설에서 시작되어 부문단체로 천도교소년회, 천도교내수단, 조선농민사를 설립하였다. 이후 청년당은 1926년 8월 부문운동 확대를 결의하고 연령별, 성별, 직업별로 유소년부, 학생부, 청년부, 여성부, 농민부, 노동부, 상민부의 7개 부문으로 확대 개편하였다. 그리고 부문에 따라 기존의 부문단체 외에 천도교학생회, 천도교사월회(천도교청년회), 조선노동사들을 설립하여 운동을 대중 속으로 확산하였다. 이러한 맥락에서 청년당과 관련된 부문단체의 조직과 활동이 어떻게 전개되었는지 추적이 필요하다.

이에 따라 본 논문은 1920년을 전후하여 조직된 천도교 청년단체의 조직과 활동, 천도교청년당의 창립과 조직 체계, 1920년대와 1930년대 천도교청년당의 조직 변화와 당세 확장, 그리고 활동 내역에 초점을 맞추어 분석하고자 한다. 본 논문의 구성에는 다음의 사항을 유의하였다. 청년단체와 청년당의 관계상 그 흐름을 교리강연부에 연원을 두었다. 이는 교리강연부-청년회-청년당으로 이어지는 조직의 일관성이 있기 때문이었다. 이에 따라 이들 청년단체의 설립 배경을 먼저 살펴보고, 교리강연부와 청년회의 조직과 활동을 연결하여 검토하였다. 청년회의 조직은 청년당으로 그대로 이어지는 점도 이후 청년당의 활동을 검토하는 데서도 유념할 필요가 있기 때문이다.

이에 따라 본서는 제1장 서론과 제6장 결론 외에 본문을 네 개의 장으로 구성하였다.

제2장에서는 천도교청년당의 전사(前史)로 천도교청년교리강연부와 천도교청년회를 살펴본다. 천도교청년당은 교리강연부와 청년회를 이념과 조직을 발전적으로 계승하였기 때문이다. (1.)에서는 3·1운동 이후 처음으로 조직된 교리강연부 조직의 배경과 창립 주도 인물과 활동, 그리고 지방조직에 대하여 살펴본다. 교리강연부 조직에 참여한 인물은 이후 청년회와 청년당의 핵심 인물로 성장하기 때문이다. (2.)에서는 청년회 창립 과정과 지방조직에 대하여 살펴본다. (3.)에서는 청년회 활동을 살펴본다. 이로써 청년회의 시대적 상황과 문화운동에 대한 인식을 확인할 수 있기 때문이다. 우선 천도교와의 관계, 교세 확장, 나아가 청년회 조직 강화의 일차적인 요소였던 포교 활동이 어떻게 전개되었는지를 살펴보고, 이어 천도교의 이념에 따른 신문화운동이, 특히 강연 활동을 통해 어떻게 확산되었는지를 살펴본다. 그리고 종교교육과 사회교육을 어떻게 전개하였는지를 살펴보고자 한다.

제3장에서는 천도교청년당의 창립과 조직체계를 살펴본다. 천도교청년당은 1923년 9월 2일 천도교 전위조직을 표방하며 출범하였다. 청년당은 교리강연부와 청년회를 계승하였지만 그 단체의 성격은 전혀 다르다. 청년당은 스스로를 '주의적 단결체'로 성격을 규정하였다. 여기에는 '민족운동 중심

단체', '민족운동 중심세력'의 논리가 작용하였다. (1.)에서는 민족적 중심세력론과 청년전위론을 통해 청년당의 창립 배경과 과정, 그리고 청년당의 특성을 분석한다. (2.)에서는 청년당의 지도 이념과 조직 체계의 특성을 살펴본다. 청년당은 민족적 중심단체 요건의 하나로 조직 체계에 중점을 두었다. 청년당은 기존의 불문율에 의한 결의제 운영 체제에서 성문당헌을 제정하고 '인내천집중제' 또는 '민주집권제'를 기본틀로 하는 조직 체계를 확립하였다. 여기에 주목하여 청년당의 지도이념을 주의와 강령으로 살펴보고, 조직 체계의 확립 과정 및 당헌을 중심으로 한 청년당의 조직체계를 분석한다.

제4장에서는 1920년대 중반과 1930년대의 청년당 조직의 변화와 당세 확장, 그리고 해체 과정을 살펴본다. 이는 청년당의 조직체가 교단의 분규 등 내외적 요인에 따라 다양하게 변화하였기 때문이다. 청년당은 천도교운동의 전위당으로 출발하였지만 초기에는 교단의 분규로 제 역할을 하지 못하였다. 교단의 분규는 청년당의 분화를 가져왔다. 신파측은 천도교청년당, 구파측은 천도교청년동맹을 각각 설립하여 활동하면서 자신들의 영역을 확장하고자 하였다. 분화 이후 청년당은 당세 확장을 위해 부문운동을 전개하고 지방 조직을 확장하였다. 뿐만 아니라 당원의 역량 강화를 위해 교양과 훈련을 강조하였다. (1.)에서는 1920년대 중후반 이후 교단의 분규 과정에서 청년당의 동향, 분화 이후 청년당의 지방 조직의 설립 및 확대, 교양과 훈련을 통한 당원의 역량 강화 등을 살펴본다. (2.)에서는 1930년대에 청년당과 청년동맹의 합동으로 결성된 천도교청우당의 조직 확대와 재분화, 이후 재결성된 청년당의 정세 분석과 당의 이념을 재창출하고자 한 특종위원회, 조직의 강화를 위한 당세 확장 3개년 계획과 그 결과를 지방 조직을 통해서 살펴본다. 그리고 1930년대 중반 이후 청년당의 조직 변화와 해체 과정을 살펴본다.

제5장에서는 청년당의 활동에 대하여 살펴본다. 청년당 활동은 크게 부문

단체의 활동과 대중계몽운동으로 파악하였다. (1.)에서는 부문단체 설립 배경과 천도교소년회, 천도교사월회와 천도교청년회, 천도교내수단과 천도교내성단, 조선농민사, 조선노동사, 상민부의 설립 과정, 변천 및 활동에 대해 개략적으로 살펴본다. (2.)에서는 '통속운동'으로 전개되었던 대중계몽운동을 추적해 본다. '통속운동'의 개념과 그 역사적 · 사회적 인식, 그리고 통속운동의 내용, 즉 염색 옷 입기와 단발, 미신타파, 조혼폐지, 문맹퇴치운동 등을 지방부와 연결하여 살펴본다.

　이러한 내용을 검토하기 위해 기존 연구에서 다루지 않았던 새로운 자료를 포함하여 다양한 자료를 활용하려 한다. 첫째, 일제의 정보문서이다. 이러한 문서는 국내의 아세아문제연구소, 대검찰청과 일본의 외무성사료관 등에 보관되었던 것으로 자료 공개와 수집이 비교적 용이한 것들이다. 둘째, 청년당의 『입당원서』와 『당원성적일람표』이다. 『입당원서』는 1936년 후반의 것이며, 『당원성적일람표』는 1930년대 초반의 것으로 특정 시기에 국한된 것이지만, 청년당원의 성향을 분석하는 데 매우 중요한 자료로 활용할 수 있다. 셋째, 천도교와 청년단체에서 발간하였던 자료이다. 천도교청년회에서 발간하였던 『천도교청년회보』, 청우당에서 발간한 『당성』, 천도교 기관지 『천도교회월보』와 『신인간』, 그 외 『개벽』, 『조선농민』, 『농민』, 『동학지광』, 『천도교창건록』, 『천도교청년당일람』, 『천도교체제약람』, 『천도교청년당소사』, 『천도교직원록』 등으로 이 역시 필수적인 자료이다. 넷째, 일제강점기 간행되었던 신문, 잡지이다. 이 자료는 이미 널리 이용되어 오던 자료로 『동아일보』, 『조선일보』, 『중외일보』, 『시대일보』, 『조선중앙일보』 등의 신문류와 『삼천리』, 『동광』 등의 잡지류가 이에 해당한다.

제2장 ——————————————— 1920년 전후
천도교청년단체의 조직과 활동

1. 천도교청년교리강연부의 창립과 활동

1) 천도교청년교리강연부의 창립과 조직

천도교는 1905년 12월 근대적인 종교로의 탈바꿈을 선포한 후, 교헌을 정비하고, 교제를 개혁하는 한편 교리를 체계화해 갔다. 신 교리에서는 현실 참여에 대한 입장도 정리하였다. 천도교 성립 직후에는, 그 무렵 천도교인들이 일진회에 참여하여 활동하던 것을 비판 받던 상황이었으므로 천도교는 '정교분리'의 입장을 취하였다.

그런데 1918년 제1차 세계대전 종전을 전후하여 천도교의 현실 참여에 대한 입장에 변화가 나타났다. 예를 들어 이돈화는 "현대종교는 개인적 측면과 사회적 측면을 총합대관(總合大觀) 책임을 부담하는 것"[1]이라 하여, 개인의 수양뿐만 아니라 사회의 구원도 종교의 당연한 임무라고 하였다. 이는 제1차 세계대전을 문명의 위기로 진단하고 세계개조의 시대 흐름에 따라 종교의 사회적 역할을 강조하였던 것이었다.[2] 이러한 입장에서 천도교에서는 3 · 1운동을 주도적으로 전개하였다. 그렇지만 이 일로 인하여 천도교의 지도자와 많은 교인들이 체포되어 옥고를 치렀다.

천도교는 새로운 돌파구를 마련하지 않을 수 없었다. 그 결과가 바로 청년단체의 결성을 통한 문화운동의 전개였다. 천도교 청년들은 1919년 7, 8월 무렵부터 청년단체의 조직을 준비해 나갔다.[3] 정도준(鄭道俊)은 청년들의 의식 전환과 교회 활동에서 청년의 역할을 강조하며 청년단체 결성을 이끌었다.[4] 그 결과 1919년 9월 2일 정도준, 박달성, 손재기, 박용회, 황경주, 김옥빈, 박래홍, 최혁 등 8인의 발기로 천도교청년교리강연부(天道敎靑年敎理講演部, 이하 '교리강연부')가 창립되었다.[5] 9월 2일에 창립하게 된 것은 이날이 '국제무산청년의 날'이었기 때문이었다.[6]

천도교청년들이 교리강연부를 창립하게 된 배경은 세 가지 측면에서 살펴볼 수 있다. 첫째는 3·1운동 이후 전국적으로 활발하게 전개된 각종 사회단체의 설립 움직임이다. 일제는 3·1운동 이후 조선 통치 정책을 무단통치에서 문화정치로 전환하였다. 이에 언론, 집회, 결사, 출판 등이 제한적이나마 자유화되었다. 일제의 문화정치 표방 이후 1922년 9월까지 전국 각지에서 6천여 개의 각종 단체가 우후죽순격으로 조직되어 일제 당국도 놀랄 정도였다.[7] 특히 이들 단체 중 청년단체는 "문화의 개선과 사상의 향상"을 내세우며 활발히 설립되었다.[8] 이와 같은 청년단체의 설립과 활동의 분위기에 접하며 천도교청년들은 1919년 7, 8월경에 천도교 청년단체를 조직하자는 논의를 시작했다.[9] 둘째는 제1차 세계대전 이후 세계사조의 흐름이다. 천도교청년들은 제1차 세계대전 종전 이후를 "세계의 신사조가 일층 팽창하여 시대적 산물을 요구하는 사회"로 인식하였다.[10] 당시 세계 사조의 흐름은 제1차 세계대전이 끝남에 따라 침략주의, 군국주의에 대한 비판이 고조되었다. 또한 약소민족이 독립하고 격렬한 민족운동이 전개되면서 제국주의 열강에 대한 비판이 비등하였다. 이러한 상황 속에서 대전 후의 세계를 '이상주의'의 입장에서 재편하고자 하는 움직임이 대두하였다.[11] 천도교청년들은 이러한 세계 개조의 기운을 '새 바람', '찬란한 광휘의 세계', '신선한 자유의 인류', 더 나아가 '개벽(開闢)'으로 가는 국면이라고 인식하였다.[12] 셋째는 사회 개조를 종교적 차원에서 해결하고자 하였다. 천도교청년들은 개조의 시대를 맞아 "구관적(舊慣的) 신앙에서 신풍화(新風化)의 시대적 신앙의 환기"

의 필요성을 제기하였다.[13] 또한 이들은 당시의 세계를 '종교의 발흥 시대, 종교운동의 경쟁 시대, 종교적 우승열패의 시대'로 보고,[14] 식민지 조선에서 폭넓게 받아들여지던 사회 개조를 종교를 통해 달성하려고 하였다. 이에 따라 천도교청년들은 시대적 · 사회적 상황에 적극적으로 대처하기 위해 교리강연부를 설립하였던 것이다. 교리강연부의 창립 취지는 다음과 같다.

吾人은 반드시 自立할 만한 覺性이 有하여야 할 것이오 歸依할 만한 信條가 有하여야 할 것이라. 世界의 新風化는 吾人을 駈하여 新覺性을 挑發케 하며 世界의 新氣運은 吾人을 撻하여 新信仰을 要求케 되도다. 吾人은 어데까지든지 天道敎의 新眞理인 人乃天主義下에서 新覺性을 啓發하며 新信仰을 確立코자 하는 者이니 吾人이 覺한 바 宗旨(人乃天)가 旣히 明하였고 吾人이 理想한 바 目的(布德天下 廣濟蒼生)이 旣히 表現된 以上은 吾人은 그 宗旨를 爲하여 理性의 啓發을 催하고 其目的을 爲하여 活動의 法步를 開할지라. 然이나 事는 但히 空論과 是非로써 成하는 者 아니오 此를 貫徹할만한 基礎와 實踐할만한 機關이 有한 後에야 庶幾하나니 是乃今日 天道敎靑年敎理講硏部가 成立된 所以인저. 大神師 曰 正其心養其才라 하였으니 此는 吾敎人된 者 一般히 實踐躬行할 信條됨과 同時에 特히 靑年된 者의 銘佩踐行할만한 法門이니 若 吾敎門에 雖幾千萬의 靑年이 有하다 할지라도 萬一 心에 正한 바 無하고 才에 養한 바 無하면 其는 反히 一種의 害物에 不過한 者라. 故로 本 講硏部는 特히 神聖의 心法을 體하여 內로 德性을 修煉하며 外로 智識을 廣求하며 進하여 吾敎理의 闡明을 期圖하며 吾敎風의 廣佈를 幇助하여써 大天大地가 總히 神聖의 心法下에 融化하기를 目的하나니 唯吾靑年은 此意에 體하여 各自의 天心을 正히 하고 各自의 天才를 養하여써 本部의 趣旨를 貫徹할진저.[15]

위에서 보는 것처럼 교리강연부는 세계의 새로운 문화 조류와 시대적 요구에 따라 덕성과 지식을 함양하여 천도교 교리의 천명과 포교에 힘쓸 것을 강조하였다. 또한 개조 사상에 부응하여 천도교의 인내천주의를 확립함으로써 지상천국의 이상사회를 만들 것을 표명하였다.

교리강연부는 특히 '청년'의 역할을 강조하였다. 교리강연부는 사회 변혁 주체를 '청년'이라고 파악하였다. 그리하여 청년들에게 '의기적 활동의 청년', '향상적 이상의 청년', '용감적 실천의 청년'이 될 것을 요구하였다.[16]

그리고 교리강연부는 활동의 목표를 교리의 강론과 부연(敷衍)에 두었다. 교리강연부의 한 인물은 "교리의 현오(玄奧)함을 강론하며 부연하여 인족(人族)의 구시습뇌(舊時習腦)를 타파하여 대종일치(大宗一致)의 세계를 환출(幻出)"하는 것을 강조하였다.[17] 교리강연부는 기본적으로 천도교청년에게 교리를 강습한 후 이것을 전파하기 위한 기관이었다. 즉, '천도교청년의 활용 기관, 포덕천하의 선전 기관, 교리 보급의 확장 기관'[18]이었던 것이다. 다시 말해 교리강연부는 연구 및 강연 단체라고 할 수 있다.

〈표 2-1〉 천도교청년교리강연부 창립 당시 임원

이름	직책	출생	입교	학력 / 당시 경력(비고)
정도준	부장	평북 철산		/ 철산교구장(12-14)
김옥빈	간무원	평북 벽동	1904	/ 봉훈, 선정, 도사, 종법사, 순회교사, 강도원, 총부 서계원 (1918)
박달성	간무원	평북 태천	1900	태천교리강습소수료 보성중학교졸업 / 태천교리강습소강사 (1908-1912) 창동학교 교사(1917-1919), 태천교구 공선원 (1919), 천도교회월보 촉탁(1920), 개벽 편집인(1920)(繼代敎人)
이두성	간무원	평북 태천	1903	광무학교졸업 정주공립보통학교졸업 평양고등교원양성소졸업 / 경성양원여학교교원(1909), 태천군사범강습소 강사(1910), 보성소학교 교원(1919), 개벽 발행인(1920) (繼代敎人)
박래홍	간의원	충남 예산	계대	보성전문학교 졸(繼代敎人, 박인호의 양자)
손재기	간의원	경성	계대	보성중학교(졸) 보성전문학교졸업(손병희 從孫)
방정환	간의원	경성	계대	선린상업학교중퇴 / 소년입지회 조직(1908) 독립신문 제작 (1919) 신여성 창간(1920)(繼代敎人손병희 사위)
이돈화	간의원	함남 고원	1903	평양일어학교졸업 / 천도교회월보 사원(1911)

황경주	간의원	충북 청원		청주교리강습소수료 청주 종학학교졸업
최혁	간의원	함남 함흥	1910	함흥공립보통학교 졸업 보성고등보통학교졸업 정측영어학교 중퇴 사립부기전수학원중퇴 / 道師 (繼代教人, 최린의 아들)
박용회	간의원	함북 경성	1912	/ 도사, 전교사, 강도원, 종무원, 서계원, 함북청년단연합회 참여,청년회 간무
오상준	고문	평남 숙천	1902	법관양성소 졸업 / 서북학회 회원(1908), 총부 서계원(1908)·이문원(1910)·진리원(1910)·편집원(1910)·학무원(1911)·현기관장(1917)
정도영	고문	충남 죽산	1909	/ 수원교구장(1909), 총부 의사원(1917), 의사원장(1919)

출전: 『천도교회월보』, 『신인간』, 『천도교창건록』, 『개벽』, 『왜정시대인물사료』, 『독립유공자공훈록』, 『한민족 독립운동사자료집9』 등에 의거 필자가 작성

　교리강연부의 조직은 중앙의 본부와 지방의 지부로 구성되었다. 본부에는 편술부, 음악부, 운동부가 설치되었다. 편술부는 천도교의 역사를 담은 '보감(寶鑑)'을 편찬하고, 교인들의 '지식의 광구(廣求)'에 도움을 주기 위해 월간 잡지를 간행하는 것을 임무로 하였다.[19] 음악부는 '천덕송(天德頌)'[20]의 보급을 담당하였고, 운동부는 청년이 건강한 육체를 갖도록 하는 것을 임무로 하였다.[21]

　교리강연부의 임원은 대표자인 부장(部長) 1인, 실무담당를 담당하는 간무원(幹務員) 3인, 의사결정을 위한 간의원(幹議員) 7인, 그리고 자문 역할을 할 고문 2인으로 구성되었다.[22] 창립 당시 임원은 부장 정도준, 간무원 김옥빈, 박달성, 이두성, 간의원 박래홍, 손재기, 방정환, 이돈화, 황경주, 최혁, 박용회 등이었으며, 고문은 현기관장 오상준과 의사원장 정도영이었다.[23]

　교리강연부 창립 당시 임원들의 출신과 학력, 교회 내의 경력 등은 〈표 2-1〉과 같다.

　〈표2-1〉에 의하면, 교리강연부의 창립을 관여하였던 인물은 다음과 같은 성향이 있음을 알 수 있다. 첫째, 이들 대부분은 근대 교육을 받은 인물들이다. 박달성은 천도교태천교구에서 운영한 교리강습소[24]를 수료하고 보성중학교를 졸업하였다. 이두성은 광무학교와 정주공립보통학교, 평양고등교원

양성소를 졸업하였으며, 방정환·박래홍·손재기 등은 보성전문학교를, 이돈화는 평양일어학교, 최혁은 보성고등보통학교를 졸업하였다. 또한 황경주도 천도교 청주교구에서 운영한 교리강습소와 종립학교인 청주 종학학교(宗學學校)를 졸업하였다. 김옥빈과 정도준은 1910년대 천도교의 기관지 『천도교회월보』에 근대적인 학술을 소개하는 글을 자주 연재한 것[25]으로 보아, 일본이나 국내에서 근대적 교육을 받았을 가능성이 높아 보인다. 둘째, 이들 중 일부는 교원으로 활동한 경험이 있다. 박달성과 이두성은 창동학교와 보성소학교에서 교사로 활동하였다. 이러한 경험은 교리강연부뿐만 아니라 이후 청년회 등에서 지도자로 활동할 수 있는 기반이 되었다. 셋째, 천도교중앙총부 또는 지방교구에서 교역자로 활동함으로써 본격적인 활동의 기초 실력을 배양하였다. 이돈화는 천도교회월보사 사원으로, 박달성은 태천교구 공선원과 천도교회월보 촉탁, 정도준은 철산교구장 등으로 활동하면서 천도교 교리를 연구하였다. 이러한 경험은 이후 청년당의 이론가로 활동할 수 있는 기반이 되었다. 넷째, 이들은 대부분 1900년대 초에 천도교에 입교하였는데 부모의 영향으로 자연히 천도교인이 된 계대교인(繼代敎人)이 많다. 즉 천도교 집안에서 성장하여 종교적 심성을 갖추었고, 종교인으로서 생활하도록 교육 받은 인물이다. 다섯째, 이들 대부분은 평안도와 함경도 등 이북 지역 출신이다. 평안도와 함경도는 1900년 들어 천도교 교세가 크게 확장된 지역으로, 당시 천도교의 가장 중요한 조직 기반이었다. 여섯째, 이들은 천도교의 개화운동 분위기에서 성장하였던 인물들이다. 이들이 입교한 시기를 전후하여 천도교는 반봉건 반외세 노선에서 근대 문명화 노선으로 전환하는 갑진개화운동을 전개하였다. 개화운동의 간접적 경험은 후일 이들의 민족운동에 적지 않은 영향을 준 것으로 보인다.

교리강연부는 본부 조직이 정비됨에 따라 지부 조직에도 적극적으로 나섰다. 교단의 지방 조직이 있는 지역부터 우선적으로 지부 조직에 착수하였다. 지부 조직은 규약이 현재 남아 있지 않아 이 시기의 구체적인 조직 형태는 알 수 없지만 1927년 제정한 천도교청년당헌을 통해 유추해 볼 수 있다. 즉 당헌 33조에 따르면 13인 이상의 당원으로 부군도(府郡島)에 지부를 설치하도록 하였다. 이로 볼 때, 교리강연부의 지방지부도 13명 이상으로 조직되었을 것으로 본다. 또 "천도교청년교리강연부가 조직됨에 반도강산 경향 각처에 유지청년이 동성상응(同聲相應)하여 교리강연부가 설립되었다."[26]고 한 데서 알 수 있듯이 교리강연부의 지방 조직은 전국적으로 조직이 추진되었던 것으로 보인다. 그러나 창립 3개월이 지난 1919년 11월 현재 지방 지부는 10여 지역에 불과하였다. 당시의 지부 조직은 다음과 같다.

진남포지부(51명), 진주군지부(79명), 정평군지부(28명), 박천군지부(20명), 청주군지부(35인), 강동군삼등지부(25명), 강동군지부(154명)[27]

이 시기의 교리강연부 지부 설립은 이상과 같이 일부 지역에 한정된다. 이는 교리강연부가 창립된 지 2개월밖에 되지 않아 일사불란하게 지방 조직을 설립하는 데는 시간적으로 한계가 있었기 때문이었다. 그럼에도 초창기에 이들 지역에 지방 조직이 설립될 수 있었던 배경을 다음과 같이 살펴볼 수 있다. 첫째, 평안도 지역이 3개로 타 지역보다 일찍 그리고 많이 설립된 것은 이 지역이 비교적 개화에 적극적인 지역으로 천도교를 통해 신문화 운동에 대한 욕구를 해결할 수 있었기 때문에 지부 설립에도 적극적으로 나섰던 것으로 생각된다. 특히 이 지역은 1904년 전개되었던 진보회 운동을 통해 흑의단발이라는 문명 개화를 직접 경험한 지역이기도 하였다. 즉 진보회 운동에 가장 적극적으로 참여한 지역이었던 것이다. 이에 따라 청년당 시기에도 평안도 지역이 가장 적극적으로 지방 조직을 설립하였고 또 신문화 운동을 전개하였다. 둘째, 청주의 충북 지역은 천도교의 교주인 손병희의 고향이었던 관계로 정책적 후원과 지역 출신들의 적극적인 지원이 있었던 것으로 보인다. 즉 1910년대에 천도교단은 손병희의 고향인 청주에 종학학교를 설립하여 신문명을 보급하는 데도 앞장섰다. 그 결과로 이 지역에는 천도교라는 종교에 대한 신망과 그것을 뒷받침할 인적 조건이 일찍부터 형성되었고, 근대문명의 수용이라는 시대적 흐름에 부응하여 교리강연부 지부가 일찍부터 설립되었던 것이다. 셋째, 정평의 함남 지역은 동학혁명 이후 동학군이 은신하며 포교를 하였던 지역으로 이들 지역의 교인들은 종교적 신념이 강하였을 뿐만 아니라 역시 근대 문명에 대한 갈증이 강하였다. 넷째, 진주는 동학혁명 당시 경남 지역에서 특출나게 동학 교세가 왕성하였던 곳으로, 역시 흑의단발 등 문명개화운동을 경험한 지역이었다. 이에 따라 여타 지역보다 이들 지역에서 보다 일찍 지방 조직이 설립되었던 것이다.

당시 교리강연부의 규모는 이들 7개 지회 4백여 명의 부원 및 본부 2백여 명을 합하여 6백여 명 정도였다. 다만, 자료상으로 지부의 설립이 확인되는 지역 중에 교리강연반과 관련하여 '성천지부장' 김봉국이 참여한 것으로 보아 성천지부도 이미 결성되었음을 알 수 있다.[28] 그리고 정평군지부는 1919년 11월 현재 회원이 28명에 불과하였으나 교리강연부를 청년회로 명칭을 변경할 시기인 1920년 3월 말경에는 1백여 명으로 크게 증가하였다. 뿐만 아니라 음악 기구도 갖출 정도로 비교적 활발하게 활동하였다.[29] 1919년 말에서 1920년 사이에 교리강연부는 정평군지부의 사례에서 볼 수 있듯이 회원이 급격히 증가하였던 것으로 보이며, 이들 지역 외에도 교리강연부 지부가 설립되었을 것으로 본다. 『천도교청년당소사』에 의하면 "강연부가 설립된 지 불과 반개 년 만에 그 자체의 발전이 전체적으로 교회가 있는 곳에는 거개 지부가 설립을 보게 되어"[30]라고 밝힌 것으로 보아, 전국에 두루 지부 조직이 구축되고 있었던 것이다.

2) 천도교청년교리강연부의 활동

교리강연부의 주요 활동은 강연과 강습이었다. 교리강연부는 창립 직후 청년의 시대적 사명과 책임을 보급하기 위해 예회(例會)를 통해 강연반을 운영하였다. 강연반은 본부뿐만 아니라 지부에서도 운영되었다. 강연반에서 활동한 주요 인물은 정도준 · 박래홍 · 이두성 · 김옥빈 · 박용회 등의 본부 임원, 민영순 · 김상근 · 이달여 등의 일반부원, 그리고 김영선 · 박태준 · 주봉학 · 이근섭 · 황인강 · 김봉국 등 지부장 또는 부원들이었다. (〈표2-2〉)

〈표 2-2〉 천도교청년교리강연부의 강연 활동과 강연 내용[31]

강연자	강연주제	소속/직책	주요내용	비고
정도준	人乃天	본부 부장	人天平等 人人平等, 我本主義, 自重主義	월보 110호
박래홍	人乃天	본부 간의원	性身雙全 有無兼存 圓滿無缺의 大宗旨活主義	월보 110호
민영순	今日의 所得	본부 회원	교리강연부의 책임과 의무	월보 111호
김옥빈	敎化	본부 간무원	종교적 新신앙 요구, 천도교의 세계화	월보 111호
박래홍	以身換性	본부 간의원	평등주의의 자각 발휘	월보 111호
박용회	以身換性	본부 간의원	평등주의, 원만한 진리의 체득	월보 111호
金相根	後進의 책임	본부 회원	사회의 역사를 위한 희생	월보 112호
李達汝	事人如天	본부 회원	평등, 사인여천의 실천	월보 112호
金永善	人乃天	진주지부	세계의 신기운에 따라 우리의 책임 중대	월보 112호 제1 例會
朴台俊	人乃天	진주지부	人天主義의 완결한 실행 기대	월보 112호 제1 例會
정도준	布德天下	본부 부장	靑年敎友의 振興이 敎會의 隆盛, 개조시대를 맞는 신시대 新신앙 요구, 시대를 직각	월보 113호
이두성	布德天下	본부 간무원	천도교의 사회화, 포교가 의무	월보 113호
周鳳鶴	人乃天	강동지부	천도교 종지의 선전, 평등사회	월보 113호
李根燮	人乃天	강동지부	인내천주의로 天人平等	월보 113호
李達興	吾心卽汝心	강동지부	천인평등	월보 113호
金瑢植	向我設位	진주지부	자아의 주체 인식, 향아설위는 현대적 사조	월보 113호
黃仁綱	自天	진남포지부	인내천주의 대선전	월보 113호
신태련				월보 113호

이돈화		본부 간의원		
김옥빈	庚申年과 布德天下	본부 간무원	천도교 창도의 의의, 자각과 실행	월보 114호
柳明律	勿失其時		인내천주의 廣布, 대사업 착수	월보 114호
朴台俊	天道教之靑年	진주지부	천도교정신에 입한 청년, 정신문명 건설	월보 114호
劉漢日	侍天者內天		자기개발, 현대지배	월보 114호
金鳳國	研究部를 위하라	성천지부장	강연부 설립, 신사상 신사업 신활동 개시	월보 114호
朴鍾珏	종교의 장래		自信的 信仰 융성, 사상통일, 정신통일, 종교통일	월보 114호
煙坡	確立的 靑年		종교문명과 도덕 개선, 입지와 견인의 청년으로 성장	월보 114호
신태련	오교의 장래			월보 116호
이돈화	布德天下	본부 간의원		월보 116호

강연 내용은 '천도교의 대중화', '평등주의', '신사상', '신종교', '인내천주의' 등으로 천도교의 사회적 역할을 강조하는 것이었다. 강연 제목은 '인내천', '포덕천하'와 같이 교리를 해설하는 것이거나, '확립적 청년' 등 청년의 역할을 강조한 것이 대부분이었다.

강연자들은 주로 정도준, 박래홍, 주봉학, 이근섭, 이두성, 이돈화 등 교리강연부의 간부들이었다. 이들은 대부분 근대적 교육을 받은 인물이었으며, 강연 활동을 통해 교리의 근대화에도 기여하였다. 인내천이라는 주제는 청년당 시기에는 '인내천주의'로 이념화하여 천도교 청년들의 민족운동의 기본 논거로 제공되었다.

한편 교리강연부는 창립 이후 2개월 동안 1백여 명의 부원을 확보함에 따라 조직 확대의 필요성이 제기되었다. 즉 '교리강연부 자체의 성실한 활동과 천도교단 및 지방교우의 요청'으로 교리강연부는 규약 14조에 따라 편술부, 음악부, 운동부를 각각 설치하였다.

편술부는 일차적으로 천도교의 역사를 정리하여 '보감(寶鑑)'을 편찬할 목적으로 설치되었다. 부수적으로는 '지식(智識)의 광구(廣求)'를 위해 월간잡지를 간행키로 하고,[32] 이듬해 1920년 1월 종교, 학술, 문예, 잡조 등을 내용으로 하는 종합잡지 『개벽』을 발행하기 위하여 당국에 허가원을 제출하였다.[33] 그리고 음악부는 천도교 유일의 음악인 천덕송(天德頌) 개정의 필요성에 부응하기 위해 이미 청년 10여 명이 활동 중이던 것을 확대한 것이고, 운동부는 '오교(吾敎)의 완전한 성신쌍전주의(性身雙全主義)에 장(仗)하여 활세계(活世界)에 입(立)'할 목적으로 청년의 건강한 육체를 도모하기 위해 설치하였다.[34]

이 외에도 추가로 설치한 지육부 사업으로 1920년 1월 전국의 지부 부원 2백여 명이 참가한 가운데 경성에서 임시교리강습회를 개최하였다.[35] 교리강습회는 '세계 신문화에 따른 천도교의 발전책으로 나온 자각의 산물'이었으며, "교리의 난의문답(難疑問答), 사회교육적 실지 견습, 친목, 청년종교심의 발흥"을 목적으로 하였다. 자체적으로는 이 강습회를 '사회적 교육'의 효시로 평가하였다.[36]

이 강습회에서 가르친 교리는 사회진화론과 사회유기체론, 그리고 문화주의에 따라 우주 문제와 인간 문제를 새롭게 정리한 교리였다. 그리고 사회적 실지 견습은 개조사상과 문화주의적 개조론, 문화운동의 필요성 등에 관한 것이었다.[37]

2. 천도교청년회로의 개편과 조직의 확장

1) 천도교청년회의 설립과 주도인물

천도교청년교리강연부는 창립 8개월여 만인 1920년 4월 25일 간부회를 열고 명칭을 천도교청년회로 변경하였다.[38] 그 배경은 '시의(時宜)에 의하여'[39] 또 '좀 더 구체적 적극적 운동에 나아가게 되면서'[40]라고 밝혔다. 교리강연부가 창립된 지 1년도 채 되지 않고, 더욱이 지방 조직까지 완전히 마무리하지 못한 상태에서 '시의에 따라 좀 더 구체적으로 적극적 운동으로 나아가'고자한 까닭은 무엇일까. 이는 문화운동의 추진과 관련된다. 천도교청년들은 자신들이 해 오던 천도교리(天道敎理)의 연구와 선전은 물론 '조선 신문화의 향상 발전'을 위한 사업을 전개할 필요가 있었다고 생각했다.[41] 그리고 조선의 신문화를 건설하기 위해서는 지식열의 고취, 교육 보급, 농촌 개량, 도시 중심의 계몽 활동, 전문가 양성, 사상 통일 등이 필요하다고 주장하였다.[42] 이러한 상황에서 천도교 청년들은 문화운동을 보다 적극적으로 전개하기 위해 천도교청년회를 설립하게 되었다.[43]

천도교청년회는 본부에 포덕부(布德部), 편집부(編輯部), 지육부(智育部), 음악부(音樂部), 체육부(體育部) 등 5개 부서를 두었다.[44] 이후 1921년 4월 제3회정기총회에서 김기전의 발의로 실업부를 추가로 설치하였다.[45] 포덕부는 포교 활동이 주 임무였으며, 1921년 4월 산하에 소년부(少年部)를 특설하고 '소년의 지덕체(智德體) 발전 방법과 실행을 강구(講究)'하였다. 소년부는 회원의 증가와 업무의 확장으로 이해 6월 5일 천도교소년회로 확대되었다.[46] 편집부는 회보의 편집 및 발간을 담당하였으며, 산하에 개벽사(開闢社)를 설치하였다. 지육부는 교리 강습과 강연을 담당하였으며, 음악부는 천덕송의 근대화와 보급, 체육부는 청년들의 건강 관리를 위해 체조를 보급하였다. 체육부 산하에는 야구부와 축구부를 운영하였다. 실업부는 청년회의 운영 자금을 마련하고 천도교인 상호간의 경제적 부조를 도모하였으며, 경제기관으로 1921년 12월 25일 무궁사(無窮社)를 설립하였다.[47]

본부 임원으로는 회장, 간무원, 간의원을 두었다. 초창기 본부 회장과 간의원, 간무원, 각 부의 부장은 〈표2-3〉와 같다.

<표 2-3> 천도교청년회의 본부 임원[48]

시기	회장	간의원	간무원	부장
1920.4	鄭道俊	朴達成	朴思稷 金玉斌	지육부장 朴達成
1921.1	鄭道俊	李東求 李世憲 吳鳳彬	朴思稷 金玉彬 朴來泓	
1921.4	鄭道俊	姜仁澤 朴容俊 金秉濬 姜友 吳鳳彬 車相瓚 李世憲 金弘植 申一黙 李東求 車用福		실업부장 黃敬周
1922.3	鄭道濬		조기간 朴來泓 김옥빈	포덕부장 鄭容俊, 체육부장 孫在基
1922.10	趙基栞	孫在基 桂淵集 강우 崔丹鳳 閔泳純 許益煥 金秉濬 韓東朝 李鍾麟 朴來泓 朴達成 崔斗先	車相瓚 김옥빈 李炳憲	포덕부장 정도준, 편집부장 金起田, 음악부장 李在賢, 체육부장 孫熙運, 지육부장 李敦化, 실업부장 金相奎
1923.4	趙基栞		車相瓚 朴來泓	

<표 2-4> 천도교청년회의 주도인물

이름	직책	출생	입교	학력	교회경력 / 사회경력
강우	간의원	함남 이원	1914	오성학교	講道員 傳敎師 奉訓 道師 / 조선청년연합회 서기 전조선청년당대회 서기
강인택	간의원	함남 홍원		보성전문	강습소 강사 청년회 지회장 개벽 기자 / 3·1운동 참가 조선교육협회 이사 재일조선인노동상황조사회 위원 민립대학기성회 위원
계연집	간의원	평북 선천	1912	보성중	金融員
김기전	편집부장	평북 구성	계대	구성강습원 보성전문	개벽 주필 천도교소년회 총재 / 매일신보 평양지국장
김병준	간의원	함남 이원	1907	경성의전	奉訓 敎訓 道師 宗法師 主幹布德師 主管道正 講道員敎區長 / 3·1운동 참가
김상규	실업부장	전북 전주	1904		奉訓 道師
김옥빈	간무원, 실업부 실행위원	평남 벽동	1904		道師 宗法師 巡廻敎師 講道員 金融觀書計員 中央宗理師
김홍식	간의원				
민영순	간의원	경기 양평			개벽사 영업국장 / 만세보 회계 탁지부 인쇄국 교정원 내각 문헌비고 감인위원
박달성	간의원	평북 태천	1910	교리강습소 동양대학	교리강습소 강사 공선원 개벽사 기자 / 창동학교 교사
박래옥	포덕부 간사		계대		천도교소년회 간사 및 지도위원
박래홍	간의원	서울	계대	보성전문 북경대학 중퇴	

박사직	간의원	평북 태천	1901	강습소 보성중 일본대학	奉敎 奉訓 道師 宗法師 共宣員 講道員 中央宗理師 觀書
박용회	간의원, 포덕부 간사	함북 경성	1912		道師 傳敎師 講道員 宗務員 書計員 천도교소년회 간사 및 지도위원
손재기	체육부장	경성	계대	보성전문	
손희운	체육부	간사			
신일묵	간의원	만주			교구장 / 동만청년연맹 간도교육협회 조직 간도 동흥학교 교사
오봉빈	간의원	평북 영변	1900	사범강습소	道師
이달여	실업부원	평북 위원	1902		奉訓 道師 金融員 共宣員
이돈화		함남 고원	1902	평양사범 속성과	接主 道師 宗法師 講道員 編輯員 編輯課長 編輯課員 中央宗理師
이동구	간의원	강원 횡성	1903		의사원 교구장 / 고려혁명당
이병헌	체육부장	경기 수원	계대	보성전문	순회교사 강도원 / 3 · 1운동 참가
이세헌	체육부장		계대		
이재현	간의원 실업부 실행위원				
이종린	간의원	충남 서산	1912	성균관	재일조선인노동상황조사회 위원, 민우회, 조선물산장려회 이사
정남규	실업부원				
정도준	회장	평북 철산			敎區長 / 보성초 교장
조기간	간의원	평남 덕천	1901	경선의전 중퇴 보성전문 졸	道師 宗法師 奉訓 布德師 講道員 共宣員 金融員
차상찬	간의원	강원 춘천	1904	보성전문	道師 宗法師 / 보성전문 교수
차용복	간의원	평북 안주	1909		道師 布德師
최단봉	간의원	평남 순천	1907		巡廻敎師 金融員 共宣員 講道員 敎區長 奉訓 敎訓 觀書
최두선	간의원				
한동조	간의원	만주			
허익환	간의원	서울	1904		道師 宗法師 觀書 中央宗理師 布德師 개벽사 기자
황경주	간의원	충북 청주		교리강습소 종학학교	

천도교청년회본부 임원들은 다음과 같은 특징이 있다. 첫째, 교리강연부 임원으로 활동하였던 인물로 정도준, 박달성, 박사직, 김옥빈, 박래홍, 손재기, 조기간, 황경주 등이 있다. 둘째, 출판계에서 활동하였던 인물로 김기전,

민영순 등이 있다. 셋째, 고등교육을 받은 인물로 조기간, 차상찬, 이종린 등이 있다. 조기간은 경성전문학교, 차상찬은 보성전문학교, 이종린은 성균관 박사 출신이었다. 넷째, 3 · 1운동에 참여한 인물로 이병헌, 김병준, 강인택 등이 있다. 이병헌은 서울과 수원에서, 김병준은 함남 이원에서 만세운동에 참여하였다. 다섯째, 지역적으로 이북 지역 출신이 많았다. 평북이 5명, 함남이 4명, 서울 2명, 강원 2명, 평남 1명, 해외 2명이었다. 평북과 함남은 천도교 세력이 강한 지역으로 일찍부터 문명 개화에 관심이 많았다. 여섯째는 천도교에 입교한 연대가 1900년대 초이다. 이 시기는 천도교의 근대 문명 수용 시기였다.

2) 천도교청년회 지회의 조직

앞서 살펴본 바와 같이 초기 천도교 청년단체인 교리강연부는 3 · 1운동으로 인한 교단의 새로운 체제 형성과 세계사조의 수용, 이민족 치하에서의 민족적 사명을 앞장서서 수행해 가기 위해 설립되었다. 그러나 설립 8개월 후인 1920년 3월경부터[49] 조직 강화를 위해 천도교청년회(이하 청년회)라는 새로운 체제로 변화를 시도하였다. 이에 따라 교리강연부는 4월 25일 명칭을 '천도교청년회'로 변경하였다.[50] 청년회의 조직은 교단의 중앙집권적 조직을 그대로 원용하여 중앙 조직은 '청년회본부', 지방 조직은 지역 군(郡)의 명칭을 활용하여 'ㅇㅇ지회'라고 하였다.

지방 조직인 지회의 설립 요건은 교리강연부 지부와 마찬가지로 회원 13명 이상으로 정하였을 것으로 본다. 교리강연부나 청년회의 회칙 또는 규정이 아직 확인되지 않아 정확한 것은 알 수 없지만, 청년회에서 청년당으로 체제를 변경한 후 제정한 당헌에서 지방당부의 설립 요건을 당원 13명 이상으로 규정하였다. 이 규정은 교리강연부나 청년회, 청년당뿐만 아니라 이후 청우당의 지방조직에도 여일하게 적용하였기 때문이다.

　그런데 청년회의 조직 구조가 중앙집권적 조직임에도 불구하고 중앙보다 지방에서 먼저 지회가 결성되기도 하였다. 즉 청년회 명의 변경을 알리는 같은 지면에 의하면 진주지회가 중앙보다 3일 빠른 4월 22일 이미 강연회를 개최하였음이 확인할 수 있다. 진주지회가 주최하는 강연회가 4월 22일에 개최되었다는 것은 이보다 앞서 교리강연부의 진주지부가 청년회의 진주지회로 명칭이 변경되었음을 전제로 하는 것이고 그 시기는 3월까지 올려 잡을 수 있을 것으로 보인다. 이와 같이 지회가 중앙본부보다 먼저 설립된 곳은 아래의 교구 연혁에서도 확인할 수 있다.

　　　　소 61년(1920년; 필자주) 庚申 3월 劉漢日 金奉俊 朴尙浩 제씨의 발기로 천도교청년회 의주지회를 設하고 該會內에 敎理講習會를 置하다.[51]

　　　　소 61년 庚申 1월에 金在桂 朴春植 鄭淳模 金在班 金秉厚 朴允培 제씨의 발기로 천도교청년회 장흥지회를 設하고, 朴允培 金尙東 黃業周 朴鍾錄 白相元 제씨가 천도교청년회 경성본부에 設한 강습소에 입학하다.[52]

　　　　소 61년 庚申 3월에 康聖三 權亨道 제씨의 발기로 천도교청년 (희천)지회를 設하고 교리강습회를 置하였으며, 그 후에 學術講習院을 置하여 科學의 智識을 修養하다.[53]

　　　　(布德 61년) 3월에 閔泳軫 宋永燮 金振玉 趙聖德 金汝相 李相國 제씨의 발기로 천도교청년회 전주지회를 設하고 該會內에 臨時敎理講習所를 設하다.[54]

　　　　소 61년 3월에 朴淇燮 洪炳元 高信鳳 제씨의 發起로 천도교청년회 태천지회를 設하고 該會內 교리강습을 置하다.[55]

　　　　포덕 61년 庚申 1월에 區內 제씨의 발기로 천도교청년회 지회를 設하고….(박천지회)[56]

　　　　우리 瑞山에는 경우 31명의 회원으로 작년(1920년 ; 필자주) 2월에서야 비로

소 지회가 설립되었습니다.[57]

위의 자료에 의하면 장흥지회와 박천지회가 1920년 1월에 가장 먼저 설립되었고, 이어 서산지회가 2월, 의주지회 · 희천지회 · 전주지회 · 태천지회가 각각 3월에 설립되었다. 그렇지만 이들 지회의 설립은 교리강연부 지회로 설립되었던 것을 청년회로 명칭이 변경된 이후에도 그 연원을 청년회로 삼았을 가능성도 배제할 수 없다. 왜냐하면 전주지회는 이종환, 구창근, 김영호, 김대준 등의 발기로 1920년 6월 20일 발기총회를 갖고 취지를 발표하고 청년회를 설립하였기 때문이다.[58] 또한 교구연혁과 신문기사와 비교할 때 발기인이 서로 다르게 기록된 경우도 있다. 이러한 사례는 전주지회뿐만 아니라 다른 지회에서도 일어났을 가능성을 배제할 수 없다. 그리고 이날 발표한 취지서의 내용은 교리강연부의 취지서 중에서 '교리강연부' 부분만 '청년회'로 바꿔 그대로 사용하였다.[59] 이는 교리강연부 지부가 청년회 지회로 재설립되는 과정을 보여주는 사례이다. 그렇다 하더라도 청년회 지회는 서산지회가 1920년 2월에서야 '비로소 지회가 결성되었다'고 한 것처럼 지회 조직은 상당수가 중앙보다 지방에서 먼저 설립되었다던 것으로 보인다.

지회는 대체로 지방교구가 있는 지역에서 우선적으로 설립되었으며, 대부분이 1920년 3월 또는 4월경에 설립된 것으로 보인다. 이는 1920년 5월에 고원지회, 함흥지회, 수원지회, 평양지회, 진남포지회, 강서지회, 성천지회, 강동지회, 황주지회 등지에서 강연회 활동[60]을 한 사례가 있기 때문이다. 또한 대부분의 지회는 1920년대에 설립되었다고 할 수 있다.

그렇다면 지회 설립 과정은 어떠하였을까. 대부분이 교리강연부 지부에서 청년회 지회로 확장하는 절차와 명칭 변경을 통해 설립되었다. 교리강연부 지부가 없었던 지회는 지역 교구 및 중앙본부의 후원으로 설립되었다. 실례로 본다면, 안주지회는 교리강연부 지부에서 창립총회를 거쳐 청년회

지회로,[61] 전주지회는 교리강연부 지부에서 발회식과 창립총회를 통한 재설립, 동경지회는 중앙본부의 후원과 발회식으로,[62] 강계지회는 교구의 후원과 청년들의 노력으로 창립총회를 갖고 각각 설립되었다.[63] 그리고 영변지회와 서흥지회는 창립총회만 갖고 설립하였다.[64]

여기서 동경지회의 설립 과정을 좀 더 구체적으로 살펴보자. 동경지회는 도일 유학생을 중심으로 설립되었는데, 1921년 1월 현재 20여 명 정도였다. 이들은 방정환을 지회발기인[65] 대표로 하여 192년 1월 10일 통지문을 고지한 후 1월 16일 10여 인[66]이 모여 지회 설립 건과 장소 문제를 토의하고 중앙본부의 후원을 요청키로 결의하였다. 그 외에 포덕의 방침과 하기강습에 대해서도 논의하였다.[67] 지회 설립을 위한 발회식은 4월 5일에 있었다. 식장입구 한 쪽에는 '천도교청년회동경지회발회식장'이라는 현판을 내걸었다. 발회식은 회장 방정환의 개회사, 학우회장 김종필·동우회장 김봉익·동아일보특파원 민채원·매일신보특파원 홍순기·여자흥학회장 윤영준 등 10여 인의 축사를 듣는 순서로 진행되었다. 이어 지회 설립을 의결함으로써 동경지회가 설립되었다.[68]

청년회 지회는 1920년 이후에도 지속적으로 설립되었다. 원산지회, 경성지회(함북), 동경지회, 용정지회 등 4개의 지회가 1921년에, 순천지회(평남)가 1922년에 각각 설립되었다. 자료상 가장 늦게 설립된 것으로 확인된 평남 순천지회는 1922년 2월 12일 창립총회를 개최하고 지회를 설립하는 한편 '순천 인민을 위하여 각성을 촉진케 할 목적'으로 순회강연대도 함께 조직하였다.[69] 1920년 3월 청년회 설립 이후 청년회의 지방조직인 지회의 설립 현황은 〈표 2-5〉와 같다.

<표 2-5> 천도교청년회 지회 설립 현황

지역	지회	설립	주요 활동 인물	회원	비고	계
경기	경성	1920.4.			청년회보 3	6
	연천	1920.4.			청년회보 3	
	인천	1920.4.	최인순		청년회보 3/동아 1921.2.28	
	수원	1920.4.	이병헌 홍종각	25	청년회보 3/동아 1921.9.18	
	양주				동아 1922.2.1	
	삭령				천도교회월보 124호	
강원	금성	1920.4.	최병원 김창조		청년회보 3	7
	횡성	1920.4.			청년회보 3	
	홍천	1920.4.			청년회보 3	
	평강	1920.4.	김찬호 유대완		청년회보 3/동아 1920.7.28	
	이천	1920.4.			청년회보 3	
	철원		김현일 이금철		천도교회월보 124호	
	김화		윤규우		천도교회월보 124호	
충남	예산	1920.1.	강창주 김영준	23	청년회보 3	3
	서산	1920.2.	이종만 서재명 김창조		청년회보 3	
	당진	1920.4.	백남덕 박기신		청년회보 3/조선 1923.7.18	
충북	음성	1920.4.			청년회보 3	2
	청주		서창수		천도교회월보 120호	
경남	진주	1920.3.22	박태준 김의진 박태홍 강기수		청년회보 3/동아 1920.4.26	8
	사천	1920.4.	장태영 김경진		청년회보 3	
	울산	1920.12.	박경묵 허준해 차덕줄 장진희	63	청년회보 3/동아 1921.5.7	
	함양	1920.4.			청년회보 3	
	김해				동아 1921.9.19	
	창녕		임문호 하상태 하상석 김윤갑		동아 1921.12.15	
	통영		양재원 배홍엽 정기순 박태근		동아 1922.3.13 조선 1923.1.21	
	영산				동아 1922.6.15	
경북	김천	1920.4.			청년회보 3	1
전남	완도	1920.4.	신태희 박한규	34	청년회보 3/동아 1921.6.5	10
	장성	1921.2.8	박민병	16	청년회보 3/동아 1921.5.17	
	강진	1920.4.			청년회보 3/조선 1921.5.29	
	함평	1920.4.			청년회보 3/조선 1921.5.20	
	장흥	1920.4.	박춘식 김상동 김재계		청년회보 3/동아 1921.6.5	
	나주	1920.4.			청년회보 3	
	목포				동아 1920.9.6 조선 1921.5.26	
	해남		박석홍		동아 1921.5.25	
전남	고흥				동아 1921.6.2	
	순천				조선 1921.6.3	

	순창	1920.4.	최규섭 김형선 김재성		청년회보 3/동아 1921.6.8	
	임실	1920.4.	이동옥 김한경		청년회보 3/동아 1921.6.1	
	옥구	1920.12.	김응배	68	청년회보 3	
	전주	1920.6.20	송영섭 이유상 김대준 서우용 구창근 이종환 김영호	100	청년회보 3/동아 1920.6.28	
	금구	1920.4.			청년회보 3	
전북	진안	1920.4.	김종태		청년회보 3	12
	정읍	1920.4.	김병이		청년회보 3	
	고산	1920.4.	국장환 엄주형 이용선	26	청년회보 3/동아 1920.8.12	
	익산	1920.4.	정수근 임종환 오흥근 변창순		청년회보 3/동아 1920.7.25	
	김제		김병준		동아 1920.7.27	
	담양				동아 1921.6.5	
	원평		김화일		천도교회월보 120호	
	함흥	1920.4.	김봉익 유병준		청년회보 3/동아 1920.5.8	
	정평	1920.4.	이찬주 한민행	97	청년회보 3/동아 1920.7.4	
	원산	1921.1.10	김용호 한은표 조정오	35	청년회보 3	
	단천	1920.4.	설관학 최동팔		청년회보 3/동아 1920.7.7	
	문천	1920.4.			청년회보 3/동아 1920.7.7	
	신흥	1920.4.		32	청년회보 3/동아 1920.7.12	
함남	장진	1920.4.	변현삼 김정석 최기운 문철모		청년회보 3/동아 1920.7.16	14
	북청	1920.4.	고정휘 최승균		청년회보 3/동아 1920.6.27	
	홍원	1920.4.			청년회보 3/조선 1920.6.24	
	고원	1920.4.	김병제 김석균 황기수 김제호		청년회보 3/동아 1921.11.19	
	이원	1920.4.			청년회보 3/동아 1920.6.30	
	영흥	1920.4.	이표 조창모 조창환 장성오		청년회보 3/동아 1920.6.27	
	풍산		박영섭 박인진		동아 1920.9.13	
	삼수		조병수		천도교회월보 123호	
함북	경성	1921.2.8	박용한	44	청년회보 3	1
	성천	1920.4.	김봉국 박종각		청년회보 3/동아 1920.6.1	
	은산	1920.2.	김준석	39	청년회보 3	
	평양	1920.4.	이초옥 이성삼 이기설 김명희	97	청년회보 3	
	상원	1920.4.			청년회보 3	
	중화	1920.6.	김지겸 송헌 정승하	53 600여	53 60여/동아 1920.7.6	
	순안	1920.4.	김영실 김봉천 김봉인 예창호		청년회보 3/동아 1920.7.15	
평남	안주	1920.4.	문진삼 김위제 정응봉	100/ 300	청년회보 3/동아 1920.6.3	
	개천	1920.4.	유인식		청년회보 3/동아 1920.7.17	17
	덕천	1920.4.	이용규 정원국 김형국 이용규 안배길 김성칠 김병모 김진용 안수익 서중현 박필두	66	청년회보 3	
	자산	1920.11.	한창진 김종진 김중현	41	청년회보 3/동아 1922.3.1	
	맹산	1920.4.	최재우 김홍식		청년회보 3/동아 1922.1.22	
	강동	1920.4.	이근섭 김춘택 이석균 이달흥 이영수		청년회보 3/동아 1920.7.14	

평남	진남포	1920.4.			청년회보 3/동아 1920.5.26	17
	평원	1920.4.	최경호		청년회보 3	
	숙천	1920.4.	김요익 김명준		청년회보 3/동아 1920.7.9	
	순천	1922.2.12	김길호 장응걸 김병수		청년회보 4/동아 1922.2.20	
	강서		홍기섭	35	천도교회월보 118호	
평북	강계	1920.1.18 /8·15	유한용 차응남 이병식	122	청년회보 3/ 조선 1920.12.15 동아 1920.8.24	18
	태천	1920.4.	고신봉 홍병원		청년회보 3	
	가산	1920.4.			청년회보 3	
	창성	1920.4.	차동원 허희 홍용심 휴명기 강병월		청년회보 3/동아 1921.5.28	
	영변	1920.8.23	김명선 이준훈 장동순 김만련		청년회보 3/동아 1920.9.18	
	자성	1920.4.			청년회보 3	
	용천	1920.4.	김적홍 이연서		청년회보 3/동아 1920.7.17	
	운산	1920.4.	이보영 이의유		청년회보 3/동아 1920.9.20	
	벽동	1920.4.	이홍범 김경호		청년회보 3	
	곽산	1920.9.31	신유권	60	청년회보 3/동아 1921.3.28	
	철산	1920.4.	김순화 정용혁 장용상 정윤석 배정환	35	청년회보 3/동아 1921.4.24	
	정주	1920.4.	김이순 백중빈		청년회보 3/동아 1920.6.25	
	삭주	1920.2.	이학윤 김정득	68	청년회보 3	
	중강진	1920.4.			청년회보 3	
	의주	1920.4.	유한일 홍우룡 최안국 박병원 이재곤	149	청년회보 3/동아 1920.7.4	
	구성	1920.4.	이원행 김경수		청년회보 3/동아 1921.5.20	
	박천	1920.4.	최종정 조기주		청년회보 3/동아 1920.6.27	
	희천			41	청년회보 3/동아 1920.7.27	
황해	신천	1920.4.	방택기 김정삼		청년회보 3	
	곡산	1920.4.	김창현 김명호 조정호 김경호 김재근	80	청년회보 3	
	토산	1920.4.	김동호		청년회보 3	
	황주	1920.4.			청년회보 3/동아 1920.6.4	
황해	신계	1920.4.	홍종하 김용덕		청년회보 3	13
	서흥	1920.9.10	박동주 김창조 최운섭 이영준		청년회보 3/동아 1920.9.18	
	장연	1920.4.	김치명		청년회보 3	
	송화	1920.1.	여운남	31	청년회보 3/동아 1921.5.31	
	금천	1920.4.			청년회보 3	
	안악	1920.7.	나찬진		청년회보 3/동아 1920.8.2	
	수안				청년회보 4	
	해주				조선 1920.12.11	
	옹진		정운영 이화세		천도교회월보 122호	

해외	국자가	1920.4.	김주빈 박림		청년회보 3	
	동경	1921.4.5	방정환	28	청년회보 3/동아 1921.4.6	
	용정	1921.2.13	전(김)희성 최명호 김중섭		청년회보 3/동아 1921.5.18	
	장백현		이계학 조성극		청년회보 4	7
	해삼위				동아 1922.4.26/천도교회월보 141호	
	연길				천도교회월보 128, 129호	
	간도		최명호		천도교회월보 147호	
계						120

〈표 2-5〉에 의하면 청년회 지회가 설립된 곳은 경기 6, 강원 7, 충남 3, 충북 2, 경남 9, 경북 1, 전남 9, 전북 12, 함남 14, 함북 1, 평남 17, 평북 18, 황해 13, 해외 7 등 모두 119개 지역이다. 그렇지만 이들 지회는 자료를 통해 파악이 가능한 지회에 불과하다. 청년회가 발전적 해체를 하고 청년당으로 전환할 당시에는 전국적으로 2백여 개의 지회에 회원이 8천여 명에 달하였다.[70]

이를 광역 단위로 구분하면 경기 강원 지역이 13개, 충청 지역이 5개, 영남 지역이 10개, 호남 지역이 22개, 관북 지역이 15개, 관서 지역이 35개, 해서 지역이 13개, 해외 지역 7개로 관서 지역과 호남 지역이 비교적 지회 설립이 잘 진행되었으며, 충청 지역이 가장 저조하였다.

한편 지회의 조직의 현황을 천도교 지방교구와 관련하여 살펴보자. 청년회가 청년당으로 전환되는 1923년 9월 현재 국내외에 걸쳐 189개의 교구가 존재하였다. 이중 청년회 지회가 설립된 곳은 118개로 설립률이 약 63%에 이른다. (〈표 2-6〉)

〈표 2-6〉 교구 및 지회의 설립 현황 비교

지역	교구		지회		설립
	교구명	수	지회명	수	비율
경기	경성 연천 남양 안성 개성 이천 양평 진위 강화 여주 용인 광주 양주 시흥 용산	15	경성 연천 인천 수원 양주 삭녕	6	40
강원	금성 양양 김화 철원 평강 정선 횡성 이천 홍천 양구 춘천 안협 회양	13	금성 횡성 홍천 평강 이천 철원 김화	7	54

충남	태안 당진 금산 서산 부여 논산 홍성 예산 공주 보령	10	예산 당진 서산	3	30
충북	충주 옥천 제천 진천 음성 괴산 청주 보은 영동	9	음성 청주	2	22
전남	보성 담양 장성 영암 완도 장흥 강진 광양 나주 고흥 무안 진도 해남 광주 목포 함평 순천	17	완도 장성 강진 함평 장흥 나주 목포 해남 고흥 순천	9	56
전북	고창 김제 고산 고부 함열 순창 남원 곡성 익산 전주 장수 옥구 임실 진안 금구 태인	16	순창 임실 옥구 전주 금구 진안 정읍 고산 익산 김제 담양 원평	12	75
경남	울산 사천 진주 김해 합천 곤양 창녕 고성	8	진주 사천 함양(합천) 울산 김해 창녕 통영(고성) 영산	8	100
경북	김천 경주 영천 성주 상주	5	김천	1	20
평남	성천 순천 강서 강동 평원 양덕 맹산 삼등 안주 진남포 덕천 순안 영원 자산 중화 영유 은산 용강 상원 개천 평양 숙천	22	성천 은산 평양 상원 중화 안주 순안 개천 덕천 자산 맹산 강동 진남포 평원 숙천 순천 강서	17	77
평북	자성 후창 삭주 철산 태천 초산 위원 창성 박천 영변 구성 정주 벽동 의주 강계 운산 희천 곽산 용천 선천 가산	21	강계 태천 가산 청성 영변 자성 용천 운산 벽동 곽산 철산 중강진 의주 구성 박천 희천	18	86
함남	장진 풍산 북청 삼수 단천 함흥 갑산 이원 신흥 문천 홍원 정평 영흥 원산 고원	75	함흥 정평 원산 단천 문천 신흥 장진 북청 홍원 고원 이원 풍산 삼수	14	93
함북	경성 성진 무산 명천 길주	5	경성	1	20
황해	서흥 황주 은율 옹진 연백 신계 해주 수안 장연 안악 신천 봉산 평산 금천 송화 토산 재평 곡산	18	신천 곡산 토산 황주 신계 서흥 장연 송화 금천 안악 수안 해주 옹진	13	72
해외	용정 서변하계 화룡현 장백현 임강현 북간도 국자가 서변상계 관전현 집안현 해삼위 두도구 연길현 왕청현 북경(상해) 동경	16	국자가 용정 동경 장백현 해삼위 연길 간도	7	44
계		190		120	100

〈표 2-6〉에 의하면 교구와 지회 설립의 관련성을 살펴보면, 수치상으로 경남이 교구 8개에 지회 8개로 모든 교구에 지회가 설립된 것으로 볼 수 있다. 그런데 합천, 곤양, 고성은 교구만, 함양, 통영, 영산은 지회만 설립되어 교구와 지회의 관계가 일치되지 않는다. 이러한 사례는 경남 외에도 전북의 원평, 평북의 중강진 등이 있다. 그러나 이 경우도 교구가 조직된 지역 내의 일부 지역에 해당하거나 인접 지역으로 비록 명칭은 교구와 지회가 다르지만 실제적으로 상호보완의 관계에 있었던 것으로 보인다. 지회의 조직이 설립 수치상으로 보면 평북이 18개로 가장 많지만, 교구 대비 지회 설립 비율로 본다면 오히려 함남이 15개의 교구 중 14개의 지회가 설립되어 가장 앞선다. 이어 평북, 평남, 전북, 황해, 전남, 강원의 순이다. 그런데 지회의 활

동상으로 볼 때는 평북, 평남, 함남이 타 지역보다 조직이 활발하게 움직이고 있다. 이로써 평안도와 함경도, 황해도 등 이북 지역에 지회가 많이 설립된 것은 이 지역의 교세가 비교적 컸던 점도 있지만 청년들의 천도교 이념에 입각한 문화운동에 대한 기대감 내지 관심이 많았기 때문이기도 하였음을 알 수 있다.[71] 그리고 특기할 것은 동학혁명으로 적지 않은 피해를 입었던 전라도 지방에도 지회가 많이 설립되었는데, 이는 동학혁명 이후 갑진개화운동, 천도교구 설립 등으로 그 맥락을 계승해 온 이 지역 교인들의 종교적 신념이 그만큼 강하였기 때문이다. 즉 동학혁명 이후 고향을 등지고 은신하였던 교인들이 동학에 대한 탄압이 느슨해지자 귀향하여 흑의단발의 문명개화운동에 참여하면서 이후 천도교 청년 활동으로까지 계승되어 왔던 것이다. 즉 이들은 동학이 천도교로 전환된 후 지역별로 지방교구를 설립하고 교세 확장에 힘썼던 것으로 파악된다. 이들은 천도교 청년단체가 설립됨에 따라 자연스럽게 참여하고 지회를 설립하였던 것이다.[72] 그 밖에 각 지역 여타 청년단체의 조직과 활동에 자극을 받았을 가능성도 없지 않다고 본다.

여기서 천도교청년회 지회 조직 현황을 이 시기 중앙집권적 청년단체 또는 연합회의 조직과 비교해 보자. 1923년대 중앙집권적 또는 연합회적 성격을 띤 청년단체는 기독교계의 기독교청년회와 1920년 12월에 창립한 조선청년회연합회, 그리고 1923년 4월에 창립한 전조선청년당대회 등이 있다. 우선 기독교청년회는 중앙기독교청년회를 정점으로 1923년 말 현재 30개 정도의 지방 청년회가 확인된다.[73] 그리고 조선청년회연합회는 222개 지방 청년단체가 참여하여 조직한 연합단체였지만[74] 1923년 4월 정기총회에 31개 지역 청년단체만이 참여하는 데 그쳤다.[75] 더욱이 전조선청년당이 조직되면서 그 조직 실체는 사실상 와해되었다고 볼 수 있다. 그리고 전조선청년당대회에는 93개 지역 청년단체가 참여하여 조직되었다.[76] 이들 단체는 천도교청년회의 중앙집권적 조직 구조와 일률적으로 비교할 수는 없지만,

일단 전체적인 조직 상황에서는 천도교청년회가 좀 더 강력한 구조를 갖추고 유기적으로 결합되어 있다고 볼 수 있다. 이에 따라 중앙과 지회와의 유기적 활동도 보다 활발하게 그리고 지속적으로 전개할 수 있었다.

지회에 참여한 주요 인물들은 대부분이 계대교인이며 교구에 종사하는 교역자, 그리고 지역에 따라서는 유지들이 참여하였다. 안주지회 설립에 참여하고 지회장을 맡은 문진삼은 안주중학기성회 간사와 만성청년회 발기인, 정응봉은 안주청년회 서기 및 총무와 동아일보 안주지국 총무 겸 기자, 김위제는 부양학교 학감 · 안주기자단 실행위원 · 율산직조소 설립 · 동아일보 안주지국장, 김병걸은 안주기자단 실행위원, 차용복은 안주청년회 서기 등으로 활동하였다. 강계지회의 이원행은 동아일보 강계지국 총무 겸 지국장 · 중일학교 교사, 백인옥은 중일학교 교장, 오윤진은 동아일보 강계지국장 및 시대일보 강계지국 기자 등으로 활동하였다. 그리고 평양지회 지회장을 맡은 바 있는 이성삼은 한학을 수학하였고 교원과 기자 등으로 활동하였다. 서산지회의 이종만은 동아일보 서산지국장과 혁우청년동맹 위원으로 활동한 바 있다. 이들의 활동 영역은 언론인, 교사, 청년단체 운동가 등으로 해당 지역 사회에서 적지 않은 영향력이 있는 인물이었다. 그리고 지역 청년단체와도 밀접한 관계를 유지하였다.

한편 지회는 조직 확대와 회세 확장을 위해 지회에 따라 독자적으로 교리연구회, 여자청년회, 그리고 친목연합회 등 다양한 외연단체를 조직하였다. 우선 교리연구회는 황해 겸이포 청년들이 조직한 것이 확인된다. 즉 이들은 "포덕을 확장하고 교리를 연구하며 인격을 향상하여 인내천주의를 대대적으로 선전"할 목적으로 1920년 8월 1일 창립총회를 개최하고 '겸이포청년교리연구회'를 조직하였다.[77] 이 연구회는 청년회의 '부분적 행동과 준비적 공구(功究)'를 위해 설립되었는데, 겸이포가 속한 황주에는 황주지회가 이미 설립됨에 따라 지회 활동을 지원하기 위해 조직된 것이라고 할 수 있다. 연

구회는 연구부, 포덕부, 강연부, 문예부 등 네 개의 부서를 두었으며, 회칙은
다음과 같다.

제1조 會日은 매주 火曜, 金曜 양일로 함
제2조 會日에는 教理, 講演, 文藝 등을 輪回하여 講論을 持함
제3조 研究部는 教書를 講習研究함
제4조 布德部는 教理를 中外에 宣傳하여 布德에 종사하며, 신입 교인에게
매월 2회 순회강론함
제5조 講演部는 1주일 전에 題를 예정하고 演士를 2명씩 지정하여 강연함
제6조 文藝部는 신문 잡지를 구독케 하며 朝鮮文, 作文, 算術을 강습함[78]

회칙에 의하면 연구부는 교단에서 발행한 교서의 강습 및 연구, 포덕부
는 천도교 교리를 선전과 포교, 강연부는 매주 2명이 강연을 하도록 규정하
였다. 그리고 문예부는 신문이나 잡지를 구독하여 교육 효과를 기대하였다.
이들 부서의 기능은 지회의 연구부, 강연부, 포덕부, 편집부와 거의 같다고
할 수 있다. 교리연구회는 첫 사업으로 이해 9월 5일 제1회 강연회를 개최하
였다. 강연은 회장 조관용이 '인생은 진화적 동물'이라는 연제로 하였다.[79]
또한 황주군 구성면 화동리전교실에서 1920년 8월 28일 광제청년회를 창
립하였으며, 회원은 88명이었다. 이날 최재우와 김천일이 '현대사조와 인내
천', '청년의 급무와 각오'라는 연제로 각각 강연을 했다.[80]

여자청년회는 각지에 여자청년회가 조직되는 영향과 청년회의 지원으
로 평양과 간도, 함흥, 원산, 안주 등지에서 조직되었다. 평양지회의 지원으
로 1921년 2월 20일에 평양여자청년회가 처음으로 조직되었다.[81] 평양여자
청년회는 설립 당시에는 30여 명의 회원으로 출발하였으나 이해 말경에는
52명으로 늘어났다. 주요 활동으로 설립 직후부터 야학을 운영하였다.[82] 이

어 1921년 3월 29일 북간도 용정에서 허천(許天)이 중심이 되어 천도교여자
청년회가 설립되었다. 창립 당시 회원은 30여 명이었으며, 여자교리강습소
를 설립하고자 하였다.[83] 안주여자청년회는 1921년 5월 1일 창립총회를 갖
고 회규 통과에 이어 포덕부, 교육부, 음악부 3부를 설치하고, 회장 안순화,
간사 백운화 · 유봉화, 포덕부장 김송화, 교육부장 이귀화, 음악부장 권경화,
고문 유봉수 등을 선임하였다.[84] 그리고 입회금은 50전, 월연금은 10전으로
정하고 매주 1회의 교리강습회와 격주로 강연 등의 활동을 하였다.[85] 또한
1923년 가을과 1924년 가을에 천도교에서 운영하는 보광학교에서 여자야학
회를 실시하여 신교육을 보급한 바 있다.[86]

이후에도 1921년 11월 20일 함흥지회에서 지육부 사업으로 천도교함흥여
자지육부를 설립하였다.[87] 또 이듬해 1922년 초 경성에서 천도교여자청년회
가 조직되었다. 이 여자청년회는 17명의 여성이 중앙본부에서 개최한 음악
부 강습에 참여하였다.[88] 또한 원산지회에서도 1922년 1월 부인회를 설립하
였는데, 회원이 16명이었으며 일요강습회를 개최하여 교리를 교수하였다.[89]
이와 같은 여자청년회 또는 부인회의 조직과 활동은 1923년 9월 청년당이
설립된 이후 청년당의 지원으로 천도교내수단이 조직된 이후 내수단의 지
회로 발전하였다.

친목연합회는 평남지역 7개 지회의 참여로 1921년 5월 15일 천도교청년
회평남친목회가 조직되었다. 평양지회를 중심으로 중화지회, 강동지회, 성
천지회, 진남포지회, 순천지회, 자산지회, 평양지회 등은 "지회 호상(互相) 간
에 회무를 상론(相論)하며 매월 셋째주 시일(侍日)마다 각 군에 순회강연을
개최하여 인내천의 종지를 널리 선전하는 동시에 호상 간 교의를 더욱더욱
친밀하게 하자."는 취지로 각 대표가 평양교구에 모여 조직하였다.[90] 그리
고 이날 회장 이성삼(평양), 서기 김명희(평양), 간사 김봉국(성천) 김정학(순
천) 송헌(중화) 고중빈(진남포) 이근섭(강동) 김종진(자산) 등으로 임원진을 구

성하였다. 그리고 이날 오후 김봉국의 '금후 세계는 종교세계', 김경선(강동)의 '종교와 인생의 진화', 김윤걸(순천)의 '어이할까', 윤현수(자산)의 '동귀일체와 인내천', 최인악(성천)의 '인(人)은 진리적 생활', 박기술(자산)의 '차세(此世) 개조(改造)는 청년의 상식', 정승하(중화)의 '우주순환에 오도 자연화' 등의 강연회를 개최하였다.[91] 이어 6월에는 성천지회, 7월에는 순천지회, 8월에는 중화지회, 9월에는 진남포지회, 10월에는 강동지회, 11월에는 자산지회에서 각각 매월 셋째 주에 강연회를 갖기로 하였다.[92] 그러나 실제로는 두 번째 강연회를 7월에 자산지회에서 주최하였다. (〈표 2-7〉)

〈표 2-7〉 천도교청년회평남친목회 강연 현황

일시	주최	강연자	소속지회	강연제목	비고
1921.7.17(제2회)	자산지회	한사응	성천지회	인생은 희망으로	동아21.7.27
		김정수	은산지회	인생의 진생활	
		김경선	강동지회	나를 찾으리	
		김경흡	중화지회	인생의 본위대로	
		이성삼	평양지회	—	
1921.8.21(제3회)	성천지회	김정학		도덕의 실력이 如何	동아21.8.25
		김용택		인생의 진생활은 종교	
		박현겸		동귀일체와 인내천	
1921.9.22	진남포지회				동아21.9.14
1921.12.18(제7회)	평양지회	김정수	은산지회	자각	동아21.12.15 동아21.12.24
		박기옥	자산지회	落葉歸根	
		박배근	순안지회	從하라 시대를	
		김윤걸	평양지회	자체 그대로 살기를 희망함	
1922.2.19(제9회)	자산지회	김응구		人은 진화적 동물	동아22.3.2
		김찬근		性의 강약	
		김정호		인생의 진생활	
		우인수		우리의 급무	
		박근배	순안지회	새시대 새사람	
		황룡연		봄은 오도다	

이들의 강연 내용은 첫째, '인생의 진(眞) 생활은 종교', '동귀일체와 인내천'처럼 천도교의 교리 등 종교와 관련된 것, 둘째, '나를 찾으라', '자각', '종하라 시대를', '우리의 급무' 등과 같이 자아 인식, 시대 사조와 관련된 것, 셋째, '인생은 희망으로', '인생의 진생활', '인생의 본위대로' 등처럼 삶의 본질과 시대성에 관련된 것 등으로 분류할 수 있다. 전체적인 면에서는 개조 시대를 맞아 천도교라는 종교적 이념을 통한 정신적 개조와 이를 사회적으로 확산시키는 청년들의 역할을 강조하는 내용이다. 즉 천도교의 인내천 종지를 선전하고 교세를 확장하는 것이 주 내용이다.

이처럼 평양지회를 중심으로 연합친목회가 조직되어 순회강연 활동을 전개하자 이에 자극을 받아 안주지회가 중심이 되어 천도교청년회평안각지회연합친목회를 결성하였다. 1921년 8월 20일 안주지회를 비롯하여 박천지회, 가산지회, 개천지회, 숙천지회 등의 지회장이 안주교구에 모여 "천도교청년회 주의하에 각지 지회장이 연합하여 상호친목 발전을 도모"하기 위해 연합친목회를 조직하였다. 그리고 사업으로는 매월 1회 순회강연과 강습회를 개최하기로 하였다.[93] 이러한 청년회 연합친목회는 청년당에서는 도연합회로 확대 발전되었다.

3) 천도교청년회 지회의 운영

지회의 조직 체계는 중앙집권적 조직의 특성에 따라 중앙본부의 조직 형태를 그대로 수용하였다. 즉 중앙본부의 조직인 회장, 포덕부 · 지육부 · 편집부 · 음악부 · 체육부 등의 5부, 간의원과 간무원, 고문 등을 지회 조직으로 그대로 설치하였다. 다만 지회에 따라 다섯 개의 부서를 두면서도 지역 사정에 따라 부의 명칭이 다른 경우도 없지 않았다. 즉 중앙의 지육부가 지회에서는 '강연부'로 대치되기도 했다. 중앙본부의 규약과 지회의 규약이 약간의 차이가 남을 알 수 있지만 중앙의 지육부와 지회의 강연부는 그 활동 영역이 거의 일치한다. 강연부를 설치한 지회는 안주지회, 전주지회, 정평 지회, 서흥지회 등이다.[94]

지회의 기본 조직은 지회를 대표하는 회장과 5부가 있었다. 회장은 지회를 대표하였으며, 지회에 따라 부회장을 두기도 했다. 5부에는 각 부에 부장 1인과 부원 약간인을 두었다. 5부의 업무분장과 활동은 다음과 같다. 첫째, 포덕부는 포덕 활동을 주로 담당하였다. 주요 업무는 1회원 1인 포덕, 포덕대를 조직하여 관내 지역을 순회하는 포덕 강연 실시, 그리고 교리강습회 개최 등이며, 포교 전단지를 인쇄하여 각지에 배포하기도 하였다.(〈표 2-8〉)

〈표 2-8〉 지회 포덕부의 활동

지회	일시	활동 내용	비고
안주	1920.12-1921.2	임시강습회 개최	강생 26명
	1920.7-1921.4	시일 부인강습회 개최	
	1921.1-4	매 시일예식 후 회원 1인씩 강도	
영변		회장 이하 일반 간부가 출동, 2회 순회강연	1,500여 명 방청
원산	1921	매주 수요일 토론회, 일요일 포덕강연	
	1922.1-2	포덕활동으로 남여 1백여 명 입교	
희천		중앙본부의 1인 포덕 시행에 따라 착착 진행	
수원	1920.1-3	강습회 개최	강생 25명
평양	1921.1-4	강습회를 개최하고 교리 및 과학을 교수	강생 53명
	1921.4	여자강습회 개최	
중화		각면에 간사 2인을 공선하여 상시 포교 종사	
덕천	1921.1-4	강습회를 개최하고 교리와 과학을 교수	강생 53명
	1921.9-1922.2	강습회 개최, 교리 및 과학을 교수	강생 70여 명
벽동	1920.10-12	임시강습회를 개최하고 2개월간 교수	강생 20여 명
	1921.10-1922.3	임시강습회 개최	강생 22명
곡산		회장 김재근 등의 발기로 야학강습회 개설, 강장 김재근, 강사 조정호 김창현	강생 3명
의주	1920.6.	임시강습회 및 시일 교리강습회 개최	
용천	1921.3.	교리강습회 개최	강생 30명

안주	1921.5.	포덕대를 조직하여 城內 일원 순회전도, 포덕문 8백매 인쇄 배포	
	1922.1.	강습회 개최, 강사 김위제	강생 20여 명
신흥	1921.10.	관내 27곳에 포덕순회강연, 강사 주동흠 강신걸 최석린 한회 정 강예덕 이항국	
창성	1921	포덕 및 교지 선전 위해 회원 2명씩을 순차로 시일마다 면 전 교실에 매월 1회 순회강연	
철산	1921	부장 정용상의 포교로 73명 입교,지회 확장을 위해 각면에 간사 1명을 파견	
고산	1922	회원 1명당 1호 포덕키로 하여 현재 진행중	
맹산	1922.1.	포덕순회강연대를 조직하고 각 면 20여 곳에서 강연	
완도	1921-22	회장 이하 간부들이 관내 전교실 순회강연	
	1921.5.	제1회 강습회 개최	강생 30여 명
	1921.6.	시일 부인강습회 개최	
상원	1921.12.	임시강습소 개설, 강사 이최걸 소래원	강생 20여 명
	1922	시일강습을 확장하기 위해 각면 1-3인 선발하여 1주일 단기 교수	강생 20여 명
정평	1920.10-12	단기강습회 개최	강생 30여 명
	1920.10.	여자야학 개최, 일반 자녀에게 지식보급	
	1920.12.	순회강습대를 조직하고 각면 전교실에서 교리강습	
함흥	1921	각면에 간사 1명을 공선하여 상시 포교에 종사하고 매월 1회 순회	

출전 : 『천도교청년회회보』 3호 및 4호에 의거하여 필자가 작성(20=1920년)

포덕부의 활동 중 특징적인 것은 소년부 특설이다. 즉 중앙본부 포덕부에 서 소년부를 특설하자 지회에도 소년부를 설치하는 곳이 생겼다. 소년부를 둔 지회는 평양지회, 안주지회, 함흥지회 등이다.[95] 그리고 평양지회 소년부 는 소년회로 확대 개편되었다.[96] 이 소년부는 청년당 시기에는 부문운동의 하나로 자리매김하였다.

둘째, 지육부 내지 강연부는 강연회와 토론회, 강습회, 순회강연 등을 담 당하였는데, 함흥지회는 여자지육부를, 원산지회는 부인회를 설립하기도 하였다.(〈표 2-9〉)

<표 2-9> 지회 지육부(강연부)의 활동

지회	일시	주요 활동	비고
안주	1920.6.21	대강연회 개최, 강사 이돈화	
	1920.9.3	대강연회 개최, 강사 박용회	
	1920.10-11	각면 순회강연	
	1920.12-1921.2	중앙본부 강습회에 김지수 참가	학비 70원
	1921.4.9	대강연회 개최, 강사 이돈화	
	1921.11.3	대강연회 개최, 연사 김기전 강인택	6-700명
	1921.1.29-2.1	강연회 개최, 연사 이돈화	
영변	1920.12-1921.3	제1회 강습회	강생 40여 명
원산		부인강습회 3개월간 개최, 2회 강습회 개최 준비	
수원	1921.2.7	관내지역 순회강연	
	1921.4.15	특별대강연회 개최	
	1921.8.5	관내지역 순회강연	
희천	1921.1-4	단기교리강습회 개설	
평양	1921.5.	대강연회 개최하고 신문화 진리를 선전	1,400여 명
중화		강연 및 토론회를 조직하고 매월 1회 이상 교리와 학술을 강론	
덕천		예회를 조직하고 매월 1, 3주 일요일 교리를 강연	
벽동	1921.9.	대강연회 개최	
	1921.12.	각면을 순회하면서 신문화 진리를 강연	
	1922.2.24-30	각면 순회강연 개최	
곡산	1920.9.17	대강연회 개최, 연사 박달성 김기전	
	1920.10.10	각면 순회강연, 연사 김창현 김명호 조정호 김경호	
의주	1920.3.	7면 10개소 순회강연, 유한일 홍우룡 최안국 박병원 이재곤	
	1920.6.22	대강연회 개최, 연사 이돈화 홍우룡	
	1920.12.24	대연극 거행	
금성	1920.12.26	13개 전교실 순회강연, 연사 김창조 최병원	
덕천	1920	정기강연 및 토론회, 순회강연, 단기강습회 개최	
	1920	매주 화요일 강론회, 목요일 강연회 개최, 각면 또는 중요한 곳에서 순회강연 개최	
신흥	1921.11.	부인강습회 개최, 강사 임면근	강생 11명
		매월 3일 예회를 개최하고 강연, 지정 과제에 대해 작문	
창성	1921.8-	회원의 지식 발전을 위해 2년 과정의 사범과 개설, 학술연구	회원 30명

		매월 첫째주 시일 정기통상강연회 개최하고 교리 강론	
철산	1921.2-6	임시교리강습회 개최, 강사 배정환 정윤석	강생 35명
	1921.8.24-9.2	순회강연대를 조직하여 각면 순회	경찰당국의 기휘로 중지
	1921.12.1-1922.2	야학강습회 개최, 강사 최응숭 최미수 최영진	강생 20명
	1922.1.12-	각면 강습회 확장을 위해 각면 강습생을 선발하여 임시강습회 개최, 강사 박영 정윤석	강생 13명
고산	1921.7.	순회 특별강연회 시행	
원산	1921.4-	제2회 여자강습소 밀 제3회 여자강습소 설립	80여 명/91명
	1921.1.	부인회를 설립하고 일요강습회 개최 교리 교수	회원 16명
	1922.2.	안변지역 순회강연	
맹산	1921.4.10-5	강습회 개최하고 교리 및 과학 교수	강생 30여 명
	1922.1.8	특별대강연회 개최, 연사 김홍식 최재우	500여 명
완도	1921.5.	대강연회 개최, 연사 신태순 박용회	
	1921.5.23	대강연회 개최, 연사 강인택	
정평	1920.7.	특별대강연회 개최, 연사 정도준	
	1920.8.	순회강연대를 조직하여 각지 순회 인내천진리 선전	
	1921.7.	특별대강연회 개최, 연사 이돈화	
	1920.12.	기독교, 일신청년회와 합동으로 토론회 개최	
	1921.12.	군내 6개 청년회와 합동으로 개최한 현상연합토론회에서 우승	
함흥	1921.7.23	대강연회 개최, 연사 이돈화	
	1921.8.	대강연회 개최, 연사 정중섭	
	1921.9-1922.4 현재	학술강습회 개최	
	1921.11.20	천도교함흥여자지육부 설립	
		매월 1회 이상 토론 및 강연회를 조직하여 교리와 상식 강론	

* 『천도교청년회회보』 3호 및 4호의 내용을 토대로 필자가 정리

    셋째, 음악부는 악기를 구입하여 교습하고 청년들에게 천덕송을 보급하였으며, 체육부는 운동기구 구입과 운동경기를 통한 체력 강화 등의 활동을 하였다. 그 활동의 실례를 보면 평양지회는 음악 장려를 위해 악기를 구입하였고, 체육부 확장을 위해 운동기구를 구입하였다.[97] 안주지회는 풍금 1대를 구입하여 노래 연습을 하였으며, 창성지회는 매주 토요일마다 각종 운

동을, 그리고 매주 금요일마다 음악연구회를 개최하였다.[98] 그 외에 진주지회에서는 축구단을 조직, 운영하였다. 축구단은 박봉의, 황경수, 강빈갑의 발기로 1922년 11월 30일 창립총회를 갖고 조직되었는데, 창립 당시 회원은 50명에 달하였다.[99]

넷째, 편집부는 중앙본부에서 발행한 『개벽』 또는 천도교중앙총부 기관지 『천도교회월보』 등 잡지 또는 신문을 구독 열람하거나 지방 형편에 맞게 소식지를 발행하였다. 그리고 매월 지회의 활동 또는 성적을 편집하여 기록하였다.[100]

이상에서 볼 때 지회의 5개 부서 중 포덕부와 지육부의 활동이 가장 활발한데, 이들이 지회의 핵심적인 부서였음을 알 수 있다.

이 외에도 지회 사정에 따라 토론부, 연예부 등을 두기도 했다. 토론부는 강계지회가 설치했으며 강연회를 겸하여 토론회 등을 개최하였다.[101] 연예부는 희천지회가 설치했는데 문화선전, 교육장려, 민풍개량 등을 담당하기 위해 조직되었다.[102] 이 연예부는 「애정(哀情) 여자의 입지」, 「남자의 입지」, 「애정, 우정」, 「여자의 입지」, 「장한몽」, 「우정」 등의 작품을 공연하였으며,[103] 이후 활동을 강화하기 위해 연예단으로 확대 개편되었다.[104]

지회에는 의결 기구로 간의회, 실무를 담당하는 간무원, 자문기구인 고문 등을 두었다. 간의회는 간의원 3-5명으로 구성되었으며, 총회에 상정할 주요 안건을 사전에 심의 의결하였다.[105] 간무원은 서무, 재무, 외무 등 3개 분야로 나누어 각 1명씩을 임명하여 실무를 담당토록 하였다.[106] 그 외에 찬무원을 두기도 하였다. 최고의결기구인 총회는 정기총회와 임시총회가 있었으며, 주요 의결 내용은 임원 선출, 사업 및 결산 보고, 회원 관리 등이었다. 실례로 통영지회는 임원 개선, 사업 진행, 기타사항,[107] 원산지회는 임원 보선, 여자강습회 유지, 일요강습회 개설, 회원의 시일 참석,[108] 안주지회는 강습회 설치, 신문 잡지 열람, 지방순회강연, 유년시일강습[109] 등을 주요 안건으로 다루었다.

지방 조직인 지회는 대체로 중앙본부, 교구와 협조관계를 통해서 원활하게 유지되었지만 그렇지 않은 사례도 있다. 진남포지회는 교리강연부 시절부터 지방 조직을 설립하였으나 회세(會勢)가 발전하지 못하고 유명무실하다가 1922년 7월 23일 부흥총회를 개최하고 조직을 재정비하기도 하였다.[110] 이때 총무로 선임된 장호용(張鎬容)은 황해도 안악 출신 천석꾼으로 창서학교(昌西學校)를 설립하여 교육운동을 전개하고 이후 식산회(殖産會)를 조직 자립경제운동에도 적극 참여한 바 있다.[111] 횡성지회는 '회황(會況)의 영성(零星)'을 이유로 탈퇴되기도 하였다.[112]

1922년 후반 들어 지회의 활동이 부진해지는데, 이는 1922년 6월부터 진행된 천도교단의 신구 갈등이 청년회에 직간접적인 영향을 미친 때문이었다. 즉 한때 교단의 현상을 유지하고자 하는 보수파가 연원제 폐지 등을 주장하는 혁신파에 밀리면서 교회 재정의 근간인 성미 납부를 거부하였는데, 이러한 일련의 갈등 상황이 청년회에도 영향을 주었다.[113] 신구 갈등의 장기화에 따라 청년회중앙본부뿐만 아니라 지회의 활동도 약화될 수밖에 없었던 것이다. 따라서 설립 초기 활발하게 전개되었던 지회 활동도 1922년 후반 들어 점차 부진한 양상을 띠게 된다. 더욱이 혁신파가 천도교연합회로 분립됨에 따라 혁신파를 추종하는 청년들은 1922년 10월 천도교유신청년회를 조직하여 분립하였다.[114] 그렇지만 유신청년회의 조직이 청년회 지회 세력의 약화로 이어지지는 않았던 것으로 보인다. 즉 천도교연합회를 지지하는 지역은 전라도와 경기도 일부 정도였다.[115] 그리고 유신청년회 지회가 조직된 곳은 성천지회와 서흥지회, 고흥지회 등 세 곳 정도가 확인된다. 유신성천지회는 1922년 9월 15일부터 21일간 성천지역을 순회강연하였고[116] 유신서흥지회는 1922년 12월 강연회를 개최하였다.[117] 유신고흥지회는 1924년 1월 29일 설립되었다.[118] 이러한 점에서 본다면 실제로 유신청년회 설립

당시 그 지회는 성천, 서흥 등 세 곳에 불과하였다. 따라서 유신청년회의 조직은 청년회지회 세력의 약화에 큰 영향을 미쳤다고 보기는 어렵다. 그러나 분열과 지체의 과정을 겪은 후 교단 분규가 수습되는 시점에서 청년회는 조직체의 새로운 전환이 필요하게 되었고 이러한 배경하에 청년회는 청년당으로 전환을 모색하게 되었다.

다음으로 살펴볼 것은 재정이다. 지회의 재정은 입회금와 연례금의 의무금과 특성금으로 충당되었다. 입회금으로 1원이며, 연례금으로 1원30전이었다.[119] 입회금은 〈표6〉의 정평지회에서 보이는 것과 같이 1919년 72명이 입회하면서 납부한 입회금 72원을 중앙본부에 납부한 사례에서 확인할 수 있다. 입회금은 청년회에 입회할 때, 연례금은 매년 4월 5일까지 납부키로 되어 있었다. 이 의무금 중 입회금은 중앙본부에 전액 상납하였고, 연례금은 중앙에 50%를 상납하고 나머지 50%는 지회의 경비로 사용하였다.(〈표 2-10〉)

〈표 2-10〉 지회의 재정 현황

지회명	수입내역		지출내역		비고
영변지회	의무금	130원70전	의무금상납	37원90전	잔고 91원5리
	찬조금	118원60전	임원숙박비	16원44전	
	전기이월	6월69전	교제비	4원	
			물품구입금	6원83전	
			도서구입금	6원37전	
			시유비	24원70전	
			소모비	31원74전5리	
희천지회	의무금	50원58전	의무금상납	50원	회원 41명 잔고 37원80전
	찬조금	50원	잡비	19원80전	
벽동지회	의무금	45원20전	의무금상납	15원20전	잔고 81원82전
	전기조월금	58원58전	임원숙박비	2원50전	
			잡비	1원10전	
			소모비	3원16전	

정평지회	입회금	70원	입회금상납	70원	1919년도 잔고 91원78전
	의무금	29원40전	의무금상납	9원60전	
	찬조금	27원80전	잡비	1원82전	
	회원찬조금	46원			
정평지회	입회금	28원	입회금상납	28원	1920년도 잔고 84원80전
	의무금	183원55전	의무금상납	78원50전	
	이월금	91원78전	잡비	112원3전	
정평지회	의무금	85원92전	의무상납금	35원	1921년도 잔고 17원88전
	이월금	84원80전	잡비	147원84전	
정평지회	의무금 및 잡수입	23원	의무상납금	2원	1922년 2월 현재 잔고 10원18전
	이월금	17원988전	잡비	28원70전	

* 『천도교청년회회보』 3호 및 4호의 내용을 토대로 필자가 정리

〈표 2-10〉의 내용을 좀 더 살펴보면, 수입부의 찬조금은 강연회 또는 강습회 등을 개최할 때 수입되는 후원금이나 회원이 특정한 날에 내는 특성금이다. 이 찬조금이 많을 때는 118원, 적을 때는 27원으로 편차가 적지 않았지만 지회 운영에 적지 않게 도움이 되었다. 정평지회는 입회금이 1919년에 70원, 1920년에 28원인데 각각 70명과 28명이 새로 지회에 가입하였음을 보여준다. 이에 따라 정평지회의 1920년의 의무금은 전년도보다 6배가 상승하였다. 지출 내역 중 도서구입비는 『개벽』이나 『천도교회월보』 등을 구독하기 위해 지출된 비용으로 보인다. 정평지회는 잡비 지출이 다른 지회보다 크게 증가하는데, 이는 소모비나 임원 숙박비 등이 모두 포함된 것으로 추정되고, 또 강연회, 강습회, 야학 등 활동이 많았기 때문으로 보인다.

전국적 조직을 갖춘 청년회는 중앙과 지방과의 유기적인 관계를 유지 강화하기 위해 의무금 납부를 철저히 할 것을 결의하기도 하였다. 즉 3개월 이상 지회에서 의무금을 불납할 때는 지회 명칭을 삭제하기로 정기총회에서 결의하였다.[120] 1920년과 1921년 지회의 의무금 상납금은 〈표 2-11〉과 같다.

〈표 2-11〉 천도교청년회 지회 의무금의 중앙 상납금

지역	지회	1차	2차	3차	지회명	1차	2차	3차	지회명	1차	2차	3차
경기	연천	25원60전		3원20전	경성	32원30전	43원50전	36원30전	인천	11원20전	1원	
경기	수원	5원20전	3원30전	5원								
강원	금성	28원80전	18원	5원	횡성	16원40전	1원30전		홍천	3원50전		
강원	평강	18원10전	8원		이천		5원					
충남	예산	25원70전			서산	3원		39원60전	당진	5원		
충북	음성	10원										
경남	사천	10원	6원	8원80전	함양	7원10전	6원	6원30전	울산	23원50전		
경남	진주	4원										
경북	김천	16원40전	5원80전	14원30전								
전남	완도	9원60전	39원28전	10원20전	장성	15원			강진	5원80전		
전남	함평	15원			장흥	5원70전		4원30전	나주	20원		
전북	순창	6원20전			임실	90원			옥구	30원		
전북	전주	45원			진안		22원		정읍	18원		
함남	단천	71원80전	9원		문천	17원20전	3원40전		신흥	11원90전	7원90전	9원
함남	장진	11원64전	7원80전	14원20전	북청	14원30전		7원	홍원	2원30전		2원
함남	고원	8원40전			이원	34원	1원	1원	함흥	28원		
함남	영흥	26원40전		7원80전	정평	16원	13원	8원	원산	20원80전		
함북	경성	22원										
평남	성천	7원	7원50전	10원	평양	68원60전	41원40전	25원90전	중화	28원	14원60전	4원40전
평남	평원		10원20전	2원	상원	5원			안주	35원60전	11원20전	
평남	순안	6원		1원	덕천	75원25전	3원80전	10원80전	자산	41원		3원90전
평남	개천	8원20전		3원	강동	10원	7원	8원50전	순천			24원20전
평남	맹산	5원			은산	19원	50전		진남포		4원40전	

지역												
평북	강계	44원70전	18원70전	6원20전	태천	36원30전	13원10전		가산	25원70전	37원	25원
	창성	49원30전	28원90전	23원60전	자성	61원20전	9원70전		용천	9원20전	1원46전	5원20전
평북	운산	24원80전	32원20전	20원	벽동	41원60전	15원80전	27원60전	곽산	55원	5원	
	철산	8원		15원50전	정주	31원			삭주	35원	13원20전	
	중강진	16원20전			의주	62원12전	68원	24원60전	구성		10원	10원
	영변	77원20전	52원90전	11원30전	박천		21원70전					
황해	신천	22원30전			곡산	27원	22원	7원	토산	15원	20원	9원10전
	황주	24원80전			신계	4원	4원68전		서흥	25원10전	16원90전	
	장연	30원			송화	17원60전			수안			20원
	금천		1원70전									
해외	국자가	34원			동경	10원30전		10원				

* 『천도교청년회보』 3호 및 4호의 내용을 토대로 필자가 정리 * 1차는 1920년 12월~1921년 3월, 2차는 1921년 3월~9월, 3차는 1921년 10월~1922년 3월까지 상납한 의무금임.

의무금과 관련하여 지회의 상황을 좀 더 구체적으로 살펴보자. 영변지회의 1921년 4월 보고에 의하면 의무금 수입 130원70전, 상납금 37원90전이고,[121] 희천지회는 55원 의무금 수입에 50원을 상납하였다.[122] 또한 정평지회는 1919년에 회원 수 97명에 의무금 수입이 29원40전, 상납금이 9원60전이고, 1920년에 의무금 수입이 183원 5전, 상납금이 78원50전이다.[123] 즉 영변지회는 수입 의무금 중 약 3할, 희천지회는 약 9할을 중앙으로 상납하였다. 영변지회는 1919년에는 약 3할, 1920년에는 약 4할을 상납금으로 납부했다. 이러한 상황은 수입의무금의 5할을 일괄적으로 상납한 것이 아니라 지회에서 일시적으로 보관하였다가 적절한 시기에 납부하였기 때문이다. 그런데 정평지회는 〈표 2-10〉에 의하면 1921년의 상납 의무금이 21원이며, 〈표

2-11)에 의하면 35원으로 약간의 차이가 있다. 이는 4월이 누락되었기 때문이 아닌가 한다.

3. 천도교청년회본부와 지회의 활동

1) 포교 활동과 회세 확장

① 3 · 1운동 이후 교단 상황

3 · 1운동 이후 천도교는 일제의 감시와 회유 그리고 독립운동의 실패로 인한 민중의 외면이라는 양면으로부터 위기에 직면해야 했다. 이러한 상황에서 천도교는 포교 활동은커녕 교단의 유지조차 일시적으로 어려운 지경에 처할 수밖에 없었다. 특히 일제는 조선을 침략하는 과정에서 동학농민혁명에서 조선 민중들의 기를 꺾으려 하였으며, 천도교가 동학의 정신을 그대로 이어 받았다고 보아 예의주시했다. 때문에 3 · 1운동 직후 더욱 철저하게 감시, 탄압, 예비검속, 미행, 간섭, 회유, 방해공작과 여론조작, 집회 금지 등을 통해 일상적인 종교 활동마저 어렵게 몰아갔다. 일제는 앞으로 식민지 동화정책을 추진하는데 있어서 천도교에 대한 특별 감호를 해야 한다는 인식을 일찍부터 하고 있었다. 조선총독부는 천도교에 대하여 다음과 같이 제국의회에 보고하였다.

목하 천도교는 비상한 움직임을 보이고 있다. 그들은 언필칭 동학란을 계승하여 일본을 이 나라에서 축출해야 잘 살 수 있다고 호언장담하고 있다. 우리가 조선을 영구히 지배하고 조선인에게 행복을 계속 추구케 하기 위해서는 조선의 종교, 특히 천도교 등에 관해서는 예의 주시하지 않으면 큰 낭패에 빠져 들어갈지 모르니 각별 주의하기 바란다. 손병희를 위시하여 중진들의 움직임을 우리는 게을리 하지 않았던가. 천도교의 본부와 지부의 비상 움직임을 미연에 차단하지 않으면 장차 무슨 일이 일어날 지 예측하기 어렵다. 다시는 3·1운동 같은 소요사태가 일어나면 엄중 문책하겠다.[124]

즉 천도교는 동학을 계승하였고, 일본을 축출의 대상으로 삼기 때문에 조선을 영구히 식민지로 지배하려면 천도교에 대한 감시를 게을리 하여서는 안 된다는 것이다. 이것이 천도교에 대한 일제의 근본적인 인식이었다.

그러나 이보다 더 어려운 상황은 일반 민중이 천도교를 보는 시각이었다. 3·1운동으로 독립이 되는 줄 알았던 일반 민중은 만세시위에 참가한 천도교인의 활동을 '망동적 행위'라고 조소하였으며 천도교가 배척받고 관헌의 명령을 어기고 폭행을 함으로써 마침내 살상을 당하기에 이른 것은 양민을 소란케 한 필연적인 응보라고 비난하였다.[125] 이러한 반감적 태도는 많은 교인들이 천도교에서 이탈하는 상황으로 이어졌다. 당시 일반 민중의 천도교에 대한 반감적인 태도에 대하여 『매일신보』는 다음과 같이 보도하고 이를 일반 민중과 천도교와의 이간책으로 활용하였다.[126]

평안북도 구성군 디방에서는 향샤에 텬도교의 선동으로 쇼요 참가하야 인명 살상 하엿슬 뿐 안이라 시장과 농상업 상에도 다대한 손해를 입엇슴으로써 텬도교도에 대한 반감이 생기여 텬도교를 절멸하고 교도를 죽이자고 떠드는 자까지 하얏고 평일의 교제도 피하는 자가 만타하며 시쟝상인 등도 자의단을 죠직하야 텬도교도나 쇼요 관계쟈의 왕래를 막어 힘써 경계하는 중이라더라.[127]

평북 벽동군(平北 碧潼郡) 지방에서는 소요가 일어나서 시장거리에 영향이 불소하야 텬도교도에 대한 믜운 생각이 날로 더하야 텬도교도는 사회의 대죄인인 즉 토지와 갓흔 것도 그 쟈들에는 쇼작치 못하게 하고 또 소와 말 갓흔 것도 빌녀주지 안으며 또 교도 중 소요에 참가하야 귀중한 생명을 일어바리는 것은 텬벌이라 하고 자연히 교제를 피하는 모양인대 이 갓흔 사위의 압박을 못 견대여 건너편 지나 디방으로 도망하야 가는 쟈가 만흐며 교도의 유력한 쟈도 일절 텬도교와 관계를 끈겟다 하고 일반 문서와 밋 례비에 쓰는 기구를 태여 바리고 일반의 신용을 회복하랴고 매우 야단인 모양이라더라.[128]

소요 사건이 발한 이래 텬도교는 일반 됴선인의 원망의 중심이 되야 교를 배반하난 자가 비상히 만흐며 대구 텬도교 교구장 황쥬일(黃宙一)이난 이러한 종교를 밋는 것은 리익이 업다고 깨닷고 이번에 교구장을 내여 노코 탈교를 하얏스며 기타 교인도 불과 팔명 밧게 아니 되며 전 교회가 절멸이 된 상태이더라.[129]

함경남도 디방에서난 소요가 일어난 이후에 텬도교도에 대하야 미워하는 마음이 생기여서 텬도교도는 사회의 큰 죄인이라 하며 요사이 모든 물가가 등귀함은 전혀 각지에 소요가 일어난 까닭으로 운반에 종사하난 자가 업서서 그러함이오 또 됴선인의 려행 취제령이 생기여서 더욱 더욱 불편하게 되얏슴은 전혀 텬도교의 망동이 이러한 까닭이라고 하야 종래의 종래에 교도들에게 대부하얏던 우마를 빼아스며 소작하는 토디를 빼앗고 일반이 사갈과 가치 미워하며 절교를 하야 참혹한 디경에 빠젓는대 함경남도 댱진(長津) 디방의 교도난 지금에는 뉘우처서 텬도교 유력자와 협의를 하고 이번에 오쇼를 이르킨 것은 필경 우리 텬도교도의 무지한데서 이러한 결과로 일반 사회의 배척을 밧음이라. 이것을 생각할진대 우리의 교쥬 손병희를 한울과 가치 그릇 밋엇슴은 붓그러운 일이라. 이제 순병희가 옥중에 갓치엿슬 뿐아니라 손병희 한 사람으로 말매암아 됴선 전도에 멋천명의 죄인을 내엿스니 그 사교로 말하면 조곰도 밋을 가치가 업슨 즉 우리는 단연코 퇴교를 하야 각기 생업에 힘을 쏫쟈고 의론이 일결하야 댱진교구장 모는 교도 일동을 대표하야 동 교구 소유 현금 일백칠십륙원과 논 삼천삼평을 군내 면사무소에 긔부를 하겟다고 신청을 하고 격식대로 수속을 한 후 당진교구를 철폐함에 이르럿다는 소문이 잇고, 또 평안북도 뎡주군 해산면(定州郡 海山面)에서난 텬도교도 이십삼명이 향자에 헌병주재소에 출두하야 이번과 갓흔 무모한 소요를 이르킨 텬도교의 교도가 되얏슴은 후회 막급이며 이후로는 동교에서 탈퇴를 하고 진실한 농민이 되야 가업에 종사하겟다고 말하얏다더라.[130]

지난 소요에 즁심이 되얏던 텬도교도에 대한 반감은 더욱 갈사록 격렬하며 교도가 뒤를 이어 탈교하는 자가 만타는대 함경남도 댱진군 구읍면 류담리(咸南 長津郡 舊邑面 柳潭里) 디방에서는 소요가 나기 전에 삼월 십오일 일반 텬도교도를 경계하야 소요를 일으키일 계획을 못하게 하얏슴으로 그때 교도들은 불평이 적지 안엇난대 지금 와서 그 잘못됨을 깨닷고 불영 교도의 틈에 드러서 한 가지 소요의 망동을 한 집안이 각처로 리산하고 혹은 생명까지 일허바린 일과 또는 형벌까지 밧은 가댱 비참한 경우에 빠진 일이 만엇난대 우리는 오늘날까지 무사한 것은 뎨일 행복일 뿐외라. 관헌의 보호로 안전하얏는대 장래 텬도교를 밋으면 어떠한 죄락을 범할난지 몰으겟다고 칭하고 십호 사십삼명의 교도난 교긔 등을 태여바리고 일제히 탈교하얏다더라.[131]

즉 3·1운동을 주도적으로 전개한 천도교는 일제의 강압적 회유와 분열로 장진교구장 계영선, 대구교구장 황주일 등을 비롯하여 수많은 교인들이 탈교하는 사태가 있을 정도였다. 그리고 일반 사회로부터 배척을 당하여 생활에 어려움뿐만 아니라 생명의 위협까지 받아야 했다. 이 외에도 풍산교구장 주병남(朱炳南)처럼 일제의 고문과 유혹을 뿌리치지 못하고 변절하는 경우도 없지 않았다.[132] 이와 같은 위기 상황에서 교인이 선택할 수 있는 방법은 다른 지방으로 이주를 하든가 탈교를 하는 수밖에 없었다. 이처럼 교인의 탈교와 일반 사회의 배척 또는 반감으로 지방교구는 유지 자체가 어려웠다. 이러한 교단의 위기 상황은 이듬해까지 이어졌다.

이러한 상황에 대한 언급은 3·1운동 이후 교단의 동정을 전해주는 기관지 『천도교회월보』에도 보인다. 『천도교회월보』에는 3·1운동 직후부터 하반기까지 지방교구의 동태를 전혀 게재하지 않았다. 이는 3·1운동 이후 지방교구가 제대로 안정된 상황이 아니었음을 보여준다. 이후 교구가 점차 정비되었음에도 활동보다는 임원의 변동 사항만 소개하였다.

② 포교 활동

이와 같은 위기상황을 극복하고자 천도교단은 1921년 신유년을 맞으면서 교세 확장의 새로운 계기를 마련하였다. '신유포교'는 최제우가 천도교를 1860년 4월 5일 창도하였지만 포교는 이듬해인 1861년부터 시작하였기 때문에 붙여진 명칭이다. 이에 따라 천도교단은 60년 만에 맞는 신유년을 계기로 포교 활동을 중앙뿐 아니라 지방에서도 대대적으로 전개하였다. 특히 지방의 포교 활동은 청년회 지회가 중심이 되었다. 뿐만 아니라 청년회의 적극적인 활동을 권유하였는데, 이는 당시 원로들의 증언에서도 확인된다.

> 우리 敎會의 靑年으로 組織된 靑年會는 即 우리 敎 宣傳의 使命을 가진 機關이 올시다. 그러면 우리 敎의 長老宿德되시는 여러분은 이 靑年會를 만히 사랑하야 敎化宣傳事業에 아무 障碍업도록 擁護하여 주시와 우리 靑年 自體로서는 敎會의 使命下에 不斷의 誠力으로 長足의 發展을 圖하되 中央本會에서는 每年 幾回式 講演隊를 組織하야 全鮮一帶에 敎理宣傳, 文化促進을 不息히 할지며 또 地方 各支會에서는 虛名의 門牌下에서 自安치 말고 中央本會의 步調를 協助하야 各其 當地 一圓에 對한 宣傳策을 實行하는 것이 亦是 布德擴張의 一策인줄 로 生覺합니다.[133]

즉 청년회는 천도교 선전의 사명을 가진 기관이므로, 중앙본부에서는 전국적인 강연대를, 지회에서는 중앙의 보조에 협조하여 지방 관내 순회강연을 실시하여 포교 활동에 나설 것을 제안하였다. 청년회의 포교 활동은 1인 1호 포교, 순회전도대 또는 강연대의 조직 및 활동, 포교문 배포 등을 중심으로 전개하였다. 이 외에도 강연회를 개최하여 천도교를 선전하였다. 우선 청년회 중앙에서는 포덕부의 사업을 다음과 같이 정하였다.

> 布德部에서는 布德年代인 今辛酉年을 特히 紀念하기 爲하야 우리 會員一同은 今年 人日紀念 內로 一人 以上의 新布德을 行하기로 하고 此에 關한 公函을 發하얏고 (去 一月中) 三月中에는 本敎의 宗旨를 一般에게 널리 宣傳키 爲하야 布德文 三萬枚를 印刷 宣布하얏스며 四月부터는 天道敎靑年會 少年部를 特設하고 每侍日에 部員이 會合하야 少年의 德智体의 發育을 시킬 方法과 實行을 講究하얏는데 其後 部員이 日增하고 部務가 漸次多端하게 됨으로 少年部라는 名稱을 天道敎少年會로 變更하고 六月 五日 全會의 任員及顧問을 如左히 選定發表하엿더라.[134]

즉 신유년 포교의 해를 맞아 인일기념, 즉 12월 24일까지 회원 한 명이 1인 이상 포교할 것을 각 지회를 통해 시달하였다. 또 '포교문(布敎文)'[135] 3만 매를 경성지회를 비롯한 전국 지회를 통해 일반인들에게 배포하였다.

이처럼 회원 1명당 1인 이상 포교의 방침이 전해지자 지회에서도 이를 그대로 실행하였다. 즉 희천지회는 회원 1인이 매월 1호 이상 포교할 것을,[136] 고산지회는 12월 24일보다 이른 천도교 창도일인 4월 5일까지 회원 1인이 1호 포교를 실행하였다.[137] 이러한 포교 활동의 결과로 철산지회는 73명의 신입 교인을,[138] 원산지회는 2개월 동안 1백여 명의 신입 교인을 확보할 수 있었다.[139] 특히 철산지회는 강연대를 조직하여 1921년 8월 24일부터 9월 2일까지 남대와 북대로 각각 각 면을 순회강연했다.[140]

각 지회는 포교 활동을 위해 포덕(강연)대를 조직하여 관내 지역을 순회하며 강연을 하였다. 영변지회는 회장을 포함한 임원들이 2회의 순회강연을 하였으며, 평양지회는 강연대를 조직하여 평양부와 대동군을 순회하면서 인내천 진리를 선전하였다. 중화지회는 각 면에 간사 2인을 공선하여 상시 포교에 종하도록 하였고, 곡산지회는 김명호·김창현·조정호·김경호 등 4명의 연사를 선발하여 청계면 등 관내 지역에 순강하였다.[141] 덕천지회는 관내지역 중 중요한 곳을 중심으로 순회강연을 하였고, 안주지회는 포덕대를 조직하여 10일간 관내 일원을 순회전도하면서 포교문 8백매를 배포하였다. 벽동지회는 5일간 각 면에 순회강연을, 신흥지회는 10일간 차동흠·강신걸·최석린·한회정·강예덕·이항국 등으로 강연대를 조직하여 17곳 순강을, 창성지회는 회원 2명씩 선발하여 관내 각 면 전교실에 매월 1회의 순회강연을 하였다.

　　철산지회도 각 면에 간사 1인을 배치하여 포교 사업에 종사하도록 하였고, 맹산지회는 최재우로 지방 순회강연대를 조직하여 각 면 20여 곳을, 정평지회도 두 차례에 걸쳐 순회강연대를 조직하여 중요 시가지와 각 면 전교실을 순회하면서 천도교를 선전하였다. 함흥지회는 각 면에 간사 1인을 공선하여 상시 포교와 매월 1회 순회를 하도록 하였다.[142] 은산지회도 1921년 봄 유경운·신정수·김성혼 등으로 전도강연대를 조직하고 관내 지역을 순강하면서 강연을 겸한 포교 활동을 전개하였다.[143]

　　이 외에 진주지회에서는 전도강연을 통영지역에서 가진 바 있으며,[144] 성천지회는 전도강연대를 조직하여 '천도교의 진리를 대대적으로 선전'하였다.[145](〈표 2-12〉)

<표 2-12> 성천지회 전도강연대 순회활동 상황

강연	연사	일시	순회 지역
東隊	李仁澤 金鳳國 朴觀顥	1921.9.4-11	성천면 구선리 · 대부리, 구룡면 가평리 · 운전리 · 도춘리, 숭인면 흥인리 · 숭인리, 능중면 이동리
西隊	朴鍾珏 羅永鍊 崔仁岳	9.4-9	통선면 상리 · 남원리 · 안택리, 영천면 송강리 · 용택리 · 유동리
南隊	李璿範 全璟斌 禹寅洙	9.4-10	통선면 옥정리 · 남산리, 능중면 창의리, 삼흥면 일청리, 대곡면 대곡리
北隊	羅錫翰 金鳳赫 韓思膺	9.4-11	삼덕면 대동리 · 신덕리, 쌍룡면 금성리 · 석전리, 천성면 천성리, 대구면 별창리, 사가면 지석리

즉 성천지회는 12명의 연사를 선발하여 동서남북 4개의 전도강연대를 조
직하여 1921년 9월 4일부터 11일까지 8일 동안 13개 면 26개 리에서 천도교
의 위대한 역사와 신성한 진리, 즉 '인내천의 철학상 명석'과 '종교의 진화론'
강연을 하여 지역 관민으로부터 대환영을 받았다. 그리고 전도강연 동안 포
교문 2천 매를 배부하였다.[146]

이와 같은 교구와 청년회 지회의 신유 포교 활동은 1922년 4월까지 약 1
년 정도 전개되었는데, 그 결과로 각 지역별로 적지 않은 교세를 확장하였
다. 나아가 지회 조직도 크게 확장되었다.(표 2-13)

<표 2-13> 신유 포교 활동 결과 신입 교인 현황[147]

연월	입교인 수	계
1921.1	금천군 43인(남23, 여20), 영흥군 237인, 성천군 137인, 영천군 5인	422
1921.2	경성부 60인(남 54, 여6), 희천군 512인(남283, 여230), 철산군 62인, 공주군 14인(남7, 여7), 재령군 200인(남119, 여81), 영흥군 151인, 장성군 70인, 순안군 91인(남52, 여39), 원산부 226인(남133, 여93), 성천군 82인(남47, 여35, 남양군 46인(남24, 여22), 진위군 13인(남7, 여6), 신흥군 110인(남75, 여35), 부여군 22인(남14, 여8), 익산군 124인(남65, 여59)	1,783
1921.3.	경성부 38인(남33, 여5), 장흥군 213인(남115, 여98), 이원군 152인(남81, 여71), 은율군 207인, 금천군 26인(남16, 여10), 진남포부 130인, 토산면 25인(남13, 여20), 문천군 84인(남47, 여37), 철산군 70인(남35, 여35), 안주군 92인(남51, 여41), 괴산군 107인(남57, 여50), 임실군 255인(남134, 여121), 서흥군 125인(남66, 여59), 안악군 713인(남393, 여321), 신흥군 150인(남94, 여56), 홍성군 39인(남24, 여15), 희천군 484인(남268, 여216), 공주군 22인(남12, 여10), 경성군 21인(남11, 여10), 익산군 116인(남65, 여51), 평원군 50인(남23, 여27), 갑산군 485인(남272, 여213), 순안군 155인(남82, 여73), 영흥군 126인, 남양군 32인(남18, 여14), 수원군 180인(남95, 여85),	4,844

	구성군 181인(남102, 여79), 옥천군 188인(남95, 여93), 홍성군 28인(남15, 여13), 평양부 130인(남74, 여56), 괴산군 42인(남22, 여20), 평강군 37인(남21, 여16), 합천군 72인(남40, 여32), 전주군 181인(남111, 여70), 장진군 65인(남41, 여24), 금천군 22인(남10, 여12)	
1921.4	전주 고산 348인(남199, 여149, 3월분 포함), 순창군 95인(남55, 여40), 안악군 266인(남161, 여105), 신흥군 32인(남20, 여12), 수원군 39인(남21, 여18), 중화군 78인(남44, 여34), 구성군 16인(남13, 여3), 성천군 102인(남49, 여53), 익산군 106인(남60, 여46), 금성군 36인(남22, 여14)	1,118
1921.5	평양부 46인(남23, 여23), 진남포부 78인(남40, 여38), 안주군 109인(남54, 여55), 재령군 54인(남26, 여28), 철산군 85인(남44, 여41), 광양군 66인(남37, 여29), 성천군 176인(남96, 여80), 괴산군 116인(남67, 여49), 익산군 52인(남28, 여24), 수원군 22인(남14, 여8), 용인군 29인(남15, 14)	833
1921.6	경성부 16인(남), 괴산군 24인(남14, 여10)	40
1921.7	태안군 155인(남95, 여60), 안주군 118인(남86, 여24), 철산군 17인(남8, 여9), 이원군 361인(남194, 여167), 괴산군 33인(남21, 여12)	684
1921.9	수원군 28인(남), 수원 남양 10인(남5, 여5), 장백현 209인(남136, 여73)	247
1921.10	용천군 26인(남15, 여11)	26
1921.11	장백현 167인(남101, 여66), 성천군 39인(남21, 여18)	206
1922.1	괴산군 20인(남14, 여6)	20
1922.2	익산군 236인(남180, 여56)	236
1922.3	해주군 48인(남34, 여14)	48
합계		10,507

〈표 2-13〉에 의하면, 신유 포교 활동으로 새로 입교한 교인은 10,507명이
다. 이를 광역지역별로 분석하면 장백현을 포함한 북부 지역이 6,910명으로
전체의 66%를 차지하였다. 남부지역 3,597명이다. 남녀 구분이 가능한 지역
에서 볼 때 남자는 5,496명, 여자 4,088명으로 남성이 58%, 여성이 42%로 남
성 신입 교인이 조금 더 많다. 이를 부군(府君) 단위로 보면 희천군이 996명
으로 가장 많았으며, 그다음 안악군(979명), 익산군(528명), 갑산군(485명) 순
이다. 북쪽은 희천군, 남쪽은 익산군이 가장 많이 포교했다.

1921년 신유년을 맞아 전개한 신유 포교 운동으로 국내는 물론 일본 동경,
러시아 지역과 중국 등지에까지 확산되어 여러 교구를 설립하였다.[148] 이어
1922년에도 원로들의 적극적인 지원 약속이 이어지는 가운데 청년회는 주

요 사명인 포교 활동에 보다 적극 활동하겠다는 다짐을 하였다. 그러나 1922년 후반 들어 교단이 분규에 휩싸이면서 포교 활동은 다시 위축될 수밖에 없었다. 그럼에도 불구하고 이 시기 지회의 포교 활동은 이후 청년회가 민족운동 중심 세력으로 성장하는데 밑거름이 되었다. 이러한 포교 활동은 청년회가 청년당으로 전환한 후 중앙과 지방을 불문하고 더욱 적극적으로 전개되어 갔다. 이는 청년회 시절 포교 활동이 밑거름이 되었기 때문이었다.

③ 소년부 설치와 활동

한편 중앙본부의 포덕부 사업으로 소년부를 특설하자 지회에서도 형편에 맞게 소년부를 설치하였다. 중앙본부는 1921년 4월 포덕부 내에 소년부를 특설하고 매주 시일(일요일)에 소년의 지덕체 교육 방법과 실행 방안을 강구하였다. 이후 소년부가 발전함에 따라 소년회로 변경하였다.[149] 지회에는 소년부, 소년회 등이 설치되었다.

중앙본부에서 소년부를 특설하고 어린이운동을 전개하자 가장 먼저 평양지회에서 발 빠르게 대응하였다. 평양지회는 소년회 총무이며 소년운동의 이론가인 김기전이 평양에 온 것을 계기로 하여 1921년 8월 12일 소년강연회를 개최하였다. 이날 강연회는 17세 이하의 소년소녀 3백여 명이 참석하였는데, 김기전은 '소년소녀에 대하여'라는 제목으로 "우리 사회의 근본적 개조는 이 자리에 모인 소년소녀를 잘 인도하고 잘 교육함에 있다."는 강연을 하였다.[150] 이후 이해 12월 25일 "천도교의 종지하에 회원의 상식을 늘리고 덕성을 기르며 신체의 발육을 도(圖)하여 쾌활 건전한 소년을 성(成)함"을 목적으로 소년회를 창립하였다. 그리고 그 조직으로는 유희와 운동을 담당하는 유락부(遊樂部), 담화와 강론을 행하는 담론부(談論部), 인간 사회의 실제 지식을 학습케 하는 학습부(學習部), 위열(慰悅)과 옹호(擁護)를 행하는 위열부(慰悅部) 등 4부를 두었다. 입회금은 50전, 월연금은 5전으로 운영키로 하였다. 또한 이날 특별위원 김명희 · 이성삼 · 황용연, 여자부위원 문병화 · 오경옥 · 이병화, 남자부위원 김명석 · 오천격 · 최정관 등을 선정하였다.[151] 평양소년회는 첫 사업으로 1922년 1월 1일 강연회를 개최하였다. 이돈화는 '10년 이후 조선을 잊지 마라', '신조선과 자손 중심주의', '세계사조 4대의 1인 아동문제', '신조선과 소년회' 등의 연제로 소년운동의 이념과 활동에 관하여 강연하였다.[152] 이어 15일에는 '금전이 중하냐 학문이 중하냐'라는 주제로 토론회를 가졌다.[153] 이와 같은 활동으로 평양소년회는 1922년 3월 현재 830명의 회원을 확보할 정도로 발전하였으며, 이해 3월 30일에는 모란봉에서 야유회를 갖기도 하였다.[154] 이어 4월 16일에도 회원 80여 명이 대동군 시족면으로 원족회를 가서 당지면전교실에서 소년강연회를 개최하였다. 강연 내용은 '사업 성취엔 정성이 제일'(변보화, 김상옥, 문병화), '석분음(惜分陰)'(김명석), '잘살기 위하여'(나상만) 등이었다.[155]

안주지회는 1921년 10월에 소년부를 증치(增置)하고 7세 이상 16세 이하의 회원을 모집하는 한편 소년부장에 김진성을 선임하였다. 30여 명의 회원을 확보한 안주소년부는 첫 사업으로 이해 10월 17일 안주의 명승지 서산봉에서 원족회를 가졌다.[156] 또 소년부는 천도교의 경축일인 인일기념일에 기념축하 여흥으로 소년가극연설을 개최하였다. 1921년 12월 24일 천일기념에는 회원 1백여 명이 참석한 가운데 소년부장 김진성의 사회로 '장림의 등불', '정직고개' 등의 가극, '오늘의 기쁨', '꽃동산의 주인공은 누구에게', '천도교에 대한 우리 소년의 사명' 등을 주제로 한 연설, 독창과 합창 등으로 공연을 했다.[157] 안주지회 소년부는 1922년 5월 19일 소년회로 확대 발전하였으며, 창립 1주년인 1923년 5월 19일 창립기념 연예회를 개최하였다.[158] 이에 앞서 1923년 5월 1일 어린이날에는 회원 50여 명이 선전문 배포, 창가부르기, 가극회 등을 진행하여 소년운동의 붐을 조성하였다.[159] 울산지회에서도 소년회가 1921년 전반기에 결성되었고, 불교 및 기독교소년회와 축구대회

를 개최하였다.[160]

이 외에도 진주지회는 "소년의 지육(智育) 체육(體育) 덕육(德育)의 발달을 도(圖)하며 그의 정신 향상과 인격 수양"을 목적으로 1923년 2월 4일 소년회를 창립하였고,[161] 철산지회도 이해 5월 1일 어린이날을 기해 소년회를 창립하였는데, 당지에서 초유의 일로 평가되었다.[162] 그리고 함흥지회의 소년부는 무용음악회를 개최하였다.[163] 북청지회의 상거서면 전교실에서도 1922년 7월 소년회를 창립하였으며, 회원은 80여 명이었다. 이 소년회는 교육기관을 조직하기 위해 시일학교(侍日學校)를 설립하였다.[164]

한편 지회가 없는 지역에서 소년회가 결성된 곳도 없지 않았다. 황주의 겸이포소년회와 갤추물소년회 등이 그것이다. 황주에는 황주지회가 있었으나 지회에서 직접 관리하는 소년회가 없었고, 지역 관내이지만 생활권이 다른 겸이포에 소년회가 설립되었던 것이다. 이는 황주지회에 소년회원이 많지 않았음을 의미하기도 하지만, 그렇다고 전혀 관련이 없는 것은 아니었다. 겸이포는 황주지회의 외연조직으로 이미 겸이포청년교리연구회가 설립되어 있었고,[165] 개추정이 있는 구성면에는 황주 지역 천도교인이 중심이 되어 동명학원을 운영하고 있었다.[166] 이러한 점에서 본다면 이들 소년회는 황주지회의 지도권 안에 있었다고 생각된다. 겸이포소년회는 순회가극단을 조직하였는데, 특히 1922년 8월과 9월에 황주를 비롯하여 강동, 성천, 은산, 자산, 순천, 개천, 안주, 가산, 정주, 곽산, 숙천, 영유, 순안, 평양, 진남포 등지를 순회 공연하였다.[167] 공연 내용은 '소년의 혼'(독창), '낭화의 경종'(합창), '우리 소년아'(강연), '여자의 교육'(강연), '불쌍한 자야'(극), '비극4경'(극), '가련한 동무'(극), '누중의 무'(극) 등이었다.[168] 그리고 갤추물소년회[169]는 천도교에서 운영하는 동명학원에서 1923년 5월 18일 조직하였는데, 회원이 3백 명이 넘을 정도로 큰 규모였다. 사업으로는 어린이를 위한 야학회를 운영하였고,[170] 그 밖에 소년단 야구대회를 주최하였다.[171]

2) 강연 활동

① 전국 순회 강연 활동과 지회

청년회는 신문화 보급뿐만 아니라 천도교의 선전 내지 교세의 확장, 나아가 청년회의 확장을 위해 강연 활동에 주력하였다. 강연 활동은 교리강연부 시절부터 핵심 사업 중의 하나였다. 이러한 강연 활동은 당시 여러 청년단체의 경쟁적인 사업이기도 하였다. 그중에서도 가장 활발하게 전개되었던 것은 전국 단위의 순회강연이었다. 그리고 지회 자체에서 강연대를 조직하여 관내를 순회하는 강연 활동도 적지 않았다. 전국적인 순회강연은 중앙본부의 계획에 따라 전개되었지만 지회의 요청에 따라 시행되기도 하였다. 어느 쪽이든 전국 단위의 순회강연은 중앙본부와 지회의 일체화를 도모하는데 일정한 기여를 하였다.

그렇다면 중앙본부의 기획에 따른 전국 단위의 순회강연은 어떻게 진행되었을까? 전국 단위의 순회강연은 크게 두 가지 경우로 진행되었다. 하나는 중앙본부 지육부 사업으로 진행되는 것이며, 다른 하나는 동경지회의 순회강연이었다. 지육부 주관 순회강연은 1920년 10월 이후 지속적으로 전개되었는데, 1921년 3월까지 총 34회의 강연회 중 순회강연이 26회였으며 순회 지방은 163곳, 강연에 참여한 인원은 7만 4천여 명에 이르렀다.[172] 청년회 본부는 1920년 4월 창립 이후 전국적으로 지회 또는 지역청년단체의 협조를 받아 '특별대강연회'라는 명칭으로 순회강연을 했다. 이 순회강연은 중앙본부의 임원들을 중심으로 조를 편성하여 지역별로 순회하면서 개최되었다. 연사로 참여한 중앙본부 임원 이돈화, 박용회, 박사직 등이 남부와 관북, 서선 지역에서 순회강연을 하였다. 남부 지역은 이돈화와 박용회가 진주(4/22)→고원(5/1)→함흥(5/2)→수원(5/7), 서선 지역은 이돈화와 박사직이 평양(5/22)→진남포(5/23)→강서(5/25)→성천(5/26)→강동(5/28)→황주(5/29) 등지의 지회에서 강연 활동을 하였다.[173] 순회강연이 서북 지역에서 집중적·우선적으로 전개된 것은 이 지역 지회의 요청, 즉 신문화 수용에 대한 갈증이 컸고 교세가 비교적 강하였기 때문이었다. 또한 서북 지역의 교인 또는 청년들을 동원하여 인내천주의를 통한 종교적 개조운동을 확산시키고자 하는 의도가 반영된 때문이었다.

중앙본부는 6월 2일 경성에서 강연회를 개최한 후 다시 지방 순회강연을 전개하였다. 6월 중순부터 8월 초까지 북선 지방과 남선 지방을 청년회본부 회장 정도준 외에 이돈화, 박달성, 김기전, 방정환, 이두성, 강인택 등과 지회의 임원 등 2명 1조로 순회강연을 하였다. 북선 지방은 다시 관북 지방에서 영흥(6/15)→정평(6/16)→함흥(6/17)→홍원(6/18)→북청(6/20)→이원(6/22)→단천(6/24)→함흥(6/27)→정평(6/28)→문천(6/30)→고원(7/1)→원산(7/2) 등 10개 지회에서 12회의 강연을 정도준, 강인택, 김기전, 방정환, 이두성 등과 김면제(영흥), 조종오(함흥) 등이, 관서 지역은 안주(6/20)→박천(6/21)→의주(6/22)→정주(6/23)→구성(6/24)→태천(6/25)→희천(6/28)→숙천(6/29) 등 8개 지회에서 8회의 강연을 이돈화, 박달성 등과 김위제(안주), 홍우룡(의주), 백중빈(정주) 등이 각각 담당하였다. 남선 지방은 전주(7/18)→익산(7/19)→김제(7/21)→원평(7/22)→영천(7/25,26)→대구(7/28)→청주(7/29)→진주(8/1,2) 등의 6개 지회와 1개 교구, 1개 지역청년단체와 연대하여 박사직, 박달성, 이돈화 등과 박태준(진주)이 강연을 하였다. 평강지회는 7월 25일 이병헌과 정도준이 강연하였다. 그리고 이 시기 용정지회는 6월 27일 김희성이, 고산지회는 김병수, 정수근, 공문학 등이 강사로 나서 자체적으로 강연회를 개최하였다.[174]

이어 9월에도 청년회중앙본부의 '인내천 종지의 선전'의 필요와 지회의 요구에 따라 추기강연단을 구성하고 서북 지역과 관동 지역을 순강하였다. 이돈화와 오봉빈은 9월 9일 경성을 출발하여 용천→철산→영변→운산→희

천→강계→후창→자성→위원→초산→벽동→창성→삭주→구성→정주→곽
산 등지의 지회에서, 박사직과 차상찬도 역시 9월 9일 경성을 출발하여 함
흥→신흥→풍산→장진→삼수→장백현→갑산 등의 지회에서, 김기전과 박
달성은 9월 16일 경성을 출발하여 곡산→신계→서흥→안악→신천→해주→
옹진 등지의 지회에서, 김홍식은 9월 30일 평남 순천지회에서, 강인택과 이
병헌은 9월 말경 춘천지회와 홍천지회에서 각각 강연 활동을 하였다.[175]

이와 같은 전국 순회강연은 1921년에도 전개되었다. 이해 4월에는 관서
지역 안주→영유→순안→평양→진남포로, 관북지역 원산→북청→이원→
단천→성진→길주→명천→경성→청진→용정→국자가→두도구→화룡현→
동불사 등의 지회에서 순회강연을 했다. 6월과 9월에는 중앙본부 임원들로
구성된 강연단을 조직하여 전국적인 순회강연을 전개하였다. 6월에는 정주
지회에서, 9월에는 박사직의 강계→희천→개천 등 지회와 김기전의 구성→
곽산→정주→철산 등의 지회로 이어지는 서선 지역 순강, 박서익의 횡성→
홍천→김화→평강→철원 등의 지회로 이어지는 관동 지역 순강, 유한일의
해주→옹진→서흥→곡산→사리원→신계→토산 등의 지회로 이어지는 해
서 지역 순강, 강인택의 김제→금구→장성→나주→함평→영암→목포→해
남→강진→완도→장흥→순천→광양→고흥→광주→담양 등의 지회로 이어
지는 남선지역 순강 등이 전개되었다.[176] 그리고 1922년에는 순회강연보다
는 출장 강연이 진행되었다. 출장 강연은 지회의 요청에 의한 강연이 아니
라 출장을 강연회와 겸하는 것이다. 1921년 11월 2일 안주지회에서 김기전
과 강인택이 강연을 한 바 있고, 이듬해 1922년 1월 초 이돈화가 평양지회에
서, 2월 3일 평남 순천지회와 안주지회에서 이돈화가, 2월 7일에는 양주지
회에서 이돈화, 정도준, 황경주 등이 출장 강연을 하였다. 그리고 3월 15일
에도 의주지회의 후원으로 신의주, 의주, 유초도에서 각각 순회강연을 하였
다.[177]

그럼 여기서 강연 활동에 참여하였던 인물과 강연 내용에 대하여 살펴보자. 우선 강연에 참여한 연사는 중앙본부의 임원들과 지회의 주요 인물들이었다. 중앙본부 임원은 회장 정도준을 위시하여 이돈화, 박사직, 박용회, 김기전, 방정환, 이두성, 강인택, 이병헌, 김홍식 등이고, 지회 임원은 김면제, 조종오, 김위제, 홍우룡, 백중빈, 박태준 등이다. 이들은 주로 20, 30대 청년들로 지회에서 중추적인 역할을 맡거나 지회 활동을 통해 중앙으로 진출한 인물들이다. 종교적으로는 대부분이 계대교인이었으며, 대부분 보성전문학교 등 고등교육을 받은 신지식층이다. 이에 따라 당시 널리 보급되었던 문화운동의 전도사적 역할을 담당하였다. 조종오는 원산 출신으로 동아일보 기자 겸 총무,[178] 해성학교 교원[179] 등으로 활동한 바 있으며, 김위제는 정주 출신으로 부양학교 학감, 동아일보 및 조선중앙일보 안주지국장, 안주염직공장 설립, 안주 조선농민사 이사장, 도회의원 등으로 활동한 바 있다.[180] 백중빈은 정주 출신으로 동아일보 안주분국 총무 겸 기자 등으로 활동한 바 있다.[181] 박태준은 진주 출신으로 동아일보 진주지국 총무,[182] 조선일보 진주지국 총무,[183] 진주 노동공제회 집행위원 및 교양부 상무[184] 등으로 활동하였다. 특히 박태준은 강달영과 함께 사회주의운동에도 참여한 바 있다.

강연의 내용은 크게 두 가지로 구분할 수 있다. 하나는 종교적인 내용으로 현시대에 입각한 신종교, 즉 천도교와 관련된 것이고, 다른 하나는 청년계몽을 통한 문화운동과 관련된 것이다. 종교적인 것으로는 '세계평화와 천도교의 본래주의', '세계 진 평화는 인내천', '현대사조와 인내천(천도교)', '시대의 천도교', '인생과 종교' 등이다. 이중 이돈화의 '현대사조와 천도교'는 "시대 개조에 처한 우리는 타(他)를 숭배하며 타(他)를 의뢰치 말며, 자아(自我)를 숭배하며 자아를 의뢰하고 조선 사람은 조선을 위하여 일하자."는 것을, 박사직의 '인생과 종교'는 "인생과 종교는 불가리(不可離)할 관계이며 천도교가 가장 조선인에게 적합하다."는 내용이다.[185] 이들은 대체로 개조사상의 이념과 천도교의 이념인 인내천주의의 일치성을 강조하며, 그러므로 가장 조선적인 천도교를 신봉하자는 것이다. 즉 천도교를 통해 사회개조를 완성하자고 주장하였다. 1922년 1월 22일 평양지회에서 이돈화가 강연한 '사람주의 선언'의 내용을 살펴보자.

첫째는 例年과 같이 實際에 不合하는 浮虛的 演說을 避하여 實益을 求하며, 人의 人된 主義 즉 自己의 意思를 表示하여 今日 우리 社會의 모든 것을 實現코자 하는 慾望에 適合케 하자는 것이 第二期에 立한 余의 宣言이며 新年의 첫소리라. 우리는 神話時代를 벗어나서 偉人時代를 排斥하고 現實時代에 立하였으며, 現實時代의 實現主義를 貫徹코자 하면 例年과 같이 他人의 흉내나 내고자 有名無實 有始無終한 行動을 取치 말고 民族이 民族的으로 向上하자는 마음을 團結하여 實地를 崇尙해야만 할 것이라. 現今 우리 社會의 現狀을 보더라도 一 敎育, 二 産業, 三 思想 等의 實際 旺盛함과 如함이 얼마나 기쁜 것이며 우리 民族에게 얼마나 幸福인지 또는 將來 若何한 光明이 비치어 옴을 證明하는 것인지 想測할 바 有한 同時에 昨年에 未達한 것을 引繼하여 新年에 達成하며 父母가 못한 事業을 子孫에게까지 傳하여 가면서라도 勇往邁進할 것이며, 따라서 生하여도 우리 精神이요 死하여도 우리 精神을 가지어 活躍하는 以上에 우리는 오직 無窮하다는 것을 覺하여 醉生夢死的 刹那主義에 빠지지 말고 不平等 不自由 또는 老人 靑年 少年 婦女의 階級을 打破하고 나아가면 이것이 天國을 覺할지며 우리 社會에 우리 民族이 極樂과 幸福을 누리게 되는 바이요, 우리 사람이 할 바이라.[186]

문명개조의 신시대를 맞아 과거의 신화 또는 위인 중심의 사고를 극복하고, 현실에 맞는 자아를 통해 민족의 향상을 위한 단결을 도모하고, 교육·산업·사상이 왕성한 이 시기에 우리의 정신을 잘 유지하며, 계급을 타파하고 인간적인 삶을 영위하는 것을 강조하였다. 그리고 그 근본적인 것은 인내천주의에 철저한 천도교의 사상적 맥락에 뿌리를 두었다. 다음으로 청년 계몽을 통한 문화운동에 관한 것으로는 '자아를 각하라', '자아의 해방', '조선 청년의 사명', '분기점에 입한 오인', '하여야겠다' 등이다. 이들의 강연은 청년의 각성을 통하여 근대 의식의 함양을 기하고 전근대적인 봉건사상을 극복하여 시대에 맞는 청년의 역할을 다할 것을 강조하였다.

한편 이 시기 국내 강연 활동의 특징 중의 하나는 일본 유학생을 중심으로 구성된 강연단의 전국 순회 강연 활동이다.[187] 즉 동경유학생학우회강연단, 동경유학생동우회순회연극단, 불교청년동경유학생순회강연단, 조선여자 동경유학생순강단 등이 대표적이었다. 이러한 동경유학생의 순회강연단 파견에 보조를 맞추어 천도교청년회 동경지회에서도 "조선민족에게 교리 선전과 문화 발전을 증진"시키기 위해 하기방학을 이용하여 순강단을 구성하였다. 동경지회의 순회강연은 2차에 걸쳐 6개 지역으로 나누어 진행되었다. 1차는 6월 중순에서 7월 초까지 남선지역을, 2차는 7월 중순부터 7월 말까지 북선지역을 중심으로 각각 강연 활동을 하였다.

동경지회는 방학을 맞아 귀국하는 첫날인 1921년 6월 18일 부산 국제관과 기독교회에서 첫 강연회를 개최하고,[188] 19일에는 강연단을 경상도, 전라도, 충청도 등 지역별로 3대로 나누어 조직하였다. 경상대는 박달성, 정일섭과 본부 특파원 김의진, 전라대는 방정환, 민병옥과 본부 특파원 박사직, 충청대는 전민철, 정중섭과 본부 특파원 김홍식으로 각각 지역을 분담하였다.[189] 동경유학생 강연단의 박달성은 동양대학 정치경제과,[190] 정중섭은 동양대학 철학과,[191] 전민철은 일본대학 사회과,[192] 정일섭은 동양대학 문학과,[193] 방정환은 동양대학[194]에 각각 재학 중이었다.

경상대는 김해→통영→진주→단성→산청→창녕→경주→울산→영천→대구→수원으로, 전라대는 논산→익산→옥구→군산→전주→임실→고창→

김제→정읍→광주→목포→해남→고창→강경으로, 충청대는 청주→공주→예산→홍성→태안→서산→당진→인천→횡성→홍천→춘천으로 각각 순회강연을 마치고 7월 7일 경성으로 귀환하였다.[195] 그리고 순강단은 7월 8일 경성의 천도교당에서 정중섭의 '우리의 요구는 무엇?', 박달성의 '종교 안목으로 본 조선의 고금'이라는 제목으로 강연회를 열었다. 이날 강연은 정복과 사복을 입은 경관 4, 5명이 "서슬이 푸르게 앉아 있는 것도 근일에 보지 못한 현상"이었지만 결국 정중섭의 강연은 내용을 문제 삼아 중지케 하였다.[196] 그리고 7월 10일 순회강연단의 일원인 방정환은 천도교소년회 담론부 주최로 소년강연회를 갖기도 하였다.[197]

1차 순회강연을 마친 동경지회는 7월 10일경 북선지방으로 2차 순회강연을 하기로 하고 3대의 강연대를 구성하였다. 황해대는 방정환, 민병옥과 본부 특파원 차용복, 평안대는 정중섭, 전민철과 본부 특파원 김홍식, 함경대는 박달성, 정일섭과 본부 특파원 조기간으로 각각 조직되었다. 강연단은 7월 11일 경성을 출발하여 7월 말일까지 순강하였다.[198] 확인이 가능한 동경지회의 순회강연 활동을 강연대별로 정리하면 〈표 2-14〉, 〈표 2-15〉와 같다.

〈표 2-14〉 동경지회 1차 순회강연 활동 현황

대	1920	장소	강연자	강연제목	후원	명	비고
충청대	6.19	청주, 櫻座	전민철	교육과 노력	청주지회		동아 21.6.24
			김홍식	인류의 자연성과 종교			
			정중섭	인생의 진생활			
	6.22	공주, 기독교당	전민철	인생과 교육	매일신보, 동아일보지국	700	동아 21.6.26
			정중섭	신시대가 요구하는 이상사회			
			김홍식	인류의 자연성과 종교			
	6.24	예산, 천도교당	전민철	인생과 교육		400	동아 21.6.27
			정중섭	영구의 평화와 사인여천			
			김홍식	인류의 자연성과 종교			
	6.27	태안, 舊校舍	전민철	사람다운 생활을 하기 위하여	태안동창회, 천도교회	400	동아 21.7.4
			김홍식	인류의 자연성과 종교			
			정중섭	신시대의 요구와 이상적인 사회			
	6.28	서산, 천도교당	전민철	인생과 교육	서산지회, 서산청년회	500	동아 21.7.6
			정중섭	물질의 세력과 내두의 세계			
			김홍식	신풍조의 흡수와 오인의 소화			

지역	날짜	장소	연사	연제	단체	인원	출처
	6.29	당진, 천도교당	전민철	인생과 교육		600	조선 21.7.7
			정중섭	신시대의 요구와 이상적 세계			
			김흥식	인류의 자연성과 종교			
	7.1	인천, 築港社	전민철	인생과 교육			동아 21.7.4
			김흥식	인류의 자연성과 종교			
			정중섭	우리의 희망하는 이상적 세계			
	7.2	횡성, 천도교당	전민철	인생과 종교		500	동아 21.7.15
			정중섭	우리의 각오와 來頭의 세계			
			김흥식	인류의 자연성과 종교			
	7.5	홍천, 천도교당	전민철	인생과 종교			동아 21.7.11
			정중섭	신시대의 신세계			
			김흥식	인류의 자연성과 종교			
	7.7	춘천, 예배당	전민철	인생과 종교		300	동아 21.7.13
			김흥식	인류의 자연성과 종교			
			정중섭	인생의 진생활			
전라대	6.20	논산, 기독교당		교육발전		수백	동아 21.6.24
	6.21	익산, 이리좌	민병옥	신사회의 婦人	익산지회	600	동아 21.6.25
			방정환	잘살기 위하여			
	6.22	군산, 기독교당	방정환	잘살기 위하여	기독교청년회	수백 명	동아 21.6.27 조선 21.7.2
		군산, 천도교당	방정환	잘살기 위하여	지경리천도교 청년회	600	
	6.26	김제, 천도교청 년회관	민병옥	신사회와 부인		300	동아 21.7.4
			방정환	잘살기 위하여			
	6.27	광주, 흥학관	박사직	세계평화와 도덕	광주청년회, 보통학교동창 회		동아 21.7.1
			방정환	잘살기 위하여			
			박사직	(여자야학강습생을 위하여)			
	7.4	강경, 기독교당	박사직	신문화 건설과 여자해방	동아일보지국	100	동아 21.7.9
			방정환	잘살기 위하여			
경상대	6.21	통영, 협성학교	박달성	신시대와 신종교		300	동아 21.6.26
			정일섭	개인으로 사회에			
	6.22	진주, 제1 공립보통 학교	정일섭	동정의 感	진주지회	수천 명	동아 21.6.28
			박달성	당면의 문제화 요구의 인물			
	6.28	경주, 천도교당	정일섭	생활난 원인에 대하여		400	동아 21.7.3 조선 21.7.4
			박달성	인본주의와 종교의 금석			

	장소	강연자	강연제목	후원	비고
6.29	울산, 울산구락부	정일섭	자아를 각하라	울산지회, 울산청년회	동아 21.7.5
		김의진	누구의 罪		
		박달성	현대사조와 종교의 今昔		
7.2	대구, 청년회관	정일섭	생활난에 대하여		동아 21.7.5
		박달성	각 계급에 대한 余의 衷情		
7.3	수원, 천도교당	정일섭	우리의 생활에 대하여		동아 21.7.6
		김의진	누구의 죄		
		박달성	아본주의와 종교의 석금		

〈표 2-15〉 동경지회 2차 순회강연 활동 현황

대	1921	장소	강연자	강연제목	후원	명	비고
함경대	7.11	철원 천도교당	정일섭	생활난의 원인		400	조선 1921.7.14
			박달성	각 계급의 충정			
			조기간	사람과 종교			
	7.12	평강 천도교당	정일섭	생활난의 근본적 해결			조선 1921.7.19
			조기간	사람과 종교			
			박달성	이상향과 그 인물			
	7.13	원산 천도교당	박달성	각 계급에 대한 余의 衷情		1,000	동아1921.7.7 동아1921.7.14
			정일섭	생활난의 근본적 해결			
			조기간	사람과 종교			
평안대	7.11	평양 공회당	전민철	교육과 노력	평양지회		동아 1921.7.15
			김홍식	인류의 자연성과 종교			
			정중섭	시대가 요구하는 이상적 세계			
	7.12	진남포 천도교당	전민철	교육과 노력			동아 1921.7.17
			김홍식	인류의 자연성과 종교			
	7.13	강서 천도교당	전민철	교육과 노력		400	동아 1921.7.18
			김홍식	인류의 자연성과 종교			
			정중섭	신시대의 신세계			
	7.14	강동 공립보통학교	전민철	인생과 교육	강동청년회	500	동아 1921.7.20
			김홍식	신문화의 흡수와 조선청년의 소화			
			정중섭	청년의 각오			
		강동 천도교당	전민철	시대적 종교와 우리의 사명	강동지회	1,000	동아 1921.7.20
			김홍식	인류의 자연성과 종교			
			정중서	과학상으로 觀한 인내천			
황해대	7.15	성천 천도교당	김홍식	인류의 자연성과 종교	성천지회	800	조선 1921.7.20 동아 1921.7.21
			정중서	과학상으로 觀한 인내천			
			정중섭	신시대의 신세계			

			전민철	신문화 건설과 우리의 사면			동아 1921.7.21
	7.17	순안 천도교당	김홍식	정신문명의 來頭에 대하여			
			정중섭	종교의 新覺醒			
			유한일	우리의 신앙이란 무엇이냐			
	7.18	안주 천도교당	김홍식	정신문명의 내두에 대하여		800	조선 1921.7.18
			전민철	신문화 건설과 우리의 사명			
			정중서	신시대 신생활			
	7.19	박천 천도교당	유한일	우리의 신앙이란 무엇	박천지회	300	동아 1921.7.26
			전민철	신문화 건설과 오인의 사명			
			유한일	우리의 신앙은 무엇			
	7.21	곽산 천도교당	김홍식	정신문명의 내두에 대하여	곽산지회		동아 1921.7.31
			정중섭	현시대의 요구하는 이상적 세계			
	7.27	의주 천도교당	정중섭	현시대의 요구하는 이상적 세계		1,000	동아 1921.7.1 조선 1921.8.1
			김홍식	정신문명의 내두에 대하여			
황 해 대	7.12	서흥 천도교당	방정환	잘살기 위하여			동아 1921.7.19
	7.13	황주 천도교당	차용복	지상천당과 영생			조선 1921.7.13 동아 1921.7.17
			방정환	인생의 행로			
			민병옥	오인의 3대 의식의 활동			
	7.15	사리원 천도교당	차용복	지상천국과 오인의 영생			동아 1921.7.20
			방정환	잘살기 위하여			
	7.17	안악 천도교당	차용복	지상천국과 오인의 영생			동아 1921.7.22
			민병옥	人의 慾			
			방정환	잘살기 위하여			
	7.20	은율 천도교당	차용복	종교란 무엇이냐			동아 1921.7.27
			방정환	잘살기 위하여			
	7.21	송화 송화청년 회관	민병옥	인생의 행로	송화지회	200	동아 1921.7.26
			방정환	잘살기 위하여			
	7.22	장연 천도교당	차용복	지상천국은 오인의 영생			동아 1921.8.6
			방정환	잘살기 위하여			
	7.25	해주 천도교당	차용복	조선문화와 천도교		500	동아 1921.7.29
			방정환	잘살기 위하여			

〈표2-14〉와 〈표2-15〉에 의하면, 동경지회 순회강연의 내용은 강연대와 강연자에 따라 다르지만 대체로 한 강연자가 한 개 또는 두 개의 연제로 각 지역에서 강연하였다. 즉 방정환은 전 순회 기간 동안 '잘 살기 위하여'라는 연제로 강연하였다. 다만 1921년 7월 13일 황주 강연에서는 경관이 이를 문제삼자 연제를 '인생의 행로'로 바꾸었다. 전민철은 '교육과 노력', '인생과 교

육' 등을, 민병옥은 '신사회의 부인', '오인의 3대 의식의 활동', '인생의 행로' 등을, 박달성은 '당면문제와 요구의 인물', '각 계급에 대한 여(余)의 충정', '현대사조와 종교의 석금' 등을, 정일섭은 '생활난의 근본적 해결'을, 정중섭은 '현대가 요구하는 이상적 세계', '과학상으로 관한 인내천', '청년의 각오', '종교의 신각성' 등을 각각 강연하였다. 강연 제목으로 본다면 종교적인 것은 박달성과 정중섭, 사회·경제적인 것은 방정환과 정일섭, 교육적인 것은 전민철이 주로 담당하였다.(〈표 2-16〉)

〈표 2-16〉 동경지회 순회강연 내용

강연자	강연제목	강연내용
민병옥	오인의 3대의식의 활동	의식은 욕망이요, 3대 의식은 生欲 智欲 信欲이다. 이를 위하여 활동하자
차용복	지상천당과 영생	천당은 地上에 있고 하늘에 있지 않다
방정환	인생의 행로	우리의 조선 사회가 낙오됨은 과거에 우리의 기술과 문예를 助長치 않았기 때문이다.
정중섭	시대가 요구하는 이상적 세계	조선인은 천도교를 신앙해야 한다
전민철	교육과 노력	우리는 교육에 힘써야 한다
방정환	잘 살기 위하여	이미 각성한 우리의 목적과 정신은 여하한 감언이설일지라도 불견감지하여 우리의 민족이 잘살기를 切望한다
김의진	누구의 죄	암흑한 구사상을 타파하고 신신앙을 환기케 하자
박달성	신시대와 신종교	천도교가 무엇인지 이해를 못하고 오직 동학당으로만 알고 있는 인사들에게 많은 감격을 줌
박달성	당면의 문제와 요구의 인물	우리는 세계에 낙후하지 않을 실력이 있어야 한다. 이는 교육의 급선무로 우리에게는 돈이 없으므로 피와 땀을 흘려가면서 활동을 하자. 우리는 우리 민족의 체면유지상 신시대인과 같이 단발을 하자. 현대에 요구하는 인물이 되자면 첫째 나라는 사람이 무엇인가를 알아야 한다. 둘째 우주의 대자연까지 자시의 심신에 삼킬 대승한 인간이 되어야 한다. 오직 열정가가 되자. 종교의 필요와 현대의 종교는 영육일치의 종교인 인내천주의 진리가 있는 천도교를 논하자
박달성	인본주의와 종교의 석금	인내천의 深切한 진리설명과 신인합일 즉 영육일치의 현대종교를 해부하고 우리는 무엇보다도 신앙심이 견고하여야 남과 같이 잘 살 수 있다

〈표 2-16〉에 의하면, 동경지회의 강연 내용은 교육 등의 실력 양성, 자아의 각성, 시대가 요구하는 인물, 민족의 자긍심, 구사상 타파, 여성해방, 새로운 신앙인 천도교 등이 주된 내용이다. 특히 방정환은 "여하한 감언이설일지라도 견불감지하여 우리 민족이 잘살기를 절망한다"고 하여 민족주의적 성향을 드러낸다. 그리고 조선인은 조선의 종교이며 민족주의적 성향을 가진 천도교를 믿어야 함을 강조한다. 또한 신시대에 맞는 이상적 사회 또는 세계를 구현하는 할 수 있는 것은 천도교라고 강조한다.

이와 같은 강연 내용으로 인해 순회강연 기간 동안 당국으로부터 적지 않은 방해를 받았다. 우선 강연을 하기 전에 지역 경찰로부터 사전 허락을 받아야 했으며, 강연할 때는 정복 또는 사복 경찰들이 항상 임석하였다. 강연이 식민지 지배 체제에 거슬릴 경우에는 바로 중지시켰으며, 심지어는 강연 자체를 취소하고 해산토록 강요하였다. 특히 방정환의 '잘살기 위하여'는 서흥, 안악·장연·광주·김제에서, 전민철의 '신문화 건설과 오인의 사명'은 박천과 안주에서, 전민철의 '교육과 노력'은 성천 강동 진남포에서, 정중섭의 '청년의 각오'는 강동에서, 박달성의 '각 계급에 대한 여余의 충정'은 원산에서, 차용복의 '조선민족과 천도교'는 개성에서 각각 강연 중지 조치를 당하였다. 그리고 장연과 서흥·박천 등지에서는 강연회가 해산되기도 하였다. 특히 전민철은 박천에서 강연하던 중 '불온한 언구'가 있다고 하여 박천 경찰서에 구금 기소되어 정주지청에서 무죄선고를 받았다. 그러나 경찰 당국은 평양복심법원으로 호송하였다.[199] 또한 박달성도 원산 강연이 끝난 후 '치안에 방해되는 언론'이 있다고 하여 7월 13일에 원산경찰서에 구인되었다가[200] 7월 30일에야 풀려났다.[201]

② 지회의 순회강연 활동

강연 활동은 이상에서 살펴본 바와 같이 전국적인 순회강연 외에도 지회에서 자체적으로 지역 관내를 순회하는 강연도 적지 않았다. 1920년 4월 이후 지회가 설립됨에 따라 지회에서는 "인내천 종지 및 사회상 지식을 대대적으로 선전하여 교회의 확장하며 일반 인사의 신각성을 촉구한다."[202]는, 즉 '교세의 확장과 신사조의 보급'을 목적으로 자체 순회강연을 전개하였다. 이에 따라 1920년 하반기 전주지회를 비롯하여 태천·구성·의주·안주·평양·성천·진남포·안악·서흥·곡산·함흥·이원 지회에서 각각 교구의 지원을 받아 순회강연을 하였다. 이들 지회는 대부분 순회강연단을 조직하여 강연 활동을 하였다. 이와 같은 지회의 순회강연은 1921년 이후에도 지속되었는데, 이를 지회별로 좀 더 구체적으로 살펴보면 다음과 같다.

전주지회는 이해 8월 말경 이종환·김대준·안승환·김여상을 제1대, 송영섭·장우종을 제2대로 하는 순회강연단을 조직하여 1개월 동안 난전면·상관면·구이면·소양면·우림면·봉동명·이동면·삼례면·조촌면·초포면 등지를 순회하였다.[203] 그리고 이듬해 1921년 3월 하순에 이유상(吾敎는 정신병의 신약)·양찬순(포덕천하)·조성덕(신앙심의 자각)을 제1대로, 김대준(천도교와 조선인)·김여상(인내천은 세계의 정신)·김진옥(마음의 실력)을 제2대로 하여 순강하였다.[204] 익산지회는 1921년 3월 14일부터 26일까지 정수근은 '현대사조와 인내천', 오홍근은 '습관을 개량하고 지식을 광구(廣求)하라', 변찬순은 '조선의 특유한 종교사상과 천도교'라는 제목으로 강연을 하였다.[205] 황주지회는 1920년 9월 초순 김도빈(인생과 사회)·김정주(현대와 종교)·최재우(현대사조와 인내천)·이서룡(도덕과 춘풍화기) 등으로 강연대를 조직하여 순회강연을 하였다.[206] 또한 황주지회와 중화지회는 연합순회강연단을 조직하고 5월 29일 겸이포교구에서 송헌(신문화 건설과 인내천)·김정주(세계문화와 천도교)·김승려(우리의 각오)가 각각 강연하였다.[207] 평강지회는 '현대 문화와 인내천주의를 선전'을 목적으로 1921년 2월 하순부터 3월 중순까지 1개월 동안 권대완·전창석·권봉길·이인환·권대길·임종한 등이 평강군 일원과 회양군 난곡면 등지를 순강하였고,[208] 1922년 3월에도 3단 (團)의 강연대를 조직하여 관내 일대를 순강하였다.[209]

안악지회는 청년회원 현행묵과 은율군 순회교사 홍환기 등이 송화군에서 순회강연을 하였다. 6월 18일 진풍면전교실에서 전교사 유동진, 전교구장 최영환 주선으로 현행묵이 '신문화 건설과 인내천'이란 제목으로 강연회를 개최하였는데, 3백여 명이 참석하여 성황을 이루었다.[210] 그 외에도 진풍면 학계리·월사리·수산리·태을리 등지에서 '문화사상과 인내천', '신문화 발전과 신앙통일', '세계개조와 우리의 각오', '세계개조와 우리의 정신해방' 등의 제목으로 강연하였다.[211] 창성지회는 강연대를 조직하여 1921년 5월 5일부터 23일까지 김태석(조선인과의 장래종교)·차동원(해방의 도정에 입한 인내천)·허희(현대사조와 인내천) 등이 청산면 등 관내 각 면에서,[212] 구성지회는 4월 24일부터 백중빈(우주의 원칙과 인내천)·전경수(종교와 인생)·허문일(구미용담의 생명수)·최광룡(인습의 해방)·이원행(위안의 생활과 인내천) 등이 각 방면으로 순회강연을 하면서 포교문을 배포하였다.[213]

영변지회도 1921년 하반기에 매월 순회강연대를 조직하여 각 면을 순강하였는데, 10월에는 고신봉(시대에 입한 오인의 정신)과 김종훈(오인의 급선무는 무엇이냐)이, 11월에는 김용운(귀화적 증명과 노예해방)과 김종훈(오인의 귀숙지는 무엇일까)이 각각 강연하였다.[214] 그리고 1922년 11월에는 조기주와 장운ㅇ 등이 영변군 내 각 면을 순강하였다.[215] 또 성천지회도 청년회 창립기념을 기해 9월 초순에 순회강연을 하였는데, 1920년에는 김봉국·나석한·이인택·박종각·박관호 등이 4명 1대로 한 4대의 강연단을 조직하여 10일간 전 군을 순강하였으며,[216] 1922년에는 특히 소년소녀를 인솔하여 순강하였다.[217] 북청지회도 1922년 2월과 3월 4대의 강연대를 조직하여 순회강연을 했다.[218]

이 외에도 강동지회는 1920년 8월에,[219] 순천지회는 1922년 2월 창립총회를 개최하고 첫 사업으로[220] 원산지회는 1922년 2월 초순에,[221] 곽산지회에 매월 두 차례씩 면전교실을 순회하면서 강연회를 개최하였다.[222] 그 결과 곽산 지역에서는 수백 호가 입교하는 등 교세 확장에도 크게 기여하였다.(〈표 2-17〉)

〈표 2-17〉 지회의 순회강연 활동

지회	일정	순회지역	강사 및 강연제목	비고
전주	1920.8.24-29	제1대 난전 구이 우림 이동 조촌/제2대 상관 소양 봉동 삼례 초보	제1대 이종환 김대준 안승환 김여상 제2대 송영섭 장우종	동아 1920.8.29
	1921.3.27-	상관면, 초포면	이유상 : 오교는 정신병의 신약 양찬순 : 포덕천하 조성덕 : 신앙심의 자각 김대준 : 천도교와 조선인 김여상 : 인내천은 세계의 정신 김진옥 : 마음의 실력	동아 1921.3.23
익산	1921.3.15-25	관내	변창순 : 조선의 특유한 종교사상과 천도교 오흥근 : 관습개량에 취하여 정수근 : 현대사조와 인내천	동아 1921.3.17 동아 1921.3.25 천도교회월보 128, 102-3쪽
황주	1920.8.8-	각면 전교실 소재지	김도빈 : 인생과 사회 김정주 : 현대와 종교 최재우 : 현대사조와 인내천 이서룡 : 도덕은 춘풍화기	동아 1920.9.10
	1921.5.29-	겸이포	송헌 : 신문화 건설과 인내천 김정주 : 세계문화와 천도교 김승만 : 우리의 각오	동아 1921.6.1
황주 광제 청년 회	1920.8.28	구성면	최재우 : 현대사조와 인내천 김천일 : 청년의 급무와 각오	동아 1920.9.4
평강	1921.2-3	평강군과 회양군	권대완, 전창석, 권봉길, 김인환, 권대길, 임종한	회월보128, 102쪽
	1922.3	평강면, 현내면, 고삽 면, 역내면, 목전면	제1단 이태윤 권대길 제2단 권대완 권영해 제3단 권태길 김인환 제4단 허선 김규하	동아 1922.3.1 동아 1922.3.23

송화	1921.6.-7.	송화군내	현행묵 : 신문화 건설과 인내천 현행묵 : 신문화 발전과 신앙통일 현행묵 : 세계 개조와 우리의 각오 현행묵 : 세계 개조와 우리의 정신해방	동아 1921.6.26 동아 1921.6.28 동아 1921.6.29 동아 1921.7.1 동아 1921.7.4 동아 1921.7.17
창성	1921.5	창성 관내	김태석 : 조선인과의 장래 종교 허희 : 현대사상과 인내천 차동원 : 해방의 도정에 立한 吾人	동아 1921.5.28 월보 130, 110 쪽
강동	1921.8.26-	강동군내		동아 1920.9.2
곽산	1921.3	관내 전교실	每朔 兩次 강연회 개최	동아 1921.3.28
영변	1921.11	각면	김용운 : 귀화적 증명과 노예해방 이종훈 : 吾人의 귀숙지는 무엇일까	동아 1921.12.6
	1922.11	연산면, 소림면, 봉산면, 팔원면, 고성면, 남신현면, 남송면, 태평면, 북신현면, 백령면, 용산면	조기주, 장운○	동아 1922.11.6
	1922.10	교구	고신봉 : 시대에 立한 오인의 정신 이종훈 : 오인의 급무란 무엇이냐	월보 136, 99쪽
성천	1920.9	관내	김봉국, 나석한, 이인택, 박종각, 박관호	동아 1920.9.12
	1921.9	관내	4隊의 강연대 조직, 1隊 4人	동아 1921.9.11
	1922.9	각면	동서남북 4隊의 강연대 조직	동아 1922.8.22
북청	1922.2-3	관내	4隊의 강연대 조직, 1대 : 장규 김초원, 3대 : 최남린 주영진, 4대 전지석 장규	동아 1922.2.16 동아 1922.3.14
통영	1922.3.5	협성학원	신용구 : 인생이란 무엇인가	동아 1922.3.14
원산	1922.2.3	안흥학교		동아 1922.2.13
順川	1922.2		창립 총회 직후 순회강연대 조직	동아 1922.2.20
구성	1921.4	관내	백중빈 : 우주의 원칙과 인내천 전경수 : 종교와 인생 허문일 : 구미용담의 생명수 최광룡 : 인습의 해방 이원행 : 위안의 생활과 인내천	회월보 130, 110쪽
은산	1921.4	관내	우경운, 신정수, 김성흔	우경운, 신정수, 김성흔

〈표 2-17〉에 의하면 강연대는 '인내천 종지의 대대적 선전', '현대문화의 선전', '신문화의 건설' 등을 목적으로 선전 활동을 함으로써 결과적으로 청중을 천도교로 인도하는 데 크게 기여하였다. 강연 제목이 '포덕천하', '천도

교와 조선인', '조선에 특유한 종교사상과 천도교', '현대사조와 인내천' 등의 종교적 포교, '관습 개량에 취(就)하여', '관습을 개량하고 지식을 광구하라', '세계 개조와 우리의 각오' 등인 데서도 알 수 있듯이 강연은 천도교 교리에 대한 담론보다 시대 상황 속에서 천도교의 가치와 천도교 신앙의 당위성을 주장하는 것을 주로 하였다.

한편 전국 순회강연과 지회 자체 강연에서, 강연자는 다르지만 강연 제목이 같거나 유사한 경우가 적지 않다. 이는 중앙과 지회가 당시 사회에 대한 인식에서 차이가 거의 없다는 점을 의미한다. 또한 중앙과 지회의 관계가 단순히 중앙과 지방의 연결체가 아니라 천도교의 이념을 바탕으로 한 유기체적 조직임을 알 수 있다. 따라서 교세의 확장은 결국 천도교를 통한 신문화운동의 확산, 그리고 이를 바탕으로 한 천도교의 민족주의적 성향을 확대시키는 것이었다. 뿐만 아니라 청년회가 주장하는 '민족주의 중심 세력'으로 성장해 가는 기반을 조성하는 것이기도 하였다.

3) 강습 및 교육 활동

① 강습회 및 교리강습소 운영

지회 활동에서 중요한 것 중 하나가 교육이다. 교육은 천도교의 교리와 근대식 학문을 교육하는 강습과, 강습원·야학 등을 포함한 사회교육으로 구분할 수 있다. 전자는 종교교육의 성격을 지니는 반면 후자는 정규교육기관을 지향하는 사회교육으로서의 성격을 지닌다고 할 수 있다. 이와 같은 교육 활동은 기독교처럼 정규학교를 운영하지 못하였던 천도교의 입장에서는 매우 중요한 교육 과정이었다. 그러나 강습을 통한 교육은 천도교를 일반 사회에 선전하는데 최적의 방안이기도 하였다. 강습에의 참여는 천도교인뿐만 아니라 일반인들에게 개방되었고, 이에 따라 적지 않은 사람이 이를 계기로 입교하였다. 먼저 강습 활동을 살펴보자.

청년회의 강습은 교리강연부 시절부터 중요한 활동 중의 하나였으며, 강습회 개최 또는 강습소 개설 등으로 운용되었다. 강습 활동은 1920년 초 강연부 간부회의 협의와 교단의 후원으로써 시작되었다. 이는 "세계 신문화와 반(伴)하여 본 교회의 발전책으로부터 자각의 산물"이었다. 즉,

> 오랫동안 전쟁의 辛酸을 感한 人類는 필연으로 평화의 本體되는 종교에 향하여 其의 根本的 要求를 해결코자 함은 是 당연의 인정이며, 또한 당연의 時勢라 할지라. 고로 금일 이후의 종교 활동은 識者를 不待하고 豫期할 바 事임은 更히 吾人의 呶呶喋喋함을 不待하리라. 그럼으로 금일 이후의 세계는 필경 종교의 세계가 되며 금일 이후의 사회는 究極 宗敎의 사회가 되리라. 更言하면 戰後 思想界의 활동은 宗敎中興運動으로 信仰의 眞正意義를 이해하며 歸依의 直角妙諦를 解決하여 문명의 大潮流는 一瀉千里의 勢로 宗敎彼岸의 大海에 滔滔 流入하리라.[223]

라고 하여, 제1차 세계대전 이후 전개되는 신문명 사회는 종교 중심의 세계이고, 이는 천도교의 인내천주의로 가능하다고 생각하였다. 이러한 시기에 천도교가 그 중심에 있어야 하고, 그 중심적 활동은 청년들이라고 하였다. 이에 강연부는 청년 활동의 중심 인물을 양성하기 위해, 그리고 신문명의 보급과 천도교의 발전을 위해 강습회를 개최하였다. 따라서 강습회는 "학교적이며 강습소적"이었고, 강사는 교육자, 강습원은 피교육자의 입장에서 진행되었다. 이러한 강습 활동의 실제 목적은 첫째 교리의 난의응답(難疑應答), 둘째 사회교육적 실지 견습, 셋째 친목, 넷째 청년종교심의 발흥이었다.[224] 또한 그 필요성을 다음과 같이 설명하였다.

第一, 인내천의 진리야말로 비록 높고 크나, 만일 講究치 않으면 覺得키 불능하고 또한 一人一人의 私쵑을 設有하다 하면 此로는 도저히 통일적 교화상의 공통을 保하기 不能할지니 말미어 강습의 필요를 感하는 바이며, 第二, 과학적 상식의 대개니 우리가 비록 교리에는 熟達하다 할지라도 보편의 상식이 너무 素昧하고 보면 一身人格上에 아니 眞理宣傳상에도 지장이 夥多할 것이니 말미어 또한 강습이 필요하다 하나이다.[225]

즉 강습 활동은 교리의 통일이라는 공적 기능과 과학적 상식의 습득을 통한 천도교 선전의 효율화를 기하는 것이 주요 내용이라 할 수 있다. 그리고 강습의 내용은 교리과, 상식과, 시문과(時文科), 음악과 등으로 나누어 교수하였다. 이 외에도 강연과 토론회에 대한 방략 등도 있었다.[226] 이중 시문과는 "조선문화 중흥 운동의 근본적 혁명되는 조선어 조선문"을 교수하는 것으로, 이 시기 일본어 교육이 늘어가는 상황에서 천도교의 민족주의적 성격을 그대로 보여준다고 할 수 있다.

이와 같은 인식하에서 중앙본부는 1920년 1월 15일부터 4월 1일까지 220여 명은 경성교구에서, 1921년 1월부터 3개월간은 2백여 명의 지방 청년들을 모아 보성학교에서 단기교리강습회를 개최하였다.[227] 중앙본부에서 교리강습을 수료한 청년들은 지방으로 돌아가 교구 또는 지회에서 강습회를 개최하거나 강습소를 개설하고 강사 등으로 적극 활동하였다. 지회의 강습 활동은 청년뿐만 아니라 일반교인, 여성, 소년 등 다양한 계층을 대상으로 전개되었다. 이를 좀 더 구체적으로 살펴보자.

지회의 강습 활동은 크게 세 가지로 분류할 수 있다. 즉 임시교리강습회, 단기교리강습회, 강습소 운영이다. 이 외에 강사 양성을 위한 사범강습회가 개최되기도 하였다. 임시교리강습회와 단기교리강습회는 짧게는 1개월, 길게는 6개월이지만 일반적으로는 3, 4개월 정도였다. 강습소는 일종의 상설

교육기관으로 3, 4개월 단위로 연중 운영되었다. 그리고 강습회는 강장과 강사, 강습소는 소장과 강사, 강습원은 원장과 원감, 강사 등으로 운영진이 구성되었고 대체로 3, 4명 정도였다. 강사는 지회 임원이거나 중앙본부에서 개최한 교리강습회에 참석한 경험이 있는 경우가 다수였다. 강습 시간은 지역에 따라 달랐는데, 시일, 즉 일요일에 집중적으로 하는 것과 매일 저녁시간을 활용하여 진행하는 경우로 대별된다. 교과목은 교리와 과학 상식이 중심이었으며, 이 외에도 문맹 퇴치를 위한 한글 강습, 시사와 경제를 포괄하는 법제(法濟), 생활에 필요한 산술과 생리학 등이었다. 이와 같은 강습 활동은 지회와 교구의 유기적인 관계 속에서 진행되었다. 지회의 강습 활동을 좀 더 구체적으로 살펴보면 다음과 같다.

의주지회는 1920년 11월경 교리강습회를 개최하여 1922년 2월 24일 수료식을 가졌는데, 교리전문과 19명, 시일강습과 16명이 수료하였다.[228] 또한 강습회 강사를 양성하기 위해 1921년 4월 16일에는 사범강습회를 개강하였다. 강장은 최석련이었으며, 교과목은 교서, 조선어, 법제, 내외사지(內外史誌), 산술(算術), 물리, 생리학(生理學) 등이었다.[229] 이와 함께 이해 4월 보통교육 과정의 학술강습회를 진행하였다. 회장은 최석련, 회감은 김이, 강사는 최안국·홍우룡·김이국·김봉즙·박봉걸 등이 맡았으며, 1922년 4월 현재 강습생은 21명이었다.[230] 그리고 1923년 3월 현재는 18명이 강습을 받았다.[231]

성천지회는 1920년 11월부터 6개월간 교리강습회를 개최하였으며, 강습생은 유인찬 등 63명, 강장 이돈하, 강사 이최걸·김봉국·박종각 등이 교리·산술·체육·작문·일본어 등을 교수하였다.[232] 또 지회 후원으로 성천교구에서 1921년 말경 나영련을 강사로 임시교리강습회를 개최하여 강습생 10여 명을 교육하였다.[233] 고원지회는 일반 교인의 교리 이해를 돕기 위해 김병준을 강사로 하여 교리강습회를 개최하였다.[234] 안주지회는 1920년

12월 1일부터 3개월간 청년 수십 명을 모아 강장 김안실, 간사 정응봉, 강사 김위제로 강습회를 열어 1921년 3월 4일 제1회 수료식을 가졌다.[235] 이듬해 1922년에도 1월 29일부터 2주간 예정으로 교리강습회를 열었고,[236] 아울러 이날부터 2일간 이돈화를 초빙하여 '인생철학 강화'라는 제목으로 강도회를 개최하였다.[237] 자산지회는 1922년 1월 8일부터 3개월간 임시교리강습회를 개최하고 교리, 수학, 경제, 일본어 등의 과목을 강습하였다.[238] 이에 앞서 일반 청년에게 시대적 지식의 보급을 위해 지회장 김종진, 지육부장 김중현의 발기로 1921년 12월 10일부터 3개월간 속성강습회를 개최한 바, 강사는 황용연 · 김중현 등이었으며 강습생은 50여 명이었다.[239] 그런데 자산지회의 강습회는 미취학 아동과 취학난에 처한 청년을 구호하기 위해 강습소를 확장, 갑반은 고등학교 1, 2년생 과정, 을반은 보통학교 3, 4학년 과정, 병반은 보통학교 1, 2학년 과정으로 학생을 모집 1년간 교육할 정도로 호응을 얻었다.[240] 또한 철산지회는 1921년 초에 정윤석 · 배정순을 강사로 임시교리강습회를 개최하여 35명의 강습생을 교수하고 6월 1일 수료식을 가졌다.[241] 그리고 시일강습회를 확장하기 위해 1922년 2월 12일부터 각 면에서 1, 2명씩의 청년회원을 선발하여 임시교리강습회를 개최하였다. 강사는 박영 · 정윤석이었고, 기한은 1개월 정도였다.[242]

사리원교구는 1920년 9월 1일부터 3개월간 중화지회장 송헌을 초빙하여 교리강습회를 개최하였는데, 강습생은 20여 명 정도였다.[243] 덕천지회도 1921년 9월 5일부터 중앙본부에서 파견된 강사 김홍식과 이용규 양인으로 6개월간 강습회를 개최하여 교리와 보통상식에 관한 수업을 하였다.[244] 특히 덕천지회의 강습회는 지방청년 남녀의 지식계발 효과와 공헌이 적지 않다고 하여 유지 유양준이 1백 원을 의연하였으며, 강습생도 1백여 명에 달할 정도로 상황이었다.[245] 그러나 1922년 3월 23일 수료식에는 53명만 강습을 마쳤다.[246] 용천지회는 1920년 12월부터 3개월간 개최한 교리강습회에 30여 명이 강습하였고,[247] 영변지회도 1920년 11월부터 고신봉을 강사로 교리강습회를 개최하였다.[248] 평양지회도 기존에 운영하던 강습소를 더욱 확장하기 위해 강당을 신축하였다.[249]

강동지회는 1920년 12월 15일부터 4개월간 단기교리강습회를 개최하여 30여 명을 교수하였고, 야학부를 별도로 설치하여 교리 외에 생활에 필요한 과학을 강습하였다. 강사는 이근섭·김상률·윤의홍·김상무·김병익 등이었다. 단천지회도 1920년 11월부터 3개월간 단기교리강습회를 개설하였고, 강습원은 72명, 강장은 염인환, 강사는 백중빈이었다. 백중빈은 평북 정주 출신이었다. 운율교구도 교구장 홍순의와 홍만기·김택웅·김규종·최광동·홍환기·이두현 등의 발기로 임시교리강습회를 개최하자 강습생이 80여 명에 달하였으며, 유한일이 강사로 활동하고 수료식은 1921년 3월 3일 가졌다. 이원교구에서 1920년 12월 상순에 개최한 임시남녀교리강습회는 남자 60, 여자 30여 명의 강습원이 수업을 하였으며, 강장은 박승룡, 강사는 김중삼·정계진·최종희·김용광(여) 등이었다.[250]

북청교구는 1920년 12월 14일부터 3개월간 단기교리강습회를 개최하였는데 강습원이 1백여 명에 달하였으며, 강장은 교구장 고신선이, 강감은 고정휘, 강사는 중앙본부에서 파견된 조기간이 담당하였다. 구성교구는 1920년 10월 7일부터 5개월간 단기교리강습회를 운영하였으며, 강장은 이종수, 강감은 백응규, 간사는 이해순, 강사는 원명준과 이원행이 각각 맡았다. 풍산교구도 1920년 10월부터 임시교리강습회를 개최, 80여 명이 수강하였는데 한동조가 6개월 동안 강사로 활동하였다.[251] 한편 풍산교구 교리강습회는 적지 않은 어려움이 있었다. 교호수 1백여 호에 불과하지만 "세계의 신풍화는 우리로 하여금 신사상을 도발케 하고 시대의 신사조는 우리로 더불어 신교화를 갈망"케 하는 시대 조류에 따라 교리강습회를 설립하였으나 운영은 어려움의 연속이었다. 운영자금은 5개월간 의연금으로 충당하고 때마침 풍산지역에 온 한동조에게 교리와 과학을 함께 맡겼다. 학과는 교리과와 보통과를 설치하였으며, 강생은 어려운 상황에서도 6, 70명을 확보하였다.[252]

그 밖에도 김해교구, 삼수교구, 영변지회에서 교리강습회가 운영되었다. 김해교구는 1921년 초 의사원 김교경의 포교 활동으로 45명의 교인이 확보되자 독립전교실로 설치되었다가[253] 이후 교구로 승격되었고, 청년회 지회가 설립되었다. 이에 따라 김해교구는 1921년 5월 1일부터 1개월간 중앙본부의 조기간을 강사로 초빙하여 임시교리강습회를 개최하였다. 초기에는 강습생이 많지 않았지만 점차 증가하여 30여 명이 강습을 받았다.[254] 자성교구도 교구장 김선호 등의 발기로 1921년 12월 임시교리강습회를 개설하였는데, 강사는 황룡연, 강습생은 50여 명 정도였다.[255]

한편 강습 활동은 강습회 외에도 강습소를 설립 운영하는 형태로도 전개되었다. 정평지회 관내 춘류면전교실에서 이운주·정병모·이휘주·정봉운·이환주·정하림·정명학·윤인권 등과 교외 인사의 발기로 1921년 4월 교리강습소를 설립하였다. 학과는 교리를 가르치는 교리과와 일반 사회교육을 교육하는 보통과를 설치하였는데, 교인 자제뿐만 아니라 교외 청년까지 등록하여 강습생이 60여 명에 달하였다.[256] 성천지회 관내에서는 면전교실 단위로 교리강습소를 운영하기도 하였다. 삼덕면전교실은 1921년 12월 강사 박종각과 강습생 40여 명, 사주면전교실은 강사 최인악과 강습생은 16명, 삼흥면전교실은 1921년 가을 강사 김봉혁과 강습생 20여 명, 구룡면전교실은 1921년 봄 강사 원준익 등으로 교리강습소를 개설 운영하였다.[257] 성천군 쌍룡면전교실은 1920년 봄부터 교리강습회를 개최하였는데, 1922년 초에는 나현빈 등 청년들의 발기로 박관호를 강사로 초빙, 교리강습회를 개최하였다. 강습생은 남녀 학생 46명이었다. 또 일반신도 등 30여 명을 모아 야학회를 부설하는 한편, 교리의 보급 및 지식의 개발을 위해 시일강습회를 특설하고 일요일마다 교리·역사·체조 등을 강습하였다. 강습생은 1백여 명에 달하였다.[258] 특히 이해 2월 25일 제1회 수료식에는 주학부 12명, 야학부 6명, 여자부 1명이 강습을 마쳤다.[259] 평북 운산군 북진면전교실에서도 오승태가 교리선전상 교리 강습이 급선무임을 인식하고 교인들과 협의하여 1921년 10월 교리강습소를 설립하고 강사 윤광호를 초빙하여 남녀 학생을 모집하였다.[260] (〈표 2-18〉)

〈표 2-18〉 지회의 강습 활동

지회	명칭	개강 및 기간	강사진(강습 내용, 주요 내용)	강습생 수	비고
강동	단기 교리강습회	20.12.15, 4개월	이근섭 김상률 윤의홍 김상무 김병익(교리 필수과학, 야학부 증설)		천도교회월보 127, 113쪽
단천	단기 교리강습회	20.11.20, 3개월	강장 염인환, 강사 백중빈(교리 필수과학)	72	상동
은율	임시 교리강습회	21.3 수료	강사 유한일(교리 필수과학)	80	상동
이원	임시남녀 교리강습회	20.12 상순	강장 박승룡, 강사 김중삼 정계진 최종희 김용광(여)(교리 필수과학)	60	상동
북청	단기 교리강습회	20.12.14, 3개월	강장 고진선, 강감 고정휘, 강사 조기간(교리 필수과학)	100	천도교회월보 128, 102쪽
안주	임시 교리강습회	20.12, 3개월	(교리, 필수과학)		천도교회월보 128, 102쪽
구성	단기 교리강습회	20.10.7, 5개월	강장 이종수, 강감 백응규, 간사 이민순, 강사 원명준 이원행(교리 필수과학)		천도교회월보 128, 102쪽
풍산	임시 교리강습회	20.10, 6개월	강사 한동조(교리 필수과학)	80	천도교회월보 128, 102쪽
덕천	임시 교리강습회	21.2.10, 3개월	강사 김형국(교리 필수과학)	45	천도교회월보 129, 101쪽
삼수	임시교리 야학강습회	20.12, 3개월	강사 조병수		천도교회월보 129, 101쪽
	단기 교리강습회	20.11.15, 6개월	강장 조완협, 강사 조병수 조용형	30	천도교회월보 131, 103쪽
성천	임시 교리강습회	20.11, 6개월	강장 이돈하, 강사 이최걸	40	천도교회월보 130, 111쪽
김해	임시 교리강습회	21.5.1, 3개월	강사 조기간	30	천도교회월보 131, 102쪽
철산	임시 교리강습회	21.6.11 수료	강사 정윤석 표정순	35	천도교회월보 131, 102쪽
	시일 교리강습회	22.2.12 개시, 약 1개월	강사 박영 정윤석		동아 1922.2.26

정평	교리강습소	21.4 설립	교리 및 보통학과 과정	60	천도교회월보 131, 102쪽
영변	임시 교리강습회	21.10경	강사 고신봉	10	천도교회월보 136, 99쪽
성천	임시 교리강습회	21. 말	강사 나영련	10	천도교회월보 138, 93쪽
	교리강습소 (삼덕면)	21.12 설립	강사 박종각	40	천도교회월보 138, 93쪽
	교리강습소 (쌍룡면)	20 설립	강장 이기원, 학무 나현빈 윤준, 강사 박관호	주30 야30	천도교회월보 138, 93쪽 /140, 99쪽
성천	교리강습소 (사주면)	21년 말 현재	강사 최인악	16	천도교회월보 138, 93쪽
	교리강습소 (삼흥면)	21.가을 설립	강사 김봉혁	20	천도교회월보 138, 93쪽
	교리강습소 (구룡면)	21. 봄 설립	강사 원준익		천도교회월보 138, 94쪽
자산	임시교리강습회	22.1.8 개강, 3 개월	강사 황용연 김중현 교리, 수학, 경제, 일어	50	천도교회월보 139, 103쪽 동아22.2.4 동아22.3.1
덕천	임시강습회	22.3.23, 수료	강장 안겸, 감독 최치순 안태희 현성재 이용규, 강사 김홍식	51	천도교회월보 140, 99쪽
운산	교리강습소	22.10 설립	강사 윤광호		천도교회월보 135, 105쪽

② 여자강습회 활동

한편 지회의 강습 활동은 여자를 대상으로 하는 강습도 적지 않았다. 여자교리강습은 여자교육의 필요성에 대한 인식의 전환에서 비롯되었다. 즉,

여자는 제 집안 구석에서 다만 바느질이나 음식이나 할 줄 알고 남편만 잘 섬기면 그뿐이지 다시 더 할 것 없다는 벌써 옛날 생각이지 지금 시대에 누가 그런 어둡고 무식한 말을 하리오. 만일 그런 사람이 있다 하면 그는 시세에 떨어진 늙은 사람이라 하겠습니다. 조선에 여자교육을 참으로 하여야 되겠다고 생각하는 사람이 어디 있으며, 여자를 교육하여야 할 것을 참으로 깨달은 사람이 몇이나 있을 런지요. 차라리 여자를 가르쳐 쓸 데 없다, 가르쳐 놓

으면 이러이러한 폐해가 있다고 여자교육의 불필요하다고 주창하고 여자교
육을 배척하는 한심한 완고 덩어리가 조선에 가득 찼습니다.[261]

이라 하여, 전통시대의 여성교육관에 대해 비판하고, "우리 사회를 위하여
우리 민족의 장래를 위하여서 여자교육을 지극히 힘써야 하지 않겠는가."라
면서[262] 여자교육이 바로 민족의 장래를 위한 교육임을 강조하였다. 이와 같
은 인식에 따라 경성교구에서 1921년 1월 12일 처음으로 '천도교회교리임시
부인강습소'를 개설하였다. 강습소장 장효근과 간사 안상덕, 강사 박사직 등
으로 운영된 부인강습소는 조선문, 천도교리, 가정학, 습자, 주산, 재봉 등의
교과를 교수하였다. 당시 부인강습소의 가장 중요한 교과목은 조선문이었
는데, 이는 여성의 문맹퇴치가 가장 급선무라고 보았기 때문이다. 강습생의
준비물은 공책 1권, 연필 1본, 주산 1개, 가정학 교본 1부 등이었다.[263] 부인
강습회의 또 하나 중요한 목적은 여성 포교였다. 일반 청년들의 포교 활동
은 남성 중심이었기 때문에, 여성들에 대한 포교는 부인강습소 운영을 통한
직접 포교와 강습소를 수료한 여성들의 활동을 통한 포교로 전개되어 갔다.
경성교구의 부인강습회는 주간으로 운영되었는데, 지방에서의 여자강습회
개최에 적지 않은 영향을 주었다. 그리고 여자강습회는 지회의 강사 등 그
후원이 절대적이었다. 지회의 여자강습은 처음에는 야학으로 시작되었다가
경성교구의 영향을 받아 주간으로 전환되었다.

　지방에서 처음으로 여자강습을 개최한 곳은 원산지회였다. 원산지회는
1920년 12월부터 여자야학강습회를 설립하고 4개월 단위로 무료로 운영하
였다. 1921년 3월 제1회 수료식을 가진 야학강습회는 1922년 12월까지 1년
간 지속되었다.[264] 이에 앞서 1921년 2월에는 주간으로 운영하는 임시부인
교리강습소를 개설하였는데, 강습생은 30여 명으로 박영화와 조종오가 강
사로 활동하였다. 이중 박영화는 여자 강사였다.[265] 이어 4월부터 9개월간

강습생 120여 명을 대상으로 여자강습회를 운영하고 12월 11일 150여 명 중 60명이 수료하였다. 이날 수료식 소감에서 강습생 조선복은 여자교육의 중요성을, 김상근은 교육의 남녀 차별이 없음을 밝히기도 하였다. 여자강습회는 초기에는 예산 문제로 폐지될 위기에 처하기도 하였지만 지회 임원의 노력으로 근근이 유지하여 1921년 3월 제1회 수료식에는 28명이 마칠 수 있었다. 제2회 강습회에서는 강습생이 크게 늘어 갑·을·병·정반 등 4개 반을 운영할 정도로 확장되었다.[266] 이원교구는 1920년 12월 상순 남녀임시교리강습회를 개설하였는데, 이때 강습회는 남녀 각반으로 운영되었던 것으로 보이며 여자강습생은 30여 명 정도였다. 강장은 교구장인 박승룡, 강사는 김중삼·정계진·최종희·김용광 등이었는데, 이중 김용광은 여자 강사였다.[267] 익산교구는 지회의 후원으로 1921년 1월 부인청년회를 조직하고 임시여자교리강습회를 개설하였다.[268] 자성교구도 1921년 2월 15일 임시부인교리강습회를 개최하였는데 교인뿐만 아니라 일반 부인까지 참여하여 성황을 이루었다.[269]

이어 평양교구의 여자청년회의 주최로 1921년 4월 13일부터 야학교리강습을 개최하였다. 야학시간은 매일 오후 9시부터 2시간이었으며, 강습생은 40여 명으로 기간은 3개월간 교리와 주산을 강습하였다.[270] 이어 16일에는 강장 백숙화·송영화, 강사 이기열·김명희·이성삼 등으로 3개월간 강습생 70여 명으로 주간 여자강습회를 개설하고 7월 9일 마쳤다.[271] 이어 9월 19일부터 다시 6개월간 추기여자강습회를 개최하였는데, 강사는 김명희, 강습생은 35명, 과목은 교리와 보통상식이었다.[272] 평남 순천지회 관내인 밀전면 전교실에서도 시대의 각성에 따라 1921년 5월부터 부인야학교리강습회를 개최하였다. 강장 최만오, 강사 김응도 김상호 김정조 최봉상 등이 부인과 유소녀 20여 명의 강습생을 대상으로 1년 동안 진행되었다.[273]

북청지회는 "암흑한 여자 사회에 광명을 도모"하기 위해 여자야학강습회를 개설하였다. 10세 이상 4, 50세 미만의 여성 30여 명을 모집하여 조선어, 한문, 산술, 습자 등을 교수하였다.[274] 또한 북청군 신창면전교실에서도 여자 상식을 보급하기 위해 1921년 7월부터 여자야학부를 개설하고 안상렬과 이학수의 교수로 50여 명이 강습을 받았다. 그러나 교육 시설이 협소하여 강습생을 모두 수용하지 못하기도 하였다.[275] 이에 따라 1922년 봄 강습소로 일층 확장하고 초등부인과를 신설하였는데, 교과목은 종교학·가정학·위생학·조선문·산학·작문·습자 등이었다.[276] 신포면전교실에서도 "여자계의 암흑을 계명(啓明)하며 교리의 선전"을 위해 우정하 등의 발기로 1922년 2월 26일 여자교리강습회를 개설하였다.[277] 또한 양화면전교실에서도 여자계의 지식을 계발하기 위해 1922년 1월, 2개월간의 교리강습회를 개최하고 이를 확장하기 위해 3월 17일 부녀강습회 발기회를 개최하였다.[278] 전주지회도 포덕부 사업으로 부녀의 지식 함양과 교리광포의 목적으로 부녀교리강습소를 설립하고 1922년 4월부터 매시일 오후 1시부터 4시까지 6개월간 교리, 윤리, 가사대요, 가정요담 등을 교수하였다.[279] 고원교구는 1922년 두 차례에 걸쳐 여자교리강습회를 개최하였다. 제1회는 1월부터 4개월간 8명, 제2회는 5월 1일부터 3개월간 10명을 교육하였는데, 강장은 김태일, 강사는 김병제와 이준구가 맡았다.[280] 이 외에도 의주교구에서 가진 1923년 3월 시일부인강습회 수료식에서 6명이 수료하였다.[281]

한편 철산교구는 그동안 운영되었던 부인강도회를 더욱 발전시키기 위하여 1920년 12월 조직을 확대 개편하고 포덕부, 지육부, 재무부를 설치하였다. 부인강도회는 1913년에 조직되어 매월 둘째 주 시일에 강연 또는 토론을 중심으로 운영하였다. 이중 지육부는 여자교육 장려 및 교리 강연을 주도하기도 하였다.[282] (〈표 2-19〉)

<표 2-19> 여자강습활동

주최	명칭	개설기간	운영진 및 주요내용(비고)
이원교구	임시남녀 교리강습회	20.12- 21.3.3	강장 박승룡, 강사 김중삼 정계진 최종희 김용광(여) / 강습생 30여 명
익산지회	임시여자 교리강습회	21.1	강습생 50여 명 / 부인청년회 조직
원산지회	여자야학강습회	20.12-21.3	회장 김용호, 강사 지회 임원 / 28명 수료, 수업료 무료
	임시부인 교리강습소	20.4-12	회장 김용호, 갑반 을반 병반 정반 등 4개반으로 편성, 강습생 150여 명 중 60명 수료
원산지회	여자강습회	21.4, 9개월	회장 김용호, 강사 6인
자성교구	임시부인 교리강습회	21.2.15	
順川郡 밀전면조교실	부인야학 교리강습회	21.5, 1년	강장 최만오, 강사 김응도 김상호 최정조 최상봉 / 강습생 20여 명(부인 및 유소녀)
평양여자청년회	여자야학회	21.4.13 3개월간	오후 9시-11시까지 강습 / 교리, 주산 강습 /강습생 40여 명
	임시여자 교리강습회	21.4.1, 3개월	강장 백숙화 송영화, 강사 이기열 김명희 이성삼 / 강습생 70여 명
평양지회	추기여자강습회	21.9.19 6개월간	가사 김명희 / 교리 및 보통상식 교수, 강습생 35명
교원교구	여자교리강습회	22.1-4	강장 김태일, 강사 김병제 이준구, 강습생 8명
		22.5-7	강습생 10명
의주교구	시일부인강습회	23.3.21	강습생 6명 수료(수료식)
북청지회	여자야학강습회	21.7	교과목/조선어 한문 산술 습자, 강습생 30여 명(여자 사회에 광명을 도모)
북청 신창면전교실	여자야학부	21.7	강사 안상렬 이학수 / 강습생 50여 명(여자 상식 보급)
	여자강습소	22.4	소장 안상렬, 소감 최승곤, 학감 김대준 최무진, 강사 / 부인초등과 신설, 교과목: 종교학 가정학 위생학 조선문 算學 작문 鸄字
북청신포면전교실	여자교리강습회	22.2.26	회장 이현재, 회감 우균화(여), 회계 김진형, 강사 송두용 우승락(여자계의 암흑을 계명하고 교리선전)
북청 양화면전교실	여자교리강습회	22.2, 2개월	개설자 김하룡, 회장 이영재, 학감 이재설, 강사 이영재 김태석 / 22.3.27 부녀강습회 발기, 위원 박창순 김태훈 고병현 장일 김태준, 회계 김태훈,
전주지회 포덕부	부녀교리강습회	22.4, 6개월	강사 송녕섭 / 교과목/교리 윤리 가사대요 가정요담 일반사회부녀도 참여

③ 교육기관 설립과 활동

3·1운동 이후 천도교의 일반 교육 활동은 그리 활발하지는 못하였다. 한 말부터 정규학교 설립과 운영을 도모하였지만 기독교에 비하면 현저하게 뒤떨어지고 있다. 이는 여러 가지 이유가 있겠지만 가장 근본적인 것은 열악한 재정과 당국의 비협조 때문이다. 이에 따라 천도교는 안으로는 강습소를, 밖으로는 정규학교의 재정 지원을 하는데 그치고 말았다. 강습소는 전국적으로 8백여 개를 운영하였고, 학교의 지원은 보성학교(소학교와 전문학교)와 문창학교 등 일부에 지나지 않았다. 이후 1912년 12월 보성학교를 직접 인수하여 14년간 30만 원을 투자하여 경영하였지만 3·1운동 이후 총독부의 재정 압박과 학교재단 설립이라는 요건으로 인해 1922년 6월 불교 총무원에 인계 협약을 맺고, 1924년 1월 운영권을 넘겨주었다.[283] 이에 앞서 역시 재정적 이유로 동덕여학교도 1923년 12월 25일 설립자 조동식에게 양도하였다.[284] 이로 인해 1920년대 중반 들어 천도교단에서 경영하는 정규학교는 사실상 없게 되었다. 그러나 교육의 중요성을 인식하고 있는 청년들은 지방을 중심으로 정규학교 설립을 추진하는 한편 강습원 등 교육기관을 설립 운영하였다. 즉 "교육은 원래 민족의 생존과 가리(可離)치 못할 밀접한 관계가 유(有)한 동시에 종교의 발전과도 또한 동연(同然)한 관계가 유(有)함을. 민족사상 우(又)는 종교사상 증명이 소소(昭昭)한 바 아닌가."라고 하여[285] 교육은 민족생존과 동시에 종교 발전의 근본이라고 인식하고 있었다. 이와 같은 인식하에 학교를 설립하거나 사회교육 활동에 참여한 곳은 강계교구를 비롯하여 구성교구, 안주교구, 성천교구 등이 있다.

학교 설립은 강계교구에서 먼저 시작했다. 강계교구는 관내 지역에 완전한 교육기관이 없으므로 1921년 봄부터 교구장 이정화, 의사원 김문벽 등[286]의 발기와 1천여 교인의 열심과 성력으로 고등과정의 학교를 설립 경영하기로 하였다. 이에 따라 경찰 당국에 독립운동 자금으로 빼앗겼던 6천 원[287]

을 포함한 기본금 1만여 원으로 30여 평의 부지에 강당을 신축하고 학교 인가를 받기 전까지 우선 중일강습원(中一講習院)을 설립하였다. 이어 4월 27일 개학식을 갖고 고등과와 초등과를 설치하였다. 고등과는 보통학교 졸업자 또는 이와 동등한 자격 이상인 자로 선발하여 교리와 고등보통 과정을, 초등과는 국한문 해독자를 입학케 하여 보통학교 정도의 과정을 각각 교수하였다. 당시 원장은 이정화, 간사는 유한용이었으며, 교사 백인옥·오봉빈 등이 1백여 명의 학생을 지도하였다.[288] 이후 정식학교 인가를 희망하는 학생 측과 운영진의 요구에 따라 교인대회에서 만장일치로 결의하여 매년 경비 2천 원씩 보조하기로 하였다.[289] 이어 9월 15일에 중일학교기성회를 조직하고 권유위원을 선임하였다.[290] 그러나 기성회 활동은 적지 않은 어려움으로 일시적 활동이 중지되었다. 11월 27일 개최한 특별강연회에서 오봉빈의 '중일학교기성회에 대하여', 김선(여)의 '문명의 요소'라는 제목의 강연을 계기로 교육의 필요와 급무를 다시 인식하고 기성회 활동이 부활하였다.[291] 그 결과로 1923년 1월 5일 당국으로부터 정규학교로 인가를 받았다.[292] 이어 이정화와 김문벽은 1만 원의 기부금을 모아 이화학 기구와 박물표본을 구입하였다.[293] 이후 중일학교는 1,500평의 운동장과 70여 평의 2층 양옥의 교사를 갖추는 등 강계 제일의 학교로 발전하였고,[294] 1924년 10월경 교명을 동명학교로 변경코자 시도하였다.[295] 그러나 당국으로부터 교명 변경에 대해 통지가 없자 학생들은 상급학교 진학에 어렵다는 이유로 자퇴하여 1925년 3월경에는 30명에 불과하였고, 당국의 허가가 나지 않을 경우 무기유학을 검토하기에 이르렀다.[296]

구성교구도 관내에 교육기관이 없음을 안타깝게 여기던 중 1921년 7월경 월례통상구회에서 교육을 장려하기 위하여 보통과 강습회 설립을 결의하고 고등과와 초등과를 두기로 하였다.[297] 그러나 구성교구는 9월 1일 구성강습원을 설립하고 본과와 예비과를 두었는데 학생은 70여 명이고, 원장은 이종수, 원감은 백응규, 강사는 원명준·전의찬·이원행 등 3명이었다.[298] 구성강습원이 언제까지 운영되었는지는 확인할 수 없으나 1925년 11월 현재 6, 70명이 재학하고 있었다.[299]

안주교구도 청년들의 지원으로 학교 설립에 적극적이었다. 그 결실로 먼저 보광학교를 설립하였다. 당시 안주군 관내는 1천5백여 호에 8천여 명으로 서선지방의 중요한 도시였으나 교육기관은 공립보통학교, 사립농업학교, 사립유신학교 등 3개에 불과하였다. 더욱이 교육열과 향학심의 확산으로 학령아동이 4, 5백여 명에 이르렀으나 이를 수용할 수 있는 교육기관이 태부족이었다. 이에 따라 오덕항·안이식·황민겸 등의 발기로 소학교를 설립 경영하기로 한 후 율산 서록에 7백여 평의 부지를 확보하였다.[300] 그런데 여기에는 안주상회의 적극적인 재정 지원이 있었기 때문이기도 하였다. 즉 안주상회는 지역 유지 80여 명이 자본을 출자하여 1919년부터 사업을 경영해 오던 중 1921년 6월 17일 임시총회에서 자본금 1만여 원을 사립학교에 양도하기로 하고 그 대상을 유신학교와 설립 중이던 천도교 소학교로 정하였던 것이다.[301]

학교 설립의 발기와 안주상회의 후원으로 탄력을 받은 안주교구는 이해 9월 하순 교사 건축 기공식을 갖고 10월 15일 상량식을 가졌다. 교사는 한옥 2층 건물로 교실 4개와 사무실 등 30칸 정도의 규모였다.[302] 이와 더불어 안주교구에서는 11월 30일 임시구회를 개최하고 학교 설립을 적극 지원하기로 결의하였다.[303] 이에 따라 학교명은 보광학원(普光學院)이라 하고 학원장에 오덕항, 교감에 황민겸, 학감에 김진성을 선임하고 입학요령을 마련하여 갑을반 2백 명을 모집하고 4월 20일 개학하였다.[304] 이후 학제는 보통과와 고등과로 개편되었으며, 보통과 70명, 고등과 약간명의 학생을 모집하였다.[305] 학기 개강은 4월, 졸업은 이듬해 3월에 했는데, 1923년 3월 23일 첫 졸업생을 배출하였다.[306] 뿐만 아니라 1923년에는 3부제 학제를 4부제로 변경함에 따라 60명의 학생을 추가로 수용할 수 있었다.[307] 이처럼 학교가 발전하게 되자 1924년 봄 정규학교로 인가를 받았고, 여자부를 신설하여 일반 가정의 여자를 속성으로 교육하는 한편 당국에 5천 원의 기부금 모금을 신청하였고, 1925년 봄 목표치를 넘겨 8천여 원을 모금하였다.[308] 이와 같은 보광학원의 경영에 대해 일반사회에서는 비록 종교학교이지만 교리나 성경을 조금도 가르치지 않는다 하여 호평이 자자하였다.[309]

황주교구 관내 구성면 화동리는 구성면·청수면·영풍면 등 3개 면의 중심지이지만 천도교인뿐만 아니라 대다수 농민들은 조선흥업주식회사·동척·명치농회 등의 소작인으로 경제적으로 매우 어려운 생활을 하였다. 더욱이 교육기관은 보통학교 1개와 구식 서당 몇 개가 있는 정도였다. 비록 생활은 곤궁하지만 높은 교육열에 비해 신교육을 받을 수 있는 교육기관이 부족함에 따라 1922년 2월 장의현·김두성·원용준 등의 발기로 동명학원(東明學院)을 설립하고 유소년들에게 신식교육을 가르쳤다. 그러나 2세에 대한 교육 열정과 재정의 어려움, 그리고 정규학교로 인가를 받기 위해 필요한 자본금 1만 원을 확보하기 위해 1924년 6월 1일 사립동명학교기성동맹회를 조직하였다. 기성동맹회는 교인이며 약업상을 운영하는 한덕수의 후원으로 매약행상대를 꾸려 기금을 마련하고 1924년 8월경 정규교육기관으로 인가를 받아 동명학교를 설립하였다. 교육과정은 빈민아동의 자학(自學)의 길을 마련하기 위해 양잠부, 양봉부, 원예부 등 실업교육을 주로 하였다.[310] 또한 겸이포소년회도 1923년 6월 1일 구성면전교실에 보신야학원(普信夜學院)을 설립하여 원장 장의섭, 강사 최영재·이도현·황학삼으로 강사진을 구성하고 50여 명을 모아 가르쳤다.[311]

해주교구도 교육 활동에 적극 참여하였다. 우선 해주군 이율면에는 천도교인이 적지 않았지만 교육기관이 없어 교육을 받을 기회가 없었다. 이에 교회 내에 개량 서당을 설립하여 신학문을 가르쳤는데, 학생은 40여 명에 달하였다.[312] 이에 앞서 해주교구는 오응선·양재원·안학순·여규봉·김건식 등의 발기로 1921년 4월 12일 교구 내에 천영강습소(天英講習所)를 설립하고 취학할 길이 없는 아동을 가르쳤다. 설립 초기에는 학생이 10여 명에 불과하였으나 강사 양재원, 여규봉의 노력으로 학생수가 1백여 명에 달하였다.[313] 하지만 1922년 1월 강사들이 타 학교로 전임되자 학생들이 동맹휴학을 하였다.[314] 이에 양재원과 여규봉이 다시 부임하여 교황(敎況)이 점차 발전하였다. 또 해주교구는 "시대의 조류에 반(伴)하여 여자의 향학열은 남자에 뒤지지 않은 만큼 되었으나 교육기관이 없음을 안타깝게 여겨" 교당 내에 여자야학회를 개설하였다. 강사는 천영강습소의 양재원과 이춘봉(여)이 담당하였으며, 1922년 12월 현재 가정부인을 포함하여 50여 명이 수업 중이었다.[315] 성천교구도 입학난으로 방황하는 아동을 위하여 1922년 10월 보성학원을 설립하였다. 이어 경성으로부터 강사 3명을 초청하여 고등과, 중등과, 보통과의 3과를 설치하고 11월 1일 개학식을 가졌다. 뿐만 아니라 보광학교는 학생들을 위해 기숙사를 설치하고 입학금도 면제하였다.[316] (〈표 2-20〉)

〈표 2-20〉 성천 보성학교 운영상황

과정	과목	입학자격	모집인원	수업년한
고등과	지리역사 종교철학 심리학 논리학 윤리학 박물학 이화학 수학 일어 영어	20세 이상 普教 6년 수료자 또는 同等 학력자	1백 명	1년
중등과	지리역사 철학개론 법제 경제 이과 생물학 수학 한문 작문 일어	15세 이상 普教 4년 수료자 또는 동등 학력자	1백50명	2년
보통과	수신 한문 조선어 일어	11세 이상 普教 2년 수업자와 동등 학력이 有한 자	50명	3년

이후 보성학원은 불과 3개월 만에 학생 수가 급증하여 1923년 봄 야학부와 여학부를 신설하였으며, 고등과도 증설하였다.[317] 그러나 보성학원은 1925년부터 전개된 교구 분규에 따른 재정의 어려움으로 인해 4월 폐교하였고, 9월 유림에 인수되었다.[318]

안악교구는 교호 수가 4백여 호에 불과하지만[319] 교육 활동에는 어느 지역보다 적극적이었다. 대부분의 교인은 근근이 생활할 정도였으나 합심협력으로 1922년 중반 5천여 원을 모아 교당을 신축하고 이어 김승주·박종훈·민치환·나찬규·김순오·현행묵·김운학·나찬진·김윤직 등의 발기로 3천여 원을 모금, 20여 칸의 교사를 신축하였다.[320] 교명을 양성강습소(養成講習所)로 하고 소학교 졸업 후 학비 관계로 상급학교에 진학하지 못하는 학생을 위하여 고등과와 소학교 정도의 보통과를 각각 설치하였다.[321] (〈표 2-21〉)

〈표 2-21〉 안악교구 양성강습소 교육과정

모집과	교과목	정원	모집기간	입학금	수업료
고등과	수학 일어 영어 지리 역사 한문 박물 체조	50	8월 28일	2원	1원
초등과	산술 조선어 한문 일어 이과 제조	150	8월 28일	1원	50전

이 양성강습소는 원래 9월 1일 개학을 하고자 하였으나 지원학생의 미달로 9월 4일 개학하였다. 즉 고등과는 50명, 초등과는 150명을 모집하려고 하였지만 고등과는 지원자가 더 많았고 초등과는 미달하였다. 이에 따라 양과 70명으로 개학을 하고 모집기간을 연장하였다.[322] 그리고 이듬해 1923년의 학생 입학요강은 〈표 2-22〉와 같다.[323]

〈표 2-22〉 안악교구 양성강습소 1923년 입학요강

모집과	모집 학생수	모집기한	시험일자	입학금
고등과	1학년 50명, 2학년 20명	3.29-4.20	4.21	2원
초등과	1학년 40명, 2학년 약간명, 3학년 20명, 4학년 약간명	3.29-4.20	4.21	1원

〈표 2-22〉에 의하면 수업기한은 고등과 2년 보통과 4년이었으며, 입학금은 전년도보다 두 배로 상승하였다. 그리고 이해 8월 초등과 3학년 10명, 2

학년과 4학년 각 20명, 고등과 30명을 증모하였다.[324] 양성강습소는 재정을 확보하기 위해 1923년 1월 29일 강습소장 현행묵의 요청으로 협의회를 구성하고[325] 이를 다시 후원회로 확대했다.[326] 또 교황을 발전시키기 위해 남경대학 출신 김선량, 경성공업전문학교 출신 송덕유와 김홍량을 교사로 초빙하고 강습소 교직원 등을 새로 선임하였다.[327] 양성강습소는 안악교구에 의해 1930년경까지 운영되다가 사회주의 계열로 넘어간 것으로 보인다.[328]

이 외에도 지방에서 적지 않은 학교 설립과 야학 등을 운영하였다. 단천교구는 1920년 9월경 광제여학교(廣濟女學校)를 설립하여 주야학부를 두고 10리 밖의 부인까지 입학시켜 80여 명을 가르쳤다.[329] 익산교구는 청년회 사업으로 1921년 5월 초순 보통과를 설치하고 교인 자녀 1백여 명을 모아 가르쳤으며, 교육기관을 확장하기 위해 교사를 신축하고 정규학교를 설립하기로 하였다. 이에 따라 9월 4일 교구회의에서 운영비 전담 등 학교 유지 방침과 교사 신축 기금으로 1만3천5백 원의 예산을 책정하였다.[330] 길주교구도 보통학교 입학 연령에 미달한 유년 어린이의 취학 편의를 제공하기 위해 유아학당(幼兒學堂)을 교구에 설치하고, 전 교구장 김학천이 교사로 30여 명의 아동을 가르쳤다.[331] 김제교구는 취학난에 있는 아동을 구제하기 위해 소성의숙(小星義塾)을 교구에 설립하고 학생 80여 명을 모아 1922년 4월 10일 개교하였다. 소성학교는 이해 6월 1일 망해사 등으로 원족회를 한 바 있다.[332] 또 김제지회는 교구 내에 이해 11월 20일 노동야학을 설립하고 학생과 노동자 60여 명을 모아 가르쳤다.[333] 영흥교구 역시 보통학교 취학난을 해결하기 위해 기독교와 함께 1922년 4월에 교육기관 설립을 도모하였고,[334] 평강교구도 1922년 4월 입학을 하지 못한 아동을 위해 강습소를 설립하고 학생을 모집하였다.[335] 황해도 장연교구도 입학난을 구제하기 위해 1922년 6월에 광제학원(廣濟學院)을 설립하였다. 교육과정은 보통과 정도였으며, 강사는 오윤서·김영섭·김창익 등이었다. 그리고 학원은 교호(敎戶)

당 20원을 모아 기본금으로 적립하고 4할의 이자와 학생의 월사금으로 유지하였다.[336]

함흥지회도 주야학의 보통과와 야학의 고등과 및 보통과 과정의 강습소를 설립하고 1921년 9월 12일 개강하였다. 보통과는 보통학교 1, 2학년 과정을, 고등과는 보통학교 5, 6학년과 고등보통학교 1학년 정도의 수준을 8개월 동안 속성으로 60여 명을 모아 가르쳤다. 교과목은 조선어, 한문, 산술, 일어 등이었으며, 강습소장은 문철모였다. 이와는 별도로 교육을 받지 못한 주부 및 소녀를 위해 전습소(傳習所)라는 여자부를 설치하였다.[337] 그리고 강습소를 유지 및 확장, 그리고 정규학교의 설립을 목적으로 활동사진을 제작하여 관내뿐 아니라 신흥·영흥·회령 등지를 순회하면서 상영하였다.[338]

야학은 김해지회, 진주지회, 창녕지회 등 경남지역 지회에서 주로 노동야학을 설립 운영하였다. 김해지회는 "일반노동자 및 점원에게 생활상 필요한 지식을 교수하며 일방으로 공사립보통학교 졸업자로서 중등학교에 취학키 불능한 자의 학식을 증진할 목적"으로 1921년 9월 20일 김해공립보통학교를 빌려 김해야학회(金海夜學會)를 개설하였다. 김해야학회의 1년 운영 경비는 4백 원으로, 절반은 지회에서 나머지는 학생의 월사금으로 충당하였다. 학급은 노동자를 중심으로 한 갑·을반과 보통학교 졸업자를 대상으로 한 특별반으로 운영하였으며, 강사는 모두 명예직이었다. 교과과목은 수신(修身), 역사, 상사요항(商事要項), 경제대요(經濟大要)(이상 崔瑗浩), 일어, 산술(이상 井上嘉六), 조선어 및 한문(盧百容, 朴鍾翰), 이과(理科, 安孝駒), 농업, 습자, 작문(이상 張洪律), 지리, 창가(이상 尹炳仁), 부기와 산술(朴基洪) 등이었다.[339] 이들 강사 중 최원호는 일본 중앙대학 상과를 졸업하였으며,[340] 일월회의 안효구(안광천)와 함께 김해청년회의 임원으로 활동한 바 있다.[341] 장홍률은 김해공립보통학교 교사로 재직 중이었으며,[342] 윤병인은 후일 신간회 동래지회에서 활동하였다.[343] 박기홍은 1926년 김해공립보통학교 교원이었다.[344]

창녕지회는 노동계급을 위한 교육시설이 없음을 유감으로 여겨 1921년 12월 노동야학회를 개설하였다. 학급은 갑·을·병 3개 반으로 편성하였으며, 정인수(산술), 임문호와 하상태(조선어 및 한문), 하상석(일어), 김윤갑(창가) 등이 매일 저녁 1시간씩 150여 명을 가르쳤다. 이들 강사는 창녕지회의 임원들이었다.[345] 또한 진주지회 관내인 진주군 지수면 승내리의 허진구[346]는 1920년 4월 재원을 출연하여 교사 한 동을 신축하는 한편 노동야학을 설립하고 학생을 모집하였다. 학생은 우선 가족들의 협박에도 불구하고 노예해방을 전제로 문중의 소유이던 노복(老僕)의 자제 수십 명을 모으는 등 수백 명에 달하였고, 여학생도 적지 않게 지원하였다. 이를 모두 수용할 수 없어 허만화와 구용서의 발기로 교사를 증축하였다.[347]

원산지회도 1921년 여자야학강습회를 개설하고 조선어, 한문, 산술, 가기(家記), 습자(習字) 등을 가르쳤으며,[348] 통영지회도 1922년 3월 야학회를 개설하고 60여 명을 모아 양재원과 배홍엽 등이 조선어, 한문, 산술, 수신, 일어 등을 가르쳤다.[349] 광양교구도 1923년 7월 야학부를 설치하고 강사 박진국과 정광호가 남학생 30명, 여학생 50명을 가르쳤다.[350] 또한 순창지회 관내인 쌍치면에서 전교사 임병선이 그 지역 청년들의 지식계발을 위하여 전교실에 노동야학 강습을 설립하고 교육 발전에 기여하였다.[351] 경기도 양주교구에서도 교구장으로 활동하던 윤원세가 농촌청년 교육을 도모하기 위해 자기 집에 야학회를 설립, 50여 명을 지도하였다.[352]

이 외에도 진남포교구는 교육기관의 부재로 학령아동 70~80%가 교육을 받지 못할 처지에 놓이자 종의회를 개최하고 1923년에 보통학교 설립을 결의하였다. 이를 위해 먼저 교구 내에 유치원을 설치키로 하고 1922년 3월 유치원설립기성회를 조직하였다. 이어 원장 박의병, 원감 한명룡·박태홍, 회계 이유순으로 임원을 선정하고 이해 4월 11일 유치원을 개원하였다.[353]

제3장 ——————— 천도교청년당의
            창립과 조직체계

1. 천도교청년당의 창립과 특성

1) 천도교청년당의 창립 배경

(1) 민족운동중심세력론의 형성

3·1운동 이후 1920년대 들어 국내 민족운동은 크게 민족주의 세력과 사회주의 세력으로 분화되었다. 1920년대 초반에는 민족주의 세력이 민족운동을 주도해 갔다. 이들은 '선실력양성론'을 제기하고 문화운동을 전개해 갔다. 이들은 청년운동, 교육운동, 물산장려운동 등을 통해 문화적·경제적으로 실력을 양성하고자 했다. 청년운동은 인격 수양과 풍속 개량, 실업 장려 등을 목적으로 하고, 강연회·토론회·야학·강습회·운동회 등을 전개하였다. 교육운동은 보통학교·고등보통학교·민립대학 등 학교설립운동을 중심으로 전개되었으나 총독부의 학교 설립 요건 강화, 모금운동의 부진 등으로 인해 큰 성과를 거두지 못했다. 일본 자본과 상품에 대항하기 위해 1923년부터 전개된 물산장려운동은 토산품 애용이라는 측면에서 일정한 성과를 거두었지만 민족자본은 충분한 축적을 이루지 못하여 민중의 수요를 충족시킬 수 없었고, 또 새로운 회사나 공장도 설립하지 못했다.

1920년대에는 사회주의 사상이 민족해방운동의 새로운 이념적 지주로서 급격하게 수용되었다. 사회주의 이념 수용의 바탕이 된 것은 제국주의 국가들의 냉대에 따른 외교운동의 좌절, 러시아 혁명 이후 전 세계적 혁명운동의 고양, 민족주의운동의 개량화에 대한 비판 고조와 대중운동의 고양 등이다. 이로써 국내의 일부 지식층은 이 사상을 식민지의 민족문제와 계급문제를 동시에 해결할 수 있는 이념으로 여기고 적극 수용하였다. 초기 사회주의 사상은 서울청년회, 화요회, 북풍회, 무산자동맹회 등 사상단체를 중심으로 수용되기 시작하여 조선노동공제회와 조선노동연맹회 등 노동운동단체를 거쳐 청년회, 언론기관 등으로 확산되어 갔다.

이러한 상황에서 『동아일보』는 1922년 7월 5일자 사설에서 '정치적 중심세력의 형성'을 제기하였다. 이 글에서는 "국민적 중심세력을 지(持)한다 함은 단(單)히 이론으로 다수가 수긍하고 사상으로 다수가 공명하는 것을 의미하는 것"이 아니고 "그 수긍과 공명을 기초하여 차(此) 다수를 조직하고 차(此) 다수에 훈련을 가하여 일체를 작성함으로써 그 세력을 지(持)함"이라 하여 조직적 중심세력의 결성을 제창하였다.[1] 또한 『동아일보』는 '민족적 각성과 민족적 단결'을 강조하였다.[2] 1923년 들어서도 『동아일보』는 "민족적 대기치하에서 일치단결"[3]과 "전 사회 전 민족의 대동단결"[4]을 주장하였다.

이에 앞서 이광수는 1921년 7월경 조선 민족의 중추계급의 형성을 주장한 바 있었다.[5] 그는 "조선 민족의 중추계급이라 하려면 적어도 전 조선의 민족적 생활에 대한 공통한 이상을 포(抱)하고 이 생활의 조직을 능히 하며 그 조직의 모든 기관을 족히 분담하여 운전할 만한 인격(德과 知와 體)을 비(備)한 개인의 집합이라야 할 것"[6]이라고 주장하였다. 이에 대해 청년당의 이돈화는 "금일에 재(在)하여는 일사일업(一事一業)을 물론하고 교회(敎會)의 역(力)을 차(借)치 아니하고는 도저히 성공을 견(見)키 불능"[7]이라 하여, 종교의 역할을 강조하였다.

이와 같은 1920년대 초의 상황을 천도교청년들은 어떻게 인식하였을까. 천도교청년들은 천도교리와 자신들의 운동 논리를 정립하는 한편 이를 사회적으로 실천할 중심세력으로 발전시키고자 하였다. 뿐만 아니라 이들은 종교적 개인의 구원보다는 식민지 상황에서 사회문제 등 민족적 과제를 해결하고자 하였다. 이를 위해 민족적 중심세력의 민족적 중심단체를 구상하였다.[8]

천도교청년들은 막연한 민족일치(民族一致)나 대동단결(大同團結)로는 민족의 중심세력, 중심단체가 될 수 없다고 보았다. 이들은 민족의 중심세력은 "가장 그 민족의 마음에 드는 이상을 이상으로 하고 그 이상을 달성하기 위하여 일정한 계획을 가지고 굳게 단결된 단체"로 보았다.[9] 즉 신념과 조직이 없는 민족단결보다는 "비록 한 부문 한 계급의 사람일지라도 도달할 유일한 표준점을 인(認)하고, 그 표준점에 도달할 유일한 방식을 발견하여 그 표준 또는 방식 밑에서 주의적(主義的)으로 단결"이 무엇보다도 전제되어야 한다고 하였다. 그리고 그 표준과 방식은 "개천벽지(開天闢地)의 대이상(大理想)"만이 유일한 표준점이 될 수 있다고 하였다.[10]

천도교청년들은 "동일한 신념과 조직 아래에 절대의 약속을 가지고 새로이 내회(來會)하는 주의적 단결만이 식민지 조선의 민중을 정치경제적인 낙후에서 구할 수 있는 유일한 힘"이라고 하였다.[11] 이에 따라 조선민족의 정치적 내지 경제적 상황[12]을 타개하기 위해서는 '민족적 중심단체'가 필요하다고 주장하며 민족적 중심단체의 요건을 다음과 같이 제시하였다.

첫째, 단체가 조직되려면, 2인 이상의 몇 개인은 大同의 구제를 위하여 헌신적 노력하리라는 社會奉仕의 정신이 있어야 할 것.

둘째, 단체를 조직하려면 다수한 개인의 주의와 정신과 계획과 감정이 일치하여야 할 것.

셋째, 대단결을 형성하여 대세력을 發하고 용두사미의 嫌이 없이 소기의 대사업을 成하려면 단결을 조성하는 각원에게 한 번 許하고 한 번 約하면 至死不變하는 信義의 덕이 있어야 할 것.

넷째, 대단결을 조직하여 대사업을 성취하려면 (중략) 그 단체의 各員에게 백절불굴의 도덕적 勇氣가 있어야 할 것.

다섯째, 곤란한 대사업을 감당할 만한 견고하고 一心하는 대단결을 조직하려면 각원은 개인이 상호간에 사랑하고 믿고 아끼고 용서하고 내세워 주는 情誼와 자기의 속한 단체를 자신과 같이 애호하는 愛團心이 있어야 할 것.

여섯째, 다수의 개인이 공동한 主義하에 단결하여 스스로 무너지지 않게 하려면 각원에게 법을 존중히 하는 公民的 고급의식이 있어야 할 것. 즉 자기를 희생할지언정 결코 법(규칙)을 어기지 않는다는 정신과 단체의 결의에 대하여는 절대로 복종해야 할 것.

일곱째, 단체가 유력하려면 단원 중에 우수한 학식과 기술을 가진 전문가가 다수하여야 하고 또 그 전문가들이 단체의 부름이면 唯而不許하고 私事와 私情을 제쳐놓고 썩썩 나서야 할 것.[13]

이를 요약하면 사회봉사의 정신, 주의와 정신과 계획과 감정의 일치, 지사불변(至死不變)하는 신의의 덕, 백절불굴(百折不屈)의 도덕적 용기, 애단심, 공민적(公民的) 고급 덕의, 전문가 등으로 봉사·신뢰·신의·용기·애단심·준법·헌신 등의 덕목을 중시하는데, 이 요건을 갖추었을 때 사회주의든 종교주의든 어떠한 단체든지 '민족적 중심단체'가 될 수 있다고 주장하였다.

이와 같은 인식을 바탕으로 천도교청년들은 '중심세력'이라는 주제로 강연을 가진 바 있다. 성천지회 장기영[14]은 1923년 6월 2일 '중심세력'이라는 제목을 강연을 하였는데, 강연 도중 임석경관에게 정지를 당하였다.[15] 이로 볼 때 중심세력론은 천도교의 개벽론에 의한 인내천주의로 단결된 천도교가 민족운동의 중심세력이 되어야 한다는 것이라 할 수 있다.[16] 특히 이러한 인식을 바탕으로 천도교청년들은 자신들의 목적을 사회적으로 실현하기 위해 새로운 단체를 구상하였다.

(2) 청년전위론의 대두

1920년대 초반의 청년 담론 중에는 좀 더 진보적인 경향들이 존재하였다. 확실하게 구분되는 것은 아니지만 청년이 지향해야 할 가치의 핵심으로 민주주의를 내세우거나 청년다운 정열과 적극적인 실천을 강조함으로써 일반적인 청년운동론보다 진보적·적극적인 주장을 하는 경우도 있었다. 1920년대 초반 『신생활』지를 이끌던 사회주의 논객 김명식은 「각성한 청년에게」라는 글에서, "신사회의 신문명을 개척하기 위해서는 청년의 각성이 필수적"이라고 강조하면서 "인간의 본의를 각(覺)하고 생활의 진면을 성(醒)하여 본의를 합하며 진면(眞面)의 생활을 영작(營作)"하는 사람이 참인간이라는 것을 깨달아야 한다고 하였다.[17] 또 그는 현대의 민주주의는 '다수'와 '전체'에 의하는 민주적·민본적 사상이므로 현실사회에 구체화되고 실현되어야 한다고 하였다. 그렇지 않으면 현대의 특징이 되는 치열한 노동운동은 더욱 치열해질 것이라고 하였다.[18] 조선청년총동맹과 일월회에 참가한 신태악도 1921년 『조선일보』에 발표한 「우리의 급선무」라는 글에서, 청년다운 청년이 되기 위해서는 "각성(覺醒), 분기(奮起), 맹진(猛進)할 것을 촉구하면서 강력한 실천을 통해 문명 진보의 길로 나아가기 위해 '늙은 청년의 두뇌를 부시자'라는 과격한 주장까지 하였다.[19]

이러한 민주주의와 적극적 실천을 강조하는 급진적 경향은 일반 청년 사이에도 급속히 확산되었다. 1923년 전조선청년당대회를 전후하여 청년운동의 핵심 인물은 물론이고 지식 청년 대중들 사이에서도 이전의 문화운동이 제기하였던 것과는 다른 경향이 점차 확산되었다. 이러한 급진적 청년 역할론은 사회주의적 계급의식이나 혁명론과는 거리가 있었지만 일반적으로 사회주의에 호의적이었다. 전반적으로 1920년대 초 진보 경향의 청년들은 문화운동을 비판적으로 인식하고 민중을 중심으로 하는 역사적 역할을 주목하였다.[20]

1923년 초의 전조선청년당대회는 청년전위론에서 매우 중요한 위치를 차지하였다. 이는 서울청년회가 노동계급의 전위조직을 세우려는 전략의 일환이었기 때문이다. 서울청년회는 전조선청년당대회를 한 달여 앞둔 1923년 2월 20일 전위조직(전위당)으로 고려공산동맹(高麗共産同盟)을 조직하였다.[21] 이로써 사회주의자들은 자연스럽게 세력을 확장한 후 기존의 부르주아 지식인과 언론들이 주도하였던 청년운동의 주도권을 장악하고자 하였다. 전조선청년당대회 이후 사회주의자들은 보다 분명한 무산계급의 투쟁을 강조하였다. 주종건은 현재 식민지 조선의 상황에서 가장 중요한 것은 무산계급의 선구자들이 자기 존재를 선명하게 의식하는 것과 계급적 자각한 선구자들을 적극적이고 전투적으로 조직하는 것이라고 하였다.[22] 이성태도 "하루바삐 노동계급이 철저한 계급의식을 촉성하고 혁명의 전선으로 돌진하게 하는 것이 목전의 급무"하고 하였다.[23] 이는 혁명을 위해서는 전위조직이 필요하다는 것을 강조한 것이다.[24]

천도교청년회에서 간행하는 『개벽』의 한 편집자는 전조선청년당대회에 대해 '동일한 행위를 취(取)할 외(外)에 타도(他道)가 무(無)'하다 하며, 전조선청년당대회의 역할에 기대를 가지고 있다고 평가하였다.[25] 이를 계기로 천도교청년들은 『개벽』을 통해 민족적 중심세력의 각성을 주장하였으며,[26] 북경의 천도교인 이민창도 민족적 중심단체의 필요성을 제기하였다.[27] 또 『개벽』은 「제세안민지책(濟世安民之策)이 차호(此乎)이 피호(彼乎)아」라는 글에서, 현 조선의 사회운동은 첫째, 무산급적 조선 민족에게 먼저 운동의 의미를 철저히 알게 하고, 둘째, 그 의미에 대한 흥미를 갖게 한 후 그 실현 가능성의 유무를 알려야 한다고 하였다. 또한 이 글에서는 "장래의 대사를 도모하기 위해서는 민중과 밀접히 친(親)하며 순순히 교유(敎諭)하며 절절히 역신(力信)하여 다수 민중에게 자기주의(自己主義)를 철저히 알게 하고 흥미를 가지게 하는 것"이 최후의 승리를 얻을 수 있는 방법이라고 밝혔다.[28]

1920년대 초 사회주의가 도입되면서 러시아 사회주의의 전위당 이론이 수용되었다. 당시 사회주의를 수용한 청년지식인들은 1920년대의 식민지 조선이 전형적인 농업사회라고 인식하였음에도 불구하고, 운동의 초점을 프롤레타리아트에 맞추어 갔다. 현실과의 부정합에도 불구하고 전위당 이론이 무비판적으로 수용되었던 것이다.[29]

이러한 흐름 속에서 천도교청년들은 천도교의 목적을 사회적으로 실현하기 위해서는 무엇보다도 전위조직이 필요하다고 느꼈을 것으로 유추해 볼 수 있다. 이는 청년당이 창당 10주년을 맞아 간행한 『천도교청년당소사』의 화보면에 나타난 '이당치교(以黨治敎)'라는 휘호에서도 알 수 있다고 보인다.

(3) 교단 분규와 청년회 운영 한계의 극복

1919년 9월 2일 창립한 천도교청년교리강연부는 1920년 4월 25일 천도교청년회로 재출범하였다. 천도교청년회는 "신앙의 정독(精篤)과 단결의 공고, 그리고 사상의 고취와 문화의 진전"을 도모한 결과, 1923년 2백여 개의 지회와 8천여 명의 회원을 확보하였다.[30] 이처럼 청년회는 괄목할 만할 성장은 이루었지만 내적으로 적지 않은 어려움에 직면하였다.

첫째는 보혁 갈등으로 인한 교단의 분규이다. 천도교의 분규는 3 · 1운동 이후 손병희를 비롯한 교회의 주요 지도자들이 투옥된 상황에서 비롯되었다. 오지영 · 윤익선 · 이상우 등 교회 원로와 김봉국 · 조인성 · 이동구 · 이동락 · 송헌 · 강인택 · 김교경 등으로 대표되는 청년들은 1920년 말부터 시대의 요구와 정의의 공론이라는 취지를 내세우면서 연원제(淵源制) 폐지 등의 혁신운동을 전개하였다.[31] 이에 따라 천도교는 연원제 유지 등 기존의 체제를 유지하려는 보수세력과 혁신세력으로 양분되었다. 보혁 갈등의 결과 혁신세력은 천도교연합회(天道敎聯合會)를 설립하였다. 그리고 이를 추종하는 청년들은 천도교유신청년회(天道敎靑年維新會)를 조직한 후 천도교청년회에서 이탈하였다. 이 과정에서 연원제를 유지하고자 하였던 보수세력이 혁신세력에 밀리면서 일부 지방의 교구에서는 성미(誠米)를 불납(不納)하여 교단은 재정적으로 어려움이 적지 않았다.[32] 교구의 성미 불납은 청년회 지회에도 영향을 미쳐 청년회에서도 회비를 불납하는 현상이 나타났다.[33]

둘째는 조직 운영의 한계이다. 천도교의 분규는 청년회 운영에 적지 않은 영향을 미쳤다. 청년회 본부의 강인택과 이동구, 지방의 성천지회와 북청지회 등 일부 지회의 청년들이 혁신세력에 참여하였다. 이는 청년회가 본부와 지회의 유기적인 관계를 유지하는데 문제를 야기했다.

> 中央本部는 地方에 對하여 何等 指導의 權利가 無함에 따라 地方部는 本部에 對한 義務와 權利를 並히 抛棄하고 말았다. 中央과 地方이 서로 聯結을 失할 뿐 아니라 中央이면 中央, 地方이면 地方 그 自體가 各히 有耶無耶中에 있었다.[34]

이 글에 의하면, 본부와 지회의 관계는 사실상 단절된 상황이었다. 청년회는 '자각자중(自覺自重)'하여 청년들의 본분을 지켜줄 것을 당부하는 공고문을 발표하였다.[35] 위기 상황을 맞은 청년회는 부분적으로 조직을 개편하였으나 기대하였던 만큼 효과가 없었다.

이와 같이 청년회가 내부적으로 어려움을 겪는 사회적으로도 새로운 환경이 전개되었다. 즉 제반 청년단체의 활동 위축과 민족운동 이념의 분화가 그것이다. 1920년대 초 제 청년단체의 계몽 선전 중심의 문화운동은 당시의 표현대로 '기분적' 운동의 범주에서 벗어나지 못하였다.[36] 또한 1921년 미국에서 열린 워싱턴회의에서 한국문제가 전혀 거론되지 않자 "조선 독립은 당분간 절망적이므로 우리들 조선인은 힘써 교육·산업과 문화적 시설에 열중하여 실력양성에 주력하지 않으면 안 된다."는 주장이 대두하였다.[37] 위싱

턴회의의 결과는 한편으로 당시 점차 확산되어 가고 있던 사회주의자들의 세력을 강화시켰고, 조선청년회연합회의 분열로 이어졌다. 이에 따라 문화운동 진영은 이념에 따라 분화되어 갔다. 이는 기존의 문화운동을 주도해오던 민족주의 계열에도 적지 않은 충격을 주었다. 천도교청년들 역시 이러한 사회적 분위기의 영향을 벗어날 수 없었다.[38] 이러한 상황에서 천도교청년들은 새로운 전환을 모색하였다. 청년회 간의원이었으며 청년당 창립시 위원이었던 김병준은

> 自盡하려는 病者에게 한 번 救急注射를 試하여 다시 健全한 새 生命을 얻고자 함은 우리의 最後 決心이었다. 날마다 새 活機를 展開하는 世界大運은 우리 靑年의 應時的 活躍을 要求하는데 區區히 現狀維持의 退屈 속에서 姑息苟安의 計를 取함은 現代靑年의 큰 羞恥이며 더욱 地上天國을 建設하려는 天道敎靑年으로서는 차마 할 수 없다는 大奮發下에서 從來의 靑年會를 改造하자는 大勇斷을 行하였다.[39]

라고 하여, 새롭게 전개되는 세계 질서에서 현상 유지에 급급하는 것은 천도교청년의 수치라고 인식하였다. 뿐만 아니라 청년회의 개조를 강력하게 주장하였다. 이에 따라 천도교청년들은 "일연일와(一椽一瓦)의 수선(修繕)이나 일종일미(一種一味)의 가감(加減)"이라는 임기응변적 변화보다는 "종래의 체제와 목적을 초월하여 새 주의, 새 강령(綱領), 새 약속, 새 실행조건" 등을 갖춘 새로운 조직체를 만들고자 하였다. 또한 "천도교 70년의 역사와 공적 계승, 발양할 수 있는 후계적 의식적 노력은 오직 동학당의 근대적 갱생, 근대적 당의 조직만이 가능하다."고 당시의 상황을 절박하게 인식하였다.[40]

2) 천도교청년당의 창립과 주도 세력

천도교청년들은 새로운 조직체를 1922년부터 준비하였다. 이들은 청년회의 내분과 민족운동 이념의 분화 등 내외 정세를 주시하면서, 문화운동의 문제점을 해결하고 민족주의와 사회주의 세력 간의 대립을 극복하는 방안을 모색해 나갔다.[41]

먼저 청년회 내분에 대해서는 보다 강력한 조직체의 지도력을 구상하였다. 1922년부터 시작된 보혁 갈등은 천도교 및 청년회의 분화를 가져왔다. 청년회는 몇 차례 부분적 개편을 하였지만 효과가 없었다. 본부의 지회에 대한 지도 및 통제 권리가 약화됨에 따라 지회도 본부에 대한 의무와 권리를 포기하였다. 본부와 지회의 유기적 관계가 없어졌을 뿐만 아니라 조직 자체가 유명무실하게 되었다. 이에 천도교청년들은 신도덕의 수립, 교회의 비약적 발전, 분규 당사자들의 세대 교체를 위해 청년회의 근본적 변화를 모색하였다.

다음으로 문화운동을 반성하고 민족운동 이념의 통합을 모색하였다. 천도교청년들은 그동안 문화운동을 주도하였지만, "신문화의 건설을 부르짖는 소리가 얼마나 민중에게 철저했으며, 개조·창조의 선전은 얼마나 일반에게 철저했는가?"[42] 또 "우리는 근년 이래에 처음으로 생(生)에 대한 방대(尨大)한 자각을 가지게 되었다. 그러나 그 자각은 그 범위 광대한 그만큼 그 내용도 심히 추상적(抽象的)이었다. 그 후 신문화의 건설이라는 목표를 얻어서 얼만큼 구체화한 감이 없지 아니하였으나 신문화라는 그 목표가 역여(亦如) 추상적인 바 형제의 다수는 오히려 그 의의의 포착(捕捉)에 곤란을 감하였다."[43]라고 스스로 비판하였다. 특히 청년당 창립의 주도인물인 김기전은 "유행에 지나지 않은 값싼 문화운동은 조선을 적빈자(赤貧者)로 충일케 함으로써 미신으로 전입하게 만들었다."고 비판하였다. 뿐만 아니라 그동안의

문화운동은 "민중을 희롱"하였다고까지 힐난하였다.[44]

또한 민족운동 이념의 분화에 대해서도 우려하였다. 이돈화는 "청년들의 정파적 대립과 충돌이 격화되는 것"을 염려하였고,[45] "일면은 내부의 단결을 튼튼히 하여 실력을 양성함에 전력해야 하고, 일면에서는 세계 대세의 추향을 경솔히 실패의 편으로 해석치 말고 더욱 전도의 광명을 기대해야 한다."고 주장하였다.[46] 즉 민족운동 진영의 단결을 강조하였다.

천도교청년들은 문화운동의 한계를 극복하고 구체적 실천 방안으로 우선 조선의 실상을 정확히 파악하기 위해 '조선문화의 기본조사'에 착수하였다.[47] 이어 '주의적 단결', 즉 민족적 중심세력의 단결을 주장하였다. 이 주의적 단결은 '범민족적 민족주의(汎民族的民族主義)'로 가시화되었다. 천도교청년들은 당시 조선의 사상계를 민족주의와 인류주의(社會主義)로 나누어 보고, 이를 아우를 수 있는 범인간적 민족주의를 제시하였다.[48] 나아가 본격적으로 천도교 이념과 자신들의 운동 논리를 정립하고 사회적으로 실천할 새로운 단체를 만들자고 논의하였다. 당시 천도교청년들은

　一民族이 他民族과 산업적 자유경쟁을 못하게 하며, 하면 할수록 敵에게 실패를 보게 되는 경우일 것 같으면 退하여 꾸준히 自守의 道를 지켜 敵으로 하여금 敢히 對抗의 準的을 失케 하는 것이 적당한 道라 할 것이다. 더구나 자본주의적 他民族이 無産的 朝鮮民衆에 향하여 참혹한 毒手를 伸함에 미쳐 우리는 그것을 愚鈍하게 대항하느니보다 영리하게 堅忍하여 후일에 모든 기회를 기다리며 進하여 그 기회를 造하여 敵의 毒手로 하여금 스스로 痲痺케 함이 가장 得策이 아닐까 함이다.[49]

라고 하여, '독수'와 같은 일제 지배하에서 조선의 독립을 위한 직접적 투쟁보다는 실력양성으로 후일을 도모하는 것이 바람직한 방법이라고 인식하였

다. 그러면서도 당시 민족주의 계열 일부에서 주창하는 실력양성운동에 대해 비판적 인식을 가졌다.[50] 또한 당시 사회적으로 전개되는 경제적 활동은 주로 총독부의 정치적 후원을 받는 일본인들에 의한 것으로, 단순히 근검절약을 주창한다고 해서 근본적으로 해결될 문제가 아니라고 보았다.[51] 따라서 천도교청년들은 동일한 신념과 조직하에서 "절대의 약속을 가지고 새로이 내회(來會)하는 주의적 단결만이 조선의 민중을 정치·경제적인 낙후에서 구할 수 있는 유일한 힘이고, 교육운동과 물산운동 등도 이러한 조건하에서 전개될 때만 의의가 있다"고 주장하였다.[52]

천도교청년들은 당시 조선 사회에서 전개되던 물산장려운동 등의 실력양성운동의 필요성은 인정하였으나, 실력을 양성하기 위해서는 단순히 교육 보급, 산업 진흥만을 주장해선 안 된다고 인식하였다. 이처럼 실력 양성에 의한 문화운동을 비현실적이라고 비판하면서, 이들은 동일한 신념·조직·각오로 구성된 '주의적 단결'을 유일한 방책이라고 주장하였다.[53] 이러한 '주의적 단결'이 만 명이 넘어야 조선의 중심세력이 될 수 있으며, 그때 제대로 된 문화운동을 철저히 할 수 있다고 인식하였던 것이다. 이에 따라 '막연한 대동일치'가 아닌, 부분적 단결이라도 주의적 단결을 해야 한다고 강조하였다.[54] 그리고 이 주의는 '당면이익'에 방해가 되는 것이 아니라 오히려 주의가 있어야 생활도 의의를 가지게 될 것이고, 조선 사회도 힘을 가지게 될 것이라고 보았다.[55] 따라서 이들은 천도교 이념을 표준으로 하는 민족운동을 전개하기 위해서는 '선전적 단체'인 천도교청년회를 해체하는 대신, 장래 천도교를 이끌어 갈 청년들을 교양·훈련하며 자신들의 주의·목적을 사회적으로 실현할 새로운 단체를 조직하고자 하였다.

천도교청년들은 천도교의 주의·목적을 사회적으로 실현할 전위단체로 1923년 9월 2일 천도교청년당을 창립하였다.(〈표 3-1〉)

<표 3-1> 천도교청년당의 창립 당시 주도 인물

이름	창립 직책	출신	입교	학력	청년회 경력	교회경력 / 사회경력
趙基栞	상무위원	평남 덕천	1901 계대	신창소학교 보성중학교 경성의전 중퇴 보성전문 졸업	간의원 간무원 회장	개벽 창간동인
金起田	상무위원	평북 구성	계대	교리강습소 보성전문학교	천도교소년회 총재	공선원 개벽사 주필 / 매일신보 평양주재 기자
鄭道俊	상무위원	평북 철산			회장	교구장 / 보성소학교 교장
李敦化	상무위원	함남 고원	1903	평양일어학교 속성과	간의원	접주, 진보회평의원, 천도교회월보 사원, 개벽·부인·신여성 발행인, 편집과주임, 종리사 / 교원 신문관 근무
李炳憲	상무위원	경기 수원	계대	교리강습소 종학강습소 고 등과 보성전문학교	수원지회장, 체 육부장	순회교사, 전교사, 강도원, 전제원, 금융원, 종법원, 종리사 / 3·1운동 참가
桂淵集	상무위원	평북 선천	1912 계대	보성중학교	간의원	금융원 경리과원 / 3·1운동 참여
朴達成	상무위원	평북 태천	1900 계대	교리강습소 보성중학교 일본 동양대학	간의원, 동경지 회장	교리강습소 강사, 공선원, 천도교회 월보 촉탁, 『부인』 편집인 / 창동학 교 교사 3·1운동 참가
金玉斌	위원	평북 벽동	1904		간의원	봉훈, 선정, 도사, 수회교사, 강도원, 서계원, 종법사, 종리사, 관사 /
金秉濬	위원	함남 이원	1907		간의원	봉훈, 교훈, 도사, 종법사, 강도원, 포덕사, 종리사 /
朴來弘	상무위원	충남 예산	계대	정동학교, 보성중학교, 보성전문 중퇴 북경대학 중퇴	간무원	
李斗星	위원	평북 태천	계대	광무학교 평양고등교원양 성소	간의원	태천교리강습소 강사, 개벽 발행인 / 경성 양원여학교 교사, 영변보통 학교 교사, 성성보성소학교 교사
李鍾麟	위원	충남 서산	1910	성균관 박사	간의원	천도교회월보 발행인, 천도교회월 보사 사장, 개벽사 사장 / 제국신문 기자, 대한협회보 주필, 대한민보 주 필, 조선독립신문 발행, 무명회 특별 위원, 조선어연구회 임원, 조선물산 장려회 이사, 민우회 상무이사
洪世煥 (洪一昌)	위원	충남 서산	1896	광무학교 보성중학교 공업전습소		의사원, 도사, 강도원, 포덕사, 종리 사, 관서 / 정주 현명학교장, 서산보 통학교장, 청주종학교장

청년당 창립을 주도한 인물은 홍세환을 제외한 전원이 청년회 간부를 역임한 인물이다. 청년당 창립을 주도한 주요 인물의 특성은 다음과 같다. 첫째, 계대교인이거나 1900년대 초에 천도교에 입교하였다. 둘째, 대다수가 평안도와 함경도 등 이북 지역 출신이다. 셋째, 근대적 고등교육을 받았다. 넷째, 천도교 기관에서 근무한 경험이 있다. 다섯째, 사회적으로 교원, 3·1운동, 언론, 사회단체 참여 등 다양한 활동을 한 경험이 있다. 이들의 다양한 활동은 청년당 운영이나 활동에 큰 도움이 되었다.

청년당은 1923년 9월 2일 청년회에서 청년당으로 전환하였지만 한동안 당헌(黨憲)을 제정하지 못하고 불문율에 의한 결의제로 운영되었다. 이는 교단 내 보수-혁신파의 갈등, 연정회(研政會) 조직 등 천도교 내의 분열을 수습하고 정치적으로 일치된 행동을 하기 위한 방편이었다. 그러나 청년당으로 전환한 후 1년간 당원은 20여 명에서 500여 명으로 늘어났지만, 지부 조직은 곡산·신흥·의주·선천·정평·덕천·용천·평양 등 10여 개에 불과하여 매우 저조하였다.[57] 이에 청년당은 각 지방의 순회, 교리연구·독서강연·토론연습·노동야학·농민강습 등의 수양, 소년회·학생회·내수단·노우회(勞友會) 조직 등을 통해 세력을 확장해 가는 한편 조직을 체계화하였다.

이러한 노력의 결과 1925년 이후 부문운동과 대중계몽운동으로 당세가 확장되어 새로운 운영의 틀이 필요한 상황에 이르렀다. 즉 기존의 당 운영 체제인 결의제를 폐지하고 성문당헌을 제정하기로 하였다. 청년당은 성문당헌을 제정하기에 앞서 당시 무산계급의 새로운 공산당 정치체제를 갖춘 소련에는 조기간을, 그리고 삼민주의를 이념으로 하는 중국 국민당에 김기전을 파견하였다.[58] 그 결과 소련 공산당 정치 체제와 삼민주의 국민당 체제를 접목한 민주집권제를 기본으로 하는 당헌 초안을 마련하고 1927년 8월 15, 16일 양일간 개최된 전국대표임시대회에서 8장 42조의 성문당헌을 채택

하였다.[59]

3) 천도교청년당의 개념과 특성

(1) 청년당의 개념

천도교의 주의·목적을 사회적으로 실현하기 위한 전위단체로 창립된 청년당은 당시 식민지하의 제약된 여건을 극복하면서 근대적 의미의 정당을 지향하였다. 천도교청년들은 기존의 청년회와 다른 청년당에 대한 새로운 인식이 필요하였다. 청년당에서 '당(黨)'의 개념은 무엇일까?

청년당은 역사의 발전 단계를 무력이나 완력이 지배하던 추장(酋長) 정치시대, 화복신앙의 정신적 방법이 사람의 마음을 지배하는 교주(敎主) 정치시대, 철학과 과학의 발달로 주의가 지배하는 주의(主義) 정치시대로 나누어 인식하였다. 천도교청년들은 당시를 주의 정치시대로 보고 주의와 강령을 민중에게 선전하고 공감하는 자를 모아 당을 조직해야 한다고 보았던 것이다. 그런데 청년당의 주체들은 당을 두 종류로 인식하였다. 하나는 역사적 사명에 의해 새로운 단계에 상응하는 주의와 정책 아래 일정한 의식분자의 결합으로 조직된 당이고, 다른 하나는 국민의 이익을 대표하여 일정한 주의와 정책을 세워 이를 성취하기 위해 결성된 당이다. 전자를 결사체로서의 '개벽적(開闢的) 당(黨)' 또는 '획시기적(劃時期的) 당'으로, 후자는 '일상적 보편적 당' 또는 '대중적 당'으로 구분하였다.

청년당 당두(黨頭)인 조기간은 "당이란 말은 조선말로 번역하면 무리라는 말이요 떼란 말이다. (중략) 같은 종류, 같은 모양, 같은 주의로써 같은 목적을 향하여 같은 행동을 해나가는 덩어리지고 뭉쳐진 단체"를 당이라 하여, 일반적 의미에서 '무리 또는 한 덩어리의 단체'로 쉽게 표현하였다. 그렇지만 그는 당은 '같은 주의, 같은 목적, 같은 행동'이 있어야 한다고 강조하였다.[60] 청년당 이론가 김기전은 "당은 낡은 계단이 가고 새 계단이 지어지려할 그 운회(運會)에 있어, 어간(於間)의 역사적 사명을 성취케 하기 위하여, 이에 상응한 주의 정책 아래서, 일정한 의식분자를, 결합한 조직"으로 해석하였다.[61] 그리고 청년당은 '당'이 갖추어야 할 필수적인 요건 네 가지를 제시하였다.

첫째, 多數 民衆의 要望에 應하는 主義가 있고, 主義를 實現하기에 마땅한 大體의 政策이 있어야 할 것

둘째, 그 主義를 現實的으로 成就하려는 意志가 있을 것

셋째, 그 主義 政策을 意識 贊同하는 意識分子의 結合이라야 할 것

넷째, 有機的 組織이 있어야 할 것[62]

당의 요소는 주의와 정책, 의지, 의식당원의 결합, 유기적 조직 등이라 했다. 이러한 의미에서 천도교청년들은 아무리 주의가 있다할지라도 그 주의가 단순히 신앙 또는 관념에만 그치고, 현실적 성취할 방략이 없다면 당을 만들 필요가 없다고 인식하였다. 또한 조직은 생명이고 힘이며, 조직을 떠나서는 당이 존재하지 않는다고 하였다. 이에 따라 천도교청년들은 '천도교청년당'을 다음과 같이 해석하였다.

한울사람님(民衆)이란 것이 發見되는 瞬間에 黨이란 造化翁이 誕生된 것이다. 卽 多衆의 意思를 集中體現하는 唯一한 組織이 黨이다. 黨에는 적어도 左記의 要素가 있음을 要한다.

一. 主義 目的이 있을 것

二. 이에 忠實한 優秀分子가 있을 것

三. 이 分子를 結合시키는 特別한 組織이 있을 것

四. 黨의 全精神 全行爲를 잘 反映하는 指導者가 있을 것

五. 大體의 方策이 自在하여야 할 것

　이 意味에서 우리 黨의 定義를 吟味하면 (一) 天道敎의 主義 目的을 (二)社會的으로 達成하기 爲하여 (三)이에 始終할 同德으로써 (四)한 個의 有機體를 組成한 것임을 알게 된다.[63]

　즉 당이란 '동일한 주의와 목적·구성원·조직·지도자 그리고 방책이 있어야 하며, 이는 유기체로서 운영 되어야 한다.'고 인식하였다.

　이러한 인식은 1927년 제정된 당헌에 그대로 반영된다. 당헌(黨憲)에 의하면 청년당의 개념을 "천도교의 주의·목적을 사회적으로 달성코자 이에 시종(始終)할 동덕(同德)으로써 한 개의 유기체(有機體)를 조직하여 그 명칭을 천도교청년당이라 한다."고 밝혔다.[64] 따라서 천도교청년당은 운동이 청년운동에 국한되어서는 안 된다고 강조하였다. 여기서 청년당은 7개 부문운동을 전개할 수 있는 이론적 배경을 마련할 수 있었다. 이에 따라 청년당은 다음과 같이 청년당 운동의 방향을 제시하였다.[65]

　첫째, 당원 훈련이다. 청년당은 인간사회의 모든 일은 사람이 중심이며, 사람을 떠난 일은 없다고 보았다. 또한 청년당은 인간사회의 생활을 유지·존속시키는 윤리도덕과 정치경제의 변혁이 필요하지만 이보다도 급선무는 인간 자체의 변혁이라고 보았다. 이러한 점에서 청년당 운동의 선결조건은 인간 자체의 개벽이었다. 이에 따라 청년당은 후천개벽의 현역 전사인 당원 자체의 훈련을 제일의 운동 방향으로 선정하였다.

　둘째, 포덕운동이다. 청년당은 후천개벽은 후천의 새 힘이 아니면 생각할 것 없고, 새 힘은 후천의 새 혼을 가진 사람들로 조직된 포덕 조직, 즉 천도교를 떠나서는 실현할 수 없다고 보았다. 그리고 새 힘을 결성하는 최선의 방법은 포덕이었다. 이에 따라 포덕운동은 청년당의 핵심 사업의 하나였다.

셋째, 교리의 연구 천명 및 선전이다. 청년당은 사회의 모든 운동은 주의와 사상, 그리고 이를 기초한 지도 원리에 따라 발전한다고 보았다. 이에 청년당은 후천개벽의 유일 원리인 천도교리를 연구하고 이를 대내외적으로 선전하는 데 주력하였다.

넷째, 대중조직이다. 청년당은 사회의 힘은 억눌린 대중을 통해서 표출된다고 인식하였다. 이에 후천개벽의 지상천국 건설을 목표로 하는 청년당은 대중의 이해(利害)를 파악하고 대중의 힘을 집중·확대시키기 위하여 대중조직을 도모하였다. 그 구체적인 방법으로 여성, 소년, 청년, 학생, 농민, 노동, 상민 등 7개 부문에 걸쳐 부문단체의 결성이었다.

다섯째, 문화운동이다. 청년당은 사회의 모든 승패득실은 대중의 의식 정도와 문화 정도의 고하를 따른 성과라고 보았다. 즉 사상의 신구, 시대의 고금, 방법의 우열 등의 영향도 없지 않지만 인간사회의 근본적 향상은 대중의 의식적 각성과 문화적 향상에 있다고 본 것이다. 이에 따라 천도교청년들은 천도교청년 단체 설립 초기부터 문화운동을 중시하였던 것이다.

여섯째, 체육운동이다. 앞에서도 언급하였듯이 청년당은 어떠한 주의, 어떠한 사상일지라도 오직 사람을 통해서만 발현된다고 보았다. 뿐만 아니라 발현된 그 주의나 사상은 역시 사람을 통하여 실현된다고 보았다. 천도교는 '영육일체(靈肉一體)', '성신쌍전(性身雙全)'이라는 주의 아래 정신과 육체를 동일하게 보는 것이다. 이런 의미에서 청년당은 정신적 수련과 육체적 훈련을 동일한 수행 과목으로 삼아 당원의 신체를 건전하게 단련하는 동시에 일반 민중에게 이것을 보급시키며 대중 보건을 도모하고자 하였다.

일곱째, 정형연구와 통속운동이다. 천도교를 창명한 수운 최제우는 16세 때 집을 떠나 인심풍속을 살폈고, 또 어렸을 때 만권시서를 외어 내어 유교·불교·선교·기독교를 연구한 바 있는데, 청년당은 이를 정형연구의 실행으로 인식하였다. 또한 사회적 질병을 정확히 진단하는 유일한 방법이

정형연구라고 보았다. 그리고 통속운동은 청년당의 본질적 운동은 아니지만 청년당의 이념을 대중화하는 것이라고 인식하였다. 이러한 의미에서 정형연구와 통속운동은 청년당의 중요한 운동의 하나였다. 이에 따라 청년당은 단발, 염색옷 입기 등 대중계몽운동을 범사회적으로 전개하였다.

이에 따라 청년당의 운동은 당의 목표인 후천개벽의 지상천국 건설을 위해 '당원훈련→포덕운동→교리의 연구천명 및 선전→대중조직→문화운동→체육운동→정형연구와 통속운동'이라는 틀에 따라 전개되었다.

(2) 청년당의 특성 : 천도교의 전위조직

청년당은 당헌에서 '시종(始終)할 동덕(同德)의 결합'을 강조한 바 있다. 이는 천도교의 역사적 사명을 의식하는 동덕[66]으로서 '당의 주의, 목적에 거의 직업적으로 시종할 사람', '단순한 천도교 사상만이 아닌 행동 위에서 충분히 의식을 동작하여 본 사람', '그로써 성격이 지어진 사람'으로 "천도교와 자신이 둘이 아닌 사람"을 의미한다.[67] 그리고 이를 '전위적 정당'이 가져야 할 요건으로 인식하였다. 청년당은 "우리 당은 천도교의 전위조직"이라고 하여, '전위당'으로서의 역할을 추구하였다.[68] 당시 사회주의 계열 단체들이 활용하던 전위당의 개념을 천도교년당에서도 수용하였다. 그렇다면 청년당의 전위론은 어떻게 성립되었을까. 청년당은 역사의 변증법적 발전과정을 통해 이를 논리화시켰다. 역사는 본래부터 완성된 것도 아무런 변화 없이 점진적으로 진화된 것이 아니라 한 개의 사회가 형성되면 그것이 일정한 기간까지 발전하다가 그 사회의 형태가 변하여서 또 새로운 형태를 가지고 새로운 기초위에서 발전하게 되는 것으로 인식하였다. 그리고 이 사회에는 다수 민중대 소수지배계급 간의 권익문제가 발생한다고 보았다. 여기에서 다수 민중의 불평이 누적되며, 이들 다수층의 권익을 대변하여 선각자가 나타난다는 것이다. 이 선각자는 자신의 이익을 위한 영웅이 아니라 '하층민중의 전위'라고 인식하였다. 그리고 그 전위의 역사적 해석을 동학이라고 설정하였다.[69] 이와 같은 인식하에서 "결성된 선각층의 사람들은 자체의 주체적 발전과 객관적 현실적 성숙에 반하여 그 불안의 현실을 전환시킬 만한 힘을 가진 어떤 결성체"가 당(黨)이라고 하였다. 이에 따라 당(黨)을 다음과 같이 정의하였다.

> 人間社會의 歷史的 過程에서 생기는 舊形態로부터 새로운 形態에로 轉換하는 段階에서 그 새로운 形態를 創造하기 위하여 그 새로운 段階를 代表할 下層民衆(아직 그 새로운 段階를 意識하지 못하는 多數 民衆)을 代表하여서 一定한 主義 主張 밑에서 結成된 것이 黨이다.[70]

즉 새로운 형태의 사회를 창조하고자 하는 과정에서 일반 민중을 대표하여 결성된 것이 당이며, 이는 전위적 성격을 지니고 있는 것이다. 이러한 인식에서 당원 역시 일반 하층민중의 전위가 되어야 한다는 것이다.[71]

그렇다면 천도교와 청년당의 관계는 어떻게 설정하고 있을까? 청년당은 한마디로 "천도교 자체의 일종 전위조직"이었다. 또한 "청년당 운동은 곧 천도교 운동의 하나"로 인식하였다.[72] 천도교청년당은 천도교 그 자체의 당적(黨的) 의의를 겸연(慊然)함이 아니라 철두철미 일원적 체계이므로 이를 한층 더 적극적 구체적으로 진전 발휘키 위한 조직이었다. 청년당과 청년동맹이 합동하여 청우당이 결성되었을 때 이와 같은 인식은 보다 강조되었다.

> 우리 교회는 서로 不卽不離의 관계를 가지는 두 개의 動的 機關이 있으니, 이는 곧 宗理院과 靑友黨이다. 그러나 이 두 개의 기관은 결코 對立體가 아니요 二位一體의 相須機關이다. 즉 院은 黨의 背景이 되고 黨은 院의 前衛隊가 되어 있다.[73]

즉 청년당은 천도교와 불가분의 관계에 있으며, 천도교의 전위대였다. 천도교는 안으로 교화 사업을, 청년당은 밖으로 사회 활동을 주로 담당하였다.[74] 이에 천도교와 청년당, 당원의 관계를 다음과 같이 인식하였다.

一. 그 主義 目的 下에서 그 同德 그 사람으로 된 것이나 黨은 그 構成人員이 篤信 青壯年을 中心하여 組織된 것이니만큼 不斷의 發展, 成長하는 우리 教會에 있어 늘 한걸음 進出하는 雰圍氣를 짓고 앞장 서는 즉 前衛, 先驅의 任務가 있는 것.

二. 뿐만 아니라 黨은 社會的 努力이 있는 것, 天道教라고 해서 社會와 對立해 있는 것이 아니요, 따라서 社會的 努力을 못할 바가 아니다. 오늘 形便으로는 스스로 금이 그어진 바가 있어서 어느 点까지는 問題가 없으나 어느 点부터는 困難을 느끼게 된다. 그러나 黨은 어느 点까지도 넘어서서 社會的으로 進出活動할 수 있는 것이다. 예하면 布德에 있어서도 教會로서는 주로 直接布德에 局限되나 黨 으로서는 훨씬 나가서 間接布德까지 할 수 있는 것이다. 이 點이 黨은 全教會에 대한 前衛的 任務를 가지는 同時에 또 다시 別動的 任務를 가지는 實際이다.

三. 그리고 黨은 우리 教會의 一切를 尖銳化시키는 便이 있는 同時에 教會로서는 어느 点에 있어서 原則的 大體的에 그칠 수 있으나, 黨으로서는 한층 더 具體的 解說的으로 나아가는 便이 있는 것이다.

四. 黨員으로 하여금 教會的 訓練을 받는 以外 天道教의 指導原理를 가지고 社會的으로 한걸음 나가서 直接으로 民衆에게 宣傳하며 組織訓練을 하는 民衆運動을 實踐케 하는 一方으로 一般 社會的 知識을 修得케 하는 等의 사회적 훈련을 받게 하는 便이 있는 것이다.[75]

이 글에 의하면, 청년당은 천도교의 전위적 임무를 가지고 있으며, 이를 구체적으로 실현하는 주체는 당원이다. 따라서 당원은 천도교의 지도 원리로써 민중운동을 실천해야 한다. 요컨대 천도교가 있는 한 전위적 역할을 수행할 청년당은 함께 존재하는 것이며, 이와 같은 '과도기'에 있어 청년당은 더욱 중요한 의의를 가지게 되는 것이다. 결국 당의 일체가 천도교의 전적 의지(全的意志) 내지 범주를 벗어날 수 없는 것이다. 이와 같은 천도교의 전위조직과 역할을 수행하기 위해 청년당은 '당의(黨義)'와 '당기(黨紀)'를 매우 중요하게 다루었다. 당의와 당기는 "당 운동을 발전시키는 주심적(主心的) 중요임무"를 갖는 것으로, 당의는 정신적·도덕적 제재를, 당기는 형식적·법률적 제재를 통해 당원의 효율적 통제를 그 대상으로 하였다.[76]

청년당은 전위조직에 걸맞는 활동을 도모하기 위해 당원의 약속과 실행 조건을 보다 구체적으로 규정하였다. 청년당은 무엇보다도 당과 당원의 약속이 중요하다고 강조하고 당원으로 하여금 "당의 일체 결의에 대한 복종"을 강조하였다.[77] 청년당은 지상천국 건설을 위한 새 제도와 새 윤리를 구체적으로 실행하려면 '당과 당원의 금석 같은 약속'이 반드시 있어야 한다고 보았다. 회원이 의무는 다하지 않고 권리만 주장하려는 행태를 비판하고 "자신의 생명은 홍모(鴻毛)와 같이 여기더라도 당의 약속은 태산 같이 중요하게 여겨야 한다."고 강조하였다. 그런데 여기서 의미하는 복종은 단순히 명령에 따르는 것이 아니라 당의 결정을 능동적으로 실행 또는 실천하는 것이다. 이는 청년당의 조직이 '민주집권제(民主集權制)'라는 독특한 구조를 가지는 데서 비롯된다. 즉 당의 명령은 곧 당원 자신의 명령이며 자기의 명령을 자기가 수행하는 것에 불과하다고 인식하였다.[78]

청년당은 당원이 실행해야 할 사항을 네 가지로 규정하였다. 매일 교서 1항(項) 이상 독서, 매주 토요일 3시간 이상 노동, 시간 엄수, 색의(色衣) 입기 등이다. 첫째, 교서(教書)를 비롯해서 교양서 등을 매일 1꼭지 이상 읽도록 했다. 둘째, 매주 토요일을 노동일로 정하여 개인적으로 혹은 단체적으로 3

시간 이상 직접 노동을 하도록 했다. 과거 '일인작십인식(一人作 十人食)'하던 노동 경시 풍조를 없애기 위한 것이다. 셋째, 시간엄수이다. 시간은 곧 생명이라는 관념으로 집무·집회·작업이나 개인적인 약속까지도 반드시 시간을 엄수하기로 하였다. 넷째, 염색옷을 입는 것으로 이는 1904년 갑진개화운동 당시의 흑의단발(黑衣斷髮) 운동을 계승한 것이다. 여름 외에는 반드시 염색옷을 입도록 했다. 청년당이 이 규정들을 선정한 것은 비록 간단하고 작은 실행조건이지만 철저히 실행하다 보면 점차 청년당의 주의와 강령을 실현할 수 있다고 보았기 때문이었다. 청년당은 이 실행조건의 하나인 매주 토요일 3시간 이상의 노동은 "계급의 차별 불식과 노동의 신성을 함양하기 위해 교당에 모여 가마니 또는 봉투, 새끼를 꼬기"로 실천하였으며, 그 수익을 사회사업에 사용하였다.[79]

이러한 방식으로 천도교청년당은 천도교의 '전위조직' 또는 '전위적 정당'이라는 성격을 구현하기 위하여 노력해 나갔다.

2. 천도교청년당의 지도이념과 조직체계

1) 천도교청년당의 지도이념

(1) 주의

천도교청년당은 천도교의 전위조직으로서의 역할을 수행하고자 하였다. 따라서 청년당은 지도이념을 천도교의 교의(敎義)라고 규정하였다.

천도교청년당의 주의는 '지상천국의 건설'이다.[80] 천도교는 기존의 종교와 차별성을 강조하기 위해 사후의 내세관보다는 현실사회의 개혁을 강조하였다.[81] 그리하여 '지상천국 건설'을 종교가 가지는 최고의 목적으로 삼았다. 그리고 이를 인내천주의 또는 수운주의를 통해 달성하고자 하였다.[82]

3·1운동 이후 사회주의의 보급과 다양한 계층의 이념과 운동론으로 '주의'라는 말이 널리 통용되었다.[83] 주의라는 용어를 사전적으로 볼 때 "사상이나 학설 또는 사물의 처리 방법 따위에서 굳게 지켜 변하지 않는 일정한 이론이나 태도, 또는 방침이나 주장"이란 뜻이다. 이러한 의미에서 천도교청년당의 주의는 천도교의 목적을 그대로 수용하였다. 즉 천도교의 목적인 "오심즉여심(吾心卽汝心), 인내천의 원리 하에서 보국안민(保國安民), 포덕천하(布德天下)하여 지상천국(地上天國)을 건설하는 것"으로 청년당의 주의를 이론화하였다. 그런데 청년당의 핵심 이론가인 이돈화는 주의에는 '사상, 신념, 역량'의 세 가지 요소가 있으며, 이 세 가지 요소를 갖춘 단체가 '민족을 살리는 단체'라고 밝히면서 '수운주의(水雲主義)'[84]를 내세웠다.[85]

그렇지만 청년당은 주의인 지상천국의 건설론에 대하여 일반 사회에서 황당(荒唐)해하거나 불가능함을 비판하는 것을 크게 의식하고 있었다. 이에 대해 청년당은 '과도시대(過渡時代)의 피안적(彼岸的) 천(天)의 관념'에서 벗어나 '현 세상에서 따로 천당과 극락이 없다는 것을 철저히 깨닫는다면 지상천국의 건설 여부는 문제가 될 것이 아니'라고 반론하였다. 그리고 천국의 의미를 다음과 같이 밝혔다.

> 그러면 天國이란 것은 과연 어떤 것인가! 물론 오늘날까지의 우리의 역사상 의식으로나 경험으로나 관습적 안목으로 보는 이 세상을 아닐 것이다. 다시 말하면 過渡時代의 모든 불합리한 윤리도덕 밑에서 조직되어 있는 현 사회제도를 떠나서 人類共通性 要求에 적합할 만한 그 세계가 곧 天國일 것은 확실한 일이다.[86]

즉, 청년당은 '천국'은 종교적 피안의 세계가 아니라 현실 사회에서 추구해야 할 '인류가 공통적으로 요구하는 세계'라고 보았다. 이러한 점에서 볼 때 청년당의 주의는 종교적 이상 실현이 아니라 "현실적이고 사람적이며, 실생활을 갈앙하는 현대인의 요구에 꼭 들어맞는 새 주의"라고 할 수 있다.[87] 이에 청년당은 "과도 시대의 모든 불합리한 윤리 도덕 밑에서 조직되었던 현 사회 제도를 떠나서 인류 공통성 요구에 적합할 만한 그 세계가 곧 천국"[88]이라고 규정하고, '무침략 무압박 무착취 무차별'의 진정한 평등과 자유의 세계를 이룩하려 한 것이다.[89]

(2) 강령

천도교청년당의 강령은 첫째, '사람성(性) 자연에 합하는 새 제도의 실현', 둘째, '사인여천의 정신에 합하는 새 윤리의 수립'이다.[90] 강령의 핵심 내용은 새로운 제도와 새로운 윤리라고 할 수 있다. 그렇다면 이러한 강령을 제정한 배경은 무엇일까. 김병준은 다음과 같이 밝히고 있다.

　　대개 우리가 過去에 있어서는 항상 現生을 否認하고 來生을 夢想하였음으로 어서 어서 이 地上世界를 떠나기를 願하였다. 그럼으로 地上天國은 꿈도 꾸지 않았다. 그러나 人乃天 眞理가 社會化된 오늘날에 있어서는 現世界 이외에 따로 天堂과 地獄이 없는 것을 깨달았다. 누구든지 現世界를 改造하려면 舊制度 舊倫理 그대로는 到底히 될 수 없는 것을 확실히 알 것이다. 舊制度와 舊倫理는 모두 사람性 천도교청년당의 당원인 공진항은 사람性에 대해 다음과 같이 정의한다; "사람性이란 사람 固有의 性質 위에 다시 社會的 環境의 끼침을 움직여 되어지는 사람 特有의 心的性質이다." 좀 더 자세한 것은 孔濯,『자수대학강의 사회과』, 천도교청년당본부, 1933 ;『자수대학강의』(영인본), 경인문화사, 1972)를 참조할 것.
　　에 違反되지 아닌 것이 없었다. 오직 强者 富者 尊者 貴者뿐 위하는 制度이며, 君이나 長이나 父이나 兄뿐을 위하는 倫理이었었다. 즉 强力 富力의 밑에는 完全한 人權이 없었으며, 君權 父權의 밑에는 옳은 臣子가 없었다. 이러한 모든 階級은 온갖 差別的 不合理한 制度 倫理의 밑에 있는 弱者 貧者 卑者 賤子는 그 所有한 人格을 모두 그네들에게 犧牲되고 말았다. 그 외에 소위 曲藝三百, 威儀三千, 細行八萬이라는 모든 牛毛的 道德은 四面八方으로 우리를 拘束하며 壓迫하였었다. 이것이 곧 天賦의 사람性 自然을 迫害하며 殘賊할 뿐이었다. 이것이 過去의 吾人이 現世를 咀呪하고 來世를 憧憬하는 最大 原因이다. 우리는 根本的으로 이러한 舊倫理制度를 打破하고 人乃天眞理와 事人如天主義에 合하여 새 制度 새 倫理를 세우지 않으면 안 되겠다는 大勇斷 大決心 하에서 本黨의 綱領을 세운 것이다.[92]

김병준은 그동안 종교와 사회는 천당과 지옥의 비현실적인 이상, 부귀빈천의 불합리적인 계급제도, 군장부형의 권리만 옹호하는 비인간적인 윤리제도로 유지되어 왔다고 보았다. 이러한 과거의 종교와 제도는 타파되어야 한다는 것이다. 인내천와 사인여천을 기초로 한 인간 중심의 새로운 질서가 실현되어야 한다고 인식하였다.

이를 구체적으로 살펴보면 다음과 같다. 먼저 사람성 자연에 맞는 신제도란 첫째, 막연한 관념, 영혼에 중점을 두는 것보다는 현실생활에 맞는 개벽적 제도, 둘째, 고정·정지·무기적인 것이 아닌 운변·전환·발전·성장하는 제도, 셋째, 현 시대 인간성에 맞는 새로운 제도를 의미한다. 즉 역사발전에 따른 인간 본위의 사회적 제도를 실현하고자 하였다.[93] 다음으로 사인여천에 맞는 새 윤리의 수립은 첫째, 공경, 둘째, 상부상조, 셋째, 모든 분야의 차별 철폐의 새로운 윤리적 제도를 의미하고 있다. 즉 일상생활에서 차별이 없는 인간의 존엄성, 자유와 평등을 추구하는 제도를 마련하고자 하였다. 결국 청년당은 구시대의 모든 생활양식을 일체 타파하려는 개혁의지로써 종교·사상·제도·윤리를 총망라하는 문명과 문화의 혁신이라는 시대적 요구를 수용하고자 하였다고 할 수 있다.

(3) 당의

청년당은 주의와 강령 외에도 정신개벽, 민족개벽, 사회개벽의 '3대 개벽'을 지도이념으로 확립하였다. 즉 청년당의 주의와 강령을 통해 실현하고자 한 것이 3대 개벽이었다.[94]『천도교청년당소사』에 따르면, '정신개벽'은 인간이 재래적으로 지녀 오던 일체의 정신을 변혁시키는 것으로, 원시적 잡신, 봉건적 세력과 명분, 금권 및 강권만능의 정신을 제거하고 인내천주의에 따른 보국안민, 포덕천하, 개벽환판(開闢換板) 등 새로운 의식의 전환으로 설명하였다.[95] '민족개벽'은 민족문화의 향상과 민족 지위의 향상 등을, '사회개벽'은 사회기구의 물질문화 및 정신문화 체제를 인간 본위를 표준으로 건설하는 것이었다.[96] 이와 같은 주의, 강령, 3대 개벽을 근거로 해서 청년당은 그 이념을 당의(黨義)에 반영하였다. 청년당은 당을 조직한다면 반드시 당의가 필요하다고 보았다. 즉 "당의는 곧 당의 생명이며 당의를 떠난 당원은 당원이 아니요 당의를 떠난 당은 곧 생명이 없는 당"이라고 강조하였다.[97] 이에 따라 청년당의 당의를 다음과 같이 밝혔다.

> 우리 黨은 天道敎의 前衛組織인 天道敎靑年黨이니만큼 天道敎義-天道敎의 主義 主張이 곧 우리 당의 黨義일 것은 두말할 것 없다. 保國, 安民, 布德天下, 廣濟蒼生과 後天開闢-地上天國建設과 人乃天-事人如天, 性身雙全-敎政雙方과 誠敬信의 人間開闢-人間本位와 吾心卽汝心의 世界一家-萬族一人의 同歸一體 等等의 문구는 그 형식에 있어 名異하나 그 내용에 있어서는 萬人萬差의 世界에서 萬人이 같이 살 수 있는 同歸一體的 地上天國을 建設하는 뜻은 하나이다. 이것이 天道敎義인 동시에 곧 우리 당의 黨義이다.[98]

즉 청년당의 당의는 천도교의(天道教義)[99]와 동일한 것이라 하였다. 이러한 점에서 천도교청년들은 청년당을 일상적이며 보편적인 대중정당이기보다는 "개벽적이고 획기적이며 천도교의 전위적 성격을 지니고 있는 결사체로서의 당"이라고 인식하였다.[100]

이처럼 청년당이 '천도교의'를 당의로 한 것은 첫째, 당의 주의를 간단명료하게 나타낼 수 있다는 점, 둘째, 현실 사회의 개혁을 위해 뚜렷한 주의를 마련할 필요가 있다는 점, 셋째, 청년당 전체 당원의 지도이념을 동질화할 수 있는 주의가 필요하다는 점, 넷째, 사회주의 등 다른 주의의 침투를 막기 위한 확정된 주의가 필요하였다는 점 때문이었다.

2) 천도교청년당의 조직체계

(1) 불문율에 의한 결의제

청년당은 창립 초기 불문율에 의한 결의제로서 운영되었다. 청년당이 초기에 결의제를 채택한 이유는 두 가지이다. 첫째, 청년당의 조직 체제가 아직 완전히 갖추어지지 않았기 때문이었다. 둘째, 천도교가 1923년 4월 개최한 임시종리사총회에서 불문법을 시행할 것을 결의하였기 때문이다.[101] 이에 따라 청년당은 창립 직후 1923년 9월 8일 개최한 제1차 총회에서 불문율에 의한 결의제를 채택하였다.[102] 1925년 4월 4일 개최한 제2차 총회에서도 결의제를 확인하는 한편 청년당의 운영사항을 다음과 같이 결의하였다.[103]

　一, 本黨은 一切 事項을 決議로써 行함.
　一, 本黨黨員의 資格은 17세 이상 49세 이하의 天道教 篤信者로서 本黨의 主義 · 綱領 · 約束을 絶對實行할 自覺과 決心있는 者로 함. 但 黨員으로서 右의 年齡이 超過하는 時는 特別黨員으로 함.

一, 入黨節次는 黨員의 連署保證이 有한 入黨願書와 履歷書를 제출함을 要함.

一, 本黨의 機關 組織은 委員制로 함(隨要定員). 但 黨을 代表키 爲하여 黨 頭 1人을 委員 中으로서 互選함.

一, 本黨 本部 委員은 總會에서 選擧함. 但 委員 中 缺員이 有한 時는 委員 會에서 補缺함을 得함.

一, 本黨의 經費는 黨員의 義務金과 其他 贊助金으로 充用함. 但 義務金은 入黨金 1圓 30錢, 年例金 1圓의 2種으로 하되, 入黨金은 入黨 同時, 年例金은 每年 4月 5日 以內로 送納함.

一, 義務金 中 入黨金은 本部에 積立하고, 年例金의 半額은 本部로 送納하 고, 半額은 該地方部의 經費로 充用함.

一, 本黨 黨員은 本黨 以外 團体에 參加함을 不得함. 但 參加코자 할 時는 本部의 承認을 得함을 要함.

一, 本黨 黨員으로서 1年 以上 本黨의 約束을 履行치 않는 時는 本黨 黨員 의 資格을 喪失한 者로 認함.

一, 本黨 黨員 13人 以上이 있는 地方에는 地方部를 置하되 本部의 認定을 得함을 要함.

이 결의에 의하면, 첫째, 당원 자격은 17세 이상 49세 이하의 천도교 독신 자, 둘째, 위원제와 당두(黨頭) 체제로 조직을 운영, 셋째, 의무금 납부, 넷째, 청년당 이외의 단체 가입 금지, 다섯째, 약속 실행, 여섯째 13인 이상으로 지 방부 조직 등이었다. 이는 청년당이 조직을 운영하는 데 가장 기본적인 결 의였다. 이 결의 중에서 중요한 것은 청년당의 대표로 당두를 두기로 하였 는데, 이는 기존의 집단지도체제에서 중앙집권체제로 전환을 의미하였을 뿐만 아니라 당 체제 정비를 통한 당세 확장의 조치였다.[104]

1925년 8월부터 시작된 천도교의 2차 분규 과정에서 12월 24일 이종린의 통일기성회와 오영창의 교인대회가 연합하여 구파가 형성됨에 따라, 천도교는 최린의 중앙종리원의 신파와 구파로 분화되었다.[105] 청년당도 신파의 천도교청년당과 구파의 천도교청년동맹으로 분화되었다.[106] 이후 청년당은 당의 조직 체제를 재정비하며 활동 영역을 확장해 나갔다. 청년당은 1927년 8월 14일 개최한 전국대표임시대회에서 결의제를 폐지하고 당헌을 제정하면서 민주집권제의 조직 체계를 확립하였다.[107] 이는 청년당이 속한 신파의 중앙종리원이 교무규정을 개정한 것과,[108] 청년당에 대한 의식 강화와 실제적 사업을 적극적으로 추진하기 위한 것이었다.[109]

(2) 조직 체계의 논리 : 인내천집중제와 민주집권제

청년당의 조직 체계는 인내천집중제에서 민주집권제(民主集權制)로 발전하였다. 우선 조직에 대한 천도교청년들의 인식부터 살펴보자. 사전적 의미의 '조직'은 "목표를 달성하기 위하여 일정한 지위와 역할을 지닌 사람이나 물건이 모여서 질서 있는 하나의 집합체를 이룸 또는 그 집합체", "단체 또는 사회를 구성하는 각 요소가 결합하여 유기적인 움직임을 갖는 통일체로 되는 일, 또 그 구성의 방법", 그리고 사회과학적으로는 "2명 이상의 사람들이 공통 목표를 달성하기 위해 통일적인 의지 아래 협동해 나가는 행위의 체계"를 의미한다. 이와 같은 일반적 의미에 비해 청년당은 다음과 같이 인식하였다.

　一. 組織은 生命이다. 組織이 이루어지는 瞬間이 生命이 賦與되는 瞬間이요 組織이 潰滅되는 瞬間이 곧 生命이 消失되는 瞬間이다.
　二. 組織은 힘이다. 힘을 떠나서 일을 想像할 수 없는 同時에 組織을 떠나서는 힘을 想像할 수 없는 것이다.[110]

청년당은 조직을 '생명과 힘이 있는 유기체'로 인식하였다. 이는 당시 유행하던 사회진화론의 영향을 받은 것으로 보인다. 조직의 힘인 생명력은 "조직에 관여하는 성원(혹은 成分)의 질의 정부(精否), 양의 다과(多寡)와 또 그 조직의 긴불긴(緊不緊)에 정비례하는 것"이라 하여, 조직된 만큼 생명력이 생기는 것이라고 인식하였다. 생명력을 발휘하는 조직을 만들기 위해서는 첫째, 성원의 질이 순정할 것, 둘째, 순정한 성원의 수가 많을 것, 셋째, 조직력이 긴밀할 것 등 세 가지 조건을 제시하였다.[111] 그렇지만 조직은 성원이 있다고 반드시 결성되는 것은 아니라고 보았다. 조직에는 구성원 각자가 필연적으로 흔쾌히 따를 만한 이론과 목표가 있어야 한다고 하였다.

청년당의 조직 체계는 당헌 제정 당시인 1927년 8월에는 '인내천집중제(人乃天集中制)'였다. 청년당이 인내천집중제를 채택한 이유는 1927년 2월 신간회의 결성 이후 당의 조직을 강화하기 위해서였다. 인내천집중제에 따른 당 조직의 원리는 다음과 같다.

    우리 黨은 東學黨 本來의 意를 取하여 人乃天集中制를 썼으니, 그 本色으로는
    一, 各層 黨部(自下而上)를 選擧制에 의하여 組織하되(人乃天) 下層黨部는 必 上層黨部에 直屬케 된 것(集中的)
    二, 下層黨部는 上層黨部의 命令에 服하되(集中的) 그 命令의 範圍 內에서 그 黨部에 所屬된 一切 黨務를 完全히 處理하는 權利가 있을 것(人乃天)
    三, 意見 發表는 自由이되(人乃天) 決議에는 絶對 服從하는 것(集中的)[112]

청년당의 조직 원칙은 수평적 관계의 '인내천'과 수직적 관계의 '집중적'이라고 표현하였지만, 이는 민주집중제를 의미하는 것이었다. 이때 청년당이 민주집중제를 조직의 기본 원칙으로 정한 것은 러시아 정치 체제의 영향을

받은 것으로 보인다. 청년당은 당헌을 마련하기 전에 조기간을 러시아로 파견한 바 있었다.[113]

이와 같은 인내천집중제는 1932년 4월 청우당이 청년당과 청년동맹으로 재분화된 이후, '민주집권제'로 전환된다. 민주집권제의 원리는 다음과 같이 규정되었다.

> 一. 모든 組織은 아래로부터 위로 나아가는 制度를 取하여 各層 黨部를 그 成員의 選擧에 의하여 組成하되(民主的)
>
> 二. 밑層 黨部는 반드시 웃層 黨部에 從屬케 한 것(集權的)
>
> 三. 그래서 밑層 黨部는 반드시 웃層 黨部의 命令에 服從하되(집권적)
>
> 四. 그 命令의 範圍 안에서는 그 黨部에 所屬된 一切事項을 完全히 處決하는 權利가 있는 것(民主的)
>
> 五. 開會 時에는 黨의 各種 問題에 대하여 自己의 意見을 自由로 發表할 權利가 있으되(民主的)
>
> 六. 한 번 多數의 意思로 決定된 以上은 自己의 主觀的 贊否 如何에 不關하고 그 決議에 絶對服從할 의무가 있는 것(集權的)[114]

청년당이 민주집권제를 조직 운영 방식으로 채택한 것은 첫째는 의사 발표에서는 각 당원과 하층당부에 최대한 자유를 주어 각 당원과 각 당부로 하여금 각각 최선의 노력을 다하여 당을 키우며 당을 감독케 하는 것, 둘째는 결의 집행에서는 각 당원과 각 하층당부의 절대복종을 요구하는 역량의 집중 및 통일을 기하기 위함이었다. 이에 따라 청년당은 당 조직의 원칙을 다음과 같이 정의를 내리고 있다.

> 우리 黨의 組織은 黨의 事務家化, 官僚化를 防止하고 黨 力量의 集中化 統

制化를 促하는 것이니, 더 말할 것 없이 우리 黨은 오직 天下人族의 休戚을 念慮하는 한 개의 開闢的 黨인 바, 黨의 主張과 政策과 其他 一切의 進行方法을 黨 全體의 要求와 經驗에 根據하지 않을 수 없는 것이오. 그러하기 위하여는 各 黨員과 밑層 機關의 그 意見과 經驗의 一切를 黨으로 輪送하는 機會를 주지 않을 수 없는 것이니, 이것이 곧 民主的 原則을 採用하는 所以이다. 만일 이와 같이 아니하면 黨은 문득 官僚化하며 事務家化하여 널리 黨員과 群衆의 了解, 擁護를 얻지 못하고 스스로 中央 或은 地方에 兀立하는 危險에 빠질 것이다. 그러나 우리 黨은 우리 黨員만의 世界에서 桃園의 꿈을 켜자는 것이 아니요, 우리 以外의 우리를 우리 노릇 못하게 하는 모든 先天的 諸 勢力과 相對하여 살며, 살되 그와 싸워서 이기지 않으면 살 수 없게 된 것인 바, 여기에는 무엇보다도 힘을 必要로 하는 바, 이 힘을 얻기 위하여 스스로 絶對服從의 集中的 組織을 强要하게 된다. 故로 우리 黨의 人乃天歸一制, 즉 民主的集權制는 黨의 事務家化, 官僚化를 防止하고 開闢的 勢力을 集中하여 決定的 勝利를 保證하는 唯一의 完便한 組織이다.[115]

즉 당 조직의 원칙을 첫째, 당의 사무가화(事務家化) 및 관료화 방지, 둘째, 당 역량의 집중화와 통제화라고 밝혔다. 당시 청년당이 민주집권제를 채택한 이유는 조선운동의 주도권을 장악하기 위한 조직의 강화 때문이었다. 여기에 대해서는 몇 가지 측면에서 고려할 수 있다.

첫째는 천도교의 대중화이다. 천도교는 1910년대 후반부터 1920년대로 넘어오면서 인내천주의 또는 사인여천주의의 이론 체계를 확립하면서 문화운동을 주도하였다. 특히 청년당의 핵심 이론가인 이돈화는 "현대종교는 개인적 측면과 사회적 측면을 총합대관(總合大觀) 책임을 부담하는 것"[116]이라고 하면서, 사회의 근본적 개량을 성취하고자 하면 불가불 종교에 의뢰하지 않으면 안 될 것이라고 하였다.[117] 즉 종교에 의한 사회의 근본적 개조를 지향하였다. 그는 또한 "일세(一世)의 사상계는 필연으로 최신 진리를 포용할, 즉 만(萬) 종교의 이상을 총합할 신앙에 향하여 통일을 시(試)코저 함은 개기(盍其) 원리일지로다."[118]라고 하여, 만 종교의 사상을 통합할 최후의 종교를 인내천주의의 천도교라고 하였다. 이에 따라 청년당은 천도교의 대중화를 통해 민족주의와 사회주의를 아우를 수 있는 '범인간적 민족주의'를 제기하였고 조선민족의 사상으로 민족적 단결을 도모하고자 하였다.[119] 범인간적 민족주의는 "첫째, 세계를 국가 단위로부터 민족 단위에 진(進)케 하는 것, 둘째, 각 민족이 상호 도덕적 원조 하에서 각자 성장을 수(遂)하는 것, 셋째, 현대의 가장 최선한 문화를 표준점으로 하고 세계 각 민족의 정도를 그 표준의 수평선상으로 인상케 한다."는 것이다.[120]

둘째는 역사 경험 측면에서 민족적 중심세력 확립이었다. 조선의 민족생활을 이끌 집단은 1860년 동학 창도 이후 수난과 동학혁명, 그리고 갑진개혁운동 등을 직접 또는 간접으로 체험한 천도교밖에 없다고 주장하였다.

個人으로나 民族으로 生의 動力을 주기 足할 만한 宗敎的 內容과 社會的 意義를 天道敎는 가졌다. 靈符와 同歸一體를 말하는 天道敎가 個人 民族 世界的으로 生을 줄 수 있는 것이므로 우리는 여기서 天道敎의 民族化를 부르짖을 必要가 생기는 것이다. 朝鮮人의 民族生活을 全的으로 引導할 만한 것이 天道敎 外에 또 어데 있느냐? 基督敎를 말하겠느냐, 普天敎를 말하겠느냐? 또는 누구 모양으로 興士團을 말하겠느냐, 또는 社會主義團을 말하겠느냐? 내가 살고 남이 살고 보편성이 있고 영속성이 있고, 이런 것이라야만 민족 이상이 될 만한 가치가 있을 것이다. 천도교 외에 오늘날 조선인의 민족 이상을 부칠 데가 없다. 함으로 천도교의 민족화를 외칠 필요가 여기에 생긴다.[121]

이 글은 당시 프랑스에서 유학 중이던 공진항이 『신인간』에 게재한 것이다. 그는 국내에 기독교, 보천교, 흥사단, 사회주의단체 등 다양한 세력이 있지만 조선인의 민족생활을 지도할 세력은 천도교밖에 없다고 하였다. 이러한 인식은 이미 1920년대 초기부터 제기되었으며,[122] 1924년 들어 교단의 1차 분화[123]가 어느 정도 진정이 되자 청년당은 "절대의 약속을 가지고 새로이 내회(來會)하는 주의적 단결"을 제기하면서 '민족적 중심세력'이 될 만한 정치세력을 결성하자고 하였다.[124] 특히 이종린은 일제의 문화정치하의 민족운동이 분화된 상태에서 '민족대단결'만이 민족해방을 실현할 수 있다고 인식하고 천도교를 중심으로 민족협동전선을 계획하였다.

(3) 청년당의 조직체계

민주집권제를 채택한 청년당의 조직체계는 상하관계의 당본부(黨本部)-지방부(地方部)-접(接)의 세 단계와 사회관계의 연(緣)으로 구성되었다.[125] 청년당의 가장 기초 단위인 접은 청년당을 활성화하고 당원의 훈련 및 조직을 더욱 공고히 하기 위해 1927년 5월부터 조직하였으며, 당헌에는 다음과 같이 규정하였다.

> 제6절 接
> 제24조 接은 黨의 基本組織으로써 3人 以上 5人 以內의 黨員으로 이를 組織함(3人이 되지 않을 時는 黨 本部에 直屬함)
> 제25조 接은 黨地方部에 指導를 받아(地方部가 없을 時는 黨本部에 直屬함) 左의 任務를 修行함.
> (가) 黨員間과 所屬機關에 對한 連絡
> (나) 黨의 決議와 命令을 遂行할 일
> (다) 布德과 黨員의 募集

(라) 黨의 宣傳物과 徽章을 廣配하고 義務金을 精勵할 일

제26조 接代表는 每年 3月末, 7月末, 12月初에 接狀況을 地方部 代表에 報告를 要함

제27조 接은 接員互選으로 代表 1名을 置하며 日常 接務를 執行하고 接代表大會에 출석함

즉 청년당의 기본조직 접은 3인 이상 5인 이내의 당원으로 구성되며, 지방부에 직속되어 접대표를 두었다. 그리고 접원은 당 기관과의 연락, 당의 결정과 명령 이행, 포교와 당원 모집, 당의 선전물 배포와 의무금 납부 등을 수행한다. 「당무석요」에는 다음과 같이 그 기능을 보다 분명하게 규정하였다.

一. 接은 黨의 基本組織이다. 故로 黨員은 必히 接에 配屬됨을 要한다. 接或은 接生活을 拒否함은 곧 黨을 拒否함이다.

二. 接은 黨員의 黨員될 一切를 訓練 成就시키는 慈母요 學校이다.

三. 接은 黨과 群衆과 連結시키는 唯一한 機關이다.

四. 接은 開闢의 優越分子를 徵求하여 黨員의 頭數를 늘이는 것

五. 接은 黨員과 黨員이 接觸하는 處所인 同時에 黨生活을 實行하는 實習處이다.

六. 接은 黨의 意見을 내는 곳이다.[126]

「당무석요」에서는 당원은 반드시 접에 가입되어야 하며 당헌에 규정된 기능을 당을 통해 생활화해야 함을 강조하였다. 또 접은 접생활을 통해 당원의 훈련과 교육을 담당하는 학교의 기능까지 겸하였다. 뿐만 아니라 접은 당세를 확장시키는 필수조직이기도 하였다. 이렇기 때문에 접의 기능을 강화하기 위해 접 대표 선출, 정형(情形) 조사 및 보고, 각종 회의 구성, 기율 독

려, 당문서 비판 등을 실행케 하였다.[127] 그리고 접이 많을 때는 접 대표를 선출하여 접대회를 구성할 수 있도록 하였다. 이에 따라 당본부도 접의 중요성을 인식하고 접생활을 강조하는[128] 한편 각 지방부의 모든 당원은 반드시 접에 속하도록 지시하였다.[129] 접은 증가하는 지방당원 개개인을 효율적으로 관리·통제하고 접원들을 통해 일반 민중을 일상생활 속에서 접촉하는 가운데 청년당의 주의, 강령 등을 선전하려는 조직단위이다. 결국 접은 당 조직의 기본단위이면서 당원의 훈련 및 교육, 통제를 직접 담당함으로써 당의 세력 확장과 제반 사업을 보다 긴밀하게 수행하는 조직이다.

다음 지방부는 당헌 제2장 제5절에 4개 조항으로 규정되어 있다.

제20조 一府郡에 黨員 13人 以上으로 處한 곳에 黨員大會 決議로써 或은 黨員總會의 決議로써 地方部를 置함. 但, 本部의 認准을 經함을 要함.

제21조 地方 黨員大會 혹은 接代表會(혹은 黨員總會)는 左記의 職權을 持함

(가) 接代表 中에서 黨務執行委員을 選出하여 地方部에 組織할 일

(나) 그 地方黨務의 進行方策을 決定할 일

(다) 특히 代表 1人을 選出하여 그 地方部 指導者라 하고 地方 黨務執行上 重要事項을 處決할 일

제22조 地方執行委員會는 地方黨員大會 혹은 接代表 閉會 期間에는 左記의 職權이 有함

(가) 黨務執行委員을 選出하여 地方部를 組織할 일

(나) 各 部門委員을 任免할 것을 得함

(다) 各 部門運動의 地方的 機能을 發揮할 일

제23조 地方部에는 3人 以上 黨員으로 1個 以上의 接을 組織할 時는 黨本部의 認准을 經하여 準地方部를 設置할 수 있음.

지방부는 부 또는 군에서 13인 이상의 당원으로 조직되었으며, 지방부에는 의결기구로 지방당원대회, 지방집행위원회를 두었다. 당원대회는 집행위원 및 당부 대표 선출과 중요 당무를 결정하였으며, 집행위원회는 지방부 조직, 부문위원 임면 및 부문운동 지도 등의 기능을 담당했다. 지방부는 부 또는 군에 1개를 조직하는 것을 원칙으로 하였으나 지역에 따라서는 2개 또는 그 이상의 지방부가 설치된 곳도 있었다.

1928년 7월에 현재 청년당은 8천3백여 명의 당원을 확보하였으며 4백70여 개[130]의 지방부가 조직되었다. 뿐만 아니라 모스크바, 중국 광동과 북경 등 해외에까지 지방부가 설치되었다.[131]

청년당은 민주집권제로 당을 지도 감독할 기관으로 당본부를 두었다. 당헌에는 다음과 같이 규정였다.

> 제18조 黨本部는 中央執行委員의 常設機關으로서 中央執行委員會가 閉會하였을 期間 中에는 左記의 任務를 持함.
> (가) 黨의 敎化, 庶務, 財政, 宣傳, 社交, 調査 其他에 대한 一般實務를 處理하는 일
> (나) 各地에 地方部를 組織하고 指揮할 일
> (다) 對內 對外에 黨을 代表할 일
> 제19조 黨本部는 每年 4月末, 8月末, 12月 末日에 1回式 黨全體의 經過를 黨地方部에 通告함을 要함.

당본부는 대내외에 청년당을 대표하며, 당무를 처리할 상설기구로 중앙집행위원회를 두어 당의 교화와 서무·재정·선전·사교 등 업무를 집행하였다. 그리고 지방부를 조직하거나 이를 지휘 감독할 권한이 있었다. 당본부는 전당대표대회와 중앙집행위원회를 두었다. 전당대표대회는 최고의결

기관으로 당무 일체를 처판(處判)하고(12조) 지방부 대표와 중앙집행위원으로 구성된다(13조). 기능으로는 첫째, 중앙집행위원 선출 및 중앙집행위원회 조직, 둘째, 당대표 선출, 셋째, 당헌 제정 및 개정, 넷째, 중앙집행위원회 보고 접수, 다섯째, 당의 중요 방책 결정, 여섯째, 당의 예결산 심의 등을 담당했다(14조). 중앙집행위원회는 전당대표회의에서 선출된 중앙집행위원으로 구성되며 대표회의가 폐회된 기간 동안 당무를 집행하는 기관으로 상무집행위원을 선출하여 당본부 조직, 각 부문위원 임면, 당무 집행의 중요사항 처리, 당의 재정상태 청취 독려 등(15조)을 통해 실질적인 당 운영의 실무 집행을 담당했다. 뿐만 아니라 중앙집행위원회는 필요에 따라 특종위원회(特種委員會)를 둘 수 있도록 하였다(16조). 특종위원회가 실제로 조직된 것은 1932년 4월 전당대표대회에서였다. 특종위원회는 당무 지도 및 지도이념의 구명, 내외정세 연구, 인내천주의 문화수립의 연구를 목적으로[132] 종교부 · 철학부 · 정경부 · 사회부 · 예술부 등 5개 부서를 두었다.[133] 그 외에 중앙위원회의 필요에 따라 지방부 상무의 전부 또는 일부가 참여하는 확대중앙집행위원회를 개최하여 중요한 당무를 처리하도록 하였다(17조).

청년당은 민주집권제의 조직 체계와 별개의 '연(緣)' 조직을 규정하고 있다. 연(緣)은 상하 수직적 관계는 아니지만 당원을 통솔하는 또 하나의 조직이었다. 당헌에는 '당적(黨的)'이라는 절로 다음과 같이 규정하였다.

제28조 黨員으로써 黨 以外에 社會의 必要에 따라 緣을 組織할 수 있다.

이에 대해「당무석요」에서는 다음과 같이 설명하고 있다.

緣은 黨員으로 黨 以外에 社會에 있어 2人 以上이 되는 때에 組織하는 것이니, 黨의 主義를 그 社會에 펴는 것과 黨員 自身의 그 社會 안에서의 黨生

活을 擁護하는 任務를 가진다. 故로 緣員은 緣의 決議에 服할 義務가 있으며, 이에 背하면 黨律로서 묻게 된다.[134]

연(緣)은 당원이 당 밖에서 활동할 때 다른 당원을 만날 경우 조직하는 것으로 당의 공식적인 기관은 아니지만 연회(緣會)를 통해 이를 관리 통제할 수 있도록 하였다. 이런 점에서 본다면 연회는 접원회와 동일한 성격을 지닐 수도 있다. 연회는 청년당의 이념이나 주의를 사회, 즉 일반 민중에게 알릴 수 있는 조직으로 활용된 것으로 보인다. 이 연의 활동은 1930년대에 이르러 '사교단체요강(社交團體要綱)'으로 체계화되었다.[135]

이상에서 살펴보았듯이 청년당의 조직 체계는 중앙의 당본부, 지방 부군(府郡) 단위의 지방부, 이동(里洞) 단위의 접이라는 세 층위 구조이며, 당본부에는 전당대표회의와 중앙집행위원회, 지방부에는 지방당원대회(또는 접대표회의)와 지방집행위원회, 접에는 접원회라는 의결기구가 있다.

이들 기구는 각 기관의 의견을 대표하는 성격을 지니고 있다. 따라서 이 의결기구에서 결정된 사항은 '절대복종'한다는 규정이 중시되었다. 각종 의결기구에 당원 개개인이 자유로운 의견을 충분히 개진할 수 있으므로, 당원의 총의에 따라 결정된 사항은 반드시 복종해야 한다는 명분을 내세웠다. 그리고 청년당의 주의와 이념을 사회와 연결시키고자 하는 연회 역시 결정된 사항에 대해 당기율에 준하여 복종토록 하였다.

청년당이 '인내천집중제' 또는 '민주집권제'를 조직 운용 원리로 마련한 것은 세 가지의 요인이 있었을 것으로 분석된다. 첫째는 청년당 조직의 효율적인 운영이다. 청년당은 1925년 교단의 신구 양파의 분규로 신파 측의 천도교청년당과 구파 측의 천도교청년동맹으로 분화하였다. 이에 따라 신구 양 청년단체는 당원의 효율적인 관리가 급선무가 됐다. 신파 측 청년당은 1927년 당세 확장운동으로 당원이 9천여 명, 지방부가 170여 개에 이르자 그동안의 불문제에 의한 당 운영에 한계를 느끼게 되었다. 이에 따라 청년당은 증가하는 당원과 지방부의 효율적 운용을 위해 성문당헌을 제정하고 민주적이면서도 강력한 중앙통제를 시도하였다.

둘째는 천도교단의 전위적 역할이다. 일제의 종교정책은 "종교의 자유는 허용하되 순수하게 교화의 목적으로 종교 활동만 하되 정치에 관여해서는 안 된다."고 하여 종교와 정치를 엄격하게 분리하고자 하였다.[136] 이처럼 당국의 정교분리 원칙과 종교 일제는 1915년 8월 16일에 제정한「포교규칙」제1조에 의하면 "본령(本令)에서 종교라 칭(稱)함은 신도(神道), 불교(佛敎) 및 기독교(基督敎)를 말함"이라 하여 일본 국가종교의 성격을 갖는 신도와 재래의 불교, 서양의 후원을 받는 기독교만 종교로 인정하였다. 그 외 한국에서 자생한 종교는 '유사종교'라 하여 탄압하였다. 이로써 인정 받지 못한 천도교 상황이 결합하면서 천도교단은 여러 모로 활동의 제약이 많았다. 뿐만 아니라 3 · 1운동 이후 내외적 환경의 어려움도 더해져 교단 활동은 미약할 수밖에 없었다. 더욱이 천도교의 정치이념인 '교정쌍전'론에 따라 현실적인 사회개혁과 이를 원활하게 수행하기 위한 전위적 조직이 필요하였다. 이에 따라 천도교의 현실 개혁은 자연히 청년당에게 맡겨졌으며, 강력한 추진력을 필요로 했던 청년당은 권력이 중앙에 집중되는 조직이 필요했던 것이다.

셋째는 식민지 민족운동의 주도권 장악이다. 1919년 9월 2일 천도교청년교리강연부로 출발한 천도교 청년단체는 운동연합론에 따른 조선청년회연합회, 노동공제회 등의 결성에 대응하여 1921년 4월 천도교청년회로 전환하였다. 이후 청년회는 민족운동에서 주도권을 장악하기 위한 민족적 중심단체의 결성을 주장하였다. 천도교 측은 막연한 민족일치, 대동단결보다는 동일한 신념과 조직 하에 절대적 약속을 가지고 새로이 내회하는 '주의적 단결'을 주장하였다. 즉 천도교인이 중심이 되어 민족적 중심세력을 형성하는 것이 필요하다고 주장하였던 것이다.

제4장 ——— 1920년대 중후반 천도교단의
분규와 천도교청년당의 대응

1. 천도교단 분규와 천도교청년당의 분화

1) 1차 분규와 천도교청년회

1919년 9월 2일 설립된 천도교청년교리강연부는 1920년 4월 천도교청년회로 이름을 변경하였고, 이어 1923년 9월 2일 다시 천도교청년당으로 명칭과 조직체를 전환하였다. 이 과정에서 교단의 분규 명칭과 조직체를 전환하고, 이후 지방조직 강화에 주력하는 데 적지 않은 영향을 주었다. 특히 청년당 조직 이후 중앙의 본부 조직은 나름대로 운영이 되었지만 지방조직은 지역에 따라서 한동안 설립되지 못하였을 뿐만 아니라 활동조차 제대로 이루어지지 못하였다. 이는 교단 분규가 가장 직접적인 요인이었다. 특히 1차 분규인 혁신파와의 분규보다는 1924년 이후 전개된 2차 분규인 신구 갈등이더 크게 작용하였다. 그렇다면 교단의 분규는 어떻게 진행되었을까?

천도교단의 분규는 3 · 1운동 이후 교단의 공백 상태를 수습하는 과정에서 비롯되었다. 3 · 1운동 이전까지 의암 손병희를 정점으로 일사불란하게 운영되었던 천도교단은 3 · 1운동으로 손병희를 비롯하여 최린, 오세창, 권동진 등 대부분의 교회지도자들이 피검되었다. 이 와중에 잠복해 있던 교단 내 갈등이 지도 체제 재정비와 맞물려서 분규화되었다. 즉 천도교단의 분규는 표면상으로는 '교회제도의 개혁'을 두고 불거졌지만, 그 이면에는 지도체제와 직간접적으로 연결되어 있었다. 당시 청년당 간부였던 박달성은 다섯 가지를 그 원인으로 분석하고 있다.[1] 첫째, 최동희의 불평,[2] 둘째, 이종훈과 홍병기의 불평,[3] 셋째, 박인호의 친용금(親用金) 남용,[4] 넷째, 박인호에 대한 오지영의 사감(私感),[5] 다섯째, 구퇴신진(舊退新進)[6] 등이다.

손병희 등 교단 지도부의 투옥 이후 천도교단은 1921년 8월 부구총회(部區總會)에서 입법기관이며 의결기관인 의정회(議正會)를 설치하였다. 이에 따라 전국을 60구(區)로 나누어 의정원(議正員)을 선임하였다. 이해 12월 개최된 의정회에서는 기존의 교헌(敎憲)을 폐지하고 종헌(宗憲)을 제정하는 한편 대도주(大道主)를 교주(敎主)로, 오관제(五觀制)[7]를 오과제(五課制)[8]로 전환하였다. 그리고 상무종의사(常務宗議師)로 북청의 조인성과 성천의 김봉국을 선임하였다. 그런데 새로 선임된 조인성과 김봉국이 대도주의 인준을 받지 못해 중앙총부에서 상근을 할 수 없게 되자 박인호의 9만 원 친용금 남용 문제를 들어 교주 불신임을 제기하였다. 여기에 오지영, 이종훈, 홍병기, 윤익선 등이 동조 세력으로 참여하여 의정회 후원회를 조직함에 따라 분규가 본격적으로 전개되었다.[9]

분규에 대해 교단 안팎에서 우려의 목소리가 높아지자 청년회는 1922년 6월 6일 청년대회에서 "교인대회를 열고 교주 사직 문제와 금후 천도교의 중요문제를 결정할 일, 신구 양파는 서로 양보하여 속히 합동할 것"을 교단에 건의하였다. 이에 호응하여 교단은 교인대회를 소집하고 상기의 과제를 해결하고자 하였다.[10] 특히 교주제의 존폐 여부는 가장 중요한 문제로 부상되었다. 교주직을 없애고 협의제로 하자는 주장과, 종교적 심법을 전수받은 교주를 유지해야 한다는 양측의 주장이 쉽게 타협되지 않았다. 이에 각도의 대표 39명과 도사 11명, 장로 4명, 중앙총부 간부 5명 등 58인에게 문제 해결의 과제를 넘겼다. 이를 제1차 분규라 한다.

1차 분규 결과 오지영, 윤익선, 김봉국 등 혁신파는 1922년 10월 초에 천도교유신청년회(天道敎維新靑年會)를 조직하고[11] 이해 12월 25일 천도교연합회를 결성하였다.[12] 이로써 제1차 분규는 마무리되었다. 천도교단에서 분립한 천도교연합회의 교세 분포는 본부를 둔 경성과 경기도의 가평, 충북의 옥천, 전북의 군산·금산·익산, 전남의 담양·고흥·순천·여수, 경남의 합천, 평남의 중화와 대동, 평북의 철산·성천·자성, 강원도의 이천 등지였으며, 천도교유신청년회는 고흥, 성천 등에 불과하여 제1차 분규는 기존의 천도교 교세에는 큰 영향을 주지는 못하였다.[13] 뿐만 아니라 잠시 혁신파에 참여하였던 이종훈과 홍병기, 정계완 등이 이탈함에 따라 연합회 세력은 적지 않게 타격을 받게 되었고, 이후 세력 확장도 한계를 가질 수밖에 없게 되었다. 또한 1차 분규 이후의 혼란을 수습한 교단의 주요 인사들은 분규 사건이 마무리됨에 따라 1923년 4월 9일 평화서고식(平和誓告式)을 가졌다.[14]

이와 같이 1차 분규를 겪은 청년회는 교단의 새로운 운동 방침을 제시하였는데, 이것이 '민족운동중심세력론' 내지 '민족운동중심단체론'이다. 이것은 교단의 분규 이후의 일신의 노력일 뿐만 아니라 당시 일반 청년단체를 중심으로 전개되던 청년단체 연합운동론과도 관계된 운동전략이었다. 즉 교단 내외 정세가 급변하는 상황에서 청년회는 보다 강력한 조직체를 모색하게 되었다. 이에 따라 1923년 9월 2일 청년회는 청년당으로 변혁하고, 천도교의 주의와 목적을 사회적으로 실현시키는 전위단체로 거듭나게 되었다. 그러나 청년당은 1925년부터 전개된 2차 분규로 인해 중앙본부뿐만 아니라 지방조직도 제대로 설립하지 못하고 또다시 분규에 휩싸이게 되었다.

2) 2차 분규와 천도교단의 분화

1925년 후반기부터 전개된 2차 분규는 오영창 등이 지도 체제에 대한 이견을 제기하면서 비롯되었다. 천도교단은 연합회의 분립으로 무엇보다도 우선 내부 조직정비를 단행하였다. 이에 따라 1923년 4월 개최된 임시종법사회에서 교무규정을 개정하면서 중앙총부의 직제를 대폭 개편하였다. 즉 '중앙총부종리원(中央摠部宗理院)'을 '중앙종리원(中央宗理院)'으로, 지방의 교구 및 전교실을 부군종리원(府郡宗理院) 또는 면종리원(面宗理院)으로 변경하는 한편 중앙종리원의 직제도 5과에서 포덕과(布德課), 서무과(庶務課), 경리과(經理課)의 3과로 축소하고, 종리사총회(宗理師總會)를 두어 교단의 일체 중요한 사항을 결의하도록 하였다.[15] 이어 교세를 확장하기 위해 1925년 1월 종리사총회를 개최하고 포덕제(布德制) 신설하였다. 즉 전국을 각 지역별로 3백호를 단위로 1포를 정하고 교인들의 정신조직을 한층 강화하는 한편 임직원을 개선하였다.[16] 이후 안정되어 가던 천도교단은 1925년 6월 오영창 등이 교주 문제를 제기하면서 다시 분규가 발생하였다. 즉 오영창의 교주제 부활을 지지하는 교인동지회(敎人同志會)와 무교주제와 현 체제를 지지하는 종리원(宗理院) 사이의 분규였다. 이는 1925년 4월 종리사총회에서 개정된 의절이 문제가 되었다. 개정된 의절에는 교단에서 교조로 추대받고 있는 수운 최제우의 득도일을 '천일(天日)', 해월 최시형의 승통일을 '지일(地日)', 의암 손병희의 승통일을 '인일(人日)'로 정하고, 당시 대도주에서 사임한 춘암 박인호에 대해서는 기념일을 정하지 않고 '선생(先生)'으로 추대하기로 하였다.[17] 이와 같은 결정에 대해 평소 교주제 부활을 주장하던 오영창은 반대하였던 것이다. 양측의 주장은 다음과 같다.

교인동지회의 윤호균 : 4년 전 손의암(손병희--필자 주) 선생이 환원한 후 대도주 박인호 씨를 선생으로 모시던 터인데, 지금의 중앙종리원 간부들은 그 선생을 모르고 우리 교도들의 믿는 바를 모두 무시하는 터이라. 박인호를 대도주로 모시자는 것인데, 듣지 아니 하니 고지에 버스러지는 일이라. 그네들은 우리의 요구를 들어주는지 하라는 것입니다.

중앙종리원 김병준 : 4년 전에 손의암 선생이 환원하신 후 대도주 박인호

씨가 스스로 사임하셨고, 다시는 교주제를 쓰지 말고 종리사제로 하자고 13
도 종리원 대표 2백여 명이 그 당시에 결의한 것인데, 그 결의가 있을 때에는
반대를 하던 몇 사람의 교도가 지금 이와 같은 소동을 일으키는 것인데, 그들
로 말하면 그때의 불평을 갖고 그랬든지 어찌했던지 그 후로는 우리 교회 오
관 중 한 가지인 3개월 이상 성미를 불입하면 교원 자격을 잃는다는 조문이
있음도 불구하고 오관도 도무지 지키지 않던 사람들인데, 지금 와서 선생을
안 모시겠는 법이 어디 있느냐 하고 딴전을 부치어 일반 교도의 뜻을 무시한
것입니다.[18]

즉 오영창은 교주제 부활을, 종리원은 현체제를 유지하는 것을 각각 주장
하고 있다. 이에 따라 오영창 지지 세력을 구파, 중앙종리원 지지 세력을 신
파로 각각 불렀다. 이와 같이 분규가 발생하자 박인호는 양측을 조정하여
분규가 해결되는 듯하였으나,[19] 오영창 측의 교인대회 개최를 계기로 분규
는 점차 격화되었다.

구파 측은 1925년 8월 14일 지일기념을 기해 상경한 지방 교인 중 1백여
명을 모아 이날 오후 2시 천도교기념관에서 교인대회를 개최하고 중앙종리
원의 서류를 검열하고 재정운영에 대한 불평을 제기하고, 제4세 교주로 박
인호를 추대하면서 현 중앙종리원의 폐지를 주장하였다. 또한 포덕비 지출
에 대해서도 문제를 제기하였다. 이에 대해 중앙종리원 측은 종리사총회를
개최하고 이두성 등 3인을 파견하여 조정하려고 하였으나 오히려 폭행을 당
하였다.[20] 이로써 천도교단은 사실상 오영창 측의 구파와 중앙종리원 측의
신파로 양분되었다. 구파는 8월 16일에도 교인대회를 개최하고 중앙종리원
의 문서 및 경리장부를 검토하고 포덕비 지출에 대한 문제를 들어 광고(廣
告)를 발표하였다.[21] 광고의 내용은 다음과 같다.

本 教會中央宗理院에 視務하는 宗法師 崔麟과 宗理師 李仁淑 崔碩連 등이 재임 이래 막중한 誠金을 自意擅行하되 所爲 布德費라 憑藉하고 消耗한 것과 기타 貸付條라 記載한 것과 文簿에 記入치 아니한 債金을 아직 調查한 한 것만으로 萬餘円을 欠縮하였으며, 布德課 主任 鄭廣朝는 帶任한 지 불과 6개월이나 右人 등의 共謀되어 宗規를 改定하여 先生을 凌視한 事 實이 有하니, 右人輩가 一은 師門亂道요, 二는 社會公賊이기 公憤을 不勝하여 爲先 個個 逐出하고 玆에 廣告하나이다.[22]

즉 구파 측은 중앙종리원의 핵심인 최린, 이인숙, 최석련을 '사문난도(師門亂道)'요 '사회공적(社會公賊)'이라며 출교까지 강력하게 주장하였다. 이에 대해 중앙종리원 측에서는 종리사총회를 개최하고 교인대회 측의 인사를 '종리사총회에 출석권을 줄 것이냐'를 두고 논의를 거듭하다가 출석권을 줄 수 없다고 결론을 내렸다. 그리고 종법사 최린과 종리사 정광조, 이인숙, 최석련 등 13명은 총 사직을 밝히고 박인호에게 수습 권한을 위임하고자 하였다. 이에 박인호는 "3년간 교회에 대한 일은 전부 관계를 아니 하였고 늙은 몸으로 도저히 어떻다고 말하기 싫으니 종리사들이 잘 알아 하라."며 거절하였다.[23]

이같이 분규가 격화되자 중립을 취하고 있던 청년당은 1차 분규 때와는 달리 적극적으로 대응하였다. 우선 청년당은 8월 14일 분규 보고회 개최에 이어 16일 40여 명이 참석한 긴급대회에서 "오영창 일파가 금번 교인대회를 열어 공연히 교내의 평화를 교란시키며 일변 공천한 중앙간부를 후욕구타 하는 등 횡폭한 행동과 시대 착오의 교주제 복구의 완명한 계획"을 성토하고 이를 반대하였다.[24] 이어 8월 17일 다시 대회를 개최하고 중앙종리원 제도를 전교인에게 충분히 알리기 위해 방정환 등은 복구운동방지단(復舊運動防止團)을 조직하는 한편 "폭력방지, 시국광정, 교인 전체의 의사를 기초로 한 현 제도를 적극적으로 옹호할 것"을 결의하였다.[25] 뿐만 아니라 당원 6백여 명은 이를 전국적으로 유세키로 하였다. 이처럼 청년당이 분규에 휩싸이자 박인호는 8월 17일 신파인 중앙종리원 종리사총회와 구파인 교인대회에 각각 참석하여 양측을 설유, 합동을 추진하였다. 특히 박인호는 이 과정에서 "교주제도를 다시 쓰자는 것은 시대를 모르는 소리니 복구운동이라는 것은 말도 안 되는 소리."라 하여 자신을 교주로 추대하고자 하는 교인대회의 주장을 반대하였다.[26] 이와 같은 천도교의 분규에 대해 당시 『조선일보』는 다음과 같이 천도교단의 우려와 청년당의 활동에 관심을 보이고 있다.

> (전략) 그러나 60년래 波蘭이 重疊한 特殊한 역사를 가진 천도교인 것을 생각할 때에 또 현하에도 純朝鮮人의 智와 力과 財로써 구성 존립 또는 유지되는 사회적 유일한 一團體인 것을 생각할 때에 吾人은 그들이 냉정한 시대적 의식에 눈 뜨고 공정한 사회적 양심에 돌아보아 ○○한 黨派戰을 일삼음이 없이 신속히 해결의 사광을 보이게 하기를 絶囑한다. 青年黨의 奮起는 과연 幾何의 效果를 들어 낼 것인가?[27]

이 글에서 천도교는 사회적으로 위상과 역할을 크게 평가하고 있기 때문에 빨리 분규가 신속히 해결되기를 주문하고 있다. 또한 청년당의 활동에 대해서도 주목하고 있다. 그러나 교단의 분규는 점차 확대되었다. 즉 8월 16일 종리사총회에서 교인대회 측 대표 40명에게 출석권을 주느냐 마느냐 하는 논란에서 출석권을 주지 않기로 의결하였지만 다음날 17일 종리원 임원 선거에서 다시 출석권 문제로 원만한 합의를 이끌어내지 못하자 박인호를 추종하는 최준모 등 경기, 충청, 호남 지역 출신의 종리사들이 교인대회 측과 중앙종리원측의 중재를 도모할 목적으로 통일기성회(統一期成會)를 조직하였다. 그리고 우선 교인대회 측에서 주장하는 출석권을 주어 통일적으로 중앙종리원 임원선거를 하자고 주장하였다.[28] 이어 교회 통합을 위해 다음의 네 가지 사항을 결의하였다.

> 1. 우리는 各自의 主義를 超越하여 敎會의 現狀을 統一하기로 目的함
> 1. 統一의 實現은 언제든지 議會에 在함으로 우리는 圓滿한 議會를 實現하기로 努力함
> 1. 本會는 大神師의 同歸一體의 心法에 違反하는 者는 敎會分裂을 企圖하는 派로 認定함
> 1. 分裂을 企圖하는 派는 그 裏面을 摘發하여 一般輿論에 付함[29]

이로써 천도교단의 분규는 오영창의 교인대회파, 최린의 중앙종리원파, 이종린의 통일기성회파로 각각 세를 형성하였다. 즉 교인대회파는 오영창을 중심으로 한 교주제 부활을 주장하고, 중앙종리원파는 최린 등을 중심으로 현체제의 유지를 주장하며, 그리고 통일기성회파는 박인호를 추종하는 세력으로 재편되었던 것이다. 이를 지역적으로 보면 교인대회파는 황해도, 중앙종리원파는 평안도·함경도·경상도, 통일기성회파는 경기도·충청도·전라도 지역이 중심 세력권이었다.

이러한 가운데 18일 종리사총회에서는 전날 수리되었던 중앙종리원 임원 총사직의 건 수리를 일단 보류하였다. 그리고 오봉빈 의장에게 총회 소집권을 맡겼지만 의장은 종리사의 의견 수렴이라는 명목으로 무기휴회를 선언하였다.[30] 그러나 교인대회 측은 오래 머무를 수가 없다고 하여 교회봉쇄위원 백용진 등 10여 명을 중앙종리원으로 보내 숙직실의 열쇠를 탈취하여 보관하는 등 자신들의 주장만 강조하였다.[31]

이어 19일 청년당은 열빈루(悅賓樓)에 중앙종리원 측의 권동진·최린·나용환, 통일기성회 측의 박준승, 평안도의 유력인사 나인협, 교인대회 측

의 오영창, 중립을 지키는 임예환 등 분규 당사자뿐만 아니라 주요 원로까지 초빙하여 조정책을 마련하였다. 이 모임에서 참석자들은 "현제도를 옹호하며 박인호 씨에게 전권을 바치는 것보다 숙제인 선생의 예우를 하기로 하는 것"을 합의하였다.[32] 또한 오영창도 "이제부터 과거의 잘못된 일을 버리고 앞으로는 서로 손을 잡고 교회를 위하여 일하겠다."[33]고 하여 원만한 타협점을 찾는 듯하였다. 또한 통일기성회 측도 교인대회 측과 중앙종리원 측의 주장을 조정하는 한편 8월 21일 교인대회, 중앙종리원, 통일기성회의 각 대표 5명씩 총 15명이 모여 타협간담회를 갖고 의견을 교환하였다. 이어 통일기성회 측이 제시한 타협 조건, 즉 중앙종리원 측의 출석권 양보와 교인대회 측의 원만한 회의 참여에 대해 다음날인 22일 모임을 갖고 논의하기로 하였다.[34]

그런데 이날 교인대회 측은 중앙종리원 간부가 총사직하여 무정부 상태이므로 신임 간부를 선임하는 것이 옳으나 우선 임시 간부 7명을 선정하여 학교운영 등 방만한 교회사업을 축소키로 하였다. 이에 앞서 8월 20일에는 교인대회 측에서 선임된 각군 대표 49명이 박인호를 교주로 하고 승통기념일을 의절에 넣을 것, 오영창의 공로를 위하여 중요한 직책을 줄 것 등을 주장하였다.[35] 한편 통일기성회는 교단 통합을 보다 원활하게 진행하고자 위원장 이종린, 상무위원 김경함·신태순·김영륜·정용근·김재계·이시우, 고문 권동진·한현태·박준승·이병춘 등으로 조직을 확대하였다. 그리고 위원장 이종린은 "양측의 주의주장이 아주 극단이라 평가하지만 교단 통합을 위해 최선을 다할 것"을 밝히기도 하였다.[36] 그러나 통일기성회 측 요청으로 8월 22일 가진 각 대표 15인의 모임에서 원만한 합의점을 찾지 못하고 결렬되었다. 이에 교인대회 측은 종리원 측을 믿을 수 없다고 보고 추후 일을 처리하기 위해 상무위원 2명과 보조위원 17명을 선임하고 교인대회를 해산하였다.[37]

한편 중앙에서 교단 분규가 발생하자 그 영향은 지방까지 파급되었다. 우선 안주지역 교인들은 교주제 부활을 주장하는 오영창 측에 대해 "어리석은 교도를 더욱 미혹케 한다."고 분개하는 한편 평안도 지역 십만 교인의 대표 3백 명 연명으로 전 종리원에 경고문을 발송하였다. 나아가 일반교인들에게도 "미혹에 빠지지 말고 새 주의 새 주장으로 새 사람이 될 것"을 주장하였다.[38] 진남포종리원도 종리사 고주성을 파견하여 분규 과정을 파악토록 하였다. 이후 8월 18일 교인대회를 개최하여 고주성의 보고를 듣고 현 종리원 체제를 옹호할 것을 결의하였다.[39]

교인대회의 해산으로 소강상태에 들어간 교단 분규는 통일기성회 측과 중앙종리원 측의 지원을 받은 청년당과의 분쟁으로 재분화되었다. 앞서 언급하였듯이 청년당은 분규를 수습하기 위해 교인대회 측과 중앙종리원 측의 합동을 도모하였으나 뜻을 이루지 못한 바 있다. 이로 인해 청년당은 본격적으로 분규의 소용돌이로 휩쓸리게 되었다. 청년당원 50여 명은 교인대회가 해산된 이후 8월 하순 "오영창 일파의 현 제도를 배척하고 한 사람의 독천하를 몽상하는 반역자를 배척하고 동지가 결속하여 더욱 교회의 광명을 새롭게 하자."는 내용을 담은 「천도교 청년에게 격(檄)하노라」라는 격서(檄書)를 지방 당원에게 발송하는[40] 한편 아래와 같은 '3대조(大條)'를 결의하였다.

　一. 天道敎는 一個人의 專有物이 아니요, 信者 全體의 것임을 確言하노라.

　一. 우리의 精神的 信仰은 三世神聖의 創明한 人乃天眞理에 限함은 二言이 다시 없노라.

　一. 敎會 運營機關은 敎人 全體 意思를 基礎로 한 現下 議會制를 그대로 是認하노라.[41]

3대조에 의하면 청년당은 현 체제를 적극 옹호하였다. 이어 동시에 중앙 종리원도 8월 21일 지방 종리사 64명의 결의로 총사직하였던 중앙종리사에게 다시 사무집행을 위임하였다는 내용의 성명서와 함께 강령도 발표했다.

　一. 敎人 全體의 意思에 基本한 現制度를 絶對 擁護할 事
　一. 此 主義를 貫徹하기 爲하여 各自 責任을 지고 巡廻宣傳하여 一致團結에 努力할 事
　一. 自體의 地盤을 充實히 하기 爲하여 年月誠에 對한 義務를 더욱 恪勤히 履行할 事[42]

이와는 별도로 통일기성회 측도 끝까지 교단 분규를 해결하고 통일을 목적으로 49명의 발기[43]로 재차 천도교통일기성회(天道敎統一期成會)를 조직하였다.[44] 이와 동시에 3개항으로 된 공함을 각 종리원에 발송하였다.

　一. 本會員의 誠米는 今月度부터 圓滿한 宗理師總會가 열리기까지 本會에서 保管할 事
　一. 各 宗理院에서 本會의 趣旨에 贊同하시는 여러분은 會員 名簿를 作成하여 本會에 送致케 할 事
　一. 本會員은 兩側의 兄弟를 黜함에 반드시 滿腔의 誠意를 披瀝하여 過去의 孰是孰非를 辨別치 말고 오직 將來의 平和를 高慮할 事[45]

통일기성회의 공함에 의하면 자신들의 세력을 확장하고자 하는 의도도 엿보인다. 즉 성미를 중앙종리원 대신 보관하고, 찬동 세력 확보 등으로 통일기성회의 경제력과 조직력을 확보하고자 하였다. 이를 배경으로 통일기성회는 후일 오영창의 교인대회 측과 합동하여 구파를 형성한다. 즉 박인호를 교주로 추대하려는 교인대회 측과 역시 박인호를 추종하는 통일기성회 측은 박인호를 정점으로 하는 조직 체제를 추구하였다. 다만 교인대회 측은 박인호에 이어 오영창을 교주로 하겠다는 것이고, 통일기성회 측은 박인호까지의 교주 체제만을 주장하는 차이가 있을 뿐이다. 이에 따라 이해 10월 28일 통일기성회측은

1. 교인대회 측에는 종전 주장하여 오던 의절 문제를 포기하라.
1. 전 간부 측에는 종전 중앙종리원의 일체 책임을 포기하고 또 같은 사람끼리 서로 결합하여 신기원을 잡아 나아가자는 63인의 성명서를 취소하라.
1. 쌍방이 다 응하면 그 즉시로 임시 위원을 공동선거하여 닫힌 문을 열고 원만한 회의가 열리기까지 사무를 집행할 것이오. 한편만 응하고 한편이 불응하는 때에는 우선 응하는 그 측과 합동하고 만일 두 편이 다 불응하면 단독적 행동을 취하여 나아가자.[46]

는 세 가지를 결의하고 교인대회 측, 중앙종리원 측과 각각 교섭을 하였다. 그 결과 교인대회 측은 박인호의 거절에도 불구하고 승통기념일 문제에 합의한 통일기성회 측과 합동을 하고 천도교중앙위원회를 조직하였다. 그리고 그 임원으로 통일기성회 측의 이종린·오상준·최준모·정용근·김재계를, 교인대회측의 김승주·이용길·이희유·신달수·이기열을 각각 추천하였다.[47] 이로써 세 세력으로 분화되었던 천도교단은 중앙종리원 측과 중앙위원회 측의 두 파로 나누어지게 되었다.

교인대회 측과 통일기성회가 합동하여 중앙위원회를 구성하고 천도교단 합동의 서광이 보이자 박인호는 3파의 완전한 합동을 재촉하는 윤고문(輪告文)을 발표하였다.[48] 이에 따라 중앙위원회 측은 12월 22일 임시위원회를 개최하고 중앙종리원 측과 교섭할 대표위원으로 이기초, 나찬규, 김재계, 이기

열, 신명희 등 5명을 선정하였다. 이어 중앙종리원측의 김안실, 이군오, 신용구, 박사직, 임근태 등 5명의 교섭대표와 합동 논의를 시작하였다.[49] 그러나 양측의 교섭은 '정신교화' 등을 주장하는 중앙위원회 측과 '기관교화' 등을 주장하는 중앙종리원 측의 의견이 합일점을 마련하지 못하고 결렬되었다.[50] 양측의 주장하는 내용은 다음과 같다.

　　◇ 중앙종리원 측

　　一. 教化는 機關教化로 할 事

　　一. 兩側의 會合 形式은 前 宗理師會로 할 事

　　一. 中央幹部는 當分間 仍任할 事

　　◇ 중앙위원회측

　　一. 教化는 精神教化로 할 事

　　一. 兩側의 會合은 代表會로 할 事

　　一. 中央幹部는 代表會에서 改選할 事[51]

이처럼 합동 교섭회의가 결렬되자 중앙위원회는 12월 23일 총회를 개최하고 여섯 가지 방침을 결정하고 별도로 분립하였다.

　　一. 從前 宗理師制는 委員制로 할 事

　　一. 議會制는 原住職 合議制로 할 事

　　一. 中央幹部 組織은 合同될 때까지 留案할 事

　　一. 中央委員은 來 4月까지 因任할 事

　　一. 教會 特殊 動勞가 有한 人은 襃彰할 事

　　一. 經費 豫算은 當分間 收入대로 支出할 事[52]

이처럼 중앙위원회 측과 중앙종리원 측이 원만한 합의를 이루지 못하자 오영창의 교인대회 파는 자신의 조직 기반인 황해도 사리원에 '천도교육임소'를 설립하여 교문을 달리하였다. 이어 중앙종리원도 아래의 일곱 가지 사항을 결의하고 더 이상의 합동 노력을 포기하고 별도로 교단을 운영하였다.

一. 議會制는 擴張하되 其 名稱은 法會라 함(宗理師, 宗法師, 布德師 包含)

二. 宗法師 增選(林禮煥, 羅仁協, 洪基兆, 洪基億, 李岐琓, 李貞漸, 金案實, 李鍾秀, 金良根, 洪聖運, 金鑛八)

三. 豫算決定은 明年 4月 定期總會로 함

四. 閉鎖된 各 課門은 卽速 開放 視務케 하되 其 一切의 事項은 中央幹部에게 一任할 事

五. 幹部는 仍任하되 但 總舊派에 加擔한 者는 除外함

六. 宗理師의 任期는 3年으로 할 事

七. 布德制에 關하여는 百戶 以上 3百 未滿의 未成布를 豫備布로 하되 旣成布와 如히 認定할 事[53]

이로써 천도교단은 사실상 양분되어 중앙종리원과 중앙위원회로 각각 운영되었다. 이후 중앙위원회가 1926년 1월 천도교중앙종리원으로 명칭을 변경함에 따라 한때 신구 양파가 천도교중앙종리원 명칭을 같이 사용하다가, 구파 중앙종리원은 천도교중앙교회로 명칭을 변경하였다.

3) 2차 분규와 천도교청년당의 대응 및 분화

2차 분규 시기에는 청년당도 교단의 입장에 따라 신파의 천도교청년당, 구파의 천도교청년동맹으로 각각 분화되었다. 즉 2차 분규에는 청년당이 직접 가담하였고 그 후유증으로 청년당도 별도로 운영되었고, 또한 민족운동 노선도 신파는 '민족운동중심세력론'으로, 구파는 '민족운동연합론'으로 분화하였다. 그러나 청년당 중앙본부는 분규에 직접 관여하여 활동이 위축되었을 뿐만 아니라 사적 감정까지 개입되어 통합의 역할을 상실하였다. 그리고 지방부는 지방교단이 지역별 또는 연원별로 신파와 구파에 쏠림에 따라 청년당 지방부의 설립조차 제대로 이루어지지 못하였다. 이로 인해 청년당의 당세와 활동이 크게 약화되어 제 위상을 찾지 못하였다.

한편 교단의 분규 과정에서 청년층은 어떤 대응을 하였을까? 앞서 평남 안주지역의 청년들은 교구제를 부활하는 오영창 일파를 반대하는 입장을 표명한 바 있었다. 뿐만 아니라 안주당부는 현 종리사제가 엄연히 존재하는데 어떤 위원제도 필요 없다고 주장하면서 중앙위원회 측에 경고문을 발송하기도 하였다.[54] 경남 영산지역 청년들도 9월 3일 창녕군 천도교인대회에서 격문을 발표하고, 청년당원 조기간 등 48명이 발표한 격문을 찬성하며 오영창 일파의 행위에 반대하였다.[55] 또한 통영종리원 청년들도 8월 27일 교인대회를 열어 종리사총회에 참석한 박태우의 보고를 듣고 오영창의 교주제 부활을 반대하였다.[56] 함남 고원종리원의 청년들도 교인대회에서 오영창의 교주제 부활론을 강력하게 반대하였다.[57] 이들 오영창파를 반대하는 청년당 지방당부는 중앙종리원을 지원하는 신파의 교세가 강한 지역으로 자연 중앙종리원을 옹호하였다고 할 수 있다. 그러나 여기에는 근대적 교육을 이수한 청년들의 변화된 인식도 일정 정도 영향을 끼쳤던 것으로 보인다.

한편 2차 분규에 앞서 청년당과 지방조직은 어떠하였을까? 3·1운동 이후 식민지 조선 사회는 식민 통치 기조의 전환, 세계 신문명 사조의 전환, 사회주의 수용 등으로 적지 않은 변동을 겪게 되었다. 이러한 상황에서 교단 차원에서 새로운 대안을 모색하게 되자 청년회도 대안을 모색하기 시작하였다. 특히 이에 앞서 천도교연합회의 혁신운동과 천도교유신청년회 분화로 인해 조직 운영의 어려움을 겪었던 청년회는 그 대안으로 청년 세력 결집을 모색하였는데, 이것이 '민족적 중심세력론'으로 나타났다. 이를 배경으로 청년회는 청년당으로 전환하였지만 교단의 2차 분규로 인해 전위단체로서의 역할을 수행하지 못하였다. 이는 중앙본부 임원뿐만 아니라 지방의 주요 청년들도 분규에 직접 관여하였기 때문이다. 1925년 2차 분규 결과 교단이 신파 중앙종리원과 구파 중앙종리원으로 각각 분화되자 청년당 중앙본부도 신파 청년당과 구파 청년동맹으로 각각 분화되었다. 뿐만 아니라 지방조직도 제대로 틀이 갖추어지기도 전에 신구 세력으로 각각 분화되었다.

청년당의 초기 운영 체제는 불문율에 의한 결의제였다.[58] 이는 청년당 조직 이후 1923년 9월 8일 제1차 총회에서 청년당의 주의, 강령, 약속 이외의 모든 사업 진행과 기타의 규정은 결의제로 결정하였기 때문이었다. 이에 따라 모든 당원은 청년당의 일체 결정에 절대복종할 것을 약속하였다. 이는 이후 중앙조직과 지방조직과의 관계로 확대되었다. 이어 9월 16일 2차 총회에서 당원의 지식 향상과 규모일치를 위해 "매일 1항 이상의 독서와 염색의 실착(染色衣實着)"을 결의하였다.[59] 이로 인해 당시 염색옷을 입고 여기에 고름 대신 단추를 달았을 경우 천도교인으로 상징되기도 하였다.

1924년에 들면서 중앙본부는 1차 분규의 후유증을 극복하고 교세 및 당세 확장을 위해 지방순회에 주력하기로 하였다. 즉 유급 상무 1인을 증선하고 의무적으로 지방을 순회하여 지방 당원과의 유대 강화를 도모하였다.[60] 이에 청년당 상무위원 조기간은 일차적으로 함북지역을 순회하였다. 이어 1-3월에는 함남지역, 6-9월에는 호남지역, 9-10월에는 평남지역을 순회하였다.[61] 이는 1차 분규로 흐트러진 지방조직의 복구와 급속도로 확산되는 사회주의에 경도되는 당원을 지도하는데 목적이 있었다.[62] 그 결과 청년당 창당 당시 20여 명에 불과하던 당원이 1924년 11월 현재 전국적으로 5백여 명에 달하였으며, 지방조직, 즉 지방부는 황해도 곡산과 함남 신흥, 평남 안주에서 설립되었다. 뿐만 아니라 의주, 선천, 정평, 덕천, 평양 등지에서도 불원간 설립될 예정으로 조직 사업이 진척되어 갔다.[63] 이후 1925년에는 4월 4일 개최된 제2회 정기총회에서 초기 운영체제인 결의제를 재확인하고 지방부 설립에 관한 요건을 마련하였다. 즉 "본당 당원 13인 이상이 있는 지방에는 지방부를 치(置)하되 본부의 인준을 득(得)함을 요(要)함"이라고 결의하였다. 이는 이미 설립된 지방부뿐만 아니라 앞으로 설립될 지방부에 적용될 기본 요건이었다. 그리고 이 조항은 청년회 시기부터 적용되던 것이기도 하다.

그렇다면 당시 청년당 지방부는 얼마나 설립되었을까? 1925년 4월 현재 지방부가 어느 정도 설립되었는지 확인할 수는 없다. 그러나 제2회 정기총회에 1백여 명의 중앙위원과 지방부 대표가 참석하였는데, 이를 근거로 분석해 볼 수 있다. 청년당의 총회는 중앙위원과 지방부 대표로 구성되었는데, 제2회 정기총회에서 선출된 중앙위원은 20명이었다. 1백여 명에서 중앙위원 20명을 제외하면 지방부 대표가 80여 명 정도 된다. 이렇게 볼 때 이 시기 지방부는 약 80개 정도가 설립되었다고 할 수 있다. 또한 중앙위원 중 지방부 출신은 평양, 곡산, 의주, 진주, 동경, 선천, 안주, 용산, 서산 등으로 이들 지역은 지방부가 이미 설립되었다고 할 수 있다. 그런데 『천도교청년당소사』에 의하면 1924년에 지방부가 설립된 곳은 6개 지역,[64] 그리고 2차 분규가 시작되기 전인 1925년 6월까지 설립된 지방부는 4개[65]로 청년당 조직 후 2년 반 동안 불과 10개에 불과한 것으로 나온다. 이를 어떻게 이해할 수 있을까. 이는 청년당의 지방부와 청년회 지부가 공존하는 시기로 판단된다. 즉 청년당 조직 이후에도 지방조직은 1차 분규의 여파로 지회를 그대로 유지하는 경우가 적지 않았다. 함남 이원지회는 1923년 10월 하순경 동경 재류 동포 및 서선이재민구호회 활동을 전개할 때 '이원천도교청년회'를 그대로 사용하였다.[66] 또한 정주지회도 1923년 11월 26일 조선청년연합회 주최로 평북지방대회를 정주에서 개최할 때 '천도교청년회' 이름으로 참여하였다.[67] 간도지회도 학생문예단 조직을 후원할 때 역시 '천도교청년회' 명칭을 사용하였다.[68] 특히 신의주지회는 청년회가 청년당으로 개편된 후인 1924년 9월 14일 청년당 지방조직으로서가 아니라 청년회 지방조직으로 지회를 창립하였다.[69]

이러한 점에서 볼 때 청년당의 지방조직은 청년회의 지회를 청년당 지방부로 변경하지 않았다고 하더라도 그대로 인정하였다고 할 수 있다. 청년당 본부에서 지방순회를 통해 지방조직을 강화하였음에도 불구하고 청년당 지방부로 변경하지 않은 이유는 그 필요성을 크게 인식하지 못하였거나 또는 1차 분규의 후유증으로 여력이 없었기 때문으로 보인다.[70] 이 외에도 농민층이 대다수를 이루고 있는 지역 교인이 천도교와 사회주의와의 이념적 동질성에 의해 사회주의에 경도되는 상황도 영향을 끼친 것으로 보인다. 이 시기 교단에서는 사회주의 사상이 교단 내로 확산되는 것을 차단하는 데 애쓰고 있었다. 그러나 이처럼 확대되어 가던 지방조직은 1925년 6월 이후 전개된 제2차 분규로 인해 다시 약화되었고, 신구 세력에 따라 지방조직도 와해되거나 일부만 유지되었다. 이후 지방조직은 1926년 4월 이후 신파 청년당과 구파 청년동맹이 각각 조직된 이후 양 세력에 의해 경쟁적으로 설립되었다.

2. 1920년대 중후반 천도교청년당의 조직 활동

1) 천도교청년당의 조직 정비와 지방 조직의 확장

(1) 청년당의 조직 정비

2차 분규로 형성된 천도교 신파는 천도교인 전체의 80% 이상을 확보하였고, 천도교의 주류로 부상하였다. 청년당은 천도교 신파의 전위조직으로서 역할을 수행하였다. 신파 청년들은 천도교 구파의 청년들이 천도교청년동맹을 결성함에 따라 기존의 천도교청년당이라는 명칭을 그대로 사용하였다. 신파 청년당의 주요 지도자들은 청년회 시기부터 핵심적으로 활동하였던 김기전, 이돈화, 박달성, 박사직, 조기간, 방정환, 이두성 등이었다. 이들은 대부분 이북 지역 출신으로 유학을 하거나 천도교에서 운영하던 보성중학교 또는 보성전문학교를 졸업하였다. 이들은 당시 천도교인 중에서는 가장 엘리트였고 또한 근대문명을 수용하였다는 자부심을 가지고 있었다.[71]

청년당은 분규의 수습책으로 조직을 재정비하고 활동 영역을 넓혀 가는 한편 지방조직 강화도 적극 지원하였다. 우선 청년당은 1926년 5월 21일 당위원회를 개최하고 당원의 지식 향상과 의식적 생활의식 훈련을 위하여 '신인간자학(新人間自學)'을 실시하기로 하였다.[72] 8월 13일부터 개최된 중앙위원회에서는 "천도교 교리천명, 교사(敎史)와 교정(敎政)의 구명, 일반사회 상식의 보급"을 목적으로 '시일학교(侍日學校)'를 각 지방부에 설치케 하는[73] 한편, 당세 확장과 사업 발전을 위해 노동·농민·유소년·여성·학생·청년·상민 등 7개의 부문운동을 전개키로 하였다.[74] 이는 각 부문에 관한 모든 방책을 연구하고 나아가 부문단체를 조직·훈련·지도하여 각 부문에 상응하는 실천운동을 전개하기 위한 것이었다.[75] 뿐만 아니라 11월 1일을 '포덕(布德)날'[76]로 정해 포교 활동을 통해 꾸준히 당세를 확장하였다. 「당운동(黨運動)의 대강(大綱)」에서 포교 활동에 대해 다음과 같이 강조하였다.

  (전략) 後天開闢은 後天의 힘이 아니면 생각할 것 없고 새 힘은 後天의 새 魂을 가진 사람들로써 組織된 이 布德組織을 떠나서 다시없다는 것을 명심하심이다. 그러므로 새 힘 結成에 第一方法이요 直接方策인 이 布德을 힘쓰게 되는 것이다.[77]

포교 활동인 포덕은 후천개벽의 새 힘이며, 이 새 힘 결성의 제일 방법이

포덕임을 강조하였다. 그리고 포덕 요항 여섯 가지를 제시하였다.

> 첫째, 接을 중심 삼아 5戶 이상을 포덕할 것
> 둘째, 포덕대를 조직하여 특별 포덕을 할 것
> 셋째, 舊正月 1일을 기회 삼아 포덕에 노력할 것
> 넷째, 部會에서 후보를 내세워 노력할 것
> 다섯째, 신입 도인에게 淸水時間 활용을 실행케 할 것
> 여섯째, 接대표로써 많은 호수를 채우지 못하였을 時는 黨部 代表의 誠責
> 을 당할 것[78]

 당세 확장은 교세 확장의 직접적인 영향을 받았다. 이에 청년당은 당세 확장을 위해서도 교세 확장에 적극적이었다. 그중 가장 핵심적인 것이 '포덕 날'의 선전 활동이었다. 포덕날은 1926년 8월 13일 개최한 당위원회 결의로 정하고 이날을 전후하여 일정 기간 동안 선전 전단(비라) 배포, 포스터 부착, 강연 등으로 천도교를 선전하였다.[79] 지방부가 중심이 되어 이해 11월 1일 포덕날에 관내를 순회하면서 포교 활동을 전개하였다. 안주부의 사례를 보면 다음과 같다.

> 一. 午前 中에는 標語를 市內 各處에 揭附하고,
> 二. 午正부터 約 1時間 半은 黨員 少年會員 內修團員 學生 其他 一般 敎友 가 出動하여 敎旗 及 宣傳旗와 樂隊를 先頭에 세우고 布德 비라 2千枚를 뿌 리면서 市內 行列을 하였고,
> 三. 同夜에는 講演會를 열고 金光浩氏는 '朝鮮 사람아 落望하지 말라'는 題 로, 鄭應琫은 '天道敎와 朝鮮'이란 題로 講演하여 7百餘 名의 聽衆에게 好感 을 주었고,

四. 翌日부터는 老人隊, 靑年隊, 婦女隊, 少年隊를 組織하여 個人 訪問에 着手, 于今 實行 中이며,

　五. 後 3日 夜에 本部로부터 李敦化 先生을 請하여 布德講演會를 열은 바, 聽衆이 千餘에 達하였으며,

　六. 同 5日 夜에 農民社 主幹 李晟煥 先生을 請하여 農民 講演을 하였으며,

　七. 同 13日에는 內修團員 趙璟玉氏를 請하여 布德 講演을 하였는데,

　이와 같이 한 結果 新入敎人이 爲先 約 40名에 達하여 布德의 氣勢가 大振하는 今日입니다.[80]

　안주당은 11월 1일 오전에는 표어 부착, 오후에는 청년당원·소년회원·내수단원·학생회원 등이 교기와 선전기를 세우고 선전전단을 배포하였고, 이날 저녁에는 강연회를 개최하였다. 2일에는 노인대·청년대·부녀대·소년대를 조직하여 호별 방문을 하였고, 3일에는 포덕강연회를 개최하였다. 5일에는 농민강연회를 개최하였고, 13일에는 포덕강연회를 개최하였다. 그 결과 40명의 신입 교인을 확보할 수 있었다.

　포덕날 선전 활동은 청년당에 의해 실시되었지만, 교세 확장을 위해 천도교단에서도 적극 지원하였다. 이에 따라 지방종리원과 지방부는 포덕회(布德會)를 조직하였다. 포덕회를 조직한 이유는 개인 포교 활동에서 기관 중심의 포교 활동을 전개하기 위한 것이었다. 포덕회의 사명은 첫째, 전문 포교기관 설치, 둘째, 포교 방침의 연구 및 실행, 셋째, 종래의 새로운 포교관념 진작, 넷째, 특정 기간 포교, 다섯째, 기관포교와 개인포교의 유기적 운영 등이었다.[81] 경성포덕회의 사례를 보면 첫째, 17세 이상의 남녀교인으로 포덕날 11월 1일 포덕회 조직, 둘째, 구성은 회장 1인, 부회장 1인, 간사 3인, 셋째, 활동은 (1)경성 시내를 5구(區)로 나누고 5대(隊)의 포덕대(布德隊) 편성, (2)각대에 대표 1인을 두어 포덕대원 격려, (3)교인 1호(戶)당 1호 이상 포교,

⑷매월 첫 일요일 대대표회(隊代表會) 개최, ⑸포교 활동 보고, 넷째, 활동 기간은 5개월이었다.[82]

각 지역에서 포덕회가 조직되자 포덕회 활동을 효율적으로 지도 관리하기 위해 중앙에서는 포덕연합회(布德會聯合會)를 설립하였다.[83] 연합회는 포교 활동의 표준을 마련하고 지방에 이를 전달하여 포교의 활성화를 도모하였다.

이와 같은 포덕날 제정, 포덕회 조직 등의 포교 활동은 교세 확장뿐만 아니라 지방부 당세 확장에도 일정하게 기여하였다.[84] 때문에 포덕선전일의 포교 활동은 매년 정례적으로 실시되었다. 청년당은 1927년 3월 개최한 제4회 정기총회에서 각 지방부가 요청한 순회포덕을 위해 13인으로 구성된 중앙포덕대(中央布德隊)를 조직하였다.[85] (〈표4-1〉)

〈표 4-1〉 중앙포덕대원과 관할구역

이름	창립 직책	출신	입교	학력	청년회 경력	교회경력 / 사회경력
趙基栞	상무위원	평남 덕천	1901 계대	신창소학교 보성중학교 경성의전 중퇴 보성전문 졸업	간의원 간무원 회장	개벽 창간동인
金起田	상무위원	평북 구성	계대	교리강습소 보성전문학교	천도교소년 회 총재	공선원 개벽사 주필 / 매일신보 평양 주재 기자
鄭道俊	상무위원	평북 철산			회장	교구장 / 보성소학교 교장
李敦化	상무위원	함남 고원	1903	평양일어학교 속성과	간의원	접주, 진보회평의원, 천도교회월보 사원, 개벽·부인·신여성 발행인, 편집 과주임, 종리사 / 교원 신문관 근무
李炳憲	상무위원	경기 수원	계대	교리강습소 종학강습소 고 등과 보성전문학교	수원지회장, 체육부장	순회교사, 전교사, 강도원, 전제원, 금융원, 종법원, 종리사 / 3·1운동 참가
桂淵集	상무위원	평북 선천	1912 계대	보성중학교	간의원	금융원 경리과원 / 3·1운동 참가
朴達成	상무위원	평북 태천	1900 계대	교리강습소 보성중학교 일본 동양대학	간의원, 동경 지회장	교리강습소 강사, 공선원, 천도교회월 보 촉탁, 『부인』 편집인 / 창동학교 교 사 3·1운동 참가

金玉斌	위원	평북 벽동	1904		간의원	봉훈, 선정, 도사, 수회교사, 강도원, 서계원, 종법사, 종리사, 관사 /
金秉濬	위원	함남 이원	1907		간의원	봉훈, 교훈, 도사, 종법사, 강도원, 포덕사, 종리사 /
朴來弘	상무위원	충남 예산	계대	정동학교, 보성중학교, 보성전문 중퇴 북경대학 중퇴	간무원	
李斗星	위원	평북 태천	계대	광무학교 평양고등교원양 성소	간의원	태천교리강습소 강사, 개벽 발행인 / 경성 양원여학교 교사, 영변보통학교 교사, 성성보성소학교 교사
李鍾麟	위원	충남 서산	1910	성균관 박사	간의원	천도교회월보 발행인, 천도교회월보 사 사장, 개벽사 사장 / 제국신문 기 자, 대한협회보 주필, 대한민보 주필, 조선독립신문 발행, 무명회 특별위원, 조선어연구회 임원, 조선물산장려회 이사, 민우회 상무이사
洪世煥 (洪一昌)	위원	충남 서산	1896	광무학교 보성중학교 공업전습소		의사원, 도사, 강도원, 포덕사, 종리사, 관서 / 정주 현명학교장, 서산보통학 교장, 청주종학교장

　　포덕대원은 청년당원으로 구성되었다. 이종만은 서산부 대표였으며, 김명호는 곡산부 대표였다. 구중회는 청년당본부 학생부 위원이었다. 전의찬은 구성부 대표였다. 이들 포덕대원 중 유한룡은 강계·위원·후창 등 평북 일대를, 설운룡은 단천·성진·길주·웅기·경성 등 함북 일대를, 전의찬은 영변부 대표 이용하와 영변 일대를 순회하며 포교 활동을 하였다.[86] 벽동의 김태식과 장진군 하갈우의 김수학도 해당 지역에서 포교 활동을 하였다.[87] 이들의 활동은 1927년 4월부터 7월까지 4개월 동안 평북·평남·함남·함북 지역에 집중되었다. 그 결과 1927년 8월 중순부터 11월까지 7백여 명,[88] 1929년에는 1천 7백여 명의 당원을 확보하였다.[89] 지방부는 포교 활동 기간에 '당포덕록(黨布德錄)'을 비치하였고, 이를 중앙본부에 보고하였다. 이러한 포교 활동으로 1928년까지 교세와 당세가 크게 확장되었다. 교세 확장은 1927년 3월 현재 1만여 명의 교인,[90] 그리고 이해 4월 20일부터 6월 30일까지 70일 동안 3만 7천여 명의 교인이 증가하였다.[91] 1928년에는 1만여 호

의 교세가 확장되었다.[92] 이에 당세도 크게 확장되었다. 1926년 8월 이후 당원이 "비상히 늘게" 되었으며,[93] 1927년에는 수천 명의 당원이 새로 가입하였고,[94] 1928년에도 2천 명의 당원이 증가하였다.[95] 이처럼 지방의 당세가 확장됨에 따라 지방부 조직도 크게 확장되었다.

(2) 지방조직의 확장

청년당 창립 5주년을 맞아 간행된 『천도교청년당일람』에 의하면 1928년 6월 현재 69개의 지방부가 설립되었다.[96] 평북과 함남이 각 20개, 평남이 15개, 경남 6개, 경기 2개, 황해 1개이며, 해외는 만주 4개,[97] 일본 1개[98] 등이다. 이들 지방부는 이북 지역이 69개 중 56개로 전체의 81%를 차지할 정도로 편중되었다. 이는 신파의 세력권이 평안도와 함경도 등 이북 지역이기 때문이다. 지방부의 조직 체계는 대표 1인, 상무 약간명인데, 대체로 1명 또는 2명이었지만 평양부나 용정부처럼 4명인 경우도 있었다. 이는 당원이 많거나 활동이 활발하게 이루어졌음을 의미하였다.

한편 『천도교청년당소사』에 의하면 1926년 16개, 1927년에 30개, 1928년에 19개 등, 3년 동안 65개의 지방부가 설립되었는데,[99] 『신인간』을 통해 분석한 바에 따르면 1927년 하반기에 19개, 1928년에 25개 등 1년 반 동안 44개의 지방부가 설립되었다.[100] 『천도교청년당소사』에 약간의 착오가 있는 듯하다. 남해부는 1928년 10월 20일에 설립되었는데도 1928년 6월 현재 이미 설립되었다고 기록하였으며, 이에 비해 중국 봉천성의 모전자부와 봉성부의 경우 설립되었음에도 불구하고 누락되었음을 확인할 수 있다. 소련의 모스크바, 중국 관내의 광동, 북경에 설립된 지방부도 누락되었다.[101] 청년당 창립 10주년을 맞아 1934년까지 『천도교청년당소사』에 의하면 113개의 지방부가 설립되었다. 그러나 『천도교청년당소사』에는 적지 않은 지방부 조직이 누락되어 그 실상을 정확히 확인하기에는 어려움이 있다.

지방부에서 당세 확장은 가장 중요한 사업이었다. 이에 따라 당원대회 등 각종 회의에서 이를 제일 안건으로 다루었다. 사례로 원산부는 1930년 1월 26일 개최한 임시당원대회에서 다음의 사항을 결의하였다.

一. 黨員整理 및 增募의 件 : 정리에 있어서는 본부의 지시에 의하여 하되 來 2月末 내로 의무불이행 당원에게 독려하여 충실한 당원이 되게 하고, 增募에 있어서는 候補를 정하여 入黨을 勸告하도록 함.

二. 黨義務金 徵收의 件 : 2월 20일 내로 완납하기로 함

三. 黨巡閱員來黨 時期 利用의 件 : 일반 당원 및 道人을 集合하여 黨 又는 道生活에 必要한 이야기를 듣게 함.

四. 布德 및 通俗運動의 件 : 市外 未組織 地帶 3個所를 選하여 舊正月 10 일부터 3일간 선전강연회를 開하고 同 15일 夜에는 관계 단체의 총동원으로 假裝提燈(표어를 써서)을 하기로 함. 형편에 의하여 사회 名士를 請하여 通俗 講演會를 開催함.

五. 情形研究委員 選定의 건 : 함남도연합회 결의에 의하여 당부 내에 정형연구부를 置하고 전문위원으로 이석보 이두호 양씨를 선정함.

六. 교사연구위원 선정의 건 : 교사연구부를 置하고 그 위원으로 김태경 정동조 양씨를 선정함.

七. 시일집회 실효화의 건 : 시일예식 한 시간을 이용하여 情形 및 教史研究委員으로 하여금 情形 및 教史에 대한 講話를 하게 하며 내수단, 시일학교를 일층 완실히 함.

八. 당원교양의 건 : 도연합회 결의에 의하여 당헌 제9조 '가'행을 철저 실행케 하며, 讀書會를 조직하여 매월 신간서적 2, 3종씩 구입 윤독 후 그 서적은 黨圖書部에 기증하기로 함.

九. 접생활 철저 실행의 건 : 매월 제1, 제3 토요일에 接會를 開하기로

함.[102]

　원산부 당원대회의 핵심 안건은 당세 확장이었으며, 이를 위해 당원 정리 및 증모, 당 본부의 순열, 포교와 통속운동, 당원교양, 접생활의 철저 등을 함께 처리하였다. 다른 지방부 당원대회의 처리 안건도 대체로 이와 대동소이하였다. 당원대회 외에도 집행위원회 등에서도 당세 확장은 중요한 안건이었다.

(3) 접제와 도연합회

　청년당은 당원의 유기적 강화를 위해 지방부에 '접(接)'을 조직케 하였다. 접제(接制)는 당원의 균일한 훈련과 당의 기능을 민활하게 하기 위하여 1927년 5월 26일 개최한 제4차 중앙집행위원회 결의에 따라 실시되었다.[103] 접은 당원 3인 이상 5인 이내로 조직된 최소단위임에도 불구하고 당원의 훈련, 당원과 민중의 연결, 당원의 확대, 당생활의 실습처, 당원의 의사소통 등을 담당하는 매우 중요한 조직 단위였다.[104] 모든 당원은 반드시 접에 배속되어야 하였으며, 이를 거부할 경우 당을 거부하는 것으로 인식하는 등 강제적으로 입회해야 하는 성격의 조직이었다. 하지만 접은 당원의 결속력이나 소속감을 높게 하는 장점도 있었다. 지방부 접은 경성부의 6개 접을 비롯하여 1927년 8월 현재 215개의 접이 조직되었다.[105]

　접 조직의 현황에 따라 지방부의 당세를 확인할 수 있다. 접이 가장 활발하게 조직된 지방부는 북청부로 44개이며, 가장 적은 지방부는 양평부와 철원부로 1개만이 조직되었다. 북청부는 44개 접으로 접당 3명이면 132명, 5명이면 220명 정도이다. 접의 규모로 볼 때 가장 큰 지방부이다. 이어 신흥부가 35개, 의주부가 34개, 삭주부가 32개, 구성부가 28개 순으로 접이 조직되었다. 신흥부는 처음 접을 조직할 때는 19개 접이었지만 당세가 확장됨에

따라 35개로 증가하였다. 삭주부도 처음에는 13개였으나 32개까지 접 조직
이 증가하였다. 당시 지방부의 당세가 크게 확장되고 있음을 알 수 있다. 이
러한 접 조직을 통한 당세 확장은 청년당이 목적하였던 '민족운동중심단체'
를 구상하는데 중요한 기반이 되었다고 할 수 있다.

접은 접대표대회를 통해 당원의 의견을 제시하였다. 각 접은 교내외의 사
실을 조사하여 월말마다 보고하여 접의 기능을 활성화하였다. 또한 접대표
대회를 개최하여 당원 확보 등을 결의하였다. 신흥부는 1929년 1월 10일 개
최한 접대표대회에서 당원이 7호 이상의 포덕을 할 것, 신포덕(新布德)을 수
습할 것, 70년 기념을 성대히 할 것, 내수단 자학, 통속운동, 당원정리 등을
논의하였다. 영흥부는 당세 확장, 포덕대 조직, 부락강도회(部落講道會) 개최,
의무금 수납, 부문운동 진작 등을 결의하였다.[106] 이 외에도 접대표회의에서
는 성지순례단 조직에 관한 사항을 다루기도 하였다.[107] 실제로 접대표대회
는 지방부 운영에서 실질적인 의사결정 기구로 역할을 하였다고 추정된다.
뿐만 아니라 접의 활발한 활동은 곧 지방부의 당세 확장으로 이어졌다.

지방부 설립의 확대로 지방부는 지역 단위로 도연합회를 결성하였다. 도
연합회는 당헌 제29조에 근거하여 결성되었다.[108] 도연합회의 설립은 첫째,
지방부의 도내 연합 활동, 둘째, 지방부 활동에 필요한 구체적 건의안 작성,
셋째, 지방부의 상호 연락, 넷째, 지방 당원의 친목을 도모하기 위한 것이었
다. 도연합회는 지방부 설립이 비교적 활발하였던 1927년 10월에 집중되었
다. 10월 23일 평북도연합회와 함남도연합회, 24일 평남도연합회,[109] 1928년
1월 2일 경남북도연합회가 결성되었다.[110] 도연합회가 결성된 지역은 관서
에 2개, 관북에 1개, 영남에 1개 등 비교적 지방부 활동이 활발한 곳이었다.

도연합회는 당세 확장을 비롯하여 지역별 현안을 처리하였다. 도연합회
의 주요 현안은 공통적인 것과 지역적인 것이 있었다. 공통적인 것은 시일
학교와 정형연구회 설치, 부문운동의 진작이었다. 첫째, 1926년 8월 13일

개최한 중앙위원회의 결의에 따라 각 지방부마다 시일학교를 설립하였는데,[111] 도연합회는 이를 적극 지원하였다. 그 결과 시일학교는 1930년까지 180여 개가 설치되었다.[112] 둘째, 1927년 11월 26일 개최된 제1차 확대중앙집행위원회에서 조선정형연구회(朝鮮情形硏究會)를 설치키로 함에 따라[113] 지방부에서도 정형연구회를 설치하였다. 그런데 조선정형연구회의 조직은 도연합회에서 그 필요성을 먼저 제기하고, 이를 청년당에서 수용한 것이라 할 수 있다.[114] 셋째, 1926년 8월 13일 개최한 당위원회에서 당세의 확장과 사업의 발전을 도모하기 위해 유년·소년·학생·청년·여성·농민·노동 등 7개 부문을 두어 각 부문의 활동 방안을 연구하는 한편 부문단체를 조직·지도하기로 하였다. 1927년 8월 15일 개최한 제1차 전당대회에서는 기존의 유년부와 소년부를 통합하여 유소년부를, 그리고 새로 상민부 등을 두어 부문운동을 확대하기로 하였다.[115] 이에 따라 각 부문별 단체를 조직하여 소년운동, 학생운동, 여성운동, 농민운동, 노동운동, 상민운동을 지도하였다. 중앙본부뿐 아니라 지방부에서도 부문운동 담당자를 정하고 지역 실정에 맞게 적극적 활동하였다. 그 밖에 지역적인 것은 평북도연합회는 남만주 포교, 평남도연합회는 입당 자격, 함남도연합회는 포덕날 행사에 각각 중점을 두었다.

1926년 이후 지방부의 설립과 도연합회의 활동이 크게 확대됨에 따라 지방부의 효율적 지도 관리의 필요성이 제기되었고, 청년당은 1930년 4월 2일부터 3일간 개최한 제4차 전당대회에 당구(黨區) 설정을 결의하였다.[116] 이에 따라 청년당은 전국과 해외를 15개 구역으로 분할하여 당구를 편성하였다. (〈표4-2〉)

<표 4-2> 천도교청년당 지방 당구와 대표[117]

당구명	해당 구역	대표당부	대표자
경남 제1당구	창녕, 영산, 진주, 사천, 남해, 통영, 고성, 부산	창녕	임문호
경북 제1당구	영천, 울산	영천	이해석
평남 제1당구	곡산, 황주, 수안, 신계, 진남포, 강서, 함종, 중화, 상원, 삼등, 강동, 성천, 양덕, 평양	곡산	김영환
평남 제2당구	순안, 숙천, 안주, 개천, 덕천, 영원, 맹산, 순천, 자산, 은산	은산	유경운
평북 제1당구	영변, 운산, 태천, 희천, 강계, 후창	영변	길윤기
평북 제2당구	박천, 가산, 정주, 곽산, 선천, 철산, 용천, 구성	정주	김공선
평북 제3당구	신의주, 의주, 삭주, 창성, 벽동, 초산, 관전	의주	백세명
함남 제1당구	원산, 고원, 문천, 영흥, 철원	고원	유재순
함남 제2당구	함흥, 정평, 신흥, 동상, 하갈우, 장진	함흥	최기필
함남 제3당구	홍원, 북청, 이원, 단천	북청	강신교
함남 제4당구	풍산, 갑산, 삼수, 혜산진	풍산	주희락
함북 제1당구	성진, 길주, 鏡城, 청진	경성	이종선
해외 제1당구	용정, 의란구, 삼도구, 두도구	용정	이인구
해외 제2당구	봉성, 영릉가	봉성	김수옥
해외 제3당구	동경, 경도	동경	조기간

〈표4-2〉에 의하면, 당구의 분포는 함남이 4개, 평북이 3개, 평남이 2개, 만주가 2개, 그 외에 경남·경북·함북·일본 지역에 각 1개의 당구가 조직되었다. 구역별로는 평남 제1당구와 제2당구가 가장 광범위하였다. 경북 제1당구는 경북 영천부과 경남 울산부로 편제하였는데, 이는 울산이 연원적으로 경남 남부지역과 다르기 때문이었다. 황해도의 곡산부, 황주부, 수안부, 신계부 등이 평남 제1당구에 포함된 것도 연원과 지역 모두 평남과 가까웠기 때문으로 보인다. 관전부 역시 연원이 초산부에 속하였고 지리적으로도 동만(東滿)보다는 평북이 더 가까웠기 때문에 평북 제3당구에 속하였다. 이들 당구는 1932년 이후 당단(黨團)으로 개편되었다.

당단의 활동은 구체적으로 확인된 바는 없지만, 당구 설정 직후인 1930년 8월 11일 제1회 당구대표회의를 개최하고 순회포덕, 당원교양, 부문운동에 관해 토의하고 그 결과를 당본부에 건의하였다. 당본부에서 이를 받아들여 당원의 도심수련과 육체훈련[118]을 지방부에서 실시케 하였다. 이중 육체훈련은 매일 일출 때 하였으며, 당부의 형편에 따라 3일, 5일, 또는 1주일을 기간으로 정해 집합훈련을 권장하였다.[119]

2) 당원의 역량 강화

(1) 당원의 교양과 훈련

청년당은 천도교의 전위 역할을 하기 위해 당원의 교양과 훈련이 중요하다고 생각하였다. 『천도교청년당소사』는 교양과 훈련을 다음과 같이 설명한다.

> 教養과 訓練이란 말은 그 내용에 있어 공통되는 점이 많아서 흔히는 유사하게 쓰이는 경우도 많다. 다시 말하면 廣意的 의미의 교양을 훈련이라고 할 수 있는 동시에 狹意的 의미의 훈련을 교양이라고 할 수도 있다. 교양은 精神的 方面의 知的 向上을 뜻함이요, 훈련은 精神 肉體 雙方으로 知, 情, 意의 全的 向上을 뜻함이라 할 수 있는 것이다.[120]

교양과 훈련은 같은 의미로 사용할 수 있지만, 교양은 정신적 방면의 지적 향상이며, 훈련은 정신 육체 쌍방으로 지·정·의의 전적 향상으로 인식되었다. 이에 따라 교양은 첫째, 정신적 방면으로 주문(呪文) 다독으로써 정의적(情意的) 신앙을 확립하는 것, 둘째, 과학적 상식 및 전문지식을 수득하여 이지(理智)의 향상·발전을 도모하는 것, 셋째, 포덕·부문운동, 자기의 직업생활 등을 근로적(勤勞的)으로 여행(勵行)하여 자기 육체의 건전에 힘쓰는 것이다. 훈련은 첫째, 모든 방면으로 천도교의 주의 목적을 선전하여 창생의 사상계몽에 힘쓰는 것, 둘째, 부문운동과 경제운동을 전개하여 창생으로 하여금 조직 생활을 체험케 하는 것, 셋째, 순회강연·강도·강좌 등과 강습소·야학·간이학교 등, 기관지·선전전단(삐라)·포스터 등을 통해 창생의 교양에 힘쓰고 일반적 문화를 향상케 하는 것, 넷째, 체육운동을 보급하여 창생의 신체 보건을 기도케 하는 것이다.[121] 청년당은 당의 역량 강화를 위해 당 의식의 확립,[122] 당 생활의 실행, 당 공부의 여행(勵行)을 강조하였다.[123]

청년당은 1923년 9월 개최한 제2차 총회에서 당원의 교양으로 매일 1항 이상 독서할 것을 결의하였고, 1925년 8월에 개최한 임시총회에서는 소년 및 농민에게 계몽과 집단적 생활의식을 훈련시키기 위해 소년 및 농민단체를 조직할 것을 결의하였다.[124] 이어 1926년 12월 25일 개최한 전국위원회에서는 당원 단기강습회 개최와 성인 교양운동을 전개할 것을 결의하였다.[125] 이에 앞서 같은 해 5월에는 당원의 지적 향상과 의식적 교양을 도모할 목적으로 '신인간자학(新人間自學)'을 결정하였다.[126] 신인간자학은 매년 1회 이상 실시하였다.[127]

1930년대 들어서 당원의 교양을 중점적으로 강화하였다. 이는 당시 사회주의 계열의 반종교 또는 반천도교운동에 대한 당원의 효율적 관리가 필요하기 때문이기도 하였다. 청년당은 중앙종리원, 조선농민사와 연합으로 지도자 양성 강습회를 개최하였다. 1932년 4월 6일부터 20일까지 2주일간 이돈화는 교리와 교사, 정응봉 및 김도현은 당무, 안재홍은 정치학, 서춘은 경제문제, 김보영[128]은 체육문제, 김공선은 사무(社務), 이긍종[129]은 상사(商事), 김달영은 부기를 강습하였다.[130] 이중 안재홍과 서춘은 비천도교인이었고, 이돈화·정응봉·김공선·김달영·김도현·김보영 등은 청년당원이었다.

(2) 교양 활동

　교양 활동은 당원 스스로의 훈련으로 주로 정신적 방면에 집중되었다. 지방부에서는 강습회·강도회·강좌 등을 개최하였고, 당원들은 이를 통해 신앙심과 당원으로서의 의식을 강화했다. 청년당은 1932년을 '교양훈련의 해'로 정하여 전 당원의 교양과 훈련을 강조하였다. 이와 관련하여 원산부의 이석보[131]는 당원의 교양·훈련의 방법으로 첫째, 기관지『당성』의 간행 회수 확충, 둘째, 당 강습 개최, 셋째, 육체 훈련 등을 요구하였다.[132]

　1927년부터 1930년까지 지방부의 교양 활동은 120회였다.[133] 이중 강습회가 47회로 가장 많았고 강도회 27회, 순회강연을 포함한 강연 27회, 강좌 6회, 웅변대회 2회, 윤독회와 자학 각 1회 순이었다. 강습회의 내용은 1927년 8월에 제정한 당헌을 당원에게 인식시키기 위한 당헌석요(黨憲釋要)가 가장 많았다. 이를 위해 당본부의 당두 김기전과 중앙집행위원 이돈화, 상무위원 김영환[134]이 지방부를 순회하면서 당헌석요와 천도교체계약람(天道教體系約覽) 등을 교육하였다. 이 외에도 교리와 교사, 농촌문제, 정치경제와 일반 상식, 한글 강좌도 개설하였다. 동경부처럼 종교학 또는 국제 정세에 대한 강습회를 개최하는 경우도 있었다. 동경부는 1928년 7월에 개최한 하기 당원 강습회에서 기독교·회회교·불교 등 비교종교학을,[135] 1929년 7월에 개최한 강습회에서는 중국·러시아·구미 등의 세계정형을 분석하였다.[136] 종교학 강습은 주로 동경에서 종교학을 전공하는 유학생이 맡았다.[137] 이는 제 종교의 특성을 이해하고, 천도교의 우월성을 확보하기 위한 작업이었다. 세계정형에 대한 강습을 진행한 것은 국내보다 국제 정형을 접할 수 있는 기회가 많았기 때문이었다. 의주부는 1928년 7월에 개최한 강습회에서 '우주 및 생명진화론'으로 자연과학에 관한 전문지식을 가르치기도 하였다.[138] 강습회의 기간은 대체로 2~3일 정도였으나, 1~2주일간 장기적으로 하는 경우도 있었다. 덕천부의 강습회는 2개월간 진행되기도 했다.[139] 장기 강습회는 주로 농한기를 이용하였다.

강도회에서는 동경대전, 용담유사, 교리, 교사 등 주로 천도교와 관련된 교과목을 교육하였다. 때로는 강습회와 차이가 없는 경우도 있었다. 정주부에서 1929년 2월에 개최한 강습회와 1930년 1월에 개최한 강도회는 교과목이 거의 같았다.[140] 강좌 역시 강습회나 강도회와 크게 다르지 않았지만, 경성부에서는 1927년 7월 한용운·김영기·안광천 등을 초청하여 불교와 기독교의 종교적 유심론과 사회주의 유물론에 대한 강좌를 개최하였다.[141] 덕천부는 1928년 1월 동포애, 아동문제, 여성문제, 농민의 유래 등 사회문제에 대한 강좌를 개최하였다.[142]

강연은 지방부 강연과 관내 순회강연으로 시행되었다. 강연자는 주로 당본부에서 파견한 간부나 지방부 간부였으며, 순회강연은 지방부 간부들이 담당하였다. 강연 주제는 '력(力)과 천도교', '천도교와 조선', '현대의 요소인 인내천주의', '수운주의와 조선'처럼 천도교와 관련된 내용, '조선민족의 활로', '우리는 단결하자', '살길은 믿음에 있다'처럼 천도교와 민족의 상호관련성을 중시하는 내용, '민중운동과 교양문제', '조선의 민중운동과 천도교'와 같이 사회운동과 관련된 것 등이었다. 강연 주제는 1920년대 초기에는 문화운동 차원에서 천도교를 선전하는 것이 주요 내용이었다면, 1920년대 중후반은 민중운동과 직접 관련된 내용이 크게 늘어났다. 이는 청년당의 조직이 부문운동을 통해 민중운동을 지도하는 입장으로 전환되었기 때문이었다.

(3) 훈련 활동

훈련은 '창생훈련'을 의미하는 것으로 천도교와 사회의 관계를 유기적으로 연결하고자 하는 활동이었다. 창생훈련은 창생조직을 통해서 시행하였다. 창생조직은 청년당의 부문운동과 밀접한 관계가 있었다. 청년당은 당대강(黨大綱)에서 창생조직을 다음과 같이 밝히고 있다.

물은 언제든지 아래로 흐름과 같이 사람 사회의 새 힘은 어느 때든지 모든 형편으로 눌리움을 받게 되는 蒼生級을 통하여서뿐 흘러가게 되는 것이다. 후천개벽의 지상천국건설을 직접 목표로 하는 청년당은 스스로 蒼生級과 이해를 같이 하게 되며, 蒼生 自體의 가진 새 힘을 집중 확대키 위하여 蒼生 自體의 組織的 結成을 도모하게 되는 것이다.[143]

즉 창생조직은 창생들의 이해를 같이 하며 이들의 세력을 집중 확대시키는 조직이다. 청년당은 창생의 사상계몽, 조직생활, 교양향상, 체육운동 등을 전개하였다. 창생조직으로 농우회(農友會), 농민연합회(農民聯合會), 농민진화회(農民進化會) 등을 조직하고, 창생의 실력양성을 위해 야학을 운영하였다.

벽동부는 농업 대중의 상호친선을 도모하고 농민계몽운동을 실현하기 위해 김경호, 김칠봉, 김태식, 이승희, 김준호, 김상준, 이상환 등이 1926년 10월 1일 농민단체로 벽동농우회를 조직하였다. 이들 중 핵심 인물은 김경호이다. 그는 중외일보 벽동지사장과 청년당 벽동부 대표 및 집행위원으로 활동하는 청년유지였다.[144] 김태식과 김칠봉은 벽동부 집행위원으로 활동하였다. 벽동농우회는 15세 이상 농촌청년으로 조직하였는데, 교양기관을 두기로 하는 한편 본부는 읍내에, 그리고 회원 10인 이상 있는 촌리(村里)에는 지부를 두었다. 주요 사업은 회원 2명 이상이 있는 곳에 교양기관을 반드시 설치하였으며 연 2회 이상 농촌 순회를 통해 농촌문제를 토론하고 농민의식을 향상시키고자 하였다.[145] 농우회를 조직한 김경호 등은 벽동지역에 농민단체가 많지만 각기 부분적이고 발전이 부진함에 따라 농민운동의 유기적 연결을 도모하기 위해 11개 농민단체를 모아 1927년 10월 31일 농민연합회 발기총회를 개최하였다.[146] 이어 11월 15일 벽동농민연합회를 결성하였으며,[147] 이후 벽동농민연합회는 농민운동에 필요한 농민의 역사 및 농촌의 당면문제 등의 농민강좌를 개최하는 한편[148] 1928년 2월 7일 농민운동의 통일과 민활한 활동을 위해 조선농민사로 조직체를 변경하고 세포단체로 면동(面洞)농민사를 두었다.[149]

의주부는 상무 백세명 등이 1926년 9, 10월에 걸쳐 농촌 순회를 하는 한편 농촌문제 강연회에 참석하였으며 50개의 농민야학을 운영하였다. 이러한 활동을 배경으로 1927년 9월 15일 의주농민회를 창립하였으며, 백세명은 상무집행위원으로 활동하였다.[150] 의주농민회는 관내에 선사동지부 등 31개의 지부와 7백여 명의 회원을 확보하였을 뿐만 아니라 81개 처에 농민강습과 야학을 개설하고 8천여 명의 농민을 모집하여 교육하였다. 또한 농민강좌 및 강연도 32개 처에서 개최하였다.[151] 이후 의주농민회는 1928년 3월 3일 개최한 제1회 정기대회에서 의주농민사로 명칭을 변경하였다.[152] 용천부도 용천농민연합회 결성을 주도하였다. 용천부의 김형준,[153] 김사택, 이병관, 박종해, 홍기하[154] 등은 농민운동의 유기적 통일단체를 결성하기 위해 준비위원회를 거쳐 1927년 10월 16일 14개 농민단체가 참가한 가운데 용천농민연합회 창립총회를 개최하였다.[155] 그리고 용천농민연합회도 1928년 1월 25일 용천농민사로 전환하였다.[156]

이 외에도 안주부의 김공선과 김도현 등은 안주농민연합회 창립을 주도하였으며,[157] 고원부는 건천농민회[158]와 고원노동회를,[159] 단천부는 단천농민연합회와 농민리회,[160] 삭주부는 농민의 지적 향상과 경제적 옹호를 목적으로 하는 농민진화회 등 농민단체 또는 노동단체를 조직하는 데 주도적 역할을 담당하였다. 또한 농한기를 이용하여 신흥부과 선천부,[161] 진남포부 등은 농민야학 또는 노동야학 등을 운영하였다. 원산부는 여자 교양의 향상을 위해 여자야학회를, 덕천부는 부인야학부를 각각 설립하기도 하였다.

이와 같은 지방부의 훈련은 창생, 즉 일반 민중과 함께 호흡하면서 천도교의 이념을 대중화시키는 데도 일정한 역할을 하였다.

제5장 ──────── 1930년대 천도교청년당의
조직 변화와 당세 확장

1. 1930년대 천도교청년당의 조직 변화와 당세 확장

1) 천도교청우당의 창립

1926년 1월 신파의 천도교중앙종리원과 구파의 천도교중앙교회로 분화되었던 천도교단 안에서는 1930년 후반기 들어 합동을 모색하는 분위기가 형성되었다. 그러나 이에 앞서 청년당과 청년동맹은 '자치(自治)' 문제로 한차례 홍역을 치렀다. 1929년 9월 사이토(齋藤實)가 조선총독으로 재부임하면서 자치 논의가 재개되었다. 당시 신파 천도교를 이끌던 최린이 1930년 4월 4일의 주간포덕사회에서 자치운동에 관한 논의의 필요성을 제기하였다.[1] 이에 대해 천도교청년당은 즉시 위원회를 개최하고 "자치운동의 절대반대"를 결의하였다. 또한 청년당의 이론가인 이돈화도 이를 반대하였다.[2] 뿐만 아니라 구파측 천도교와 청년동맹도 자치운동에 대해 반대하였다.[3] 그러나 청년당과 청년동맹은 이를 계기로 폭력사태로까지 비화되었다.[4]

그럼에도 불구하고 신파와 구파는 1930년 10월 중엽 이후 합동을 모색하였다.[5] 1930년 12월 24일 신구 양파의 합동대회가 있은 후[6] 청년당과 청년동맹은 전권위원을 선임하는 등 합동준비위원회를 구성하고[7] 합동에 따른 절차를 협의한 끝에 1931년 2월 16일 합동대회를 개최하였다. 양측에서 23명(청년당 12, 청년동맹 11)의 준비위원이 참석하였다. 임시집행부를 의장 김병준(청년당), 서기 계연집(청년당)과 손세종(청년동맹)으로 구성하여 진행된 합동대회에서 양 단체 해체를 선언하고 천도교청우당(天道敎靑友黨, 이하 청우 당)을 창립하였다.[8] 합동대회는 55명의 중앙집행위원과 대표 손재기, 부대 표 정응봉을 선출하고 청년당 당두였던 김기전을 고문으로 추대했다.[9] 부서 로 기무과, 재무과, 부무과 등 3과와 감사위원을 두었다. 합동대회에서 선임 된 임원을 신구 성향별로 살펴보면 〈표 5-1〉과 같다.

〈표 5-1〉 천도교청우당 중앙집행위원과 신구 성향[( )는 후보]

직책	청년당 출신	계	청년동맹 출신	계
중앙집행위원	김기전 방정환 정응봉 임문호 박달성 김도현 김일대 조기간 김공선 차상찬 강우 김병준 구중회 계연집 이현재 김영환 백세명 한태연 전의찬 김병제 김이국 이단(이근섭 주희락)	22(2)	손재기 박두엽 박완 김준황 조정호 박한규 김상즙 고승경 탁우식 이병헌 공순용 오일철 박인흠 마기상 박양신 김장희 이익 이원규 손세종 곽사율 윤원세 신학균 강세희 황생주 박래원 현행묵 강선국 이춘우 정용증 우경국 박희현 이광필 정환석	33
상무집행위원	정응봉 김이국 이현재 김도현	4	박래원 손세종 박양신	3
대표 및 부대표	정응봉	1	손재기	1
감사위원	최단봉 조종오 김상열 전성준 설운용 (허익환 송기중)	5 (2)	한순회 한용순 김덕연	3
고문	김기전	1		
합계		33(4)		40

〈표 5-1〉에 의하면, 중앙집행위원 45명 중 청년동맹 측이 33명, 청년당 측 이 22명으로 청년동맹 측이 우위를 차지하였다. 반면 실무를 담당하는 상무 집행위원은 청년동맹 측이 3명, 청년당 측이 4명으로 청년당 측이 1명이 더 많다. 감사위원은 8명 중 청년당 측 5명, 청년동맹 측 3명으로 청년당 측이 우위를 점하였다. 청우당의 전체 의사를 결정하는 중앙집행위원은 청년동 맹 측이, 이를 견제하는 감사위원은 청년당 측이 각각 우위를 차지하였다. 그렇지만 전체적으로 청년당과 청년동맹이 비교적 균형을 이루었다.[10]

청우당은 1931년 4월 4일 합동 후 제1차 전당대표대회를 개최하고 기존의

3과에 선전과와 통훈과를 증설하여 중앙조직을 확대하였다.[11] 또 당무지도 위원을 두어 합동에 따른 어려움을 겪고 있거나 당세가 취약한 지역을 순회 케 하여 지방부를 지도해 나가기로 했다. 이는 합당에 따른 갈등을 수습하 는 방안이자 새로 설립되는 지방부와 당원을 훈련시키고 통제함으로써 당 의 제반 사업을 효율적으로 수행하기 위한 것이었다. 이 외에도 노동부 산 하에 조선노동사[12]를 조직하고, 조선농민사에는 경제기관을 설치하기로 하 였다.[13]

청우당은 신·구 합동 이후 당의 정체성을 확립하고 당원의 체질을 강화 하기 위하여 1931년 8월 13일 개최한 확대중앙집행위원회에서 그동안 시행 하던 '포덕날'인 11월 1일부터 7일까지 일주일간을 '당화주간(黨化週間)'으로 설정하고 당세 확장을 도모하였다. 당화주간의 설정 배경은 "당본부와 지방 당부의 모든 당원이 일주일간 온전히 당 정신과 당 행동 속에서 살게 함으 로써 당의 이론과 실제에 대한 모든 것을 전당적으로 다시 한번 인식케 하고 음미하여 획시기적으로 큰 실천을 기약하는 총훈련을 감행하기 위한 것"[14] 이었다. 즉 당원들에게 당의 정체성을 인지시키고 당의 활동력을 체험케 함 으로써, 청년당이 대중운동 중심 단체임을 인식시키기 위한 것이다.

중앙본부와 지방부는 당화주간 동안 동시다발적으로 포교 활동 및 선전 행사 등을 실시하였다. 당본부는 "당화주간에 움직이지 아니하는 당원은 당 원이 아니다." 또는 "당원을 움직여 내지 못한 책임자는 책임자가 아니다." 라고 강조하면서, 당원의 총동원령을 내렸다. 당화주간의 실행조건은 네 가 지로 첫째, 당의(黨意) 당정책(黨政策) 구명, 둘째, 천도교의 선전과 포덕, 셋 째, 각종 부문운동의 진작, 넷째, 당원 자신의 정결 수행 등이었다.[15] 이와 같 은 당화주간 활동의 사례로 곡산부와 정주부를 살펴보면 다음과 같다.

당화주간이 지난 뒤 나는 아직 각 접의 보고를 받기 전에 일반당원이 어떤 모양으로 이 당화주간을 보낸 것을 실지로 시찰하기 위하여 당 순회를 떠나 보았습니다. 백여 리 밖에 외로운 당원이 당화주간에 특별한 활동으로 큰 공적을 쌓은 이도 있고, 어떤 동리는 온 동리 독신교인 청장년은 모두 당원되게 한 곳도 있고 하여 당화주간이 결코 헛되지 않았을 뿐 아니라 여러 가지로 보아 우리 당이 한 걸음 더 나아간 느낌이었습니다.

한 주일 동안의 수확, 놀라지 말라. 한주일의 짧은 시간에 새로이 만나본 사람이 6천여 인이다. 그중에 입교식을 거행한 신포덕이 125인이다. 다음에 기관적으로 얻은 것은 새로이 동(洞)농민사 9개가 늘었다. 소년단체가 여섯 곳이 늘었다. 내성단원이 새로 52인이 늘었다.[16]

곡산부는 백여 리 밖까지 순회하여 당원을 확보하였고, 정주부는 125명의 신입 교인을 확보하였으며 그 외에도 농민사 9개, 소년단체 6개를 새로 설립하였다. 이 밖에도 고원부처럼 사회주의자가 입당하는 사례도 있었다.[17] 이들의 사례에서 보듯이, 청우당은 당화주간을 통해서 당세를 크게 확장하였다. 또한 부문단체의 조직 확대와 특히 당원으로서의 일체감 조성에도 적지 않은 효과를 보았다.

청우당은 당화주간 동안 당원들의 정신적 일체감을 조성하기 위해 전 당원의 육체훈련을 강조하였다.[18] 이는 당원의 정신적·육체적 무장을 강화하고, 민족적 보건운동을 확산시키기 위한 것이었다. 이를 위해 중앙본부는 1930년 10월부터 체육 교재로 쓸 수 있는 간단한 교안(敎案)을 만들어 배포하고, 훈련 방법은 각 지방당부와 당원들의 실정에 맞추어 자율적으로 정하도록 하였다. 즉 도회지, 해변, 산간 등 각기 특수 환경에 맞는 체육훈련을 실시하되 연령 등 상황에 따라 지도하도록 했다. 체육훈련은 민족적 보건운동을 목표로 하기 때문에 철두철미 민중적이어야 한다는 전제하에 시간과 경비가 많이 드는 체육은 피하고, 첫째, 시간에 구애받지 않고 언제든지

할 수 있는 것, 둘째, 장소를 가리지 않고 어디서든지 할 수 있는 것, 셋째, 복
장을 가리지 않고 아무 옷이라도 할 수 있는 것, 넷째, 기구를 사용하지 않고
맨몸으로 할 수 있는 것, 다섯째, 친구가 없어도 혼자서 할 수 있는 도수체조
(徒手體操)라든가 공방식(攻防式) 체조, 씨름과 같은 민족전통의 체조 등을 권
장하였다. 특히 일본 동경부에서 실시한 공방식 체조는 '정력선용국민체육
(精力善用國民體育)'이라는 교재를 사용하였는데, 많은 지방부에서 이를 활용
하였다.[19]

청우당은 설립 이후 당의 정체성 확립을 위해 '당의'를 집중적으로 구명하
였다. 특히 동경부는 매년 여름방학을 이용하여 하기강좌를 개설하고 당의
구명(黨義究明)은 물론 교리·교사와 시사·학술 등 폭넓은 주제로 강의를
실시했다. 1931년 7월 5일부터 1주일간 저녁에 실시된 하기강좌에서는 청
우당의 입장에서 본 사회현상에 대해 집중적인 강좌가 열려 열띤 토론이 전
개되었는데, 강사와 주제는 다음과 같다.[20]

> 7월 5일 : 趙基栞, 黨에서 본 朝鮮
> 7월 6일 : 李應辰, 黨의 諸形態
> 7월 7일 : 白世哲, 黨의 政策問題
> 7월 8일 : 李應辰, 黨에서 본 國際問題
> 7월 9일 : 洪淳吉, 黨에서 본 弱小民族問題
> 7월 10일 : 金亨俊, 黨의 理論的基礎
> 7월 11일 : 金亨俊, 水雲主義와 反宗敎論

동경부의 사례를 통해 식민지 조선이 처한 상황에서 문제의식을 가지고
민족문제를 파악하려는 노력과 함께 당적인 대응방안을 모색하는 노력을
볼 수 있다. 이에 앞서 동경당부는 이를 뒷받침하기 위해 1931년 4월에 학술

연구회(學術研究會)를 만들어 당과 천도교를 이론적으로 구명하는 작업을 하였다.

중앙조직을 정비하고 당세를 확장한 청우당은 지방조직도 적극적으로 강화해 나갔다. 그동안 분화되어 갈등이 없지 않았던 지방 당 조직의 정비보완을 촉진하였다.

1. 종래의 靑年同盟員 及 靑年黨員은 本 黨員으로, 盟의 班 及 黨의 接은 本黨의 接으로, 盟 及 黨의 執行委員 又는 代表 및 常務는 本黨의 執行委員 又는 代表 及 常務로, 盟의 檢察委員 及 黨의 監査委員은 本黨의 監査委員으로, 盟의 班代表 及 黨의 接代表는 本黨의 接代表로 一切 認定함.

2. 종래 兩方이 竝立되었던 地方에서는 兩方 代表의 連署로서 黨員大會 혹은 接代表大會를 소집하여 黨部 組織을 하되 오는 3월 10일 이내로 그 경과를 당본부에 보고하기로 함.

3. 종래 兩方의 중앙기관에 直屬되었던 個人黨員 及 盟員은 금번 조직되는 該地方黨部에 배속케 함.[21]

즉 청우당의 지방 조직은 합동에 따라 기존의 양측 하부조직은 자동적으로 청우당 조직으로 인정하였으며, 양측이 병립했던 지방에서는 양측 대표의 연서로써 당원대회 혹은 접대표대회를 소집하여 지방당부를 새로 조직하였다. 이러한 청우당의 조치는 지역적으로 과거 청년당과 청년동맹의 지부가 중첩되는 곳이 있었기 때문이었다. 청년당은 서북지역 및 관북지역·경남지역을, 청년동맹은 경기·호남·호서·황해·강원지역을 주요 세력기반으로 하였다. 청년당과 청년동맹의 지방조직이 서로 겹치는 곳은 경성을 비롯하여 구성, 용천, 덕천, 북청, 선천, 철산, 강계, 전주, 의주, 희천 등 일부 지역에 불과하였다. 이들 지역에서 합동대회가 늦어지자 당본부는 지방부 조직을 재촉하였다. 이들 지방은 합동대회를 열고 새로운 집행부를 구성하였다.[22] 그 사례를 살펴보면 다음과 같다.

중앙본부와 함께 활동하는 경성당부는 합동 10일 후인 2월 26일 설립되었다. 집행위원 13명은 청년당 측 9명, 청년동맹 측 4명으로, 감사위원은 청년당 측 1명, 청년동맹 측 2명으로 각각 분점하였다. 경성당부는 비교적 청년당의 인물이 다수를 차지하였다.[23] 강계부는 1931년 2월 25일 청년당원과 청년동맹원 25명이 모여 합동대회를 개최하고 대표는 청년당 측 이원행, 부대표는 청년동맹 측 김세훈, 위원 백인옥 등으로 집행부를 구성하였다.[24] 덕천부는 3월 1일 야성숙의 사회로 160여 명이 참석하여 합동대회를 개최하였다.[25] 구성부는 청년당과 청년동맹 양측에서 교섭위원을 구성한 뒤 여러 차례 회합을 갖고 합동을 논의하여 3월 16일에 합동대회를 열고 대표 허철, 부대표 최인홍 등 신임집행부를 구성하였다. 구성부는 신임집행부 대부분을 청년당 측에서 맡았다.[26] 그렇지만 지방부 설립은 당본부보다 어려움이 많았다. 이는 중앙은 교단의 합동에 따라 자연스럽게 이루어졌지만 지방부는 양파간의 갈등과 대립이 상존하였기 때문이었다. 이에 따라 지방부는 당본부처럼 전격적 합동보다는 갈등 해소에 적지 않은 시일이 소요되었다.

이와 같은 과정을 겪으면서 결성된 청우당은 불과 1년만인 1932년 4월 다시 신파의 청년당과 구파의 청년동맹으로 분화되었다. 재분화되기까지 확인된 청우당 지방부는 96개였다. 이중 신파 청년당 측 77개, 구파의 청년동맹 측이 19개였다. 이 시기에 새로 설립된 지방부는 평북 강계의 입관부, 황해도의 장연부, 만주의 동불사부 등 3개에 불과하였다. 지방부의 설립이 확대되자 지역별로 도연합회가 결성되었다. 도연합회는 기존의 청년당과 청년동맹의 도연합회 조직을 확대 개편한 셈이었다.

2) 천도교청우당의 분화와 천도교청년당의 조직 정비

(1) 분당과 천도교청년당의 조직 정비

지방부 설립을 통해 당세를 확장하던 청우당은 결성된 지 1년 2개월 만인 1932년 4월 3일 재도약을 위한 제2차 전당대표대회를 소집했다. 이에 앞서 4월 2일에는 중앙종리원 역시 합동 이후 대회를 개최하기로 했으나, 오히려 이 대회에서 신구 양파의 분규가 재연되어 교단은 다시 분열되었다. 4월 2일 대회가 열리자 신파 측에서 박인호의 법문인 '정수월집의춘(正水月執義春)'과 '부인재호(婦人齋號)'를 취소[27]하라는 건의안을 상정하여 이를 통과시켰다. 이에 대해 구파 측이 반발함에 따라 대회는 몇 차례나 휴회를 거듭하다가 폐회되면서[28] 신구 양파는 각각 기관을 구성하였다. 구파 측은 4월 3일 단독으로 대회를 열고 대령 권동진, 부대령 겸 성도관정 최준모, 경도관정 겸 지도관정 이종린, 신도관정 김재계, 법도관정 겸 감사관정 김경함을 선출하여 구파 중앙종리원을 구성했다.[29] 신파 측도 4월 5일 별도로 임시대회를 열고 의절에서 도일기념을 삭제하는 한편 새로운 임원진을 구성하였다.[30]

천도교단이 신구 양파로 분립되자 4월 3일 개최키로 한 청우당 전당대표대회는 무산되었다. 신파 측 청우당은 4월 6일과 7일 양일간 제1차 전당대표대회를 중앙대교당에서 개최하여 독자적인 조직을 만들어 재출범하였다.[31] (〈표 5-2〉)

〈표 5-2〉 신파측 천도교청우당 제1차 전당대표대회 결의사항[32]

의안	결의사항
포덕	1.당의 各接에서 5戶 이상 布德할 것, 2.2期(天日紀念으로부터 포덕날까지, 포덕날부터 翌年 천일기념까지)에 分하여 每期 10戶 이상 포덕한 接에 대하여 당본부로부터 특별표창을 할 것, 3.특히 부문운동을 통하여 하는 포덕에 유의할 것

당세 확장	1.당원증모 (1)독신청장년 중으로 최저 3천 명 이상을 모집하되 敎戶 분포의 다소를 참작하여 당본부로부터 각 당부에 適宜히 그 員數를 분담케 할 것, (2)여성 당원모집 (가)독신자 중으로 상당한 지식을 가진 이를 표준할 것, (나)내성단원으로서 입당할 시는 '1家2人 이상 入黨'의 경우와 同樣의 例에 의하여 당 의무금을 부담케 할 것, (다)각 당부에서는 될 수 있는 대로 1接 이상의 여성 당원을 책임지고 모집할 것, 2.특히 황해, 강원, 삼남지방 당부의 조직 완비를 圖할 것(당본부와 隣接 지방당부와의 협조로)
당원훈련	1.지방당부에서는 該地方 各接에 연 3차 이상의 당강습회를 할 것, 2.당원은 該지방당부에 연 3차 출석하며 또는 당헌 제9조의 실천을 철저히 할 것, 3.당부에 體育委員會를 設하여 肉體訓練을 충실히 할 것, 4.당본부에서는 각지방당부에 연 1차 이상 순회를 할 것, 5.당본부로부터 業務指導委員을 수시 파견하여 지방당부를 순회할 것, 6.기관지의 충실과 당원 훈련에 필요한 소책자 간행을 실현할 것, 7.정기적 특별훈련을 실행할 것
기관지확충	1.당성의 내용 충실과 先金 단행을 할 것, 2.당원은 당의 일반의무 이행과 同樣으로 당성을 구독하되 대금은 가급적 1년분을 선납할 것, 3.창간 1주년을 기념하여 일반독자 5천명 이상 획득을 기하되 각 당부에서 5월 중으로 30명 이상을 책임지고 모집할 것, 4.교회 각 부문단체의 기관지에 대한 구독 및 선전도 아울러 노력할 것
지도자양성	1.당본부에서 연 1차 이상의 黨部指導者講習會를 중앙에 開하되 그 시기는 당본부로서 적의히 정할 것, 2.지방당부 연합 주최 혹은 당본부 주최로 黨部指導者講習會를 적의한 시기 및 지대에서 연 1차 이상 개최할 것
특종위원회	특종위원회는 下記 規程에 의하여 此를 設함
부문운동	1.당헌 제9조 사항에 의한 당원의 부문 가입을 5월 중으로 일체 갱신케 할 것, 2.당의 각 부문위원회의 임무를 일층 유기적으로 실행할 것, 3.각 부문기관과 당부와의 관계에 대한 원칙 및 그 응용을 일층 실제화 할 것, 4.여성부문운동으로 내성단에 대한 관계를 가지도록 노력할 것, 5.각 부문단체원에게 육체훈련을 실시케 할 것
당기진숙	1.당헌 제41조, 제42조의 준수를 일층 철저히 할 것

〈표 5-2〉처럼, 각 당부가 접별로 10호 이상의 포덕을 할 것, 최저 3천 명 이상의 당원을 모집할 것, 여성 당원 모집에 주력할 것, 3회 이상의 순열(巡閱)과 2차 이상의 강도회를 개최할 것, 체육위원회를 설치하여 육체 훈련을 강화할 것, 1회 이상의 당지도자 강습회를 개최하여 지도자 교양에 힘쓸 것, 기관지『당성』을 선전할 것 등을 결의하였다. 이 결의사항의 핵심은 '천도교의 실 세력의 확장 부식과 자체 훈련의 완전 획득'이다.[33] 신파 청우당은 이를 기초로 하여 1933년에 당세 확장 3개년 계획을 수립하였다.

전당대표대회로 당을 새롭게 개편한 신파 청우당은 4월 4일에는 조선농민사 제5차 대표대회 및 조선노동사 제1차 대표대회를, 4월 5일에는 내성단 제2차 대표대회를, 4월 6일에는 소년회연합대회를 각각 개최하여 임원을 개편하는 등 체제를 재정비했다. 이는 분규를 수습하고 교(敎),[34] 당(黨),[35] 회(會),[36] 단(團),[37] 사(社)[38]의 횡적 종적 조직 체계를 정비할 뿐만 아니라 '조선의 중심체가 되기에 족한 실 세력'을 갖추기 위한 것이었다.[39]

이러한 전당대표대회의 결정은 지방부에 그대로 수용 시행되었다. 신의주부는 6월 12일 당원대회를 통해 대표회의 결의사항을 다음과 같이 실행할 것을 결의하였다.

1. 포덕에 관하여 : 本年度를 2期로 分하여 每接에서 各 10戶式 책임 포덕키로 하다.

2. 당원증모에 관하여 : 본년도 내에 20인을 各接에서 분담 모집키로 하되 특히 1접 이상의 여성 당원을 모집키로 하다.

3. 당원훈련에 관하여 : (1)의식훈련에 있어서는 短期講習會를 연 2차 이상, 自學을 연 3회 이상 개최하기로 하고 (2)육체훈련에 있어서는 특종위원회 체육부 지도하에 每 侍日 밤 8시 교당에서 실행키로 하다.

4. 기관지 확충에 관하여 : 각접에서 책임적으로 연중 10부 이상의 독자를 얻기로 하다.

5. 부문운동에 관하여 : (1)각 당원의 부문 가입을 6월 중 실시키로 하고 (2)각 부문단체원에게 육체훈련을 실시케 하고 (3)노동사 조직은 신임집행위원회에 일임키로 하다.

6. 당기진숙에 관하여 : 당헌 제41조 및 제42조의 준수를 일층 철저히 하기로 하다.

7. 재정에 관하여 : 종래의 월연금제를 폐지하고 지방부 특별의연금제로 하여 매년 5월 이내로 30전식 수합키로 하다.[40]

신의주부는 접별 10호 이상 포교, 20명의 당원 증모, 여성 당원 모집, 강습회 2회 이상 및 자학 3회 이상 개최, 육체 훈련 실시, 기관지 독자 10명 확보, 노동사 조직, 당헌 준수 철저 등을 실행키로 하였다. 신의주부와 전당대표 회의의 결의사항은 거의 같았다. 이는 신의주부의 사례이지만 각 지방부도 마찬가지였다고 본다.

이와 같은 결의사항은 곧바로 지방부로 전달되었고, 지방부는 이를 주요 안건으로 다루어 당본부의 결정을 절대적으로 지지하였다. 이는 당본부와 지방부가 유기적 조직이며, 운영 면에서도 연계가 효율적 · 실제적으로 이루어지고 있었음을 보여준다.

(2) 특종위원회의 설치

신파 청우당 제1차 전당대표대회[41]는 특종위원회(特種委員會)를 설치하기로 결의하였다.[42] 특종위원회는 기존의 정형연구회 또는 천도교학술연구회를 확대한 것이다. 정형연구회는 청년당 시절 평남도연합회의 건의로 처음 설치되어 각 지방부 또는 도연합회에서 운영된 바 있다. 천도교학술연구회는 동경 유학생을 중심으로 "우리 당의 이론의 구명, 학문적 체계의 성립"을 목적으로 동경부에 조직되었다.[43] 그리고 이 영향을 받아 청우당 결성 이후 "수운주의(水雲主義)의 이론적 체계를 구명(究明) 발전시킨다."는 목적으로 수운주의연구회를 창립한 바 있었다.[44] 수운주의연구회는 동경 유학생들이 조직한 학술연구회의 연구 계획에 대해 천일기념을 기해 상경한 지방 청년들의 적극적인 찬성으로 1931년 4월 6일 24명의 발기인[45]로 창립되었다. 이날 창립대회에서 규약[46]을 제정하고 전형위원 5명[47]과 위원 12명,[48] 그리고 실무책임자로 사무국장 김사용, 연구국장에 임연, 편집국장 김병제를 선임하였다.[49]

수운주의연구회는 이해 7월 천도교학술연구회원, 지방부와 당본부의 천도교 이론가들을 포함하여 인내천주의연구회(人乃天主義研究會)로 확대 개편되었다. 인내천주의연구회는 "인내천주의 입장에서 모든 사상과 학술을 연구하는 동시에 인내천주의로서의 종교, 철학, 예술, 정치, 경제, 사회문화 등에 대한 이론을 구명 수립하는 것"을 활동 목적으로 하였다. 인내천주의 연구회의 조직과 부서 책임자는 다음과 같다.[50]

사무국 : 국장 김사용, 서무 조봉호, 재무 조종오, 선전 설린
연구국 : 국장 임연, 종교 임연, 철학 김형준, 예술 백세철, 정치 한정호, 경제 이응진, 사회문화 설린
편집국 : 국장 김병제, 위원 김병순 조종오 김형준 이응진 백세철
고문 : 이돈화 이종린 김기전

정형연구회나 학술연구회, 인내천주의연구회는 당본부 차원보다는 지방부 차원, 또는 연구회 차원에서 운영되었기 때문에 당의 정책이라든가 운영에 크게 반영이 되지 못하였다. 더욱이 신구 양측이 합동으로 결성한 청우당은 새로운 당의 지도 이론이 절실히 필요하였다. 이에 당의 지도이론 구명 및 정책수립, 내외정세 연구, 인내천주의 문화 수립을 위한 연구를 목적으로 당헌 19조에 의거하여 특종위원회를 설치하였다. 특종위원회는 별도의 규정에 따라 운영되었다.[51] 특종위원회 규정은 다음과 같다.

1. 黨憲 19조에 의하여 黨本部에서 特種委員會를 設함.
2. 特種委員會의 職能은 左와 如함.
   指導理論의 究明, 一般情形 及 人乃天主義 文化樹立의 研究
3. 特種委員은 前項의 職能을 發揮키 위하여 左의 各部를 分擔함.
   1. 宗教部 2. 哲學部 3. 政經部 4. 社會部 5. 藝術部
4. 特種委員은 黨本部에서 選出하여 中央執行委員의 同意를 經함. 但 必

要에 의하여 囑託을 置함을 得함.

　5. 特種委員會에서 規定한 事案은 黨代表의 決議로써 黨本部에서 處理함.

　6. 本 規程은 地方黨部에 準用함.

　7. 本 規程은 中央執行委員會에서 此를 改修함.[52]

　이 규정에 따라 특종위원회는 종교부, 철학부, 정경부, 사회부, 예술부 등 5개의 부서를 두었다. 그러나 특종위원회는 1932년 12월 23일 개최한 신파측 청우당 임시전당대회에서 학술연구위원회(學術硏究委員會)로 변경되었지만 연구 활동이나 조직은 그대로 이어졌다.[53] (〈표 5-3〉)

〈표 5-3〉 신파측 천도교청우당 및 천도교청년당 본부의 특종위원[54]

대회	일시	특종위원	비고
제1차 전당대표대회	1932.4.6	김병제 조기간 김공선 정응봉 김병제 김형준 이응진 종교부 김병제, 철학부 김형준, 정경부 이응진, 사회부 조기간, 예술부 김형준	당성11
제2차 임시전당대회	1932.12.23	종교부 김병제 조종오, 철학부 김형준, 정경부 김병순 김도현, 사회부 조기간 차상찬, 예술부 백세명 조종호, 체육부 백세명 전의찬 이근배	당성19. 학술연구위 원회로 변경, 체육부 추가
제8차 전당대회	1934.4.4	종교부 김병제 김병준 전의찬, 철학부 김형준 조종오 유한일, 정치부 정응봉 임문호 김병준, 경제부 김도현 승관하 계연집, 사회부 조기간 김병순 이단, 예술부 임 린 이근배 정성호, 체육부 전의찬 백세명 이근배	당성32. 정경부를 정 치부와 경제부로 분 할

　〈표 5-3〉에 의하면, 특종위원 전원은 청년당 중앙본부 또는 부문단체의 임원들이다. 이들 중에는 일본 유학을 한 경우가 적지 않았다. 조기간은 일본대학 종교학과, 조종오는 일본대학 윤리학과, 임연은 일본대학 종교학과를 졸업하였고, 김형준, 이응진, 승관하 등은 당시 유학 중이었다. 특히 김형준은 1930년대 초 사회주의자들의 반(反)천도교운동에 가장 적극적으로 대응하여 논쟁을 주도하였다.

　특종위원은 부서별 연구위원의 경우 설립 초기인 1932년에는 1~2명 정도로 구성되었으나 1934년에는 3명으로, 부서도 5개 부서에서 7개 부서로 확대되었다. 특히 정경부를 정치부와 경제부로 분할하였는데, 청년당의 정치운동에 대한 관심이 확대된 결과로 보인다. 이는 또 1934년 8월 시중회가 조직되고 최린을 중심으로 청년당 일부 임원이 여기에 참여하였기 때문으로 보인다. 시중회의 동향도 기관지 『당성』에 적극적으로 소개되었다.[55]

청년당은 특종위원회의 설치 배경을 "지도이론과 일반정형을 연구하며 인내천주의의 새 문화 건설"이라고 밝혔다.[56] 그러나 실제로는 당시 교내외 정세의 영향도 적지 않았던 것으로 보인다. 교내적으로 볼 때 일차적인 배경은 분규였다. 청우당 결성 이후에도 당세 확장을 통해 민족운동 중심세력으로 주도권을 확보하고자 하였으나 분규로 인해 적지 않은 타격을 받았다. 이에 따라 무엇보다도 당 조직 정비와 새로운 지도 이론이 필요하였다. 그리고 교외적으로는 신간회와 조선청년총동맹의 해소가 적지 않은 영향을 주었다. 당시 국내는 세계 대공황의 파급과 일제의 만주 침략으로 미증유의 체제적 모순이 드러나고 있었다. 농민을 비롯한 민중의 생활은 더욱 어려워졌고, 일제에 저항하는 사상운동과 대중운동은 한층 치열하게 전개되었다. 뿐만 아니라 신간회와 조선청년총동맹의 해소론이 제기되면서 식민지 조선의 정치적 동향은 민족개량주의와 사회주의의 대립 구도가 형성되었다. 1931년 5월 신간회가 해소되자 청우당의 핵심인물인 석정(石靜)[57]은 "앞으로 우리 일의 동향에 있어서 심히 큰 관계를 가지는 되는 까닭"이라고[58] 하여 청우당의 새로운 운동 이론을 준비해야 할 것을 암시하였다. 이는 이 시기 식민지 조선을 영도할 역량을 가진 세력은 천도교밖에 없다는 인식 때문이었다.[59] 천도교의 이념·사상은 기존의 모든 종교와 이념을 포용하는 것으로 당시의 민족운동의 주도권을 청년당이 장악해야 한다는 논리였다.[60] 따라서 청년당은 민족운동을 지도할 이론이 필요하였다. 이러한 배경에서 청년당은 특종위원회를 설치하였다. 그리고 특종위원회의 연구 성과는 청년당 기관지 『당성』을 통해 발표되어 당원의 교육자료로 활용되었다.[61] 뿐만 아니라 사회주의자가 반천도교운동을 전개할 때 특종위원들은 이론적으로 사회주의자에게 대응하는 데 앞장서기도 하였다.[62]

특종위원회는 중앙뿐만 아니라 지방부에도 설치되었다. 즉 지방부에서도 중앙본부에 준하여 전문가로 상무위원회를 거쳐 구성하도록 하였다. 이에 지방부에서는 그 형편에 따라 특종위원회를 설치하고 활동하였다.(〈표 5-4〉)

〈표 5-4〉 천도교청년당 지방부의 특종위원

지방부	설치일시	특종위원	비고
개천부	1932.6.1	윤용식 이형희 지성율 길용천 최구보 강영구	당성14
곡산부	1932.7.3	종교부 김창현 김문홍, 철학부 김명호 김봉섭, 정경부 김영환 박창배, 사회부 김영환 곽남용, 예술부 김명호 이용선	당성14
정주부	1932.7.10	정경부 박윤길 백중빈, 사회부 전찬배	당성15
안주부		김덕현 김명준 배의찬 송중곤 김찬승 홍내수 문몽걸	당성15
자산부	1932.7.24	김상섭 윤지현 윤기성, 종교부 김규제, 철학부 채응수, 정경부 윤문원, 사회부 전윤병, 예술부 김중현	당성15
	1934.1.28	김규제 전윤병 윤기성	당성30
구성부	1932.9.2	종교부 김치삼, 철학부 ㅇㅇㅇ, 정경부 허철 등	당성15
京城部	1933.12.28	종교부 김도현, 철학부 김병순, 정경부 승관하, 사회부 이단, 예술부 이학득	당성29
	1934.5.3	종교부 김도현, 철학부 김병순, 정치부 이석보, 경제부 승관하, 사회부 이단, 예술부 김병순, 체육부 주희락	당성33

〈표 5-4〉에 의하면, 지방부 특종위원회는 개천부, 곡산부, 정주부, 안주부, 고원부, 자산부, 구성부, 경성부 등 7곳에 설치되었다. 이들 7개 지방부에 특종위원회가 설치된 것은 이 지방부 출신이 중앙본부에서 상무위원 또는 특종위원으로 활동하고 있었기 때문으로 보인다. 즉 곡산부 김명호와 김영환, 정주부 김공선, 안주부 김일대와 정응봉, 고원부 김병제와 김형준, 구성부 김도현과 전의찬 등이 중앙에서 활동 중이었다. 이에 이들 지방부는 청년당의 활동을 적극적으로 지원하였던 것이다. 경성부의 경우는 중앙본부와 함께 활동하였기 때문에 인적 자원이 가장 풍부하였다.

2. 천도교청년당의 당세 확장과 해산

1) 당세 확장 3개년 계획과 조직 확대

당본부의 체제 정비를 마친 청년당은 지방부에 대한 당무지도를 강화하였다. 먼저 1932년 5월 25일부터 30일까지 선천부에서 평북도연합강도회를 개최한 후 6월 28일까지 황주부를 시작으로 순안부, 숙천부 등 평남과 황해도의 29개 지방부에 대한 순열을 실시하였다.[63] 이어 이해 8월 14일 개최된 확대중앙집행위원회에서는 당세 확장, 당원 훈련, 부문운동, 농촌 구제, 당원 정리 등을 결의하였다. 특히 당시 농촌 사회는 세계 대공황의 여파로 농민생활의 피폐가 더욱 심해졌다. 이에 대해 청년당은 우선 궁농민(窮農民)의 구제책으로 "사회적으로 궁민들에게 밥 한 술 같이 먹도록 힘써야 될 것은 물론 나아가 공공단체의 부채에 대한 모라토리움, 저리자금 융통, 일반 사채 탕감, 기타 구급사업에 대한 시설이 있어야 할 것"을 제시하였다.[64] 그 밖에 전라남북도에는 특별 포덕대를 파견할 것과 11월 1일 '포덕의 날'을 중심으로 당화주간을 설정하고 특히 당세 확장에 주력하였다.[65] 그리고 9월 중순부터 10월 하순까지 관동, 관북, 만주지역 24개 당부에 대한 제2차 순열을 끝내고 당화주간 행사를 실시한 후 각 지방부에서는 그 결과를 당본부에 보고하였다.

당화주간 행사는 지방부에 따라 약간의 차이는 있었지만 대부분 동일하였다. 첫날인 11월 1일은 포덕날 기념식을 갖고, 이어 전 당원이 참여한 가운데 포덕기를 앞세우고 시내를 돌아다니면서 선전전단(삐라)을 배포하였다. 1일차 저녁과 2일차 저녁에는 강도회를 개최하여 당원의 의식을 강화하였다. 그리고 3~5일차는 시외 지역을 돌아다니며 호별 방문을 하였다. 지방부에 따라서는 포덕대를 구성하여 포교 활동을 전개하기도 하였다. 그 결과 적지 않은 교세 또는 당세가 확장되었다. 선천부의 경우 당화주간 동안 12호를 포교하였고, 농민사원 10명을 새로 모집하였다. 또한 풍산부도 수십 호를 신입 교인으로 모집하였다.[66]

신파 청우당은 1932년 12월 23일 임시전당대회를 열고 당 명칭을 천도교청년당으로 복귀시켰다.[67] 이와 때를 같이해서 구파 청우당도 천도교청년동맹이라는 명칭으로 복귀함으로써 양측 모두 합동 이전 본래의 명칭을 다시 사용하게 되었다. 청년당은 12월 23일에 열린 임시전당대회에서 당헌을 개정하고[68] 당세 확장 3개년 계획을 결의하였다.[69] 청년당이 당세 확장 3개년 계획을 결의한 데는 첫째, 사회운동의 중심세력으로서의 조직력 강화, 둘째, 사회주의자의 반천도교운동에 대한 대응과 사회운동의 주도권 확보라는 의도가 있었다. 당세 확장 3개년 계획은 1933년부터 1935년까지의 계획이었지만 3차 연도인 1935년은 실행되지 못하였다. 1934년 9월 오심당사건(吾心 黨事件)으로 청년당이 방향 전환을 하였기 때문이었다.

당세 확장 3개년 계획은 선전, 조직, 훈련, 조사, 연구의 5개 분야에 걸쳐 특히 7개 부문운동과 관련한 조직 강화, 천도교 자주촌 건설, 시국 현황과 국제정세 조사 등 상당한 의욕을 보여주고 있다. 특히 대외 훈련과 관련하여 체육대, 교육대, 사교단체 조직 및 운영 방법까지 구체적으로 지시하였다.[70] (〈표 5-5〉)

〈표 5-5〉 천도교청년당의 당세 확장 3개년 계획[71]

항목	계획안	
	1차 연도(1933년)	2차 연도(1934년)
선전	1. 기관지 확장 : 가. 黨聲 黨員 皆讀-黨義務履行하는 黨員에게 無料配付 나. 일반독자 5천명 모집 다. 기타 확장 2. 책자 발행-黨要覽, 體育, 黨書, 天道敎宣傳 5종 이상 3. 普通 宣傳物 刊行-비라, 포스터 연 3회 이상 인쇄 散布 4. 宣傳員 派遣-1인, 당성 독자 모집 및 제반 선전	1. 기관지 확장 : (1)黨員 皆讀(2)독자 5천명 모집 2. 책자 간행-黨小史, 黨學 및 自修大學講義, 天道敎宣傳 3. 보통 선전물 간행-비라, 포스터 등 2회 이상 4. 순회선전

조직	1. 당조직 확대 강화 :가. 당부 30部 조직 나. 당원 2천명 증모 2. 포덕-5千戶 3. 부문대중조직 : 가 농민-30社 조직-2만명 모집 나. 노동-10社 조직-2천명 모집다. 청년-50군 연합회 조직-3천명 모집라. 학생-10郡部 조직-1천명 모집마. 소년-30郡聯合會 조직-3천명 모집바. 여성-40郡會 조직-1천명 모집사. 상민-10 조직 4. 일반조직 : 가. 사회단체 조직-50개나. 체육단체 조직-70단-2만명 5. 天道教 自主村 건설 : 가. 村政指導, 공동작업 농장, 경작 협력나. 교육기관 건설	1. 당조직 확대 강화 : (1) 당부 30부 조직 (2) 당원 2천5백 명 모집 2. 포덕-1萬戶 3. 부문대중조직: 가. 농민-50社 조직-5만명 모집 나. 노동-10社 조직-3천명 모집 다. 청년-40郡聯合會 조직-5천명 모집 라. 학생-10郡部 조직-1천명 모집 마. 소년-30郡聯合會 조직-2천명 모집 바. 여성-20郡會 조직-5백명 모집 사. 상민-10 조직 4. 일반조직 가. 사회단체 조직-70개 나. 체육단체 조직-100團-3만명 5. 天道教 自主村 건설 : 가. 村政指導, 농장경작 나. 교육기관 건설
훈련	特. 一切集會, 지시 强行 1. 중앙강도회 연 3차 또는 특별장기강연 2. 본부 순열 1차 이상, 黨團長 3차 이상 3. 체육훈련-지방부 연 3차 이상, 接 월 1차 이상 4. 체육대-중앙, 지방부, 접에 隊員을 두어 1만 명 이상 체육훈련 5. 교육대-중앙, 지방부, 접에 대원을 두어 1만 명 이상 문맹퇴치 6. 사범 양성-당본부, 지방부에서 연 3차 강습 7. 전문가 양성-3백명	1. 수련-일체 집회, 지시의 强行 2. 중앙강도회-연 3차 또는 특별장기강연 3. 본부 순열-1차 이상, 黨團長 3차 4. 黨學樹立-당원은 教理教史, 朝鮮語, 朝鮮史, 農學, 體育의 5개 학과를 필수적으로 학습할 것 5. 전문가 양성-1천 명 6. 체육훈련-지방부 연 3차 이상, 接 월 1차 이상 5. 체육대-중앙, 지방부, 접에 隊員을 두어 3만 명 이상 체육훈련 6. 교육대-중앙, 지방부, 접에 대원을 두어 1만 명 이상 문맹퇴치 7. 사범 양성-당본부, 지방부에서 연 3차 강습
조사	1. 조선 現實의 數字的 조사 2. 각 단체 現勢 조사 3. 국제 情勢 조사	1. 조선 現實의 數字的 조사 2. 각 단체 現勢 조사 3. 국제 情勢 조사
연구	1. 학술연구 2. 조선 現實 연구	1. 학술연구
기타		포덕부문 대중조직-기관지 독자모집, 체육훈련 등은 각 당원이 1명 이상씩 책임지고 실행함을 원칙으로 하고 기타는 당부 지시에 의하여 적의히 실행할 것

당세 확장 계획에서 1933년과 1934년을 비교하면 큰 차이는 없지만 2차년도인 1934년도가 좀 더 구체적이다. 가장 핵심적인 분야는 조직으로 당과 부문단체의 조직을 강화하고자 하였다. 조직부는 1933년에는 30개의 지방부 조직과 2천 명의 당원 증모를, 1934년에는 30개의 지방부 조직과 2천 5백 명의 당원 증모를 계획하였다. 포덕은 1933년은 5천호, 1934년은 1만호

를 계획하였으며, 부문조직은 1933년은 180개 부문조직의 설치와 3만 명 모집, 1934년은 170개 부문조직의 설치와 6만 1천 5백 명 모집으로, 1934년에는 부문단체 부원 모집 계획이 크게 확대되었다. 일반 조직은 1933년은 사회단체 50개, 체육단체 70단(團)에 2만 명 훈련이었지만 1934년은 사회단체 70개, 체육단체 100단(團)에 3만 명 훈련으로, 1934년의 계획이 소폭으로 늘어났다. 천도교 자주촌건설은 양차 년도 공동경작, 교육기관 설립으로 차이가 없었다. 선전부의 기관지 확장은 5천 명으로 같지만 선전물 간행은 3회에서 2회로 줄어들었다. 훈련부는 강도회 개최 3회 또는 특별장기 강연, 본부 1회 이상과 당단장(黨團長)의 3회 이상 순열, 1만 명 이상 문맹퇴치, 연 4회 이상의 체육 훈련, 3회 이상 사범강습 등은 1933년과 1934년이 같지만, 체육대는 1만 명에서 3만 명으로 늘었다. 특징적인 것은 1934년의 계획에서는 당학(黨學)의 수립으로 당원에게 교리(敎理)와 교회사(敎會史)를 비롯한 한글, 조선사, 농학, 체육을 반드시 학습하도록 하였다는 점이다. 당학의 교재는 『당성』이었으며, 1934년 2월호부터 당학란을 통해 「천도교교리연구」(김병제), 「천도교사」(김병준), 「조선사강좌」(김상기), 「조선어철자법 강화」(이희승), 「농업개요」(김달현), 「체육문제」(백세명) 등을 연재하였다. 강좌를 연재한 필자는 대부분 청년당원이었고 김상기와 이희승만 비교인이었다.

당세 확장 계획은 중앙본부의 시행 방침에 따르되 지방부에서는 지방 형편에 따라 이를 시행하였다. 원산당부는 당원대회를 개최하고 그 실행 방침을 다음과 같이 결정하였다.

　一. 포덕의 건 : 연말 내로 50호 이상의 포덕을 할 것
　一. 선전의 건 : 기관지 기타 敎黨 관계 문서로 선전에 노력하되, 특히 新人間 支社를 직영하야 할 것
　一. 훈련의 건 : 가.연내에 3차의 講道會를 열 것, 나.보건을 위하여 무起團

을 조직할 것, 다.사회 인사를 망라하여 保健體育團을 조직할 것

一. 조사연구의 건 : 가.원산 현실을 數字的으로 조사할 것

一. 부문운동진작의 건 : 가.부문위원과 각 부문기관 간의 연락을 긴밀히 하여 부문운동의 연구와 실천을 할 것, 나.금후의 여성단체 조직을 전제로 하고 內誠團員의 훈련에 힘쓸 것[72]

초산당부는 1차년도 제2분기 당세 확장 계획을 중앙본부에서 정하여 지시한 것보다 4배 이상 달성하기로 결의하고 그 목표치를 다음과 같이 정하였다.

포덕 70호, 당원모집 7명, 농민사원 모집 520명, 洞농민사 조직 21, 소년회원 모집 33명, 洞소년회 조직 2, 청년회원 모집 52, 洞청년회 조직 3, 체육훈련 132명, 체육단체 조직 5, 교육 270명, 同기관설치 13, 신인간 독자 모집 31명, 당성 독자 모집 60명, 농민 독자 모집 45명, 자수대학강의 독자 4명 모집[73]

이는 원산당부와 초산당부의 사례지만 대부분의 지방당부는 이와 유사하게 당세 확장 운동을 전개하였다. 그 결과는 지방당부 전체를 확인할 수는 없지만 『당성』에 소개된 것만 정리하면 〈표 5-6〉 및 〈표 5-7〉과 같다.

〈표 5-6〉 당세 확장 3개년 계획 1차년도 1기분 지방부의 실적 사항

지방부	실적	비고
벽동부	신포덕 32호, 당원 증모 4명, 농민사원 모집 129명, 동농민사 增設 3개소, 소년회원 모집 21명, 체육훈련 46명, 체육단체 1개소 설치, 교육 36명	당성24
강동부	신포덕 21호, 농민사원 모집 55명, 동농민사 3개소 설치, 체육훈련 12명	당성24
고원부	신포덕 20호, 농민사원 모집 163명, 동농민사 설치 14개소, 소녀회원모집 46명, 동소년회 설치 4개소, 청년회원 모집 17명, 체육훈련 170명, 체육단체 설치 16, 교육 250명, 社交 10명, 사교단체 조직 2개	당성24

초산부	신포덕 28호, 당원 증모 2명, 농민사원 모집 186명, 동농민사 조직 5개, 노동사원 모집 42명, 소년회원 모집 30명, 체육훈련 70명, 체육단체 조직 1개, 교육 80명, 사교 10명, 당성구독자모집 25명	당성24
개천부	신포덕 5명, 당원 증모 2명, 농민사원 모집 112명, 동농민사 조직 6개, 체육훈련 73명, 체육단체 조직 6개	당성24
양덕부	신포덕 12호, 당원 증모 1명, 농민사원 모집 140명, 청년회원 모집 17명, 체육훈련 63명, 체육단체 조직 3개, 교육 32명	당성24
신계부	농민사원 모집 420명, 동농민사 조직 20개, 교육 1명	당성24
봉성부	신포덕 6호, 농민사원 모집 50명, 동농민사 조직 1개, 교육 20명	당성24
평양부	신포덕 72호, 당원 증모 11명, 농민사원 모집 83명, 동농민사 조직 2개, 노동사원 모집 30명, 청년회원 모집 30명, 체육훈련 130명	당성24
창성부	신포덕 11호, 당원증모 2명, 농민사원모집 500명, 동농민사 조직 10개, 소년회원모집 30명	당성24
성천부	신포덕 98, 당원 증모 4명, 농민사원 모집 171명, 소년회원 모집 23명, 청년회원 모집 12명, 체육훈련 11명	당성24
정주부	신포덕 38호, 당원 모집 2명, 농민사원 모집 350명, 소년회원 모집 500명, 청년회원 모집 80명, 동청년회 조직 3, 학생회원 모집 35명, 체육훈련 356명, 체육단체 조직 8, 교육 360명, 사교 21명, 사교단체조직 1	당성25
정평부	신포덕 15호, 농민사원 모집 31명, 동농민사 조직 19, 소년회원 모집 5명, 체육대 조직 1	당성25
회령부	신포덕 31호, 당원 모집 7명, 농민사원 모집 24명, 노동사원 모집 20명	당성25
세포부	신포덕 4호, 농민사원 모집 11명	당성25
풍산부	신포덕 10호, 당원 모집 7명	당성25
자산부	신포덕 23호, 농민사원 모집 31명, 동농민사 조직 1, 체육훈련 50명, 체육단체 조직 4, 교육 20명	당성25
용천부	신포덕 12호, 당원 모집 3명, 농민사원 모집 120명, 동농민사 조직 5, 체육대 조직 1	당성25
홍경부	신포덕 9호, 당원 모집 1명, 농민사원 모집 62명, 동농민사 조직 9, 청년회원 모집 19명, 동청년회 조직 1, 교육 70명, 사교 15명, 사교단체 조직 1	당성25
길주부	신포덕 60호, 당원 모집 4명, 농민사원 모집 492명, 동농민사 조직 5, 체육훈련 70명, 체육단체 조직 2, 교육 50명	당성25
구성부	신포덕 25호, 당원 모집 10명, 농민사원 모집 262명, 동농민사 조직 4, 체육훈련 80명, 교육 150명, 당성독자모집 32명	당성25
서산부	당원 모집 4명, 농민사원 모집 15명, 체육훈련 30명, 체육단체 조직 2, 교육 100명, 사교 5명	당성25
곽산부	신포덕 11호, 당원 모집 2명, 농민사원 모집 72명, 동농민사 조직 2, 소년회원 모집 20명, 청년회원 모집 10명, 체육훈련 50명, 체육단체 조직 1	당성25
삭주부	신포덕 14호, 당원 모집 6명, 농민사원 모집 200명, 동농민사 조직 3, 소년회원 모집 30명, 청년회원 모집 46명, 동청년회 조직 3, 체육훈련 80명, 체육단체 조직 3, 교육 50명	당성25
태천부	신포덕 36호, 당원 모집 6명, 농민사원 모집 100명, 동농민사 조직 3, 소년회원 모집 15명, 청년회원 모집 68명, 동청년회 조직 6, 체육훈련 82명, 체육단체 조직 4, 교육 100명, 사교 10명	당성25
맹산부	신포덕 87호, 당원 모집 5명, 농민사원 모집 159명, 동농민사 조직 5, 소년회원 모집 25명, 청년회원 모집 47명, 체육훈련 200명, 체육단체 조직 6, 교육 100명, 사교 20명	당성25

명천부	신포덕 32호, 당원 모집 3명, 농민사원 모집 77명, 동농민사 조직 3, 소년회원 모집 46명, 동소년회 조직 2, 청년회원 모집 47명, 동청년회 조직 1	당성25
상원부	신포덕 30호, 당원 모집 4명, 농민사원 모집 315명, 체육훈련 30명, 교육 20명	당성25

〈표 5-7〉 당세 확장 3개년 계획 1차년도 2기분 지방부의 실적 사항

지방부	실적	비고
평양부	포덕 75호, 당원 모집 1명, 농민사원 모집 12명, 노동사원 모집 120명, 소년회원 모집 32명, 청년회원 모집 2명, 체육훈련 150명, 교육 150명, 기타 30명	당성30
영변부	포덕 30호, 농민사원 모집 250명, 동농민사 증설 2, 소년회원 모집 10명, 동소년회 증설 1, 교육 100명, 기타 8명	당성30
세포부	포덕 4호	당성30
삭주부	포덕 9호, 당원 모집 4명, 농민사원 모집 50명, 소년회원 모집 15명, 청년회원 모집 7명, 기관지독자 모집 4명	당성30
풍산부	포덕 3호, 농민사원 모집 24명	당성30
곡산부	포덕 15호, 당원 모집 2명, 농민사원 모집 35명, 소년회원 모집 50명, 동소년회 증설 1, 청년회원 모집 13명, 체육훈련 70명, 교육 100명, 기관지독자 모집 5명	당성30
맹산부	포덕 41호, 농민사원 모집 41명, 청년회원 모집 69명, 체육훈련 100명, 교육 100명, 기관지독자 모집 20명	당성30
함흥부	포덕 15호, 당원 모집 4명, 농민사원모집 30명, 동농민사 증설 2, 청년회원모집 15, 사교 18, 사교단체 조직 1	당성30
덕천부	포덕 7호, 당원 모집 1명, 농민사원 모집 30명, 청년회원 모집 22명, 체육훈련 80명 교육 60명, 기관지독자 모집 50명	당성30
고원부	포덕 10호, 당원 모집 2명, 농민사원 모집 36명, 동농민사 증설 4, 체육훈련 183명, 교육 305명	당성30
길주부	포덕 200호, 농민사원 모집 221명, 동농민사 증설 6, 체육훈련 80명, 체육단체조직 1, 교육 100명	당성30
혜산부	포덕 7호, 당원 모집 2명, 농민사원 모집 32명	당성30
신계부	포덕 25호, 당원 모집 3명, 농민사원 모집 550명	당성30
자산부	포덕 7호, 농민사원 모집 15명, 기관지도자 모집 5명	당성30
개천부	포덕 3호, 농민사원 모집 30명, 동농민사 증설 1, 교육 100명	당성30
선천부	포덕 30호	당성30
북청부	포덕 14호, 당원 모집 3명	당성30
흥경부	포덕 10호, 농민사원 모집 76명, 소녀회원 모집 11명, 청년회원 모집 8명, 체육훈련 120명, 사교 2, 교육 100명, 기관지독자 모집 28명	당성30
부령부	포덕 31戶, 당원 모집 9명, 농민사원 모집 34명, 동농민사 조직 11, 청년회원 모집 25명, 교육 25명, 당성독자 모집 15명	당성31
의주부	포덕 45호, 당원 모집 12명, 농민사원 모집 450명, 동농민사 조직 9, 소년회원 모집 201명, 동소년회 조직 3, 청년회원 모집 85명, 체육훈련 530명, 체육단체 조직 2, 교육 809명, 사교 10명	당성31
영산부	포덕 9호, 소년회원 모집 10명, 청년회원 모집 21명, 체육훈련 35명	당성31

신의주부	포덕 1호, 노동사원 모집 60명, 소년회원 모집 20명, 청년회원 모집 7명, 사교 50명, 교육 23명	당성31
성천부	포덕 15호, 농민사원 모집 32명, 체육훈련 80명, 사교 9명, 교육 71명, 기타 52명	당성31
안주부	포덕 23호, 당원 모집 4명, 농민사원 모집 30명, 동농민사 조직 1, 청년회원 모집 3, 체육훈련 30명, 기관지 구독 9명	당성31
장진부	포덕 27호	당성31
명천부	포덕 68호, 당원 모집 7명, 농민사원 모집 97명, 청년회원 모집 64명, 소년회원 모집 138명, 체육훈련 200명, 기관지 구독자 모집 75명	당성31
상원부	포덕 30호	당성31

〈표 5-6〉과 〈표 5-7〉을 항목별로 분류하면, 신포덕 1,481호, 당원증모 144명, 농민사원 증모 6,381명, 농민사 조직 169개, 노동사원 증모 272명, 소년회원 증모 1,278명, 소년회 조직 11개, 청년회원 증모 734명, 청년회 조직 14개, 체육훈련 3,270명, 체육단체 조직 62개, 교육 3,481명, 사교 180명, 사교단체 조직 5개, 기관지 구독자 증모 268명, 학생회원 모집 35명, 기타 82명이다. 전체적으로는 16,118명이 늘어나고, 261개의 단체를 조직하였다. 가장 뚜렷한 실적을 보인 분야는 농민사원으로 6,381명을 증모하였다. 노동사원은 신의주부, 평양부, 회령부 등 도시나 항구에서 특히 성과를 보였다. 이들 지역은 이를 기반으로 조선노동사 지방조직을 설립하였다. 지역적으로는 평양부 · 정주부 · 맹산부 · 초산부 등 평안도 지역과 고원부 · 명천부 · 길주부 등 함경도 지역에서 활발하게 활동을 전개하였음을 알 수 있다. 이로써 이들 지역이 여전히 천도교의 세력 기반임을 확인할 수 있다.

당세 확장 1차 연도 1기분의 실적은 신포덕 2천여 호, 농민사 · 노동사 · 청년회 · 소년회 등 각 부문단체원 1만 5천 명 증가, 체육훈련 5천 3백 명, 천도교 자주촌건설 교육 · 사교 등의 실현이 3만 명 이상이었다.[74] 이는 1차 연도 계획에서 포덕의 경우 5천 호 중 1기분으로 2천여 호를, 부문단체원 모집의 경우 3만 명 중 1만 5천 명을 달성한 것이다.

이상에서 볼 때 1933년과 1934년의 당세 확장 계획은 천도교의 교세뿐만 아니라 당세 확장에 적지 않은 영향을 미쳤음을 알 수 있다. 이 시기 천도교에 입교하거나 청년당에 입당한 사람의 경우 현실 인식은 어떠하였을까. 이에 대해서는 당시 조선총독부의 의뢰를 받고 조사 보고한 통계에 의하면 여전히 민족주의적인 성향이 강하였다.[75]

이와 같은 당세 확장의 노력으로 1928년 중반 이후 설립된 지방부는 40개였다. 이중 특징은 그동안 신파의 불모지나 다름없었던 황해도의 수안부, 신계부, 신천부와 충청지역의 서산부가 설립되었다는 점이다. 황해도의 경우 교인대회파 또는 구파의 지지기반이었으며, 충남 역시 구파의 조직기반이었다. 이에 따라 1933년 현재 청년당의 지방부는 110개로 확대되었다.

한편 현재 청년당의 『입당원서』 가운데 1936년 후반기의 것이 남아 있다. 이 자료는 1936년 3월부터 1937년 1월까지 260명의 입당원서이다.[76] (〈표 5-8〉)

〈표 5-8〉 천도교청년당 입당원서의 분석 현황(1936년 하반기)[77]

시기	36.3	4	5	6	7	8	9	10	11	12	37.1	계
	2	6	62	82	27	27	14	13	10	11	5	

지역	경기	평남	평북	함남	함북	황해	만주	계
	1	54	44	77	46	12	26	260

연령	20대	30대	40대	기타	계
	201	56	1	2	260

학력	국문	국한문	보통학교	중등	고등	기타	계
	13	124	103	12	3	5	260

직업	농업	상공업	노동	교원	기술직	기타	계
	210	28	14	4	7	7	260

성별	남	여	계
	258	2	260

〈표 5-8〉에 의하면 비록 일정한 시기, 지역에 국한하지만 당시 청년당 당원의 성격을 대체로 파악해 볼 수 있지 않을까 한다.

첫째, 입당 시기는 1936년 6월이 82명으로 가장 많았으며, 5월이 62명, 7

월과 8월이 각각 27명으로 전체의 76%를 차지하고 있다. 1936년은 천도교 창도 77년을 맞아 포교 활동을 적극적으로 전개한 바 있는데, 이 영향을 받은 것으로 추정된다.

둘째, 지역별로 함남이 77명, 평남이 54명, 함북이 46명, 평북이 44명으로 대부분이 이북 지역 입당자이다. 이를 좀 더 세부적으로 보면 함북 부령이 22명으로 가장 많이 입당하였으며, 이어 함남 풍산 16명, 북청 17명, 이원 15명, 평북 창성 12명, 태천 11명, 초산 11명, 황해 곡산 11명, 함북 종성 11명 등이다. 여기에 황해도와 만주를 포함하면 거의 100%가 이북 지역이다. 그만큼 이북 지역이 청년당의 주요 지지 기반임을 알 수 있다. 그런데 청년당원의 입당은 1933년과 34년의 당세 확장 3개년 시기보다 오히려 1936년 후반기가 더 많았다. 풍산의 경우 6월 2일, 초산의 경우 5월 30일, 종성의 경우 5월 28일처럼 특정한 날을 정하여 집단적으로 입당하였다. 강도회, 강연회 등 특별한 행사 날을 기해 입당하였음을 확인할 수 있다.

셋째, 입당자의 직업은 농업이 210명으로 전체의 81%를 차지한다. 그만큼 청년당은 농민층을 중심으로 조직되었던 것이다. 다만 함북 청진과 회령의 경우 노동자가 많았는데, 이 지역이 항구로 부두노동자가 많았기 때문으로 보인다. 그 외 전문직으로 교원이 다수 있었으며, 기술직으로는 인쇄업 또는 토목업에 종사하는 경우도 있었다.

넷째, 학력은 최소한 한글을 해독할 수 있었으며, 47% 정도가 서당에서 한문을 수학하였다. 그리고 보통학교를 다니거나 졸업한 경우는 103명으로 전체의 40%였고, 중등학력 이상은 15명으로 소수에 불과하였다. 이들 중에는 대학강의록으로 자학(自學)하는 경우도 있었다.

다섯째, 연령은 260명 중 201명이 20대로 78%를, 30대는 56명으로 22%를 차지하였다. 40대인 1명도 40세로 전체적으로 젊은 층이 절대다수였다.

여섯째, 성별로는 절대 다수가 남자이지만 지역에 따라 여성 당원도 없지 않았다. 여성 당원이 적은 것은 여성단체로 천도교내성단이 별도로 조직되어 활동하였기 때문이었다.

입당원서는 기본적으로 자필로 작성하였다. 기록할 항목으로는 주소, 생년월일 등과 학력, 경력, 희망 활동 분야 등이 있는데, 이는 문자 해독력이나 신문, 잡지 구독을 할 수 있는 능력을 가늠하기 위한 것이었다.[78] 앞서 살펴본 학력에서도 확인할 수 있었다. 이는 청년당의 운동노선인 민족운동의 중심세력을 주도적으로 행사하려는 전위당원을 확보하기 위함이었다. 현재 1931년부터 1933년까지 56개의 지방부와 개인의 당원 활동을 기록하고 있는『당원성적일람』이 남아 있다. 이 자료는 「평북지역(2)」, 「평북지역(3)」, 「함남(2) · 함북지역」, 「황해 · 강원지역」, 「중국 · 일본 · 개인」 등 5개의 분철로 되어 있다.(〈표 5-9〉)

〈표 5-9〉와 같이 현재 남아 있는『당원성적일람』에는 60개 정도 지방부 상황이 적혀 있다. 이는 설립된 지방부의 절반 정도의 수준이다. 이러한 점에서 본다면 「평북지역(1)」, 「함남지역(1)」, 「평남지역(1)」, 「평남지역(2)」, 「평남지역(3)」, 「경남지역」 등이 누락된 것으로 추정된다. 또 〈표 5-9〉의 청년당 지방부의 당원수를 통해 당세를 파악할 수 있다. 가장 많은 당부는 단천부로 266명이고, 가장 적은 당부는 세포부로 5명이다. 단천부는 교리강연부 시기부터 지회가 설립되어, 청년회를 거쳐 청년당으로 이어지는 비교적 탄탄한 조직을 갖추고 있다. 또한 교세 역시 함남에서 가장 큰 지역이기도 하였다. 이러한 이유로 단천부는 가장 큰 당세를 유지할 수 있었다. 강원도와 함경도의 경계를 이루며 금강산 자락에 위치한 세포부는 1930년 8월 20일 결성되어 회원이 5명에 불과하였다. 지방부가 결성되지 못한 지역의 당원은 개인 자격으로 수록되었다.[79] 그리고 당원성적표는 당원의 활동 상황을 기재하였다. 활동을 확인할 수 있는 항목은 당의무금(연례금, 특성금), 당집회(당원대회, 당원예회), 당부출석, 교회의무(월성, 연성) 등이다. 그러나 이

성적표에는 당원 의무금인 연례금과 특별금만 확인된다.

〈표 5-9〉『당원성적일람』에 나타난 지방부와 당원수

지역	지방부	당원수	지역	지방부	당원수
함남	이원부	40	평북	가산부	31
	단천부	266		영변부	108
	동상부	107		운산부	25
	신흥부	93		태천부	179
	성진부	19		구성부	201
	갑산부	53		희천부	101
	혜산부	16		강계부	71
	하알우부	105		후창부	22
	삼수부	23		삭주부	190
	풍산부	102		창성부	110
	장진부	47		벽동부	114
함북	길주부	45		박천부	32
	명천부	36		초산부	25
	청진부	21	중국	관전부	16
	종성부	21		봉성부	16
	회령부	10		흥경부	31
	경성부	45		용정부	20
	부령부	31		연길부	24
황해	곡산부	53		의란구부	13
	신계부	16		청하부	13
	황주부	40		삼도구부	33
	재령부	15		도두구부	19
	신천부	7		동불사부	18
	수안부	12		도문부	8
강원	세포부	5		화룡부	8
	철원부	16		장백현부	22
미국	포와부	19	일본	경도부	16
기타	개인	20		동경부	110
				대판부	9

당세 확장 계획에서 가장 특징적인 것은 '천도교 자주촌건설'이었다. 자주촌 건설은 종교적으로 볼 때 '이상향(理想鄕), 즉 지상천국(地上天國) 실현'의 적극적 실천이었다.[80] 그리고 이 자주촌 건설의 연원을 남전여씨(藍田呂氏)의 공동경작론에 두고 있다. 청년당은 공동경작을 통해 천도교의 이상인 지상천국의 모습을 실현하고자 하였던 것이다. 더욱이 1930년 들어 대공황의 여파로 천도교의 조직 기반인 농민대중은 경제적 어려움에 직면하였다.[81] 청년당은 이를 해결하기 위해 농민 이익 획득 방안의 하나로 공동경작운동을 제기하였다. 청년당은 당시 농촌 파멸의 원인을 '자작농 부재, 세계적 농업공황, 고율의 소작료, 고리의 장리제도, 경작지의 부족, 농사 외 부담이 많은 것'으로 인식하였다.[82] 그리고 그 해결책의 하나로 '집단적 협력 농업'을 제시하였다.[83] 집단적 협력 농업은 곧 공동경작운동으로 실현되었다.[84] 청년당은 자주촌 건설의 실행 요건으로 공동경작을 포함하여 촌정지도(村政指導), 교육기관 건설을 제안하였다. 자주촌 건설은 천도교단(신파)의 부(部)를 중심으로 한 공작계(工作契),[85] 청년당의 부문단체인 조선농민사의 경제기관인 농민공생조합과 상호 관련을 맺고 있었다.

이와 아울러 청년당은 지방부의 지도감독을 일층 엄격하게 또한 긴밀하게 하기 위하여 당단(黨團)을 설정하였다. 당단에는 당본부를 대신하여 일정한 구역을 분담 순회하여 지도하는 책임이 주어졌으며,[86] 당단장은 중앙본부의 상무(常務)와 같은 역할을 하도록 하였다. 그러나 당단이 지방부를 직접 관장할 수는 없었다. 즉 지방부의 모든 사무는 당본부로 직접 보고하도록 하고 당단은 중앙본부와 지방부의 연락 관계만 담당하도록 하였다. 이는 앞서 살펴본 청년회 시기의 도연합회, 청년당 시기의 당구(黨區)의 성격을 그대로 이어 확대시킨 기구였다. 당단은 1934년 당세가 확장됨에 따라 16개에서 17개로 늘어났다. 함북지방 전체를 하나의 구역으로 하였던 제14 당단은 관할지역을 성진·명천·길주·청진·경성·부령으로 축소하고, 종성

과 온성·회령·간도를 제17당단으로 분할하였다.[87]

2) 오심당사건과 천도교청년당의 해산

1920년대 말부터 세계 경제 대공황의 여파가 일본과 식민지 조선에도 밀려왔다. 1929년 10월 말 미국의 주가는 폭락하였다. 9월 초까에 452였던 주가는 11월에는 224로 떨어졌고, 3년 후인 1932년 7월에는 58까지 하락하였다. 주식시장으로 몰렸던 자금의 회수가 불가능해지자 금융공황이 발생하였고, 이것은 산업 전반으로 파급되어 대공황으로 발전하였다. 당시 제1의 경제 강국인 미국의 공황은 미국뿐만 아니라 세계 각국에도 영향을 미쳤다.[88] 일본은 세계적인 불경기로 상품 판매가 감소하고, 이로 인해 물가 하락, 임금 인하, 쌀값 하락 등으로 커다란 위기를 맞았다. 경제상황의 악화로 일본 국내에서는 노동쟁의와 소작쟁의가 급격하게 증가하였는데, 이는 식민지 조선에서도 마찬가지였다. 더욱이 세계적 경제공황이 닥치자 제국주의의 열강들은 자국의 판매망을 확보하기 위해서 관세장벽을 높이는 한편 식민지 확보 경쟁을 더욱 치열하게 전개하였다.[89]

1930년대에 접어들면서 일본 군국주의자들의 움직임이 활발해졌다. 이들은 일본의 정치·경제적 어려움을 대륙 침략으로 해결하고자 하였다. 1931년 9월 18일 일제가 만주를 침략함으로써 대륙 침략 전쟁이 시작되었다. 일제는 대륙 침략을 시작하면서 식민지 조선의 안정을 도모하기 위해 지배 체제를 더욱 강화하였다. 따라서 이들은 식민지 조선인의 정신적 지배에 주력하였고, 종교 단체에 대한 회유와 통제를 강화하였다.[90] 이에 종교계에서는 비밀결사를 통해 민족운동을 전개하고자 하였다. 기독교의 경우 적극신앙단운동, 불교의 경우 한용운의 만당(卍黨), 천도교는 청년당의 오심당이 그 사례이다. 그러나 이들 비밀결사는 일제의 집요한 회유와 탄압으로 발각되어 해체되거나 이를 계기로 일제 식민 지배 체제에 편입되었다. 청년당은 오심당사건 이후 사회운동단체로서의 성격을 포기하고 순수 종교청년단체로 전환하였다.

1934년 천도교 신파를 이끌던 최린은 조선총독부의 자문기관인 중추원 참의가 되었다.[91] 이어 그는 1934년 11월 5일 '신생활의 건설, 신인생관의 수립, 내선일가(內鮮一家)의 결성, 노동신성의 체행, 성·경·신의 실행' 등 5개 강령을 내걸고 시중회(時中會) 결성을 주도하였다. 이러한 최린의 행보에 따라 천도교 간부 중에서도 일제에 협력하는 사람이 생겨나기도 하였다.[92]

하지만 청년당은 이와는 별도로 비밀결사를 통한 민족운동을 전개하고자 하였다. 조선 민족의 절대적 독립을 목적으로 1923년 천도교청년회가 경성을 중심으로 불불당(不不黨)을 조직한 바 있으며, 1929년 말에는 이 조직이 오심당으로 전환하였다. 이어 당의 쇄신을 도모하여 동지와 자금 모금 등에 노력하는 한편 1932년에는 본부의 김기전·조기간·김도현, 평양의 김길수·이도순 등이 경성에서 회합하였다. 이 자리에서 이들은 첫째, 조선 독립운동을 일으킬 것, 둘째, 그 시기는 1935년과 1936년에 예상되는 일본의 국제적 정치위기를 기회로 할 것, 셋째, 당원은 천도교를 10년 이상 신봉한 교인 중에서 전형하여 입당케 할 것 등의 강령을 마련하였다.[93] 청년당원 중 핵심당원으로 조직된 오심당은 1934년 9월 230여 명의 당원들이 검거되면서 실체가 드러나게 되었다. 이들 청년당원들은 60여 일간 일경에 고문을 당하고 김기전, 조기간, 김병준, 김영환, 백세명 등 청년당 간부 72명이 송치되었다가 전부 불기소로 석방되었다.[94] 이 오심당사건으로 청년당의 활동은 크게 제약받을 수밖에 없었다.

이후 청년당은 1934년 12월 23일 개최한 임시전당대회에서 당헌을 개정하고 임원진을 새로 구성하였다. 이때 개정된 당헌의 주요 내용은 첫째, 당 본부 부서는 기존의 기무·조직·훈련·선전·연구의 5부를 포덕부·수도부·경리부의 3부로 축소하고, 둘째, 당두는 대회에서 선출한 중앙집행위원 가운데 중앙종리원에서 이를 선임케 하고, 셋째, 총무 및 각 부장은 당두가 중앙집행위원 중에서 이를 선임하여 중앙집행위원회의 동의를 받고, 넷째, 입당 연령은 21세 이상 49세까지로 하고, 다섯째, 7개 부문에 관한 사업은 당 포덕부에서 직접 관리하고, 그리고 각 부문단체의 중앙 및 군 단위 기관을 별도로 설립하지 말고 동촌(洞村) 기관만을 두되, 당 포덕위원이 이를 직접 지도하며, 각 부문단체의 현행 규약은 폐기하고 당본부에서 별정하는 규제에 의하여 부문단체 조직을 정리하고 다만 조선농민사는 현재 규약에 의하여 존속케 하고, 여섯째, 전기 각 조항은 통과 즉시 실행하고 당헌의 문구 수정은 차기대회에서 행할 것 등[95]이었다.

이 개정 당헌의 특징은 첫째, 당의 대외 활동을 담당하였던 훈련부와 선전부의 폐지와 포덕부·수도부·경리부의 3부 체제로의 전환, 둘째, 천도교단의 청년당 통제, 셋째, 조선농민사를 제외한 부문운동 및 부문단체의 정리이다. 이는 천도교 전위조직의 역할을 수행하던 청년당이 순수한 종교청년단체로 전환되었음을 의미한다. 이에 따라 천도교 전위조직으로서의 청년당 활동은 사실상 막을 내리게 되었다. 청년당은 또 이 임시대회에서 교회의 방향 전환을 철저히 인식케 하였다.[96] 그리고 새로 구성된 집행부[97]는 1935년 1월 14일 당단의 관할당부 일람을 각 당단장에게 배포하고, 당단 비서를 선정하여 보고케 하였다.[98]

방향 전환 이후 당단장 및 지부 대표를 새롭게 임명한 것은 "현하 세계의 모든 운동과 인간사회의 일체 노력은 어떤 비상적 목표를 향하여 단일화·통일화되는 것을 거울삼아 한 것"이라고 하였다.[99] 이는 청년당이 일제의 회유와 통제를 수용할 수밖에 없었음을 시사해준다. 청년당은 수정된 당헌 및 당무를 알리기 위해 1935년 2월 전국 순회강연을 하면서 전시 상황에 따른 청년당의 어려운 상황을 전달하였다.[100] 청년당은 또 1936년 4월 개최한 제

10차 전당대회에서 사회운동 방침을 포기하고 교내 청장년의 교양훈련기관으로만 활동할 것을 결의하였다.[101]

1937년 7월 중일전쟁 이후 일제는 천도교에 대한 통제를 더욱 강화하였다. 총독부는 사회과 군사후원회에 이른바 종교유사단체[102]의 가입을 독려하였다. 또한 국위선양을 위한 기도와 국방헌금의 헌납 등을 독려하였다. 천도교단은 교회를 유지하기 위해서 군사후원회에 가입하고, 황군의 무운장구, 국위선양과 동양평화를 위해 기도를 올리는 등[103] 일제의 요구에 부응하는 운영을 할 수밖에 없었다. 이는 다른 종교 단체도 마찬가지였다. 이러한 천도교단의 결정에 따라 청년당은 1937년 8월 14일 확대중앙위원회를 개최하고 시국강연대를 조직하여 순회강연을 할 것, 조선인 지원병제도를 속히 실현하도록 촉진운동을 할 것을 결의하였다.[104] 이어 청년당은 1937년 9월 2일 당 창립 14주년을 맞아「시국인식을 갱신하자」라는 전단(삐라)을 전 조선에 배포하는 한편 지방부를 총동원하여 시국인식에 대한 순회강연회를 개최하였다. 강연대는 제1대(평남북, 백중빈), 제2대(함북, 임문호), 제3대(함남, 김병제와 임문호)로 구성하여 9월 초부터 말일까지 순회강연을 하였다.[105] 이를 통해 청년당은 전시 상황에 따른 당 정책의 변화를 알렸다.

청년당은 1938년 4월 4일 제12차 전당대회에서 또 다시 당헌을 수정하였다. 수정된 당헌의 내용은 첫째로 당헌 제1조의 "천도교의 주의·목적을 사회적으로 달성코저 이에 시종할 동덕으로써 한 개의 유기적 전위체를 조직하여 그 명칭을 천도교청년당이라 함"이라는 조항을 "본당은 천도교회의 전위체가 되며 교중 청소년을 훈련하야 독실한 신성사도(神聖師徒)를 양성하기로 목적함"이라고 변경하였다. 청년당의 목적에서 전위조직을 통한 천도교의 사회운동 부문을 폐기하는 것이었다. 둘째로 당원의 분류와 연령을 변경하였다. 당원을 정당원과 특별당원으로 구분하여 정당원은 16세부터 36세까지 수양기에 있는 순수청년으로 하고 정당원의 연령을 초과한 사람은 특별당원으로 하였다. 셋째로 지방부 대표를 지방부 당원대회에서 선출하여 지방교구의 종리원장을 경유하여 본부의 인준만 받게 하였다.[106] 이 역시 청년당의 실제적 목적과 기능을 제한하는 조치였던 것이다.

청년당이 당헌을 변경하면서 일제의 '황민화정책'에 순응한 데는 자율적으로 교회를 운영해 보고자 하는 의도가 작용하였을 것이다. 그러나 일제는 천도교에 대한 통제를 더욱 강화하였다. 1938년 6월 국민정신총동원조선연맹을 발기하면서 천도교중앙종리원(신파)뿐만 아니라 천도교중앙교회(구파)도 참여케 하였다.[107] 그리고 이해 10월 천도교중앙종리원은 국민정신총동원조선연맹에 협력하여 누구나가 빠짐없이 실천하도록 요망하였다.[108] 이러한 전시 통제에 따라 청년당도 중일전쟁을 지원하는 각종 활동에 참여할 수밖에 없었다. 그것은 시국인식 보급, 국방헌금 납부, 군사후원연맹과 방호단 가입, 출정군인과 가족 위문·환송, 위문금 주선, 전사영령 조위 등이었다. 전시 통제 상황과 교회와 개인에 대한 신변 위협 속에 요구되는 이러한 활동을 청년당은 거부하기 어려웠다. 더 나아가 총독부는 전쟁이 장기화되자 모든 종교의 청년단체마저도 그 유지를 허용하지 않았다. 이에 따라 청년당은 1939년 4월 3일 총회에서 "천도교가 이미 국민정신총동원 조선연맹에 가입한 이상 별개의 조직체를 가질 필요가 없게 되어 즉시 해소한다." 는 결정을 내리게 되었던 것이다.[109]

이로써 1919년 9월 2일 천도교청년교리강연부로 시작하여 천도교청년회, 천도교청년당(천도교청년동맹), 천도교청우당을 거친 청년당은 천도교의 전위조직으로서 민족운동 중심단체를 구상하였으나 결국 일제의 회유와 탄압으로 20년의 활동을 마감하게 되었다.

제6장 ——————— 천도교청년당의
민족운동론과 대중운동

1. 천도교청년당의 민족운동론

1) 주의적 단결과 민족운동 중심세력의 구상

3·1운동 이후 1920년대 들어 국내 민족운동은 크게 민족주의 세력과 사회주의 세력으로 분화되었다. 1920년대 초반에는 민족주의 세력들이 중심이 되어 민족운동을 주도해 갔다. 이들은 '선실력양성론(先實力養成論)'을 제기하고 문화운동을 전개해 갔다. 이들은 청년운동, 교육운동, 물산장려운동 등을 통해 문화적·경제적으로 실력을 양성하고자 했다. 청년운동은 인격수양과 풍속 개량, 실업 장려 등을 목적으로 하고, 강연회·토론회·야학·강습회·운동회 등을 전개하였다. 교육운동은 보통학교·고등보통학교·민립대학 등 학교 설립 운동을 중심으로 전개되었으나 총독부의 학교 설립 요건 강화, 모금 운동의 부진 등으로 인해 큰 성과를 거두지 못했다. 그리고 일본 자본과 상품에 대항하기 위해 1923년부터 전개된 물산장려운동은 토산품 애용이라는 측면에서 일정한 성과를 거두었지만 민족자본은 생산력을 갖추지 못하여 민중의 수요를 댈 수 없었고 또 새로운 회사나 공장도 설립하지 못했다.

1920년대에는 사회주의 사상이 민족해방운동의 새로운 이념적 지주로서 급격하게 수용되었다. 사회주의 이념 수용의 바탕은 제국주의 국가들의 냉대에 따른 외교 운동의 좌절, 러시아혁명 이후 전 세계적 혁명운동의 고양,

민족주의운동의 개량화와 대중운동의 고양 등이다. 이로써 국내 일부 지식층은 이 사상을 식민지의 민족문제와 계급문제를 동시에 해결할 수 있는 이념으로 여기고 적극 수용하였다. 초기 사회주의 사상은 서울청년회·화요회·북풍회·무산자동맹회 등 사상단체를 중심으로 수용되기 시작하여 조선노동공제회와 조선노동연맹회 등 노동운동단체, 청년회, 언론기관 등으로 확산되어 갔다. 사회주의 운동을 통해 1924년에는 조선노동총동맹과 조선청년동맹 등 전국적 대중운동 단체가 결성되었고, 1925년 4월에는 김재봉을 책임 비서로 하는 조선공산당과 고려공산청년회가 비밀리에 조직되었다. 이후 조선공산당은 거듭되는 탄압으로 해체를 거듭하면서도 4차에 걸쳐 재건되었고, 노동자·농민단체를 지도하는 등 계급투쟁을 전개하였다.

이와 같은 1920년대 상황에서 천도교는 어떻게 대응하였을까? 3·1운동 이후 이른바 문화정치로 식민 지배 정책을 전환한 일제는 그동안 철저하게 금지했던 언론, 출판, 집회, 결사의 자유를 식민통치에 위배되지 않는 범위 내에서 제한적으로 허용하였다. 이에 그동안 무단통치하에서 억눌렸던 정치의식이 폭발하면서 청년단체를 비롯하여 수많은 단체가 결성되었다. 3·1운동 당시 가장 큰 피해를 당하였던 천도교는 조직적 정비를 통해 민족운동 역량을 새롭게 다지기 시작하였다. 그러나 손병희 등 교단의 주요 인사들이 검거·구속됨에 따라 교단은 청년들을 중심으로 정비할 수밖에 없었다. 이에 따라 교단 내의 청년들은 천도교청년교리강연부를 조직하였고, 이어 천도교청년회, 천도교청년당으로 발전적 해체를 거듭하며 조직체를 전환하였다.

이들 청년단체는 때로 교단의 분규로 인한 어려움에 직면하였지만 분규 이후 조직의 정비와 교세 및 당세 확장에 노력하였다. 이와 함께 청년회는 본격적으로 천도교 교리와 자신들의 운동 논리를 정립하는 한편, 천도교의 이상을 사회적으로 실천할 중심세력으로 청년회를 발전시키고자 하였다.

또 이들은 개인의 종교적 구원보다는 식민지 상황에서 사회문제 등 민족적 과제를 해결하고자 하였다. 이를 위해 그 방법론으로 청년단체는 '민족운동 중심세력론' 또는 '민족운동중심단체론'을 제기하였다. 이와 같은 인식은 청년회에서부터 비롯되었다. 즉 "동(動)은 곧 력(力)을 의미하는 것이며, 력은 곧 중심을 가져야 하는 것이외다. 중심이 있는 곳에 력이 있는 것이며, 력이 있는 곳에 동이 생기는 것이다. (중략) 인생의 중심은 무엇이뇨. 이를 생리적으로 보면 신경력의 집중이라 하는 것이며, 사회적으로 보면 단체력의 집중이라는 것이외다. (중략) 대신사 교(敎)를 세우시되 동귀일체라 하셨나니, 이는 우리에게 단체의 력을 튼튼히 가지라 하는 말씀이며 더욱이 우리 청년에게 중심적 력을 잃지 말라 하신 유훈이외다."[1]라고 하여, 중심세력 내지 중심단체로서의 정체성을 강조하였다. 그런데 이들은 막연한 민족일치나 대동단결로는 중심세력, 중심단체가 될 수 없다고 주장하였다. 즉 신념과 조직이 없는 민족단결보다는 "비록 한 부문 한 계급의 사람일지라도 도달할 유일한 표준점을 인(認)하고, 그 표준점에 도달할 유일한 방식을 발견하여 그 표준 또는 방식 밑에서 주의적으로 단결"이 무엇보다도 전제되어야 한다고 하였다. 그리고 그 표준과 방식은 "개천벽지(開天闢地)의 대이상"만이 유일한 표준점이 될 수 있다고 하였다.[2]

청년당 지도자들은 동일한 신념과 조직하에 절대의 약속을 가지고 새로이 내회(來會)하는 주의적 단결만이 식민지 조선의 민중을 정치 경제적인 낙후에서 구할 수 있는 유일한 힘이라고 하였다.[3] 이는 결국 천도교의 개벽론에 의한 인내천주의로 단결된 천도교가 "민족적 중심세력"이 되어야 한다는 것이었다.[4] 이러한 인식에 의해 천도교청년회는 자신들의 목적을 사회적으로 달성하기 위해 1923년 9월 천도교청년당으로 재결성되었다. 조기간은 청년회는 교리와 문화를 선전하기 위해 조직된 '선전적 단체'였지만 청년당은 새로운 윤리와 새로운 제도로써 지상천국의 새 세상을 건설하려고 조직된 '주의적 단결'로 규정하였다.[5] 청년당은 인내천주의 하에 지상천국을 건설하자는 천도교의 주의·목적을 사회적으로 실현시키기 위해 천도교의 '전위조직(前衛組織)'임을 표방하였다. 이에 따라 청년당은 '지상천국건설'을 주의(主義)로, '사람성 자연에 맞는 새 제도의 실현'과 '사인여천(事人如天)의 정신에 맞는 새 윤리의 수립'을 강령으로, '당의 일체 결정에 절대복종할 것' 을 약속으로 정하고 당 조직을 강화하였다.[6]

1920년대 중반에 접어들면서 분화된 상황에서 독자적인 운동을 전개하던 민족운동 세력들은 그 한계를 인식하고 새로운 돌파구로 민족협동전선을 추구하였다. 사회주의 계열은 코민테른과 국외의 상해파(上海派), 이루크추크파와 다양한 경로를 통해 관계를 맺으면서 국외에서 당 건설과 민족통일전선 수립을 위한 논쟁에 주목하였으나 처음에는 별다른 성과를 얻지는 못하였다. 그러던 중 1924년 3월 코민테른 집행위원회 산하 원동부에서 「조선문제」라는 보고서를 코민테른 집행위원회에 제출하였는데, 이 보고서에는 민족통일전선과 관련하여 다음과 같이 제시하였다.

공산주의운동은 모든 민족주의 조직과는 독립적이어야 하고 그것은 정치적으로 뿐만 아니라 조직적으로 자주적이어야 한다. (중략) 통일적 당으로 조선 국내의 민족주의 그룹들을 통합하는 문제는 간단한 조직적 문제는 아니다. 그것은 즉각적으로 정치적으로 준비되어야 한다. 일정한 프롤레타리아와 반프롤레타리아 대중 조직 사이에서 그것은 아마 이미 조직적 과제로서, 좌파연합의 형성으로서의 공식화되었을지도 모른다. 그러나 천도교와 같은 순수한 민족주의적 대중조직 속에서 그것의 정치적 준비가 우선 착수되어야 한다. 그것은 실제로 적절한 슬로건과 경제적, 법률적, 문화적 성격의 요구를 가지고 민족혁명적 해방운동의 통일을 위하여, 그리고 또한 그것으로 조직적 집회를 만들고 준비하기 위하여, 여러 민족주의 대중조직에서 활동하는 조선공산주의자의 가장 중요한 과제의 하나이다. 이러한 연관 속에서 그들은 물론 수년 동안 진행되어온 자연적 분리의 과정과 적극적인 운동과 그것의 지도의 반동적이고 동요하는 요소에 심사숙고하야 한다. 공산주의자들은 이러한 과정에서 효과적으로 조장해야 한다.[7]

이 보고서에 의하면, 당시 사회주의 계열은 '민족주의적 대중조직인 천도교'와의 민족통일전선을 구체적으로 제시하고 있다. 이러한 배경은 천도교가 민족주의적 성향과 3·1운동에서 보여준 역량 등 민족운동의 중심세력에 있었기 때문이었다. 이는 일제강점기 사회주의 또는 공산주의 계열에서 천도교를 늘 민족통일전선의 주요 대상으로 선정한 이유였다.[8]

뿐만 아니라 1925년 7월 하와이 호놀룰루에서 개최된 제1회 태평양회의에 참석하였던 송진우도 조선 내부의 사회적 변혁과 세계 대세의 추이 및 동양 정국의 위기로 보아 4, 5년 지나지 않아 태평양을 중심으로 세계적 풍운이 일어날 것을 예견하였다. 또한 그는 이러한 위기적 상황을 극복할 당면과제로 사상적 수련과 민족적 단결을 강조하였다.[9] 이는 결국 '민족적 중심세력의 확립'을 의미하였다.

이러한 시기에 천도교에서도 민족대단결론이 제기되었다. 3·1운동을 준비하면서 민족협동전선을 경험한 바 있는 천도교는 나름대로 이를 구상한 것이다. 김기전은 "금일에 있어 우리가 일반으로 착목(着目)할 일은 한갓 말뿐을 크게 하거나 행(行)뿐을 높게 하지 말고 (중략) 형제의 수와 수가 전체로 엉키고 전체로 자활할 도를 강(講)하는 것"[10]이라 하여, 말로만 단결을 논할 것이 아니라 '실제적 단결'을 제기하였다. 또한 그는 단결을 위한 자각이 전제되어야 한다고 강조하였다.[11] 천도교의 1차 분규[12]가 어느 정도 진정이 되자 천도교청년들은 "절대의 약속을 가지고 새로이 내회하는 주의적 단결"을 제기하면서 '민족적 중심세력'이 될 만한 정치세력의 필요성을 주장하였다.[13]

이종린은 민족운동 이념이 분화된 상태에서 대동단결만이 민족해방을 실현할 방도라고 인식하고 천도교를 중심으로 민족협동전선을 수립할 것을 계획하였다. 그는 1925년 말 천도교가 신구로 분화하자 '대저주의(大抵主義)'를 제시하였다. 대저주의는 "우리의 모든 주의는 기원(基源)을 인내천이라는 활천(活泉)에서 발하여 가지고 경우경우 안고 돌며 시대시대를 흘러가서 필경은 동귀일체라는 큰 바다가 되고야마는 주의"라고 하여 천도교가 모든 사상과 주의를 통합할 수 있다고 인식하였다.[14] 즉 그는 민족대단결을 대저주의를 기초로 하여 모든 주의나 사상을 바다와 일원화하는 것으로 이해하고 있었던 것이다. 이종린은 1924년 4월 노농총동맹 창립총회를 개최할 즈음 서울에 올라온 사회주의 그룹인 화요계(火曜系)의 핵심인물 강달영에게 "주의고 뭐고 할 것 없이 현황으로서는 대중의 대동단결만이 가장 필요한 일이니, 어떤 방법으로라도 대동단결의 방법이 없겠느냐." 하면서 민족대단결을 제안하였다.[15] 이종린이 강달영에게 민족대단결을 제안한 것은 그가 1910년대 천도교를 신앙한 바 있고,[16] 천도교 조직을 잘 알고 있기 때문이었다. 강달영은 이를 수용할 수 있는 준비가 되지 않았던 관계로 더 이상 대동단결론은 진전될 수 없었다. 김기전은 민족운동중심세력론과 그 실현 단체로 민족운동 중심단체를, 이종린은 대동단결을 주장하는 민족협동전선론을 표방하였다. 이러한 인식은 2차 분화 이후 청년당의 부문운동 전개와 청년동맹의 신간회 참여로 뚜렷하게 대비된다.

청년당은 민족협동전선운동에 대해 비판적으로 인식하였다. 1926년 중반 조선민흥회(朝鮮民興會)를 결성할 즈음 청년당은 다음과 같이 비판하였다.

민족적 단일전선을 말한 것은 민족운동자에게 수 개의 전선을 합동하자는 것이 아니라 민족은 전체가 같이 단합하여 싸우자는 말일 것이니, 이를 민족운동자의 망상이라 할까 사회운동자의 모욕이라 할까. 이미 사상, 형평, 여성, 노동, 농민이라면 그 운동의 목적이 뚜렷이 나타났다. 그 운동을 위하여 목적이 나타난 것이 아니요 목적을 위하여 운동이 존재하게 된 것이라. 그 운동의 대상체가 뚜렷이 드러나서 그 규범을 벗어날 수 없음이 이 금일의 현상이라. 비록 조선의 無産階級 전체가 계급적 의식에 각성되지는 아니하였다 할지라도 이미 사회에 유동하는 중심세력이 사회운동의 방면으로 기울어져 있는 금일에 일부 有閑者의 민족적 대동단합을 새로 말한다는 데에서는 실로 냉소를 不禁하는 바이다. 뿐만 아니라 민족적 적개심의 대상이 또한 계급투쟁의 대상도 된다는 말인가. 그렇다면 再言을 不要하는 사실이다.[17]

즉 이미 민우회, 조선청년연합회, 조선물산장려회 등의 민족연합전선운동이 성공하지 못한 실례가 있고, 또 사상·형평·여성·노동·농민 등 각 부문운동의 목적이 서로 다른 상황에서 이를 도외시하고 민족적 대동단결을 다시 주장하는 것은 망상과 모욕이라고 하였다. 또한 이들의 민족적 단일전선은 "수포에 돌아가고 말 것"이라고 전망하였다. 신간회 해소 시에도 신간회는 지도 이론의 부재와 민족단일당으로서의 역할을 다하지 못하였고, 결국 해소될 수밖에 없다고 비판하였다. 진정한 민족단일당은 "민족의 다부분(多部分)의 사람을 망라하여 명실 두 방면으로 완전한 의미의 민족단일당을 건설하려면 그 구성분자는 무엇보다도 책임감이 튼튼해야 할 것이다. 책임감이 튼튼해야 물질적·정신적 희생도 있고 규율과 통제가 서나가는 것이다. 그리하여 희생과 통제는 두수(頭數)와 인물과 지도이론과 합하여 단체 결합의 5대 요소를 이루고 있다."고 하여, 희생·통제·조직·인물·지도이론 등의 5대 요소를 갖추어야 한다고 하였다.[18]

뿐만 아니라 신간회와 같은 민족협동 기관에 대해서도 "민족주의자와 사회주의자가 피차에 주의가 다르고 정책과 전술이 다른 이상에는 무조건하고 막연하게 합동하여 민족단일당 같은 것을 조직한다는 것은 사실에 될 수 없는 일이오 실제에 아무 일도 되지 않을 것"이라 하여 민족단일당으로서의 역할 가능성을 부인하였다. 그리고 그 대안으로 "종교단체는 종교단체, 농민단체면 농민단체, 여성단체는 여성단체, 기타 여러 방면의 각 단체가 각기 자기 단체를 공고하게 조직하고 또 훈련하며 다시 그 단체를 토대로 하여 전 민족적 협동기관을 두어 민족 전체에 관한 일이 있을 때에는 일치 행동으로 나아간다면 효과가 클 것 같다."고 하였다.[19] 이는 청년당을 염두에 두고 한 말이었다. 즉 협동기관의 결성보다는 각각의 단체를 중심으로 필요할 때 일치 행동으로 민족적 과제를 해결하는 것이 더 효율적이라고 인식하였다. 이러한 인식은 지방부 당원에게서도 확인할 수 있다. "별로 정책상 차이는 없으나 신간회가 우리 당보다 별다른 특별한 일이 없는 이상 달리 신간회에 가입할 필요를 느끼지 않습니다."[20]라고 하여 신간회의 의의를 인정하지 않았다. 청년당의 정책과 활동이 신간회와 차이가 없다고 인식하였기 때문이었다. 이러한 인식하에서 청년당은 독자 노선을 택하였다. 이에 반해 기독교인들로 구성된 수양동우회는 독자 노선을 포기하고 신간회에 참여하였다.[21]

이러한 민족연합전선 또는 민족단일당에 대한 인식하에서 청년당 지도자들은 조선의 현실에서는 민족적 중심체로서의 단일당이 필요하다고 보았다. 즉 민족단일당은 대중조직을 기반으로 한 단일전위정당(單一前衛黨)으로, 그리고 전위당은 조직된 대중 속에서 정열 분자를 뽑아서 결성되어야 하며 그 운영 원리는 중앙집중적이어야 한다고 주장하였다.[22] 또 "우리는 과거 수십 년간의 운동 경험에서 대중조직과 전위당이란 것을 발견하였다."고 하였는데, 전위당이란 기존의 각 부분운동 단체와 청년당의 활동 속에서 만들어진 대중조직과 청년당을 지도할 역량을 갖춘 단체를 의미하는 것이었다.[23]

청년당은 부문운동의 전개와 조직의 정비, 세포 조직의 확대 등으로 신간회를 중심으로 한 민족연합전선운동에 대응하였다. 청년당은 우선 1926년 8월 개최한 전국위원회에서 계층별·성별·직업별로 유년부·소년부·학생부·여성부·청년부·농민부·노동부 등 7개 부문운동을 전개하는 한편 천도교 기관이 있는 동리 단위까지 시일학교를 설치하도록 결의하였다. 이어 1927년 3월에는 정기총회를 개최하고 당 최고기관을 전당대표대회로 변경하고 중앙집행위원 및 지방대표위원제를 실시키로 하는 한편 당의 기본 세포조직으로 '접제(接制)'를 시행키로 결의하였다. 즉 청년당은 그동안 개별적으로 시행해오던 부문운동을 전 부문으로 확대하고 당의 지도와 통제를 받도록 한 것이다. 또한 당의 조직을 정비하는 한편 당원의 활동까지 통제하고자 하였다.

2) 조선운동의 영도론

1931년 5월 신간회가 해소되자 청년당은 '주의적 단결이 선행된 민족단체의 결성'을 주장하였다. 이에 이돈화는 "신간회는 그 자체의 목적, 회의 조직 및 그 단원된 자의 훈련이 그 목적에 융화되지 못한 미숙한 개성의 집단"이라고 비판하였다. 그리고 "신간회와 같은 반항 운동단체가 꾸준히 결합하려면 정확한 주의가 있어야 하고, 그 주의가 민족적 특수 환경에 영합되어야 하고, 최종적으로는 주의와 생명이 일치되는 의지력이 절대적 권위를 가져야 한다."고 주장하였다.[24] 이와 같은 주장은 1930년 11월 청년당 동경부가 배포한 격문에서 제시한 민족을 대표할 수 있는 '민족적 중심단체'의 요건에서도 그대로 나타나고 있다. 청년당 동경부가 제시한 요건은 다음과 같다.

　一. 그 집단이 가지는 이론 정책이 우리의 현실에 적합하며, 또 직면한 운동을 지도할 수 있는 것이라야 할 것.

一. 그 집단의 조직 역량이 강대 또 건실하고 그 성원들이 確乎不拔한 훈련을 받아야 할 것.

一. 그 집단은 과거 우리의 현실에서 역사적으로 많은 경험을 쌓았고 또 금후에도 주저 없이 나아갈 희생심 용단력을 가져야 할 것[25]

즉 민족적 중심단체는 이론과 정책, 조직, 구성원의 훈련, 역사적 경험과 희생심 등을 갖추어야 한다는 것이다. 이 격문의 결론은 이러한 집단을 중심으로 민족적인 강대한 힘을 결성해야만 민족의 목적을 달성할 수 있는데, 이런 집단은 조선의 현실에서 볼 때 '천도교'임을 은연중 강조한 것이라 할 수 있다.

이러한 상황에서 청년당의 이돈화와 조기간은 각각 「조직의 철리(哲理)」와 「조선운동의 영도문제」라는 글을 『신인간』에 발표하였다. 이돈화는 「조직의 철리」에서 "주의가 없는 조직이 나타날 수 없고, 조직이 없는 주의가 표현될 수 없는 것이다. 주의가 없는 조직은 생명을 잃은 신체와 같은 것이며, 조직이 없는 주의는 신체가 없는 유령과 같을 것이다."라고 전제한 후 "적시대(適時代)한 철저한 주의가 있고 적시대한 철저한 조직이 있는 단체"가 바로 천도교라고 하였다.[26] 이는 신간회 해소 이후 국내에서 '적시대한 단체'로서 천도교의 역할을 강조하였다. 조기간은 천도교의 주의와 목적, 조직의 긴밀성, 다수의 조직원, 결성된 당원 훈련, 과거 역사 등으로 미루어 볼 때 조선 제일의 지도자는 '천도교'라고 주장하였다. 나아가 조선의 대중운동은 미국인, 일본인, 일본인, 중국인, 러시아인의 힘으로 할 일도 아니고, 제 힘으로 운동을 하는 단체는 '천도교'뿐이라고 하였다.[27] 이어서 대중운동을 영도할 단체를 선택하는 감별법 아홉 가지를 다음과 같이 제시하였다.

1. 사상 : 모든 형편으로 눌리우는 편을 대신하는 사상일 것

2. 역량 : 그 민족사회에서 가장 큰 힘을 가져야 될 것

3. 지도자 : 그 민족사회의 가장 많은 사람의 신임을 받는 이가 있을 것

4. 경험 : 실패를 거듭하였더라도 일의 경험이 많을 것

5. 희생정신 : 그 민족사회를 위하여 무엇이라도 바칠 정신

6. 제 힘일 것 : 지도정신 경제 관계 모든 것이 자체의 자립이라야

7. 계급상태 : 그 단체 소속된 인원의 생활형편이 한결같이 곤란하여야

8. 훈련 : 오랫동안 단체적 훈련을 받아서 단체적 의식이 꽉 박혀 있어야

9. 정신적 : 몇 번의 실패를 거듭하였어도 낙망치 않을 만한 공부를 계속할

만한 정신적 수련이 있어야 될 것[28]

즉 사상을 비롯하여 역량, 지도자, 경험, 희생정신, 조선적인 것, 계급 상태, 훈련, 정신적 수련 등을 갖추어야만 당시 사회의 운동을 영도할 능력을 가질 수 있다는 것이다. 그렇지 않으면 조선의 운동이 후퇴할 수밖에 없다고 하였다. 그리고 겉과 속이 다른 이중성의 사회주의로는 한계가 있음을 분명히 지적하였다.[29]

이와 같은 조기간의 주장은 사회주의자들의 저항과 반발을 야기하였다. 당시 사회주의 계열의 주류는 비합법적인 공간에서 공산당 재건 운동 또는 적색농민조합, 적색노동조합, 반제동맹 등을 주도하였다. 사회주의자들은 『신계단』 11월호 「종교시평」에서 조기간의 글을 "천도교의 농민 기만적 정체와 정치적 영역에 있어서 개량주의적 동향 등으로 볼 때 이러한 집단이 조선운동의 영도권을 주장하는 것을 배격해야 한다."며 신랄하게 공격하였다. 특히 '천도교는 정녀의 탈을 쓴 매춘부'라고까지 비난하였다.[30] 청년당은 『신계단』의 비판 내용을 문제 삼아 이응진 등 당원 5명이 1932년 11월 19일 『신계단』의 편집인인 유진희를 찾아가 항의하였고, 이 과정에서 청년당원은 유진희를 폭행하였다.[31] 이 폭행 사건으로 사회주의자들은 11월 21일 천

도교정체폭로비판회(이하 비판회)를 결성하였다. 이 비판회에는 정운영, 정희찬, 유진희, 김약수, 김추성, 이찬, 이기영, 이남철, 방두파, 박동수, 이송규, 백철, 정백 등이 참여하였다. 비판회는 전국적인 차원에서 반천도교운동을 전개할 것을 결의하고 실행위원으로 정백 등 9명을 선임하였다. 그리고 서무부, 조사부, 선전부를 설치하였다.[32]

비판회는 먼저 「폭력화한 천도교의 정체를 폭로함」이라는 성명서를 발표하였다. 이 성명서에서는 "천도교의 교리는 유불선 삼교 혼합의 괴체(怪體)에 마르크스주의의 면사포를 씌우고 무산계급 진영으로부터 탈락한 모든 계급적 파렴치한들을 영입한 민족개량주의의 마전(摩展)이므로 타도"해야 하며 "천도교가 발행하는 모든 출판물을 매장하고 그 방향이 모호한 최린 등 천도교 수괴의 행동을 대중적으로 감시할 것"을 촉구하였다.[33] 이어 비판회는 11월 24일 최린과 정광조에게 경고문을 발송하였다.

사회주의자들이 비판회를 결성하고 반천도교운동을 전개하자 청년당 경성부는 11월 24일 긴급대회를 개최하고 사이비 운동을 청산할 것을 결의하였다. 그리고 실행위원으로 이응진, 김형준, 계연집, 김병제, 김옥빈, 설립, 김병순, 유한일, 이학중, 정응봉 등 10명을 선정하고 사회주의자의 반천도교운동에 강력하게 대응하였다.[34] 11월 28일에는 김형준과 백세명이 비판회를 직접 찾아가 활동을 중지할 것을 요구하였다. 하지만 비판회는 신입회원을 모집하는 한편 매일 집행위원회 등 각종 회의를 개최하면서 반천도교운동의 수위를 높여 갔다.[35] 뿐만 아니라 신갑범과 원경묵은 12월 24일 천도교 인일기념 식장에서 성명서를 낭독하고 구호를 외치다가 피검되었다.[36] 또한 이날 조선극장에서 천도교정체폭로비판연설회를 개최하고자 하였으나 경찰의 금지로 무산되었다.[37]

이러한 행위에 대하여 조기간은 사회주의들을 "민중운동을 교란하며 현란케" 하였다고 비판하였다.[38] 또한 청년당도 다음과 같이 사회주의자들을 비판하였다.

　　조선의 현실은 민족주의 사회주의 할 것 없이 조직적 적극적으로 ××을 하여 과거에 많은 실천적 경험이 있었다든가 또는 현재의 입장이 인간본위의 사회를 건설치 않고는 살 수 없는 하층 창생이 아닐 것 같으면 절대로 운동에 관여할 수가 없게 되었다. 그러한 관계로 운동을 사교적 의미에서 또는 막연한 지배욕이나 명예욕으로 인하여 민족주의 운동을 하여오던 층과 사회주의 운동을 하던 소재산가층 또는 지식층은 어마어마한 객관적 기운에 겁을 집어먹고서 급속히 운동선에서 도망을 하고 말았다. 그래서 민족주의 운동은 몇 개의 적은 집단이 겨우 명맥을 유지할 뿐이고 그 외의 표면적 활동은 아주 없어지나 다름이 없게 되었으며, 사회주의 운동 역시 사회주의 운동을 할 입장에 서 있지 않은 소재산가층 지식층들의 탈퇴로 인하여 몇몇 지방의 자연발생적 동맹파업 외에는 하등의 진전이 없었다. (중략) 이렇게 민족주의 사회주의 운동이 침체하게 되는 반면에 오직 천도교의 운동은 여전히 잘 진전이 되고 있다. (중략) 그럼으로 이제부터의 우리 당원의 책임은 가일층 중대하여지는 것이다. 조선의 모든 일은 우리 당이 구체적 안을 세워가지고 부단히 힘 있게 실천하여 가는데서뿐 진전이 될 것이다. 새해의 조선은 우리 당 당원이 활동하고 아니하는 데서 그 성쇠가 달린 것이다. (하략)[39]

　　즉 청년당은 당시 민족주의운동 세력이나 사회주의운동 세력 할 것 없이 거대한 새로운 운동의 조류에서 이탈하였다고 인식하였다. 따라서 이들 운동은 겨우 명맥만 이어올 뿐이고 오직 청년당만이 발전하였다고 보았던 것이다. 이러한 인식은 사회주의자들과 사상논쟁을 불러오고 반천도교운동이 전개되는 계기가 되었다.[40] 이돈화는 사회주의자에 대해 다음과 같이 비판하고 있다.

조선 민족의 특수 사정으로 농업국인 것, 식민지이라 하여 놓고 보면, 농업국에 있어서의 사회운동은 노동국에 있어서의 사회운동과 같은 방식과 규범과 그 지도원리를 그대로 모방한다 하면 그는 결코 良策이 아니며, 또는 사정에 通치 못한 劇場偶像에 지나지 못할 것이오.[41]

즉 사회주의자들의 혁명적 농노조운동(農勞組運動)은 단지 대중들의 현상을 제대로 인식하지 못한 방법론적 이상에 불과한 '극장의 우상'[42]이라고 하였다. 또한 김병순은 "조선의 농민과 노동자는 잉여가치, 계급투쟁이라는 의미도 모르는 상태임에도 불구하고 사회주의자들은 무산자가 계급투쟁의 조건을 가졌으니 전선에서 과감한 투쟁을 할 것이며, 계급운동의 슬로건 아래 노동자, 농민이 한꺼번에 묶일 것"[43]이라고 믿는다고 비판하였다. 최린도 농민층은 "무산계급도 아니고 유산계급도 아닌 일종의 미성계급(未成階級)이자 비계급(非階級)"[44]이라 하여 농민층은 아직 계급에 이르지 못한 미성숙한 단계라고 인식하였다. 이는 농민층의 계급투쟁을 강조하는 사회주의자들의 농민운동은 대중들의 현상을 무시한 이론만의 운동이라는 것이었다.[45]

또한 청년당은 당시 농민운동의 양상을 첫째, 총독부 식민정책에 의한 것, 둘째, 기독교 포교정책에 의한 것, 셋째, 사회주의 계급운동에 의한 것, 넷째, 천도교 농민운동에 의한 것으로 분류하였다. 그리고 이중에서도 특히 조선농민운동의 지도정신은 사회주의운동과 천도교운동이라고 판단하였다.[46]

청년당은 당시 농민운동 내지 노동운동의 임무는 계급투쟁보다는 농민, 노동자를 조직 훈련시키는 것이 우선한다고 하였다. 즉 사회운동의 단계를 계급투쟁의 단계가 아니라 각계각층의 이해와 요구를 수용하는 단계로 설정한 것이다. 따라서 각 부문운동이 곧바로 사회주의 운동의 이념과 조직체계로 연결되는 것이 아니었다. 이러한 점에서 청년당은 당시의 사회운동의 흐름에서 계급운동을 인정하지 않고 다양한 계층, 즉 부문의 이익을 도모하는 형태의 운동을 전개해야 한다고 인식하였다. 이는 당시 각계각층의 부문운동을 포괄할 이념과 이를 영도할 조직적 체계는 바로 청년당이라는 논리였다. 이에 따라 '조선운동의 영도권'은 청년당에 있다고 주장하였다.[47]

청년당은 자신들이 제기한 조선운동영도론을 실현하기 위해 보다 강력한 조직 체계를 만들고 당 조직을 정비하였다. 1932년 12월 1일부터 7일간을 당화주간(黨化週間)으로 정하는 한편 이해 12월 22일과 23일 개최한 임시 전당대회에서 당헌(黨憲)을 개정하였다.[48] 개정 이유는 첫째, 진취적·자발적 능동성과 자율성·활동성의 강화, 둘째, 강력한 집권제 구축, 셋째, 지방의 지역적 지도 훈련의 완성이었다.[49] 개정된 당헌의 특징은 당 조직의 강력한 중앙집권화였다.[50] 이러한 조치는 당두(黨頭)를 중심으로 하는 지도 체계를 보다 명확히 하고 당 본부의 역할을 강화한 것이었다. 본부와 지방부에 있어서도 지방부 대표를 본부에서 임명하고, 당단(黨團)을 통해 이를 통제하려는 방향에서 조직을 개편하였다. 결국 청년당이 지도 체계를 보다 강력하게 중앙집권화한 것은 일사불란한 통일적 운동을 전개하기 위한 것이었다. 뿐만 아니라 청년당은 당세 강화를 위해 당세 확장 3개년 계획을 마련하였다.[51]

청년당은 1932년 2월 신간회 해소 이후 조선 사회운동의 주도권을 차지하려고 하였다. 대공황기로 표현되는 사회적 모순이 심화되는 현실과 사회운동 세력과의 관계 속에서 자신들의 정치적·경제적 구상을 실현하기 위해서는 무엇보다 조직을 공고화하는 한편 청년당의 지지기반을 사회적으로 확대할 필요가 있었던 것이다.[52] 이에 따라 청년당은 이 시기에 당의 조직체계를 더욱 강화하고[53] 부문운동을 강화하기 위해 부문단체를 정비하였던 것이다. 이러한 일련의 조치는 민족운동중심세력론과 이를 통한 민족운동 중심단체를 실현하기 위한 것으로 당시 조선 사회운동을 둘러싸고 사회주

의자들과 대립에서 청년당이 주도권을 장악하기 위한 것이었다.[54]

또한 청년당은 이 시기 당원의 재선서를 강조하면서 준비론을 제기하였다.[55] 준비론은 표면적으로는 드러나지는 않았지만 청년당 내의 비밀결사인 오심당(吾心黨)[56]과 관련이 있는 것으로 추정된다. 오심당은 1923년 9월 청년당 창립 직후 독립운동을 위한 비밀결사의 필요성에 따라 평양에서 결성되었다. 이에 앞서 1923년 6월경 서울에서도 비밀결사로 불불당(不不黨)이 결성되었다. 이 비밀결사는 1939년 4월 천일기념을 계기로 오심당으로 통합되었다. 그리고 운동 방침을 첫째, 조선독립운동을 일으킬 것, 둘째, 시기는 1935년과 36년 일본의 국제적 정치 위기를 기회로 할 것, 셋째, 당원은 천도교를 10년 이상 신봉한 교도 중에서 전형하여 입당케 할 것으로 정하였다. 오심당은 청년당이 구체적 임무를 중비하던 중 1934년 9월 발각되어 청년당원 230명이 검거되었고, 운동자금 2,300여 원을 압수당하였다.[57] 비밀결사 오심당의 결성은 청년당의 운동노선이 타협적 민족주의와 일정한 차이가 있음을 알 수 있게 해 준다.

오심당사건을 계기로 청년당은 순수한 종교청년단체로 전환하였다. 청년당은 1934년 12월 개최한 임시전당대회에서 기존의 기무부, 조직부, 총무부, 훈련부, 선전부의 5부 체제를 포덕부, 수도부, 경리부의 3부 체제로 변경하였다.[58] 이어 방향 전환을 선언하고 시중회(時中會) 지지를 천명하였다.[59] 이로써 청년당은 청년회 시기부터 구상하였던 민족운동중심세력론과 민족운동중심단체론은 더 이상 실현될 수 없었고, 식민 지배 체제에 흡수되어 갔다.

2. 천도교청년당의 '통속운동'

1) '통속'의 개념

고대로부터 오늘날에 이르기까지 인간사회에 가장 밀접한 관계를 맺고 있는 것은 아마도 종교일 것이다. 그러한 관점에서 본다면 종교란 사회와 분리해서 이해할 수 없으며, 한 시대 현상의 본질을 종교를 통하여 드러내기도 한다. 따라서 종교운동은 그 시대적·사회적 성격과 상황을 반영해 전개되어 왔으며 그 결과 자연스레 사회운동의 성격을 내포하게 된다.

통속이란 말은 일반적으로 '세상에 널리 통하는 풍속이나 전문적이 아닌 일반적인 수준의 알기 쉬운 일'로 이해되고 있다. 이에 따라 통속이란 용어를 활용하여 통속강연, 통속교육, 통속철학, 통속강좌, 통속의학 등 다양한 방법으로 통속운동이 전개되었다. 통속강연(通俗講演)은 '일반적인 수준의 사람들이 다 알아들을 수 있는 문제나 내용의 강연'을, 통속교육(通俗敎育)은 '일반 민중 특히 청장년 등 성인에게 시행하는, 전문적이 아니고 알기 쉬운 일종의 사회교육'을, 통속철학(通俗哲學)이란 '일반 대중을 상대로 계몽과 교화를 주로 하는 철학'을 의미한다. 이와 같은 의미에서 통속운동(通俗運動)이란 '일반대중을 상대로 계몽과 교화를 주로 하는 운동'으로 이해할 수 있을 것이다. 즉 통속운동은 일반 대중과 함께하는 동시에 근본적으로 문제가 있는 관습이나 풍속을 고쳐 나가는 운동이라 할 수 있다.

요즘 사회에서는 '통속'이라는 용어보다는 '대중'이라는 용어가 더 익숙해졌다. 또한 통속이라는 말보다는 좀 고상스럽게 느껴지는 대중이란 말을 더 많이 사용한다. 반면에 오늘날 '통속'이라는 말은 마치 '저속하다' 또는 '지저분하다' 등의 퇴폐적인 인식을 갖게 한다. 하지만 한말 또는 일제강점기에는 대중이라는 말보다는 통속이라는 말이 더 빈번하게 사용되었다.

'통속'의 의미를 사전적으로 살펴보면 다음과 같다.

　　통속 : ① 널리 통하는 풍속 ② 주로 매김말로 쓰이어 '일반 대중에게 널리
쉽게 통하는'의 뜻
　　통속 : 고상하지 않고 세속스러움. 누구라도 알 수 있음. 전문적이 아님[61]
　　통속 : ① 일반 세상에 널리 통하는 풍속 ② 전문적이 아니고 일반으로 알
기 쉬운 일[62]

　사전적 의미에서 본 바와 같이 통속이 지니는 의미는 '우리 생활에서 느낄
수 있는 일반적이고 대중적인 풍속을 의미'한다. 그러나 1900년대나 일제강
점기에는 이와는 다르게 '보통' 또는 '사회'라는 의미로 사용되었다.
　통속이란 용어는 '종교'나 '과학'과 마찬가지로 일본의 영향을 받은 것으로
보인다. 1878년 복택유길(福澤諭吉)의 『통속국권론(通俗國權論)』이 발행된 이
후 일본에서는 제목에 '통속'이라는 말이 들어간 다양한 책이 간행되었다.
이러한 책들은 한 분야의 지식을 전문가보다는 일반인이 이해할 수 있도록
쉽게 풀이하고 있다. 이후 국내에서도 '통속'을 접두어로 활용하는 용어들이
등장하기 시작하였다. 그럼 언제쯤 통속이란 용어가 처음으로 사용되었을
까. 아마도 대한자강회 평의원으로 활동하던 심의성이 '통속교육'이라는 용
어를 쓴 것이 처음이 아닐까 한다. 그는 1906년 "개왈교육교육자(皆曰敎育敎
育者)가 단지교육지의이미지교육지침고(但知敎育之意而未知敎育之針故)로 요
이아교육계(窈以我敎育界)의 현상(現狀)으로 기방침(其方針)을 약론(畧論)하노
니 하자(何者)오. 기통속교육(卽通俗敎育)이 시야(是也)라." 하여 국민적 교육
을 보급할 통속 방법으로서의 통속교육을 제기하였다.[63] 심의성은 복택유길
의 '통속지서(通俗之書)' 이후 이미 일본에서 널리 사용되는 통속 개념을 수용
하고 통속주의에 입각한 통속교육의 중요성을 주장하였다. 이후 1908년에

『대한매일신보』에 「통속교육(通俗教育)의 필요(必要)」라는 논설을 통해 '보통'의 뜻으로 통속의 의미를 쓰고 있다. 즉 국한문혼용판 『대한매일신보』의 「통속교육의 필요」를 한글판에서는 「보통교육의 필요」로 쓰고 있다. 두 글을 비교하면 다음과 같다.

> (전략) 國民을 敎育하는 者ㅣ 個個 上等 知識은 興치 못할지언정 普通知識은 興하여야 可할지며 國民된 責任을 有한 者ㅣ 個個 上等 知識은 修치 못할지언정 普通知識은 修하여야 할지라. (중략) 爲先 國民同胞와 共通的 方針을 講究하여 通俗敎育 즉 普通知識(밑줄 필자) 啓導하는데 熱心을 注할지라.[64]
>
> (전략) 국민을 교육하는 자ㅣ 개개히 상등 지식을 넓혀주지는 못할지언정 보통지식은 넓혀주어야 가할 것이오. 국민된 책임을 가진 자ㅣ 개개히 상등 지식을 배할 수는 없을지언정 보통지식은 배워야 가할지라. (중략) 우선 국민 동포와 함께 나아갈 방침을 궁구하여 보통교육과 지식(밑줄 필자)을 열어주고 인도하는 일을 열심히 주의할지어다.[65]

이 두 글의 내용은 큰 차이는 없지만 '통속교육'을 '보통교육'이라 표현하여 '통속'과 '보통'을 동일하게 이해하고 있다.

이와 같은 통속의 의미는 1920년대 이후에는 좀 더 넓은 의미에서 '사회'라는 뜻으로 확대 해석하고 있다. 청년당 당두이며 『개벽』의 주간으로 활동하던 김기전은 통속교육을 사회교육으로 이해하고 있다.

> 큰탈 큰탈 하야도 알 것을 알지 못하는 것처럼 더 큰 탈은 업스리이다. 전문적 특수지식이 缺함과 如함은 猶或 可하거니와 사회적 普通常論의 缺如는 中에도 氣 맥히는 일이외다. 그런데 다 아는 바와 가티 우리에게는 일즉 학교의 건립이 無하얏고 대체로 서당의 교육은 不無하얏스나 그의 敎하는 바

는 今日 實社會와 殆히 無關系한 閑文字뿐이엇는 바 농촌에 게시는 우리 한 아버지 아버지와 한머니 어머니는 대개 세상 모르는 어른이 되엇나이다. 눈 만 끔벅하면 귀 잘리우기 꼭 알마즌 이 세상에 處하야 아니 生이냐 死이냐 하 는 우리의 무서운 운명을 目前에 노혼 今日에 在하야 우리 實社會의 중심세 력되는 한아버지 아버지가 그러케 세상 모르는 사람이 되어서야 어떠케 하 겟나이까. 그러나 이분네를 위하야는 학교를 세운다 하야도 소용 업스며 서 당을 개량함도 무의미한 일이외다. 오즉 사회적 교육 즉 통속적 교육을 행할 외에 他道가 無할 것이외다. 그리고 이 통속교육은 다못 한 아버지 어머니에 게뿐 필수할 것이 아니라 우리의 언니 누이님에게도 꼭가티 필요할지니 是 는 都會에 在하야는 언니 누이님便은 대개 相當 教育을 受하얏다 할 수 잇스 나 농촌에 在하야는 아즉 그러치 못한 故이외다.[66]

즉 통속교육을 '전문적 지식이 아닌 사회적 보통상식'을 교육하는 것이라 하여 '통속적'을 '사회적'과 같은 뜻으로 쓰고 있다. 그리고 통속교육의 방법 으로 주야학강습(晝夜學講習), 통속강연회(通俗講演會), 호주회(戶主會), 처녀 회(處女會) 등을 조직하여 할아버지, 아버지, 어머니, 언니, 누이 등 누구나 현대적 상식으로 알아야 할 지식을 보급할 것을 제시하였다. 또한 오태환도 사회교육기관이 제대로 갖추어지지 않은 현실에서 통속강연을 장려할 것을 주문하였다.[67] 그리고 동경에 유학 중인 신식은 일본의 경우 과학과 지식의 통속화 및 민중화를 위해 지역 유지들이 사회 일반의 교양기관, 그리고 문화 연구회, 생활개조회, 과학보급회, 과학장려회 등 단체를 설립한다는 것을 강 조하고 조선에서도 사회 일반의 교양에 진력하고 신문화를 보급할 통속교 육 내지 통속강연 등이 조속히 전개되기를 기대하였다.[68]

이러한 흐름에 따라 예술과 문학에서도 통속화가 자연스럽게 제기되기도 하였다. 특히 문학에서는 "통속성이라는 것은 두말없이 상식성(常識性)이다.

상식성이 소지하는 수량적 의미와 이론적 의미의 것을 통속성 역시 갖는 것이다. 통속이 당해 사회와 시대에 있어서 누구나 모두 다 안다고 하는 많은 수량과 그것은 의례히 그럴 것이 아니냐 하는 논리를 내포하고 있는 것은 상식의 경우와 꼭 마찬가지이다. 그렇기 때문에 통속성이란 곧 사회성이다. 대중이라는 대다수와 통하는 것이다."라고 하여 통속성을 상식성, 사회성, 대중성으로 이해하였다.[69] 나아가 "통속성이 없이 인류는 아무런 사회적 행동도 결성도 가질 수 없는 것"이라 하여 사회에서 통속 개념이 불가피함을 강조하였다.[70] 이러한 인식 아래 통속적 방법을 통한 교육을 비롯하여 강연회 등 다양한 사회개혁운동이 전개되었다.

일제는 일찍 통속의 중요성을 인식하고 지배 정책의 일환으로 조선교육회를 통해 '일반 사상의 향상'을 목적으로 통속교육강연회를 개최하거나,[71] 사회교화사업위원회[72]나 부군(府郡) 직원 및 교원의 지도로 통속강화회를 계발하도록 통첩을 보내기도 하였다.[73]

이에 앞서 일제는 통감부 시기부터 통속교육의 중시하여 한국을 통치하기 위한 수단으로 통속교육을 관제로서 업무 분장을 마련하였다.[74] 1907년 12월 학부 관제를 개편하면서 학무국의 관장 사무 안에 통속교육이라는 업무를 포함시켰다. 이 통속교육 업무는 1909년 1월 학무국이 제1과와 제2과로 나누어질 때 제1과의 업무로 규정되었다. 이처럼 통감부 시기부터 통속교육이 업무로 분장되고 있지만 어떠한 방식으로 업무가 추진되었는지는 사료가 발견되지 않아 그 성격을 밝히기에는 어려움이 있다. 학부는 한국 민중에게 신교육을 시켜 공립학교 취학률을 높이는 한편 학교와 가정의 연락기능, 그리고 일반 민중의 교육을 도모하기 위해 통속강담회를 비롯하여 부형회, 전람회, 학예회 등의 활동을 전개하였던 것을 확인할 수 있을 뿐이다.[75]

그러나 이러한 통속운동은 총독부뿐만 아니라 조선여자교육회[76]나 토요회,[77] 농민조합,[78] 해주학우회[79] 등 일반 사회단체에서도 적극적으로 활용하였다. 불교계도 한용운이 불교의 통속화를 위해 법보회(法寶會)를 만들어 불교 경전의 한글화를 시도한 바 있다.[80] 그리고 만주에서 활동하던 독립운동 단체에서도 통속강연을 통해 문맹퇴치 등 교육활동을 도모하였다.[81]

2) 통속운동의 배경

일제하의 종교운동은 신앙적인 차원을 넘어 민족적 과제 해결을 위한 민족운동, 사회적 갈등의 해소와 통합을 위한 사회운동 등 다양한 형태로 전개되었다. 천도교는 1860년에 창도되어 일제하에서 해방공간에 이르기까지 다양한 운동을 전개하였다. 그중에서 간과할 수 없는 것은 대중계몽운동으로서의 통속운동이었다.

천도교는 1860년 4월 5일 창명 이래 인간은 누구나 한울님을 모시고 있다는 시천주의 이념에 따라 당시 유교적 신분사회를 극복하고 평등한 사회를 만들기 위하여 적서타파, 반상철폐 등을 사회운동으로 전개하였다. 이러한 사회운동은 반봉건 반외세의 동학혁명으로 발전하였으며 일반 민중으로 하여금 삶에 대한 새로운 자각을 불러일으키게 하였다. 이러한 사회운동은 1904년 갑진개화운동으로 이어졌으며, 1920년대 이후에는 천도교의 대중화를 위한 운동의 일환으로 통속운동이라는 사회개혁운동으로 발전되었다.

통속운동은 시대에 따라 다양한 모습으로 전개되었다. 한말 계몽운동가들은 통속교육을 통해 민중의 계몽과 민족의식을 고취시켰는가 하면, 일제시대에 들어와 총독부는 통속교육을 통해 식민지배 정책을 확대 보급하고자 하였다. 그리고 3·1운동 이후에는 청년단체를 비롯하여 종교단체, 여성단체 등 각종 단체에서 통속교육, 통속강연, 통속강좌 등을 활용하여 문화운동을 확산시켜 나갔다. 이와 같은 통속운동은 통속운동 주체의 주요 이데올로기의 대중화를 위한 운동이라 할 수 있다. 그리고 문학에서도 통속적 소재를 활용한 통속소설이 크게 붐을 일으키기도 하였다. 이처럼 통속 또는 통속성은 1920년대 이후 사회적으로 보편화되었다. 통속의 의미는 시대가 흐름에 따라 점차 '대중'이라는 의미로 변화되었다.[82]

통속운동은 특히 1930년대 들어 보다 활발하게 전개되었는데, 특히 의료 분야에서 가장 적극적이었다. 세브란스의학전문학교 학생기독청년회, 경성의학전문학교 강연부, 여자의학강습소 학우회가 동아일보사 후원으로 통속의학강습회를 수 차례 개최하였으며,[83] 그 외에도 지방의사회나 병원에서 통속의학강연회를 개최하여 위생관념이나 의학상식을 보급하였다.[84]

이처럼 통속운동은 총독부를 비롯하여 각종 사회단체, 종교단체, 독립운동단체에서도 전개하였지만, 그 활동 내용은 차이를 보인다. 총독부는 지배 이데올로기인 동화를 목적으로 하였다면 사회단체나 종교단체는 그 단체의 목적 실현을 위한 방안이었던 것이다. 즉 사회운동의 방편으로 활용되었다.

일제강점기 천도교청년당에서 전개하였던 통속운동 역시 이러한 관점, 범위에서 크게 벗어나지 않았으며, 일반 민중과 가까이 하며 함께 호흡하는 일반적인 운동이었다. 청년당의 통속운동은 청년당의 본질적 운동이 아니지만 천도교와 청년당의 근본운동을 일반 민중에게 선전하고 민중과 같이 호흡하며 간접적으로 청년당이 나아갈 길을 마련하는데 필요한 사회운동이었다. 즉 일반의 취미, 기호, 친목, 풍습 등에 관한 극히 보편적인 취향이나 문제를 민중들과 함께 공부하는 일종의 사회개혁운동의 성격을 지니고 있다. 이러한 측면에서 통속운동은 청년당이 전개하였던 문화운동, 민족운동, 청년운동 등에 절대적으로 필요한 것이었다.

앞서 살펴보았듯이 통속운동은 대중을 대상으로 한 다양한 활동을 일컫는다. 청년당 당두를 지낸 조기간은 통속운동의 개념을 다음과 같이 밝혔다.

우리 黨의 本格運動은 아니면서도 能히 우리 敎黨의 氣分을 民衆에게 宣傳하고 民衆의 呼吸을 우리에게 通하야 間接으로 黨의 나아갈 길을 닦는데 크게 必要한 것이다. (중략) 通俗運動이라 하면 一般의 趣味 嗜好 親睦 風習 等等에 關한 極히 普遍的되는 趣向이나 또는 問題를 붓잡아 그들과 같이 이를 高調하고 혹은 矯正하는 一種의 凡常한 運動을 指導함[85]

즉 통속운동은 청년당의 기본운동은 아니지만 '민중과 호흡을 같이 하는 간접으로서의 필요성'을 갖는 것으로 직접적인 포교운동과는 달리 보편적인 취향이나 사회적 문제를 그들과 함께하는 일상적인 운동이라고 했다. 그리고 정응봉은 "이것은 우리 당의 본체운동은 아니지만은 이 운동이 있음으로 해서 능히 우리의 기분을 민중에게 전하고 민중의 호흡을 우리에게 통하야 간접으로 우리 당의 나아갈 길에 침목(枕木)을 놓고 우리 당의 운전하는 수레에 기름을 부음이 되는 것이다."라고 하였으며 궁극적으로 통속운동은 "일반 민중으로 하여금 재래의 인습을 타파하고 우리 당의 이상하는 지상천국 생활을 모다 동경할 기회를 주기 위한 운동"이라 주장하였다.[86]

청년당이 전개하고자 하였던 통속운동을 조기간은 다음과 같이 구체적으로 제시하였다.

一. 正月 大보름날, 五月 端午, 八月 秋夕 같은 在來의 名節 時機를 利用하야 踏橋會 或은(翫月會) 脚戲, 鞦韆, 遊山, 野遊會같은 것을 주최하는 것

二. 原始的의 各種 迷信, 早婚, 賣買婚, 賭博 其他 種種의 鄕中惡習을 矯正시키는 일

三. 色衣, 斷髮, 家庭衛生, 道路 及 井戶修築 等等(新作路보다도 鄕中 老幼가 밤낮으로 來住하는 동내의 길) 其他 이에 準하는 가지가지

四. 그 地方의 學生同窓會, 留學生親睦會, 爲親 其他多少의 社會性을 띠인

契모임 같은 것을 適宜히 指導運用하는 것

　五. 그 地方 或은 洞中의 先輩, 篤志家, 模範少年(或은 學生) 其他 이네 準할 特殊한 襃揚을 받을 만한 일을 한 사람에게 對하야 敬慰 或은 表彰의 式을 設行할 것[87]

즉, 청년당이 전개하고자 한 통속운동은 동네 씨름이나 운동회, 친목회, 생활 개선 등 일상생활 속에서 민중들과 함께 몸으로 부딪치고 생활 실천을 통해 가까워지면서 천도교를 알리고자 하는 운동이라고 했다. 이는 간접적인 포교운동의 하나였다고 볼 수 있다.

이러한 청년당의 통속운동은 천도교의 대중화를 위한 노력의 하나로서, 그 배경을 교단적 요인과 사회적 요인으로 살펴볼 수 있다.

먼저 교단적 요인은 창도 70주년을 맞아 전개한 교세 확장 운동이다. 천도교가 창도된 지 70년이 되었지만 사회적으로 천도교가 추구하는 포덕천하, 광제창생, 보국안민, 지상천국 건설의 목적을 말하기에는 부족한 점이 없지 않았다. 3·1운동 이후 일제의 간섭과 탄압으로 천도교에서 이탈한 교인이 적지 않았으며, 교세 또한 한때 위축되지 않을 수 없었다. 즉 천도교의 목표인 지상천국 건설을 운위하려면 천도교의 대중화가 선행되어야 했던 것이다. 그 방편의 하나로 일반 민중과 친밀성을 강화하는 것이 바로 통속운동이었다.

이에 대해 김명호는 "우리의 칠십년간 일은 천도교란 그만한 큰 집을 지을 뿐이오 아직 그 집에 아무라도 한 번씩 쉬어 가지 못하게 한 것과 같습니다. 그럼으로 천도교는 아직 비천도교인의 상대물로 되어 있을 뿐이요 막대한 관계가 지어지지 못하였습니다. 여기에서 천도교식의 통속운동을 널리 일으킬 필요가 생겨집니다. 이것이 천도교가 사람을 위하는 본의에 충실하는 것이며 천도교의 아름다운 씨를 뿌리는 것입니다. 반드시 새로운 싹이돈을 날이 있을 것입니다."라고 하여 천도교가 창도 70년을 기해 교세 확장을 위해서라도 통속운동을 일으켜야 한다고 밝혔다. 이어서 "통속운동은 천도교와 관계가 먼 것 같기도 합니다. 혹은 아주 멀거니 하고 생각하는 이도 있습니다. 직접으로 주문을 읽히며 청수를 모시게 하는 것이 아니니까 필요가 적게 생각합니다. 그러나 우리의 통속운동이 없으면 없으니만치 보통 사람과 천도교가 멀어지고 통속운동이 잘되면 잘 될수록 사람과 천도교가 가까워지게 되었습니다. 포덕에도 관계가 있고 우리의 목적을 일구는데도 큰 관계가 있습니다."라고 통속운동의 필요성을 밝혔다.[88] 그리고 그는 통속운동으로 미신타파 운동, 삭발 운동, 염색의 운동, 조혼폐지 운동, 문맹타파 운동 등 다섯 가지를 전개할 것을 주장하였다.

이러한 인식은 김병제에게서도 보인다. 그는 통속운동에 대하여 다음과 같이 밝혔다.

> 대체 통속운동이란 무엇이냐. 우리 가티 시대가 뒤떠러진 민족의 살림사리 틈에 홈홈 삿삿치 끼우고 백이고 썰어 잇는 원시시대(原始時代)와 봉건(封建)시대의 케케썩고 시시껍덕직은 한 습관과 풍속의 남은 찍격이를 깨끗하고 말숙하게 싯처 버리고 부서버리자는 운동이다.[89]

결국 청년당의 통속운동은 시대에 뒤떨어진 봉건적 습관과 풍속을 시대에 맞게 개량 또는 변화시키는 계몽운동이었다. 이러한 계몽운동을 포함한 통속운동은 이미 천도교가 창도된 1860년부터 비롯되었다. 당시 유교적 관습인 적서 차별의 철폐, 인간존중, 남녀평등 문화 등이 그 효시를 이룬다. 이러한 통속운동의 기저는 동학혁명 당시 동학군이 주장하였던 폐정개혁으로 이어졌으며 1904년 갑진개화운동으로 계승되었다. 갑진개화운동의 요체는 흑의단발(黑衣斷髮)이었다.

당시 통속운동이 사회적으로 확산되는 계기는 한말의 개화사상의 보급이었다. 당시 제국신문 논설에서 "개화라고 하는 말은 풍속을 열고 백성을 화하는 뜻이니 알기 어렵고 행하기 어려움이 아니오 때를 좇아 편리하게 함이다. (중략) 남의 나라는 개화한 후로 국부신강하건마는 우리나라는 개화한다한 후로 점점 약하고 패하여 가니 이는 자주하는 권리를 찾지 아니 함이라. 그 권리를 찾으려면 예와 이제 여러 나라의 편리함을 좇아 변한 것도 보고우리도 4천여 년 종노릇하던 풍속을 변하여 봅시다."[90]라고 하여 과거의 시대적·사회적 모순을 안고 있는 관습과 풍속을 개량하여 교화하는 것을 신문화의 요체로 보았다. 이는 곧 국력과도 밀접한 관계가 있다고 하였다.

그리고 3·1운동 이후 문화운동이 전개되면서 풍속 개량·악습 개혁의 통속운동이 또다시 제기되었다. 『동아일보』 사설은 이 통속운동이 민족적으로 시급한 과제임을 다음과 밝히고 있다.

現下의 우리 民族으로 하여금 새 文化를 樹立하고 새 生命을 開拓하야써 理想的 새 社會를 建設하는데 잇서서는 勿論 高遠한 理想과 嶄新한 知識도 必要하겟지만 그보다도 더욱 適切緊要한 急先務는 우리의 日常生活하는 卑近한 現實에 就하야 注意를 促하고 反省을 구하야 하나식 둘식 改革斷行하는 것이 生活改造의 原理에 副合할 뿐아니라 社會換新의 端緒가 되는 것을 確信不疑하는 바이다. 千里의 程도 一步를 始하고 萬頃의 波가 細流의 合인 것을 생각할 때에 우리 민족의 個個命命 日常生活上 一動一靜이 全體社會에 波及되는 影響이야말로 實로 至重至大한 關係가 잇슬 것은 知者를 不待하여도 可知할 바가 아닌가. 이에서 吾人은 社會改良의 一端으로서 在來의 因襲으로 尙今까지 流行하는 弊習陋慣을 ——히 指摘하야 그 改革과 斷行을 促코저 하는 바이다.[91]

개혁의 내용으로 단발과 흑의, 관혼과 상례, 족보열과 양반심, 관존민비의 사조, 황금숭배열, 지방열, 도회존상병, 문약퇴영과 노동의 천시, 노년숭배 관념 등을 다루었다.[92] 당시의 통속운동은 일부분에만 그치지 않고 사회 전 반으로 확산되었다.

한편 김병제는 통속운동의 내용을 다음과 같이 정리했다.

> 세상 턴디를 다들 추워 보아도 도무지 차저 볼 수 업는 상투를 짜는 것이 든지 흰옷입는 나라는 망하는 법이라고 우리나 남들이나 다가티 떠드는 이 때에도 흰의복을 그양 입는 것이라든지 살어 게신 부모에게는 닭다리 하나 를 안 대접하다가도 죽은 뒤에는 밧과 집을 파라서라도 심하면 남의 부채를 지면서라도 장사와 제사는 굉장 야단스럽게 하는 상장 제례의 허식이라든지 온갖 귀신 독갑이와 온갖 조화생이 진인(眞人)을 밋고서 빌고 따라단이는 미 신(迷信)이라든지 투전골패 장긔에 잇는 글은 애써 배우면서도 제 언문 한자 도 배우지 못한 문맹(文盲)이라든지 그러한 풍속과 병통을 업새여 버리고 고 치여 보자는 것이 통속운동의 내용(內容)이다.[93]

즉 청년당에서 전개하였던 통속운동의 궁극적인 목적은 개벽운동의 일환 인 천도교의 이념을 대중화하고 일반 민중들과 함께 더불어 살아가면서 시 대적으로 뒤떨어진 봉건적 관습과 풍속을 개량 보급하고 문맹퇴치를 하기 위한 것이었다. 비록 통속운동은 청년당이 본래부터 추구한 개벽운동은 아 니었지만 그 필요성은 개벽운동을 전개하는 데 절대적인 것이었다.

김병준은 그 당위성을 다음과 같이 주장하였다.

> 우리의 개벽운동에 잇서서 전체운동이거나 또는 구경(究竟)은 안이다. 물 론 안이다. 우리의 전적 운동의 한 적은 부분이다. 평범한 부분운동이다. 그

리고 이 운동을 실제로 진행식히려면 거긔에는 수천년 내려온 구든 습관의 바위(岩)도 잇고 엇결어붓튼 전통의 병근(病根)도 박혀 잇다. 이러한 바위를 떼여 버리고 이러한 병근을 고치여 버리려면 정말 쉬운 일이 안이오 하로 잇흘에 될 일도 아니다. 뿐만 아니라 달니 생각하면 이것이 사실로 각 방면에서 굴너 드러가는 오늘날 민중 자체가 그러케 요구하는 것도 안이다. 그러치만 돌려 생각하면 이 색의(色衣)를 입고 머리를 깍고 허례를 폐하고 미신을 물리치고 문맹을 업새는 것이 우리 운동의 실제 목덕이 아니라고 쉽게 잠시 동안에 성공하지 못하리라고 또는 민중 자체가 애타게 요구하는 것이 아니라고 거저 몰으는 척하고 슬적슬적 보낼 일도 안인줄 안다. 웨 그러냐 하면 새로운 신지를 개척하려면 몬저 그 땅우에 엉크러저 잇는 거칠은 가시덩굴과 자갈돌을 거더치워야 하는 것이다. 통속운동은 한쪽으로는 우리 민중의 터전에 얼키고 백여 잇는 원시시대와 봉건시대의 가시덩굴이오 자갈돌을 거더치우는 사업이오 새시대를 창조(刱造)하려고 별르는 자의 몬저 인간 자긔네들의 충실을 도모하는 일이며 한쪽으로는 경제의 절약과 지식의 균형과 형식의 제일(齊一)을 도모하는 일이 된다. 물론 오늘날 민중은 배곱흐고 목마른 자이니까 밥이나 물 이외에는 아무 것도 달가울 것이 업슬 것이다. 그러나 이 통속운동이 잇슴으로 해서 밥이 더 멀어지거나 물이 더 머러지는 것이 아니라 량식이 잇고 생병수가 잇는 조흔 세상과 거리가 점점 갓가워질 터이니 엇지 이것을 등한시 할 수 잇스랴. 이러한 의미에서 우리 당 대회에서도 그러한 결의가 잇슨 것인즉 우리는 수확이 잇도록 로력해 볼 것이다.[94]

즉, 통속운동은 민중의 삶에 뿌리 깊게 자리 잡고 있는 봉건적 요소를 제거하고 새 시대를 창조하는 일이다. 또한 경제의 절약, 지식의 균형, 형식의 제일을 도모하는 사업으로, 총체적으로는 '새 시대 새 문화 창조'라는 당위성을 밝히고 있다.

3) 통속운동의 전개와 내용

1929년 12월 22일 개최한 청년당 중앙집행위원회는 '적극적 진출'을 결의하고 당 차원에서 공식적으로 통속운동을 추진키로 하였다. 천도교단은 이미 1904년 흑의단발운동을 전개한 바 있으며 그 이후에도 지속적으로 통속운동을 전개하여 나름대로 성과를 거두기도 하였다.[95] 그렇지만 초기의 통속운동은 천도교인을 중심으로 한 내적 운동이었으며, 또한 시대적·사회적 환경에 의하여 중단되기도 하였다.

3·1운동 이후 청년회는 사회개벽을 위한 각종 강연회를 전국적으로 실행하였는데 강연의 내용 중 상당수가 통속운동과 관련된 것이었다. 하지만 이러한 소극적 통속운동은 큰 효과를 거둘 수 없었다. 이에 청년당은 1920년대 후반에 접어들면서 사회 전체를 위하여 통속운동을 전개할 필요성을 느끼게 되었다. 청년당 본부를 비롯하여 지방부, 그리고 여성단체인 내수단에서 통속운동에 관하여 논의하기도 하였다. 각종 회의를 통하여 전개된 통속운동은 주로 미신타파, 염색옷 입기, 단추 달기, 머리 쪽지기, 단발하기, 풍속개량, 문맹 퇴치 등과 관련된 것이었다.

이러한 통속운동은 청년당에서만 실시된 것이 아니라 사회 전체의 흐름이기도 하였다. 즉 대부분의 청년단체들은 이 흐름에 맞추어 나름대로의 통속운동을 전개하였다. 이에 청년당은 자체적으로 또는 사회단체와 연합으로 사회개혁을 위한 통속운동을 전개하였다. 이와 관련하여 정응봉은 다음과 같은 표어로 통속운동의 의지를 표현하기도 하였다.

> 白衣亡國 決譽傷腦 머리깍고 染色옷닙자
> 迷信을 깨뜨리고 生魂을 求하자
> 生魂은 오직 天道敎에서뿐 求한다

因襲을 깨트리고 새살님을 하자
새살님은 오직 地上天國에서분
早婚은 自族自滅뿐이다.
賭博은 生活破滅이다.[96]

　한편 통속운동의 활동은 주로 명절이나 겨울철에 집중적으로 전개되었
다. 이는 농촌을 중심으로 전개된 관계로 농한기가 가장 활용하기 좋은 시
기였으며 그 외에 단오 또는 구정 등 명절, 그리고 방학을 이용하였다. 이에
따라 청년당은 통속운동으로 흑의단발, 미신타파, 문맹퇴치, 조혼폐지 등을
전개하였다. 이를 좀 더 구체적으로 살펴보면 다음과 같다.
　첫째, 흑의단발운동은 천도교에서 처음으로 제창한 사회개혁운동이었다.
앞서 언급하였듯이 이 운동은 이미 1904년에 전개한 바 있으며 청년당에서
통속운동을 범사회적으로 추진할 것을 결의하는 시기에 이르기까지 꾸준히
실행되었다. 그렇지만 흑의단발은 사회적으로 보편화되지 못하였다. 이에
대해 『동아일보』는 '우리 민족이 신문화에 대한 감수성의 불일치, 즉 현대
의 신문화에 대한 심정과 태도가 아직까지 대동일치하지 못하였기 때문'이
라고 하였다. 흑의단발이 당시 사회의 신문화 수용을 측정하는 형식적인 면
도 없지 않았으나 민족적 생존과 발달을 위해서도 흑의단발을 해야 한다고
하였다. 특히 민족의 표상을 나타내는 흰옷을 입고 거리를 활보한다면 누가
조선인에게 분투성이 있는 민족이라 하겠는가 하면서 민족성과도 연관을
시키면서 흑의를 착복할 것을 주장하였다.[97] 당시 청년당의 주요 간부인 박
달성 역시 흰옷과 상투는 조선민족의 2대 수치라고 통렬히 비판하였다.[98] 흑
의와 단발운동을 전개하면서 단순히 신문화운동을 위한 방법으로만 취급하
지 않았다. 백의와 상투를 하는 것은 위생적·경제적으로도 모순이라고 지
적하였다.[99] 더욱이 청년당의 입장에서는 해월 최시형과 의암 손병희가 흑

의단발을 처음으로 실천한 이들로서 상징성을 갖고 있기 때문에 종교적 차원에서도 적극 추진하지 않을 수 없었다.

당시 단발을 한다는 것은 사소한 형식적인 문제로 생각할 수 있으나 새 술은 새 부대에 넣어야 하는 것과 마찬가지로 신문화운동의 본격화를 위한 것으로, 새로운 형식과 새로운 제도를 도입하여 의식과 심성이 일치하면 자연히 표현하는 형식까지도 일치할 수 있다고 보았다. 그리고 흑의의 경우 흰옷이 조선민족을 상징하는 의미는 부정할 수 없으나 현하의 생존투쟁이 극렬한 시기에 분투와 노력이 없으면 민족적 생존과 발달을 기대할 수 없으므로 자각과 반성이 없으면 실현할 수 없다고 하였다.

청년당에서는 1926년 12월 25일 전국위원회에서 "백의망국 결곡상뇌(白衣亡國 結曲傷腦)의 악습을 혁파하기 위하여 흑의단발운동을 전사회적으로 일으킬 것"을 결의하였다. 그리고 이 흑의단발운동 방법에 대해 '봉인즉설(逢人卽說)'로 이를 선전 또는 역행(力行)하는 동시에 청년당에서 개최하는 모든 집회에서 반드시 선전할 것을 정하였다.[100] 이에 지방부에서는 각종 회의에서 흑의단발운동을 조직적으로 전개하였다. 이원당부에서는 당원 20여 명이 흑의단발을 실행하자는 선전지 수백 매를 시내 및 시외에 배포하고 흑의단발할 것을 장려하였다.[101] 평양당부는 연례적으로 민중교양운동을 전개하였는데 1930년에는 1월 1일부터 15일까지 통속운동을 전개하기로 하고 평양 부내와 인근 농촌지역까지 선전대를 파견하여 강연회를 개최하는 한편 선전 전단 2만 매를 배포하였다. 강연은 면무식운동(免無識運動), 미신 타파 운동, 풍속개량운동 등을 주제로 하였는데 풍속개량운동의 하나로 '흑의를 입고 단발을 하자'는 내용도 포함되었다.[102] 그 외에도 청년당은 1928년 11월 1일 포덕일을 맞아 중앙당을 비롯하여 곡산, 구성, 동경, 안주, 영원, 순천, 자산, 진남포, 성진, 삼수, 용천, 함흥, 북청, 원산, 평양, 이원, 장진 하갈, 의주, 양덕, 벽동, 희천, 맹산, 영변, 단천, 명천, 하간(阿間), 신흥 동상(新興 東

上), 순안(順安), 창녕(昌寧), 용정, 창성, 덕천 등 지방부에서 포덕 선전 전단을 배포하는 외에 단발, 염색의 실착과 미신타파, 식자운동(識字運動), 상식 보급 등의 일반적 계몽선전까지 전개하였다.[103]

한편 단발은 남자에 한정된 운동이 아니었다. 여성들도 단발에 적극 참여할 것을 주장하였다. 특히 소춘 김기전이 앞장서서 내수단과 연계하여 운동을 전개하였다. 내수단 간부 이혜숙은 여성이 단발을 해야 하는 이유와 필요성을 다음과 같이 주장하였다.

우리 천도교 녀성 중에도 이 문제에 대하야 반대하는 이가 업지 만흔 모양이나 왜 반대하는지 그 뜻을 알 수가 업습니다. 여자가 머리를 까그면 미관(美觀)을 해한다고요? 남성(男性)을 위하야 머리를 곱게 단장하게 금비나 은비나를 꼬질 우리가 아닙니다. 여자가 머리를 까그면 건방지다고요? 물논 그런 사람도 잇겟스나 우리는 적어도 전통(傳統)과 인습(因襲)을 버리는 일종의 운동의 의미로서 깍게되는 것임니다. 머리를 깍는다고 건방질리는 업지요. 위생상(衛生上)으로는 물논 우리 여성들도 자연히 다니는 곳이만케 되는 만큼 단발을 하면 머리를 빗고트는 시간을 경제하게 되닛가 간편(簡便)하야 좃습니다. 여성단발(女性斷髮)을 반대하는 여성의 마음속에는 봉건적 심리(封建的 心理)가 얼마간이라도 남어 잇는 듯 합니다.

우리는 진정(眞正)한 의미(意味)로서의 단발(斷髮)을 힘써야 합니다. 당(黨)으로나 원(院)으로서 단발령(斷髮令)을 내려도 조흐나 위선 당(黨)으로서 여성당원(女性黨員)에게는 강제적으로 단발(斷髮)을 식일 필요가 잇지 안을까요? 조선(朝鮮)에서는 누구보다 먼저 단발(斷髮)을 한 이들이 우리 천도교인이외다. 그럼에도 불구하고 오늘날까지 우리 여성들은 그 잘난 쪽대가리를 그저 달고 잇는 것은 전혀 낡은 인습(因襲)의 관계가 아니고 무엇이겟슴닛가. 그러나 그 인습(因襲)을 버서 버릴 때는 이에 오고야 마랏습니다.[104]

이처럼 이혜숙은 천도교인이 조선에서 처음으로 단발운동을 전개하였음을 상기시키고 낡은 인습을 과감하게 극복하기 위해서라도 여성들도 단발에 적극 참여할 것을 강력하게 주장하였다. 그러나 이 시기 여성의 단발이 실제로 얼마나 실천되었는지는 확인할 수 없다. 여성단체인 내수단은 단발보다는 긴머리 쪽짓기 운동을 전개하였는데 단 정주부,[105] 동상부(東上部),[106] 양덕부[107] 등 지방 단에서 단원대회 또는 총회를 통해 적극 실행할 것을 촉구하였다. 그 외에도 구성군종리원은 부령회(部領會)를 통해 쪽진 머리를 실행할 것을 결의하기도 하였다.[108]

한편 혹의 또는 염색옷 입기 역시 일상적으로 보편화되지 않았기 때문에 청년당은 종리원 및 내수단과 연계하여 이를 대중화하는데 주력하였다. 각종 강연회와 강좌, 좌담회, 선전 전단 등을 통해 염색옷 입기를 주장하는 것 외에도 『천도교회월보』나 『신인간』을 비롯하여 청년당에서 운영하는 조선농민사를 통하여 계몽하였다.

청년당은 혹의단발 외에 의복 개량도 추진하였다. 당시 입는 옷에는 대부분 옷고름이 있었는데 여간 불편하지 않았다. 이에 청년당에서는 옷고름 대신 단추 달기 운동을 전개하였다. 단추 달아 입기 역시 1904년 단발운동과 함께 전개되었던 것인데 이는 천도교인을 상징하는 표시가 되기도 하였다. 다음의 일화는 이를 잘 표현하고 있다.

最近 二三年間에 두고 본 일이다. 獨行을 하던지 二三人 同行하던지 말로나 行動으로나 何等의 天道敎 냄새를 피운 일이 엽는데 길거리의 어린이들은 우리를 슬적 쳐다보고는 不問曲直 단바람에 하는 말이 '엑크! 天道敎다. 天道敎!' 하고 지내간다. 하도 異常해서 少年을 불너새우고 '이애 너 우리가 天道敎人것을 엇더케 아늬 무슨 냄새를 맛텃늬?' 하고 물으면 그들은 何等異樣도 업시 빙그레 웃스면서 '단추만 보면 알어요' 한다. 우리 亦是 빙그레 웃

스면서 '단추만 보면 알다니 우리 단추에 어대 천도교라고 表示한 것이 잇 늬?' 하면 그들은 亦是 고개를 숙이고 햇족 우스면서 '天道敎라고 쓰지 안어 서도 보면 알아요. 天道敎人 밧게 누가 단추를 달고 단녀요' 한다. 다시 한 번 그들을 떠보기 爲하야 '안이 天道敎人안이어도 단추를 달고 단니는 이가 만 치 안느냐. 너이들이 잘몰낫다' 하면 '안이애요. 朝鮮 두루막에 단추단이는 天道敎人 밧게 업서요. 우리가 다 아러요.' 하고는 다라나고 만다. 우리는 '그 만하면 成功이다.' 하며 스사로 깃버하면서 長安의 大道에 活步하군 한다.[109]

당시 단추를 단 옷을 입고 다니는 사람은 천도교인으로 알아볼 만큼 인식 이 되었지만 아직 사회적으로는 널리 실행되지 못하였다. 단추 달기 운동은 주로 내수단을 중심으로 전개되었다. 내수단본부는 1928년 4월 4일 정기대 회에서 '흰옷은 폐지하고 염색옷을 입되 단추 달기'를 결의하였으며,[110] 단천 부[111] 동상부,[112] 북청부[113] 등 각 지부에서도 실행하기로 하였다.

둘째, 미신 타파 운동 역시 신문화운동이 전개되면서 전 사회적으로 전개 되었다. 당시 사회는 미신 만연에 따른 문제점이 적지 않게 나타나 사회적 인 문제로 대두되었다. 문화운동의 주체인 청년들은 운수팔자설(運數八字 說), 풍수설(風水說), 무복(巫卜)의 망설(亡說) 등 각종의 미신이 사회에 만연한 것을 신문화운동을 전개의 방해 요소로 보고 배격하였다. 그리고 미신으로 인한 폐해는 사람을 죽이기도 하고 자녀뿐만 아니라 가정을 파괴하며 더 나 아가 망국의 원인이 된다고 보았다. 또한 백세명은 1년 생활비가 1백 원 내 외인 사람이 한 번의 굿을 위해 오륙십 원을 지출하는 외에도 사주보기, 점 치기 등 각종 비용을 합친다면 생활비를 초과하여 가정 경제가 부실할 수밖 에 없다고 그 폐해를 지적하였다.[114] 따라서 천도교인으로 볼 때 미신은 반 드시 해야 할 풍조라고 인식하였다.[115] 청년당이 미신 타파 운동을 본격적으 로 전개한 것은 1926년경부터였다.

청년당은 일반 민중 사이에 깊게 뿌리내린 각종 미신을 없애기 위해 당원이 먼저 스스로 철저하게 실천하고 청년당과 관계된 각종 회의나 집회를 통해 이를 적극 계몽하였다. 미신 타파와 관련된 계몽운동은 주로 명절이나 단오 등을 이용하여 전개하였다. 단오 때 굿을 한다든가 명절을 맞아 신수 또는 점을 치는 경우가 허다하였기 때문이다. 당 덕천부[116]나 맹산부[117]에서는 미신타파의 효과를 높이기 위하여 사람이 많이 모이는 구정에 전단을 배포하거나 표어 등을 부착하는 한편 강연회와 소인극을 개최하였다.

그러나 미신 타파 운동을 전개하는 데는 어려움이 많았다. 따라서 청년당은 일반 사회 또는 청년단체들과 연합으로 운동을 추진하기도 하였다. 평양당부는 앞서 살펴보았듯이 정초를 이용하여 민중교양운동을 연례적으로 실시하였는데 그 가운데 미신 타파 운동도 포함되었다. 그 내용은 첫째, 귀신숭배의 폐지, 둘째, 사주 연행과 신수점 폐지, 셋째, 무녀·풍수·점술 등에 종사하는 사람에게 다른 직업을 갖도록 권유하기 등이었다. 이를 위해 당원인 최용준, 양봉진, 박근배, 정운국, 유한기, 김명희, 이근섭 등을 파견하여 강연회를 개최하고 전단을 배포하기도 하였다.[118] 영변당부는 지역 내의 미신단체를 조사하여 폭로할 것을 결의하였다.[119]

한편 1927년 5월 진남포에서는 무복배(巫卜輩)의 발호로 많은 사람들이 피해를 입자 청년당을 비롯한 청년단체와 종교단체가 합심하여 이를 근본적으로 박멸하기로 하고 7일을 '미신 타파 데이'로 정하였으나 준비 부족으로 무기 연기되었다.[120] 이어 이틀 후인 9일 합동회의를 갖고 다음과 같은 4개의 사항을 결의하였다.

> 一. 迷信打破데이인 五月 二十八日午後 三時에 各團體에서는 標語(各自隨意)를 記한 旗幟를 各各 二個式 携帶한 後 市內 龍井里市場에 集結할 것
> 二. 樂隊를 先頭로 示威行列을 行하며 迷信打破 宣傳文을 散布할 것

三. 同日 午後 八時부터 講演會를 開催할 것

四. 五月 二十一日에 開催하는 市民 大運動會場에 宣傳文을 散布할 것[121]

　미신 타파 데이인 28일에는 청년당 등 18개 단체가 참석한 가운데 결의
사항대로 미신타파 선전문을 배포하고 오후에는 성황리에 강연회를 마쳤
다.[122] 또한 의주군 옥상면 좌동에서는 구장(區長)들이 빈민으로부터 3백여
원을 모금하여 옥천사(玉泉寺)에서 일주일간 당굿을 개최하려 하자 청년당
을 비롯하여 푸로동지회, 신진청년회, 기독교청년회 및 언론기자단과 합동
으로 이를 타파하기로 하고 경고전문을 보내는 동시에 경찰서를 통하여 이
를 금지시켰다.[123] 그리고 안주군 연호면에서도 단오를 맞아 굿 놀이와 경
(經) 읽는 비용으로 3천여 원을 낭비하려 하자 청년당 등 청년단체를 중심으
로 긴급위원회를 소집하고 굿놀이를 반대하는 선전 전단을 산포하고 끝까
지 반대하기로 하였다.[124] 그 외에도 구성종리원은 부령회(部領會)에서 미신
타파를 위해 교인 각자가 철저히 여행(勵行)할 것을 다짐하였으며,[125] 당 맹산
부[126] 초산부[127] 단 순천부[128] 등에서도 미신 타파에 솔선수범하기로 하였다.

　셋째, 조혼폐지운동으로 결혼 풍습의 개혁에도 힘썼다. 3·1운동 이후 신
문화운동이 전개되었으나 당시까지만 해도 관습적으로 내려오던 조혼의 관
습이 그대로 남아 있었다. 그러나 조혼은 사회적으로 많은 문제를 야기하
였으며 이혼 등을 통하여 가정이 무너지는 주 원인이 되었다. 김명호는 "여
기 (조혼의) 폐해는 한두 가지가 안입니다. 이혼, 독살사건이 흔히 이것이 유
인(由因)됨이 만코 기타의 범죄가 여기 원인된 것이 만슴니다. 그뿐 아니라
자손의게까지 조치 못한 유전이 미친다."고 하면서 조혼으로 인한 사회 병
리현상을 진단하였다.[129] 당시 조혼 통계조사를 보면 '10세부터 16세까지 유
배우자 수가 424,936인, 5세부터 9세까지 유배우자 수가 970인'이며 심지어
2세와 3세밖에 안 된 아이의 경우도 유배우자가 각각 2인과 6인이나 되었

다.[130] 5세에서 9세까지의 조혼 사례를 지역별로 살펴보면 경기도 231인, 황해도 180인, 평남 146인, 충북 142, 함남 70인, 경북 66인, 강원도 47인으로 대부분의 지역에서 조혼이 만연하였음을 보여준다. 개성은 9세가 되면 일반적으로 혼인을 하였으며 이 시기를 넘기면 상놈이라고 흉을 보았을 정도로 심각한 상황이었다. 이러한 조혼은 본인 스스로가 원한 것이기보다는 사회적 관습에 따라 부모가 정해준 사람과 혼인함으로써 사회적으로 많은 문제가 제기되었다. 조혼의 원인으로 첫째, 가장 중심의 대가족제도, 둘째, 한일합방 당시의 결혼세설(結婚稅說), 셋째 궁합(宮合) 등의 미신, 넷째, 경제적 곤란과 소유관념의 악화 등을 지적하였다. 그리고 조혼의 폐해성은 이혼의 증가, 간통 등 성범죄의 증가, 매매혼의 성행, 농촌의 피폐 등을 지적하였다. 1928년 당시 15세부터 40세까지 이혼은 무려 116,815인으로 집계되었다.[131]

청년당의 조혼폐지운동은 조선노동사와 연계하여 농촌지역을 중심으로 전개하였다. 1928년 조선농민사는 『조선농민』을 통해 '무婚에 關한 座談會'를 개최한 바 있는데[132] 청년당 측에서 이돈화, 김기전, 방정환, 이성환 등이 참여하였으며 사회 인사로는 朴昌薰(의학박사) 尹治衡(의학박사) 李昌輝(변호사) 朱耀翰(동아일보 편집국장) 柳光烈(조선일보 사회부장) 裵成龍 鄭鍾鳴(근우회 집행위원장) 朴昊辰(근우회 집행위원) 崔恩喜(조선일보 부인기자) 등이 참석하였다. 이 좌담회에서 이성환은 '지금 조선에서 조혼문제는 정신적으로나 육체적으로 심대한 영향을 미칠 수 있으나 이를 타파하려는 대책을 강구하여 본적이 없음'을 지적하고 있다. 그러나 당시 실정으로 조혼폐지를 위한 방안으로는 잡지, 신문 등 출판물과 소년 및 청년 단체의 강연회 좌담회 등을 통한 계몽이 가장 손쉬운 방안이었다. 그 외에 의무교육의 실시, 직업 장려 등이 방안으로 제시되었다.[133]

넷째, 문맹퇴치운동으로 한글의 보급이었다. 1910년 조선을 강제침탈한 일제의 식민지 지배정책은 동화정책(同化政策)이었다. 1919년 3·1운동 이후 총독부는 문화통치를 표방하였으나 이는 조선을 내지의 연장으로 인정하는 즉 더욱 확고한 동화정책이었다. 일제는 동화(同化)의 목적을 달성하기 위하여 조선교육령의 개정을 서두르는 한편 일상어로 일어의 보급과 한글사용을 금지하는 등 공교육 기관을 친일교육의 수단으로 활용하였다. 이처럼 조선총독부의 교육정책이 조선인을 일본인으로 동화 육성시킬 뿐만 아니라 일본어를 상용토록 함으로써 한글이 말살될 위기에 봉착하게 되자 언론기관을 비롯하여 각종 사회단체와 청년단체들을 중심으로 문맹퇴치운동과 한글보급운동을 전개하였다. 이러한 상황에서 가장 민족주의 성격이 강한 천도교 역시 예외가 아니었다.

문맹퇴치운동은 통속운동 중 가장 핵심적인 내용이었다. 김명호는 모든 죄악은 문맹으로부터 비롯되었다고 지적하면서 천도교인이 먼저 문맹퇴치를 위해 발 벗고 나서기를 주장하였다.[134] 이러한 교육환경 아래서는 무엇보다도 한글의 보급이 우선적이었다. 특히 청년당의 주요 지도자들은 일제가 식민지 동화정책으로 한글의 사용을 억제하고 일본어를 장려하는 상황에서 민족정신을 함양하고 천도교의 이념을 확산시키기 위해서는 한글보급을 필수조건으로 보았다. 공진항은 「우리 문화와 우리글」에서 한글의 중요성을 다음과 같이 강조하고 있다.

본시 우리 조선사람에게 가장 알맞는 글은 우리 글 밖에 또다시 없을 것이다. 배우기 쉽고 뜻을 서로 총하기 쉬울 뿐아니라 그 자체가 함차고 아름답다. 우리 한글은 세계 어느 나라의 글보다도 가장 좋은 글이라 한데 아무리 낮븐 글이라도 한 민족생활과 오랜 역사를 맺어온 글을 하로 아침에 그 민족과 떠나기 어려운데다가 우리 한글은 우리의 전통에서 떠날 수 없으며 우리의 생각에서 울어나온 것인 만치 우리를 떠나려야 따날 수 없는 매여짐을 가지고 잇다. 한글은 이 세상에 가장 좋은 글인 동시에 우리에게 가장 좋은 글

이요 또한 우리를 떠나려야 떠날 수 없는 가장 인연깊은 글이다.[135]

또한 북해생 역시 "조선 사람은 조선 글을 알아야 되겠다, 조선 사람은 조선 글을 써야 되겠다, 전 조선을 통하야 조선 글을 보급식히는 조선적 기관이 있어야 되겠다"고 전제하면서 "조선글 아는 이는 다 나서서 가라치기를 힘써야 하겠다"라고 한글 보급을 보다 적극적으로, 그리고 교육기관을 세워 체계적인 한글보급과 문맹퇴치운동을 전개할 것을 촉구하였다.[136]

청년당의 문맹퇴치운동은 다양하게 전개되었다. 우선 청년당 본부와 지방부에서 개최하는 모든 강습회에는 한글 강좌를 필수로 하였으며 종리원과 청년당이 있는 모든 지방부에는 시일학교를 설립하고 한글 강좌를 개설하였다. 또한 여성단체인 내수단도 이에 적극 참여하여 부인의 문맹퇴치운동을 전개하였다. 뿐만 아니라 조선농민사는 농촌 지역의 교인들을 위해 기관지『조선농민(朝鮮農民)』,『농민(農民)』을 통해 한글 강좌를 연재하였으며 농한기에는 농민야학을 설립 농촌문맹퇴치에 앞장섰다. 그 외에도 각종 교서를 한글로 제작하여 한글보급의 한 몫을 담당하였다.

천도교청년당은 이상의 흑의단발, 미신타파, 조혼폐지, 문맹퇴치 외에도 다양한 통속운동을 전개하였다. 위생강좌를 비롯하여 가정개량운동 등이 그것이다. 과학적 의술의 보급이 미진하였던 당시 사회는 위생보급운동이 중대한 문제였다. 박사직은 농촌 지역 순회를 한다면 우선적으로 농민위생에 대한 중요성을 일깨우겠다고 하였다. 그는 농촌으로 말하면 산수나 공기, 그리고 농사일에 종사하기 때문에 비교적 건강한 사람이 많다고 할 수있으나 원래 원시적 기풍으로 위생 관념이 없다고 하였다.[137] 또한 농촌인의 기생충 보유율은 지방에 따라 95%를 상회하는 곳도 있지만 평균 7, 80% 정도가 되는 상황에 농촌의 보건문제는 심각한 상태였다.[138] 그러나 농촌의 의료시설은 태부족이었다. 따라서 일차적으로 위생사상을 좀 더 계도하고 농민에 적응한 체조의 장려, 농촌본위의 의료기관을 설치하려고 하였으나 의료기관 설치는 공상에 불과할 정도였다. 해창(海彰) 임연(林然)은 건강을 유일한 자본으로 삼는 농촌의 경우 "現時 完全한 治療를 받을 수 있는 富貴階級은 五分, 施療를 받을 수 있는 貧窮한 者는 一割五分으로서 其外 八割은 極히 不完全한 治療를 받고 있다."고 말하고, 농촌의료문제에 관하여 다음과 같이 다섯 가지를 방안을 제시하고 있다.

1. 藥種商 醫生 特히 醫師 이들은 될 수 잇는대로 農民에게 經費 迅速親切을 爲主로 할 것

2. 갓가운 곧의 往診料는 勿論 받지 말 것이오 먼 곧의 往診料는 來往實費만 받을 것

3. 數面 或은 一面에 醫師 한 사람식 와 잇도록 輿論과 運動을 일으킬 것. 朝鮮에 잇서서 醫師라면 그들은 農村의 피와 땀을 받어서 工夫한 '인테리'들이다. 그들은 都市에만 헤맬 것이 아니요, 農村에 와서 農民의 벗이 된다면 넉넉지는 못하나마 먹을 것은 생기리라. 어찌 넉넉한 것만 취하랴!

4. 農村에는 아무 것도 모르는 '돌파리 醫員'이라는 것이 橫行하야 農民의 돈을 뺏고 人命을 損傷한다. 무당같은 것들이 다니며 병을 곧혀 준다고 돈을 뺏는다. 이를 엄금할 것

5. 衛生에 對한 思想과 智識을 鼓吹하야 農民保健運動을 할 것[139]

그 외에도 『신인간』이나 『조선농민』 등 잡지를 통해 위생강좌를 게재하여 위생보건에 대한 의식을 계몽하였다. 『신인간』의 경우 여름철을 맞아 주의해야 할 전염병인 虎列刺(콜레라)와 下痢(이질) 등의 예방법에 대하여 소개하고 있다.[140] 그리고 조선농민사는 농촌 위생보건의 중요성을 인식하고 기관지인 『조선농민』과 『농민』을 통해 위생강좌를 개설하였는데 염병(장티푸

스),[141] 급성위장병,[142] 급성폐렴[143] 등의 예방법을 비롯하여 비상시의 응급처치를 위한 비방책[144]을 소개하고 있다.

또한 박은식은 가정통속강좌로 '주부생활의 일상'을 다섯 차례에 걸쳐 『신인간』을 통해 연재한 바 있는데 의복, 음식, 집안정리, 육아, 손님 접대 등을 다루고 있다.[145] 그리고 하심자는 「신인간적 통속강좌(新人間的 通俗講座)」를 통해 허례(虛禮) 즉, 제사 혼례 상례 등의 문제점을 지적하고 이의 폐지를 주장하였다. 그리고 그는 그 대안으로 향아설위를 제시하고 있다.[146] 이외에도 통속강좌로 이우천이 '농촌요리법'으로 '외김치 담그는 법',[147] '여름나물 만드는 법'[148] 등을 소개하고 있다.

이상에서 살펴보았듯이 천도교청년당의 통속운동은 천도교의 대중화를 위한 사회개혁운동, 그리고 교세 확장의 일환이었다고 할 수 있다.

제7장 ——— 천도교청년당의 부문운동

1. 부문운동의 배경

천도교청년당은 교단의 2차 분규로 1926년 4월 신파의 청년당과 구파의 청년동맹으로 각각 분화되었다. 청년당과 청년동맹은 교세가 우세한 지역을 기반으로 조직을 확장하였다. 특히 청년당은 민족운동중심단체를 구현하기 위해 1926년 8월에 개최된 중앙확대위원회에서 "당세의 확장과 사업의 발전"을 위해 부문운동을 전개할 것을 결의하였다. 청년당이 부문운동을 확대하기로 결정한 시기는 '대중의 힘'에 근거한 조직운동의 시기였다. 당시 조선의 사회운동은 조직력이 무엇보다도 필요하였고, 그 조직력은 "소조직이 합(合)하여 대조직이 되는 것이 그 의당한 진로일 뿐 아니라 그 집중적 조직이 아니고는 그 소유한 기능은 무엇으로도 발휘할 수 없을 것이다."라고 하였다.[1]

1926년 들어 사회주의 계열에서는 통일된 전위당의 결성을 위한 논의가 전개되었고 이를 계기로 조선사회단체중앙협의회라는 협의기구가 발기되어 각 부문운동과의 연대를 모색하였다. 같은 해 8월경에 새롭게 구성된 고려공산청년동맹은 당면사업을 '계급적으로부터 민족적으로' 전환하였다.[2] 이러한 상황에서 조선청년총동맹은 청년운동, 노동운동, 농민운동, 여성운동 등 각 부문운동의 당면문제를 토의하고 대중운동조직의 촉성, 계급의식의 고양을 위한 각종 활동 등을 결의하였다. 또한 이 시기 청년운동의 특징은 이전과 달리 청년대중을 계급과 계층으로 나누어 조직하였다는 점이다.

이는 청년운동을 대중운동으로 이끌고 가기 위한 방편의 하나였다.

　이러한 상황에서 천도교청년당은 1926년 8월 개최된 중앙집행위원회에
서 유년, 소년, 학생, 여성, 청년, 농민, 노동 등 7개의 부문운동을 전개하기
로 하였다.[3] 당시 사회운동은 각 부문의 목적을 달성하기 위해서 개별적인
운동을 전개해야 하는 상황이었다. 이에 청년당은 이들 각 부문을 총괄해서
지도 감독할 수 있는 단일조직이 필요하다고 인식하였다. 청년당은 이러한
인식 아래 청년당의 단일지도로 부문운동을 전개하였다. 『천도교청년당소
사』에서는 부문운동의 의미를 다음과 같이 밝혔다.

　　우리 道의 목적이 蒼生을 구제하는 데에 있다 하면 이 道의 前衛가 되고 別
　　動이 되는 우리 黨의 목적이 亦 蒼生을 濟度하는 데에 있을 것은 물론이다.
　　하물며 우리 道의 主義를 社會的으로 達成할 것을 黨憲 제1조에 明言하였음
　　이리오. 그러나 蒼生은 數에 있어 億으로 算할 수 없고 利害에 있어 一樣이
　　아니니, 이를 相對하며 이를 領導하는 妙方이 없을 수 있으랴. 여기에서 스
　　스로 部門運動을 생각하게 된다. 즉 우리의 주의에 사는 蒼生의 수가 그 같
　　이 많고 이해가 그처럼 不一하다 할지라도 그를 이모저모로 같은 것은 같은
　　데에, 다른 것은 다른 데에 類를 갈라서 생각하여 보면 그렇게 복잡해서 捕
　　捉할 수 없는 것도 아니다. (중략) 여기에서 우리가 분명하게 인식하지 않으
　　면 안 될 것은, 우리 黨이라 하면 당 자신을 위하여 존재하는 것이 아니요 蒼
　　生의 이익을 위하여 있는 것이며, 또 黨員이라 하면 黨員 자신을 위하여 있는
　　것이 아니라 亦是 蒼生의 이익을 위하여 있는 것이다. 그러므로 우리가 黨을
　　조직하고 당원을 훈련하는 것은 오직 民衆의 이익을 護持, 增進키 위한 手段
　　方法에 불과한 것이다. 이 점에서 黨에는 스스로 主로 당원 일반만을 관리하
　　는 黨務 部가 있는 동시에 나아가 蒼生을 상대로 하는 特別部署가 있어지는
　　것이니, 이 蒼生을 상대하는 特別部署 즉 7部門이란 것이다. 만일 黨에 黨

機關이나 黨員만 있고 蒼生이 없다하면 이는 마치 한 국가에 政廳이나 官吏만 있고 百姓이 없는 것과 한 가지이니, 아무 데도 쓸 데 없는 것이다.[4]

이 글에 의하면, 첫째 천도교의 목적은 민중을 구제하는 것, 둘째 부문운동은 각 계층 민중을 영도하는 것, 셋째 청년당은 민중의 이익을 위하여 존재하였다. 이러한 의미에서 청년당의 부문운동은 '민중의 이익을 호지(護持), 증진하기 위한 수단과 방법'이었다. 뿐만 아니라 "당(黨)은 당원 각자로 하여금 당의 강령과 정책을 가지고 각 편의 민중 속으로 들어가 그들의 이익을 위하여 진력하면서 그들을 조직하고 지도하는 것"이라 하였다.[5] 이러한 인식은 청년당이 '대중 속으로' 들어가 대중운동의 주도권을 확보하기 위한 방안이었다. 이에 따라 청년당은 민중을 직업별로 농민, 노동, 학생, 상민으로, 연령별로 청년과 유소년, 성별로 여성으로 구별하였고, 그 계층별로 부문운동을 전개하였다. 부문운동을 효율적으로 전개하기 위해 그동안 지역 형편에 따라 조직되었던 부문운동의 통일성을 강조하였다.[6] 나아가 청년당은 부문운동을 보다 명확하게 하고 통제를 목적으로 1928년 12월 중앙집행위원회에서 부문운동에 대해 다음과 같이 결의하였다.

> 가. 天道敎라는 冠詞를 加하였거나 또는 아니하였거나를 不問하고 우리 黨으로 볼 때 現에 部門運動으로 認할 수 있는 關係團體(例如 學生會, 四月會, 少年會, 農民社 等)에 대하여는 適宜 有效한 法的關係를 맺을 것.
> 나. 7部門에 있어서 그 部門의 일을 進行시켜 나가기에 마땅한 具體의 要項을 定할 것.[7]

이 결의사항에서 중요한 점은 청년당과 부문단체와의 법적 관계를 맺는 것과 부문운동의 요항을 제정하는 것이다. 이에 따라 청년당은 부문운동의 요항을 제정하고 부문운동에 참여하는 당원에게 이를 준수케 하였다. 그 요항은 다음과 같다.

가. 各 部門 便의 民衆에 向하여 무엇보다도 먼저 그들의 그 便으로 期約하는 當面 또는 究竟의 慾求를 成就하는 데는 單純한 그 部門만으로의 自覺이나 結成뿐으로서는 안되고 오직 各部 民衆의 總心性, 總慾求를 全的으로 反映하고 主張하는 全體運動(우리道)에 入流함에서 可能할 것을 認識시킬 것.

나. 各 部門 便의 民衆에 向하여 사람이 잘 사는 것이란 一面으로 衣食住問題를 解決하는 同時에 사람과 사람, 사람과 宇宙가 하나인 그 자리, 그 脈絡을 찾아 나아가는 데에 있는 것을 알리며, 사람은 環境에 따라 變化하는 것인 同時에 그 때 그 땅의 最尖端을 걷는 眞理(人乃天)를 把持, 修煉함에 있는 것임을 認識시킬 것.

다. 黨員이 들어가 關係하는 部門의 團體 及 個人에 있어서는 單히 內容的, 好宜的인 友誼만을 가짐에 그치지 말고 나아가 黨과 片務的이 아닌 適宜有效한 法的關係를 맺는 것을 第一義로 하고 每樣 指導原理의 一貫과 全體와 部門關係의 確認을 圖하여 그 個人成員에 있어서는 아주 道人이 되게 하기를 期할 것.

이는 첫째 부문운동으로 민중을 천도교에 유입케 할 것, 둘째 인내천 진리를 인식시킬 것, 셋째 청년당과 법적 관계를 맺게 할 것으로, 부문운동을 통해 천도교의 교세를 확장시키고자 함이었다. 이 점에서 볼 때 청년당이 부문운동을 전개한 것은 민족운동 중심세력이 되기 위한 방책이었다.[8] 또한 청년당은 부문운동을 철저히 하기 위해 전체성과 부분성, 일정한 당의 지시를 받을 것 등을 내용으로 하는 '명심요(銘心要)'를 마련하였다.[9] 이는 청년당이 부문단체의 독자적인 운영을 사전에 통제하기 위한 방책이었다. 따라서 청년당은 부문운동의 방향을 다음과 같이 밝히면서 부문단체를 조직하였다.

> 각 부문에 관한 운동을 (중략) 반드시 우리당의 주의 정책으로써 지도하는 것이라 하면 실제에 있어 각 부문기관을 조직하거나 그 단체원을 교양훈련 하거나 나아가 그들의 실생활에 대한 경제운동을 하는 모든 일에 있어 첫째 우리 교의 근본사상(人間本位思想)을 절대로 파지할 것, 둘째 조선의 특수한 현실에 입각할 것, 셋째 그 기관 자체의 성장 발전에 대한 선처를 할 것을 몰 각하여서는 안 될 것이다.[10]

즉 부문운동은 각 계층으로 하여금 첫째, 천도교의 인내천주의를 절대로 파지케 할 것, 둘째, 조선의 특수한 현실에 입각할 것, 셋째, 부문단체의 성 장발전을 인식시킬 것을 강조하였다. 청년당은 부문운동의 활성화를 위해 당원을 의무적으로 7개 부문단체 중 1개 이상 3개의 부문단체에 가입하도 록 하였다. 그리고 당원은 자신이 속한 부문단체에 대해 자학(自學)을 하도 록 하였다. 예를 들면 청년단체의 경우에는 청년운동의 세계적 연혁, 조선 청년의 처우 및 성질, 천도교의 과거, 현재, 미래에 대한 청년의 역사적 지위 등이었다. 나아가 자학한 것을 운동을 통해 실제에 응용하고 새로운 방안을 체득토록 하였다.[11]

2. 부문단체와 부문운동의 전개

1) 천도교소년단체[12]와 어린이운동

(1) 천도교소년회의 창립과 활동

천도교소년회는 청년당(청년회)의 첫 부문단체였다. 유소년을 대상으로 부문운동을 전개하였던 천도교소년회는 청년회 시기인 1921년 4월 포덕부에 특설된 소년부에 뿌리를 두고 있다.[13] 소년부는 소년들의 덕지체(德智體)의 발육방법과 실행을 강구하였다. 부원이 증가하고 부무(部務)가 확대되자 소년부를 5월경에 천도교소년회(이하 소년회)로 확대하였다.[14] 청년회가 소년회를 설립한 목적은 첫째 어린이의 인격 옹호, 둘째 어린이의 정서함양, 셋째 건전한 사회성 함양이었다.[15] 이어 6월 5일 소년회의 임원과 고문을 다음과 같이 선정하였다.[16]

> 회장: 구자홍
> 간무: 김도현 신상호 정인엽 장지환
> 총재: 김기전
> 고문: 정도준 박사직
> 지도위원: 이병헌 박용회 차용복 강인택 김상율 조기간 박래옥 김인숙

이들은 본부와 지회의 청년회원들이었다. 정도준은 청년회장, 김도현·박사직·이병헌·박용회·강인택·조기간 등은 청년회본부의 간의원 또는 간무원이었다. 박래옥은 함흥[17] 출신으로 1924년경 함흥지회에서 활동하였고, 차용복은 안주 출신으로 지회장이었다.[18] 김인숙은 고원 출신으로 청년회 고원지회 설립에 참여하였으며,[19] 1925년 4월에 개최한 전조선기자대회에 참가한 바 있다.[20] 김상율은 곽산 출신으로 1927년경 신간회 곽산지회 간사로 활동한 바 있다.[21] 총재 김기전은 방정환과 함께 소년회 창립의 산파역을 맡았다. 소년회의 조직은 회장, 실무를 처리할 간무였으며, 총재·고문·지도위원은 지도 또는 자문역할을 하였던 것으로 추정된다. 실무조직으로는 유락부(遊樂部), 담론부(談論部), 학습부(學習部), 위열부(慰悅部) 등 4개의 부를 두었는데, 간무가 각 부장의 역할을 맡은 것으로 보인다. 소년회

회원 자격은 만 7세부터 만 16세까지 소년이었다.

소년부는 창립 초기 60여 명의 회원[22]으로 출발하였으나 한 달 만에 320여 명으로 증가하였다.[23] 6월 12일 취운정에서 첫 운동회를 개최하였으며,[24] 이어 6월 19일 회원 2백여 명이 삼청동에서 탁족회를 가졌다.[25] 9월 1일에는 동아일보 특파원 민태원을 초청하여 백두산 등반 강연회를,[26] 9월 11일에는 북악산 등반을 하였으며,[27] 10월 16일에는 회원 320여 명이 참석한 가운데 장충단공원에서 대운동회를 성황리에 마쳤다. 또한 10월 29일에는 방정환이 '잘살기 위하여'라는 제목으로 강연회를 가졌다.[28] 1922년 3월 5일 김기전의 인솔로 회원 120여 명이 봉산유원(鳳山遊園)과 사육신묘, 인천 수도국 수원지 등지를 관람하였다.[29] 4월 2일에는 동대문 상춘원에서 상춘회(賞春會)를 가진 데 이어 4월 5일 저녁에는 천일기념 경축가무회를 가졌으며,[30] 이어 6월 18일 김기전·방정환의 환등강연회와 환등행사를,[31] 6월 29일에는 개벽 인천지사의 후원으로 인천가무기좌에서 소년소녀가극회를 개최하였다.[32] 또한 연말을 맞아 12월 25일과 30일에 각각 환등강연회를 가졌다.[33] 이와 같은 창립 초기 소년회의 활동은 운동회, 강연회, 탁족회, 환등회 등이었는데, 이는 어린이의 정서를 함양시키기 위한 것이었다.

소년회는 창립 1주년을 맞는 1922년 5월 1일을 '어린이의 날'로 선포하고, 어린이를 위한 각종 행사를 개최하였다. 당일 오전과 오후 회원 일동은 종로, 탑골공원, 전동, 교동, 광화문통 등 시내 각지를 자동차 3대로 창가를 부르며 선전 전단을 배포하고, 저녁 7시에는 창립 1주년 기념식과 각종 공연을 가졌다.[34] 이날의 '어린이의 날' 행사로 1923년 4월 17일 천도교소년회, 불교소년회, 조선소년군 등이 중심이 되어 조선소년운동협회를 결성하였고, 매년 5월 1일을 '어린이날'로 제정하였다.[35]

이와 같은 초기의 소년회 활동은 1926년 8월 부문운동의 새로운 방침에 따라 청년당 유년부와 소년부 위원의 직접적인 지도를 받게 되었다. 유년부와 소년부 위원은 방정환이 겸임하였다. 또한 소년회는 규약[36]을 제정하였다. 그중 강령은 다음과 같다.

　　一. 少年大衆의 社會的 새人格의 向上을 期함.
　　一. 少年大衆의 水雲主義的 教養과 社會生活의 訓練을 期함.
　　一. 少年大衆의 鞏固한 團結로써 全的運動을 支持함.[37]

　강령은 첫째 어린이의 인격향상, 둘째 천도교의 교양과 사회생활 훈련, 셋째 공고한 단결로, 천도교의 차세대 지도자를 양성하기 위한 것으로 보인다. 이에 따라 소년회는 순수 소년운동단체에서 대중 소년운동단체로 전환되었으며, 중앙집권적 조직체가 되었다. 유년부와 소년부는 1927년 8월 14일 상민부가 설치됨에 따라 통합되어 유소년부가 되었다.

　(2) 지방조직과 활동
　천도교소년회 설립 이후 중앙에서 '어린이의 날' 제정 등 활발한 활동을 전개하는 가운데 지방에서는 지방조직이 설립되었다. 청년회 시기의 소년회 규약이 현재 전해지지 않고 있어 초기의 지방조직이 어떠한 근거에 의해 설립되었는지 확인할 수 없다. 지방조직은 지역 이름을 붙여 'ㅇㅇ소년회'라고 하였다. 1926년 이후 청년당 시기 제정된 규약에 의하면 지방조직은 군연합회, 동소년회(洞[里]少年會), 반(班)을 두었다. 군연합회는 동리소년회(洞里少年會) 3개 이상으로, 동리소년회는 10인 이상으로, 반(班)은 3인 이상 7인 이내로 조직하였다.
　소년회 지방조직이 비교적 일찍 설립된 곳은 울산소년회과 안주소년회, 평양소년회였다. 안주소년회는 1921년 8월 안주지회 소년부로 출발하여 1922년 4월 30일 소년회로 발전하였다. 1923년 현재 회원은 50명 정도였다.[38] 이해 5월 1일 어린이날을 맞아 안주소년회원 50여 명은 기행렬(旗行列)로 창가를 부르면서 어린이날 선전문을 배포하였다.[39] 울산소년회는 1921년 9월 11일 불교소년회, 기독교소년회와 축구경기에서 우승한 것으로 보아, 적어도 이해 8월에는 설립되었을 것으로 보인다.[40] 평양소년회는 1922년 3월 30일 회원 830명이 이성삼, 김영걸, 황구연의 인솔 아래 모란봉에서 야유회를 개최한 바 있고,[41] 이듬해 5월 1일 어린이날 기념식을 갖고 선전 전단 1만 매를 배포한 후 저녁에는 연극을 공연한 바 있다.[42] 소년회 지방조직은 청년회를 통해서 조직되었는데, 이는 소년회의 활동이 청년회의 절대적 영향을 받고 있음을 의미한다.

1926년 말 전국의 소년단체는 약 350개, 회원은 3만 명 정도였다. 이중 천도교소년회가 70여 개, 회원이 7천여 명 정도였으며, 조선소년군과 소년척후단 두 단체가 합하여 회원이 9백여 명 정도였다.[43]

(3) 천도교소년회연합회의 활동

각지에서 소년회가 설립되자 1928년에 이르러 천도교소년회연합회(이하 소년연합회)가 결성되었다. 이후 소년회의 활동은 소년연합회를 중심으로 전개되었다. 소년연합회는 전국 각지에 산재해 있는 소년회의 효율적 관리 및 통제를 하기 위해 결성되었다.

소년연합회는 1928년 4월 4일 개최된 결성대회에서 규약 제정,[44] 중앙집행위원 선임,[45] 소년 교양을 위한 교리 및 교화의 동화화(童話化), 소년회가(少年會歌) 통일, 소년총동맹 가입 유보, 회세확장과 소년회 조직 확대 등을 결의하였다.[46] 이중 소년총동맹 가입 유보는 어린이운동에 관한 이념의 차이였다. 인간본위 중심의 천도교 소년운동과 무산소년운동을 전개하는 오월회와 소년운동 지도노선이 대립적이었던 것이다.[47] 1929년 들어 소년연합회는 5월 첫째 일요일 '어린이날'에는 소년보육만화 및 선전 포스터 현상

모집, 부형모자대회(父兄母姉大會), 동화대회, 가극대회, 어린이 무료건강진료 등을 4일간 진행하였다.[48] 8월에는 어린이 정서함양과 단체활동, 체력증진 등을 내용으로 하는 소년회 교양운동 방침을 마련하고 산하 소년회에서는 이를 준용케 하였다.[49] 소년연합회는 1930년 4월 3일 개최한 제2회 대표대회에서 명칭을 천도교소년연합회총본부(이하 소년총본부)로 변경하고[50] 어린이날 행사를 논의한 후 5월 4일 첫째 일요일 어린이날을 맞아 소년연합회 산하 120여 소년회가 참여한 가운데 어른과 어린이에게 보내는 선전 전단 각 15만 매와 포스터 2만 매를 전국 소년회에 배포했다.[51]

1931년 2월 16일 청년당과 청년동맹 합동으로 청우당이 창립된 이후 소년총본부는 소년운동의 활성화뿐만 아니라 청년동맹의 세력기반이었던 지역에 소년회 설립을 위한 지도서인『소년급소년지도자요람(少年及小年指導者要覽)』을 발행하였다.[52] 소년총본부는 창립 10주년을 맞아 이해 12월 24일 기념식을 가졌다.[53] 그러나 1932년 4월 교단과 청우당이 분화되자 소년총본부는 신파측 청우당의 주도 아래 4월 6일 제4차 천도교소년회대표대회를 개최하고, 상무기관 설치, 회원훈련을 위한 소책자 발간, 순회문고 설치, 체육훈련 강화 등을 결의하였다.[54]

1931년 일제의 만주침략으로 전쟁이 장기화되자 어린이운동도 어려움에 직면하였다. 소년총본부는 1934년 소년회 운동의 침체기를 극복하고 청년당 지도이념에 맞는 새 지도자상의 정립을 주장하였다.[55] 또한 회세확장과 교양선전, 어린이날 행사 등을 전개하였다. 그러나 이해 12월 23일에 개최된 청년당 임시전당대회에서 부문운동을 지도해왔던 부문위원제가 폐지됨에 따라 소년총본부는 사실상 유명무실하게 되었다. 만주사변 이후 소년총본부의 활동이 점차 쇠퇴하고 있는 1935년경에는 군 단위로 조직한 소년회가 1백여 개, 동리(洞里) 단위로 조직된 소년회가 70여 개, 회원이 5천 명이었다.[56] 1937년 7월 중일전쟁으로 전시체제가 되면서 '어린이날' 기념식마저도 전면 금지되었다. 이에 따라 1921년 4월 소년부, 천도교소년회, 천도교소년연합회, 천도교소년회총본부로 이어진 천도교소년단체의 활동은 사실상 막을 내리게 되었다.

2) 천도교청년단체[57]와 청년운동

(1) 천도교사월회와 활동

천도교사월회는 부문운동 중 청년부의 부문단체이다. 청년부는 소년부나 여성부 등 다른 부문보다 부문단체의 설립이 늦었다. 소년부의 경우 1920년 5월 천도교소년회를 결성하였고, 여성부는 1924년 천도교내성단을 조직하였다. 청년부의 부문단체 설립이 늦은 것은 초창기 청년당의 활동과 청년부의 활동이 구분하기가 어려웠기 때문이다. 그렇지만 1927년 들어 청년당과 청년부의 활동영역을 분리함에 따라 청년부도 부문단체로 천도교사월회(天道敎四月會, 이하 사월회)가 조직되었다. 사월회는 청년당과 소년회의 중간급으로 당의 예비단체였다.[58] 사월회의 목적은 첫째 수운주의자(水雲主義者)로서 의식적 훈련을 기함, 둘째 청년으로서의 과학적 수양을 기함[59]이었다. 이로 볼 때 사월회는 청년당의 예비당원 확보와 자질 향상에 두었다고 할 수 있다.

사월회의 회원 자격은 '유년 이상 청년 이하의 중간 청소년'으로 규정하였다.[60] 그러나 실제적으로는 유소년부와 학생부나 농민부 등 여타 부문 활동에서 활동하지 않는 청소년을 중심으로 가입하여 활동하도록 권유하였다. 사월회의 가입자격은 천도교소년회나 천도교학생회처럼 명확하지 않다. 소년회는 15, 16세까지, 청년당은 21세 이상을 기준으로 하고 있는 반면 사월회는 소년회 이상 학생회에 가입하지 않은 청년들을 중심으로 하여 17세 이상 28세까지 청년당에 가입하지 않은 중간층 청년을 대상으로 규정하고 있으나 청년당원도 가입이 가능하였다. 이를 좀 더 명확하게 표현하면 '보통학교의 졸업 또는 이에 준하는 정도로서 소년회원이 되기에는 좀 지나치고 청년당원이 되기에는 좀 미진한 사람'으로 하고 있다.[61] 사월회의 조직은 대표 외 서무부, 포덕부, 교양부, 체육부 등 4개 부서와 의결기관으로 집행위원회를 두었다. 지역에 따라서는 포덕부 대신 말부, 교양부 대신 글부, 체육부 대신 주먹부를 두기도 하였다.[62]

사월회는 지방에서 먼저 조직되었다. 청년당 평양부의 지원을 받은 평양천도교사월회가 1927년 7월 18일 처음으로 조직되었다.[63] 이후 경성(京城), 철산(鐵山), 이원(利原), 통영(統營), 의주(義州), 정주(定州), 강동(江東), 양덕(陽德), 안주(安州), 진남포(鎭南浦), 신의주(新義州), 단천(端川), 북청(北青), 사천(泗川), 영변(寧邊), 용천(龍川), 덕천(德川), 창녕(昌寧), 강서(江西), 용정(龍井), 동경(東京), 아간(阿間), 여주(驪州) 등지에서 사월회가 조직되었다.[64] 지방에서 조직되고 있던 사월회는 상호간의 유기적 관계와 전국적 연합 조직의 필요성에 따라 1928년 4월 4일 창립총회를 갖고 천도교사월회연합회가 결성되었다. 그리고 이날 규약을 제정하였다.[65]

사월회의 활동은 교리강습과 교양훈련, 포덕운동, 회세확장, 한글보급운동 등이었다.

첫째, 교리강습 및 교양훈련은 매주 토요일 오후에 실시하였다. 교리강습은 단순한 교리에만 국한하지 않고 회원 간의 교양을 향상시키는 역할을 하였다. 강재는 이돈화의『천도교교리독본』과『수운심법강의』,『신인간』 등을 사용하였다. 이들 강재는 사월회뿐만 아니라 청년당, 내성단에서도 사용하였다. 그런데 사월회의 교양훈련은 청년당의 교양훈련과 유기적 관계를 맺고 있었다. 단천사월회는 창립총회에서 청년당 단천부와 협력하여 도서부를 설치할 것과 가을 농한기에는 임간학교(林間學校)를 열 것을 결의한 바 있는데, 이 역시 회원들의 교양 향상과 관련이 있는 것으로 보인다.[66] 그 외에도 음악부 설치,[67] 수양강좌 개최,[68] 교리연구,[69] 강도회 개최,[70] 회보발행[71] 등으로 회원들의 교양과 훈련의 향상을 도모하였다. 안주사월회는 학생회와 연합으로 야영대회를 개최하기도 하였으며,[72] 창녕사월회는 현상웅변대회를 개최하였다.[73]

둘째, 회세확장은 1회원이 1인 이상을 모집하였다. 회세확장은 특정한 기간[74]에 집중적으로 하는 경우가 많았다. 평양사월회의 경우 1930년 4월 제4차 정기대회에서 창립기념일인 7월 17일까지 회원 모두가 1인 이상 회원을 증모할 것을 결의하였다.[75] 단천사월회와 창성사월회 등 대부분이 회세확장으로 1인 이상 회원을 모집할 것을 예회(例會) 또는 정기대회에서 결의하였다. 안주사월회는 1928년 5월 제1회 정기총회에서 회세확장에 대해 다음과 같이 결의한 바 있다.

1. 班을 조직하여 회원단속 및 훈련의 철저를 圖하고 會의 內的 충실을 圖하여 기초를 일층 굳게 할 것
2. 各 會員이 책임지고 來 6월 내로 회원 一人씩을 입회시킬 것
3. 본 군내 각지에 출장하여 본회를 선전 조직하고 반을 置할 것[76]

회세확장은 회원 각자가 회원 한 명씩 모집할 것 외에도 각 지역 당부 관할 내를 순회하면서 천도교 선전뿐만 아니라 포교 활동의 일환으로 전개되기도 하였다. 안주사월회는 회세확장 외에도 포교에 대해서는 '첫째 시시(時時)로 포덕강좌(布德講座)를 개최(開催)하여 선(先)히 회원에게 포덕방법(布德方法) 급(及) 본교(本敎) 의식(意識)을 충분히 인식케 할 것, 둘째 포덕대(布德隊)를 조직하여 포덕전무(布德專務)에 당(當)케 할 것, 셋째 일반회원은 책임지고 금년 내로 3인 이상 포덕을 할 것' 등을 결의하였다. 즉 회세확장은 포덕활동과 연계되어 전개되었다. 회세확장으로 회원이 증가하자 사월회

는 반(班)을 조직하였다. 진남포사월회는 1928년 6월경 10개 반을 조직하였다.[77] 그 외에도 여주사월회, 구성사월회, 삭주사월회에서도 반(班) 또는 조(組)를 조직하였다.

셋째, 문맹퇴치운동이다. 문맹퇴치운동은 한글보급운동의 일환으로 전개되었다. 평북 구성부의 청년당원 배창화(裵昌化)는 농민야학을 운영하면서 한글보급운동의 당위성을 다음과 같이 밝혔다.

처음에는 'ㄱ'字를 써 놋코 여러분 이것이 무슨 字요 하고 무른 즉 엇던 동무는 '디긋' 또 어떤 동무는 '니을'할 때에 한끗으로 우슴이 나고 또 한끗으로 걱정도 되엿슴니다. (중략) 그러나 그것은 잠간이엿나이다. 只수은 아조 조흔 成績과 훌늉한 效果를 만이 나타내임니다. 츠兄! 이것도 '가' 字나 '나' 字를 모를적 보다는 얼마나 成功이겟는지요? 그런데 'アイウエオ' 따문에 걱정이외다. 그들의 말을 들으면 나무 한 짐을 파라도 日本말이 必要타고 함니다. 그들의 눈동자에는 日語 希望의 그 무엇이 번득임니다. 그러나 그것이 엇지 될 번이나 할 것임닛가? (중략) 위선 文盲부터 退治하자!! 그리하야 한 불(火) 아래 모이자!! 이 빗으로 압길을 밝이여 나아가자! 나아가서 갓치 살자!![78]

한글보급운동은 청년당이 1926년 시일학교를 설립하면서 본격적으로 전개되었다. 시일학교 통칙에 의하면 한글을 모르는 문맹자에게는 예비반을 두어 한글을 익히게 하였다.[79] 여성단체인 내수단도 "조선(朝鮮) 전사회(全社會)를 통(通)하야 지식(智識)을 가젓다는 부인(婦人)이 새벽 하늘에 별보는 폭에 지나지 안치만은 우리 교중(敎中) 부인계(婦人界)가 더욱 그러하다. 금년(今年) 내(內)로는 엇더한 방법(方法)으로든지 「가갸거겨」 「1234」로부터 새로운 지식을 가지도록 할" 것을 주장하면서 문맹퇴치에 힘쓸 것을 강조하였다.[80] 이에 따라 사월회는 강좌, 자학, 강연, 좌담, 문자 등 교육적 활동에 힘쓸 것과 반(班) 또는 조(組)에서도 야학, 시일학교를 통해 청소년의 문자계몽에 힘쓸 것을 지도하였다. 또한 사월회는 교양부(글부)를 통하여 문맹퇴치운동을 전개하였다. 단천사월회는 임간학교를 설치하여,[81] 안주사월회는 시일학교에서[82] 문맹퇴치운동을 하였다. 안주사월회는 각자 회원이 먼저 자가(自家)문맹인을 퇴치하고 다음에 근처 문맹인의 퇴치에 힘쓸 것을 결의하기도 하였다.[83] 그 외에도 사월회는 자학(自學) 규정[84]을 마련하여 스스로 문맹퇴치와 교양향상을 독려하였다.

(2) 천도교청년회의 조직과 활동

1926년 1월 천도교단 신구 분규로 청년당은 신파의 천도교청년당과 구파의 천도교청년동맹으로 분화되었다. 그러나 1930년 12월 청년당과 청년동맹이 합동하여 천도교청우당으로 출범하였다. 청우당이 설립되자 그동안 신파 청년당을 중심으로 전개되었던 천도교사월회는 천도교청년회(이하 청년회)로 명칭을 변경하였다. 천도교사월회는 1931년 4월 12일 개최한 제3차 대회에서 천도교청년회로 명의를 변경하고 규약을 새로 제정하였다.[85]

천도교사월회가 천도교청년회로 명칭을 변경함에 따라 지방의 사월회도 청년회로 개편하였다. 1931년 3월부터 1932년 4월까지 신구파의 합동 시기는 회장과 서무부, 포덕부, 교양부, 재무부, 체육부의 5부제였으나, 1932년 4월 분열된 이후 1932년 8월 15일 개최된 임시대회에서 강령[86]을 수정하는 한편 위원장제와 비서부, 교양부, 조직부, 체육부로 체제를 전환하였다.[87] 이에 따라 청년회는 청년운동의 방안을 '청년의 윤리적 경제적 모든 사회적 지위향상을 제일의 목표로 할 것, 수운주의적 교양과 현실적 실천적 훈련을 기할 것, 신파 청우당이 전개하는 모든 일에 적극적으로 지지하며 참여할 것'으로 정하였다.[88] 그리고 이를 실현하기 위하여 야학회, 강습회, 강좌, 좌담, 토론회, 소인극, 순회문고, 자학, 소책자 간행, 기관지 발행 구독 등을 통한 교양훈련과 리·동 청년회 및 군연합회 조직을 위한 활동을 독자적으로 전개하였다. 청년회는 단일체에서 연합체로 변경되었고 실질적 활동을 전개할 수 있도록 계기가 마련되었다.

청년회는 1932년 11월 청년회의 역량을 키우기 위해 지역별, 직업별로 조직을 확대하였다. 첫째, 지역별 조직은 농촌을 중심으로 전개되었는데, 그 지방의 명칭을 그대로 사용하였으며 회원 10명 이상으로 조직하였다. 기존의 농민사나 노동사의 청년부가 있을 경우 이들 회원을 청년회에 가입시켜 지역 청년회로 활성화하였다. 둘째, 직업별 조직은 도시를 중심으로 조직되었다. 도시는 노동에 종사하는 청년이 많은 관계로 지역별 조직이 불가능하였기 때문이었다. 따라서 고무직공 청년은 고무직공청년회, 양화직공 청년은 양화직공청년회, 양말직공 청년은 양말직공청년회 등 직업별로 조직하였다. 그리고 공장별 조직도 가능하였다. 한편 군연합회는 농촌은 리·동 청년회 3개 이상, 도시는 직업별 청년회 3개 이상으로 결성하는 것이 원칙이었다. 미조직된 곳은 우선적으로 청년당의 접(接)과 이동(里洞) 농민사의 지원을 받아서 창립하였다.[89] 이로써 청년회 조직이 활발하였는데, 경성청년회(京城靑年會), 평양 외성청년회(平壤 外城靑年會), 맹산 삼리청년회(孟山 三里靑年會), 맹산 용해청년회(孟山 龍海靑年會), 원산청년회(元山靑年會), 곡산청년회(谷山靑年會), 맹산 인덕청년회(孟山 仁德靑年會), 덕천 삼동청년회(德川 三童靑年會), 홍경청년회(興京靑年會) 등이 조직되었다. 군연합청년회는 창녕군연합회(昌寧郡聯合會), 태천군연합회(泰川郡聯合會), 평양군연합회(平壤郡聯合會), 의주군연합회(義州郡聯合會), 맹산군연합회(孟山郡聯合會), 덕천군연합회(德川郡聯合會) 등이 조직되었다.

3) 천도교여성단체[90]와 여성운동

(1) 내수단과 내성단의 창립

천도교여성단체는 독자적인 활동을 하였지만 천도교청년단체의 영향을 적지 않게 받았다. 이는 청년회의 문화운동 또는 청년당의 부문운동의 하나로 인식하였기 때문이었다. 3·1운동 이후 국내에서는 여성운동에 대한 관심이 대두되었고, 그 결과 1920년 초중반에 여성잡지『신여성』[91]과 『여우(女友)』[92]가 간행되었다. 뿐만 아니라 1920년 들어 통영부인회, 함흥여자청년회, 대구기독교여자청년회 등 여성청년단체가 지방을 중심으로 설립되었고,[93] 1921년 5월에는 조선여자기독교청년회, 1922년 6월에는 대한여자기독교청년연합회가 조직되었다.[94] 불교계에서도 1921년 4월 불교여자청년회가 조직[95]됨에 따라 천도교에서도 여성운동 내지 여성단체의 설립에 대하여 보다 적극적인 관심을 갖게 되었다.

천도교에서 처음으로 조직된 여성단체는 천도교평양여자청년회(天道教平壤女子青年會)인데, 1921년 1월 30일 청년회 평양지회의 후원으로 결성되었다.[96] 청년회는 전국적 지방조직을 결성하면서 여성들의 청년회 참여에 제한을 두지는 않았다. 하지만 청년회는 남성들에 의해 주도되고 있었기 때문에 여성들이 활동한다는 것은 적지 않은 부담을 가졌을 뿐만 아니라 여성 스스로의 활동이나 운동방향을 결정하는데 한계를 가질 수밖에 없었다. 이에 평양에서 처음으로 여성단체가 결성되었던 것이다. 이어 청년회 함흥지회 지육부의 후원으로 천도교함흥여자지육부(天道教咸興女子智育部),[97] 천도교여자청년회(天道教女子青年會)[98] 등이 설립되어 초기 여성운동을 이끌어갔다.

초기의 지방에서부터 시작된 여성단체의 조직 및 활동은 1923년 9월 청년당이 결성되면서 새로운 전기를 맞았다. 청년당이 1923년 9월 2일 결성되자 여성들은 이에 영향을 받아 1924년 3월 31일 천도교내수단(天道教內修團, 이하 내수단) 발기회 개최에 이어 4월 5일 발회식을 갖고 창립하였다.[99] 내수단이란 명칭은 해월 최시형이 여성의 신앙생활 규범을 정한 「내수도문(內修道文)」에서 빌려왔다. 내수단은 규약[100]에 따라 포덕부, 음악부, 노무부, 서무부의 4개 부서를 설치하였다. 창립 당시 임원은 다음과 같다.

> 위원 : 朱鈺卿 이정희 최덕화 김연옥 박순욱 임용화 朴蕙嬅 김우경 김찬수 강성옥 한인화 강숙화 송영화 한봉소 朴明嬅 김상화 차기숙 조양하 노병고 김귀영
> 포덕부장 : 주옥경, 부원 김우경 朴蕙嬅 신남홍 강숙화 조양하 김상화, 서기 오숙완 임용화
> 서무부장 : 이정희, 부원 김연옥 박춘광
> 노무부장 : 최덕화
> 음악부장 : 박순욱

내수단은 1925년 교단의 분규로 신구 양파로 분화됨에 따라 신파 측은 내수단 조직을 그대로 유지하였고, 구파측은 1927년 6월 2일 천도교여성동맹(天道教女性同盟, 이하 여성동맹)을 별도로 조직하였다.[101] 내수단 창립 이후 1931년 3월 16일 여성동맹과 합동하여 천도교내성단이 결성되기까지 본부 임원은 〈표 7-1〉과 같다.

〈표 7-1〉 천도교내수단 본부의 임원 변동 현황

시기	대표	상무위원	위원/중앙집행위원	비고
1926.12.		조보희 손용화 신남홍	손광화 김우경 김상화 최덕화	고문 주옥경
1928.4.		조보희 손용화 신남홍	강숙화 변정화 김봉임 한인화 안녹화 김주명 손용화 허천 최경숙 안문화 김소현 김원화 류정화 김숙화 김우경 조보희 차기숙 손광화 강성옥 김각화 신남홍	

1929.4.	김우경	장태화 안문화 김숙화 이태화 안정수 송병화 김영운 차기숙 홍세영 조백추 한정화 강숙화 김각화 김태정 김봉임 신남홍 손광화 김우경 정인화 김응화 김순화	
1930.4.	주옥경	주옥경 김우경 손광화 박현오 안녹화 안정수 김봉임 이경숙 이학득 정인화 조백추 이종숙 이두경 김정숙 김순화 탁상화 최신화 최경숙 전기화 안문화 김숙화	

본부를 조직한 내수단은 지방부에 관한 규약[102]에 따라 지방 단부(團部)를 결성하였다. 단부(團部)는 단원 20인 이상으로 설립되었는데, 70여 개가 확인되고 있다.[103] 평양단부가 1924년 5월 11일 가장 먼저 설립되었고,[104] 이어 평양 성외단부가 1925년 1월에 설립되었다.[105] 이처럼 평양에서 단부가 일찍 설립된 것은 1921년에 이미 평양여자청년회가 설립되어 여성운동을 전개한 경험이 있기 때문이다. 뿐만 아니라 평양지역의 경우 기독교 여성단체도 일찍이 조직되어 여성운동을 활발하게 전개한 것도 영향을 미쳤다고 보인다. 그 외 대부분의 단부는 1928년과 1929년에 설립되었다. 이러한 경향은 1925년 신구 양파의 분규 이후 교단의 정비와 1926년 8월 이후 청년당의 여성부 부문운동전개 및 확대의 결과였다. 지역적으로는 청년당의 조직 기반인 평안남북도와 함경남도에 가장 많이 설립되었다. 단원의 경우 많은 지부는 1백여 명을 상회하였으나 대부분 50명 내외였다. 단부의 조직은 기본적으로 본부와 마찬가지로 포덕부, 재무부, 서무부로 체계화되었다. 그렇지만 만주지역의 관전현단부처럼 교양부를 별도로 설치하여 운영하는 경우도 없지 않았다.[106]

앞서 잠시 언급하였듯이 내수단은 1925년부터 전개된 교단의 2차 분규로 1927년 6월 2일 구파측의 여성동맹이 결성됨에 따라 내수단은 신파측의 여성단체로 유지되었다. 이후 1930년 12월 신구 양파가 합동함에 따라 내수단과 여성동맹도 1931년 3월 16일 합동대회를 개최하고 천도교내성단(이하 내성단)으로 재출범하였다. 이날 합동대회에서는 규약[107]을 의결하는 한편 대

표에 주옥경(신파), 부대표에 한봉소(구파), 집행위원에 정인화(구파)와 최시
영(신파) 외 25명을 선출하였다.[108] 이어 4월 4일 제1차 대회를 개최하고 임
원진을 새로 구성하였다. 신파의 내수단과 구파의 여성동맹이 합동으로 본
부가 조직을 정비함에 따라 지방조직도 점차 합동으로 새로운 단부를 설립
하였다. 그러나 단부는 분규의 여파로 제대로 정비되지 못하고 기존의 조직
을 그대로 유지하였다. 다만 확인되지는 않지만 1백여 개의 단부가 설립되
었던 것으로 추산된다.[109]

1932년 4월 교단이 다시 신구로 분화되자(3차 분규) 내성단의 조직도 신구
양측으로 분화되었지만, 명칭은 '천도교내성단'을 그대로 사용하였다. 하지
만 구파 측 내성단은 이후 대내외적으로 활동할 여건을 마련하지 못하여 사
실상 해체되었으며 신파 측 내성단만 조직과 활동을 유지하였다. 청년당이
해산되는 1939년까지 내성단 본부의 임원은 〈표 7-2〉와 같다.

〈표 7-2〉 천도교내성단 본부의 임원 변동 현황

시기	대표	포덕부	서무부	재무부	위원	비고
1931.3.	주옥경	박명하	정인화	주옥경	손광화 김우경 한봉소 안정수 신남홍 김상화 이종숙 이학득 이두경 김규영 김 숙 최시영 차정도 탁상화 한익화 최도화 이태화 손병화	합동시기
1932.4.	한봉소	박명화 송치화 최세화 최성화	김숙 박정자 김경화	심계화 김인봉 유수영	한봉소 박명화 송치화 최세화 최성화 박정자 김영화 심계화 김인봉 유수영 김숙	
1934.4	이경숙	신남홍	최시영	주옥경	주옥경 이학득 신남홍 이종숙 김병화 차기숙 손광화 안녹화 김우경 최시영 변정화 김상화 지만수 김봉주 최경숙 차정도 안문화 김숙 이경숙 김태강	상무 최시영, 경제부 이학득
1930.4.	손광화	신남홍 홍순화		주옥경	주옥경 김우경 손광화 신남홍 홍순화 안영숙 안현권 박현오 변정화 김병화 김태강 계인수 최보루 차기숙 김봉임 조수임 이대화 김태화 길충원 문숙화 김옥	상무 김옥

(2) 내수단과 내성단의 활동

내수단 및 내성단의 활동은 다양하게 전개되었지만 크게 생활개선운동과 여성계몽운동으로 분류할 수 있다. 첫째, 생활개선운동은 여성과 관련된 의식주 등 일상생활과 직간접적으로 관계를 지니고 있으며, 여성들의 가사노동의 부담을 경감해주고 교육받을 수 있는 기회를 마련하고자 하였다. 내수단은 1928년 4월 제1차 전국대표대회에서 '흰옷을 폐지하고 염색옷 입기, 단추달기, 머리 쪽지기'를 운동적 차원에서 전개하기로 결의하였다. 이후 이것은 내수단을 비롯한 여성단체의 기본적 활동 중의 하나로 자리 잡게 되었다. '염색옷 입기' 등의 생활개선운동은 1904년과 1905년에 진보회운동, 즉 갑진개화운동에서 이미 실행되었던 운동이었다. 당시 동학교인들은 근대문명의 수용을 명분으로 민회를 통해 '흑의단발'을 일제히 전개한 바 있었다.

내수단에서 전개한 생활개선운동의 이론적 뒷받침은 대부분이 청년당의 지원을 받았다. 우선 이종린은 내수단 창단을 즈음하여 천도교 기관지 『천도교회월보』를 통해 '염색옷 입기'를 주장하였다. 그는 1894년 동학농민혁명의 60만 희생과 1904년 갑진개화운동의 8백만의 흑의단발로 일치하였던 역사적 맥락에서 생활개선의 첫걸음으로 '염색옷 입기'를 강조하였다.[110] 또한 김진욱도 흰색을 국민성과 관련지어 비판하였다. 즉 흰옷은 단조롭고 원시적이며 비예술적, 비경제, 비실용적이기 때문에 "곰팡네 나고 썩은 옛 도덕이나 인습"에 반기를 들어 '염색옷 입기'의 혁명적 사고가 필요하다고 강조하였다.[111] 나아가 이러한 염색옷을 만드는 방법을 『천도교회월보』를 통하여 소개하기도 하였다.[112]

'염색옷 입기'는 단발과 함께 청년당이 적극적으로 지원한 운동이었다. 청년당은 1926년 12월 25일 개최된 전국위원회에서 "흑의단발운동(黑衣斷髮運動)을 일으킬 것"을 결의하였다. 즉 "백의망국(白衣亡國) 결곡상자(結嚳傷腦)의 악습을 혁파"하기 위하여 흑의단발운동을 전사회적으로 일으키기로 한 것이다.[113] 그리고 지방부에서도 만나는 사람마다 흑의단발을 선전하고 청년당에서 개최하는 모든 집회에서도 이를 선전할 것을 운동지침으로 정하였다.

이처럼 염색옷 입기와 단발운동이 청년당의 전당적으로 결의되자 내수단도 이에 적극 호응하였다. 내수단은 1928년 4월 제1회 대회에서 "흰옷을 폐지하고 염색옷을 입되 단추 달기, 머리 쪽지기"를 결의하였다.[114] 이러한 결의는 전국적 회의에 참가하는 단원에게까지 규정화하였다.[115] 내수단 본부 위원인 신남홍은 「천도교 부인의 규모일치 문제」라는 글을 통해 전국의 천도교 여성들에게 염색옷 입기와 저고리에 단추 달기, 머리 쪽지기 등의 실행을 강력히 주장하였다. 특히 신남홍은 "남성들은 이미 단발을 하고 염색옷을 규모일치를 했는데, 왜 여성은 머리모양을 통일하지 않고 경제적이며 편리한 염색옷을 입지 않는가." 하면서 여성들의 의식 전환을 촉구하였다.[116]

이와 같은 청년당 및 내수단의 결의에 따라 염색옷 입기운동은 중앙뿐만 아니라 지방에서도 전개되었다. "평양 천도교회는 수천 명의 교도가 일제히 검은 옷을 입기로 작정하는 동시에 동(同) 교회 여자로 조직된 내수단 단원 70여 명을 위시하여 여자들은 전부 '낭자'를 쪽찌기로 하였는데, 9월까지는 자유로 입고 10월부터 4월까지는 단정코 검은 옷을 입을 터이며"[117] 라고 하여, 일상생활에서 염색옷 입기를 실천하였다. 이외에도 단천단부는 1928년 6월 24일 임시대회에서 "여름철을 제하고는 염색 의복을 입을 것, 저고리에 모두 단추를 달 것"[118]과 이해 6월 임시대회에서 "단원은 모두 염색옷을 입을 것"[119]을 결의한 바 있다. 정주단부는 1928년 10월 28일 정기총회에서 "10월부터 4월까지 염색옷 입을 것과 머리는 쪽질 것",[120] 동상단부는 1929년 8월 14일 단원대회에서 "염색옷을 입을 것과 머리를 쪽질 것"[121]을 각각 결정하였다. 내성단의 경우 경성단부와 구성단부에서 '규모일치'를 통해 염색옷 입기와 머리 쪽지기를 실행하였다.[122]

둘째, 여성계몽운동은 강연, 강습회, 야학 등을 통해 문맹퇴치와 교양의 향상에 중점을 두었다. 청년당 여성부위원 김병제는 "청년당의 여성운동에 대한 방침과 수단은 조선여성의 현실 그대로의 환경에 맞도록 하자는 것"이라고 밝힌 바 있다. 그렇다면 당시 조선여성의 현실은 어떠하였는가. 첫째는 글 못 보는 장님이었다. 즉 최근 10년간 학교교육을 통해 여성들의 지식이 향상되었다고는 하지만 "쌀에 뉘만도 못한 실정"이었다. 이런 상황에서 여성운동이니 무산운동이니 하는 것은 현실성이 없었다. 더욱이 다른 나라의 경우 남녀를 막론하고 교육을 받을 수 있는 제도가 완비되었지만 우리의 경우는 전혀 그렇지 못한 실정이었다. 둘째는 옛날 도덕에 갇혀 있었다. 즉 근대문명이 점차 보급되고 있지만 가정생활은 여전히 봉건적 그대로였을 뿐만 아니라 도덕적 관념을 지배하였던 것이다. 셋째는 미신의 구렁에 빠져 있었다. 즉 사주팔자, 귀신타령, 풍수 등 미신에 사로잡혀 있다고 보았다. 넷째는 절대다수가 농촌여성이었다. 즉 농촌여성의 경우 변화하는 환경에 대해 적응력이 떨어진다는 점이다.

이와 같은 조선여성의 현실에서 여성운동의 방향으로 "투쟁보다는 교양이 급선무"라는 의견을 제시하였다. 이를 위해 '문자교양'과 '사상교양'의 필요성을 강조하였다. 문자교양은 한글보급을 통한 문맹퇴치, 사상교양은 여성을 가두고 있는 봉건적 도덕적 관념과 미신 타파를 의미하였다.[123] 그리고 나서 여성들의 단결된 힘으로 법률상, 경제상, 사회상 남녀 관계의 평등과 혼인에 대한 자유, 모성에 대한 보호로 나아가야 한다고 하였다.

이와 같은 인식에 따라 내수단은 1927년 6월경 전국 지부에 대해 시일학교, 강습과 야학을 권장하는 한편 두 달에 한 번씩 교육상황을 보고하도록 하였다.[124] 또한 이해 11월 공함을 통해 부인야학 및 강습을 3주 내지 3개월 단위로 개최할 것을 추가로 지시하였다.[125] 또한 청년당 상무 김영환도 내수단 사명의 하나로 여성의 문맹타파에 힘써야 할 것이라 하였다. 즉 "조선 전

사회를 통하여 지식을 가졌다는 부인이 새벽하늘에 별보는 폭에 지나지 않은 만큼 어떠한 방법으로든지 '가갸거겨' '1234'로부터 새로운 지식을 가지도록 해야 할 것"이라고 강조하였던 것이다.[126] 이에 따라 내수단 및 내성단 본부와 단부에서는 강연, 강습, 야학 등 계몽활동을 지속적으로 전개하였다.

내수단 본부는 1927년 12월 1일부터 3개월 동안 부인야학을 개설, 30여 명을 모아 교리를 비롯하여 한글, 산술, 일본어, 일반상식 등을 보급하였다.[127] 경성단부에서는 이보다 앞서 1927년 11월 제1회 강습회를 개최한 데 이어 1928년 5월에도 제2회 강습회를 실시하였고,[128] 이해 10월에는 부인야학을 개설하여 교리와 한글, 산술, 습자, 작문 등을 가르쳤다.[129] 이외에도 구성, 창성, 북청, 곽산, 정주, 의주, 하갈우, 원산, 벽동, 덕천, 평양, 단천, 갑산, 함흥, 안주, 곡산, 신의주 등의 단부에서 야학 또는 강습을 개설하였다.(〈부록〉 참조) 이들 야학 또는 강습의 내용은 대부분 공통적으로 교리, 한글, 산술, 상식이었고, 단부에 따라 일본어, 서예, 회의법, 토론, 생리학 등을 교육하는 경우도 없지 않았다. 그러나 이와 같은 야학 및 강습의 일차적인 목적은 무엇보다도 한글 보급을 통한 문맹퇴치였다.

다음으로 여성계몽운동의 중요한 활동으로 강연을 실시하였다. 강연활동은 당시 새로운 정보의 전달, 교양 및 상식의 보급 등에 유효하게 활용할 수 있는 수단이었다. 내수단은 1925년 1월 29일 부인대강연회를 개최하였다. 이날 강연회는 5백여 명이 참가할 정도로 대성황이었다. 김미리사의 '완전한 인격'에 이어 유각경이 '혁신의 급선봉'이라는 연제로 강연을 하려고 하자 임석 경찰관이 연제가 불온하다고 하여 제지를 당하기도 하였다.[130] 1927년 11월 1일부터 3일간 개최한 강연회 중 3일차에 여성문제강연회를 개최하였는데, 김도현의 '후천개벽과 여성운동', 나용환의 '부인문제에 대하여', 조백추의 '여성해방의 근본문제', 김홍식의 '움직이는 우리는 어데로 갈까'라는 연제의 강연이 있었다.[131] 1929년 5월 13일부터 15일까지 3일간 '아동보육대

강연회'를 개최하였다. 1일차에는 차사백의 '어린이 보육법', 방정환의 '어린이 심리생활', 2일차에는 차사백의 '어린이 보육법', 방정환의 '어린이가 크는 여러 시기', 3일차에는 유홍종의 '소아병에 대한 가정지식', 방정환의 '꾸짖는 법, 칭찬하는 법'을 각각 강연하였다.[132]

중앙본부뿐만 아니라 지방부에서도 강연활동은 비교적 활발하게 전개되었다. 곽산부는 1928년 9월 5일 '여자해방강연회'를 개최하였다. 1천여 명이 참석하여 대성황을 이룬 강연회에서는 김득선의 '여자해방', 최행화의 '살고도 죽은 사람', 정섭의 '조선여자의 책임', 홍양도의 '현대여성은 각성하라', 변신성의 '조선여자의 사명', 승관하의 '참사람이 되시오'라는 연제로 각각 강연하였다.[133] 정주부에서는 1929년 1월 23일 관내를 순회 강연하였으며,[134] 창성부도 1929년 5월 위원 손병화가 관내 각 면을 순회하면서 단원조직과 교양에 대한 강연회를 가졌다.[135] 또한 창성부는 1930년 초 최경숙과 강문선이 순회강연을 통해 교리와 규약 등을 교육하였다.[136] 이밖에도 덕천부[137]에서 강연회를 개최한 바 있다.

4) 조선농민사와 농민운동

(1) 창립과 중앙조직의 변화

1920년대 중반 접어들어 사회운동은 최고조에 달하였다. 그중에서도 농민운동이 가장 활발하였다. 1922년 23개였던 농민단체는 1923년에는 107개, 1924년에는 124개, 1925년에는 126개로 늘어났다.[138] 이에 청년운동가들은 이를 지도하기 위해 조선청년총동맹을 결성하고 1925년 7월 29일 산하에 농촌위원회를 두어 농촌계몽운동과 농촌청년운동을 전개키로 하였고,[139] 조선노농총동맹은 농민운동과 노동운동의 분리를 모색하였다.[140] 지역에서도 농민조합이 설치되기 시작하였다.[141] 또한 이 시기에는 사회주의자들의 지도 아래 소작쟁의를 주도하던 소작인조합들은 점차 농민조합으로 변화되기 시작하였다.[142] 뿐만 아니라 기독교계에서도 YMCA와 기독교농촌연구회를 중심으로 농촌계몽운동을 이끌어갔다.[143] 더욱이 1924년 남한지역에서 대기근으로 농민들은 고통을 겪었다.[144]

이러한 상황에서 1925년 4월 4일 개최된 청년당 중앙위원회에서 대중적인 농민계몽운동단체를 결성하기로 결의하였다.[145] 이어 8월 17일 개최된 임시총회에서 김기전, 이돈화, 박달성, 박래홍, 강우, 방정환, 이두성 등 청년당의 주요 인물들은 농민의 계몽과 의식 각성을 위한 농민단체의 결성을 대내외에 천명하였다.[146] 8월 말부터 6회의 준비모임을 갖고 1925년 9월 29일[147] 조선농민사(朝鮮農民社)[148]가 설립되었다. 그리고 사무소를 청년당 내에 두었다.

조선농민사 창립 과정에서 준비모임에는 청년당의 이돈화(李敦化), 김기전(金起田), 조기간(趙基栞), 박상직(朴思稷), 이성환(李晟煥), 차상찬(車相瓚), 최두선(崔斗先) 등과 선우전(鮮于全), 이창휘(李昌輝), 박찬희(朴瓚熙), 김준연(金俊淵), 유광열(柳光烈), 김현철(金顯哲), 홍명희(洪命熹), 안재홍(安在鴻), 최원순(崔元淳), 국기열(鞠琦烈), 이봉수(李鳳洙), 한위건(韓偉健) 등 민족주의 및 사회주의 계열까지 참여하였다. 창립 당시 이사는 김준연, 김현철, 김기전, 이돈화, 이창휘, 이성환, 유광열, 박찬희, 박사직, 선우전, 조기간, 최두선 등이었다. 조선농민사 창립에 관여하였거나 임원들 중에 김기전은 청년당 당두였고, 박사직, 이돈화, 이성환, 조기간, 차상찬, 최두선은 천도교청년당 중앙집행위원이었다. 국기열, 김준연, 박찬희, 선우전, 최원순, 한위건, 홍명희는 조선사정연구회의 회원이었다. 사회주의계 인물로는 국기열, 김준연, 이봉수, 한위건, 이순탁, 홍명희 등이 있다. 이봉수는 서울청년회계 인물로 천도교인이었으며, 국기열은 서울청년회 집행위원이었다. 김준연은 1925년경 서울청년회 안의 공산주의 그룹의 일원으로 활동하였고, 한위건은 1921년 5

월 상해파 고려공산당에 가입하였다. 이순탁은 김준연과 함께 사회주의 사상가로 연희전문의 교수였다. 그리고 홍명희는 1923년 7월 신사상연구회의 결성에 참여하였고, 1924년 2월에는 신흥청년동맹의 결성에 참여하였으며, 11월 화요회의 간부를 지냈다.[149]

청년당이 조선농민사를 독자적으로 설립하지 못하고 비천도교 인물과 연합하여 조직하게 된 배경은 두 가지로 볼 수 있다. 첫째는 천도교 내부의 요인으로 교단의 분규였다. 천도교는 1925년 8월부터 2차 분규가 발생하여 오영창의 교인대회파, 최린의 천도교중앙종리원파, 이종린의 통일기성회파로 분화되었다. 조선농민사를 논의하던 시기에 교인대회파는 황해도 사리원에 천도교중앙총부를 설립하였고, 중앙은 중앙종리원파(신파)와 중앙교회파(구파)로 양분되었다. 교단의 분규 상황에서 독자적인 농민운동단체를 조직하기에는 사실상 불가능하였다고 본다.[150] 둘째는 사회주의 세력이 천도교의 세력기반인 농민대중을 잠식하였기 때문이었다. 이에 청년당은 사회주의 세력과 연대을 통해 이를 극복하고자 하는 적극적인 의지를 가졌던 것이다.[151]

조선농민사는 '조선 사람은 다 같이 농촌으로'라는 정신과 조선 농민계발의 목적으로 월간지 『조선농민』을 간행하여 농민계몽운동을 전개하였다. 『조선농민』의 주간은 이성환, 편집국장은 이돈화, 영업국장은 선우전이었다. 이성환은 함남 영흥 출신으로 일본 경도잠사전문학교(京都蠶絲專門學校)를 졸업한 농업이론가였다. 농민계몽운동을 위해 출발한 조선농민사는 창립 1년 만에 사우가 1만 5천 명, 『조선농민』 구독자가 1만 6, 7천 명에 달할 정도로 대중계몽운동단체로 성장하였다. 여기에는 청년당의 역할이 컸다. 농민사 사우의 80%가 천도교인이었고, 『조선농민』 보급소는 청년당 지회였다. 또한 신파측 천도교중앙종리원은 조선농민사에 매년 1천여 원을 보조하였다.[152]

조선농민사는 본부 아래 기무부·재무부·조직부·교양부·선전부·경제부의 6개 부서를 설치하였다. 그리고 의결기구로 전사대회(全社大會), 집행기구로 중앙이사회(中央理事會), 감사기구로 중앙감사회를 설치하였다. 또한 상하층 기구 간의 연락과 통제 원활을 위하여 통제위원을 별도로 선출하였다. 2개 군농민사 이상을 단위로 중앙통제구를 설치하고 중앙통제위원 1인을 두어 해당 구역 내 각 기구를 통제 감찰하도록 하였다.

조선농민사는 1928년 4월 6일 개최된 전선대표대회에서 임원진을 개편하고 이사 30명 중 대부분을 청년당원으로 충원하였다.[153] 청년당은 조선농민사의 운영을 더욱 확고히 장악하기 위해 1928년 말 청년당의 제2차 확대중앙위원회에서 법적으로 조선농민사를 청년당의 부문운동단체로 하기로 결정하였다. 1929년 4월 4일 조선농민사의 제2차 전선대표대회에서 이 안을 상정케 하였으나 비천도교계 대표들의 반발로 무산되었다.[154] 그러나 청년당은 1930년 4월 6일 개최한 조선농민사 제3차 전선대표대회에서 법적관계 3개조안을 의결하였다. 이 법안은 첫째 조선농민사는 천도교청년당의 지지를 수(受)함, 둘째 조선농민사 전국대표대회 및 중앙이사회의 결의사항은 천도교청년당본부의 동의를 경(經)하여 실행함, 셋째 조선농민사 중앙이사장은 천도교청년당 농민부 수석위원으로 임함이었다.[155] 이로써 조선농민사는 청년당의 명실상부한 부문단체가 되었다. 이러한 청년당의 조선농민사에 대한 전권 장악에 반대한 이성환(李晟煥)·유광렬(柳光烈) 등 비천도교인과 일부 청년당은 4월 12일 법적관계3개조안을 부인하는 임시대회준비위원회를 조직하였다. 이어 4월 20일 '농민사 문제의 진상과 정통적 윤리와 체계를 고지(固持)하고 본래의 진영을 지킨다'고 성명하고, 1930년 5월 3일에는 독자적으로 전조선농민회(全朝鮮農民社)를 설립하였다.[156]

(2) 지방조직의 설립과 확대

조선농민사는 창립초기 『조선농민』 구독자를 사우(社友)라 하였으며, 각 지방에 지사를 두었다. 사우회는 사우 회원 간의 친목 도모, 농촌의 계몽운 동, 단체적 훈련을 목적으로 하고, 이를 실현시키기 위해 농촌순회강화회를 개최하였고, 농사회(農社會)를 조직하였다.[158] 조선농민사는 1928년 1월 14 일 개최한 중앙이사회에서 사우제를 폐지하고 사원제를 채택하였다. 이후 조선농민사의 조직은 중앙에 농민사본부, 각군에 군농민사, 면(面)에 면농 민사, 리동(里洞)에 리동농민사로 전환하고 중앙집권화된 조직체계를 갖추 었다. 군농민사는 1군 내에 사원 20명 이상으로 설립하고 본부와 같이 6개 부서를 두었으며, 이사장은 본부에서 임명하였다. 단위 농민사는 의결기구 로 사원대회 또는 대표대회를, 집행기구로 이사회를 두었다. 이사회에는 이 사장 1인과 부이사장 1인, 비서 1인을 두었으며, 별도로 기율심사위원을 두 어 농민사의 규약과 지령을 준수하는지 여부, 농민사의 근본원칙에 대한 반 대행동을 하는지 여부, 각급 이사회의 근타(勤惰)와 재정의 출납을 심사하였 다.[159]

조선농민사는 조직 개편 이후 1928년 4월 6일 제1차 전선대표대회를 개최 할 당시 158개의 지사가 설립되었다. 지사는 두 가지 경로를 통해 설립되었 다. 첫째는 사우회 또는 조선농민사 지사가 군농민사로 확대 발전한 경우이 다.[160] 둘째는 청년당 지방부에서 설립한 농민단체 즉 농우회, 농민연합회, 농민협의회 등이 군농민사로 개편된 경우이다.[161]

조선농민사는 청년당과 법적관계를 체결한 1930년 4월 현재 40개의 군농 민사와 8,178명의 사원에 불과하였으나, 1932년 4월에는 128개의 군농민사, 31,265명의 사원으로, 1933년 말에는 143개 농민사에 41,057명의 사원을 확 보할 정도로 사세가 확장되었다.[162] 『조선의 유사종교』에 따라 농민사의 지 역적 분포를 살펴보면, 1930년 11월 당시 평안남도가 106개 단체에 4,415명, 함경남도가 61개 단체에 4,822명, 평안북도가 16개 단체에 2,858명으로 북 부지방이 많았다. 이것은 당시의 천도교청년당의 당세와 일치하고 있다.[163]

(3) 조선농민사의 활동

조선농민사의 활동은 계몽운동과 경제운동으로 살펴볼 수 있다. 먼저 계몽운동을 살펴보자. 조선농민사는 농민잡지의 발간을 농민계몽을 위한 주요 과제로 삼았다. 조선농민사는 1925년 12월 11일 『조선농민』 창간호 1만 부를 발간하였고 1927년에는 발행부수를 18,000부로 늘렸다. 1930년 비천도교계가 분립하여 전조선농민사를 설립하여 『조선농민』을 자신들의 기관지로 삼자, 조선농민사는 5월 8일 『農民』이란 잡지를 발간하였다. 아울러 1931년 5월 16일부터는 사원의 교양훈련을 위하여 『농민세상』을 매월 또는 격월로 간행하였다.[164] 이 잡지를 통해 조선농민사는 농민의 존재와 실상을 인식시키고, 교육의 필요성과 농사제도 개선 등의 내용을 통하여 농민을 각성시켰다. 잡지와 아울러 농민계몽의 중요한 수단은 교육이었다. 이에 따라 각 농민사는 야학을 설립하였다. 조선농민사는 1927년 12월 각지의 농민야학 상황을 조사하고 농민교육자를 표창할 정도로 야학의 설립을 장려하였다.[165] 당시 조선농민사에서 파악한 지역별 농민 야학의 수는 함경도와 평안도가 압도적으로 많았다. 이것은 조선농민사의 사세와도 일치하며, 천도교의 교세와도 일치한다. 이밖에도 조선농민사는 농민계몽을 위하여 순회강연과 문예운동을 전개하였다.

다음은 경제운동으로 농민의 당면 이익과 생활 향상을 도모하였다. 1926년 10월경 조선농민사에 알선부를 신설하고 조선농민사 알선부 부칙을 마련하였다. 이 알선부는 출자액의 상한을 정하고, 출자액의 다과에 따라 이익을 배분하는 등 협동조합의 원칙을 따르고 있었다. 당시 알선부에서는 개량농기구를 알선하는 등의 사업을 비정규적으로 하였다. 그 후 1928년 2월, 농민사의 규약개정으로 인하여 알선부는 농민사의 6부의 하나가 되었다. 그리고 1930년 4월 청년당이 조선농민사를 장악하면서부터 알선부의 사업을 확대하였다. 조선농민사의 간부들은 지식계발과 교양 운동, 생활 향상과 경제운동, 사세확장과 전적운동 등 3개 부문의 실행강목을 발표하였다.

조선농민사에서는 1931년 4월 6일부터 7일까지 열린 조선농민사 제4회 전국대표자대회에서는 종래의 알선부를 경제부로 변경하고, 경제부의 지도하에 경제기관을 만들기로 결의하고, 농민공생조합을 설립하였다.[166] 농민공생조합의 규모는 1931년 4월 113개소에서 1932년 6월에는 조합수 181개 조합원수 27,962명으로, 1933년 9월 당시에는 조합수 180여 개, 조합원수 5만여 명, 조합 총자금은 3십여 만 원에 달하였다. 이처럼 지방의 농민공생조합의 규모가 확대되자, 1931년 가을부터는 농민공생조합의 연합회를 조직하였다.[167] 지방 조합의 연합에 발맞추어 조선농민공생조합의 간부들은 1932년 2월 조선농민공생조합을 조선농민공생조합중앙연맹으로 발전시켰다. 조선농민사 공생조합중앙연맹은 농민공생조합지방연합을 통하여 개별 조합과 유기적인 연락을 취하였다.

5) 조선노동사와 노동운동

(1) 조선노동사의 조직과 활동

1930년 12월 들어 천도교의 신구 양파가 합동함에 따라 이들 청년단체도 1931년 2월 합동하여 천도교청우당이 결성되었다. 청우당은 이해 4월 4일 개최한 제1차 대표회의에서 그동안 부문운동기관이 없었던 노동부의 활동을 강화하기 위해 조선농민사(朝鮮勞動社)를 설립하기로 하였다. 조선노동사의 설립 목적은 당세의 확장과 대중의 확보였다. 그동안 천도교의 세력기반은 농촌이었지만 점차 산업사회, 자본주의의 발달로 도시화가 전개됨에 따라 도시 포교의 필요성이 절실하였다. 즉 "우리 교(敎), 당(黨)의 도시진출은 어느 의미로 보나 시급 긴요한 일이다. 이것은 노동사를 중심으로 한 노력이 가장 필요하다. 그런 중에도 근육노동자 및 밑층 노동자의 조직 포덕이 제일 필요하다. (중략) 도시에 대한 진출책을 강구하는 것은 우리 노력에 의한 새로운 요항이 되지 않을 수 없다. 크나 적으나 도시에서 많으나 적으나 노동자가 있는 당부에서는 이 노동사의 조직, 도시에의 실세력 부식을 특별히 힘써야 할 것이다."라고 하여 도시 포교의 중요성을 강조하였던 것이다. 이에 청년당은 새롭게 등장하는 노동자계층을 교세 및 당세 확장의 대상으로 삼았던 것이다.

이에 조선노동사는 1931년 5월 12일에 설립되었다.[168] 설립 이후 중앙임원진을 구성하는 한편 제6장 제48조의 규약[169]을 심의 의결하였다.(〈표 7-3〉)

〈표 7-3〉 조선노동사의 임원 변동 현황

대회	일시	중앙위원	위원장 및 부서장	중앙감사	비고
설립대회	1931.5.12	강우 차상찬 이병헌 김도현 구중회 김기전 박래원 한원빈 박한규 조봉호	위원장 강우 부위원장 구중회 서무 겸 재무부장 박래원, 부원 이현재 교양부장 강우 조직부장 조봉호, 부원 박완 쟁의부장 이병헌 경제부장 구중회	감사장 조종오 감사 이단 계연집	당성 3호, 천도교회월보 297호
제1차 대표대회	1932.4.4	김형준 강우 구중회 조봉호 정응봉 김일대 이석보 이종태 설린 이응진	위원장 강우 부위원장 조봉호 서무부 겸 재무부 겸 경제부장 조봉호 교양부장 강우 조직부장 겸 쟁의부장 설린	감사장 이단 감사 김병순 김명희	당성 11호, 중앙 1932.4.13
제2차 대표대회	1933.4.7	주희락 김도현 강우 조봉호 등	위원장 강우		당성 19호, 조선중앙 1933.4.10
제3차 대표대회	1934.4.6	유한일 주희락 이석보 조봉호 이응진 김일대 김형준 (이복열 장우)	위원장 유한일 부위원장 주희락 서무 겸 조직부장 유한일 재무부장 주희락 교양 겸 경제부장 이석보 쟁의부장 조봉호	감사장 김병제 감사 이단 이근섭 (김상동)	당성 31호, 동아 1934.4.10 (후보)

조선노동사의 조직은 중앙조직으로 대회, 중앙위원회, 본부, 중앙감사회, 지방조직으로 지방노동사, 구(區)노동사, 개인으로 구성되었다. 대회는 최고의결기관으로 대의원과 중앙위원으로 구성하였다. 중앙위원으로 구성된 중앙위원회는 집행기관으로 대회의 의결사항을 집행하였다. 중앙위원장은 청년당의 노동부 수석위원이 맡도록 하였고, 임기는 1년이었다. 중앙위원회는 지방노동사 대표와 함께 확대중앙위원회를 구성할 수 있었다. 본부는 상설집행기관으로 중앙상무위원회로 운영되었다. 본부는 중앙위원장과 부위원장의 위원장단과 서무·기밀·기관관리·사교·조사를 담당하는 서무부, 재정을 담당하는 재무부, 선전과 조직을 담당하는 조직부, 교양·훈련·편집·출판을 담당하는 교양부, 소비·생산·알선·상조를 담당하는 경제부, 노동부 노자(勞資)문제를 담당하는 쟁의부 등 6개의 부서로 구성되었다. 그리고 중앙감사회는 감찰기관으로 감사장 1인과 감사 2인을 두었다. 지방조직으로는 지방노동사와 구노동사, 개인이 있다.

조선노동사가 설립되자 지방부에서는 이론보다는 실제적 운동을 요구하였다. 함흥부의 최광모는 "금일 조선은 5, 6년 전 조선과 달라서 각처에 금융자본이 침입하여 노동시장이 확대되고 있다. 노동자가 혁명적 의식과 계급성을 가지고 곧 역할을 다한다는 것은 말하지 않으려 한다. 오직 말하려고 하는 것은 노동운동에 대한 이론뿐으로는 안된다는 것이다. 실지로 공장이나 광산에 들어가 노동운동을 하여야 된다는 것이다. (중략) 우리는 한 당부에서 몇 사람씩은 노동시장에 들어가서 하지 않으면 장구한 노동운동을 하지 못한다고 생각한다."[170]고 하여, 노동쟁의 등 실제적 운동을 전개할 것을 주문하였다. 이에 비해 중앙위원으로 활동한 바 있는 이석보는 노동운동의 동기를 "생명을 연장하는 자구책"을 마련하기 위한 것으로 인식하였다. 즉 계급투쟁의 '좌익소아병적(左翼小兒病的) 노동운동'이 선진국의 사정과 판이하게 다른 조선의 특수한 상황에서 적합하지 않다고 지적하였다.[171] 또한 조선노동사 중앙위원장으로 활동한 강우도 "선진 외국 노동운동을 그대로 수입하여 그대로 이용하려는 조직과 이론을 갖고서는 안 된다."[172]라고 하여, 사회주의자들이 지도하고 있는 투쟁적 노동운동의 폐해를 지적하였다. 그 대안으로 조선노동사의 노동운동을 첫째 당원의 노동자화, 둘째 직업별 구(區)노동자 조직, 셋째 공생조합 조직, 넷째 상조부 설치, 다섯째 교양과 훈련 등으로 제시하였다.[173]

이에 따라 조선노동사의 주요 활동은 노동자의 당면 이익옹호, 공생조합 및 상조부의 설치, 취업 주선단 운영, 지방사 조직 등의 사세확장과 강좌, 야학, 육체훈련 등의 교양훈련으로 한정될 수밖에 없었다.[174] 사세확장은 일상적인 활동이었지만 당화주간을 이용하여 사세를 확장하기도 하였다.[175] 또한 1933년 당세 확장 3개년 계획을 수립할 때 1차년도인 1933년에는 노동사원 2천 명 모집을 결의안으로 채택하기도 하였다.[176] 노동자 당면 이익은 공생조합을 조직하거나 상조부[177]를 설치하는데 주력하였다.

조선노동사의 공생조합 운영은 조선농민사를 운영하고 있는 농민공생조합을 그대로 원용하고자 하였다. 각종 회의에서 공생조합을 설립 운영하고자 하였으나 준비상의 미흡과 사세의 한계로 실제적으로 조직 운영한 공생조합은 확인되지 않고 있다. 다만 경성노동사(京城勞動社)의 경우 1932년 10월 1일에 노동공생조합을 설립 운영한 사례만 유일하게 확인되고 있다. 시내 관훈동 188번지에 사무소를 내고 가구와 일용품을 취급하였다. 그후 본사 차원에서 노동공생조합과 상조회를 조직하려고 노력하였으나 지방노동사에서 얼마나 설치하였는지 알 길이 없다. 적어도 1백 명 이상의 사원은 있어야 점포를 만들어 운영할 수 있기 때문에 백 명 미만의 지방 노동사에는 설치 운영하기가 어려웠을 것으로 보인다.

(2) 지방노동사의 설립

1931년 5월 12일 중앙에서 조선노동사가 설립되어 활동함에 따라 지방부에서도 지방노농사를 설립하였다. 지방노농사의 설립은 조선노동사 규약에 근거하고 있다. 규약에 의하면, 지방노동사는 행정단위인 부(府)와 군(郡)에 두며 사원 20명 이상이면 설치할 수 있다. 사원의 자격은 "공장노동자, 해륙교통 및 운수노동자, 광산노동자, 어업노동자, 자유노동자"로 규정하였다. 다만 "본사가 승인하는 자로서" 사원이 될 수 있게 하였다. 이는 당원 중에서 노동자가 아니더라도 부문운동에 참여할 수 있도록 하기 위함이었다.[178] 그리고 지방노동사의 명칭은 지역 명칭을 사용하도록 하였다.

구(區)노동사는 규칙 제36조에 의하면 사원 5인 이상으로 조직하되, 거주지 또는 직종 단위로 조직할 수 있다. 다만 구노동사만 있고 상급 지방노동사가 없을 경우에는 바로 본사에 소속되도록 하였다. 또한 구노동사는 지역별과 직업별로 조직이 가능하였다. 예를 들면 지역별로는 용산노동사, 직업별로는 용산목공노동사, 용산인쇄직공노동사 등으로 조직할 수 있었던 것이다.[179] 그러나 실제로 구노동사가 설립된 사례는 확인되지 않고 있다. 그리고 지방노동사도, 구노동사도 없는 지역의 개인 사원은 본사에 직속하도록 하였다. 지방노동사의 조직은 구노동사에서 선출한 대의원이나 지방노동사 위원으로 대회를 구성하며, 구노동사가 없을 때에는 사원대회를 열도록 하였다. 지방노동사에는 위원장과 부위원장 및 각부 부장을 두게 하였다. 구노동사는 매월 사원 월례회의를 열도록 하였고 임원으로는 구노동사 위원장과 부위원장 및 각부 위원을 두게 하였다.

지방노동사는 노동자가 있는 지역을 중심으로 설립되어 지방부가 있는 곳마다 설립되지는 못하였다. 『천도교청년당소사』에 의하면 1934년 현재 "불과 3-4년에 20여 개의 군사(郡社)와 3천여 명의 사원을 포용 훈련하게 된 것은 그리 적은 성적이라 볼 수 없는 것이다."라고 하였다.[180] 그러나 사료상 확인 가능한 지방노동사는 13개에 불과하였다. 이는 천도교와 청년당의 세력기반이 농촌이었기 때문이었다.

지방노동사 가운데 가장 먼저 설립된 지역은 평남 양덕이었다. 양덕군은 천도교의 세력이 비교적 강하여 3·1운동 당시 만세운동을 주도하였으며, 청년단체도 비교적 일찍 조직되었다. 경제구조로 볼 때 밭농사의 농업이 주를 이루었지만 산간지역으로서 임산자원과 광산자원이 풍부하여 제재소와 광산이 많았다. 이러한 관계로 임간노동자와 광산노동자가 적지 않았는데, 이를 배경으로 양덕군에서 다른 지역보다 일찍 노동사가 설립되었다. 그밖에 지방노동사가 설립된 곳은 대체로 공업, 임업, 광업 등 비교적 산업시설이 갖추어진 지역이었다. 원산과 청진, 신의주 등은 해안 또는 항구도시로 부두노동자가 많았다. 청진부의 경우 1936년경 입당한 당원은 대부분이 노동자들이었는데,[181] 이들을 위해 우선 노동계(勞動契)를 조직하였으며 당(黨)과 연(緣)을 갖도록 하였다.[182] 원산부는 1931년 4월 26일 개최한 당원대회에서 노동사를 빠른 시일 내에 설립하기로 하고,[183] 1932년 초에 설립하였다. 경성부는 노동사를 설립한 이후 노동사 사원모집과 노동자 포덕주간을 정해 사세확장에 적극적으로 활동하였다.[184] 초산부는 1931년 5월 1일 개최한 당원대회에서 노동부 위원이 노동사 설립을 위임받고,[185] 이듬해 1932년 7월에 설립되었다. 신의주부는 1932년 7월 12일 당원대회에서 노동사를 설립하기로 하고[186] 1933년 12월 19일에 설립하였다. 이외에도 정주군에서 고읍노동사가 조직되었다.[187] 부산부의 경우도 부산이라는 도시의 특성상 모든 활동을 노동자 중심으로 전개할 수밖에 없음을 강조하고 노동운동에 전력을 기울이기도 하였다.[188] 한편 노동사는 설립하지 못하였지만 부문운동 진작을 위해 노동사 설립을 시도한 지방부도 적지 않았는데, 장진부, 구성부, 가산부, 용천부 등이 이에 해당한다.

조선노동사는 사회주의자들처럼 혁명적 노조운동을 전개하지 못한 한계는 있지만 다만 노동자의 지위향상과 노사관계의 원만한 방향을 모색해 보려고 힘을 기울였다는 점에서 의의를 찾을 수 있다고 본다.

6) 상민부와 상민운동

일제는 3 · 1운동으로 종래와 같은 무단통치가 한계에 부딪치자 식민지 지배의 새로운 정책으로 문화정치를 표방하였다. 그리고 경제적으로도 더욱 효율적으로 식민지를 수탈하기 위하여 일제의 본격적인 자본수출 정책과도 궤를 같이 하였다.[189] 이와 더불어 일제는 합병 당시 조선에 대한 자신의 자본침투 능력이 취약하자 조선인 자본의 발전을 저지하기 위하여 제정하였던 회사령을 1920년 4월 폐지하고 조선에서도 일본과 같이 신고제를 채택하여 일본 자본의 조선 진출을 용이하도록 만들었다. 그 결과 회사령을 철폐한 시기의 조선인 자본과 일본인 자본의 동향을 보면 1920년대 들어 일본인 자본의 투자가 급증하고 조선인 자본의 비중은 점차 줄어들었다. 1928년의 경우 조선인의 자본은 일본인 자본의 5%, 원동력은 8%에 지나지 않을 만큼 영세한 규모였다.[190] 이와 같은 일제의 경제정책으로 조선인이 경영하는 영세적인 수공업 또는 중소기업은 일본인 상공업에 종속적인 형태로 재편되어 몰락의 길을 걸을 수밖에 없었다. 더욱이 조선 후기부터 끊임없이 발전해 온 재래의 수공업 자본, 상업자본 등은 개항 이후 자본축적의 기회를 잃어 민족자본으로서 제자리를 잡기 어려운 실정이었다.[191]

이러한 사회경제적 상황은 일반 상민들에게도 영향을 주었다. 청년당 상민부 책임자인 김옥빈은 당시 상민의 어려운 처지를 다음과 같이 진단하고 있다.

現下 大資本이 小資本을 抑壓하고 大商業이 小商業을 倂呑하는 이때에 있

어 細小商業家들이 何等의 對策이 없이 지낸다면 날로 破滅의 地境에 빠질 것입니다. 더욱이 朝鮮 現象에 있어 그러합니다. 大都市에 百貨店이 생김으로부터 細小商業家들은 門을 닫치고 破産을 當하는 것이 그 數를 헤아릴 수 없을 만치 늘어가고 設或 門을 닫치지 않는다 할지라도 여름이면 파리가 날라고 겨울이면 火爐불이나 들들 볶는 形便이오 究竟은 大財閥의 利潤增殖에 한 補助級이나 小使役的 行爲를 하고 있을 뿐이오 정말 商業다운 商行爲를 하는 商店은 없습니다. 大都市뿐 아니라 小都市, 小市場까지라도 高利業者의 魔手가 뻗쳐서 朝鮮의 商業家인 坐商, 褓負商 할 것 없이 結局은 그 高利貸金業者들의 小使的 奴隸的 行爲를 反覆하고 있는 現象임을 누구나 다 하는 바입니다.[192]

이러한 시대적 상황을 반영하여 청년당은 상민들의 권익옹호를 위해 상민부를 설치하기로 하였다. 당시 김옥빈은 상민부의 설치 이유를 다음과 같이 밝히고 있다.

生産者의 손으로써 生産된 物品을 需要者에게 供給하여 주는 中間役割을 맡은 것이 商民입니다. 그렇다고 하면 우리 人生 生活에 亦是 必要不可缺의 地位를 가진 우리 商民이 날로 破滅의 地境에 빠지는 것을 보고 그냥 看過할 수 없는 一大 問題입니다. 이것이 우리 黨 部門 中에 商民部를 設置한 所以입니다.[193]

청년당은 1927년 8월 15일 개최된 전국대표임시대회에서 종전의 7부문 중 유년부와 소년부를 유소년부로 통합하고 영세상인의 보호와 이들의 경제적 옹호를 위해 상민부를 두었다.[194] 청년당은 이을(李乙), 홍세환(洪世煥), 이두성(李斗星), 민영순(閔泳純) 등을 상민부 위원으로 선임하였다.[195] 그리고 상민부 강령을 다음과 같이 정하였다.

小商民에게 그의 近代的 運命과 商業의 近代的 意義를 認識케 할 것
金融政策, 經濟政策의 適宜 有效한 對策을 樹立하여 小商民으로서의 모든
便益을 圖謀케 할 것[196]

이처럼 청년당 본부에서 상민부 위원 선임과 강령을 제정함에 따라 지방
당부에서도 상민부원을 선정하였다. 함흥당부는 이해 9월 5일부터 3일간
당강습회를 개최한데 이어 6일에 임시총회를 열고 상민부 위원 선정을 논의
하였으며[197] 상민부 위원으로 이우선을 선임하였다.[198] 그 뒤를 이어 원산당
부, 고원당부 등 지방당부에서 상민부 위원을 선임하였다. 이를 1931년 2월
16일 신구 양 청년단체의 합동 이전까지 중앙본부의 상민부 위원을 살펴보
면 아래와 같다.

1928년 : 洪世煥, 車相瓚, 李乙
1929년 : 李斗星, 崔斗先
1930년 : 金秉濟, 金玉斌[199]

1930년 12월 23일 신구 양파가 합동함에 따라 천도교청년당과 청년동맹
은 이듬해 1931년 2월 16일 합동대회를 개최하고 천도교청우당으로 통합됨
에 따라 상민부도 새로운 변화를 시도하였다. 중앙본부는 상민부위원으로
조정호와 김옥빈으로 선임하였다.[200] 그러나 1932년 4월 청우당이 다시 신
구로 분립됨에 따라 부문운동은 신파의 청년당 운동으로 전개되었다. 이후
7개 부문운동이 유명무실하게 되는 1934년까지 중앙본부의 상민부 위원은
다음과 같다.

1931년 : 金玉斌(首席), 韓元彬, 崔致吉, 金東洙, 趙鍾浯, 李乙

1933년 : 金玉斌(首席), 李團, 韓元彬

1934년 : 金玉斌(首席), 李團, 姜琪秀[201]

청년당은 건당 10주년을 맞는 1933년 상민들의 실정이 '제일 수출품에 있어서 잠견 같은 특별 취급품은 그만 두고라도 정미, 해산물, 특산품까지 모두 오래 자본가들의 전횡에 속하고 수입품은 더욱 심하여 감히 눈도 떠보지 못할 현상'[202]에 이르자 영세상민을 위한 특별대책을 강구하였는데 그 내용은 다음과 같다.

> 第一 그들의 團結을 促進케 하고, 第二 그들로 하여금 共同利益保護의 方法을 연구케 하며, 第三 그 方法으로는 小資本을 合하여 共同組合 共同貿易에 努力하도록 할 것[203]

그리고 영세상민층의 현실에 대한 각성을 위해 1934년에는 일반 영세상민층을 위한 문화적 운동 전개와 상민층과의 유기적 관계 형성 등 두 가지 사업을 실행하기로 하였다.[204]

이에 앞서 청년당은 1932년 12월 23일 임시전당대회에서 당세 확장 3개년 계획을 확정하였는데, 상민부는 제1차년도 사업으로 대중조직 10개를 조직키로 하였다.[205] 그리고 제2차년도인 1934년에도 대중조직으로 10개를 조직하기로 하였으나[206] 실제적으로 실행되지는 못하였다.

상민부는 본부뿐만 아니라 지방부에서도 그 활동이 활발하지 못하였다. 다만 부문운동으로서의 명맥을 유지하는데 그쳤다. 더욱이 청년당 중앙본부와 지방당부를 통하여 전개하였던 상민부 활동은 1934년 12월 23일 개최된 임시전당대회의 결의에 따라 포덕부에서 관장하였다.[207] 이에 따라 부문운동은 조선농민사를 제외하고는 유명무실화되었다. 상민부의 활동은 김옥빈이 '우리 상민부에서는 아직까지 이렇다 할 무슨 운동이 없이 지내왔다'고 지적하였듯이 활발하게 전개하지 못하였다. 상민부가 농민부나 유소년부처럼 부문운동으로서 다양한 활동을 전개하지 못한 것은 크게 두 가지 요인으로 분석할 수 있다.

첫째는 천도교의 교세가 농촌을 중심으로 분포되어 있기 때문이다. 김명호가 '우리의 도인이 직업을 결(決)한 경향이 상업보다 농업이 많습니다'라고 한 것처럼 대부분의 교인이 농촌에 있으며 역시 농업에 종사하고 있었다. 이처럼 교인의 대다수가 농업에 종사하였기 때문에 상민운동의 필요성을 실질적으로 느끼지 못하였다.

둘째는 일제하 사회의 생산구조가 1차 산업인 농업 중심이었기 때문이다. 3차 산업인 상업은 1차 산업인 농업과 2차 산업인 공업의 기초 위에 성립할 수 있었지만 농업의 경우 일제의 산미증산정책[208]으로 일본의 식량공급지로 수탈을 강요당하였으며, 공업의 경우 조선인 자본가의 비중은 전체 자본의 10%에도 미치지 못하였으며 조선인 공업의 대부분은 노동자 5~49인의 소규모 공장으로 영세성을 면치 못하였다. 이들은 대부분 제면(製綿), 직물, 인쇄업 등과 약간의 정곡업, 양조업의 분야에 한정되어 있었다. 이처럼 조선의 공업은 일제의 지배에 의해 기본적으로 그 발전이 저지되어 상품 유통 등 상업에 대한 발전의 한계를 지니고 있었다. 이상과 같은 조건하에서 상민부의 운동은 자연 저조할 수밖에 없었던 것이다.

이러한 어려운 여건 하에서도 청년당은 상민부 활동을 강조하였다. 1928년 상민부 수석위원 홍세환은 '부문운동! 이 부문운동은 중대한 의미를 가진 운동이다. 당의 소장(消長)을 가지고 있는 부문운동이다. 얼마나 중대하며 또한 급무(急務)인가. 이렇게 중요한 부문운동 중의 하나인 상민부는 오늘까지 그 실현을 보지 못하였다. 이것은 실로 우리 당세 진행에 대하여 일대 유감으로 사(思)한다'고 지적하고 있다.[209] 또 청년당의 간부인 김명호는 상민부 활동의 기반인 상민 포덕의 중요성을 강조한 바 있다. 그는 천도교의 기관 중 중앙기관은 대도시를 중심으로, 지방기관은 지방의 중심지에 있다고 하면서 우리 교인도 상민이 많이 있어야 한다고 하였다.[210] 그러나 현실적으로는 상민이 적음을 유감으로 여겼다. 이에 그는 당시 농민이 조선의 주인임을 인정하면서도 교화발전에 있어서 상민이 반드시 필요하다고 하였다.

이처럼 7개 부문운동에서 상민부의 활동도 중요하게 인식하였지만 교인의 대다수가 농민인 점과 상업이 활성화되지 않은 상황에서 상민부는 유일하게 부문단체를 설립하지 못하였다.

제8장 ———————————— 결론

3·1운동 이후 천도교교단의 공백기를 메우고 시대적 흐름에 좇아 1919년 9월 2일 천도교청년교리강연부가 창립되어 1920년 4월 25일에는 천도교청년회로, 1923년 9월 2일에는 천도교청년당으로 재출범하였다. 그렇지만 천도교청년당은 교단의 분규 과정에서 신파의 천도교청년당과 구파의 천도교청년동맹으로 분화되었다가 1930년 12월 천도교단의 합동으로 1931년 2월 천도교청우당으로 출범하였다. 그러나 천도교청우당은 교단의 재분규로 인해 1932년 4월 다시 신파의 천도교청년당과 구파의 천도교청년동맹으로 분화되었다. 이러한 분화와 통합의 과정을 거듭하면서도 천도교청년당은 천도교의 전위조직의 역할을 수행하면서 민족운동 중심세력의 주도권을 확보하고자 하였다. 지금까지 검토한 내용을 각 장별로 정리하면서 천도교청년당을 평가함으로써 결론에 대신하고자 한다.

제2장에서는 1920년 전후 천도교청년단체의 조직과 활동을 살펴보았다. 천도교는 1905년 12월 근대적 종교로 탈바꿈을 선포한 후 교헌을 정비하고 교리를 체계화하였다. 그리고 현실참여에 대한 입장도 정리하여 정교분리의 입장을 취하였다. 그런데 1918년 제1차 세계대전의 종말을 전후하여 천도교는 현실참여에 대한 입장을 변화시켰다. 제1차 세계대전을 문명론의 위기로 진단하고 세계개조의 시대흐름에 따라 종교적 역할을 강조하고 3·1운동을 전개하였다. 그렇지만 천도교는 3·1운동으로 교단의 지도자와 많은 교인들이 체포되어 옥고를 치렀다. 이와 같은 위기상황에서 천도교청년들은 청년단체의 결성을 통한 문화운동을 전개하기 위해 1919년 9월 2일

천도교청년교리강연부를 창립하였다.

교리강연부는 세계의 새로운 문화조류에 따른 시대적 요구에 따라 덕성과 지식을 함양하여 천도교 교리의 천명과 포교에 힘쓸 것을 강조하였다. 또한 개조사상에 부응하여 천도교의 인내천주의를 확립함으로써 지상천국의 이상사회를 만들 것을 표명하였다. 이러한 의미에서 교리강연부는 천도교청년에게 교리를 강습케 한 후 이를 전파하기 위한 기관이었다. 그리고 교리강연부를 창립한 주도인물은 1900년대 초에 입교한 계대교인으로 근대교육을 받은 인물들이었다. 교리강연부는 교리 연구를 통한 강연반을 운영하였다. 강연은 천도교의 대중화, 평등주의, 신사상, 신종교, 인내천주의 등 천도교의 사회적 역할을 강조하였다.

천도교청년교리강연부는 창립 8개월 만인 1920년 4월 25일 천도교청년회로 발전적 해체를 하였다. 천도교청년들은 자신들이 해오던 천도교리(天道教理)의 연구와 선전은 물론 '조선 신문화의 향상발전'을 위한 사업을 전개하기 위한 것이었다. 그리고 조선의 신문화를 건설하기 위해서는 지식열의 고취, 교육 보급, 농촌개량, 도시중심의 계몽활동, 전문가 양성, 사상통일 등이 필요하다고 주장하였다. 이에 따라 천도교청년들은 문화운동을 보다 적극적으로 전개하기 위해 천도교청년회를 설립하였던 것이다. 청년회는 전국적으로 120여 개의 지회를 조직하였다. 이들 지회는 평안도, 함경도, 황해도 등 북한지역에 집중되었다. 이러한 경향은 당시 천도교의 교세에 따른 것이다. 1923년 9월 현재 189개의 교구 중에 청년회가 조직된 곳은 120여 교구로 약 64%에 이르렀다. 지회 설립의 주요 인물들은 대부분이 2대 또는 3대의 청년자제이며 교구에서 활동한 교역자, 그리고 지역에 따라서는 사회활동에 참여하는 유지들이었다. 이들 지회는 회세(會勢) 확장을 위해 교리연구회, 여자청년회, 그리고 친목연합회 등 다양한 외연단체를 조직하였다.

그러나 1922년 후반 들어 설립 초기 활발하게 전개되었던 청년회의 활동이 부진하였다. 이는 1922년 6월부터 진행된 천도교단의 신구 갈등의 직·간접적인 영향 때문이었다. 교단의 현상을 유지하고자 하는 보수파와 연원제 폐지 등을 주장하는 혁신파의 갈등으로 일부 교구에서는 교회재정의 근간인 성미(誠米) 납부를 거부하였는데, 청년회에도 그 영향이 미쳤다. 혁신파 세력이 천도교연합회로 분립됨에 따라 이를 추종하는 청년들은 1922년 10월 천도교유신청년회를 조직하였다. 그렇지만 유신청년회의 조직이 청년회 지회의 약화로 곧바로 이어지지는 않았다. 천도교연합회를 지지하는 지역은 전라도와 경기도 일부 정도였으며, 유신청년회 지회가 설립된 곳은 성천지회, 서흥지회, 고흥지회 등이었다. 교단의 분규는 청년회에 미친 영향이 크지는 않았지만 새로운 조직의 필요성을 제기하는 요인이 되었다.

천도교청년회 활동 중 가장 중점적인 사업은 문화운동의 선전을 위한 개벽사 운영과 강연 활동이었다. 청년회는 교리강연부 창립 직후부터 인쇄소 경영을 준비하였으며, 박천군의 천도교인 최종정(崔宗禎)·변군항(邊君恒)의 재정적 지원으로 1920년 6월 개벽사를 설립하였다. 개벽사는 청년회 시기 동안 1920년 6월 월간종합지 『개벽』을 비롯하여 1922년 6월 『부인』, 1923년 3월 『어린이』, 1923년 9월 『신여성』을 창간 발행하였다. 이들 잡지의 발행인과 편집인은 전부 청년회본부 임원들이었다. 강연활동은 1920년 10월부터 1921년 3월까지 총 강연 회수는 34회였는데, 이중 순회강연이 26회였으며 강연 지방은 163곳, 강연에 참여한 인원은 7만 4천여 명에 달하였다. 뿐만 아니라 청년회본부는 1920년 4월 창립 이후 지회 또는 지역 청년단체의 협조로 4차례의 순회강연을 하였다. 순회강연은 평안지역과 함경지역에 집중되었는데, 이 지역 지회의 요청과 신문화 수용에 대한 갈증, 그리고 교세가 비교적 강하였기 때문이었다. 또한 평안지역의 교인 또는 청년들을 동원하여 인내천주의를 통한 종교적 개조운동을 확산시키고자 하는 의도였다. 강연에 참여한 인물은 본부와 지회의 간부들이었다. 강연의 내용은 크게 두 가지로 구분할 수 있는데, 종교적인 내용으로 현시대는 신종교의 시대 즉 천도교와 관련된 것과 청년계몽을 통한 문화운동과 관련된 것이었다. 또한 강습활동과 정규교육기관의 교육을 통해 문화운동가를 양성하고 문화운동을 전개하였다.

제3장 천도교청년당의 창립과 조직체계를 살펴보면 다음과 같다. 1920년 대 들어 국내 민족운동은 크게 민족주의 세력과 사회주의 세력으로 분화되었다. 1920년대 초반에는 민족주의 세력들이 중심이 되어 민족운동을 주도해 갔다. 이들은 '선실력양성론(先實力養成論)'을 제기하고 문화운동을 전개해 갔다. 이들은 청년운동(靑年運動), 교육운동(敎育運動), 물산장려운동(物産奬勵運動) 등을 통해 문화적·경제적으로 실력을 양성하고자 했다. 청년운동은 인격수양(人格修養)과 풍속개량(風俗改良), 지업장려(實業奬勵) 등을 목적으로 하고, 강연회·토론회·야학·강습회·운동회 등을 전개하였다. 또한 3·1운동 이후 사회주의사상이 민족해방운동의 새로운 이념적 지주로서 급격하게 수용되었다. 사회주의 이념 수용의 바탕이 된 것은 제국주의 국가들의 냉대에 따른 외교운동의 좌절, 러시아혁명 이후 전 세계적 혁명운동의 고양, 민족주의운동의 계량화와 대중운동의 고양 등이었다. 이로써 국내의 일부 지식층은 이 사상을 식민지의 민족문제와 계급문제를 동시에 해결할 수 있는 이념으로 여기고 적극 수용하였다. 초기 사회주의사상은 서울 청년회, 화요회, 북풍회, 무산자동맹회 등 사상단체를 중심으로 수용되기 시작하여 조선노동공제회와 조선노동연맹회 등 노동운동단체, 청년회, 언론기관 등으로 확산되어 갔다. 이러한 시기에 교회 내적으로는 보혁분규로 인해 청년회는 유명무실한 상태가 되었다.

이러한 상황에서 천도교청년들은 새로운 조직체를 구상하였다. 그 배경은 민족운동중심세력론과 청년전위론이었다. 천도교청년들은 단체의 중심력을 강조하면서 막연한 민족일치나 대동단결로는 중심세력이 될 수 없다고 인식하였다. 즉 신념이 없는 민족단결보다는 '주의적 단결'이 무엇보다도 필요하다고 하였다. 천도교청년들은 동일한 신념과 조직아래서 절대의 약속을 가지고 새로이 내회(來會)하는 주의적 단결만이 당시 조선의 민중을 정치 경제적 낙후에서 구할 수 있는 유일한 힘이라고 주장하였다. 이러한 인식으로 천도교청년들은 민족적 중심세력론을 제기하였고 민족적 중심단체로서의 새로운 조직체를 구상하였다.

한편 1920년대 초반 청년이 지향해야 할 가치의 핵심으로 민주주의를 내세우거나 청년다운 정열과 적극적인 실천을 강조하는 진보적, 적극적인 청년담론이 제기되었다. 급진적 경향은 일반청년 사이에도 급속히 확산되었다. 1923년 전조선청년당대회를 전후하여 청년운동의 핵심인물은 물론이고 지식청년 대중들 사이에서도 이전의 문화운동이 제기하였던 것과는 다른 경향이 점차 확산되었다. 이러한 청년담론은 사회주의적 계급의식이나 혁명론과는 거리가 있었지만 일반적으로 사회주의에 대해 호의적이었다. 전반적으로 1920년대 초 진보 경향의 청년들은 문화운동을 비판적으로 인식하고 민중의 역할을 주목하였다. 이에 진보적 청년들은 전조선청년당대회를 열고 청년운동의 주도권을 확보하고자 하였다. 이러한 일련의 흐름은 천도교청년에 천도교 전위조직의 필요성을 제기하였다.

천도교청년들은 청년당 창립 과정에서 문화운동의 한계를 극복하기 위한 구체적 실천방안으로 우선 조선의 실상을 정확히 파악하기 위해 조선 문화의 기본조사에 착수하였다. 이어 '주의적 단결' 즉 민족적 중심세력의 단결을 주장하였다. 이 주의적 단결은 '범민족적 민족주의(汎民族的民族主義)'로 가시화되었다. 즉 천도교청년들은 당시 조선의 사상계를 민족주의와 인류주의(사회주의)로 보고, 이를 아우를 수 있는 범인간적 민족주의를 제시하였다. 그러면서도 당시 민족주의계열의 일부에서 주창하고 있는 실력양성운동에 대해 비판적 인식을 가졌다. 천도교청년들은 당시 조선사회에서 전개되고 있던 물산장려운동 등의 실력양성운동의 필요성은 인정하였으나, 실력을 양성하기 위해서는 단순히 교육보급, 산업진흥만을 주장해선 안 된다고 인식하였다. 이러한 인식에서 당시의 대중운동은 일정한 지도이념에 바탕을 둔 '정치적 조직'에 의해 전개되어야만 성공할 수 있다고 보았다. 이에 따라 천도교청년들은 천도교 이념을 표준으로 하는 민족운동을 전개하기 위해서는 '선전적 단체'인 천도교청년회를 해체하는 대신 장래 천도교를 이끌어 갈 청년들을 교양, 훈련하며 자신들의 주의 목적을 사회적으로 실현시킬 새로운 단체를 조직하고자 하였다. 이로써 천도교청년들은 천도교의 주의, 목적을 사회적으로 실현하기 위한 전위조직으로 1923년 9월 2일 천도교청년당을 창립하였다.

청년당은 창립 초기 불문율에 의한 결의제로 운영되었다. 그러나 2차 분규 이후 신파 천도교의 전위조직이 된 청년당은 강력한 지도체제를 위해 성문당헌을 제정하고 민주집권제를 채택하였다. 청년당이 민주집권제를 조직체계로 마련한 데에는 세 가지의 요인이 있었다. 첫째는 청년당 조직의 효율적인 운영이었다. 청년당은 1925년 교단의 신구 양파의 분규로 신파측의 천도교청년당과 구파측의 천도교청년동맹으로 분화하였다. 이에 따라 신구 양 청년단체는 당원의 효율적인 관리가 무엇보다 급선무였다. 신파측 청년당은 1927년 당세 확장운동으로 당원이 9천여 명, 지방부가 110여 개에 이르자 그동안의 결의제라는 불문율에 의한 당운용에 한계를 느끼지 않을 수 없었다. 이에 따라 청년당은 증가하는 당원과 지방부의 효율적 운용을 위해 성문당헌을 제정하고 민주적이면서도 강력한 중앙통제를 시도하였다. 둘째는 천도교단의 전위적 역할이었다. 일제의 종교정책은 "종교의 자유는 허용하되 순수하게 교화의 목적으로 종교의 활동만 하되 정치에 관여해서는 안된다."라고 하여 종교와 정치를 엄격하게 분리하고자 하였다. 이처럼 정교분리의 원칙과 종교로서 인정을 받지 못한 천도교로서는 교단의 활동이 자유롭지 못하였다. 뿐만 아니라 3 · 1운동의 후유증으로 교단의 활동은 미약할 수밖에 없었다. 그렇지만 천도교의 정치이념인 '교정쌍전'론에 따라 현실적인 사회개혁과 이를 원활하게 수행하기 위한 전위조직이 필요하였다. 이에 따라 천도교의 현실개혁은 자연히 청년당에게 맡겨졌으며, 청년당은 권력이 중앙에 집중되는 조직이 필요하였던 것이다. 셋째는 식민지 민족운동의 주도권 장악이었다. 천도교청년들은 막연한 민족일치나 대동단결보다는 동일한 신념과 조직하에 절대적 약속을 가지고 새로이 내회(來會)하는 '주의적 단결'을 주장하였다. 즉 천도교인이 중심이 되어 민족적 중심세력을 형성하는 것이 필요하였던 것이다. 이에 따라 청년당은 주의, 강령, 실행약속을 복종케 하는 강력한 지도체제를 확립하였다.

제4장 1920 · 30년대 천도교청년당의 조직변화와 당세 확장을 정리하면 다음과 같다. 1925년 8월부터 전개된 교단의 2차 분규로 천도교는 신파의 천도교중앙종리원과 구파의 천도교중앙교회로 분화되었다. 이에 따라 천도교청년당도 신파의 천도교청년당과 구파의 천도교청년동맹으로 분화되었다. 이후 신파 천도교중앙종리원의 전위조직이 된 청년당은 분규의 수습책으로 조직을 재정비하고 활동영역을 넓혀가는 한편 지방조직 강화에도 적극 지원하였다. 1926년 5월에는 당원의 지식향상과 의식적 생활의식 훈련을 위해 '신인간자학(新人間自學)', 8월에는 천도교 교리천명과 교사와 교정의 구명 및 일반사회 상식의 보급을 목적으로 하는 '시일학교(侍日學校)', 그 외에도 '포덕날'과 '당화주간' 설정, 지방조직을 효율적으로 관리하기 위한 당구 설정, 당원의 교양과 훈련 등 다양한 방안을 마련하고 당세를 확장하였다. 이러한 가운데 1930년 12월 신구 양 교단이 합동함에 따라 청년당과 청년동맹도 합동하여 1931년 2월 천도교청우당을 창립하였다. 이를 계기로 청우당은 조선 사회운동의 중심이 되고자 하였다. 그러나 1932년 4월 다시 교단이 신구로 분화됨에 따라 청우당도 청년당과 청년동맹으로 분화되었

다. 그렇지만 청년당은 조선운동의 영도권을 제기하면서 당의 운동이념을 연구하기 위한 특종위원회를 설치하는 한편 1933년을 기점으로 '당세 확장 3개년 계획'을 마련하였다. 청년당은 이 계획의 실천으로 천도교 구파의 세력권이었던 황해도와 충청도, 전라도 지역까지 세력을 확대하고 110여 개의 지방부를 조직하였다. 그러나 이 당세 확장 3년 계획은 1934년 9월 청년당 내의 비밀결사 오심당의 발각으로 미완으로 그치고 말았다. 오심당사건으로 청년당은 1934년 12월 당의 핵심부서였던 선전과 조직, 조사부를 삭제하고 당원의 교화를 중시하는 순수한 종교청년단체로 전환되었다. 이후에도 청년당은 독자적인 활동공간을 마련하고자 하였으나 1937년 중일전쟁 이후 전시체제가 형성되면서 1939년 4월 해체하였다. 이로써 천도교청년교리강연부를 연원으로 두었던 청년당은 20년의 활동을 마감하였다.

제5장 천도교청년당의 활동을 정리하면 다음과 같다. 2차 분규 이후 신파의 전위조직이 된 청년당은 당세 확장을 위해 1926년 8월 부문운동을 확대하였다. 이에 따라 청년당은 기존의 천도교소년회, 천도교내수단, 조선농민사 외에 천도교청년회와 조선노동사를 설립하였다. 천도교소년회는 1920년 4월 청년회 포덕부 특설로 설치된 소년부의 확대된 부문단체였다. 이후 천도교소년회는 청년당과 청년동맹의 분화와 합동을 거듭하는 동안 천도교소년회연합회, 천도교소년연합회 총본부로 조직체를 변경하면서 유지되었다. 천도교소년회의 대표적인 활동은 1922년 첫 '어린이의 날'을 제정한 것이었다. 이 '어린이의 날'은 이듬해 '어린이날'로 확정되면서 범사회적으로 어린이운동이 확산되었다. 부문단체의 천도교청년회는 소년회와 청년당의 중간급으로 1927년 7월 평양에서 조직된 천도교사월회에서 시작되었다. 이후 청년당 지방부의 후원으로 24개의 사월회가 조직되었다. 이들 사월회는 1928년 4월 천도교사월회연합회를 결성하였다. 1931년 신구 청년단체의 합동으로 청우당이 창립하자 천도교사월회는 천도교청년회로 명칭을 변경하

였다. 청년회의 활동은 교리강습, 교양훈련, 포교 활동, 회세확장, 한글보급운동을 전개하였다. 청년회는 소년회와 청년당의 중간급 부문단체로 청년당원을 양성하는 예비조직의 성격을 가지고 있었다. 천도교내수단은 청년당의 후원으로 1924년 3월 설립되었으며, 1926년 1월 교단의 신구 분화로 신파의 천도교내수단과 구파의 천도교여성동맹으로 분화되었다. 1930년 12월 신구 교단이 합동함에 따라 이들 여성단체는 1931년 3월 천도교내성단을 설립하였으나 1932년 4월 교단이 분화되자 내성단도 분화되었으나 신구 양측에서 같은 명칭을 사용하였다. 그러나 구파의 내성단은 이름뿐이었고 신파의 내성단만 조직과 활동을 유지하였다. 내수단과 내성단은 강연, 강습, 야학 등을 통한 문맹퇴치의 여성계몽운동과 염색옷 입기, 머리쪽지기 등 생활개선운동을 전개하였다.

조선농민사는 천도교 2차 분규 과정에서 1925년 9월 29일 사회주의 계열과 연합전선체의 성격으로 설립되었다. 이후 1930년 4월 청년당과 법적관계를 맺으면서 청년당의 부문단체가 되었다. 조선농민사는 농민계몽운동과 농민의 당면 이익과 생활 향상을 도모하였다. 농민계몽운동은 월간지『조선농민』을 간행, 야학을 통해 한글보급운동을 전개하였다. 그리고 농민의 당면 이익과 생활 향상은 농민공생조합과 공동경작운동으로 전개되었다. 그러나 조선농민사의 농민운동은 소작쟁의처럼 당시 사회주의 계열의 혁명적 투쟁을 이끌어가지 못하였다는 한계를 지니고 있다. 조선노동사는 청년당과 청년동맹이 합동으로 출범한 청우당이 도시 포교와 노동자의 이익 옹호를 위해 1931년 5월 설립하였다. 그러나 청년당의 세력기반이 농촌이었기 때문에 조선노동사의 활동은 크게 활성화되지 못하였다. 지방노동사의 경우 양덕노동사 등 13개에 불과하였다. 이들 노동사는 도시 또는 항구를 중심으로 설립되었다는 특성을 가지고 있다. 조선노동사는 노동자의 이익을 위해 공생조합을 설립하고자 하였으나 제대로 실현되지는 못하였다. 다만 경성노동사만 유일하게 공생조합을 설립 운영한 바 있다. 조선노동사 역시 노동자를 위한 파업 등을 적극적 전개하지 못한 한계를 가지고 있다. 상민부는 상민의 이익 옹호를 위해 1927년 8월 유년부와 소년부를 통합하고 설치되었다. 앞서 언급하였듯이 청년당의 세력기반이 농촌이었기 때문에 세력기반이 약한 상민부는 부문단체를 설립하지 못하였다.

또한 청년당은 천도교의 대중화를 실현하기 위해 대중계몽운동을 전개하였다. 당시 통속운동이라 불렸던 청년당의 대중계몽운동은 흑의단발, 미신타파, 조혼폐지, 문맹퇴치 등이었다. 특히 흑의단발은 1904년 동학교단이 문명개화운동을 전개하였던 흑의단발을 계승한 것이다. 청년당의 이와 같은 부문단체 설립과 대중계몽운동은 청년당이 구상하였던 민족운동 중심단체를 실현하기 위한 방안이라 할 수 있다.

이상에서 볼 때 천도교청년당은 연구 및 강연단체였던 교리강연부, 선전단체였던 청년회와 성격이 전혀 다른 천도교의 전위단체였다. 천도교청년당은 교리강연부에서 출발하였지만 청년회를 거치면서 민족운동에서 독자적인 영역을 구축하면서 천도교의 전위조직으로 그 역할을 수행하였다. 천도교의 전위조직으로 청년당이 창립된 배경은 내부적으로 분규의 수습이라는 요인도 없지는 않지만 본질적으로는 민족운동중심세력론과 청년전위론이었다. 이에 따라 청년당은 강력한 민주집권제의 조직체계를 확립하는 한편 부문운동과 대중계몽운동을 전개하면서 민족운동중심단체를 실현하고자 하였다.

보론 ——————————— 해방 후
천도교청우당의 부활과 활동

1. 천도교청우당의 부활과 정치적 지향

1) 천도교청우당의 부활

해방은 일제강점기 내내 국내외에서 독립운동을 전개해 오던 민족주의 계열과 사회주의 계열의 운동 세력 모두에게 새로운 환경을 가져다주었다. 이들은 일제로부터 독립이라는 공동목표를 위하여 때로는 통일전선을 구축하기도 하고, 때로는 독자적으로 활동하면서 독립운동을 전개하였다. 그러나 연합군의 승리로 이루어진 8·15해방은 우리에게 완전한 광복을 가져다주지 못하였다. 이에 따라 남쪽은 미군이, 북쪽은 소련군이 주둔하면서 이념적 갈등의 골이 더욱 깊어지고 분쟁으로 격화되어 갔다.

해방을 전후한 시기 국내의 정치 상황에서 해방에 대한 견해는 크게 두 가지로 나뉘고 있었다. 하나는 송진우(宋鎭禹) 등의 국민대회준비회를 중심으로 '연합군이 즉시 진주하여 일본군을 무장해제하고 중경(重慶)의 임시정부(臨時政府)가 들어와 정권을 담당할 것'으로 보는 견해이고, 다른 하나는 여운형(呂運亨) 등의 건국준비위원회(建國準備委員會)를 중심으로 '연합군이 들어오되 그동안 국내에서 활동해 온 정치 세력을 중심으로 과도정부적인 민족대표기관을 설치할 필요가 있다'고 보는 견해이다.[1] 패망에 즈음하여 조선총독부는 송진우와 여운형에게 국내의 치안을 맡아줄 것을 제안하였고, 이에 송진우는 거절하였으나 여운형은 수락하였다.[2] 그러나 총독부는 양인이 서로 협력하지 않은 상황에서 치안 유지가 어렵다고 보고 당시 경북도지사 김대우(金大羽)의 구상으로 송진우, 여운형, 안재홍(安在鴻) 등과 그들의 추천자, 그리고 기독교의 유억겸(兪億兼)·양주삼(梁柱三)과 천도교 간부, 그 밖의 덕망 있는 사람들을 합쳐 이들에게 치안유지 협력을 위임하고자 하였다.[3] 그러나 이러한 구상도 영주와 영덕 군청 피습사건으로 김대우가 급히 대구로 돌아가고 시간적 제약으로 실현되지 못하였다.

한편 1944년 8월 건국동맹(建國同盟)을 조직하였던 여운형은 1945년 8월 15일 오전 총독부의 엔도(遠藤) 정무총감을 면담하고 돌아와 그날로 조선건국준비위원회(이하 '건준')를 발족시켰다. 건준은 위원장 여운형, 부위원장 안재홍, 총무 최근우(崔謹愚), 조직 정백(鄭栢), 경무 권태석(權泰錫), 재무 이규갑(李奎甲), 선전 조동우(趙東祐) 등으로 부서를 정하고 학도대(學徒隊)·치안대(治安隊)의 결성을 준비하였다.[4] 이때 홍증식(洪增植)·이관술(李觀述)·하필원(河弼源)·정백(鄭栢) 등 공산주의자들은 조선공산당(朝鮮共産黨) 재건을 논의하였으며, 이영(李英)·최익한(崔益翰)·문갑송(文甲松)·강진(姜進) 등은 조선공산당경성지구위원회(朝鮮共産黨 京城地區委員會) 간판을 내걸었다. 이어 공산당은 9월 6일 조선인민공화국(朝鮮人民共和國)을 선포하였다. 이에 대하여 민족주의자들은 8월 18일 원세훈(元世勳) 등이 고려민주당(高麗民主黨)을, 8월 28일 김병로(金炳魯)·백관수(白寬洙) 등이 고려민주당의 원세훈과 합작하여 조선민족당(朝鮮民族黨)을, 9월 4일 백남훈(白南勳)·윤보선(尹潽善) 등이 한국민주당(韓國民主黨)을 각각 조직하였다. 또한 민족주의 계열 인사들은 9월 1일 대한민국임시정부환국환영회를 조직하고 재중경임시정부 지지를 천명하였다. 이어 국민총의를 집결하기 위해 송진우를 중심으로 국민대회준비회를 결성하였다. 그리고 9월 16일에는 극단적 보수주의에서 온건사회주의자까지를 망라한 범민족 세력의 집결체로 한국민족당(韓國民主黨)을 창당하였다.[5]

이처럼 공산주의 계열과 민족주의 계열에서 정당과 정치단체들이 난립하자 해방 후 '과거를 참회하고, 현실을 정관하고, 미래에 정진하자'며 자중정관(自重靜觀)하던[6] 천도교는 9월 23일 전국대회를 준비하면서 새로운 진로를 모색하였다.[7] 한편, 청년들은 당세 부흥과 건국 및 민족통일운동을 위해 일제 말기 해체하였던 청우당(靑友黨)을 부활하기로 하고 9월 28일 위원장 이응진(李應辰), 부위원장 마기상(馬驥賞), 상임위원 이단(李團), 위원 김기전(金起田)·최난식(崔蘭植)·손재기(孫在基)·임문호(林文虎)·이석보(李錫保)·박완(朴浣)·김병순(金炳淳)·이석보(李錫保)·나상신(羅相信)·김병제(金秉濟)·송중곤(宋重坤)·백중빈(白重彬) 등으로 청우당부활준비위원회를 구성하였다.[8] 그리고 신국가건설에 동참하는 취지문을 발표하였다.

有史以來 最大慘劇인 第二次 世界大戰도 日·獨兩國의 敗北로서 終局을 告하게 되어 約 半世紀동안 日本帝國主義 鐵鎖下에 얽매이며 呻吟하던 우리 三千萬 同胞도 解放의 기쁜 날을 맞게 되었습니다. 敬愛하옵는 男女同胞 여러분 우리는 祖國의 光復을 告함과 같이 우리 靑友黨의 復活을 宣布하는 기쁨을 갖게 되었습니다. 過去 二十年에 있어서 우리 黨이 그 日本帝國主義 政治의 彈壓 밑에 있으면서도 어떻게 활동하고 어떻게 受難을 하였는가 하는 것은 우리 一般이 다 같이 當하고 다 같이 아는 바로서 새삼스럽게 더 말할 것도 없거니와 이제 大運이 循環하여 萬機가 更張되는 此際에 우리 黨이 赫然한 復活을 보는 것은 敎內 敎外로 그 意義가 至極重大합니다. 기뻐 이를 仰佈하오니 從來의 男女 黨員諸氏는 勿論이요 우리 同胞諸位도 勇躍 이를 맞이하여서 地方黨部를 迅速히 復活하옵는 同時에 對內對外하여 積極的으로 活動을 하오며 新國家建設에 貢獻이 있기를 바라옵니다.[9]

이어 청우당부활준비위원회는 10월 7일 집행위원장 김병순, 집행위원 이종해(李鍾海) 외 18인, 감찰위원장 이단, 감찰위원 오일철(吳一澈)·손재기로 임시집행위원회를 구성하고 부활전당대회를 준비하였다.[10] 청우당 부활전당대회는 10월 31일 오후 1시 경운동 천도교중앙대교당에서 지방대표 1천여 명이 참석하여 마기상(馬驥賞)의 사회와 이응진(李應辰)의 개회사로 진행, 민족통일기관 결성 촉진, 전재동포 구제, 실업대책, 기관지 발행 등을 결의하고 다음과 같이 위원장과 중앙위원 및 각 부서를 결정하였다.[11]

委員長 金起田, 副委員長 李應辰, 總務局長 馬驥賞, 政治局長 承寬河, 組織局長 李錫保, 文化局長 具中會, 特別局長 馬驥賞(兼任), 中央委員 金起田 孫在基 外 47人, 中央檢察委員 劉載舜 吳允珍 河相台 朴浣 桂淵集 同候補 金昌鳳 鄭雲彩

그리고 이날 당규와 정강정책을 발표하였는데[12] 이것은 확인되지 않고 다만 다음과 같은 강령만 확인되고 있다.

一. 民族自主의 理想的 民主國家의 建設을 期함
二. 事人如天의 精神에 맞는 새 倫理 樹立을 期함
三. 同歸一體의 新生活理念에 基한 經濟制度의 實現을 期함
四. 國民皆勞制를 實施하여 日常輔國의 徹底를 期함[13]

청우당은 이에 앞서 10월 5일에는 일제의 가혹한 탄압으로 『개벽(開闢)』지가 강제 폐간된 지(1926) 20년 만에 '민족국가의 만년대계 설계와 인류문명의 개조'를 위하여 개벽사(開闢社)를 다시 설립하고 조선적 문화를 창달키로 하고 『개벽(開闢)』지를 복간하였으며[14] 부문단체인 천도교청년회(天道敎靑年會)도 부활시켰다.[15]

한편 북한에서도 남한에 이어 청우당을 부활하였다. 북한 지역에서 천도교의 교세가 급격히 늘어나자 1946년 2월 8일 평양에서 천도교청우당결성대회를 갖고 2월 18일 창당하였다.[16] 창당 당시의 임원으로는 위원장 김달현, 부위원장 박윤길(朴允吉)·김정주(金廷柱), 정치위원 김달현·박윤길·김정주·전찬배(田贊培)·김윤걸(金允杰)·백세명(白世明)·김도현(金道賢), 상무위원 상기 7명과 김진연(金鎭淵)·한몽웅(韓夢鷹)·이춘배(李春培)·조기주(趙基周)·장학병(張學秉)·김봉엽(金奉燁) 등이 선임되었다.[17] 이어 5월 31일 청우당 함북도당을 결성하였다.[18] 그리고 북조선청우당은 1948년 4월 3일 2차 전당대회에서 강령과 정책을 북한 사회에 맞도록 크게 수정하였다.[19]

2) 천도교청우당의 정치이념-전민일체론과 민족해방·계급해방

청우당은 당의 정치적 진로를 좌우합작과 남북통일, 민주주의 임시정부 수립으로 제시하였다.[20] 그리고 민족통일노선은 '전민족이 무계급의 공동사회를 구성하고 생활고락에 있어 전민일체의 이념, 모든 진보적 혁명집단과 전인민이 요구하는 민족적 경륜에 부합하는 것'으로 제시하였다. 전민일체(全民一體)론은 청우당의 민족통일전선운동의 이론적 뒷받침이 되는데, 당 이론가 박우천은 민족이념과 계급문제와 관련하여 당시의 건국 추진 세력이 미국식 민주주의와 소련식 공산주의로 분열된 것은 '미래의 민족적 성장 발전을 위하여 결코 낙관할 수 없는 사태'라고 지적하고, '전민일체주의적 민족이념에서 민족을 민족으로 살리기 위한 민족통일의 노선을 개인주의적 이익본위의 사회에서 민족적 공익본위의 사회로 생활원칙을 전환할 것'을 제시하고 있다.[21] 그리고 미국식 부르주아 민주주의적 정치노선은 필연적으로 공산주의와 인민전선의 온상이 되어 계급적 대립을 보다 격화(激化)할 뿐이며 미래에 있어서는 민족 부인의 계급혁명운동을 양양하여 결국 지배계급, 착취계급에 의해 자신의 비참한 몰락을 초래하는 결과밖에 없을 것이라고 경고하였다. 그는 민족통일을 완성하기 위해서는 첫째, 지도자층의 전민일체적 자각과 실천, 둘째, 이를 통한 투쟁 과정에서 진보적 민주주의 국가건설이 가능하다고 하였다.[22]

한편 청우당의 정치이념은 천도교의 교리와 역사 및 현실인식을 통하여 수립되었다. 청우당은 '보국안민과 지상천국의 건설'이라는 천도교의 목적을 자기 목적으로 삼고 정당으로, 천도교의 목적과 강령을 실현하기 위한 전위조직을 자처하였다. 따라서 천도교와 청우당의 관계는 일체양면 동시에 이위일체였다.[23] 이러한 점에서 당헌에서 '천도교의 주의, 목적을 사회적으로 달성키 위해 한 개의 유기체를 조직'한 것이 청우당이라고 명시하였다.[24] 해방 후 부활된 청우당은 『천도교정치이념』을 통해 주의와 강령, 정책을 다음과 같이 밝히고 있다.

첫째, 黨의 主義를 地上天國建設이라 하였으니 地上天國의 內容을 純粹政治的 見地에서 推想한다면 無侵略, 無壓迫, 無搾取, 無差別의 眞正한 平等 自由의 世界를 이름이니 이것은 高遠한 理想인지라 幡論할 것 없고, 둘째 黨의 綱領은 새制度의 實現과 새倫理의 樹立을 내세웠으니 그 亦是 理想便에 속한 것이니만큼 躁急히 論할 것 없으며, 셋째 黨의 政策으로서 精神開闢, 民族開闢, 社會開闢을 期한다 하였으니, 이 政策에 와서야 비로소 黨의 政治的 基本理念이 表示되었다고 볼 수 있는 바, 其實 靑友黨의 活動目的은 民族開闢과 社會開闢 두 가지에 重點을 두었던 것이 事實이다. 民族開闢이라 함은 여러 가지의 意義가 있지만 日本 帝國主義의 羈絆에서 우리 民族이 解放을 얻자는 것이 第一義的이었고, 社會開闢이라 함은 資本社會의 制度를 改革하여 無産階級을 解放하자는 것이다. 이상 세 가지를 綜合해 보면 靑友黨의 現實

的인 政治理念은 民族解放과 階級解放이었던 것은 分明히 알 수 있다.[25]

청우당의 주의는 무침략 · 무압박 · 무착취 · 무차별의 진정한 평등 자유의 세계이자 민족주의의 이상적 민주국가 건설이며, 강령은 사인여천 정신에 맞는 새 윤리와 동귀일체의 신생활이념에 기한 경제제도 및 국민개로제를 실시하여 일상보국의 철저를 기하는 새 제도를 수립하는 것이다. 그리고 정책은 완전한 독립의 민족해방과 자본주의 개혁을 통한 무산계급해방이라 할 수 있다. 청우당의 당시 현실적 정치이념은 민족해방과 계급해방으로 표현하고 있다. 여기서 민족해방과 계급해방은 각각 보국과 안민을 의미한다.[26]

보국은 민족주의의 계단으로 민족적 행복을 도모하는 것이다. 이는 민족주의와 밀접한 관계가 있는데 일제로부터의 해방, 외세로부터의 완전한 독립, 문화 및 생활수준의 세계 민족과의 일치, 그리고 세계공화에 적합한 진화를 목적으로 하였다.[27] 그리고 안민(安民)은 보국(保國)의 다음 단계로 계급해방, 즉 근로대중의 계급적 권익옹호를 목적으로 하였다.[28] 안민은 정치적 안민,[29] 경제적 안민,[30] 문화적 안민[31]으로 분류할 수 있으며,[32] 조건으로는 자치적 치안유지, 경제기초의 확립, 정치훈련을 제시하고 있다.[33] 청우당이 내세우는 안민은 계급해방과 관련하여 대지주와 자본가를 본위로 한 구경제제도를 개혁하고, 그 토대 위에 전 민족의 생활문제를 근본적으로 해결할 만한 신경제제도를 수립하는 것을 의미하였다.[34]

3) 조선적 신민주주의 국가 건설

청우당의 정치사상은 천도교 창시자인 수운 최제우가 당시 국내적 결함과 국제적 위기에 대하여 제시한 대응 전략에서 출발한다. 수운은 봉건적 사회체제의 모순과 서구열강의 침략이라는 시대적 상황에서 보국안민(保國安民)의 도인 인내천 원리에 입각한 이론적 근거와 지상천국건설의 이상을 제시하였으며, 이를 토대로 하여 천도교는 갑오(甲午)·갑진(甲辰)·기미(己未)의 3대 운동을 통해 봉건제도타파, 문명개화와 민주정치실현, 약소민족해방, 제국주의타도를 실천하는 데 앞장섰다. 청우당 역시 천도교의 이념을 그대로 수용하여 정신개벽(精神開闢), 민족개벽(民族開闢), 사회개벽(社會開闢)을 기본적인 이념으로 내세웠다.[35]

청우당은 해방이 2차 대전에서 국제 파쇼 세력에 대항한 민주주의 세력이 승리한 결실로 보고 건국은 곧 독립국가 건설이며, 관념적 사고가 아니라 구체적 현실적 사실로 인식하였다. 이에 대해 청우당은 민족해방과 계급해방을 동시적으로 해결하고자 하였다.[36] 청우당은 민족해방과 계급해방의 건국이념을 다음과 같이 제시하였다.

> 우리는 美國型인 資本家 中心의 自由民主主義를 願치 않는다. 그것은 資本制度의 內包한 矛盾과 弊害를 미리부터 잘 알기 때문이다. 同時에 蘇聯類인 無産者獨裁의 프로 民主主義도 必要치 않다고 생각한다. 그것은 朝鮮에는 일찍이 資本階級의 專橫이 없었기 때문이다. 우리는 朝鮮의 現段階에 適應한 「朝鮮的 新民主主義」를 主張한다. 朝鮮的 新民主主義란 어떤 것이냐. 民族解放과 階級解放을 輕重先後의 差別없이 同一한 目的으로 取扱하는 民主主義이다. 朝鮮의 自主獨立과 아울러 朝鮮民族社會에 맞는 民主政治, 民主經濟, 民主文化, 民主道德을 同時에 實現하려는 民主主義이다.[37]

청우당이 제시하는 건국이념은 미국식 자유민주주의와 소련식 프로민주주의가 아닌 민족해방과 계급해방을 동시에 지향하는 조선적 신민주주의 국가 건설이다. 이를 실현하기 위해서 민주정치·민주경제·민주문화·민주윤리를 정책이념으로 제시하였다.

　민주정치는 자본가 전횡의 자유민주주의도, 무산자 독재의 프로민주주의
도 아닌 조선에 적용한 조선적 신민주주의를 의미한다. 근대적 민주주의인
'가면적(假面的) 민주주의, 형식적(形式的) 민주주의가 아니라 전인민(全人民)
이 정치적, 경제적, 사회적으로 자유와 평등을 향유할 수 있는 진정한 민주
주의'를 주장하고 있다. 그리고 인민의 권리를 다음과 같이 제시하였다.

　　1. 人民은 法律上 一律 平等으로 할 것

　　2. 人民은 法律에 依하여 權利와 自由를 喪失한 者를 除外하고는 一律로
政治, 經濟, 文化, 社會生活의 全領域에 參與할 權利를 가질 것

　　3. 滿二十歲 以上의 人民은 平等한 選擧權, 被選擧權을 享有할 것

　　4. 人民은 言論, 출판, 集會, 結社, 信仰, 硏究, 示威, 罷業의 自由를 가질 것

　　5. 人民은 身體의 自由를 가질 것. 卽 法律에 依함이 아니면 逮捕, 拘禁, 審
問 또는 處罰을 받는 일이 없을 것

　　6. 人民은 居住의 自由를 가질 것. 그 居住의 場所는 法律에 依함이 아니면
侵入, 搜索 또는 封鎖함을 不得할 것

　　7. 人民은 移轉의 自由를 가질 것. 法律에 依함이 아니면 이것을 制限함을
不得할 것

　　8. 人民은 信書秘密의 自由를 가질 것

　　9. 人民은 法律이 許하는 限度에 財産私有의 權利를 가질 것

　　10. 人民은 肉體的 及 精神的 勞動力의 保護를 받을 權利를 가질 것

　　11. 人民은 國家의 負擔으로 最小限度의 初等敎育을 받을 權利를 가질 것

　　12. 人民은 請願, 訴願, 訴訟을 提起할 權利를 가질 것

　　13. 人民은 기타 自由 及 權利는 社會의 秩序, 公共의 利益을 妨害하지 않
는 限 均一한 國家의 保護를 받을 權利를 가질 것

14. 人民의 自由 及 權利를 制限하는 法律은 國家安定의 保障, 緊急危難의 防備, 社會秩序의 維持 또는 公共利益의 增進을 爲하여 必要한 것에 限함.[38]

이 외에도 민주정치의 실현을 위해 중앙·지방 입법기관의 대의원, 행정기관의 행정관, 사법기관의 사법관 등은 인민의 일반적 평등적 직접적 선거로 선출하는 동시에 월권 또는 탈선의 경우 이에 대한 정정 또는 파면 역시 인민에게 주어져야 한다고 주장하였다. 그리고 봉건적 제관계의 청산, 식민지적 성격의 제거, 반동적 파쇼의 타도, 근로대중의 단결로써 영도적 세력을 결성하는 것 등이 반드시 전제되어야 한다고 하였다.[39]

다음은 민주경제(民主經濟)로, 이는 동귀일체의 신생활 이념에 기한 민주주의 경제제도의 수립이다. 이는 다시 말하면 노동층에 속한 인민대중이 민주주의적으로 경제적 실권을 가질 수 있는 경제제도를 의미한다. 생산수단(土地, 鑛山, 工場, 交通機關, 機械 等)과 분리되어 있던 생산력 담당자(農民, 勞動者, 技術者 등 노동층)에게 생산수단을 법적으로 재분배 또는 장악하게 하여 사회적 생산의 정당한 토대를 부여하는 동시에 경제권을 소수의 지주나 자본가로부터 인민전체에게 옮겨 놓는 것이며 계급적 대립이 없는 단일성(單一性)의 민족경제를 실현하자는 것이다. 민주경제를 실현해야 할 필요성은 인구의 증가와 빈부 대립을 없애자는 데 목적이 있다. 특히 민주경제 체제에 의해 중요 산업기관은 국유로, 경영은 국영 또는 공영으로 하여 자본주의적 이윤 착취를 차단하고자 하였다. 동시에 토지제도를 개혁하고 농업생산양식을 근대화하여 적은 노동력으로 많은 경작과 수확을 얻어 그 잉여노동력을 공업노동력으로 전환케 하는 것이 급선무라고 하였다.[40]

그다음은 민주문화로, 동귀일체의 신사회 생활에 적응한 민주주의 문화를 이룩하는 것이다. 민주문화는 봉건사회 또는 자본주의 사회의 계급문화 또는 기형적 문화에 대한 상대적인 개념으로, 신시대 신생활에 적응한 민주적 신문화를 재수립하는데 반드시 필요한 요소로 파악하였다. 과거의 구문화는 부귀한 특권계급과 번화한 도시에서만 향유하는 계급적·기형적 문화였기 때문이다. 이러한 문제는 교육기관에도 그대로 드러나고 있다고 보았다. 중등 이상의 교육기관은 대부분 도시에 편중되어 농촌·어촌 등에서는 취학의 길이 극난한 것이 대표적인 사례이다. 또한 교육의 이념 역시 자본주의 경제제도의 호지와 자본주의 정치제도의 합리화를 목표로 한 개인주의·이기주의에 중점을 두고 있다고 비판하였다. 청우당은 그 대안으로 교육제도의 사회화, 교육기관의 대중화, 교육정신의 민주화를 주장하는 동시에 당면한 급선무로 문맹퇴치, 초등교육의 의무제 확충, 기술자 양성, 노동자 및 농민의 교양, 부인계몽 등을 제시하였다. 그 외에 천재교육을 특별히 제안하였다.[41]

끝으로, 민주윤리는 사인여천 정신에 맞는 새 윤리, 즉 민주주의 윤리를 제시하였다. 신 시대의 윤리는 인간 상호간 평등적 입장에서 인격을 표준하고, 공동사회, 공동생활을 표준하여 이에 상응되는 도덕을 수립하는 것이다. 또한 신윤리는 인격과 공동생활을 척도로 하고 표준으로 하여 이에 부합되는 인간의 행위를 의미하였다. 이를 위해서는 천도교 윤리인 사인여천과 실천 덕목인 성경신을 제시하였다. 사인여천은 인간격 평등과 인간성 평등을, 성경신은 진실·근면·근기, 경천·경인·경물, 정직·충실로 이를 민족 전체의 표준도덕으로 삼아야 한다고 하였다.[42]

청우당이 제시한 조선적 신민주주의 국가는 '조선민족의 역사적, 문화적 긍지와 자존을 확보하고 세계문화에 기여하는 민족적 양심의 민족국가이며, 시험적인 자본제도의 모순과 폐해를 예방하여 장래 동족상잔의 참극을 방지하는 동시에 민족생활의 참된 행복을 창조하기 위한 민주경제의 실현을 지향하는 국가이다.[43]

2. 천도교청우당의 정치활동

1) 임정 지지와 반탁운동

청우당의 민족통일전선운동은 부활과 동시에 전개되었다. 청우당은 『당지(黨志)』에서 당의 성격을 "자본제 사회의 기성정당과 같이 자당(自黨)의 세력 부식이나 이권점유를 위해서 정권욕에 급급하는 그런 류의 정당이 아니다. … 천도교의 혁명적 정신을 자체의 정신으로 한 혁명적 당이다. 이 민족을 위하여 존재한 당이요, 이 민중을 위하여 존재하는 당이다."라고 규정하고 있다.[44] 그리고 정치적 진로를 다음과 같이 밝혔다.

> 眞情且公正한 意味의 左右合作과 南北統一을 至誠으로 推進하는 同時에 美蘇共委 續開를 促進하여 民主主義 臨時政府樹立을 積極 努力하는 바이다. 우리 黨의 黨見을 理解하는 黨이면 우리는 그 友黨됨을 조금도 躊躇하지 않는다.[45]

청우당은 당시 우파 또는 좌파로 항간에 세평을 듣기도 하였으나 이는 '조선적 신민주주의'를 주창하는 진정한 민족과 민중을 다 아우르는 과정에서 올바르게 이해되지 못하고 폄하된 결과라고 볼 수 있다.

해방 후 청우당의 통일전선운동을 올바르게 인식하기 위해서는 청우당의 국내 정치상황과 국제정세 인식에 대한 이해가 선행되어야 한다. 청우당은 국내의 정치상황을 매우 혼란한 상황으로 보았다. 즉 "목하의 현실을 보면 이른바 정당인들 사이에서 지나친 의견의 대립과 고집은 우리의 통일정권수립을 천연(지연)케 함이 있고, 여기에 대중의 생활은 날로 불안을 더하고 미소 양군의 철귀는 그 시기가 어느 날인가를 알 수 없게 되어 참으로 천만백성의 근심과 아픔은 정당 사무실이나 어떤 사랑방이나 또는 연단 위에서 정책 정권을 말하고 네이냐 내이냐를 싸우는 사람으로서 거의 생각할 수 없을 만큼 심각하다"고 하였다.[46] 이 시기 청우당은 또 국제정세를 다음과 같이 파악하였다.

美國은 물론 조선의 완전독립을 속히 시키려는 의사가 확고할 것은 다시 말할 필요가 없으나 그러나 만약 조선의 독립이 자주적 기초가 불완전하여 장래 미국의 의도와 위반되는 국체와 정체가 된다면 미국의 막대한 희생을 들여가면서 승리한 공적은 문득 수포로 돌아가지 않을까 하는 우려가 있을 것은 물론이다. 그러므로 오직 미국의 소망은 조선인의 사상통일을 바라고 그리하여 그 소위 통일은 미국의 의도에 맞는 사상이라야 한다는 것이다.

蘇聯 측으로 보면 소련의 국시는 원래 약소민족의 해방을 찬동하는 점에 있어 역시 조선의 독립을 완성하기로 노력할 것은 사실이다. 그러나 소련은 주의 사상에 중점을 둔 데서 조선인민에게 공산주의사상을 가져주기를 요망할 것이다.

이렇듯이 주의와 희망이 다른 나라가 남북을 점거하여 있는 차제에 조선의 독립이 순조로이 속성될 것인가 하는 의문도 없지 않다.[47]

해방 후 부활된 청우당은 앞서 살펴본 바와 같이 '민족해방'과 '계급해방'을 현실적 과업으로 인식하였다. 이에 따라 1945년 10월 31일 부활전당대회에서 '민족통일기관결성'을 결의하였다. 청우당의 민족통일노선은 '전민족이 무계급의 공동사회를 구성하고 생활고락에 있어 전민일체의 이념'과 '모든 진보적 혁명집단과 현단계의 전인민이 요구하는 민족적 경륜에 여실상부하는 것이어야 한다'고 제시하였다. 청우당의 민족통일전선운동의 이론적 토대가 되는 당 이론가 박우천의 전민일체(全民一體)론 논변에서 자세히 드러난다.

全民의 民은 民族의 民이요 國民의 民이며 一體의 體는 共同體의 體요 協同體의 體요 組織體의 體요 統一體의 體이다. 卽 全民族, 全國民은 한 個의 共同體, 한 個의 協同體, 한 個의 組織體, 한 個의 統一體라는 뜻이다.[48]

우리 民族은 血緣의 共同體요 言語의 共同體요 文化의 共同體요 地域의 共同體요 政治經濟의 共同體요 民族的 運命의 共同體인 것이다. 世界의 多數한 民族中에서 우리와 같이 民族的 條件을 具備한 民族은 그 類例가 없을 것이다. 이러한 客觀的 條件은 우리로 하여금 民族的 立場을 堅持하게 하는 必然性을 示唆한다. 우리는 이 必然性을 認識하지 않으면 안될 것이다. 뿐만 아니라 우리는 우리 民族으로 하여금 民族共同體 乃至 統一體가 되게 함에서만 人間의 價値生活을 發見할 수 있는 것이니 이러한 價値觀은 우리에게 民族的 立場을 堅持하여야 할 當爲性을 示唆한다. 우리는 이 當爲性을 또한 認識하지 않으면 안될 것이다. 뿐만 아니라 人間社會의 歷史的 發展은 우리에게 民族解放과 國家建立의 歷史性을 示唆한다. 우리는 이 歷史性을 또한 認識하지 않으면 안될 것이다. 이러한 모든 認識能力은 우리들의 歷史的 任務를 遂行함에 있어 民族理念을 構成하는 主觀的 要素가 되는 것이며 이 主觀的 要素의 根底는 全民一體의 理念인 것이다. 우리는 이 全民一體의 理念에서 出發하여 우리 民族問題 乃至 社會問題를 規定하지 않고는 現段階의 歷史的 任務를 完全히 遂行할 수 없는 것이다. 全民一體의 理念은 모든 封建的 帝國主義的 殘在를 淸算한 純粹한 民族理念인 同時에 階級的 支配와 利益社會의 原理를 否定함데서 出發하는 進步的 理念인 것이다. 이러한 全民一體의 理念에서 볼 때 全民族 全國民은 새로운 意味에서 한 個의 共同體요, 한 個의 協同體요, 한 個의 組織體요, 한 個의 統一體인 것이다.[49]

결국 박우천은 민족통일을 완성하기 위해서는 첫째 지도자층의 전민일체적 자각과 실천, 둘째 사(邪)에 대한 정(正)의 투쟁이 필요하다고 보았다. 즉 민족 대중이 이러한 자각과 실천을 실증하는 지도자를 중심으로 일체적 결속을 이루고 다시 지도자는 민족 대중에게 사(邪)에 대한 정(正)의 투사만을 가르쳐 진정한 애국자, 위대한 혁명가로 존경받도록 하고, 이들의 진정한 노력과 귀중한 조혈에 의해서만 진보적 민주주의 국가 건설이 가능하다고 하였다.

이와 같이 전민일체론에 입각한 청우당의 민족통일전선을 위한 정치활동은 교단과 밀접한 관계를 유지하면서 전개되었다. 천도교는 1945년 10월 10일 아놀드 미군정장관이 부임하면서 '38도선 이남에는 미군정부만 있을 뿐이요, 자칭 조선인민공화국 같은 것은 인정할 수 없다'고 선언하자 정광조가 유감을 표명하였으며,[50] 11월 23일 김구 등 임시정부요인이 환국하자 '임시정부를 받들어 속히 강토를 회복하자'는 지지성명서를 발표하는 한편 '민족진영과 계급주의 진영의 대립과 동일한 주의 정당간에도 파벌적 대립상태'가 상존함을 지적하고 '각 정당 각 단체에서는 각자의 주의 주장을 당분간 초월하고 독립 완성의 일선에 총집결하기를 바란다'고 하면서 민족통일전선 형성을 촉구하였다.[51] 이러한 민족통일전선에의 의지는 청우당 부활전당대회를 통해 그대로 표출되었다. 즉 청우당은 부활전당대회에서 민족통일기관 결성 촉진을 결의하였다. 이러한 뜻은 청우당의 부문단체인 천도교청년회를 통해서도 드러나고 있다. 천도교청년회는 1945년 12월 10일 독립촉성중앙청년회(獨立促成中央靑年會)가 임시정부를 지지하는 각 청년단체를 망라한 대한독립촉성청년총동맹(大韓獨立促成靑年總同盟)을 결성한다고 발표[52]하면서 천도교청년회를 가입단체로 포함시켰다. 이에 대해 청년회는 '대한독립촉성청년총동맹(大韓獨立促成靑年總同盟)은 본회와는 전연 관계가 없다'고 해명하고, '오늘날 통일을 부르짖으면서도 통일이 되지 않는 이유는 그

문자 뒤에 숨은 당파적 영도전(領導戰)에 있다고 지적하고 청우당의 지시가 있을 때까지 엄정 중립하겠다'고 발표하였다.[53] 당시 독립촉성중앙청년회는 바로 이승만이 주도하는 청년단체로서 천도교청우당은 이승만이 주도하는 정치단체에 참여하려 하지 않았음을 알 수 있다.[54]

반면에 청우당은 1945년 12월 15일 천도교・기독교・불교・유교・천주교의 각각 100명의 대표들이 기독교청년회관에서 조선독립촉성을 위한 연합발기대회를 열고, 20일 오후 2시 대종교를 포함하여 총 6개 종교 대표가 종교단체연합대회를 개최하자[55] 이에 참여하였다. 이 연합대회에는 임시정부의 김구 주석이 참석하였는데, 청우당은 '17년간 의(義)로써 싸워온 임시정부에 대하여 최대의 경의로써 그 지지를 표명하고 아울러 민족통일전선을 결성함으로써 조선독립의 완성을 촉진하자는 의미로 기독교, 대종교, 불교, 천도교, 유교, 천주교의 6개 종교단체가 조선독립촉성종교단체연합대회를 조직하였다'고 하였다.[56] 또한 김기전 당위원장은 중국 연안(延安)에 있던 조선독립동맹과 김일성・김무정의 조국개선을 환영하기 위해 조직된 환영준비위원회 부위원장으로 선임되어 활동하였다.[57]

1945년 12월 16일부터 모스크바에서 삼상회의가 개최되어 12월 27일 4개 항의 한국문제에 관한 결정서가 채택되었다.[58] 그리고 12월 28일 모스크바 삼상회의의 5개년 신탁통치의 결정이 알려지자 국내 각 사회단체에서 신탁통치에 반대하는 성명서를 발표하였다. 청우당 역시 12월 29일 '조선 민족이 아직 자주・독립할 자격이 없다는 구실로 조선을 신탁통치하려는 것은 잘못되었다'는 성명서를 발표하였다.[59]

8・15 이후 4개월이 지나도록 민족통일전선이 암초에 걸림을 보고 우리는 새로운 의미의 각오와 결심으로 완전독립에 대한 일대 국민운동을 전개하여야 된다는 당중앙위원회의 결의가 있었던 바 昨28일 莫斯科 外電은 英・美

· 蘇 3국 외상회의에서 조선에 최장 5개년의 기한부 신탁통치를 실시한다는 청천벽력과 같은 소식을 전함에는 최대의 경악과 최대의 분격을 感하는 동시에 그와 같은 국제적 음모에는 단연 배격의 봉화를 들지 않을 수 없다. 우리는 먼저 연합국을 향하여 우리 조선민족에 대한 인식을 시정시킬 필요가 있다. 저들은 조선민족이 아직 자주 독립할 만한 자격이 부족하다는 구실을 가진다면 우리는 조선민족은 세계서 보기 드문 純然한 단일민족으로써 유구 5천년 독립의 역사와 문화가 자존한다는 그 점을 正視하라고 강조하는 일방 조선민족의 통일이 아직까지 지연되기는 주로 미·소 양군의 남북 분주에 그 원인이 있다는 것을 아울러 역설한다. 그리고 금차 대전의 전쟁 목적으로 보아서 또는 신탁통치로 전락될 조건이 없는 점으로 보아서 이것은 연합국으로서의 일대 국제적 無信과 오류를 범하였다는 것을 痛切히 지적하여 猛然한 반성을 촉구하는 바이다. 연합국에서 만일 이 신탁통치안을 철회치 않는 한 우리 당은 3천만 대중의 선두에 서서 자주적 완전독립을 전취하기까지 결사적 항쟁을 계속하기로 玆에 결의한다.[60]

그리고 이돈화도 이날 "지금 들으니 미·소·영·중의 신탁통치위원회가 설치된다는 것을 들었다. 지극히 통분한 일이다. 만약에 그 말이 사실이라면 우리 삼천만의 의분은 극도에 달할 것이다. 그리고 우리는 신탁통치위원회가 설치된다 하여도 비열한 낙망을 가질 필요는 없고 최후까지 혈전을 하여야 한다."고 말하였다.[61] 이어 앞서 청우당은 김구·조소앙(趙素昻)·조경한(趙擎韓)·김약산(金若山)·유림(柳林)·김규식(金奎植)·신익희(申翼熙)·김붕준(金朋濬)·엄항섭·최동오 등의 임시정부 인사들이 12월 28일 탁치반대국민총동원회를 조직할 것을 결의하자 이와 행보를 같이하였으며 신탁통치반대국민총동원위원회가 조직되자 청우당 위원장 김기전은 정광조 등과 위원으로 참여, 활동하였다.[62] 그리고 신탁통치반대국민총동원위원회에서 발표한 '9대 행동강령'[63]을 적극 수용하기로 하였다. 또한 청우당의 부문단체인 천도교청년회는 조선공산당이 신탁통치를 찬성하자 1946년 1월 16일 각단체긴급협의회에 참가, 조선공산당을 비판하는 성명서를 발표하였다.[64]

1946년에 들어 임시정부의 과도정권 수립을 위한 비상정치회의주비회(非常政治會議籌備會)가 결성되자 천도교 대표로 백세명(白世明)이,[65] 청우당은 청년단체로 참여하였다.[66] 그러나 신탁문제를 해결하기 위한 5당 회담의 결렬 이후 비상정치회의가 조선공산당 배제와 조선인민당·독립동맹 등 좌익계의 불참, 이승만의 독촉중협 합류를 계기로 비상국민회의(非常國民會議)로 개칭하였다.[67] 청우당은 비상정치회의에 이어 비상국민회의에도 참여하였다.[68] 이러한 우익의 정치적 움직임에 대해 좌익은 1946년 1월 19일 관훈동에서 인민당과 조선공산당의 공동주최로 29개 정당과 단체 대표 60여 명이 참석하여 민전발기준비위원회(民戰發起準備委員會)를 개최하였다.[69] 이어 2월 1일 민전발기준비위원회는 민전은 과도적 임시국회의 역할을 한다는 점을 천명하고, 미소공위(美蘇共委)의 임시적 민주정부 조직에 있어 조선 민족을 대표할 유일한 정식대표를 선정하면서 남북한의 각 좌익세력을 망라한 준비위원 24명을 선정하였는데, 이때 청우당의 이돈화와 손재기가 준비위원으로 선임되었다.[70]

이처럼 정국이 초기의 혼돈기를 지나서 우익에서 비상국민회의를 열었고, 좌익에서도 민주주의민족전선을 결성하자 천도교는 2월 6일 '민족적 동귀일체인 통일전선을 결성하기 위하여 편좌편우의 양익을 초월하여 천하동지와 같이 민족주의 정신의 노선을 사수하여 최후까지 정의를 실현하겠다'는 성명서를 발표하였다.[71] 그리고 청우당도 2월 9일 '민족적 위기를 극복하고 민주주의적 독립국가를 건설하기 위하여 정치적 기본노선을 이탈한 편좌 편우의 모든 경향을 양기하고 절대다수인 민중을 기초로 한 여러 집단과 양심 있는 개인들의 연결로 민족적 대동단결을 촉성한다'는 성명서를 발표

하였다.[72]

이와 같이 민족적 대동단결을 촉성하는 성명서를 발표한 청우당은 2월 15일·16일 개최할 민족전선결성대회에 천도교를 대신하여 초청을 받았다.[73] 2월 15일 오전 10시 중앙기독교청년회관에서 민전 결성대회를 개최하자 청우당은 정식으로 참여하였으며 대표위원으로 10명이 선정되었다.[74] 이 외에도 해방 직후 동학당을 결성하였던 오지영도 참여하였다.[75] 이를 계기로 천도교와 청우당은 이승만의 국민회의에서 탈퇴하고 민전과 연대하여 활동하였다. 이는 국민회의보다 민전이 청우당의 민족해방과 계급해방의 정치이념과 더 합치하였기 때문으로 풀이된다.[76]

한편 해방 후 처음으로 맞는 3.1절은 좌우익의 분립 현상으로 심각한 상황에 이르렀다. 좌우익 정치세력과 언론인, 지식인, 종교인 등은 해방 이후 최초로 맞이하는 3.1절 기념식만은 좌우 이념을 떠나 공동으로 거행해야 한다는 명분 아래 좌우익 정치단체[77]가 여러 차례 회합을 갖고 대회 명예회장을 33인 중 변절치 않은 자 중에서 추대한다는 등의 합의를 보았으나 한민당과 국민당이 이에 참가할 수 없다고 퇴장함으로써 결국 3.1절 행사는 좌익 측의 3.1기념전국위원회(남산)와 우익 측의 기미독립선언기념전국대회(서울운동장)에서 각각 갖게 되었다.[78] 이처럼 3.1절 기념행사를 좌우익에서 각각 치르게 되자 청우당 김기전 위원장은 이에 대해 유감을 표명하면서 '좌우 양익의 존재를 인정하고 이를 토대로 서로 통일협조할 것'을 촉구하였다.[79]

2) 미군정의 정책과 그 대응

찬탁·반탁의 좌우익의 대립 속에 미소 양국은 모스크바 삼상회의에서 결정된 한국문제 4개항에 대한 후속 논의를 위하여 1월 16일 예비회담, 1월 30일 제1차 미소공위에 이어 3월 14일 제2차 미소공위 개최하기에 이르렀다. 이에 즈음하여 청우당은 '정치적 자유를 보장하라'는 취지의 견해를 표명하였다. 이 견해에서 청우당은 첫째 38선의 장벽은 과도정부 수립에 의하여 행정상·경제상의 부분적 해소는 가능하지만 실질적·전반적으로 이를 해소하기 위해서는 오직 미·소 양군의 동시철군이 요구되며, 둘째 과도정부는 남북통일에 적합한 정권이어야 하며, 셋째 현재의 민족적 분열과 제정당의 행동 불통일은 연합국의 남북 분할 점령에 기인한다고 지적하였다. 그리고 연합국이 진심으로 우리 민족의 정치적 통일과 자주독립을 희망한다면 무엇보다도 우리에게 정치적 자유를 부여하는 동시에 내정을 간섭하지 말라고 미소 양 군정 당국에 요구하였다.[80] 청우당은 민족적 분열은 미·소 양군의 분할 점령으로 기인하였으므로 통일정부의 수립을 위해 미소 양군이 철수하는 것이 당연하지만 우선적으로 자유로운 정치활동 보장과 양국의 내정간섭의 배제를 주장하고 있다. 즉 미소 군정당국이 민족통일과 자주독립국가 건설을 방해하고 있다고 인식하였다.

군정을 민족분열과 통일정부 수립을 방해하는 세력으로 인식하였던 청우당은 미군정 정책에 대해 우호적이기보다는 비판적이었다. 특히 경제정책에 대해서는 매우 비판적이었다. 청우당은 1946년 여름 수해로 인한 공급의 부족과 매점매석으로 식량난이 심화되자 이를 타개하기 위해 7월 초 매점매석의 중지와 미군정의 양곡배급량 증대, 그리고 1개월분의 양곡을 일시적으로 배급하여 긴급한 식량난을 완화해 줄 것을 요청하는 성명서를 발표하였다.[81] 이어 9월 23일에도 성명서를 통해 미군정이 식량난 해결을 위해 취한 미곡수매정책에 대해 조선의 실정을 제대로 파악하여 처리하여 줄 것을 주장하였다.[82] 또한 미국의 2천5백만 불 차관공여에 대해서도 청우당 선전부는 8월 20일 담화를 발표하여 '첫째, 남조선에 한한 차관(借款)을 조선 전 민족이 책임질 수 없으며 우리 정부가 수립되기 전에는 차관의 조건을 결정할 수 없다. 그리고 조선경제 건설에 긴요치 않은 물자는 차입(借入)할 필요가 없다. 둘째, 차관물자의 분배 방법 내지 사용 방법에서 편파적인 단체라든가 일제시대부터 내려오는 잔재기관(殘滓機關)을 통해서 실시되는 일이 없어야 하겠다. 셋째, 민주의원에서 차관에 찬성하였다는 것은 조선민중의 의사와는 관계없을 뿐만 아니라 민주의원은 민족의 대표 기관도 정부대행 기관도 아니다[83]라는 이유를 들어 비판하였다. 그리고 11월 21일 미국이 조선에 대해 2천5백만 불의 차관을 제공한 것에 대하여 '이 차관이 소비물자가 아닌 생필품을 구입하는 데 쓰여야 하고, 그 물자가 악질모리배의 수중에 함입(陷入)되지 말고 수입물자의 대부분이 건설적인 데에 쓰여야 하며, 수입품의 종목과 수량을 공포하여 공정히 분배하여야 할 것'을 주장하였다.[84] 청우당은 이외에도 미군정에서 일제가 소유하였던 적산(敵産) 처리 방안을 개정한 데 대해 '모리(謀利)의 대상화(對象化)한 적산(敵産)'이라 비난하고 '정당한 여론과 사회적 압력 규탄으로서 탈선적 처사를 방지 정정하여야 할 것'을 제의하였다.[85] 이러한 청우당의 미군정경제정책 비판은 미군정의 경제정책이 진정한 조선의 독립국가 건설을 위한 토대가 아니라 조선을 미국 중심의 자본주의 체제에 편입시켜 친미반공정권 수립과 대미종속적 경제구조의 구축을 위한 수단으로 삼는다고 보았기 때문이다.

청우당은 미군정의 경제정책 외에도 서울종합대학교 설립안과 전국에 걸쳐 전개된 철도종업원의 파업과 경상도 일대의 소요 등 일련의 사회 혼란 사태는 미군정의 실정으로 야기되었다고 비판하였다. 청우당은 미군정 당국에서 발표한 서울종합대학교 설립안에 대하여 8월 18일 성명서를 통해 '해안(該案)의 실시를 유보하고 교육전문가 및 사회인들과 신중한 연구의 필요성'을 제기하면서 다음의 조건을 들어 반대의사를 분명히 표시하였다.

　　　一. 너무 급속히 외국식 교육을 실시하려 한 것
　　　二. 소수의 人物(理事)로 고등교육의 專制的 支配를 하게 한 것

三. 統一政府 樹立 全前 이러한 중대문제를 속행하려고 한 것

四. 학문의 獨立과 연구의 자유가 沮害될 염려가 있는 것

五. 高等教育機關이 심히 부족한 때 학교 수를 減少시키려 한 것

六. 現在의 不完全 또는 부족한 부문의 擴充의 기도가 없는 것[86]

또한 청우당은 남한 전체의 총파업과 경상도 일대의 소요가 일어나자 10월 10일 '이것은 전재동포와 실업대중의 생활고와 행정당국에 대한 불만에서 폭발된 것이므로 이러한 중대사건을 야기케 한 책임 소재를 분명히 하여야 할 것'이라고 주장하였다. 그리고 이 사건 책임 규명과 아울러 '이러한 불상사는 인민의 의사를 충분히 반영시키는 데서만 해결될 성질의 것이므로 급속히 행정권을 인민의 손으로 넘겨야 할 것이며 하루바삐 좌우합작 남북통일의 완전한 민주정부를 수립하여야 할 것'이라고 그 해결책을 제시하였다.[87] 이어 10월 21일에는 각 지역의 소요를 조기에 수습할 것을 촉구하는 담화문을 발표하였는데 그 내용은 다음과 같다.

영남에 일어난 행정기관과 일반 민중의 충돌은 다수의 사상자와 피검자를 내었음에도 불구하고 20여일을 경과한 오늘에 있어서도 이 기막히는 사태가 수습되지 않고 동포 상살의 참극이 남조선 일대에 확대되고 있음은 실로 毛骨이 悚然한 일이다. 이 비상사태에 임한 행정당국은 탄압 일관으로 나아가면 사태를 악화시킬 뿐만 아니라 민족 상극의 원인을 만들 우려를 잊어서는 안될 것이다. 그러므로 시급히 山中으로 피신 방황하는 군중을 위시하여 다수한 피검자를 관용 포섭하는 정책을 쓰도록 하여 一刻이라도 빨리 사태를 수습하기 바란다.[88]

청우당은 담화문 발표에 이어 10월 23일 광화문 인민당 사무실에서 신진

당, 독립노동당, 한국독립당, 공산당(대회파), 신민당(대회파), 사회민주당, 인민당(31인 측) 등 8개 정당과 합동으로 소요사태에 대한 간담회를 개최하기도 하였다.[89] 그리고 다음날인 10월 24일에는 청우당은 조선인민당·남조선신민당·조선공산당·신진당·사회민주당·민족혁명당·한국독립당·독립노농당·재미한족연합회 등과 함께 시국대책간담회를 개최하고 소요사태에 대하여 공동성명서를 발표하였다.[90]

한편 1946년 3월 14일 개최하기로 했던 2차 미소공위는 소련 측이 도착하지 않아 3월 20일에야 개최되었다. 그러나 2차 미소공위는 임시정부 수립 참여 세력으로 '미국 민주주의의 근본정신에 입각한 반탁 투쟁에 앞장선 세력의 참여를 허용해야 한다'는 미국 측의 입장과 '미래 민주주의적 조선임시정부는 모스크바 삼상회의의 결의를 지지하는 각 민주주의적 정당과 사회단체를 망라한 대중단결의 토대 위에 창설해야 한다'는 소련 측 입장의 대립으로 인한 임시정부 참여단체 선정문제와 남한 단정수립설이 돌발적으로 제기되어 결국 5월 9일 휴회되었다. 2차 미소공위가 휴회되자 남한의 정치세력은 크게 세 부류로 나눠졌다. 첫째는 중경임정추대운동을 전개하였던 일부 극우세력으로, 테러 활동 및 반소공산 선전을 강화하면서 분단을 촉진하게 되는 이승만 등의 단독정부 수립 운동 세력, 둘째는 좌익 중심의 임시정부 수립을 요구하였던 박헌영 조선공산당의 좌익세력, 셋째는 좌우합작에 의한 민족국가 건설을 최우선으로 하는 통일전선 세력이다.[91] 이 세 부류의 정치세력 중 미·소 양군이 남북을 점령한 상태에서 미소 양군을 철귀시키고 완전한 독립국가를 건설하려면 좌익 중심의 정권 형태도, 우익 중심의 중경임시정부 추대에 의한 정권 형태도 지양하고 좌우익이 합작하여야 한다는 좌우합작론이 전보다도 더욱 지지를 받았다.

3. 천도교청우당의 통일정부수립운동

1) 좌우합작과 통일전선운동

1946년 중반 들어 미군정은 중도세력을 중심으로 좌우합작운동을 적극 후원하였다. 미군정의 이러한 정책 변화는 중도개혁 세력을 친미세력으로 부상시켜 삼상회의의 결의를 실행에 옮기려는 데 우선적인 목적이 있었다. 2차 미소공위의 휴회 후 민족적 위기가 증폭되어 좌우합작의 요구가 커지는 한편 미군정의 중도세력의 지원으로 좌우합작운동은 새로운 형태로 추진되었다. 이에 민족통일전선 세력은 광범위한 민족통일전선의 형성을 위한 투쟁을 전개하여 회담 중단의 직접적인 장애물인 민족 분열을 극복하기 위해 집중적 노력을 해야 할 것이 요청되기도 하였다.[92]

이에 청우당은 7월 좌우합작통일촉진회를 구성하고 좌우합작 운동을 전개하였다.[93] 그리고 그 후속작업으로 청우당은 '현하의 국제정세의 미묘한 동향과 국내적으로는 반민주주의자, 제국주의적 파쇼 분자가 외력의존으로 하여금 그들의 반동성을 정면으로 노골화하여 진정한 민주적 발전에 일대 암초가 되고 있는 차제에 민주진영의 확대강화'를 기하기 위하여 재미한족연합회 · 신한민주당 · 조선혁명당 · 신한민족당 · 삼우구락부와 무소속 유지 등으로 팔당합당준비위원회를 구성하였으며, 9월 3일에는 신진당결성준비위원회를 조직하여 신진당 창당을 추진하였다.[94]

이어 9월 15일 천도교 중앙대교당에서 신진당결성대회를 열어 '자주독립국가의 완성과 민주주의 정치의 실현을 기함, 국민의 평등생활을 기본으로 하는 경제제도의 확립을 기함, 민족문화의 건전한 발양으로서 인류문화에 공헌함을 기함'을 강령으로 채택하고[95] 천도교인인 유동열(柳東說)을 위원장으로 추대하였다.[96] 이로써 청우당은 독자적인 활동을 전개하면서 신진당과 정책적 연대를 통해 민족해방과 계급해방의 정치이념과 좌우합작운동을 추진하였다. 한편 청우당원이었던 강순(姜舜)은 이해 11월 7일 근로대중당(勤勞大衆黨)을 창당하고 위원장에 선임되었다.[97]

1946년 7월 중순에 들어 우익의 김규식, 원세훈, 김붕준, 최동오, 안재홍과 좌익의 여운형, 허헌, 정노식, 이각국, 성주식 등 각각 5명으로 좌우합작위원회를 구성하였으나 여운형 테러사건과 좌익의 의견 불일치로 7월 25일 결렬되었다. 이에 좌익의 민전에서는 7월 27일 좌우합작 5원칙을,[98] 우익측에서는 7월 29일 8대 기본대책[99]을 각각 제시하여 좌우합작운동은 중단되고 말았다. 그러나 여운형과 김규식이 8월 21일 공동성명서 발표를 계기로 좌우합작운동은 다시 재개되었다. 10월 7일 좌익의 5원칙과 우익의 8원칙을 절충하여 김규식과 여운형이 좌우합작 7원칙을 발표하자[100] 천도교와 청우당은 독립촉성종교단체연합회를 통해 '남북통일, 좌우합작은 자주적 임시정부 수립상 민족적 사명이므로 이를 지지하는 동시에 신탁문제는 종래 주장한 정신에 의하여 보류한다'는 성명서를 발표하였다.[101] 그리고 신진당을 통해서도 전폭적 지지를 표명하였다.[102] 또한 보국당에서도 이를 지지하는 성명을 발표하였다.[103] 좌우합작 7원칙은 초기에는 일부 극우 극좌를 제외한 대부분의 정당, 사회단체로부터 지지를 받았으나 결국 기대한 성과를 거두지는 못하였다.

이처럼 좌우합작운동이 7원칙에도 최종 결실을 맺지 못하자 청우당은 그동안 정책적 연대를 하였던 조선인민당·남조선신민당·조선공산당·신진당·사회민주당·민족혁명당·한국독립당·독립노농당·재미한족연합회 등 9개 정당과 11월 13일 간담회를 개최하고 미소공위 속개 촉진, 입법의원 문제 등 당면한 제반 정치문제, 금후의 행동통일에 대하여 의견을 나누었다.[104] 그리고 다음날 청우당의 송중곤·이종태는 동당 회의실에서 사회노동당대표 이여성(李如星) 외 1명, 사회민주당 남경우(南京佑) 외 1명 및 옵

서버로 참석한 한독당 김일청(金一靑)·백남신(白南信), 신진당 김병순(천도교인) 등과 연석회의를 개최하여 미소공위를 의제로 토론하고 미소공위촉진위원회를 구성하기로 결의하여 회장에 김규식과 여운형을 추대하였다.[105] 그리고 이날 오후 3시 청우당 사무실에서 여운형이 참석한 가운데 열린 각당 간담회[106]는 미소공위촉개 민중대회 개최 등 4개항을 결의하였다.

> 1. 發起 臨時事務所를 靑友黨本部에 設置할 것
>
> 1. 未參한 諸政黨에 參加를 交涉할 것
>
> 1. 美蘇共委促開 民衆大會를 第一次的으로 十一月 二十四日(日曜日) 서울運動場에서 開催하며 各 地方에서도 連鎖的으로 民衆大會를 開催할 것
>
> 1. 美蘇共委 促進을 實踐하기 爲하여 發起會 內에 總務部·企劃部·宣傳部·財務部의 5部를 設置할 것[107]

이어 청우당은 11월 19일 '우리 당은 정당 사회단체는 물론 거족적 위력을 이 민주통일 합작운동에 집중하여 적극 추진시키는 동시에 합작위원회에서도 정당 사회단체의 협력을 얻어 이 운동을 남북합작운동에까지 발전시켜야 할 것을 주장하며 협력과 합작을 불사한다'는 성명서를 발표하는[108] 등 민족통일전선 형성을 위해 좌우합작운동을 적극 추진하였다. 이어 천도교단도 12월 1일부터 21일까지 21일간 조선의 완전자주독립을 속히 달성되기를 기원하는 특별기도회를 진행했다.[109]

한편 좌우합작운동을 지원하던 미군정은 합작위의 7원칙에서 거론된 입법기구에 대하여 1946년 10월 12일 남조선과도입법의원(이하 '입법의원') 설치안을 공식 공포하였다. 입법의원에 대해 좌익의 민전은 당연히 반대하였고, 이승만과 한국민주당은 적극 지지하였다. 그리고 한국독립당은 소극적 거부 의사를 표명하였다.[110] 청우당은 10월 23일에는 조선인민당 사무실에

서 조선인민당 · 남조선신민당 · 조선공산당 · 신진당 · 사회민주당 · 민족혁명당 · 한국독립당 · 독립노농당 · 재미한족연합회 등 9개 정당과 각정당 시국대책간담회를 개최하고 입법기관문제를 중심으로 논의한 후 공동성명서를 발표하였다.[111]

　　입법기관 설치에 대하여 각당이 독립적인 입장에서 찬부를 발표한 바 있으므로 현하 진행되고 있는 소위 의원선거에 대하여 左와 如히 결정함.
　　1) 남조선사태는 空前絶後의 불안상태에 빠지고 있어 민생문제의 해결, 대량으로 검거 투옥된 인민의 즉시 석방 등 민심의 수습을 위한 처치가 가장 緊切한 문제이며 민중의 요구도 이 점에 뭉치고 있다. 그럼에도 불구하고 군정당국은 이 혼란한 상태에 편승하여 일부 특권계급의 지지를 얻어 급속히 입법의원 의원선거를 강행시킨다는 것은 조선민족의 자주성을 부인하는 태도이며 신성한 민주주의적 정신을 유린하는 행위이다.
　　2) 이러한 선거는 불공정하고 불순한 투매식 선거와 어용선거를 조장하므로 장차 조선민족 자주성에 입각하여 행하여질 진정한 민주주의적 선거에 대하여 암영이 되는 동시에 악표본이 될 것이다.
　　3) 이에 10정당 연석간담회에서는 目下 진행되고 있는 입법의원 선거에 찬의를 표할 수 없어 그 선거의 즉시 중지를 요구할 것을 결의한다.

　이어 청우당 등 9정당 간담회에서는 27일 오후 1시부터 공산당(대회파) 주최로 인민당 회의실에서(民革 · 韓獨 兩黨 不參席) 입법기관 및 기타 문제에 관하여 장시간 토의하고 입법기관 설치를 전면적으로 거부키로 하는 동시에 하지 중장으로부터 조미연합위원회로 3명의 위원을 파견해 달라는 데 대해 역시 거부하였다.[112]
　청우당은 10월 대구소요사태 등 민생문제가 제대로 해결되지 않고, 또 좌익 인사의 대량검거로 인해 민심이 불완전한 상태에서 입법의원을 구성한다는 것은 이승만 등 극우세력의 준동을 더욱 공고히 할 뿐 아니라 민주주의 정신에도 어긋난다고 중지할 것을 촉구하는 한편 자유스러운 총의를 대표할 수 있는 기관을 설치할 것을 주장하였다. 또 11월 2일 청우당이 참여한 신진당에서도 입법의원 선거방법을 비판하는 견해를 표명하였다.[113] 그리고 청우당은 미군정이 12월 7일 입법의원 관선의원을 발표하자 '하등 단체적 배경을 가지지 못한 서북조선 대표를 참석시켜 조선적 성격을 채색하고 민중적 근거 없는 인물이 다수 등장한 것'은 매우 유감스럽다는 의견을 피력하였다.[114] 청우당에서는 이응진이 입법의원 관선의원으로 임명되었다. 그리고 천도교인으로는 최동오, 정광조, 강순, 신숙 등이 선임되었다.[115]

한편 1946년 12월 24일 서울시가 전재민(戰災民) 수용을 위해 전 일본인 소유의 요정을 개방하여 입주시키려 하였으나 명도를 거부하는 13개 요정측과 전재민 사이에 충돌이 발생하였다. 이에 미군정은 요정측의 진정을 받아 요정 개방을 1개월 연기하자 사회 각계로부터 비난을 받았다. 청우당은 송중곤을 통해 미군정의 조령모개(朝令暮改)하는 처사를 비난하는 담화문을 발표하였다.[116] 이에 앞서 청우당은 11월 18일에도 전재민의 시급한 원호를 요망하는 의사를 표명하였다.[117] 이와 더불어 12월 24일에는 국내의 정치 및 경제, 전재민 등 한국문제의 조속한 해결을 요망하는 담화문을 발표하였다.[118]

1947년에 들어 청우당은 새해의 가장 큰 과업으로 좌우합작의 성공으로 우리 민족 각계각층이 강고한 민족적 단결을 이루어 독립을 향해 나가자고 주장하였다.[119] 한편 중도파의 기반이 될 것으로 기대되었던 입법의원은 기대와는 달리 이승만의 독립촉성국민회와 한국민주당 등 우익세력의 무대가 되었다. 좌우합작위원회가 관선의원 45명에 대한 추천권을 행사하였음에도 불구하고 민선의원 선거에서 기대와는 달리 당선자를 내지 못해 수적으로 우익에 밀렸다. 이에 따라 중도파와 미군정의 미소공위의 성공을 통한 통일정부수립이라는 애초의 좌우합작노선은 기대할 수 없게 되었다. 결국 입법의원은 제2차 미소공위 개최가 논의될 즈음인 1월 20일 반탁결의안을 통과시킴으로써[120] 통일정부수립은 새로운 국면을 맞게 되었다. 이처럼 우익에서 입법의원을 통해 반탁을 가결, 미소공위의 재개를 반대함으로써 단독정부를 수립하려는 의도가 드러나자 청우당은 1월 24일 '탈선한 현 입법의원을 단연 해체하라'는 강경한 어조로 성명서를 발표하였다.

> 우리 同胞의 懇切한 希望은 南北統一의 臨時政府 樹立과 民生問題 解決에 있음에도 不拘하고 國際情勢에 暗昧한 一部 愛國者 及 虛名에 汲汲한 頑固한 分子와 不純分子들이 聯合하여 가지고서 純眞한 民衆을 欺瞞하여 立法議院을 한 個의 政治부로카들의 政爭道具같이 惡用하는 點은 眞正한 愛國者로서는 到底히 容恕할 수 없는 바이다. 이에 우리는 民衆과 함께 이 南北을 分離시키며 軍政을 延長시키는 不純한 運動을 排擊하는 同時에 그들이 立法議院을 通하여 臨政 樹立을 妨害하며 社會混亂을 助長하는 行爲를 防止하기 爲하여 早速히 현 立法議院을 解散하고 眞正한 愛國者 本位의 새로운 議院 再組織을 主張하는 바이다.[121]

그동안 좌우합작운동에 힘입어 1947년 1월 들어 2차 미소공위가 개재될 움직임이 보였다. 1월 11일 하지 중장이 발표한 '공위재개에 관한 양군사령관의 서한 내용'[122]은 미국이 삼상결정을 지지하는 정당·사회단체만 임정 수립에 참여시킬 것을 주장하는 소련측의 주장을 수용한 것으로 인식되자 청우당은 14일 '공위 속개의 기운이 농후하여 가는 이때 남북통일과 임시정부수립을 겁내는 분자들의 음모에 의하여 정치적 견식이 박약한 군중을 이용하여 공공연하게 공위속개를 방해하는 언동을 감행하는 것은 단연 용서할 수 없다'는 요지의 성명을 발표하였다.[123] 그리고 신진당도 15일 담화를 발표하여 '반탁운동과 삼상회의 전면지지 운운하는 것은 양자가 다 독립의 길을 가로막는 자멸 행위이니 각 정당 단체는 의견을 일치하고 협력적 공동 전선을 취하여 독립전취를 도모할 것이다. 각 정당 단체가 일치협력한다면 미소공위는 속개될 것이요 임정수립과 동시에 탁치문제는 자연 소멸될 것이다'라고 하였다.[124] 이어 미소공위의 재개와 더불어 이승만과 한민당 계열의 인사들이 반탁운동을 전개하며, 단독정부의 수립을 기도하자 청우당은 이를 거세게 반대하였다.

청우당은 1월 18일 '우리는 외국 군정 하에 있으며, 일찍이 경험하여 본 일이 없는 혼란과 빈곤 중에서 탈출키 위하여 무엇보다도 먼저 군정을 종식시키는 우리 임정을 수립하여야 한다. 단순 고루한 생각과 자당자파의 체면을 유지하려는 비애국적 심정으로 임시정부 수립을 지연시키는 비현실적 행동이 있다면 그 결과는 군정을 연장시키는 반민족적 범화가 되어질 것이니 진정한 애국자는 국제적 현실을 정시하며 동포의 진정한 소망과 권익을 위하여 일로 임정수립에 매진하라'[125]고 하였다. 그리고 청우당은 2월 1일 남조선단독정부수립설에 대하여 '단독정부의 수립을 반대하고 남북통일정부의 수립을 촉구'하는 당의 의견을 발표하였다.

미소공위가 재개될 가능이 있는 이때에 있어서 국내 국외의 일부 완매한 분자들이 호응하여 우리 민족에게 유리한 정세를 악화시키려는 음모를 활발히 전개시킴과 함께 자주독립의 기초를 파괴하는 남조선단독정부 수립운동을 노골적으로 시작하여 정치교양 훈련이 부족한 민중으로 하여금 본의 아닌 추종 혹은 망동을 하게 할 염려가 불무하다. 우리는 진정한 애국자 민주주의자의 광범 또는 공고한 결속 하에 당당한 행동으로서 국제민주주의 협동노선에 의거한 남북통일정권의 수립을 촉진시키기를 다시 강조한다.[126]

또한 단독정부의 수립을 저지하고 통일정부를 수립하기 위하여 청우당은 민전과 연대하여 활동하였다. 청우당은 1월 29일, 30일 양일간 개최된 민전의 확대중앙위원회를 통해 민전 의장단에 김기전, 상임위원에 나상신, 김현국을 진출시켰다. 청우당의 민전과의 연대 활동은 정치이념상 이승만의 단독정부수립보다는 민전의 친일파 척결, 반탁단체 해체, 단독정부수립음모 분쇄, 통일정부 수립 등 민족주의에 대한 정치노선이 더 가까웠기 때문이었다. 청우당의 민전과의 연대활동은 3.1절 기념행사로 이어졌다. 지난해에 이어 또다시 좌우익의 충돌설이 나돌자 청우당은 2월 19일 '좌우익간에 충돌이 일어나면 자체 손실뿐만 아니라 우리 민족의 생활기초는 더욱 파괴되고 임정 수립을 지연시키며 자주독립의 길을 막는 결과가 될 것'이라고 경고하였다.[127] 그러나 결국 좌우익이 별도로 3.1절 기념행사를 갖자 민전에서 개최하는 3.1기념시민대회에 참여하였으며, 김기전은 허헌, 박헌영, 김원봉, 여운형, 김창준 등과 함께 명예의장으로 선임되었다.[128] 민전과 청우당이 주관한 남산 3.1절 행사에 대하여 미군정이 무허가 데모를 하였다는 이유로 이단, 엄항섭, 남성철, 박원식, 박윤진, 박인주 등 6명에게 각각 6만 원의 벌금형을 내리자 천도교에서 이를 전액 납부하기도 하였다.[129] 이에 앞서 김기전은 2월 16일 민전의 지방선거대책위원회 실무위원으로 선임되었다.[130] 또한 4월 초 남원을 비롯하여 경향 각지에서 테러 행위가 잇따르고 24시간 총파업 선동 혐의를 받은 박문규, 인기성 등 민전 산하 인사를 비공개 군사재판으로 진행하자 청우당과 신진당은 비민주적 암흑재판이라고 비난하였다.[131]

2) 단정반대와 남북통일운동

한편 청우당은 신탁문제와 미소공위 재개로 좌우익이 다시 첨예하게 대립하자 남북통일정부 수립을 위한 협동전선의 결성을 촉구하였다. 즉 민주주의에 의한 남북통일정부 수립이 우리 민족의 최대 급무임에도 불구하고 우익 진영의 경우 소위 비국·민의·민통·독촉·반탁 등 통일체라는 단체가 다수 난립되어 자체 혼란을 거듭하고 있으며, 좌익 진영에서는 삼당 합당 운동이 도리어 좌익분열 알력작용을 야기시켜 그 주동체가 반발적으로 종파적으로 나아가게 되고 민전을 더욱 약화, 정당화시킴으로써 일반의 기대가 미약하게 되었다고 지적하였다. 그러므로 좌우 양 진영은 과거의 과오를 과감히 청산하고 민족 자주정신에 돌아갈 뿐만 아니라 우익은 봉건적 매판적 성격의 청산 및 일보 전진, 좌익은 공리적 돌진에서 민족혁명 본진에 환귀할 것을 제시하였다. 따라서 자주독립 민족혁명을 완수하기 위해서는 좌우 양 진영에 가담치 아니하고 활약하는 집단까지 혼연 집결하여 우리 민족의 이 단계 최대의 역사적 사명인 남북통일의 민주정부를 수립할 것을 촉구하였다.[132] 그리고 거족적 민족협동전선을 위해서는 상대방의 과오를 용서해야 할 것이라고 하였다.

이러한 인식 아래 청우당은 좌우합작위원회와 제3전선 결성에 각각 참여하여 통일전선을 이끌었다. 먼저 청우당은 좌우합작위원회를 민족통일전선으로 개편하기 위해 사민당·신진당·노동대중당·민중동맹·해방동맹 등과 함께 준비작업을 하였으며, 1월 28일 제1차 회의에 이어, 30일 제2차 회의를 갖고 일정한 합의를 보았다. 그리고 청우당 등 참여정당은 통일전선이 결성되면 중간노선적 세력 추진에 경주키로 하였다.[133] 이와 때를 같이 하여 건민회를 중심으로 제3전선 결성을 추진하자 여기에도 참여하여 양측의 합동을 추진하였다. 이러한 노력으로 좌우합작위원회를 중심으로 한 민족통일전선 재편성운동 세력과 건민회(健民會)를 중심으로 한 제3전선 결성운동 세력이 합동하여 2월 2일 양측 대표 38명이 연석회의를 갖고 정치행동문제, 통일전선의 성격과 조직 등 제반문제를 토의 합의한 후 통일전선결성준비위원회를 결성하였다. 청우당에서는 안병무와 김병순이 상임위원으로 선임되었다.[134] 그러나 양측에 참여하였던 청우당은 2월 10일 노선이 불분명하다는 정계의 여론이 제기되자 제3세력 결성에 참여하지 않기로 하였다.[135] 청우당이 제3세력에 참여하지 않는 것은 연합전선에 더 중점을 두었던 점과 제3세력을 혼란하게 만든다는 여론 때문이었던 것으로 보인다. 그러나 청우당은 2월 15일 시천교당에서 개최한 통일전선결성대회에 참여한 것으로 보인다.[136] 이는 통일전선결성준비회의 상임위원이 처음에는 청우당의 김병순과 안병무를 포함하여 15명이었지만 결성대회 당일에는 상임위원이 19명으로 늘어났다. 이로 보아 청우당이 일부 여론의 불리함으로 제3세력의 통일전선 결성에 참여하지 않는다고 하였으나 실제로는 참여한 것이다.

1947년 3월 5일 미소공위에 참석한 미국측 수석대표인 브라운 소장이 모스크바협정에 관한 제5차 연속성명서를 발표하자[137] 청우당은 막부협정(莫府協定)은 조선이 어느 외국이나 또는 연합국 중 어떤 1국(國)의 통치 하에 들어가지 않도록 특별한 주의가 첨가된, 즉 조선의 완전한 독립을 위한 것이지 신탁은 원조의 의미로서 어떤 보호국적 의미나 국제헌장에 의한 신탁이 아니라는 점을 분명히 지적하였다. 그리고 '우리 민족의 위신과 저력을 고려하여 연합국의 진의와 공위 속개 촉진에 대한 구체적 방침'을 간명히 발표해 줄 것을 요구하였다.[138] 이어 4월 8일 마샬 미국무장관이 소·영 양 외상과 주소 중국대사에게 조선 사태에 관한 성명을 발표하자[139] 청우당은 '이는 막부삼상(莫府三相) 결정의 공약을 실천할 성의를 표시한 것으로서 우리는 사의를 표시하는 바이다. 동시에 우리는 미소공위를 통하여 단기간 내에 남북통일의 완전독립을 달성하느냐 못하느냐의 결정적 단계에 섰다고 볼 수 있으니 여차한 중대한 난국에 처하여 우리 민족은 마땅히 남북통일 완전독립 전취를 위하여 분투 노력하여야 할 것이다'라고 환영하는 성명을 발표하였다.[140] 이러한 청우당의 미소공위 속개 촉구와 환영은 이승만을 중심으로 추진되는 우익의 단독정부 수립을 막기 위한 노력이었다고 볼 수 있다.

6월 2일 미소공위가 조선임시정부 수립을 위해 정당, 사회단체의 의견을 듣고자 공위협을 구성한다는 공동공보 제1호가 알려지자[141] 청우당은 이응진을 대표로 참가시켰다. 그리고 천도교 대표로는 김광호,[142] 천도교부인회 김정숙,[143] 북조선청우당 대표로 김달현이 참가하였다.[144] 또한 청우당은 임시정부의 국호를 '고려인민공화국'으로 할 것을 제안하였다.[145] 이에 앞서 청우당은 '조선임시정부 임시헌장과 임시정강'에 대한 자문을 위한 미소공위 공동성명 제11호에 대해서 '작년 것보다 더 세밀히 되어 있으니 이것은 미소가 성의를 가지고 조선임정 수립에 노력하고 있다는 증명이 되는 까닭으로 충심으로 감사한다'고 매우 긍정적인 반응을 보였다.[146] 그리고 자문서 요청서를 배포하자 이를 전달받은 청우당은 '구체적인 의사 표시를 표현할 수 있는 것은 미소양국의 협조와 성의의 결과'라며 상당한 호의를 보였다.[147] 이어 미소공위에 참가하는 단체를 '조선임시정부 수립을 위한 공동협의회담의 법률적 결성'을 추진할 것을 제안하였다.[148]

한편 미소공위가 속개되고 임시정부 수립에 대한 제반 사항을 논의하는 등 점진적으로 진전을 보이자 좌우합작운동은 다시 활기를 띠었다. 우선 좌우합작위원회가 조직을 확대하였다. 이에 청우당은 보국당과 함께 참여하였다.[149] 이외에도 유교(김성규), 불교(이시열), 기독교(강원룡) 등 종교세력과 노동단체, 청년단체, 여성단체, 근민당, 민중동맹, 건민회, 재미한족연합회 등이 참여하였다. 중간 세력의 확충으로 조직을 강화한 좌우합작위원회가 여운형, 김규식을 중심으로 시국대책협의회를 구성하여 행동통일을 기하려는 움직임을 보이자 청우당과 근로인민당·민중동맹·민주파한독당·사민당 등 5당은 이에 호응하여 수 차례 회합을 가졌다. 6월 19일 청우당 등 5당 대표가 회합하여 의견의 일치를 보고 다음날 20일에 다시 5당 대표가 회합하여 정식 서명하고 다음과 같은 공동콤뮤니케를 발표하였다.[150]

一. 莫府三相決定은 조선인민의 의사와 美·蘇·英·中 4개국인민의 의사에 합치되는 조선의 민주주의적 자주독립국가의 건설을 보장하는 국제공약이요 공위는 그 실천기관이다.(中略)

一. 우리 5黨은 반민주진영의 파렴치한 행동을 폭로하는 동시에 그들의 공위참가를 절대 반대하고 彼等이 공위에 참가하는 것은 공위 5호 성명에 위반되는 행동이므로 공위에 참가할 수 없고 공위에서 참가시킬 수도 없을 것임을 지적 성명한다.[151]

즉 민주임정의 수립을 엄연히 실천하고 있는 이때에 반탁 진영 배제와 정권 형태를 인민위원회로 할 것 등을 공위 추진 원칙으로 내세우는 세력이나, 남조선 단정수립, 삼상결정 파기 등의 구호를 내세운 세력이 내외호응, 양면작전을 운운하면서 공위참가를 감행하는 것은 민중을 기만하고 공위를 작난하고 임정 수립을 파괴하려는 음모라고 하면서 극좌, 극우 세력을 비난하였다.[152] 5당 공동콤뮤니케에 서명한 각 대표로는 한민당의 이여성·정백, 민중동맹의 나승규, 민주한독의 김일청·권태석, 사민당의 장권, 청우당의 이석보 등이었으며, 앞으로도 행동을 같이 하기로 하였다. 그리고 공동콤뮤니케는 메시지를 첨부하여 21일 미소공위 양대표단에 제출하였다.[153] 이어 5당 공동콤뮤니케는 7월 18일 공위에게 조선인 발언권 허락 요구 메시지를 미소 양측 대표에게 전달하였다.[154]

이러한 활동에 힘입어 좌우합작위원회를 중심으로 임정수립을 촉진시키려는 중간세력은 김규식, 여운형, 안재홍을 비롯한 정당 사회단체대표 60여명이 참가하여 7월 3일 시국대책협의회결성대회를 개최하고 임정수립 대책 등을 토의하였다.[155] 그러나 좌우합작운동은 미소공위의 침체와 여운형의 암살로 위기를 맞게 되었다. 이에 김규식을 중심으로 좌우의 편향을 배제하고 민족의 자주노선을 지향하여 시국대책협의회, 좌우합작위원회, 미소공동위원회대책협의회, 민주주의독립전선이 발전적 해체를 하고 14개 정당과 5개 단체 대표 및 개인의 참여로 10월 1일 민족자주연맹결성준비위원회를 결성하고 이어 12월 20일 결성식을 가졌다.[156] 그러나 민족자주연맹은 1948년 3월 21일 2차 임시집행위원회를 열고 청우당 등 5당 공동커뮤니케와 민련 좌파인 권태양, 장권, 강순, 성대경 등을 제거하였다. 그리고 민독계열과 5당캄파 우파인 장자일 김성주, 신의경, 신숙, 이상백 등을 새로 상임위원으로 선임하였다.[157] 이로써 민족자주연맹은 우익 중심으로 변질되어 좌우합작운동은 사실상 막을 내리고 말았다. 이 시기 청우당은 미군정의 적산 처리에 대해 임시정부 수립 후 시행할 것을 주장하는 반박성명을 발표하였다.[158]

1947년 10월 들어 미소공위 차원의 임시정부 수립에 진전이 없자 한국문제는 유엔으로 넘어갔다. 한국문제 이관에 대해 우익은 대체로 환영하였지만 청우당 등 중도세력은 비판적 입장을 취하였다. 청우당 등 5당 공동콤뮤니케는 '한국문제의 유엔 이관은 국제신탁하에 예속시킬 위험이 있으며, 단정수립 가능성이 크다'고 경고하면서 '모스크바 삼상회의 결의에 따라 한국문제를 해결할 것'을 촉구하였다.[159] 10월 28일 유엔정치안전보장위원회는 한국문제를 상정 토의하고 11월 14일 신탁통치를 거치지 않는 한국독립과 유엔 감시하의 남북총선거를 통한 한국통일안을 결의하였다. 이에 대해 청우당은 1948년 1월 15일 '국제적 관련성을 가진 조선 독립문제가 UN총회에서 남북총선거로서 통일정부를 수립케 된 결의안에 대하여 절대 찬성하며 그에 따라 UN조선위원회의 사업이 여의치 못하게 되는 경우라면 그것은 그때의 현실에 측(測)하여 대응할 것이다'라고 환영하였다.[160]

그러나 1월 22일 소련대표 그로미코의 '북한방문을 요청한 한국위원단은 1947년 제2차 총회에서 소련측이 취했던 부정적인 태도를 상기하기 바란다'고 유엔 사무총장에게 서한을 보내고 조선위원단의 북한 입경을 정식으로 거부하였다.[161] 남북총선거를 통한 통일정부 수립이 소련측의 반대로 무산되자 청우당은 앞서 발표한 대로 현실적 대응으로 남북한 천도교인이 남북분열을 저지하고 통일정부 수립을 위해 3월 1일 총궐기하기로 하였다.[162] 그러나 이 운동은 사전에 발각되어 남한에서는 취소되었으며, 북한에서는 맹산, 양덕, 덕천, 순천, 영변 등 평안도 일부지역에서만 전개되었다.[163] 특히 북한에서는 평양의 김명희, 김덕린, 김일대, 승관하, 김도현 등 천도교 및 청우당 주요 인사를 비롯한 1만7천여 명이 검거되어 많은 교인들이 희생되었다.

유엔의 한국문제 결의안이 가결되었으나 소련이 조선위원단의 북한 입국을 거부하고 이승만이 5월 남한단독선거를 통한 단정 수립을 다시 제기하자 김구는 남한단독선거 반대의사를 표명하였다. 그리고 5월 5월 선거를 반대하는 각 정당·사회단체를 대표하여 엄항섭(嚴恒燮) 홍명희(洪命熹) 유림(柳林) 김붕준(金朋濬) 여운홍(呂運弘) 등 5씨의 발의로 그동안 결성 준비중이던 통일독립운동자협의회를 결성하자 청우당도 한독(韓獨)·민독(民獨)·근민(勤民)·독로(獨勞)·신진(新進)·민중동맹(民衆同盟)·민주한독(民主韓獨)·사민(社民)·건민(建民)을 비롯한 백여 개의 정당 사회단체와 함께 참여하였다.[164] 또한 청우당의 부문단체인 청년회도 단선을 반대하는 성명을 발표하였다.[165]

소련에 의해 조선위원단의 북한 입국이 거부되어 남북 동시 총선거가 불가능하게 되자 김구와 김규식은 통일정부 수립을 위한 남북요인회담을 시도하였다. 북한은 이를 받아들여 4월 14일부터 평양에서 전조선 정당사회단체 대표자 연석회의를 갖자고 제의하고 3월 28일 김구, 김규식 등 개인 15명과 한국독립당, 민주독립당, 민주한독당, 민중동맹, 청우당, 사회민주당, 독립노농당, 신진당, 근로인민당, 남노당, 인민공화당, 전평(全評), 전농(全農), 민주여성동맹, 유교연맹, 기독민동협조 등 17개 정당단체에 초청서한을 발송하였다.[166] 이에 청우당은 6명, 북조선청우당에서 9명이 각각 참석하여[167] 조선의 내외정세에 대한 정확한 규정, 국토와 민족을 분열하는 단선(單選)을 반대하는 전국적 통일방략, 정치와 민생의 혼란을 방지하고 자주통일독립을 하기 위하여 양군철퇴를 촉진하는 방략[168] 등을 논의하였다. 그리고 6월 29일부터 7월 5일까지 평양에서 개최한 제2차 남북제정당 사회단체 지도자협의회에 참석하였다.[169] 이에 앞서 청우당은 남북통일기구의 강화와 국민운동 전개를 위해 한독·민련을 비롯하여 민전계열을 제외한 근민당(勤民黨)·근로대중당(勤勞大衆黨)·민주한독당(民主韓獨黨)·신진당(新進黨)·보국당(輔國黨)·민중동맹(民衆同盟) 등과 각 정당단체 행동통일을 하기로 하고 6월부터 준비한 통일독립촉성회에 참여하기도 하였다.[170]

한편 청우당의 민전과의 연대, 미군정 정책의 비판과 남한단독정부 수립 반대운동은 미군정과 이승만의 독촉, 한민당 등 극우로부터 탄압을 받는 계기가 되었다. 이에 따라 청우당은 미묘하게 내외 정세에 대처하기 위해 4월 6일 확대중앙위원회를 개최하고 남북통일과 국산장려에 관한 문제를 논의하였다.[171] 그리고 4월 9일 중앙위원회를 개최하고 위원장에 조기간, 부위원장에 이해석, 이응진, 총무부장 이석보, 정치부장 박우천, 조직부장 이종태, 선전부장 송중곤, 문화부장 김병제, 중앙상임위원장에 이석보, 전문위원 책임위원 조종오 등을 선임하였다.[172] 이어 조기간 등 신임 임원은 4월 25일 러취 군정장관 초청으로 약 1시간 동안 회담하였다. 회담내용은 확실치 않으나 미소공위를 앞두고 북한에서 정치운동을 하고 있는 북조선청우당의 공위재개에 대한 의견을 교환한 것으로 관측되었다.[173] 북조선청우당은 6월 미소공위 협의에 참가할 예정으로 되어 있었다.[174] 그리고 이날 청우당은 민전에 가맹한 사실이 없다고 발표하였다.[175] 청우당이 민전과의 연대 활동을 철회한 것은 그동안 좌익으로 분류되거나 좌익도 우익도 아닌 정당으로 인식되었던 일반 여론을 환기시킬 필요에 따른 것이었다.[176] 그리고 교단 내에서도 신구 양파의 갈등이 점점 깊어 갔다. 더욱이 북조선청우당은 6월 말경

남한의 미군정에 대하여 '민주개혁을 실시하라'는 선전문을 발표하였다. 여기서 북조선청우당은 '첫째 막부 삼상(三相) 결정 우에서 조선을 외국의 간섭을 받지 않는 자주독립국가로 발전할 수 있는 보장을 두어야 할 것, 둘째 임시정부는 국제공약을 충실히 이행하고 민주주의 국가와의 안전과 평화를 공고화하는데 공헌할 수 있는 보장을 주어야 할 것, 셋째 인민 자기 자신이 모든 주권을 장악하는 민주주의적 인민의 국가를 세워야 할 것, 넷째 임시정부는 조선의 노동사무원 농민여성을 진정으로 해방하는 제 민주개혁을 실시해야 할 것'을 주장하였다.[177]

  이러한 일련의 사태로 7월 15일 천도교에서 운영하는 보성사가 김성건 등 20여 명으로부터 습격을 당했으며,[178] 8월 11일에는 수도경찰청에서 좌익계 인사에 대한 검거령이 내리자 12일까지 민전, 전평, 전농 등 좌익계 단체 외 협동조합, 근로인민당, 청우당, 반일투쟁위원회 등의 사무실을 수색하고 3,4백명을 검거하였다. 이때 청우당 관계자는 박우천, 김병제, 계연집 등 수명이 피검되었다.[179] 청우당이 미군정으로부터 좌익으로 몰리자 보국당과 충돌하여 청우당의 신낙구(申洛九), 양관(梁寬), 백중빈(白重彬) 등이 중상을 입었다.[180] 이어 보국당 등 구파는 반도(返道)교인숙청대회를 열고 신파측 천도교인과 청우당원에 테러를 자행하고 청우당 간판을 철거하였다.[181] 이에 따라 대다수 지지 기반이 북한에 있던 청우당은 활동의 제약을 받고 점차 쇠퇴하였다. 결국 청우당은 단독정부가 수립된 후인 1949년 8월 10일 육군에 의해 김병순 등 당원 30여 명이 '북로당과 북조선천도교청우당의 지령을 받아 천도교 내에서 남조선 천도교의 중심세력을 분리시키고 북한 청우당의 세력을 부식시키며, 파괴·암살을 위한 지하당원'이라고 혐의를 받고 검거되었다.[182] 그리고 12월 26일 청우당은 「정당에 관한 규칙」에 의거하여 정리·해체되었다.[183] 이로써 해방 후 완전독립과 자주통일국가를 건설을 목적으로 민족해방과 계급해방을 추구하던 청우당은 이승만 정권하에서 간첩이라는 누명을 쓰고 지하로 숨어 있다가 월북, 북조선청우당과 합당함으로써 남한에서의 활동은 막을 내렸다.

3) 맺음말

청우당은 일제 식민지하인 1919년에 창립된 천도교청년교리강연부(→청년회→청년당)를 모태로 탄생하여 신문화운동을 전개하였다. 그러나 일제 말기 황민화정책에 의해 부득이 해체되었다가 해방 후 부활하였다. 조국의 완전독립과 자주통일국가를 건설을 목적으로 민족해방과 계급해방을 추구하던 청우당의 정치이념은 천도교의 교리와 역사, 그리고 현실 인식을 통하여 수립되었다. 그러므로 청우당 활동의 목적은 민족개벽과 사회개벽 두 가지에 중점을 두었다. 이 두 가지 과제는 민족해방과 계급해방으로 표출되었다. 즉 무침략·무압박·무착취·무차별의 진정한 평등 자유의 세계인 민족자주의 이상적 민주국가의 건설이며, 강령은 사인여천의 정신에 맞는 새 윤리와 동귀일체의 신생활 이념에 기한 경제제도 및 국민개로제를 실시하여 일상보국의 철저를 기하는 새 제도를 수립하는 것이다. 그리고 정책은 완전한 독립의 민족해방과 자본주의 개혁을 통한 무산계급해방이었다.

또한 청우당의 건국이념은 민족해방과 계급해방을 경중선후의 차별 없이 동일한 목적으로 취급하는 민주주의이다. 조선의 자주독립(自主獨立)과 아울러 조선민족사회에 맞는 민주정치, 민주경제, 민주문화, 민주윤리를 동시에 실현하려는 민주주의, 즉 조선식 신민주주의를 제시하였다. 당시 국내의 정치 상황은 친미 세력, 친소 세력, 그리고 민족주의 세력으로 삼분되어 있었는데, 친소 세력은 소련을 배경으로 공산주의를 실현하려 하였고, 친미 세력은 미국을 배경으로 자유민주주의를 실현하려고 하였다. 따라서 이 두 정치 세력은 계급혁명과 자유민주주의 실현을 위해 극단적으로 대립하였다.

청우당은 이러한 정치상황을 '혹은 친미반소, 혹은 친소반미적인 극단 경향으로써 자기네만이 조선정권을 좌우할만한 세력을 키우고 기반을 닦기까지는 독립은 늦어도 무방하다'고 생각한다고 비판하였으며, 동시에 진정 민족의 장래를 위한다면 '민족해방 즉 자주독립의 수행은 물론이요, 계급해방 즉 민주경제건설도 동시에 실현할 것'을 주장하였다. 청우당의 건국이념은 미국식 자유민주주의와 소련식 프로민주주의를 모두 반대하고, 민족해방과 계급해방을 동시에 지향하는 '조선적 신민주주의'를 제시하였다. 그리고 이를 위한 정치 활동으로 중도 세력을 규합하는 좌우합작운동과 완전한 통일국가 건설을 위한 단독정부수립반대운동과 민족통일전선운동 등을 통해 나름대로 역할을 하였다. 뿐만 아니라 남북총선거의 실시가 무산되자 남북한 천도교인이 총궐기하는 남북분열저지운동을 전개하였다. 그러나 해방 공간의 좌익과 우익의 극한 대립 속에서 남한의 청우당은 결국 해체를 면하지 못하였다.

청우당이 이러한 운명에 처하게 된 이유는 크게 세 가지로 파악할 수 있다. 첫째는 국내정치 상황으로 극좌 극우 세력의 비협조와 편협성 문제였다. 좌익과 우익은 자신들의 주장만을 고수한 채 양보하려 하지 않았으며, 청우당 등 중도세력을 공산주의의 앞잡이 또는 보수반동 세력으로, 기회주의자로 매도하였다. 이러한 상황에서 청우당은 활동에 많은 제약을 받았으며 마침내 민전에 참여하기를 거부하는 성명을 내야만 했다. 더욱이 북한 청우당의 활동은 남한 청우당이 좌익으로 몰리기에 충분한 상황이었다. 두 번째는 한반도를 둘러싼 미소간의 이해대립과 냉전의 심화도 청우당 활동에 큰 저해요소였다. 청우당은 해방이 3 · 1운동의 역량을 집결한 민족운동의 결과로 보았지만 미소 연합군의 영향을 더 크게 작용하였다고 인정하고 있다. 더욱이 남과 북에 미소 양군이 진주한 상황에서 진정한 민족주의를 이데올로기로 한 민족통일은 현실적으로 불가능하였다. 특히 청우당은 완전한 독립국가 건설과 통일을 미소 양군의 철수만이 가능하였다고 보았다. 두 차례의 미소공위를 위해 미소공위촉개위원회를 구성까지 하면서 독립국가 건설과 통일을 지원하였지만 미소 대립을 부추기는 정치세력과 전후 세계의 지배권을 둘러싸고 경쟁을 하던 미소 두 강대국의 이해관계가 결국 방해요소로 작용한 것이다. 세 번째로는 교단 자체의 통일기관을 형성하지 못하였던 것이다. 교단의 신구 양파 분열은 일제강점기에도 조직력과 이념이 통합되지 않아 민족운동에도 적지 않은 장애가 되었다. 해방 직전 한때 신구 양파가 합동하여 해방 후까지 유지하였지만 결국 정치이념과 교단문제가 상충되어 결국 해방 2년 만인 1947년 5월 다시 분열되고 말았다. 이에 따라 정치 조직도 자연 청우당과 보국당으로 분리되어 청우당은 민전노선, 보국당은 민의 노선을 걷게 되었다. 이러한 조직력 분열의 결과 청우당은 지지 세력을 집결시키는 데 정치력을 보여주지 못하였다. 더욱이 청우당의 정치활동은 정치운동이라기 보다는 민족적 양심에 호소하는 데 중점을 두었으며, 당시 정권 획득을 위해 각종 모략과 권모술수가 판치는 정치 상황에서 민족적 이상주의는 한계가 있었다.

이처럼 청우당의 독립국가 건설과 통일, 민족해방과 계급해방이라는 목적의 정치활동은 성공하지 못하였다. 그러나 해방 후부터 1949년 당이 해소되기 전까지 전개하였던 좌우합작운동, 남한단독정부 수립 반대운동, 민족통일전선운동, 남북분열저지운동, 남북지도자협상운동들의 민족사적, 정치적 의의는 여러 가지 측면에서 중요하였다. 우선 그것은 자주적 민족이념에 입각하여 독립된 통일국가와 근대화를 이루려는 한말 동학의 반봉건 반외세의 민족주의운동의 연장선상에서 전개한 운동이었다는 의의를 가진다. 특히 청우당이 추구하고자 하였던 조선적 신민주주의를 바탕으로 한 고려인민공화국은 단순히 합작과 통일을 위한 민족의식이나 동포애에만 그치는 것이 아니라 민족성원 모두가 공존공영할 수 있는 제3의 국가모델이라 할 수 있다. 청우당은 특정계급이 지배하는 사회는 민족적 화합과 통일이 어렵다고 보고 미국식 자유민주주의와 소련식 프로민주주의를 모두 배격하고 모든 민족성원이 동등하게 자유와 복지를 누리는 민주정치 · 민주경제 · 민주문화 · 민주윤리 사회를 지향하였다. 이것은 정신개벽, 민족개벽, 사회개벽의 삼대개벽운동 사상을 구현하는 개벽운동이었다고 할 수 있다.

부록

第一章 黨

第一條 天道教의 主義·目的을 社會的으로 達成코자 이에 始終할 同德으로써 한개 有機體를 組織하여 그 名稱을 天道教青年黨이라 함.

第二條 本黨은 다음과 같이 主義·綱領을 標榜함.

主義, 地上天國建設

綱領, 사람 自然性에 맞는 新制度의 實現

事人如天精神에 맞는 新倫理의 樹立

第三條 本黨은 前條의 主義·綱領을 實現시키기 爲하여 精神開闢·民族開闢·社會開闢을 期함.

第四條 黨의 本部는 朝鮮京城에 두고 內外各地에 地方部를 置함.

第二章 黨員

第五條 天道教의 歷史的使命을 意識하는 二十一歲 以上의 篤信男女로서 本黨의 主義·綱領·黨憲을 絶對로 實行할 自覺과 決心을 가진 者는 何人이든지 黨員이 될 수 있음.

第六條 入黨志願者는 請願書·履歷書와 黨員 二人 以上의 連署된 保證書에 入黨金을 添加하여 그 管轄地方部에 提出하여 黨本部의 許可를 受함을 要함.

但, 入黨保證人中 一人은 그 地方部의 代表者를 要하며 地方部가 없는 곳에서는 諸手續을 黨本部에 直接 할 것을 要함.

---

* 『天道教槪論』, 朝鮮總督府警務局 圖書課, 1930, 166-175쪽. 이 당헌은 1927년 8월 14일 개최한 전국임시대표대회에서 제정한 것이다.

第七條 黨員은 所屬黨部에서 黨員證을 受領함과 同時에 그 黨部의 指定된 接에 配屬됨을 要함.

第八條 黨員이 移住할 時는 卽時 所屬黨部에 그 事實을 報告하고, 그 事實이 移去黨部에 轉報登記되었을 時 그 黨部에 屬함.

第九條 黨員은 黨의 大業을 達成할 準備와 歡喜를 左記에 依하여 實行함을 要함.

가. 天道敎書籍을 中心으로 하여 매일 一頁 以上의 精讀

나. 寢食, 出入, 動靜에 黨을 위하는 心告

다. 夏服을 除外하고는 染色옷을 着用할 것

라. 何時든지 黨의 特定指令에 服從할 것

마. 黨의 經費를 負擔할 것

바. 自己意向에 依하여 七部門中의 一種 乃至 三種 部門에 加入할 것

第三章 機關組織

第十條 本黨은 黨本部와 地方部, 接의 三層形態로 組織됨과 同時에 接은 地方部에, 地方部는 黨本部에 直屬함.

第十一條 黨本部는 全黨代表大會 及 中央執行委員會로써, 地方部는 그 部內 黨員大會 或은 接代表大會로써, 接은 接員會로써 各其의 高級機關으로 하며 그 組織系統은 다음과 如함.

가. 全黨代表大會, 中央執行委員會, 黨本部

나. 地方黨員大會(或은 接代表大會), 地方執行委員會, 地方部

다. 接員會, 接

第一節 全黨代表大會

第十二條 全黨代表大會는 最高機關으로서 黨務의 一切를 處判함.

第十三條 全黨代表大會는 地方部代表와 中央執行委員으로써 組織함.

第十四條 全黨代表大會는 左記의 職權이 有함.

가. 中央執行委員을 選出하여 中央執行委員會를 組織하는 일

나. 中央執行委員中에서 黨代表 一人을 選出하여 本黨을 代表케 하는 일

다. 黨憲의 制定과 改修

라. 中央執行委員會의 報告를 受理하는 일

마. 黨務進行의 重要方策을 決定하는 일

바. 黨의 豫算 決算을 協定하는 일

第二節 中央執行委員會

第十五條 中央執行委員會는 全黨代表大會의 決議에 依해서 代表大會가 閉會된 期間中에 通常 又는 非常의 黨務를 執行하는 機關으로서 左記의 職權이 有함.

가. 常務執行委員을 選出하여 黨本部를 組織하는 일

나. 各部門의 委員을 任免하는 일

다. 黨本部의 黨務進行과 財政狀態를 聽取督勵하는 일

第十六條 中央執行委員會는 必要에 따라 特種委員會를 設置할 수 있음.

第三節 擴大中央執行委員會

第十七條 中央委員會는 必要에 따라 地方部常務의 全部 或은 一部를 더하여 擴大中央委員會를 開催할 수 있음.

第四節 黨本部

第十八條 黨本部는 中央執行委員會의 常設機關으로서 中央執行委員會가 閉會된 期間中에 左記의 任務를 遂行함.

가. 黨의 敎化, 庶務, 財務, 社交, 調査, 其他에 對한 一般 實務를 處理하는 일

나. 女性部, 幼少年部, 學生部, 靑年部, 農民部, 勞動部, 商民部의 七部門을 置하여 部門運動의 一切를 攝行하는 일

다. 內外各地에 地方部를 組織하거나 又는 指揮하는 일

第十九條 黨本部는 每年 四月末, 八月末, 十二月末에 한번씩 黨全體의 活動經過를 地方部에 通告함을 要함.

第五節 地方部

第二十條 一地方(朝鮮에서는 府, 郡, 島)에 黨員 十三人 以上 在할 時에는 그 地方

黨員大會의 決議로써 地方部 設置를 爲하여 黨本部의 認準을 求함.

但, 一地方에 三名 以上의 黨員이 在하여 一個 以上의 接을 組織하였을 時에는 黨本部의 認準을 經하여 準地方部를 設할 수 있음.

第二十一條 地方黨員大會(或은 接代表大會)는 左記의 職權이 有함.

가. 執行委員을 選出하여 地方委員會를 組織하는 일

나. 그 地方黨務의 進行方策을 決定하는 일

다. 特히 代表一人을 全黨代表大會에 出席케 하는 일

第二十二條 地方執行委員會는 地方黨員大會가 閉會된 期間中 左記의 職權이 有함.

가. 黨務執行委員을 選出하여 地方部를 組織하는 일

나. 地方部의 各部委員을 任免하는 일

다. 地方黨務 進行上 重要事項을 處決하는 일

第二十三條 地方部는 地方執行委員會가 閉會된 期間中에 左記의 任務를 遂行함.

가. 黨의 議決과 命令을 執行하는 일

나. 管內 各接을 領導하는 일

다. 各部門運動의 地方的機能을 發揮하는 일

라. 黨員의 義務金을 收納하는 일

第二十四條 接은 黨의 基本組織으로서 三人以上 五人以內의 黨員으로써 組織함(三人 未達時는 最近地方部에 屬함)

第二十五條 接은 黨地方部의 領導下에서 左記의 任務를 遂行함.

가. 黨員間에 所屬機關에 對한 連絡

나. 黨決議와 命令을 遂行하는 일

다. 그 地域에 있어서 黨을 代表하여 活動하는 일

라. 布德과 黨員募集

마. 黨宣傳物 其他를 나누어주고 接員의 義務金을 精勵하는 일

第二十六條 接代表는 每年 三月末, 七月末, 十二月初에 接狀況을 該地方部代表에게 報告함을 要함.

第二十七條 接은 接員互選으로 接代表를 選出하여 日常接務를 執行하고 接代

表大會 及 接代表會에 出席함.

第四章 黨的

第二十八條 黨員으로서 黨以外의 社會에 있어서 必要에 따라「緣」을 組織함을 得함.
　　但,「緣」은 該地方部에 屬함.
第二十九條 各地方部는 隨時 道聯合會를 열고 그 道內의 一般情形과 黨勢를 研究, 批判하여 道別的 活動機能을 發揮함을 得함.
第三十條 接은 必要에 依해서 接聯合會를 열고 그 地域에 對한 接的機能을 發揮함을 得함.

第五章 財政

第三十一條 本黨의 經費는 左記의 方法에 依한 收入으로써 充用함.
　가. 入黨金, 五拾錢
　나. 年例金, 七拾錢(黨本部에 三拾錢, 地方部에 四拾錢)
　다. 年 한번의 特別義捐金
　라. 其他 有志의 贊助金
第三十二條 年例金 該年度分은 該年 五月末日 以內에 納付함을 要함.
第三十三條 黨의 會計年度는 四月一日부터 翌年 三月末日까지로 함.
第三十四條 黨本部의 財政一切에 對해서는 黨本部委員의 連帶責任으로 함.(地方部도 이에 準함)

第六章 集會

第三十五條 本黨의 各種集會는 左와 如함.
　가. 接會는 月二回 以上
　나. 接代表會는 年六回 以上

다. 地方黨員大會(或은 接代表大會)는 年一回 以上

라. 地方部黨員例會는 年三回 以上

마. 地方部執行委員會는 年六回 以上

바. 中央執行委員會는 月一回

사. 全黨代表大會는 年一回로 하고 四月에 開催함.

第三十六條 全黨代表大會 及 中央執行委員會는 黨本部에서, 地方黨員大會(或은 接代表大會)·接代表會·地方執行委員會는 地方部에서 召集하며, 召集機關이 必要하다고 認定할 境遇와 關係會員 三分之一 以上의 請求가 있을 境遇에는 前條의 定期集會 以外에 臨時集會를 召集할 수 있음.

第七章 任期

第三十七條 本黨 各機關의 任員의 任期는 一個年으로 함.(但, 臨時決議로써 例外를 둘 수 있음)

第三十八條 各機關의 人員數는 그 인원을 選出한 會議에서 適宜決定함.

第八章 紀律

第三十九條 黨은 同歸一體의 精神으로 規模一致하고, 力量을 集中하기 爲하여 左記의 紀律을 嚴守하여야 함.

가. 黨員은 黨의 規約, 決議, 黨精神에 絶對服從할 것

나. 本黨員으로서 他團體에 加入할 時는 黨本部의 許可를 得하여야 함

第四十條 黨員으로서 左記 各項中의 一에 該當할 時는 中央執行委員會의 同意를 經하여 黨本部에서 黨員의 資格을 停止 又는 喪失시킴.

가. 黨의 決議, 規約, 精神에 違反할 時

나. 關係集會에 無故히 三回 以上 連續 缺席할 時

다. 黨義務金을 未納時

라. 天道教人으로서 篤信者의 資格을 喪失하였을 時

第九章 附則

第四十一條 本黨憲의 解釋, 運用은 黨本部에 一任함.
第四十二條 本黨憲에 나타나지 않은 點은 中央執行委員會의 決議에 依함.
第四十三條 本黨憲은 發布日부터 施行함.

〈부록2〉 천도교청년당 당헌(1932)[*]

第一章 黨

第一條 天道教의 主義·目的을 社會的으로 達成코자 이에 始終할 同德으로서 한개 有機的 前衛體를 組織하여 그 名稱을 天道教青年黨이라 함.

第二條 本黨은 아래와 같은 主義·綱領을 標榜함.

主義 地上天國建設

綱領 사람性 自然에 맞는 새 制度의 實現

事人如天 精神에 맞는 새 倫理의 樹立

第三條 本黨은 前條의 主義 綱領을 實現코자 精神開闢·民族開闢·社會開闢을 期함.

第四條 本黨은 天道教中央宗理院의 指導監督을 받음.

第五條 黨의 本部는 朝鮮京城에 두고 內外各地에 地方部를 둠.

第二章 黨員

第六條 天道教의 歷史的使命을 意識하는 二十一歲 以上의 篤信男女(入教後 萬一年 繼續實行 者)로서 本黨의 主義 綱領 黨憲及決議를 絶對遂行할 自覺과 決心을 가진 사람이면 누구나 黨員이 될 수 있음.

第七條 入黨志願者는 請願書·履歷書와 黨員 二人 以上의 連署한 保證書에 入黨金을 갖추어 그 곳 地方部의 同意를 經하여 黨本部의 許可를 얻음을 要함.

但, 地方部가 없는 곳에서는 모든 節次를 黨本部에 直接 함을 要함.

---

[*] 『思想ニ關スル情報』, 京城地方法院檢査局, 1932. 이 당헌은 1932년 4월 6일 개최한 제1차 전당대표대회에서 제정한 것이다.

第八條 黨員은 所屬黨部로부터 入黨宣誓式을 行하고 黨員證을 領收하는 同時에 그 黨部의 指定하는 接에 配屬됨을 要함.

第九條 黨員으로 移住할 때에는 곧 所屬黨部에 그 事實을 報告하되 그 事實이 移居黨部에 轉報登記되는 때에 그 黨部에 屬함.

第十條 黨員은 黨의 大業을 達成하는 準備와 기쁨으로써 左記의 件을 實行함을 要함.

　가. 呪文을 每日 百五回 以上 黙誦

　나. 天道敎書籍을 中心하여 每日 一頁 以上의 精讀

　다. 每日 三十分 以上의 肉體訓練

　라. 寢食 出入 動靜에 黨을 爲하는 心告

　마. 夏服을 除한 以外에 染色衣를 입을 것

　바. 언제든지 黨의 特定指令에 服從할 것

　사. 黨의 經費를 負擔할 것

　아. 布德及黨化運動을 日常的으로 努力할 것

　자. 自己意向에 依하여 七部門中의 一種 乃至 三種部門에 加入活動할 것

第三章　機關組織

第十一條 本黨의 組織은 民主的 中央集權制로 함.

第十二條 本黨은 黨本部와 地方部와 接의 三層形態로써 組織되는 同時에 接은 地方部에, 地方部는 黨本部에 直屬할 것으로 함.

第十三條 黨本部는 全黨大會及中央執行委員會로써, 地方部는 그 部內 黨員大會 或은 接代表大會로써, 接은 接員會로써 各各 機關을 삼는 바 그 組織系統이 아래와 같음.

　가. 全黨大會 ― 中央執行委員會 ― 黨本部

　나. 地方黨員大會(或은 接代表大會) ― 地方執行委員會 ― 地方部

　다. 接員會 ― 接

第十四條 各機關의 任員의 任期는 一個年으로 함.

　但, 臨時의 決議로써 例外를 지을 수 있음.

第一節 全黨大會

第十五條 全黨大會는 黨의 最高機關으로서 黨務一切를 處辦함.

第十六條 全黨大會는 地方部의 比例代表議員과 中央執行委員 及 中央檢察委員으로써 組織함. 比例代表委員數 及 選出의 方式은 中央執行委員會에서 定함. 比例代議員은 入黨後 滿二年 繼續實行者 됨을 要함.

第十七條 全黨大會는 左記의 權限을 가짐.

가. 中央執行委員 二十一人을 選出하여 中央執行委員會를 組織케 하는 것(候補 三人을 選出함도 有함)

나. 中央執行委員中에서 黨頭 一人을 選出하여 本黨을 總管하되 但 總務 一人을 選出하여 黨頭를 補佐 又는 代理함

다. 中央檢察委員 七人을 選出하여 中央檢察委員會를 組織케 하는 것(候補 二人을 選出함도 有함)

라. 中央檢察委員中에서 委員長 一人을 選出하여 委員會를 代表케 함

마. 黨憲의 制定과 修正

바. 中央執行委員會의 報告를 接納하는 것

사. 黨의 重要方策을 決定하는 것

아. 黨의 豫算 決算을 協定하는 것

第十八條 中央執行委員 及 中央檢察委員은 入黨後 滿三年 繼續實行者됨을 要함.

第二節 中央執行委員會

第十九條 中央執行委員會는 全黨大會의 決議에 則하여 大會가 閉會된 其間中에 通常 또는 非常의 黨務를 執行하는 機關으로서 左記의 權限을 가짐.

가. 常務執行委員을 選出하여 黨本部를 組織케 하는 것

나. 幼少年部, 靑年部, 女性部, 學生部, 農民部, 勞動部, 商民部의 七部門을 두어 各部門 首席委員을 任免하는 것

다. 黨本部의 黨務進行과 財政狀態를 聽取督勵하는 것

第二十條 中央執行委員會는 委員中으로 特別委員 若干人을 選出하여 黨頭를 協助케 함.

第三節 中央檢察委員會

第二十一條 中央檢察委員會는 全黨大會의 決議에 則하여 大會가 閉會된 其間中에 一切黨務를 檢察하는 機關으로서 左의 任務를 가짐. 가. 常務檢察委員 若干人을 選出하여 日常執務케 하는 것

나. 大會 及 中央執行委員會의 決意實行을 檢察하는 것

다. 會計 及 一般紀律을 審査하는 것

第二十二條 中央檢察委員은 中央執行委員會에서 發言하는 權을 有함.

第四節 擴大中央執行委員會

第二十三條 中央執行委員會는 必要에 依하여 地方部黨務의 全部 或은 一部 또는 黨團長을 加하여 擴大中央執行委員會를 開함을 得함.

第五節 黨 本 部

第二十四條 黨本部는 中央執行委員會의 常設機關으로서 中央執行委員會가 閉會된 其間中에 左記의 任務를 遂行함.

가. 總務部(機務, 外務, 調査, 統制及財政)

나. 組織部(黨及部門組織)

다. 訓練部(敎養, 訓練)

라. 宣傳部(出版, 宣傳)

組織, 訓練, 宣傳의 三部는 必要에 依하여 各該 小委員會를 置할 수 있음.

前條 各項의 職務는 總務部를 經由하여 處理함.

幼少年, 靑年, 女性, 學生, 農民, 勞動, 商民의 七部門에서는 各該 部門委員會를 設하여 各 部門運動을 履行함.

第二十五條 黨本部에서는 黨全體의 活動經過를 年三次 地方部에 報告함을 有함.

第二十六條 黨本部는 必要에 依하여 學術硏究委員會 其他 特種委員會를 別設할 수 있음.

第二十七條 黨本部는 顧問 若干人을 置함을 得함.

第六節 黨團

第二十八條 黨本部는 二個 乃至 五個의 地方部로써 黨團을 設하여 管內黨部를 指導監督함.

第二十九條 黨團에는 黨團長 一人과 秘書 一人을 置하되 黨團長은 黨本部에서, 秘書는 黨團長이 此를 任免함.

第三十條 黨團長은 入黨後 滿三年 繼續實行者됨을 要함.

第三十一條 黨團長은 全黨大會에 發言權이 有함.

第三十二條 黨團은 必要에 依하여 黨團聯合會議를 開하되 黨本部의 承認을 得하여 此를 行함.

但, 聯合은 五個黨團을 超過치 못함.

黨團聯合會議 參加資格은 黨團長 及 地方部代表에 限함.

第七節 地方部

第三十三條 한 地方(朝鮮에서는 府·郡·島)에 十三人 以上의 黨員이 있을 때는 그 地方 黨員大會決議로써 地方部를 設하되 黨本部의 認準을 經함을 要함.

但, 一地方에 三人 以上의 黨員이 있어 한개 이상의 接을 組織한 때에는 黨本部의 認準을 經하여 準地方部를 設할 것으로 함. 準地方部代表는 全黨大會에서 發言하는 權을 有함.

第三十四條 地方黨員大會(或은 接代表大會)는 左記의 權限을 가짐.

가. 地方執行委員 若干人을 選出하여 地方執行委員會를 組織케 하는 것

나. 그 地方黨務의 進行方策을 決定하는 것

다. 地方執行委員中에서 代表 及 副代表 各一人을 選出하여 그 地方部를 領導케 하며 全黨大會에 出席하는 比例代議員의 一人이 되게 하는 것

但, 地方代表는 境遇에 依하여 黨本部에서 此를 任免할 수 있음

라. 地方檢察委員 若干人을 選出하여 地方檢察委員會를 組織케 하는 것.

但, 第十七條 라項 及 第二十一條는 地方檢察委員會에 此를 準用함

第三十五條 地方執行委員 及 檢察委員은 入黨後 滿三年 繼續實行者됨을 要함.

但, 新設黨部 又는 特別한 境遇에는 此限에 不在함.

第三十六條 地方執行委員會는 地方黨部를 大會가 閉會된 其間中에 左記의 權

限을 가짐.

　가. 黨務執行委員을 選出하여 地方部를 組織케 하는 것

　나. 地方部의 各部門委員을 任免하는 것

　라. 地方黨務 進行上 重要事項을 處決하는 것

　第三十七條 地方部는 地方執行委員會가 閉會된 其間中에 左記의 任務를 遂行함.

　가. 機務部를 두어 庶務·外務·調査·統制及財政을 處理함

　나. 組織·訓練·宣傳의 三部를 두어 黨及部門의 組織·訓練·宣傳을 掌理함. 前項 三部의 職務는 機務部를 經由하여 處理함

　다. 黨의 決議와 命令을 執行하는 것

　라. 管內 各接을 領導하는 것

　第三十八條 地方部는 經過狀況을 年三次 以上 黨本部에 報告함을 要함.

　第八節 接

　第三十九條 接은 黨의 基本組織으로서 三人 以上 七人 以內의 黨員으로써 組織함.

　但, 三人이 되지 못한 때에는 黨本部 或은 最近地方部에 屬함.

　第四十條 接은 黨地方部의 領導下에서 左記의 任務를 遂行함.

　가. 黨員間과 所屬機關에 對한 連絡

　나. 黨決議와 命令을 遵行하는 것

　다. 그 地域에 있어 黨을 代表하여 活動하는 것

　라. 布德과 黨員募集 及 部門運動

　마. 黨宣傳品 其他를 分傳하며 接員의 義務金을 督勵하는 것

　第四十一條 接代表는 每年 三月初, 七月末, 十一月末에 接狀況을 該地方部代表에게 報告함을 要함.

　第四十二條 接에는 接員互選으로 接代表 一人을 選出하여 日常 接務를 執行케 하며 接代表大會 及接代表會에 出席케 함. 接代表는 入黨後 滿一年 繼續實行者 됨을 要함.

　第四十三條 接은 必要에 依하여 接聯合會를 열고 그 地域에 對한 接的 機能을 發揮할 수 있음.

第四章 緣

第四十四條 黨員으로서 黨以外의 社會에 있어서 必要에 應하여 緣을 組織할
수 있음.
但, 緣은 該地方部에 屬할 것으로 함.

第五章 財政

第四十五條 本黨의 經費는 左記方法에 依한 收入으로써 充用함.
가. 入黨金 一圓
나. 年例金 一圓. 但, 入黨初年度의 分은 免除함. 入黨金 · 年例金은 共히 黨本
部에 六十錢, 地方部에 四十錢을 쓰기로 함
다. 特別義捐金
라. 其他 有志의 贊助金
第四十六條 黨의 會計年度는 四月一日로부터 翌年 三月末日까지로 함.
第四十七條 黨本部의 財政一切에 對하여는 黨本部委員의 連帶責任으로 함. 地
方部도 此에 準함.

第六章 集會

第四十八條 本黨의 各種集會는 左와 如함.
가. 接會는 月二回 以上
나. 接代表會는 年六回 以上
다. 地方黨員大會(或은 接代表大會)는 年一回로 하되 一月中에 開함
라. 地方黨員例會는 年三回 以上
마. 地方執行委員會는 年六回 以上
바. 黨團長會議는 年三回 以上
사. 中央執行委員會는 月一回 以上
아. 全黨大會는 年一回로 하되 四月中에 開함. 但, 大會에 關한 規定은 此를 別

定함

第四十九條 全黨大會・中央執行委員會 及 黨團長會議는 黨本部에서, 地方黨
員大會(接代表大會)・接代表會・地方執行委員會는 地方部에서 召集하되 召集機
關으로부터 必要를 認하는 때와 關係會員 三分의一 以上의 請求가 있는 때에는
前條의 定期集會 以外에 臨時集會를 行할 수 있음.

第七章 紀律

第五十條 黨의 同歸一體의 精神으로 規模를 統一하며 力量을 集中키 爲하여
左記의 紀律을 嚴守키로 함.
　가. 黨員은 黨의 規約, 決議, 黨精神에 絶對服從할 것
　나. 本黨員으로서 他團體에 加入하고자 할 時는 그 곳 地方部를 經由하여 黨本
部의 許可를 얻을 것
第五十一條 黨員으로서 左記 各項中의 一에 該當할 時는 中央檢察委員會의 審
査를 經하여 黨本部로부터 除黨, 停權, 免職, 譴責을 行함.
　가. 黨의 決議, 規約, 精神에 違反할 時
　나. 黨의 體面을 汚損할 時
　다. 關係集會에 無故히 三回 以上 連續缺席한 時
　라. 黨義務金을 未納한 時
　마. 天道敎人으로서 篤信者의 資格을 喪失한 時

第八章 附則

第五十二條 本黨憲의 解釋運用은 黨本部에 一任함.
第五十三條 本黨憲에 나타나지 아니한 點은 中央執行委員會의 決議에 依함.
本黨憲은 發布한 日로부터 施行함.

〈부록3〉 천도교소년회 규약*

第一章 總則

第一條 本會의 名稱은 天道教少年會라 稱하며 總本部를 京城에 置함.

第二條 本會는 左記 綱領의 實現을 期함.

一, 少年大衆의 社會的 새 人格의 向上을 期함

一, 少年大衆의 水雲主義的 教養과 社會生活의 訓練을 期함

一, 少年大衆의 鞏固한 團結로써 全的運動을 支持함

第三條 本會는 天道教青年黨의 指導를 受함.

第二章 會員

第四條 本會의 會員은 十一歲以上 十八歲以下의 少年少女로서 本會의 綱領 및 規約의 義務實行과 決議(約束)를 絶對服從할 意志가 있는 眞實한 者로 함.

但, 五歲以上 十歲까지의 幼年은 幼年部를 置하여 指導함.

第五條 本會의 會員이 되고자하는 者는 會員一人의 推薦에 依하여 入會願書에 入會金을 添附하여 그 地方 少年會에 提出하여 許可를 得하여야 함.

第六條 本會會員은 一切의 決議(約束)에 絶對服從하여 特種指令을 遵守할 義務가 有함.

第七條 本會會員은 所屬少年會의 指定한 班에 入班함을 要함.

第八條 本會會員으로서 本會의 規約·綱領·精神·一切決議(約束)에 違反할 時는 執行委員會의 決議로써 忠告·會員權을 停止 又는 喪失시킴.

---

* 天道教少年會規約,『朝鮮の類似宗教』, 朝鮮總督府, 1935, 140-146쪽.

第三章 機關

第九條 本會는 總本部·郡聯合會·洞(里)少年會(名稱隨意)·班의 四層形態로 組織하며, 班은 洞(里)少年會에, 洞(里)少年會는 郡聯合會에, 郡聯合會는 總本部에 所屬함.

第十條 全體大會 及 中央執行委員會의 決議는 黨本部의, 郡聯合會의 決議 又는 黨地方部 洞(里)少年會의 決議는 郡聯合會의 同意를 要함.

第一節 全體代表大會

第十一條 全體代表大會는 本會의 最高決議機關으로서 會의 一切重要事項을 審議決定함.

第十二條 全體代表大會는 左記 職權이 有함.

一, 中央執行委員을 選出하여 中央執行委員會를 組織함

一, 中央執行委員中에서 代表·副代表 各一人을 選出하여 本會를 代表함

但, 副代表는 代表를 補佐 又는 代理함

一, 會의 規約制定과 修正

一, 中央執行委員會의 報告를 接受審議함

一, 會員 訓練方針 及 會務進行方針을 建議함

一, 會의 豫算 及 決算을 決定審議함

第十三條 全體代表大會는 各郡聯合會에서 選出한 代議員과 中央執行委員으로써 構成함.

但, 總本部 直屬 洞(里)少年會·天道敎靑年黨 幼少年部委員은 大會에 發言權이 有함.

第十四條 全體大會는 中央執行委員會의 同意를 得하여 總本部代表가 此를 召集함.

但, 中央執行委員會에서 必要하다고 認定할 時, 郡聯合會 三分의 一 以上의 要求가 있을 時는 臨時大會를 召集할 수 있음.

第二節 中央執行委員會

第十五條 中央執行委員會는 全體代表大會의 決議에 依하여 大會의 閉會期間

中에 會務를 執行할 機關으로서 左記 職權이 有함.

　一, 中央執行委員中에서 常務委員을 選出하여 總本部를 構成함

　一, 總本部의 各部署委員을 任免하며 會務進行과 財政狀態를 聽取督勵함.

　第三節 總本部

　第十六條 總本部는 中央執行委員會의 常務機關으로서 中央執行委員會의 閉會期間中에 一般會務를 執行할 機關으로서 左와 같은 部署를 置함.

　一, 敎養部：訓練·敎養·出版 其他 一般敎養에 關한 會務處理

　一, 庶務部：庶務·調査·財政·社交 其他 一般處務에 關한 會務處理

　一, 組織部：組織·宣傳·連絡 等

　一, 體育部：肉體訓練 其他 一般體育에 關한 會務處理

　部署에 對해서는 聯合會, 洞(里)少年會도 此에 準함.

　但, 洞(里)少年會에 있어서는 必要에 依하여 增減할 수 있음.

　第十七條 各部에는 部長과 部員 若干人을 置하여 部務를 處理함.

　第十八條 總本部는 三年以上 特殊指命을 發함.

　第四章 地方組織

　第一節 郡聯合會

　第十九條 郡聯合會는 洞(里)少年會 三個 以上으로써 組織함.

　第二十條 郡聯合會를 組織할 時는 所屬 洞(里)少年會名簿 및 委員名簿에 加入金(各洞里少年會)을 添附하여 總本部에 提出해서 承認을 得하여야 함.

　第二十一條 郡聯合會大會는 所屬 洞(里)少年會 代議員과 郡聯合會 執行委員으로써 構成함.

　但, 該部 天道敎靑年黨 幼少年部委員은 大會에 있어 發言權이 有함.

　第二十二條 郡聯合會는 洞(里)少年會의 組織宣傳指導 及 義務金 收納의 任務에 當함.

　第二十三條 各細胞團體는 總本部에 準하여 常務機關을 置하며 一切機關의 運行方法도 總本部에 準함.

第二節 洞(里)少年會

第二十四條 洞(里)少年會(名稱隨意)는 十人以上의 會員으로써 組織함.

第二十五條 洞(里)少年會를 組織할 時는 加入願書에 會員名簿 及 委員名簿와 加入金 五十錢을 添付하여 郡聯合會를 經由하여 總本部의 承認을 得하여야 함. 加入 後는 每年 一回 年例金을 納入함.

第二十六條 洞(里)少年會는 必要에 依하여 該洞(里)少年會規約을 別定함을 得함.

但, 規約을 別定할 時는 郡聯合會를 經由하여 總本部의 承認을 得하여야 함.

第二十七條 洞(里)少年會 · 郡聯合會는 各上層機關에 對하여 三年以上 그 地方 活動狀況을 報告하여야 함.

第五章 班

第二十八條 班은 會員 三人以上 七人以內로써 組織(地域別 · 職業別 等 適宜케 함)하며 代表 一人을 置하여 班務에 從事케 함.

第二十九條 班의 任務는 左와 如함.

一, 班員의 敎養訓練에 努力하는 일

一, 上層機關의 決議를 遂行하는 일

一, 會員을 募集하는 일

一, 班務 及 內外情勢를 洞(里)少年會에 報告하는 일

一, 未組職少年과의 關係를 유지하기 위하여 일반적 회원을 가지는 일

但, 班은 聯合會를 가질 수 있음

第六章 財政

第三十條 本會의 經費는 左記에 依하여 充用함.

一, 入會金(洞里少年會에서 適宜하게 定하여 그 會에 充用함)

一, 加入金(五十錢) 加入當時

一, 年例金(五十錢) 每年 一回 納入함

但, 加入年度에는 該年度 年例金을 免除함. 加入金 及 年例金 三十錢은 總本部에, 二十錢은 郡聯合會에 充用함

一, 特別義捐金

一, 天道敎靑年黨補助金

一, 其他 有志의 贊助金

第三十一條 本會의 會計年度는 該年 四月一日부터 翌年 三月末까지로 함.

第七章 集會

第三十二條 本會의 各種集會는 左와 如함.

一, 班會 : 月三回 以上

一, 例會 : 月一回 以上(地方의 都合에 依하여 別定할 수 있음)

一, 洞(里)少年會 及 郡聯合會大會 : 年二回 以上(執行委員會는 月二回 以上)

一, 中央執行委員會 : 年六回 以上

一, 全體代表大會 : 年一回 每年 四月中

道內運動發展을 爲하여 道聯合會를 가질 수 있음. 但, 總本部의 同意를 得함

第三十三條 各細胞團體에서 本會의 規約・綱領・決議(約束)・精神에 違反하여 義務實行을 않을 時는 執行委員會의 決議로써 忠告・會權利 停止 又는 喪失시킴.

第八章 附則

第三十四條 本規約에 漏落된 點은 全體代表大會 及 中央執行委員會의 決議에 依함.

第三十五條 本規約은 頒布日부터 施行함.

第一章 總則

第一條 本會는 天道敎靑年會라 稱한다.

第二條 本會의 綱領은 左와 如하다.

　　　　水雲主義 靑年으로서의 意識的 訓練을 期한다.

　　　　水雲主義 靑年으로서의 科學的 修養을 期한다.

　　　　水雲主義 靑年으로서의 鞏固한 團結을 期한다.

第三條 本會는 天道敎靑友黨의 指導를 받는다.

第四條 本會는 本部를 京城에 두고 內外 各地에 地方部를 둔다.

第二章 會員

第五條 本會는 十七歲 以上 二十八歲 以下의 靑年으로서 本會의 綱領과 約束을 承認하고 義務金의 負擔과 一切의 決議에 服從할 決心이 있으면 會員으로서의 資格을 認定한다.

第六條 本會에 入會하려는 者는 入會金을 添附하여 가까운 地方部에 提出하여 入會의 承認을 얻는 것을 要한다. 但, 地方部가 없는 곳에서는 本部에 直接 出願하는 것으로 한다.

第七條 本會는 所屬 地方部에서 指定하는 組에 配屬할 것을 要한다.

第八組 會員으로서 다른 團體에 加入하려고 할 때에는 本會의 許可를 得할 것을 要한다.

第九條 會員으로서 다음 各項中에 該當하는 缺陷이 있을 때는 該當 地方部 執

＊　　村山智順, 『朝鮮의 類似宗敎』 1935, 100-106쪽.

行委員會 決議를 거친 報告에 依해 本部로부터 會員權을 停止 或은 喪失하게 된
다.

(가) 會의 規約, 決議, 精神에 違反

(나) 3回 以上 會의 義務金을 未納

(다) 關係 集會에 理由없이 3回 以上 缺席

(라) 會規에 規定한 年齡을 超過

第三章 機關

第十條 本會는 本部와 地方部와 組의 3段階로 組織하고 組는 地方部에, 地方部
는 本部에 直屬한다.

第十一條 本會 本部는 全體代表大會 및 中央執行委員를, 地方部는 部內 會員
大會(또는 組代表大會)를, 組는 組員會를 各其 高級機關으로 한다.

第十二條 全體代表大會 및 中央執行委員會의 決議는 天道教青友黨 本部에, 地
方部 會員大會(或은 組代表大會) 및 地方部 執行委員會의 決議는 天道教青友黨 地
方部의 同意를 얻을 것을 要한다.

第一節 全體代表大會

第十三條 全體代表大會는 最高決議機關으로서 左의 職權을 갖는다.

(가) 中央執行委員을 選出하고 中央執行委員會를 組織할 事

(나) 中央執行委員 中에서 代表委員 1名을 選出하여 本會를 代表할 事

(다) 中央執行委員會의 報告를 受理할 事

(라) 會規를 制定 또는 修正할 事

(마) 會務進行의 重要方策을 決定할 事

(바) 會의 豫算, 決算을 協定할 事

第十四條 全體代表大會는 地方部 代表와 中央執行委員으로 組織한다.

第十五條 全體代表大會는 中央執行委員會의 決議로 本部 代表委員이 이를 召
集한다. 但, 三分之一 以上의 地方部의 要求가 있을 때에는 臨時大會를 召集할
수 있다.

第二節 中央執行委員會

第十六條 中央執行委員會는 全體代表大會의 決議를 따르고 全體代表大會 閉會中의 會務執行機關으로 하며 左의 職權을 갖는다.

(가) 執行委員中에서 常務執行委員을 選出하며 本部를 組織할 事

(나) 各 部署의 委員을 任免할 事

(다) 本會의 會務進行과 財政狀態를 聽取監督할 事

第三節 本部

第十七條 本部는 中央執行委員會의 常設機關으로서 中央執行委員會 閉會中의 一般會務를 執行한다.

第十八條 本部의 部署와 其 任務는 左와 如하다.

庶務部 組織, 調査, 通信 및 其他 實務의 處理

布德部 宣傳 및 布德에 關한 一切 事務의 處理

教養部 編輯, 圖書, 其他 教養에 關한 事務의 處理

財務部 財政에 關한 一切 事務의 處理

體育部 體育 및 運動에 關한 事務의 處理

第十九條 本部는 內外 各地의 地方部를 組織 指導한다.

第四節 地方部

第二十條 一地方部(府 郡 面)에 會員 十名 以上이 있을 때는 그 地方의 會員大會의 決議에 依해 地方部를 設置하고 本部의 認准을 經할 것을 要한다. 但, 會員의 數가 十名 未滿인 地方의 該當 支會員의 要求에 依해 準地方部를 둔다.

第二十一條 地方會員大會의 職權은 左와 如하다.

(가) 執行委員을 選出하고 地方執行委員會를 組織할 事

(나) 其 地方會務의 進行方策을 決定할 事

(다) 특히 代表委員 一名을 選出하여 其 地方部를 代表할 事

第二十二條 地方執行委員會는 地方會員大會 閉會中 左의 職權을 갖는다.

(가) 常務執行委員을 選出하고 地方部를 組織할 事

(나) 地方部의 各 部署委員을 任免할 事

(다) 地方部 會務 執行上 重要事項을 處決할 事

第二十三條 地方部는 地方部 執行委員會의 常設機關으로서 左記의 任務를 遂行한다.

(가) 會의 決議와 指令을 執行할 事

(나) 管內 各組를 領導할 事

(다) 該當 地方의 地域的 發展을 꾀할 事

(라) 年3次 3月末, 7月末, 11月初에 該當 地方部 狀況을 本部에 報告할 事

第四章 組

第二十四條 組는 會員 3名 以上으로 組織하고 面 또는 洞 里를 標準으로 하는 地域組織과 工場 會社 學校 等을 標準으로 하는 職業組織의 二種類로 한다.

第二十五條 組를 組織할 時는 當該 地方部에서 委員을 派遣하며 組의 任務를 組員에게 說明한다.

第二十六條 組는 代表委員 一名을 選出하며 組를 代表한다.

第二十七條 組의 任務는 左와 如하다.

(가) 組員의 敎養과 訓練에 勞力할 事

(나) 本部 及 地方部의 決議를 實行할 事

(다) 新會員을 募集할 事

(라) 組務 及을 內外 情勢를 地方部에 報告할 事

(마) 義務金을 收集할 事

(바) 讀書, 情形研究會, 新聞部 等의 常設機關과 講演會, 質疑應答, 懇談會, 野遊會 等의 臨時集會을 開催하여 大衆의 啓蒙에 勞力할 事

第二十八條 組代表는 一般組務를 執行 督勵하고 組의 狀況을 年 4回 一月, 四月, 七月, 十月末에 所屬 地方部에 報告한다.

第二十九條 組는 地方部 委員會의 協贊을 得하여 組代表會議를 開催하고 組務의 統一을 圖한다.

第五章 財政

第三十條 本會의 經費는 左記方法에 依해 收入充當한다.

(가) 入會金 三十錢

(나) 年例金 三十錢

(다) 其他 有志의 贊助金

第三十一條 入會金과 年例金은 各 半額을 本部에 送納한다.

第三十二條 年例金의 該年度分은 該年 一月 一日부터 同年 四月 末까지 送納한다.

第三十三條 本會의 會計年度는 該年 一月 一日부터 同年 十二月 末日까지로 한다.

第三十四條 本會의 財政 一切에 對해서는 常務執行委員의 連帶責任으로 한다.

第六章 集會

第三十五條 本會의 各種 集會는 左와 如하다.

(가) 組會는 月 二回 以上

(나) 組代表會는 年 三回 以上

(다) 地方會員大會(또는 組代表大會)는 年 一回 以上

(라) 地方執行委員會는 月 一回 以上

(마) 全體代表大會는 十二月中 開催

(바) 中央執行委員會는 年 六回 以上

(사) 其他 地方 或은 職業別로 聯合會를, 道內의 發展을 爲해 道聯合會 等을 둘 수 있다.

第三十六條 本會의 各 機關委員의 任期는 一年으로 한다.(但, 臨時決議에 依해 例外가 있을 수 있다.)

第七章 附則

第三十七條 本 規約에 未備한 點은 中央執行委員會의 決議에 依한다.
第三十八條 本 規約은 發表한 日로부터 施行한다.

제1조 우리 단의 명칭은 천도교내성단이라 한다.

제2조 우리 단의 강령은 다음과 같다.

1. 천도교를 믿는 여자로 하여금 천도교의 종지에 맞는 새 세상을 만드는데 있어 한낱 충실한 일꾼이 되게 함.

2. 단결을 굳건히 하여 일반 여자의 지위를 향상케 함.

제3조 우리 단은 천도교중앙종리원과 지방종리원의 지도를 받는다.

제4조 우리 단의 본부는 경성에 두고 각 지방에 지방부를 둔다.

제5조 우리 단에 들어올 사람은 17세 이상의 천도교를 믿는 여자로서 3회 이상의 실행이 있고 단의 규약을 준수하는 자에 한한다.

제6조 우리 단에 입단하려면 입단금을 구비하여 그 지방부의 허가를 받아야 한다. 지방부가 없는 곳은 諸 수속을 단본부에 직접 청원해야 한다.

제7조 단원은 의무금으로 입단금 30전, 연례금 30전을 납입해야 한다. 단 입단한 해에는 연례금을 면제한다.

제8조 단원의 가족으로서 입단하고자 할 때는 입단금과 연례금을 반액으로 한다.

제9조 단원은 단의 사업을 위하여 자기의 의사를 발표하며, 또한 단 위원의 선거권 및 피선거권을 갖는다.

제10조 단원은 다음과 같은 실행을 약속한다.

1. 내수도는 교리를 중심으로 매일 30분 이상 낭독할 것

2. 하복을 제외하고는 염색옷을 입되 단추를 달며, 머리는 쪽을 지을 것

제11조 우리 단은 고문 약간명을 둔다.

제12조 우리 단은 단본부, 지방부, 지방반의 3조직을 가진다.

---

[*]   村山智順, 『朝鮮の類似宗教』, 國書刊行會, 1935, 106-110쪽.

제13조 단을 대표하기 위해 대표 1인을 둔다.

제14조 단의 임무를 다하기 위해 다음과 같은 부를 둔다.

    1. 포덕부 2. 서무부 3. 재무부

제15조 각부에는 위원 약간명과 상무위원 약간명을 두어 단의 일체 임무를 집행한다.

제16조 본부 대표 및 중앙집행위원은 전국대표대회에서 선거하며 각부 위원은 중앙집행위원회에서 호선 결정한다.

제17조 중앙집행위원회의 임기는 1개면으로 하며 결원이 생길 때에는 위원회에서 보선하나.

제18조 단의 집회는 전국대표회의, 중앙집행위원회의 둘로 한다.

1. 전국대표대회는 단본부 중앙집행위원회의 대표가 이를 소집한다. 지방부는 이에 준한다.

2. 전국대표대회는 매년 3월 초순에 연다. 특별한 경우는 중앙집행위원회의 결의로써 임시대표대회를 소집할 수 있다.

제19조 전국대표대회는 지방부 대표 및 본부 중앙집행위원회의 반수 이상, 중앙집행위원회는 위원 반수 이상 출석하여야 개회할 수 있다. 단 특별한 경우는 반수가 미달되어도 개회할 수 있다.

제20조 단의 경비는 단원의 입단금 반액 및 연례금 3분지 1 또는 유지의 찬조금으로써 충당한다. 입단금 반액과 연례금 3분지 2는 그 지방부에서 사용하되 郡部에는 85전, 面部에는 5전을 할당한다.

제21조 단원은 다음에 해당하는 경우 단원의 자격을 상실한다.

1. 천도교인의 자격을 잃었을 때

2. 단의 체면을 손상시켰을 때

3. 의무금을 납입하지 않을 때 및 단규에 복종하지 않을 때

제22조 본 규약은 전국대표대회의 결의로써 개정할 수 있다.

제23조 본 규약에 명시되어 있지 않은 것은 위원회의 결의로써 한다.

〈지방부 규약〉

　제1조 13인 이상의 단원이 있는 郡部에는 지방부를 둘 수 있다. 특별한 사정이 있는 군지부네는 13인이 미달되어도 군지부를 둘 수 있다.

　제2조 지방부의 명칭은 "천도교내성단ㅇㅇ부"라고 칭한다.

　제3조 지방부의 기관은 본부에 준하여 조직한다.

　제4조 지방부의 위원은 단원대회에서 선거하며 임기는 1개년으로 한다.

　지방부의 경비는 입단금의 반액과 연례금의 3분지 2 혹은 유지 찬조금으로 충당한다. 단 입단금 반액과 연례금 3분지 1은 본부에 납입하여야 한다.

　제5조 1개 洞에 3인 이상 7인까지의 단원이 있을 때에는 班을 조직할 수 있다.

　제6조 지방부 집회는 단원대회 및 위원회의 두 가지로 한다.

　1. 단원대회는 매년 2회 이상 한다.

　2. 위원회는 매년 6회 이상 한다.

　3. 班會는 매월 2회 이상 한다.

　4. 반대표대회는 매년 6회 이상 한다.

제1장 총칙

제1조 본사는 조선노동사라 칭하고 본부를 경성에 치함.

제2조 본사는

1. 노동대중의 현실적 불안에 대한 생활권 확보를 기함.

1. 노동대중의 의식적 훈련을 기함.

1. 노동대중의 공고한 단결로써 전적운동을 지지함.

제3조 본사는 천도교청우당의 지도를 수함.

제4조 본사는 공장노동자, 해륙교통 급 운수노동자, 광산노동자, 어업노동자, 자유노동자와 본사의 승인하는 자로써 조직함.

제2장 기관

제1 대회

제5조 대회는 본사의 최고의결기관으로서 본사의 일체중요사항을 심의 결정함.

제6조 대회는 대의원 급 중앙위원으로써 구성함.

제7조 대회대의원은 지방노동사를 선거구로 하고 그 선출방법은 중앙위원회에서 결정함.

제8조 대회는 매년 4월중에 중앙위원장이 소집함.

단, 중앙위원회에서 필요로 인할 시와 지방노동사 3분지 1 이상의 요구가 유할 시는 임시대회를 소집함.

* 『黨聲』4호, 1931.7월, 2면.

제9조 대회는 대회원 반수 이상의 출석으로써 개회함.

제10조 대회의 결의는 출석대의원의 과반수로써 성립되고 가부 동수의 시는 대회의장이 결정함.

제11조 대회의 결의사항은 천도교청우당 본부의 동의를 경하여 실행함.

제2 중앙위원회

제12조 중앙위원회는 본사집행기관으로서 대회의 결의사항을 집행함.

단, 특히 긴급 필요한 사항을 심의 결행하되 차기대회의 승인을 요함.

제13조 중앙위원회는 중앙위원장 급 중앙위원으로써 구성함.

제14조 중앙위원장은 천도교청우당 노동부수석위원으로 하고 중앙위원은 매년 대회에서 선정함.

제15조 중앙위원회는 중앙상무위원회의 필요로 인할 시와 중앙위원 3분지 1 이상의 요구가 유할 시에 소집함.

제16조 중앙위원회는 각 지방 노동사대표자 1인을 가하여 확대중앙위원회를 소집함을 득함.

제17조 제11조는 중앙위원회의 결의사항에도 차를 준용함.

제3 본부

제18조 본부는 본사 상설집행기관으로서 중앙상무위원회에서 운전함.

제19조 중앙상무위원회는 중앙위원장 부위원장 급 각부 부장으로써 구성함.

제20조 중앙상무위원회는 특히 긴급한 사항이 유할 시는 중앙위원회를 대(代)하여 심의 결정함. 단, 차기중앙위원회의 승인을 요함

제21조 중앙상무위원회는 중앙위원장이 필요로 인할 시에 소집함.

제22조 본부에는 좌의 각부를 치하여 대회, 중앙위원회 급 중앙상무위원회의 일체 결의사항을 실행함.

1. 서무부(서무, 기밀, 기관관리, 사교, 조사).

1. 재무부(일체 재정).

1. 조직부(선전, 조직).

1. 교양부(교양, 훈련, 편집, 출판).

1. 경제부(소비, 생산, 알선, 상조).

1. 쟁의부(노동부노자문제, 기타).

제23조 각부에는 부장 1인과 부원 약간인을 치함. 단, 겸임함을 득함.

제24조 부위원장 급 각부 부장은 중앙위원중으로 호선하고 각부 부원은 중앙위원회에서 임면함.

제25조 본부임원의 직무는 여좌함.

1. 중앙위원장은 본사를 대표하여 사무(社務)를 총관함.

1. 부위원장은 중앙위원장을 보좌 우는 대리함.

1. 각부 부장은 각기 부무를 장리함.

1. 각부 부원은 각기 부장의 지시에 의하여 부무를 처리함.

제4 중앙감사회

제26조 중앙감사회는 본부의 감찰기관으로서 일체 사무집행에 관한 것을 감사함.

제27조 중앙감사회는 매년 대회에서 선정한 중앙감사로써 구성함.

단, 중앙감사의 호선으로 감사장 1인을 선정하여 중앙감사회를 대표케 함.

제28조 중앙감사회는 중앙감사장이 필요로 인할 시에 소집함.

제29조 중앙감사는 대회, 중앙위원 급 중앙상무위원회에서 의견을 발표함을 득함.

제3장 조직

제1 지방노동사

제30조 지방노동사는 1부・군을 구역으로 하고 사원 20명 이상으로써 조직함.

제31조 지방노동사의 명칭은 그 부군(府郡)명을 관(冠)함을 요함(단 '부' '군'자는 불요함).

제32조 지방노동사를 조직한 시는 사원 급 임원명부에 사원금을 첨부하여 본부의 승인을 요함.

제33조 지방노동사대회는 구(區) 노동사를 선거구로 하고 선출한 대의원 급 지

방노동사위원으로써 구성함. 단, 구 노동사의 조직이 무(無)한 시는 사원대회로
써 함.

　제34조 지방노동사 위원 급 감사는 매년 해사(該社) 대회에서 선정함.

　제35조 지방노동사위원장 부위원장 급 각부 부장은 해사 위원 중으로 호선함.

　단, 각부 부원은 위원회에서 임면함.

　제2 구(區)노동사

　제36조 구 노동사원의 소재지역 동·리 기타 특수지역 혹은 직업을 중심으로
하여 사원 5인 이상으로 조직함.

　제37조 구 노동사의 명칭은 지역을 중심으로 한 시는 그 지명을 관(冠)하고 직
업을 중심으로 한 시는 그 지명 급 직업명을 병관(並冠)함을 요함.

　제38조 구 노동사를 조직한 시는 입사원서 급 임원명부에 사원금을 첨부하여
해 지방노동사를 경유하여 본부의 승인을 요함. 단, 지방노동사가 무할 시는 본
사에 직속함.

　제39조 구 노동사 위원 급 감사는 매년 구 사원대회에서 선정함.

　제40조 구 노동사 위원장 부위원장 급 각부 위원장은 해 위원 중으로 호선함.

　제41조 구 노동사는 매월 1차의 사원 예회(例會)를 개최함.

　제3 개인사원

　제42조 본사에 입사코자 할 시는 본사소정의 입사원서에 사원금을 첨부하여
해구 노동사에 제출함. 단, 구 노동사가 무할 시는 해지방 노동사 혹은 본사에 직
속함.

　제4장 회계

　제43조 본사의 경비는 좌기 수입으로써 충용함.

　1. 입사금 20전.

　1. 연례금 20전(입사 초년에는 연례금을 면제함).

　단, 입사금 급 연례금의 반액은 본사에 납입하고 반액은 지방노동사의 경비로

함. 구 노동사에서는 월례금 5전을 수합하여 해 경비에 충용함.

　1. 특별의연금.

　1. 찬조금.

　제44조 입사금은 입사 당시에, 연례금은 매년 4월말에, 월례금은 매월 예회 시에 각기 납입함을 요함.

　제45조 본사의 예산 급 결산안은 대회의 승인을 요함.

　제46조 본사의 회계년도는 4월 1일로부터 익년 3월 말일까지로 함.

　제47조 재정 일체에 대하여는 사(社) 상무위원의 연대책임으로 함.

제5장 기율

　제48조 본사 소속 지방노동사 구 노동사 급 개인사원으로서 본사규약 대회결의 급 중앙위원회의 통제에 불복하는 시는 본부에서 제명 혹은 징계처분을 명함.

제6장 부칙

　제49조 본 규약에 미비한 사항은 대회의 결의에 의하며, 규약의 수정은 대회에서 차를 행함.

〈부록7〉 천도교청년당 1936년 하반기 입당자 현황

번	이름	지역	직업	年	입당일	학력	입교일	경력
1	전재준	평남 순천	농업	37	6.4	한문 수학, 사보 2년	1932.2.15	
2	김재복	평남 순천	농업	33	6.4	한문 수학, 교리강습 2년, 공보 4년	1919.2.2	
3	방성모	평남 순천	농업	24	5.19	한문수학	1919.4.4	청년회원
4	방경모	평남 순천	농업	21	5.19	한문수학	1923.4.5	소년회, 청년회원
5	박경환	평남 순천	농업	23	6.4	한문수학, 사보 3년	1920.3.17	
6	김동찬	평남 순천	농업	27	6.23	한문수학	1930.4.3	
7	김욱석	평남 순천	농업	26	11.18	한문수학	1918.4.5	
8	김재년	평남 순천	농업	32	9.2	한문수학	1924.1.15	
9	김기봉	평남 순천	농업	30	6.23	한문수학	1927.1.1	
10	유응남	평남 순천	농업	22	11.24	보통학교 졸	1929.1.15	
11	김형진	평남 성천	농업	21	5.19	한문수학	1916.5.23	소년회, 청년회원
12	박형주	평남 성천	농업	30	5.18	한문수학, 공보 3년	1922.4.5	청년회원
13	변왕식	평남 중화	농업	29	5.13	한문수학	1929.3.1	
14	이인선	평남 중화	농업	29	5.18	한문수학	1919.2.20	접대표
15	이균형	평남 중화	상업	30	5.	보통학교 4년	1934.3.20	공생조합 상무
16	김형선	평남 중화	상업	21	5.	보통학교 졸	1928.1.10	
17	이동화	평남 중화	농업	28	5.	보통학교 수업	1934.4.5	
18	김형선	평남 중화	농업	25	5.12	보통학교 졸업	1919.3.30	
19	김종철	평남 중화	농업	20	5.13	한학 수업	1928.4.1	
20	이봉래	평남 중화	농업	25	5.13	한문 수업	1973.4.5	
21	이승덕	평남 중화	농업	23	5.22	국한문 해독	1919.1.1	
22	감환준	함남 함주	상업	25	5	보교 졸업	1931.12.5	
23	문태화	함남 함주		29	8.9	중학 3년	1915.4.5	
24	김여청	함남 풍산	농업	34	7.2	한문수학	1904.8.14	종리사
25	김창림	함남 풍산	농업	25	6.2	한문 3년 수학	1912.3.23	
26	최경형	함남 풍산	농업	25	6.2	한문수학	1933.5.15	
27	이병철	함남 풍산	농업	22	6.2	한문수학, 사립학교 졸	1933.5.17	
28	김용덕	함남 풍산	농업	21	6.2	보통학교 졸	1927.4.5	
29	김용철	함남 풍산	농업	27	6.2	한문과 4년 수학	1929.1.9	
30	염종창	함남 풍산	농업	28	6.2	한문과 수학	1929.2.5	
31	염종수	함남 풍산	농업	32	6.2	한문 의숙	1929.2.5	종리사 신도집
32	박두엽	함남 풍산	농업	28	6.2	사립학교 졸	1919.4.5	종리사
33	박의엽	함남 풍산	농업	24	6.2	한문 4년 수학	1919.4.5	
34	우정율	함남 풍산	농업	32	6.2	무학	1916.4.5	
35	우국율	함남 풍산	농업	25	6.2	한문 4년 수학	1923.6.14	종리사
36	우치율	함남 풍산	농업	22	6.2	보통학교 졸	1923.6.14	
37	강희률	함남 풍산	농업	32	6.2	한문과 5년 수학	1904.9.1	군종리사

38	이학순	함남 풍산	농업	38	4.5	보통과 출신	1930.5.18	
39	김창욱	함남 풍산	농업	29	4.5	보통과 출신	1930.2.10	
40	이동선	경기 경성	학생	21	4.29	경성약학전문학교 3년 재학	1931.9.2	학생회원
41	정문호	함남 갑산	농업	20	6.	한문수학	1927.4.5	
42	김흥종	함남 갑산	농업	27	6.	한문수학, 사립학교 졸	1921.4.5	
43	조내희	함남 갑산	농업	25	6.	한문수학, 사립학교 졸	1920.4.1	
44	조내성	함남 갑산	농업	27	6.	한문수학, 사립학교 졸	1920.4.1	
45	김진종	함남 갑산	농업	20	6.	사숙 3년	1920.7.7	
46	김명은	함남 갑산	농업	39	6.	한문수학	1930.2.7	
47	장호중	평남 맹산	농업	24	5.13	공보 졸	1934.1.30	
48	김관종	평남 맹산	농업	27	8.31	한학 수학	1928.11.1	
49	김병렬	평남 맹산	농업	22	8.31	한학 수학	1936.3.10	
50	이기만	평남 맹산	농업	25	8.31	한문 수학	1929.11.5	부령
51	최호술	평남 맹산	농업	35	8.31	한문 수학	1914.11.5	종리사
52	오경렬	평북 초산	기술직	32	5.30	공업학교 염직기계과 졸	1910.4.5	집행위원
53	김국호	평북 초산	농업	33	5.30	보통학교 졸	1909.4.5	집행위원
54	김봉훈	평북 초산	상업	37	5.30	국한문수학	1901.2.5	면장
55	김창업	평북 초산	기술직	29	5.30	日本獸○학교 졸	1933.3.17	
56	김경진	평북 초산	官業	20	5.30	보통학교 졸, 교리강습	1924.1.1	
57	이동익	평북 초산	상업	21	5.30	보통학교 4년	1936.3.29	
58	조병호	평북 초산	상업	21	5.30	보통학교	1934.1.3	
59	김해룡	평북 초산	이발	30	5.30	보통학교 졸	1935.11.6	개량서당 교사
60	장봉구	평북 초산	상업	21	5.30	보통학교 졸	1926.4.3	
61	박경근	평북 초산	농업	23	5.30	보통학교 졸, 와세다 법률과 강의록 수업	1936.11.6	
62	김정수	평북 초산	상업	24	7.21	보통학교 졸	1924.4.6	개량서당 교사
63	박영수	평북 위원	농업	30	6.15	한문수학, 교리강습	1915.12.24	
64	김익건	만주 빈강	교사	28	7.1	중학강습소 졸	1934.7.1	교원
65	차도균	만주 빈강	농업	20	7.1	국한문해독	1936.3.5	
66	김재호	만주 빈강	농업	24	7.1	국한문해독	1933.2.5	
67	김천옥	만주 빈강	농업	20	7.1	소학 수업	1934.1.1	청년회원
68	김응섭	만주 빈강	농업	20	7.1	국한문해독	1933.2.5	
69	김인수	만주 빈강	농업	21	7.1	국한문해독	1934.4.5	
70	최동한	만주 빈강	농업	22	7.1	소학 수업	1932.8.15	청년회원
71	김시봉	만주 안동	농업	34	6.1	한문 수학	1929.5.1	종리사, 백가장
72	박기정	만주 안동	농업	26	6.1	한문 수학	1934.11.5	里농민사 이사장
73	박경식	만주 안동	농업	35	6.1	한문 수학	1933.8.10	공생조합 상무, 교감
74	김형배	만주 봉성	농업	29	6.23	한문 수학	1926.11.6	
75	한상화	만주 봉성	농업	31	8·15	야학 4년	1935.8.5	

76	남봉선	만주 봉성	농업	29	8 · 15	사숙 3년	1935.8.5	
77	이영	만주 화룡	농업	23	8.14	고등학교 졸	1928.10.5	부령
78	서창극	만주 화룡	농업	28	8.14	고등학교 졸	1928.5.9	신도집
79	박재봉	만주 화룡	과자상	22	8.14	동흥중학교 졸	1922.1.1	종리사
80	이종건	만주 화룡	농업	31	8.14	안성보통학교 졸	1914.3.7	종리사 부령
81	이승길	만주 화룡	농업	24	8.14	공립학교 졸, 진덕중학교 졸	1926.4.20	
82	김희철	만주 화룡	농업	25	8.14	고등학교 졸	1919.8.5	부령
83	문종석	만주 화룡	농업	30	8.14	종성보통학교 졸	1914.4.5	
84	강응율	만주 영안	교원	28	9.6	협성학교, 동흥중학교 졸	1929.8.20	협성학교 및 보통 고등학교 교원
85	신승완	만주 영안	농업	27	9.6	정몽학교 졸	1935.12.15	
86	신수재	만주 영안	농업	27	3.20	소학교 졸	1934.8.14	청년회원
87	서정순	만주 용정	농업	27	1.4	보통	1932.8.3	1937년 입당
88	허명규	만주 연길	노동	26	1.4	보통	1936.1.1	1937년 입당
89	정인수	만주 연길	농업	23	1.4	보통	1936.8.14	1937년 입당
90	이세록	평북 창성	농업	30	6.10	보통학교 졸		
91	이세홍	평북 창성	농업	25	6.10	보통학교 졸		
92	선우학준	평북 창성	농업	32	6.13			
93	황천명	평북 창성	농업	22	6.14			
94	이인범	평북 창성	농업	37	6.15			
95	허필용	평북 창성	농업	29	6.7	보통학교 졸		
96	김운진	평북 삭주	농업	22	12.14	보통학교 졸	1922.3.4	
97	박경렬	평북 창성	상업	20	6.7	보통학교 졸		
98	주광하	평북 창성	농업	28	6.7	개량학교 졸		
99	장창엽	평북 창성	농업	27	6.7	한글 해독		
100	김인찬	평북 창성	농업	24	6.7	개량학교 졸		
101	장병도	평북 창성	농업	25	7.10	국한문 해독	1918.3.27	
102	이화백	평북 창성	농업	31	6.10			
103	박봉한	평남 대동	농업	23	3.	보통학교 졸	1931.10.10	
104	최석난	평남 대동	토목	22	5.31	보통학교 졸	1932.2.28	
105	서기언	평남 대동	공업/ 직공	25	12.13	보통학교 졸	1933.12.29	
106	박예헌	평남 평양	교원	33	5.31	중등학교 졸		
107	최금녀	평남 평양		20	9.13	보통학교 졸	1931	여
108	김창연	평남 평양	인쇄공	27	6.15	보통학교		
109	조관빈	평남 평양	직공	21	12.20	보통학교 졸	1916.11.31	계대교인
110	김정옥	황해 곡산	농업	25	6.20	보통학교 졸	1919.4.5	
111	조용화	황해 곡산	농업	27	6.20	한문수학	1919.4.5	
112	조경화	황해 곡산	농업	23	6.20	한문수학	1922.4.5	
113	강성호	황해 곡산	농업	23		有(국한문 해독)	1926.3.5	
114	이창순	황해 곡산	농업	37	7.3	有(국한문 해독)	1897.2.15	
115	손병환	황해 곡산	농업	25	7.3	有(국한문 해독)	1936.1.1	

116	허선	황해 곡산	농업	21	8.14	보통학교 졸	1924.5.3	
117	용현덕	황해 곡산	농업	21	9.2	서당	1924.8.14	
118	김현국	황해 곡산	농업	23	8.14	보통학교 졸	1928.4.5	
119	김병서	황해 곡산	농업	23	9.23	보통학교	1933.3.9	
120	한대자	황해 곡산	공제조합	29	12.13	보통정도	1932.12.2	
121	정기운	함북 부령	농업	24	6.7	한문수학		부령
122	김봉학	함북 부령	노동	39	5.31	한문수학	1917.4.5	전교사 부령
123	김중섭	함북 부령	농업	31	6.7	한문수학	1932.5.25	
124	정기봉	함북 부령	농업	22	6.7	국한문해독	1927.4.5	
125	염국종	함북 부령	농업	20	6.6	국한문해독	1923.2.20	
126	김용섭	함북 부령	농업	28	6.7	국문해독	1933.1.19	
127	이증손	함북 부령	농업	30	6.7	국문해독	1933.1.29	
128	김일덕	함북 부령	농업	21	6.12	국한문	1929.3.3	
129	강기석	함북 부령	농업	21	6.29	국한문	1929.7.3	부령
130	강정호	함북 부령	농업	26	6.29	국한문	1930.3.10	
131	김은산	함북 부령	농업	20	6.10	국한문	1927.4.5	
132	김일롱	함북 부령	농업	23	6.26	국문	1917.4.5	
133	나준조	함북 부령	농업	27	9.2	국한문	1932.6.5	
134	김용순	함북 부령	농업	25	6.29	국한문	1917.4.5	
135	강금손	함북 부령	농업	24	9.2	국문	1931.3.7	
136	김병손	함북 부령	농업	21	6.26	국문	1933.2.26	
137	전병석	함북 부령	농업	28	6.10	국한문	1917.2.13	
138	고의준	함북 부령	농업	31	6.10	국한문	1917.2.8	부령
139	전병손	함북 부령	농업	20	9.2	국문	1929.1.10	
140	김장봉	함북 부령	농업		9.2	국문	1932.1.8	
141	이춘남	함북 부령	농업	35	10.10	국문	1933.2.26	
142	김종현	함북 부령	농업	35	8 · 15	국한문	1929.8.5	부령
143	김병흡	함북 종성		27	5.28	보통학교	1932.11.24	농민사
144	김성렬	함북 종성	농업	21	5.28	보통학교	1935.1.1	부령 농민사
145	김준렬	함북 종성	농업	23	5.28	보통학교	1936.1.1	공생조합 평의원
146	양현석	함북 종성	농업	27	5.28	보통학교	1935.1.1	농민사
147	김승일	함북 종성	농업	29	5.28	보통학교	1936.7.21	농민사
148	남희송	함북 종성	농업	23	5.28	보통학교	1932.1.4	부령 농민사
149	한태흥	함북 종성	농업	34	5.28	한문 해독	1932.2.13	부령 농민사
150	엄진규	함북 종성	농업	24	5.28	보통학교	1932.5.1	부령
151	한병훈	함북 종성	농업	29	5.28	한문 해독	1934.1.1	부령 농민사
152	한만흥	함북 종성	농업	28	5.28	한글 해독	1932.12.17	부령 농민사
153	한천봉	함북 종성	농업	22	5.28	보통학교	1931.3.27	
154	한봉취	함북 정평	농업	36	6.7	강습 2년	1934.4.5	부령
155	김관필	함남 정평	농업	37	8.1			
156	고익수	함남 장진	농업	25	6.7	한문 2년 수업	1925.3.15	면종리사
157	주인현	함남 장진	농업	29	6.7	6년간 한문수학	1925.1.20	부령 지도집

158	김계홍	평남 평원	농업	22	5.24	한문 수학	1936.2.5	
159	최관영	평남 개천	농업	25	5.28	보통학교 졸	1921.2.4	면종리사
160	나치화	평남 개천	농업	28	5.28	한문 수학	1927.1.15	면종리사 부령
161	백상호	평남 개천	농업	24	5.28	한문 수학	1919.9.27	면종리사
162	양승규	평남 개천	농업	28	5.28	한문 수학	1919.6.3	
163	김명하	평남 개천	농업	21	5.28	한문 수학	1927.4.2	
164	이병호	평남 개천	농업	23	8.14	한문 수학	1920.1.1	
165	백재홍	평남 개천	농업	24	8.14	한문 수학	1927.1.11	
166	김원용	평남 개천	농업	21	11.1	한문 수학	1934.7.25	
167	박기주	평남 개천	농업	21	11.1	한문 수학	1934.9.25	
168	박관오	평남 개천	농업	25	1.1	한문 수학	1920	1937년 입당
169	김도찬	함남 영흥	공업	20	4.24	사립학교 5년 수료	1924.1.1	
170	주을섭	함남 영흥	농업	24	4.24	사립학교 4년 수료	1934.10.20	야학설립 및 강사
171	박봉각	함남 영흥	상업	26	5.17	국한문 해독	1936.4.1	
172	진태석	함남 영흥	상업	25	5.3	보통학교 5년	1919.4.1	
173	김찬오	함남 영흥	상업	28	5.3	한문 수학	1927.3.10	
174	탁동술	함남 영흥	농업	35	10.5	서당	1901.9.2	
175	윤정근	함북 청진	상업	32	6.14	보통학교	1934.11.7	
176	양문식	함북 청진	노동	26	6.14	보통학교	1934.8.8	
177	황덕주	함북 청진	노동	22	6.14	보통학교 졸업	1934.1.14	
178	나홍만	함북 청진	노동	22	6.14		1934.11.7	
179	박상하	함북 청진	노동		6.14	보통학교 졸	1935.8.4	
180	박태욱	함북 청진	노동	26	6.14	보통학교 졸	1935.3.10	
181	장수복	함북 청진	약종상	35	6.14	사숙(중학정도)	1934.4.5	
182	박철진	함북 청진	공업	32	6.14	보통학교 졸	1919.1.1	
183	탁원	함북 청진	인쇄업	27	6.20	보통학교 졸 중학 수업	1931.9.6	
184	성기춘	함북 청진	노동	23	6.14	보통학교 졸업	1934.11.7	
185	강건	함북 청진	實業	24	6.14	보통학교 졸	1936.4.5	
186	김동준	평북 태천	농업	38	7.15	국한문 해독	1934.12.2	
187	백병율	평북 태천	상업	22	10.13		1926.10.15	
188	강진흠	평북 태천	상업	21	10.12	강습소 수업	1923.1.2	
189	이상교	평북 태천	농업	20	10.12	보통학교 졸	1923.1.24	
190	이현찬	평북 태천	농업	28	10.25	국문 自解	1928.1.30	
191	전원섭	평북 태천	농업	23	11.30	강습소 수업	1927.2.27	
192	왕경룡	평북 태천	농업	21	11.3	보통학교 수업	1930.1.13	소년회원
193	김병섭	평북 태천	농업	25	10.25	한문	1931.3.2	
194	홍룡엽	평북 태천	농업	26	10.25	한문	1928.3.5	
195	양진형	평북 태천	농업	22	11.16	보통학교 졸	1930.1.16	
196	김기찬	평북 태천	상업	29	10.12	국한문 해독	1934.10.5	
197	주면성	함남 이원	농업	39	4.20	보통학교 졸, 교리강습, 동흥중학교 졸	1902.4.5	농민사 이사
198	박춘섭	함남 이원	농업	24	5.17	보통학교 졸	1923.4.5	부령

199	유일천	함남 이원	농업	20	5.24	보통학교 졸	1926.4.5	부령
200	천응서	함남 이원	농업	31	5.24	한문 수학	1914.3.9	종리사 부령
201	최봉남	함남 이원	농업	38	5.24	한문 수학	1902.8 · 15	종리사 법도집
202	이민조	함남 이원	농업	23	5.24	사립명신학교 졸	1919.4.5	부령
203	김택영	함남 이원	농업	26	5.24	보통학교 졸	1920.8.14	
204	황청하	함남 이원	농업	27	5.24	보통학교 졸	1918.4.5	
205	황상률	함남 이원	농업	37	6.2	보통학교 졸	1910.8.14	종리사
206	강홍수	함남 이원	농업	40	6.2	숭실중학교 졸	1906.3.10	전교사 종리사
207	김일태	함남 이원	농업	29	6.2	보통학교 졸	1927.1.12	
208	강택구	함남 이원	농업	30	6.2	보통학교 졸	1927.1.20	
209	이종을	함남 이원	농업	30	7.12	보통학교 졸	1910.4.5	부령 종리사
210	황상진	함남 이원	농업	30	1.	보통학교 졸	1927.8.14	
211	정성국	함남 이원	농업	20	5.19	보통학교 졸	1926.4.5	
212	김면수	평남 강동	농업	23	8.26	보통학교 졸	1924.3.8	
213	이병찬	평남 강동	공업	28	6.5	보통학교 졸, 와세다중학	1922.4.5	청년회 대표 (강의록 수학)
214	김경석	평남 강동	농업	28	6.5	보통학교 졸	1922.3.5	
215	김성진	평남 강동	농업	29	11.1	보통학교	1929.3.9	
216	백찬화	평남 강동	농업	30	10.20	보통학교 졸	1919.5.3	
217	이두성	평남 강동	농업	31	10.25	보통학교		면종리사
218	김명훈	평북 박천	농업	23	10.8	보통학교 졸	1919.4.1	
219	이순원	평북 구성	농업	25	9.10	국한문 해독	1919.6.2	
220	최병균	함남 신흥	농업	22	10.1	보통학교 졸	1924.4.5	
221	한응선	평북 의주	농업	26	5.31	보통학교 졸	1921.1.1	공생조합 상무
222	이정곤	평북 의주	상업	25	7.30	한문서당	1922.8.10	
223	황승철	평북 의주	서당교사	26	6.7	한문 수학, 동명학교 졸	1926.4.9	야학 및 서당교사
224	최일화	평북 의주	농업	22	11.29			
225	이재봉	평남 영원	농업	21	9.10	한문 수학, 보통학교 졸	1919.4.5	
226	이재인	평남 영원	농업	23	9.10	한문 수학	1919.4.5	
227	이만백	평남 영원	농업	32	9.26	한문 수학	1909.4.21	
228	장학철	함북 회령	인쇄업	21	12.18	한문 수학, 신학문 자학	1935.10.10	
229	염기룡	함북 회령	노동	20	12.17	한문 수학, 신학문 자학	1936.5.14	강습소 교원
230	서수욱	함남 홍원	농업	26	6.5	보통학교 졸	1922.4.5	
231	박계섭	함남 북청	노동	24	5.26	한글 능해	1913.5.1	계대교인
232	전호설	함남 북청	농업	20	5.26	한문 능해	1924.4.15	
233	이용익	함남 북청	농업	28	5.26	중학 정도	1936.1.10	
234	이영배	함남 북청	상업	21	5.26	국한문 능해	1910.2.8	계대교인
235	고문환	함남 북청	상업	27	7.1	국문 능해	1910.3.5	계대교인
236	박병홍	함남 북청	농업	21	7.1	한문 능해	1915.7011	계대교인
237	김정식	함남 북청	상업	26	7.6	국한문 능해	1911.8.12	계대교인
238	박병건	함남 북청	농업	38	7.11	한글 능해	1908.6.6	

239	박병효	함남 북청	농업	33	7.11	국한문 능해	1914.5.12	계대교인
240	이주호	함남 북청	농업	33	7.11	한문 능해	1919.4.15	
241	이주하	함남 북청	농업	30	7.11	한문 능해	1919.4.15	
242	고철환	함남 북청	농업	23	7.20	보통학교	1930.9.3	
243	전석제	함남 북청	공업	25	8.1	한글 능해	1912.8.9	계대교인
244	김현식	함남 북청	농업	29	11.7	한문 능해	1908.8.4	계대교인
245	고구용	함남 북청	농업	25	12.19	한문 능해	1912.4.13	계대교인
246	고봉준	함남 북청	농업	23	12.20	한문 능해	1919.10.15	
247	김세종	함남 북청	무직 가사	22	12.20	보통학교, 북청 대성중 3년, 만주동흥중학교 졸, 와세다문학	1915.1.13	계대교인 (강의록 자학)
248	김정삼	평북 신의주	무직	27	12.1	고보 2년 수학	1926.11.10	여, 내성단 상무, 순회교사
249	김태삼	황해 안악	공업	27	7.5	소학교 졸	1928.3.21	
250	염국선	함남 문천	농업	23	8.10	국한문 능해	1933.10.10	
251	김성규	함남 문천	농업	25	8.14	국한문 능해	1933.3.5	
252	김홍섭	함남 문천	농업	33	7.24	한문	1917.3.6	
253	배은현	함남 문천	농업	28	6.27	국한문	1929.12.14	
254	장승원	함남 문천	노동	23	8.21	국한문	1936.2.20	
255	김상옥	함남 문천	노동	22	8.14	국한문	1934.9.1	
256	김경섭	함남 문천	농업	25	7.24	보통학교 졸	1921.3.5	
257	김승국	함남 문천	농업	23	7.24	보통학교 졸	1924.5.9	
258	이원순	함남 문천	노동	37	8 · 15	국한문	1929.8.4	
259	박계진	평남 양덕	농업	26	5.28	중등학교 4년	1921.3.10	신문기자, 교원
260	김윤론	평북 삭주	농업	22	12.14	보통학교 졸	1919.3.1	

〈부록8〉 천도교소년회 지방조직 일람

(괄호 안 출전 표시 = 동아: 『東亞日報』, 시대: 『시대일보』, 중외: 『중외일보』, 조선중앙: 『조선중앙일보』, 월보: 『天道敎會月報』, 신인간: 『新人間』誌, 당성: 『黨聲』)

○江界少年聯合會: ① 1930년 10월 12일, 소년연합회 개최(동아, 1930.10.19. 3면) ②1930년 11월 1일, 소년연합회 대표대회 개최(동아, 1930.11.6. 3면)

○江西少年會: ① 1928년 9월 20일 창립, 대표 金箕洪, 서기 康庚華 외 재무·지덕·체육·연예·위열부위원 선임(신인간, 1928.12월호, 54쪽) ② 1932년 4월 14일, 정기총회, 대표 金國鉉 선임

○開城少年會: 1925년 6월 7일 임시총회, 서무부 鄭寅基, 학습부 閔丙徹, 담론부 朴光秀 선임(동아, 1925.6.15. 3면) ② 1926년 12월 31일 松都少年會로 명칭을 변경(시대, 1926.1.3, 7면)

○价川少年會: 1929년 1월 31일 价川宗理院에서 창립총회(동아, 1929.2.11. 3면)

○兼二浦少年會: ① 1922년 4월 30일, 남녀회원 15명이 黃州敎區 開井傳敎室에서 5백여 청중이 모인 가운데 同樂會 개최(월보, 1922.5월호 91-94쪽) ② 1923년 8월, 普信勞動夜學院 경비보조 위해 가극단을 조직하여 博川·价川·永川 등 각지 순회공연(동아, 1923.8.12. 및 9.3) ③ 寧邊청년회관에서 가극대회(동아, 1923.8.30. 4면) ④ 위원장 역임자, 李錫英 林應鍾(어린이, 1호)

○京城少年會: ① 1923년 8월 29일, 鐵原靑年會館에서 가극 공연(동아, 1923.9.8. 4면) ② 1924년 5월, 원족회(동아, 1934.5.20. 2면) ③ 1929년 5월 5일, 천도교기념관에서 어린이날 기념강연회 개최(연사, 방정환, 이돈화, 이성환). 그밖에 포스터 첨부, 어린이날 기념식, 원족회(창경원), 집에 축등달기 등 행사(동아, 1929.5.5).

○高原少年會: ① 1927년 6월 8일, 창립총회(동아, 1927.6.22. 4면) ② 1928년 6월 9일, 임시대회, 대표 金容殷 외 교양·서무·재무위원 선임(신인간, 1928.10월호, 56쪽) ③ 1932년 6월 21일부터 부채·손수건 등을 行商하며 지방 유지에게 찬조금

받아 운동기구 구입(동아, 1932.6.26. 4면) ④ 1933년 5월 14일, 회원 30여 명 모여 부활총회 개최, 대표 金錫浩, 부대표 李鵬濬 외 서무·재무·교양·체육위원 선임(당성, 14호 6면)

○谷山少年會 : ① 1929년 2월 3일 창립, 회원 33명, 회장 崔春燮, 부회장 柳貞燁 ② 1933년 2월 19일 임시총회, 대표 李基泰, 부대표 金信哲 외 위원 6명 선임(당성 21호 4면)

○郭山少年會 : ① 1924년 초에 창립, 회원 2백여 명, 위원 金虎錫 등 6명, 유락부·학습부(야간강습소 개설)·여자부 설치(어린이, 1924.4월호, 37쪽) ② 1924년 5월 1일, 어린이날 행사로 시가행진, 선전문 배포(시대, 1924.5.9. 4면)

○觀鳳少年會 : 1930년 3월 15일 창립, 회원 12명, 회장 柳應柱 외 교양·재무·서무·조사위원 선임, 泰川郡四面觀鳳洞(신인간, 1930.4월호, 78쪽)

○廣泉少年會 : 1927년 8월 16일 창립, 회원 35명, 端川郡 廣泉, 상무위원 金希龍 朴春國(신인간, 1927.10월호, 41쪽)

○龜城少年會 : 1929년 3월 2일 창립, 회원 30여 명, 회장 李春彬(조선, 1929.3.6, 4면)

○龜城少年聯合會 : 1931년 5월 3일 제2차 대표대회 개최, 대표 裵昌化, 부대표 李春彬 외 위원 11명 선임(동아, 1931.5.8. 3면 및 당성, 4호, 4면)

○錦西少年會 : 1927년 1월 창립, 회원 20여명, 安州郡 東面(신인간, 1928.1월호, 60쪽)

○金町少年會 : 1926년 12월 12일, 論山 金町宗理院에서 창립총회, 회장 安弼龍, 부회장 金東勳, 총무 崔日鳳, 서기 李利男(월보, 1927.5월호. 27쪽)

○端川少年聯盟 : 1928년 5월 5일 창립, 대표 李元洙, 위원 池天龍 등 7명 선출(동아, 1928.5.13. 3면 및 신인간, 1928.7월호, 79쪽)

○德川少年會 : 1928년 6월 3일 창립총회 개최, 집행위원 최태언, 백원경, 박재원, 김봉금 등(중외, 1928.6.7, 4면)

○東京少年會 : ① 1920년 9월 28일 창립총회, 대표 조순화 등 임원 선출(『東學之光』, 1930. 10월호, 34쪽) ② 1920년 9월 7일, 창립총회를 앞두고 동경종리원에서 방정환을 초빙하여 3백여명 모인 가운데 동화대회 개최(신인간, 1930.11월호, 55쪽)

○東上少年會 : 1928년 7월 8일 창립대회, 대표 高錫煥, 상무 金洙福 李漢璣 선

임(신인간, 1928.10월호, 56쪽) ② 창립 직후 소년야학 운영(조선, 1928.12.26, 4면)

　ㅇ 孟山少年會 : 1927년 5월 1일 창립(신인간, 1927.6월호, 46쪽)

　ㅇ 毛甸子少年會 : 1928년 5월 1일 창립, 中國 毛甸子, 회장 金基煥(신인간, 1928.7
월호, 59-60쪽)

　ㅇ 文川少年會 : 1933년 5월 어린이날 기념식(조선중앙, 1933.5.6, 2면)

　ㅇ 博川少年會 : ① 1927년 12월 4일, 博川교당에서 창립총회, 회원 10여 명,
위원장 朴賢浩, 서무부 金時烈 등 3면 선임(동아, 1927.12.7. 3면 및 신인간, 1928. 1
월호, 59쪽) ② 1929년 5월, 慶北지방 饑饉救濟 위해 과자장사로 성금 모금(동아,
1929.6.5. 4면) ③ 1920년 3월 17일, 제2회 정기총회(동아, 1929.3.24. 3면) ④ 포덕 72
년 5월 10일, 임시총회(동아, 1931.5.16. 3면)

　ㅇ 碧潼少年會 : 1927년 2월 5일 창립, 회원 40여 명, 지도자 楊元燮 金泰植 金京
浩(신인간, 1927.5월호, 74쪽)

　ㅇ 府界少年會(용천) : 1928년 5월 6일 어린이날 기념식(중외, 1928.5.5, 4면)

　ㅇ 府羅少年會(龍川) : ① 1927년 12월 4일 창립(동아, 1927.12.12. 3면) ② 1928년 8
월 6일, 運餉市宗理院에서 제4회 총회 개최, 대표 林海峻, 임원 林元峻 등 8명 선
임(신인간, 1928.10월호, 56쪽)

　ㅇ 北倉少年會 : ① 1931년 12월 24일 孟山 北倉宗理院에서 창립10주년기념식
(동아, 1931.12.28. 3면) ② 1932년 1월 25일 임시총회(동아, 1932.1.30. 3면)

　ㅇ 北青少年會 : 1922년 7월 북청교구 관내 下車書面전교실에서 소년회 창립.
회원 80여 명. 회장 金文壽, 총무 姜宗洙 외에 학습부 · 유열부 · 담론부 · 위열부
등 각 부장 선임하고 시일학교를 설립(월보, 1922.9월호. 77쪽)

　ㅇ 朔州少年會 : 1927년 2월 5일, 朔州宗理院에서 창립총회, 회원 40명(신인간,
1927.3월호, 78쪽)

　ㅇ 三道溝少年聯合會 : 1933년 2월 19일 제2차 대회 개최, 대표 金尙根, 부대표
高雲成 외 위원 4명 선임, 中國(당성, 21호, 4면)

　ㅇ 石頭城少年會 : 1928년 5월 2일 창립, 中國 奉天省, 1928년 6월 20일 임시총
회, 집행위원장 金基煥 외 서무 · 재무 · 교양부위원 선임(신인간, 1928.10월호, 56쪽)

　ㅇ 宣川少年會 : ① 1924년 10월 창립, 회원 2백여 명, 학습 · 유락 · 위열 · 담론
부 설치(어린이, 1924. 3월호, 23쪽) ② 1923년 12월 24일 가극회(동아, 1923.12.28. 3면)

③ 1924년 2월 24일 가극대회(동아, 1924.2.29. 3면) ④ 1924년 1월 17일, 소년회순회가극단 만들어 동아일보 후원으로 新義州 常盤座에서 성황리에 가극회(어린이, 1924.3월호, 23쪽) ⑤ 1925년 8월 하기순회 가극단 조직(조선, 1925.8.4, 4면)

○成川少年會 : 1924년 1월 21일, 敎區 直營 私立講習所 지원 위한 가극대회 개최(동아, 1924.1.21. 3면)

○昭龍少年會 : 1930년 1월 30일 창립, 회원 80여 명, 회장 許仲贊, 부회장 許奎栢, 龜城郡峴面靑松洞(신인간, 1930.4월호, 78쪽)

○松四少年會 : 1933년 3월 20일 임시총회, 대표 呂賢綺 외 위원 4명 선임(당성 21호, 4면)

○輪城少年會 : 1923년 4월 초 咸北 鏡城 龍城面에 있는 輪城교당에서 창립총회, 회원 남녀 160명, 회장 申規範, 부회장 朴○得, 총무 張東晋, 학예부·운동부·음악부 설치, 朴庸淮 申京和 인솔 아래 咸北 각 지방 순회하며 소년회 조직독려(어린이, 1923.10월호, 18쪽)

○順安少年會 : 1930년 8월 21일 창립, 지도자 金宣 金日業(신인간, 1930.9월호, 60쪽)

○新義州少年會 : 1928년 6월 7일, 정기대회 개최 임원개선, 위원장 崔秉植, 부위원장 白理彦, 그 외 서무·포덕·재무·교양·체육·사교·선전부 위원 선출(신인간, 1928.10월호, 56쪽)

○阿間少年會 : 1928년 10월 28일 阿間宗理院에서 창립총회, 집행위원장 金奎喆 외 서무·교양·재무위원 선임(신인간, 1929.1월호, 70쪽)

○安州少年會 : ① 1921년 8월 安州靑年會 少年部 설립, 이듬해 4월 30일 少年會 발족. 포덕 64년 회원 50명, 위원 安鳳淵 등 8명(어린이, 제3호, 7쪽) ② 10세 이하는 幼年部員으로, 10세 이상은 少年部員으로 나눔, 특별위원장 金尙杰(신인간, 1928.1월호, 60쪽) ③ 1928년 5월 19일, 제8회 창립기념식(동아, 1928.5.23. 4면) ④ 1929년, 70년 어린이날 행사 위해 청년당 유소년부에서 각종행사 준비했으나 금지당함(동아, 1929. 5. 4)

○陽德少年會 : 1930년 5월 5일 창립, 대표 郭明郁 외 위원 4명 선임(신인간, 1930.6월호, 68쪽)

○寧邊少年會 : 1930년 11월 27일 창립, 위원 金性潘 등 4명(동아, 1930.12.4. 3면)

○ 靈山少年會 : 1929년 5월 8일 창립, 대표 河尙俊, 상무 張倫吉(신인간, 1929.7월호, 59쪽)

○ 永興少年會 : 1929년 6월 10일 永興교당에서 창립대회, 대표 朱昌魯, 지도위원 朱昌源 張承漢 崔泰吉(신인간, 1929.8월호, 62쪽)

○ 玉上少年會 : 平南 德川郡德川面豊德里, 豊德農民社와 같이 5년 전부터 養鷄 및 共同耕作으로 소년회관을 건축하는 등 활발하게 활동해 왔는데 현지 警察駐在所에서 소년회와 농민사를 그만 두라고 강압(동아, 1932.11.12. 3면)

○ 外南面少年會 : 1927년 2월 2일, 朔州外南面 長洞宗理院에서 창립총회, 회장 朴致福, 간무 崔淸河, 고문 崔根性(신인간, 1927.3월호, 78쪽)

○ 外城(平壤)少年會 : 1929년 2월 28일 정기총회, 음악부・영예부 설치, 지도자 楊濟生 추대(신인간, 1930.2월호, 63쪽)

○ 龍岩浦少年會 : 1931년 5월 3일 龍岩浦교당에서 어린이날 행사(동아, 1931.4.29. 3면, 예고기사)

○ 牛耳洞少年會 : 1928년 7월 12일 창립, 회원 13명, 대표 元壽基, 위원 李英培 등 4명, 창립식 후 의암성사 묘소 참배, 宣誓文 낭독(신인간, 1928.8월호, 60쪽)

○ 蔚山少年會 : ① 1921년 9월 1일 천도교소년회, 불교소년회, 기독교소년회 축구 대회 개최(동아, 1921.9.18, 4면) ② 1925년 6월 5일 임시총회(동아, 1925.6.16. 부록 1면)

○ 元山少年會 : 1931년 12월 24일 창립(동아, 1931.12.22. 3면 예고기사)

○ 依蘭溝少年會 : 1931년 5월 17일, 부활대회 개최, 대표 蔡浩錫, 中國(당성, 4호, 4면)

○ 義州少年聯合會 : 1928년 5월 1일, 義州교당에서 창립총회, 15개 소년회 참가, 위원 崔秉瑞 金成玉 白世明 黃承鳳 崔錫勾 白世鳳 崔潤榮 金德魯 張彛鏞 李桂明 李載珣 洪鍾麟 白尙晋 선임(신인간, 1928.6월호, 59쪽) ② 1929년 10월 16일, 少年少女 懸賞雄辯大會(신인간, 1929.11월호, 56쪽) ③ 1931년 5월 1일, 소년회연합회 대표대회(동아, 1931.5.5. 3면)

○ 義州少年會 : 1929년 10월 16~17까지 소년소녀웅변대회 개최(중외, 1929.10.24, 4면)

○ 利原少年聯合會 : 1930년 10월 19일 창립, 위원 孔興義 외 8명 선임(동아,

1930.10.27. 3면)

○利原少年會 : ① 1925년 5월 24일 원족회, 지도자 辛宗殷(동아, 1925.5.29. 부록 1면) ② 1928년 2월 12일, 가극대회(동아, 1928.2.18. 3면)

○잠상소년회(덕천) : 1930년 제2회 정기대회 개최(중외, 1930.2.13)

○長津少年會 : 1928년 8월 18일 임시총회(동아, 1928.8.18. 3면)

○全州少年會 : 1929년 8월 21일-9월 1일, 단기소년강좌 개최(신인간, 1929.11월호, 56쪽)

○定州少年會 : 1929년 1월 13일 창립 3주년 기념식, 1백여 명 참석(동아, 1929.1.22. 3면)

○定州少年會聯合會 : 1931년 4월 12일, 21개 소년회 대표 52명 모여 제2회 정기대회 개최, 대표 金昌燐 선임(동아, 1931.4.17. 3면)

○照陽少年會 : 1929년 11월 1일 창립, 대표 金相福, 中國 遼寧省新賓縣(신인간, 1930.9월호, 60쪽)

○中和少年會 : 1933년 7월 3일부터 각지 순회하고 소인극 공연준비(조선중앙, 1933.7.9, 5면)

○鎭南浦少年會 : ① 1925년 8월 14일 이재동포 구제를 위한 음악연극대회 개최(조선, 1925.8.4, 4면) ② 1930년 5월 4일 어린이날 기념식 준비(중외, 1930.5.3, 4면)

○晋州少年會 : ① 1923년 2월 4일 창립, 전무위원 金秉宙, 유락부 黃哲秀, 담론부 朴台弘, 학술부 金永浩, 위열부 吳景杓(동아, 1923.2.12. 4면) ② 1924년 5월 1일, 어린이날 행사로 악대를 선두로 시가행진, 선전문 배포(시대, 1924.5.4. 4면) ③ 1933년 8월 7일, 내동면 시두봉에서 3일간 야영(동아, 1923.8.16. 4면)

○車輂館少年會(철산) : 1930년 5월 4일, 어린이날 기념식(중외, 1930.5.9, 4면)

○昌城少年會 : ① 1928년 5월 6일 창립, 위원 白景河 金元澤 등 5인(신인간, 1928.7월호, 60쪽) ② 1930년 2월 23일, 정기총회, 대표 金元澤, 부대표 李仁國 외 집행위원 8명 선임(신인간, 1930.4월호, 79쪽)

○鐵山少年會 : 1923년 5월 1일 창립, 어린이 활동으로는 當地 初有의 일, 지도위원 朴英 鄭允錫, 전무위원 金永善(동아, 1923.5.12. 4면)

○晴霞少年聯合會 : 1944년 4월 4일 종리원에서 제1차 대회, 대표 任平瑞 외 위원 8명 선임, 中國(당성, 21호, 4면)

○ 楚山少年會 : ① 1931년 5월 1일 창립총회, 규약통과, 대표 金昌業 외 임원 高用健 李承燁 咸基萬 林慶洽 선임(동아, 1931.5.8. 3면) ② 1933년 3월 8일 회원대회, 대표 金承坤 외 위원 金成坤 李昌堯 선임(당성, 21호, 4면)

○ 泰川郡少年聯合會 : 1933년 3월 30일 제2차 대회 개최, 대표 崔善容, 부대표 金健○ 외 위원 7명 선임(당성, 21호, 4면)

○ 統營少年會 : 1922년 4월 1일 裵洪嬅 등 5명의 지도로 창립, 회원 50여 명. 11월 1일 정기총회, 대표 廉元模 선임(어린이, 3호)

○ 平壤少年聯合會 : 1930년 5월 4일, 어린이날 기념식 준비(중외, 1930.5.3, 4면)

○ 平壤少年會 : ① 1921년 12월 25일 창립, 유락 · 담론 · 학습 · 위열부 설치, 특별위원 金明熺 李成三 黃龍淵(동아, 1921.12.28. 4면) ② 1922년 3월 30일, 모란봉 야유회(동아, 1922.4.10. 4면) ③ 1922년 4월 16일, 남녀회원 80여 명이 大同部 柴足面 蓮花里에서 원족회, 당지 전교실에서 소년강연회 개최(월보, 1922.5월호. 96쪽) ④ 1929년 1월 16일, 창립 8주년 기념식(동아, 1929.1.28. 3면) ⑤ 1929년 4월 26일, 유지 40여 명이 어린이날 행사 위한 9개항 결의(동아, 1929.5.1) ⑥ 1930년 5월 13일 임시총회, 대표 李泰根 외 위원 6명 선임(신인간. 1930.6월호, 68쪽)

○ 下碣(長津)少年會 : 1928년 8월 14일 대회 개최, 교양부 崔義甲, 서무부 韓基和, 재무부 韓炳淵 선임(신인간, 1928.10월호, 56쪽)

○ 咸興少年會 : 1927년 11월 3일, 咸興교당에서 창립총회, 회원 20여 명, 위원 朱洛瓚 朴貞龍 金壽昌 安龍彪 高伯均(신인간, 1927.12월호, 53쪽 ; 조선, 1928.12.28, 4면)

○ 會寧少年會 : 1928년 12월 23일, 80여 회원 모여 창립총회, 대표 張吉松 외 서무 교양 재무 선전 체육 연예 위열 조사위원 선임(신인간, 1929.2월호, 62쪽)

○ 和洞少年會(황주) : 1924년 5월 유년주일학교와 연합으로 어린이날 행사 가져(조선, 1924.5.7, 3면)

○ 松長少年會(의주) : 1928년 8얼 창립하고 소년야학 운영(조선, 1928.12.16, 4면)

○ 鉢山少年會(구성) : 1929년 1월 25일 창립기념식 거행(조선, 1929.2.4, 4면)

〈부록9〉 천도교내수단 지방조직과 주요활동 일람[*]

지역	지방 부명	주요 임원	주요 활동
경기	경성 지부		1928.6.17, 월례회-시간엄수, 주문 암송 1928.10, 부인야학 1930.4.26, 춘계교리강습
	여주 지부	1928.9.13 창단-대표 최세화, 상무 안성지 이혜숙	
	용산 지부	1928.9.12 창단	
경남	통영 지부	1927.8.17 창단-포덕부 장남이, 음악부 이두리, 노무부 김남수, 서무부 박숙례	단원 26명
평남	맹산 지부	1928.3.25 창단	
	안주 지부	1928.3.29 창단 1928.5.16 1회 정기총회-포덕부 권경화 박춘제, 서무부 김정숙 박현화, 재무부 안확실 최기화, 상무 권경화 안확실, 박현화 1930.4.25 3차 단원대회-대표 권경화, 서무부 박현화 이춘화, 거부 함윤화 신군화, 위원 우봉내 장전화 홍진화	
	평양 외성 지부	1925.1.7 창단 1928.6.24 5회 정기대회-대표 안문화, 상무 강영화 이윤화, 포덕부 안문화 이윤화, 서무부 김상화 문석화, 재무부 이숭화 신국화, 감사 김승화 문상화 강성화 1928.12.30 정기총회-대표 김승화, 상무 이윤화 이덕열, 포덕부 안문화, 재무부 강영화 1930.4.13 정기대회-대표 문석화, 포덕부 이윤화, 서무부 김상화, 재무부 강영화	1928.12.30 정기총회-단세확장, 포덕, 문맹퇴치 1930.12.29 정기대회-포덕, 단세확장, 반 증설
	구룡리 지부	1928.10.28 창단	
	개천 지부	1928.10.30 창단-대표 차정화, 상무 안정화 양순화, 서무부 안득화, 포덕부 김명영	1929.4.6 2회 정기총회-단세확장, 포덕대 조직, 위원증선, 지방순회
	양덕 지부	1928.12.1 창단-상무 원찬성 조응화, 포덕부 이병화, 서무부 이기준, 재무부 김봉화	1929.7.25, 반조직 1930.4, 각면 순회, 30여 명 단원 모집 1930.8 단원증모 10명

* 본 표는 김응조, 『천도교여성회70년사』, 천도교여성회본부, 1994, 76-97쪽을 참조함.

평남	평양 지부	1924녀.5.11 창단-위원 백숙화 김덕화 강동화 김태화 김원화 나명화 고춘화 박순관 1930.3.23 3회 정기총회-대표 김덕화, 상무 차철화 김 선화 김교화, 위원 박근화 강동화 박의화 박덕화 백숙 화 김원화 이재화	창단식 80여 명 단원 참석 1930.3, 농촌순회 강연대 조직 1930.9, 야학강습회 개최
	덕천 지부	1930.3.9 창단-대표 김운화, 포덕부 이민화, 서무부 이 경신, 재무부 박영화	1930.3 부인강습회 1930.9.7-9, 부인강좌
	진남포 지부	1930.5.4 단원대회-대표 김정룡, 상무 양선화 백찬화 김춘화, 포덕부 강주화 이정순	
	순안 지부	1930 창단-대표 우광화, 포덕부 강옥화, 서무부 박영화, 재무부 김봉화	
	함종 지부	1930 단원대회-대표 곽덕화, 상무 곽정화 임난숙 이필 화, 집행위원 고농필 강경화 서진화	
	성천 지부	1930.6.1 창단-대표 윤남화, 서무부 나인화, 포덕부 김 술화, 재무부 유필화	
	자산 지부	1930.6.22 1회 정기대회-대표 장상화, 재무 정창화, 서 무 전유감 김천화	의안-단세확장, 반조직 등
	강동 지부	1930 단원대회-대표 류정화, 포덕 및 서무 백여화, 재무 홍준화	
	순천 지부	1930.8.14 단원대회-대표 최심화, 상무 김만화 배영재	1930.6.6 단원대회-단원증모, 단 원교양, 미신타파 등 1930.8.14 단원대회-단원증모, 교 양훈련 등
	공성 지부	1930.8.16 창단-대표 윤기화, 서무부 원기화, 포덕부 강 길화, 재무부 허양득	
	강서 지부	1930.5.2 창단-대표 정기환, 상무 김경화 문오화, 재무 부 박식화	
	봉명 지부		1929.4 정기총회
평북	삭주 지부	1927 창단-단장 이동화, 간사 조용화 김상화, 재무 안봉 화, 서기 김희화, 이원 장대길 김윤화	단원 42명
	희천 지부	1930.4.29 집행위원회-포덕부 박춘근 김헌화 송형화, 서무부 김상화 최봉화, 재무부 최정린	
	남간동 지부	1927 창단-단장 이정화, 간사 이진화 원양화, 위원 최근 성	삭주군, 단원 15명
	은창동 지부	1927.4.3 창단-상무 김성화, 위원 최도화 홍선화 임인 화 박용화, 찬무원 한봉익 임윤도	
	만석동 지부	1927 창단-상무 허기화 김련화, 이원 최순화 김창숙 이 성화, 찬무 김진성	
	남서 지부	1927 창단-상무 최신화, 이원 이학화 원호청, 찬무 박영 섭	

평북	벽동 지부	1927.2.13 창단-포덕부 최종화 이희화 최길찬 김호숙 공성화, 노동부 심재희 이인화 김범화, 서무부 김태정 김원태, 상무위원 김소현, 찬무원 김태식 김경호 1928.4.15 단원대회-상무 김소현, 위원 최종화 공성화 최길찬 김익화 김룡화 강인화 김동화 이운백 이인화 김용선 김용숙 1930.4.24 단원대회-단장 김호숙, 상무 이옥희, 포덕부 이운백 김용화, 서무부 최길찬 원만화, 재무부 공병화 최종화	창단시 단원 27명 1927.10 야학 개강 1928.4.15 단원대회-단원모집, 포덕, 순회의 건 1930.4.24 단원대회-의무금 수납, 단원모집, 포덕, 통속운동, 임원선거 1930.4.25, '여자해방' 및 '살길을 찾자' 선전비라배포 20반 조직
	구성 지부	1927.5.1 창단대회-상무 이수화 김응화 이대화, 위원 심규화 최광화 김낙화 원정화 허확화 김전화 이군화 1930.4.16 단원대회-대표 이대화, 상무 김응화 김규화 강찬화, 집행위원 이수화 김규화 김응화 김중화 강찬화 김병화 최길화 박운화 장영건 원홍렬 김혈화 김득복	1927.8.25-, 농촌부인 강도회 1930.4.17, 문맹타파를 위한 부인 강도회 실시 1930.4.17 단원대회-단세확장, 위원개선, 단원교양훈련, 기념포덕, 미신타파 1929.8.25 단원대회-단세확장, 성미규칙실행, 단원교양, 1930.4.16 단원대회-임원개선, 단원교양, 반연합회 실시, 의무금 49반 조직
	신의주 지부		1930.6.14-21, 단원강습회, 반조직
	창성 지부	1927.1.10 창단 1930.4.30 반대표대회-대표 최경숙, 재무 문훈화, 서무 박동화, 포덕부 이병화	1929, 4- 순회강습 실시, 1929.8.5-10 부인강습 1929.12.29 반대표대회-순회포덕, 강습회 토의 23개 반 조직 1930.4.30 반대표대회-단원강습, 단원모집, 통속운동 대표 최경숙 순회 10호 포덕, 단원 40명 모집, 단원 단발
	태천 지부	1928.2.4 창단	1929, 22개 반 조직
	곽산 지부	1928.3.27 창단	1928.9.5, 여성해방 강연회 1928.9.16, 야학 1930. 각면 순회, 48명 단원 모집
	차련관 지부	1928.6.15 단원총회-포덕부 박청삼, 서무부 정옥진, 재무부 정정자	

평북	정주지부	1928.10.28 창단-위원 현홍화 이선화 김성화 최득선 김효원 이영화 탁상화 김기조 한여수 서인영 길응화 김호화	1928.10.28 창단대회-단세확장, 3인이상포덕, 반 조직, 염색옷입기, 머리쪽짓기, 순회가연, 부인야학, 경어사용 1929.7.6, 내수단강습회 1930.7.30-8.5, 강도회
	의주지부	1930.4.30 3회 정기대회-대표 김숙화, 상무 최도화, 집행위원 김숙화 최도화 차성화 문숙화 김창화 최경준 박인화 허선화 윤재화 김식화 최복화 나문화	1928.9, 강습회 1929.5, 39개 바 조직 1930.4.30 정기대회-포덕, 단세확장, 단원훈련, 강습회 개최
	철산지회	1928 창단	
		1928.9, 강습회 1929.5, 39개 바 조직 1930.4.30 정기대회-포덕, 단세확장, 단원훈련, 강습회 개최	의안-단원증모, 오관실행, 수도포덕
	강계지부		1929, 2차 단원대회 개최
	영변지부		1929.4, 단원대회 개최 1929.4.14-5.2, 각면 순회, 단세확장
	구장지부		1930.1, 강연회
	선천지부	1930.5.3 정기총회-대표 김복덕, 상무 김영희 이도형 김덕선 이승린 한명화 전효직 채승환	1929.5.29 2회 정기총회-단세확장, 기념포덕 등 1930.5 정기총회-반조직, 단세확장
	용천지부		1929.11 단원대회 1930.2 임시대회-머리쪽짓기, 단추달기, 염색옷입기
	은산지부	1929 창단 1930.6.2 1차 단원대회-대표 박인화, 포덕부 안기화, 서무부 오철화, 재무부 현선화	
	동상지부	1930.6.8 2회 단원대회-대표 이시화, 상무 박성화 한태화, 위원 김국화 안기화 한태화 주순화 손형화 박성화 박원화 김신화 박춘화 서화화 이시화 김표화 임석화	1929.6.10-27, 각면 순회 단원 50명 모집 1929.8.14 단원대회-단원증모, 염색옷입기, 단추달기, 머리쪽짓기 1930.6, 단원대회-시일학교 출석, 반조직 1930.8, 반대회-단원훈련, 단원모집, 지방순회
	가산지부	1930.4.20 정기총회-대표 윤엽화, 포덕부 이창화, 서무부 김처화, 재무부 서세화	

평북	박천 지부		1930, 10개 반 조직
함남	하알우 지부	1927 창단-상무 최치화 이모화, 포덕부 김담화 안신화, 음악부 최점화, 서무부 최치화 1928.4.14 임시총회-위원 최치화 채정화 이모화 안신화	장진군 1928.4.14 임시총회-부인야학 개 최
	장진 지부	1927.12 창단-상무 계월화	
	단천 지부	1927.9.25 창단-포덕부 이섭화 이풍옥, 서무부 안영숙 염복덕, 재무부 이단지 1928.6.24 임시대회-대표 이풍옥, 포덕부 및 교양부 홍 순의, 서무부 김채단, 재무부 이풍옥	1928.6.24 임시대회-단원모집, 포 덕, 염색옷입기, 단추달기, 시일참 례 1928.12.21 제4차 대회-시일참례, 단원모집, 단원훈련, 염색옷입기
	하기천 지부	1927.12.4 창단-상무 유정화, 서무부 조익화, 포덕부 장 락화 박선화, 경리부 한광화, 찬무 최륜권 박도필 염기도	1929.8.11, 반원대회-10개 반 조 직, 단원훈련
	북청 지회	1927.12 창단 1930.4.14 단원대회-대표 박정화, 상무 이주천 박덕화 금주화, 집행위원 제세화 한정순 최복현 금병화 홍우화 이인화 이종화	1927.12, 부인 및 아동야학 1928.6.17 임시대회-시일출석, 포 덕, 교양, 의무금징수 1930.5.3, 정기대회-포덕데이, 반 조직, 의무금 수납, 교양 1930.5.6, 야학 실시
	정평 지부	1927.12 창단 1928.4.7 정기대회-포덕부 한벽화, 서무부 김현화, 재 무부 한진화, 순회위원 하진화 김주화 김정희 1930.4.21 단원대회-대표 한벽화, 포덕부 김도화, 서무 부 김도화, 재무부 이주화, 순회위원 이건화 김원화	1929.7.28 임시대회-반조직, 미신 타파 1930.4.21 단원대회-단세확장, 반 증설, 순회, 포덕
	신흥 지부		1930, 강도회 개최
	갑산 지부	1928.4.3 창단 1930.4 단원대회-대표 박양화, 상무 정태화 김길수, 위 원 김진화 최성하 박학화 조경화 노수화	1930. 4 단원대회-의무금, 순회, 단세확장, 문맹퇴치
	고원 지부	1928.5.6 창단 1930.3.25 정기총회-대표 김옥련, 포덕부 김옥련 최명 화, 서무부 박산옥 배영숙, 재무부 김용자 김애주 맹기선	1929, 8개 반 조직 1930.3.25 단원대회-성미실행, 포 덕, 반 조직, 연례금 납부
	홍원 지부	1928.3.28 창단 1930.5.25 정기대회-대표 최상화, 서무 최세화, 상무 조 해순, 포덕부 전기화 최세화 이주화 고제화 김경화	
	함흥 지부	1930.4.26 3차 정기대회-대표 한익화, 상부 김숙자, 포 덕부 김운화 양태화 양국화, 서무부 김숙자, 재무부 한 익화	단세확장, 반 순회, 단원강습, 포덕
	이원 지부	1930.4.21 정기총회-대표 김경화, 포덕부 김화화, 서무 부 최봉선, 재무부 이하순	단세확장, 연례금 납부, 어린이날 행사

함남	원산 지부	1928,11,16 창단-대표 장태화, 포덕부 김일○, 서무부 박시화, 재무부 한인화	
	풍산 지부	1928,3,29 창단 1930,1,12 단원대회-대표 박전화, 상무 조철화 김경화, 위원 엄낙화 이춘화 김열화 김이화	
함북	회령 지부	1928,12,9 창단-상무 장윤화 최병덕 최정린, 포덕부 장윤화 박호화 박춘근, 재무부 최정린 최봉화, 서무부 최병덕 장성화	
황해	곡산 지부	1929, 창단-대표 공성화, 포덕부 유정화 김현저 손승화, 재무부 윤장화 이인화, 서무부 유정화 김경화	1930,5,18, 단원대회-반 조직, 한글 및 교리강습, 포덕
해외	용정 지부	1928,3,23 창단	
	봉황성 지부	1928,6,22 창단-대표 백은숙, 서무부 김옥규, 재무부 김윤화, 포덕부 김윤화, 문화부 김옥규	단원 20명, 국문보급 결의
	봉성현 지부	1928,10,3 창단	
	화룡 지부	1929 2회 대회-대표 이천화, 포덕부 이권화, 서무부 서인화, 재무부 김백화 1930,4 단원대회-대표 겸 상무 차정도, 집행위원 차정도 허원숙 양사화 김삼화 길도화 김창화 차경화 송운선 차명선 장학영 강경수 김일화	1930,4,15 단원대회-순회, 포덕장려, 의무금 수납 1930,8,3, 집행위원회-시일학교 설립, 야학 실시, 순회, 반대표대회 개최
	관전현 지부	1930,6,17 창단-대표 전인화, 부대표 권인화, 상무 김원화, 재무부 전준화, 교양부 이태화, 포덕부 황성화, 서무부 차도화	의안-단원강습, 포덕, 단원증모
	동경 지부	1927, 주옥경 이학득 이종숙 등의 발기로 창단 1930 단원대회-대표 차기숙, 서무겸 재무부 고인애, 포덕부 손기화 장세화 홍경지	1930 단원대회-순회, 포덕, 단원증모, 단원강화

〈부록10〉 천도교청년당 지방부의 접 조직 현황

지방부	접명 및 대표	접수	비고
京城部	1접 김병준, 2접 조기간, 3접 송기중, 4접 최단봉, 5접 조현우, 6접 홍이창	6	신인간14, 40쪽
신흥부	1접 위국하, 2접 김종국, 3접 박용삼, 4접 최도관, 5접 이선학, 6접 문용운, 7접 최도경, 8접 한원진, 9접 염두현, 10접 김성석, 11접 최규열, 12접 현봉관, 13접 위종계, 14접 한용봉, 15접 염택구, 16접 유인봉, 17접 한달승, 18접 유인섭, 19접 최태옥	19	신인간14, 40-41쪽
	1접 위국하, 2접 김종국, 3접 박용삼, 4접 최익관, 5접 이선학, 6접 문용운, 7접 최도경, 8접 한원진, 9접 염두현, 10접 김성석, 11접 위금원, 12접 한용삼, 13접 이상도, 14접 한용봉, 15접 이석윤, 16접 유인봉, 17접 한달승, 18접 송종근, 19접 이철종, 20접 최태옥, 21접 최관, 22접 백낙엽, 23접 기기만, 24접 박영한, 25접 김용기, 26접 이희천, 27접 박영은, 28접 염호면, 29접 박영은, 30접 조용웅, 31접 최규열, 32접 전용기, 33접 김희연, 34접 유의섭, 35접 이성실	35	신인간24, 60쪽
벽동부	1접 강룡원, 2접 김칠봉, 3접 최종린, 4접 박준활, 5접 김상준, 6접 신병익, 7접 이운송	7	신인간14, 41-42쪽
	1접 강용제, 2접 양원섭, 3접 최종린, 4접 김칠봉, 5접 김여하, 6접 박준호, 7접 표병룡, 8접 김상준, 9접 신병익 10접 이운송, 11접 현득춘, 12접 강종선, 13접 김달흥, 14접 김창흡, 15접 손상련, 16접 김인흥, 17접 오준범, 18접 김종범	18	신인간21, 64-65쪽
順川部	1접 염응진, 2접 신정수, 3접 이병호, 4접 이봉태, 5접 유인성	5	신인간14, 42쪽
	1접 정진용, 2접 최대성, 3접 박명렬, 4접 김명주, 5접 박윤호, 6접 홍룡규, 7접 김응도	6	신인간22, 60쪽
영변부	1접 박찬보, 2접 백래순, 3접 이규진, 4접 김룡운, 5접 유창기, 6접 이동률	6	신인간14, 42쪽
	1접 백래순, 2접 장학병, 3접 김사정, 4접 이규진, 5접 장운룡, 6접 장병학, 7접 김용운, 8접 양원숙, 9접 이경원, 10접 유창기, 11접 이용한, 12접 이동율	12	신인간21, 66쪽
동경부	1접 전준성, 2접 길윤기, 3접 강호원, 4접 이윤삼, 5접 민석현, 6접 박사직	6	신인간14, 42-43쪽
삭주부	1접 김○泰, 2접 박원진, 3접 주형진, 4접 주형욱, 5접 김사언, 6접 탁준길, 7접 김종희, 8접 주영기, 9접 이원호, 10접 최리하, 11접 박인헌, 12접 김진성, 13접 한봉익	13	신인간14, 43쪽
	1접 장대길, 2접 송형욱, 3접 서인수, 4접 최리하, 5접 최석진, 6접 박인헌, 7접 이용서, 8접 김윤십, 9접 김사언, 10접 박원진, 11접 김윤도, 12접 한봉익, 13접 김종희, 14접 이계창, 15접 탁준길, 16접 박영섭, 17접 이원호, 18접 주영기, 19접 이현근, 20접 김진성, 21접 김창옥, 22접 김찬수	22	신인간17, 38쪽
	1접 장대길, 2접 주형진, 3접 서인수, 4접 박원진, 5접 김종희, 6접 김찬수, 7접 김사언, 8접 최일성, 9접 최도억, 10접 탁준길, 11접 명용화, 12접 박영희,		
	13접 이현근, 14접 김창수, 15접 이양건, 16접 김중연, 17접 이성백, 18접 김도준, 19접 최규헌, 20접 박인헌, 21접 허원준, 22접 최원하, 23접 최석진, 24접 김용연, 25접 김진성, 26접 박태희, 27접 윤재화, 28접 주명득, 29접 김윤도, 30접 한봉익, 31접 김광수, 32접 장승주	32	신인간25, 59-60쪽

희천부	1접 김종협, 2접 이우영, 3접 박용삼, 4접 김인걸	4	신인간14, 43-44쪽
	1접 강성삼, 2접 이우영, 3접 박용삼, 4접 김윤걸, 5접 길운철, 6접 최○식, 7접 박봉덕, 8접 박정훈, 9접 김종협 10접 채승화	10	신인간20, 64쪽
	1접 金德麟, 2접 李昌京, 3접 金允泰, 4접 白寬浩, 5접 朴貞塤, 6접 金榮泰, 7접 梁鳳朝, 8접 金湘鉉, 9접 金燦球, 10접 崔道植, 11접 朴雲西, 12접 梁達源, 13접 金仁杰, 14접 吉云鋏, 15접 金承塤, 16접 金明希, 17접 金龍俊	17	신인간50, 61쪽
구성부	1접 백응규, 2접 최계호, 3접 원문홍, 4접 허철, 5접 허준경	5	신인간14, 44쪽
	1접 백응규, 2접 김의영, 3접 원문홍, 4접 원경찬, 5접 허철, 6접 허준경, 7접 김학린, 8접 김용진, 9접 원인찬, 10접 김병익, 11접 원창순, 12접 배응석, 13접 정문백, 14접 전경찬, 15접 최인홍, 16접 김패룡, 17접 윤광욱, 18접 이은덕, 19접 김형준, 20접 손덕선, 21접 표원묵, 22접 원룡식, 23접 김병진, 24접 김창덕, 25접 강인호, 26접 배창화, 27접 김형옥, 28접 최운용	28	신인간22, 60쪽
풍산부	1접 박임승, 2접 강희준, 3접 김주형, 4접 주인건, 11접 김병서, 12접 주관헌	4	신인간14, 44쪽 신인간21, 60쪽
사천부	1접 강석한, 2접 강석홍	2	신인간14, 44쪽
북청부	1접 이현재		신인간14, 44쪽
	1접 임남수, 2접 김병무, 3접 강신교, 4접 강종수, 5접 김진흥, 6접 최원재, 7접 최우봉, 8접 박영구, 9접 박문환, 10접 장두삼, 11접 박영학, 12접 최남린, 13접 강길수, 14접 이관용, 15접 신완선, 16접 한국섭, 17접 이종율, 18접 이관재, 19접 김원홍, 20접 김승옥, 21접 우홍철, 22접 고영순, 23접 조재원, 24접 이홍재, 25접 이형철, 26접 고시학, 27접 고용국, 28접 고치국, 29접 이희영, 30접 김하룡, 31접 이주적, 32접 김경구, 33접 강우모, 34접 강회수, 35접 김하룡, 36접 이형주, 37접 신정균, 38접 고윤용, 39접 김을호, 40접 이성근, 41접 김일호, 42접 한태철, 43접 김봉남, 44접 이현재	44	신인간18, 44-45쪽 신인간21, 61-62쪽 신인간25, 57쪽
통영부	1접 박태근, 2접 황봉석, 3접 최종대, 4접 박태우, 5접 최봉권	4	신인간14, 44-45쪽
단천부	1접 윤인권, 2접 김윤택, 3접 박계율, 4접 박동윤, 5접 한성칠, 6접 박한익	4	신인간14, 45쪽 신인간17, 35쪽
	1접 안창헌, 2접 원승균, 3접 태을록, 4접 최덕복, 5접 안병남, 6접 김진석, 7접 이원수, 8접 지익룡, 9접 김윤택, 10접 동영순, 11접 최병만, 12접 한성칠, 13접 박한익, 14접 윤시권, 15접 박계율, 16접 이지협, 17접 심낙순, 18접 설종훈, 19접 김영수, 20접 김사협	20	신인간19, 38쪽
평양부	1접 김이삼, 2접 정명호, 3접 최도엽	3	신인간14, 45쪽

정평부	1접 김찬주, 2접 김봉익, 3접 노정삼, 4접 한필열, 5접 양창모	5	신인간14, 45쪽
	1접 양창모, 2접 김종관, 3접 김관필, 4접 한일호, 5접 김창봉, 6접 한형은, 7접 정하원, 8접 이옥영, 9접 이을주, 10접 이귀영, 11접 한민정, 12접 한필열, 13접 한윤국, 14접 노정삼, 15접 이수영, 16접 김우현, 17접 김봉익, 18접 정문삼, 19접 조경원, 20접 이윤실, 21접 박수영, 22접 문석송, 23접 한수현, 24접 한용호, 25접 주종술	25	신인간25, 58-59쪽
홍원부	1접 김주면, 2접 서주석, 3접 김하규	3	신인간14, 45쪽
	1접 김주면, 2접 서주석, 3접 한규형, 4접 장진근, 5접 김성숙, 6접 최충일, 7접 최병섭, 8접 방선유, 9접 서인체, 10접 김하규, (11접), 12접 박용팔, 13접 정병원, 14접 함원표, 15접 윤하룡	15	신인간18, 43쪽 신인간24, 60쪽
영원부	1접 서창섭, 2접 김두○, 3접 이만송, 4접 홍민법	4	신인간14, 45-46쪽
안주부	1접 백재황, 2접 양석주, 3접 정응봉, 4접 양명덕, 5접 김일대, 6접 김지수, 7접 윤기정, 8접 배의찬, 9접 이기환	9	신인간14, 46쪽
	1접 정응봉, 2접 배의찬, 3접 김달영, 4접 양명덕, 5접 박찬옹, 6접 김일대, 7접 백재선, 8접 배석덕, 9접 이정화, 10접 이종덕, 11접 안봉수, 12접 김경찬, 13접 홍성백, 14접 김의수, 15접 문정상	15	신인간25, 56-57쪽
의주부	1접 최동서, 2접 배세명, 3접 홍종린, 4접 김영수, 5접 김도현, 6접 최규순, 7접 이도명, 8접 장정삼, 9접 김성교, 10접 최홍율, 11접 한흥삼, 12접 백인옥, 13접 박지권, 14접 김명서, 15접 독고경, 16접 최석환	16	신인간14, 46쪽
	1접 송정규, 2접 백세명, 3접 김자일, 4접 최ား섭, 5접 홍종린, 6접 황승봉, 7접 허병철, 8접 이동준, 9접 김상린, 10접 최석내, 11접 김덕로, 12접 한봉삼, 13접 백윤보, 14접 백상보, 15접 백윤청, 16접 한흥윤, 17접 최홍율, 18접 김성민, 19접 최문전, 20접 김성직, 21접 최택선, 22접 조인덕, 23접 이도명, 24접 장성욱, 25접 김관규, 26접 장봉명, 27접 최관세, 28접 최규순, 29접 독고경, 30접 김봉오, 31접 김문일, 32접 박지건, 33접 최정관, 34접 고상환	34	신인간24, 60쪽
맹산부	1접 문상린, 2접 김도수, 3접 방환기, 4접 조처항, 5접 박용완, 6접 장용관	6	신인간15, 49쪽
	1접 문병로, 2접 김영주, 3접 조원실, 4접 엄기수, 5접 김상학, 6접 하려천, 7접 이병찬, 8접 장룡관, 9접 김대현, 10접 박명원, 11접 조처항, 12접 최보국, 13접 박용완, 14접 궁처관, 15접 김이섭, 16접 김기업	16	신인간24, 60쪽
고원부	1접 김인숙, 2접 김석균, 3접 김연균, 4접 함정현, 5접 오세홍, 6접 방수원, 7접 박윤식, 8접 윤영식, 9접 김덕용	9	신인간15, 49쪽
	1접 김인숙, 2접 김석균, 3접 김연균, 4접 함정현, 5접 오세홍, 6접 방수원, 7접 박원식, 8접 윤영환, 9접 김덕용, 10접 윤영식, 11접 김병숙, 12접 김태일, 13접 김창수, 14접 김학룡, 15접 김수현, 16접 함정룡	16	신인간22, 58-59쪽

함흥부	1접 염기천, 2접 염기도, 3접 박도필, 4접 최륜권, 5접 윤응경, 6접 최영종, 7접 한태연, 8접 한호천, 9접 이승길, 10접 전경흠, 11접 홍신의, 12접 홍춘의, 13접 김길원, 14접 김학훈, 15접 이태국, 16접 최기필, 17접 문규모, 18접 이명도, 19접 김재문, 20접 이만화, 21접 이용강	21	신인간15, 49쪽
창성부	1접 김용구, 2접 김원종, 3접 김상도, 4접 김기열, 5접 허군민, 6접 백태화, 7접 강병갑, 8접 임형태, 9접 박성모, 10접 김이종, 11접 허냉, 12접 양태훈, 13접 손상규, 14접 허군섭, 15접 박창하, 16접 이윤호, 17접 이상희	17	신인간17, 35쪽 신인간24, 60쪽
통영부	1접 배홍엽, 2접 최식열, 3접 박태규, 4접 김석균, 5접 최봉권, 6접 한문한	6	신인간24, 60쪽
용천부	1접 김사택, 2접 이병관, 3접 구문환, 4접 최창진, 5접 김낙주, 6접 이창의, 7접 이석권	7	신인간17, 35쪽
	1접 金玉振, 2접 金洛疇, 3접 李景燁, 4접 徐再春, 5접 李昌義, 6접 金德立, 7접 安正官, 8접 李碩權, 9접 崔賢翊, 10접 金昌順, 11접 邊孝善, 12접 黃承祿	12	신인간51, 58
하갈우부	1접 송광혁, 2접 이면철, 3접 한재모, 4접 한윤국, 5접 한후경, 6접 유예봉, 7접 한후무, 8접 유원담, 9접 변현삼, 10접 오구환, 11접 송광선, 12접 고연섭, 13접 송광철	13	신인간17, 35-36쪽
	1접 오준환, 2접 오구환, 3접 변현삼, 4접 변현삼, 5접 배용국, 6접 한후무, 7접 유원담, 8접 ○○○, 9접 김수학, 10접 김영학, 11접 송광혁, 12접 송광철, 13접 한윤국, 14접 이면원, 15접 이국헌, 16접 최면환, 17접 김창룡, 18접 최창극, 19접 김봉탁	19	신인간21, 60-61쪽
	1접 白南斗, 2접 金永學, 3접 李昌鳳, 4접 李錫均, 5접 朴周楨, 6접 金聖文, 7접 朱化燮, 8접 朴熙祚, 9접 徐亨壽, 10접 金昌龍, 11접 崔冕煥, 12접 宋光哲, 13접 金昌植, 14접 韓厚武, 15접 劉源淡, 16접 韓厚敬, 17접 李基鍾, 18접 吳麒煥, 19접 邊顯三, 20접 嚴君燮,	20	신인간52, 57쪽
이원부	1접 이병성, 2접 주면성. 3접 김중삼, 4접 김병길, 5접 고용희	5	신인간17, 36쪽
고토부	1접 한영순, 2접 박희덕, 3접 주화섭, 4접 이도현, 5접 김희운, 6접 백남두	6	신인간17, 36쪽
	1접 박희조, 2접 주화섭, 3접 박희덕, 4접 이배근, 5접 이도현, 6접 한시연, 7접 이광빈, 8접 김병택, 9접 서원하, 10접 백남두, 11접 김희권, 12접 이병찬	12	신인간22, 60쪽
강동부	1접 이달흥, 2접 이도순, 3접 박몽뢰, 4접 홍호섭	4	신인간17, 36쪽 신인간20, 64쪽
	1접 이달흥, 2접 이도순, 3접 김상목, 4접 박몽뢰, 5접 김춘택, 6접 김경선, 7접 이달승	7	신인간25, 58쪽
	1접 李恒조, 2접 李道淳, 3접 黃鎭範, 4접 李達學, 5접 柳守學, 6접 李致鵾, 7접 朴夢○, 8접 黃錫周, 9접 張昌杰, 10접 李義燮, 11접 李達興	10	신인간49, 59쪽
양덕부	1접 김영석, 2접 곽명욱, 3접 이석근, 4접 정승룡, 5접 염창서, 6접 박태홍	6	신인간17, 36-37쪽

곽산부	1접 이택영, 2접 김의순, 3접 승관도, 4접 강위건, 5접 김준조	5	신인간17, 37쪽
선천부	1접 김상열, 2접 원상림, 3접 장제환, 4접 최정주, 5접 한정순, 6접 서달하, 7접 전영욱, 8접 박화채	8	신인간17, 37쪽
덕천부	1접 야성숙, 2접 최인수, 3접 유승렬, 4접 변사민, 5접 유근영, 6접 김병호	6	신인간17, 37쪽 신인간20, 64쪽
양평부	1접 백성기	1	신인간18, 43쪽
정주부	1접 송석호, 2접 김용하, 3접 박응룡, 4접 배순경, 5접 석성목	5	신인간18, 44쪽
강계부	1접 장세호, 2접 유한룡, 3접 백인옥, 4접 이석진, 5접 장운성, 6접 탁봉진	6	신인간18, 44쪽
	1접 최창원, 2접 장세호, 3접 김택열, 4접 장운성, 5접 이춘진, 6접 차봉진, 7접 이창화, 8접 이덕주, 9접 김봉민	9	신인간25, 58쪽
원산부	1접 서성균, 2접 김관희, 3접 유경, 4접 안용적	4	신인간18, 44쪽
장진부	1접 김성조, 2접 고치안, 3접 채병근, 4접 김화룡, 5접 박기석, 6접 황성렬, 7접 이시곤, 8접 이희조	8	신인간18, 44쪽
영흥부	1접 김성환, 2접 장승환, 3접 이정실, 4접 박주신, 5접 한정팔, 6접 김일권, 7접 안성규, 8접 염성율	8	신인간20, 62쪽 신인간22, 59쪽
영원부	1접 서상하, 2접 최용진, 3접 서창섭, 4접 김두설, 5접 이하순, 6접 이만송, 7접 이정식, 8접 황정국, 9접 홍호범	9	신인간22, 59쪽
진남포부	1접 임동호, 2접 김두일, 3접 고주성, 4접 김태극, 5접 김상균, 6접 김병묵, 7접 김시혁	7	신인간20, 62쪽
곡산부	1접 김봉섭, 2접 손중선, 3접 김창하, 4접 송문혁	4	신인간21, 61쪽
관전부	1접 김인서, 2접 최태홀, 3접 최진관, 4접 이정수, 5접 이동염, 6접 함일형	6	신인간21, 62쪽
장백현부	1접 이용호, 2접 주동림, 3접 정도익, 4접 박기윤, 5접 조성극, 6접 김창복, 7접 홍성교, 8접 박임후, 9접 김진수, 10접 박창익	10	신인간21, 62-63쪽
가산부	1접 안처학, 2접 윤용선, 3접 윤옹섭, 4접 홍영수, 5접 오득필, 6접 조성서	6	신인간21, 63쪽
문천부	1접 김병기, 2접 김병율, 3접 김희준, 4접 김창선	4	신인간21, 63쪽

태천부	1접 양이준, 2접 백응병, 3접 이병성, 4접 김찬승, 5접 박동준, 6접 이길득, 7접 이학진, 8접 선우문, 9접 김응화, 10접 이덕인, 11접 이서욱, 12접 백봉주, 13접 이찬득, 14접 김상즙, 15접 강정덕, 16접 선우백, 17접 유기수, 18접 조창선, 19접 이병호	19	신인간21, 63-64쪽
철원부	1접 김명환	1	신인간22, 59쪽
	1접 李鉉臨, 2접 金明煥, 3접 韓觀格, 4접 韓泰周	4	신인간53, 55쪽
순안부	1접 신태근, 2접 박태희, 3접 최형수, 4접 김일업	4	신인간24, 50쪽
차련관부	1접 정룡혁, 2접 전순덕, 3접 최용운, 4접 이병구	4	신인간24, 60쪽
자산부	1접 김창하, 2접 김상섭, 3접 채응수, 4접 최남홍, 5접 윤식성	5	신인간24, 60쪽
성천부	1접 이화준, 2접 박인호, 3접 박병구, 4접 나원성, 5접 최홍승, 6접 최기수, 7접 이용찬, 8접 이달봉	8	신인간24, 60쪽
갑산부	8접 전희열, 9접 김병관, 10접 이병구	3(9)	신인간24, 60쪽
鏡城部	1접 김석종, 2접 박영하, 3접 김용학, 4접 박용한, 5접 김봉희, 6접 황하성, 7접 지동효	7	신인간24, 60쪽
진주부	1접 백영희, 2접 김영선	2	신인간25, 56쪽
운산부	1접 이기득, 2접 김준국, 3접 백성연	3	신인간25, 57쪽
은산부	1접 전의성, 2접 강응진, 3접 이재순, 4접 이병호, 5접 장창하, 6접 강기균, 7접 김시석	7	신인간25, 58쪽
	1접 田義成, 2접 劉仁成, 3접 康基昫, 4접 金時錫, 5접 金贊奎, 6접 方允宰, 7접 金永柱, 8접 康基浹, 9접 金弘涉, 10접 張昌夏, 11접 張斗星, 12접 康應珍	12	신인간52, 57쪽
개천부	1접 최치선, 2접 김태진, 3접 강경남, 4접 이병국, 5접 이문길, 6접 지성율, 7접 현기용	7	신인간25, 58쪽
성진부	대표 황택선		신인간25, 58쪽
강서부	1접 이희봉, 2접 고달주, 3접 이두경, 4접 배충증, 5접 김응칠	5	신인간25, 59쪽
영릉가부	1접 金鳳來, 2접 趙鏞國, 3접 許正伯	3	신인간46, 75쪽
중화부	1접 李斗赫, 2접 林斗淳, 3접 閔斗淳, 4접 李春一, 5접 車善浩, 6접 李達浩	6	신인간47, 66쪽
상원부	1접 金致善, 2접 金炳澤, 3접 李永煥, 4접 金亨進, 5접 李斗燦, 6접 李永俊, 7접 金致寬, 8접 朴鍾烈	8	신인간49, 58쪽

철산부	1접 崔龍雲, 2접 鄭明鳳, 3접 李元根, 4접 崔鎭洙, 5접 崔應三, 6접 朴得淳, 7접 金道善, 8접 金亨坤, 9접 田順德, 10접 金乃俊, 11접 李炳龜, 12접 洪雲鶴	11	신인간50, 60쪽
의란구부	1접 柳性日, 2접 金仁達, 3접 朱宰勳, 4접 韓賢奎, 5접 張雲奎	5	신인간51, 58쪽
고성부	1접 盧應範, 2접 李範奎, 3접 金聖源, 4접 金瑋煥, 5접 鄭基祐	5	신인간52, 58쪽
연길부	1접 李鶴石, 2접 朴東秀, 3접 正東勳, 4접 徐昌基, 5접 金泰允	5	신인간53, 54쪽
삼등부	1접 朴昌寶, 2접 金礪燮, 3접 金炳杰, 4접 朴允楫, 5접 金昌杰, 6접 白樂沈, 7접 表奇準	7	신인간53, 55쪽
신의주부	1접 金東謙, 2접 白奉鉉, 3접 韓成信, 4접 高景祿	4	신인간53, 55쪽

제1장 서론

1) 한국사연구회,『근대국민국가와 민족문제』, 지식산업사, 1995; 노영택,『한말 국민국가건설과 국민교육』, 신서원, 2000; 박찬승,『한국근대정치사상사연구』, 역사비평사, 1992; 방기중,『한국근현대사상사연구』, 역사비평사, 1992; 박찬승,『민족주의의 시대』, 경인문화사, 2007; 김영작,『한말내셔널리즘』, 백산서당, 2006; 박명규,『한국 근대 국가형성과 농민』, 문학과지성사, 1997.

2) 백두산인,「一般의 期待하에 立한 二大靑年團體」,『개벽』3, 1920.8, 57쪽.

3) 이기훈,「일제하 청년담론 연구」, 서울대학교 대학원 박사학위논문, 2005를 참조할 것.

4) 박달성,「급격히 향상되는 조선청년의 사상계」,『개벽』2호, 1920.7, 27쪽.

5) 이기훈,「일제하 청년담론 연구」, 90쪽.

6)「朝鮮人團體調査比較表」,『朝鮮治安狀況』1922; 한국사료연구소,『조선통치사료』7, 1970, 542-547쪽.

7) 조기간,『천도교청년당소사』, 천도교청년당본부, 1935, 15쪽.

8) 일제강점기 천도교를 기반으로 설립된 청년단체는 천도교청년교리강연부, 천도교청년회, 천도교유신청년회, 천도교청년당, 천도교청년동맹, 천도교청우당, 천도교청년총동맹 등이 있다. 이들 청년단체의 계보와 흐름은 다음과 같다. 천도교청년교리강연부는 1919년 9월 2일 처음으로 조직되었다. 그러나 8개월 후인 1920년 3월에 조직의 발전을 위해 천도교청년회로 명칭을 변경하였다. 3·1운동 이후 교단이 보혁 갈등(1차 분규)으로 1922년 말경 천도교중앙종리원과 천도교연합회로 각각 분화됨에 따라 천도교청년회도 분화되었다. 천도교중앙종리원을 기반으로 한 청년들은 기존의 천도교청년회를 그대로 유지해갔으며, 천도교연합회를 기반으로 한 청년들은 천도교유신청년회를 설립하였다. 천도교유신청년회는 1930년 4월 7일 천도교혁신청년동맹으로 재출범하였다. 천도교청년회는 1923년 9월 2일 발전적 해체를 통해 천도교청년당으로 재출범하였다. 그러나 천도교단이 1925 8월부터 전개된 신구 갈등(2차 분규)으로 천도교단은 오영창 중심의 천도교중앙총부, 박인호 중심의 천도교중앙종리원(구파), 최린 중심의 천도교중앙종리원(신파)로 각각 분화되었다. 이에 따라 천도교청년당도 구파를 기반으로 천도교청년동맹과 신파를 기반으로 한 천도교청년당으로 각각 분화되었다. 이후 1930년 12월 23일 신구 천도교중앙종리원이 합동함에 따라 천도교청년동맹과 천도교청년당도 1931년 2월 합동하여 천도교청우당을 설립하였다. 그러나 1932년 4월 4일 합동된 천도교중앙종리원이 다시 신구 천도교중앙종리원으로 분화됨

에 따라 천도교청우당도 이해 4월 5일 각각 천도교청년동맹과 천도교청년당으로 명
칭을 환원하였다. 천도교청년동맹은 이후 천도교청년총동맹, 천도교청년회로 명칭을
변경하여 활동하였다. 천도교청년당은 이후 1939년 4월 3일 해산되었다. 따라서 본고
에서는 앞에서 설명한 모든 단체를 포함하여 넓은 의미에서 '천도교청년단체'라는 용
어를 사용하고자 한다.

9) 본고에서는 이후 천도교청년회를 줄여서 '청년회'로 사용하지만, 의미 전달상 부득이한
경우에는 천도교청년회의 명칭을 그대로 사용하였다. 그런데 천도교청년회라는 명칭
의 단체는 성격을 달리하여 세 번에 걸쳐서 조직되었다. 즉 천도교청년교리강연부를
1920년 4월에 천도교청년회, 천도교청년당의 부문단체의 하나인 천도교사월회의 명
칭을 변경한 천도교청년회, 그리고 구파의 천도교청년동맹이 1936년 12월 명칭을 변
경하여 천도교청년회라는 이름을 사용하였다. 본고에서 사용하는 천도교청년회라는
용어 중에서 제1장과 제2장에서는 교리강연부를 계승한 천도교청년회, 제4장 제3절에
서는 천도교청년동맹에서 명칭을 변경한 천도교청년회, 제5장 제2절에서는 천도교청
년당의 부문단체의 하나인 천도교청년회를 각각 의미한다.

10) 본고에서는 이후 천도교청년당을 줄여서 '청년당'으로 사용하지만, 의미 전달상 부득
이한 경우에는 천도교청년당의 명칭을 그대로 사용하고자 한다.

11) 본고에서는 이후 천도교청년동맹을 줄여서 '청년동맹'으로 사용하지만, 의미 전달상
부득이한 경우에는 천도교청년동맹의 명칭을 그대로 사용하고자 한다.

12) 일제강점기 천도교청년당과 천도교청년동맹(해체 당시에는 천도교청년회)는 각각
활동하다가 해체를 당하였다. 그러나 천도교단은 1941년 합동하였다가 해방을 맞이
하였다. 이에 일제강점기 청년운동을 전개하였던 천도교청년들은 1945년 9월 14일 천
도교청우당을 부활하였다. 해방공간의 천도교 청년운동에 대해서는 성주현, 「解放後
天道敎靑友黨의 政治理念과 路線」, 『경기사론』 4・5, 경기대학교 사학회 2001; 성주
현, 「해방후 천도교청우당의 정치활동과 통일정부수립운동」, 『문명연지』 2-2, 한국문
명학회, 2001을 참조할 것.

13) 김준엽・김창순, 『한국공산주의운동사』 2, 청계, 1986, 386-392쪽.

14) 권희영, 『한인 사회주의운동 연구』, 국학자료원, 1999, 296쪽.

15) 중국공산당은 제7차 코민테른 대회에서 반일통일전선의 대상으로 천도교를 지목하
고 이러한 내용을 동북항일연군 제2사에 전달하였다. 당시 국내에는 유력한 단체로
천도교와 기독교가 있었으나 중국공산당은 기독교보다는 천도교를 우선적으로 반일
통일전선의 협상대상으로 삼았다. 동북항일연군 제2군 6사장 김일성은 1936년 11월
초 "조선에 있어서 유력한 종교단체인 천도교를 획득함으로써 항일인민전선의 일익
으로 할 것"을 결의하였다. 이에 따라 함북 풍산, 삼수, 갑산과 만주 장백현 일대를 관
할하던 박인진은 천도교청년당원 등과 함께 조국광복회와 통일전선을 형성하였다.

(강덕상, 『현대사자료』 30, 299쪽 및 「혜산사건판결문」)

16) 이에 대해서는 성주현, 「1930년대 천도교의 반일민족통일전선운동에 관한 연구 - 갑산·삼수·풍산·장백현지역의 조국광복회를 중심으로-」, 『한국민족운동사연구』 25, 한국민족운동사학회, 2000을 참조할 것.

17) 사회주의 계열 청년운동에 대해서는 박철하, 「1920년대 전반기 사회주의 청년운동과 고려공산청년회」, 『역사와 현실』 9호, 역사비평사, 1993; 박철하, 「일제하 청년운동 연구의 현단계와 과제」, 『한국사론』 26, 국사편찬위원회. 1996; 전상봉, 『한국근현대 청년운동사』, 두리미디어, 2004; 안건호 외, 『한국근현대청년운동사』, 풀빛, 1995 등을 참조할 것.

18) 전택부, 『한국기독교청년회운동사』, 정음사, 1978; 金德, 『1920~30년대 基督靑年勉勵會 硏究』, 연세대학교 대학원 석사논문, 2001; 千和淑, 『日帝下 朝鮮女子基督敎靑年會聯合會 硏究』, 국민대학교 대학원. 석사학위논문, 1995.

19) 신간회와 관련된 연구의 최대 성과는 이균영, 『신간회연구』 (역사비평사, 1993)로 판단된다. 이 외에도 민족운동연합론과 지방조직에 대한 다양한 연구가 있다.

20) 이균영, 『신간회연구』, 17쪽.

21) 천도교청년당의 전국적 조직은 신간회의 전국적 조직과 성격이 다르다. 신간회는 지역적 편중이 없는 전국성을 띠었지만 천도교청년당은 관서, 관북, 경남 지역, 그리고 충청, 강원, 황해도 일부 지역에 국한된다. 이러한 점을 전제로 하면서 비교하면 천도교청년당의 지방조직은 지역에 따라서는 신간회보다 우위에 있는 경우도 있음을 알 수 있다. 천도교청년당의 지역적 편중은 천도교청년동맹의 조직 기반이 호남, 충청, 경기, 강원, 경북 등에서 분파적으로 존립하면서 생긴 분점 때문이다.

22) 『동아일보』 1939.4.5, 「천도교청년당 해체」. 이 기사에 의하면 소속 당원이 2만여 명이 그동안 제반 사회적 활동을 하였다.

23) 박현서, 「3·1운동과 천도교계」, 『3·1운동50주년기념논집』, 동아일보사, 1969; 박성수, 「3·1운동의 폭력과 비폭력」, 『한국근대사론』 II, 지식산업사, 1977; 신용하, 「3·1운동의 민족사적 의의」, 『한국현대사론』, 한국사학회, 1986; 조규태, 「3·1운동과 천도교-계획과 전개에 나타난 천도교의 역할을 중심으로-」, 『유관순연구』 1, 천안대 유관순연구소, 2002.

24) 안병직, 「3·1운동에 참가한 계층과 그 사상」, 『역사학보』 41, 역사학회, 1969.

25) 이현희, 「3·1운동 재판기록을 통해본 천도교 대표들의 분석」, 『한국사상』 12, 한국사상연구회, 1974.

26) 이현희, 「천도교의 구국정신과 기여도」, 『한국사상』 18, 한국사상연구회, 1981.

27) 이현희, 「제2독립선언서의 사적 의미」, 『동국사학』 15·16, 동국사학회, 1981.

28) 이현희, 「大韓民國臨時政府의 樹立計劃과 天道敎」, 『한국사상』 20, 한국사상연구회,

1985;「천도교의 임시정부 수립 시말」,『향토서울』48, 서울시사편찬위원회, 1989; 이현주,「3·1운동 직후 '국민대회'와 임시정부수립운동」,『한국근현대사연구』6, 1997; 고정휴,「3·1운동과 천도교단의 임시정부 수립 구상」,『한국사학보』3·4, 고려사학회, 1998; 조규태,「천도교단과 대한민국임시정부」,『한국민족운동사연구』23, 한국민족운동사학회, 1999.

29) 성주현,「수원지역의 3·1운동과 제암리 학살사건에 대한 재조명」,『수원문화연구』4, 수원문화연구회, 2001; 이동근,「수원 3·1운동에서 천도교의 역할 - 우정·장안면을 중심으로」,『경기사학』7, 경기사학회, 2003; 조규태,「전남지역 천도교인의 3·1운동」,『동학연구』17, 한국동학학회, 2004.

30) 윤석중,「천도교 소년운동과 그 영향」,『한국사상』12, 한국사상연구회, 1974; 김정의,「근대소년운동연구1」,『논문집』10, 한양여자전문대학, 1897; 김정의,「소년운동을 통해 본 동학혁명」,『실학사상연구』5·6, 모악실학회, 1996; 김정의,「한국 현대 소년운동의 기점과 그 이념」,『실학사상연구』10·11, 모악실학회, 1999; 김정의,「사회운동측면에서 본 소파 방정환」,『아동권리연구』3-2, 한국아동권리학회, 1999; 김정의,「소춘 김기전의 소년해방운동」,『龜泉元裕漢敎授定年紀念論叢』(上), 혜안, 2000; 김정의,「개벽지에 나타난 소년관에 관한 고찰 연구」,『논문집』15, 한영여자전문대학교, 1992; 이기훈,「1920년대 '어린이'의 형성과 동화」,『역사문제연구』8, 역사문제연구소, 2002; 이재철,「소파 방정환과 어린이운동」, 소파방정환선생서거66주년기념심포지움, 1997; 안경식,「소파의 아동교육운동」, 소파방정환선생서거66주년기념심포지움, 1997; 中村修,「방정환연구서론」,『청구학술논집』14, 한국문화연구진흥재단(일본), 1999; 이춘영,『소춘(小春) 김기전(金起田)의 소년해방사상과 실천 연구』, 이화여자대학교 대학원 석사학위논문, 2002.

31) 이연복,「천도교 청년당과 신문화운동-출판활동을 중심으로」,『한국사상』12, 한국사상연구회, 1974; 김응조,「천도교의 문화운동」,『인문과학연구』2, 성신여자대학교 인문과학연구소, 1983; 최수일,『1920년대 문학과 개벽의 위상』, 성균관대학교 대학원 박사학위논문, 2001; 김미영,『일제하 천도교신파의 신인간지 연구』, 충남대학교 대학원 석사학위논문, 2004.

32) 지수걸,「朝鮮農民社의 團體性格에 관한 研究; 天道敎靑年黨과의 관계를 中心으로」,『역사학보』106, 역사학회, 1985; 노영택,「日帝下 天道敎의 農民運動研究 1」,『한국사연구』52, 한국사연구회, 1986; 노영택,「日帝下 天道敎의 農民運動研究(2); 李晟煥의 農民運動 認識」,『용암차문섭교수화갑기념 사학논총』, 화갑기념논총간행위원회, 1989; 노영택,「천도교 농민운동의 전개과정-조선농민사의 성격을 중심으로」,『한민족독립운동사논총』, 수촌박영석교수화갑기념논총간행위원회, 1992; 송명실,『1920년대 천도교의 농민운동에 관한 연구』, 상명여대 교육대학원 석사학위논문, 1992; 유현

정, 『일제하 조선농민사 운동의 전개와 성격변화』, 동아대학교 대학원 석사학위논문, 1993; 박지태, 「日帝下의 서울에서의 朝鮮農民社 活動」, 『향토서울』 58, 1998; 정용서, 『1930년대 天道敎 勢力의 農業問題 認識과 農業改革論』, 『동방학지』 117, 연세대 국학연구원, 2002; 조성운, 「日帝下의 맹산군농민사의 활동과 민족운동」, 『정신문화연구』 91, 한국정신문화연구원, 2003; 조성운, 「1930년대 天道敎의 理想農村建設論과 共作契」, 『동학연구』 16, 한국동학학회, 2004; 조규태, 「天道敎 新派의 自治運動과 朝鮮農民社의 크레스틴테른 加入 活動」, 『한국민족운동사연구』 48, 한국민족운동사학회, 2006.

33) 정경숙, 「천도교 여성단체에 대한 일 고찰-1920년대를 중심으로」, 『이화사학연구』 9, 이화사학회, 1976; 박용옥, 「동학의 남녀평등사상」, 『역사학보』 91, 역사학회, 1981; 권경애, 「천도교 언론활동에 나타난 여성운동 연구」, 『동학학보』 창간호, 한국동학학회, 2000; 조응태, 『동학과 천도교의 여성관 변천에 관한 연구』, 가톨릭대학교 대학원 박사학위논문, 2004; 김응조, 『천도교여성회60년사』, 천도교여성회본부, 1984; 김응조, 『천도교여성회70년사』, 천도교여성회본부, 1994; 김경애, 「東學, 天道敎의 男女平等思想에 關한 硏究; 經典・歷史書・機關誌를 中心으로」, 『여성학논집』 창간호, 이화여대 한국여성연구소, 1984; 박희순, 「천도교의 여성계몽운동; 만세보와 개벽지를 중심으로」, 『상명사학』 창간호, 상명사학회, 1993; 조규태, 「천도교내수단과 여성운동」, 『여성-역사와 현재-』, 국학자료원, 2001.

34) 정영희, 『개화기 종교계의 교육운동 연구』, 혜안, 1999; 이연복 「만세보의 사설에 나타난 천도교의 교육관」, 『동학연구』 3, 한국동학학회, 1998.

35) 유준기, 「천도교의 신교육운동」, 『산운사학』 6, 고려학술문화재단, 1992; 성주현, 「일제하 천도교청년당의 민족교육 -侍日學校를 중심으로-」, 『문명연지』 2-1, 한국문명학회, 2001.

36) 황선희, 『한국근대사상과 민족운동-동학・천도교편』, 혜안, 1996.

37) 조규태, 『천도교의 민족운동 연구』, 선인, 2007; 조규태, 『천도교의 문화운동론과 문화운동』, 국학자료원, 2007.

38) 이연복, 「천도교청년당」, 『동학연구』 창간호, 한국동학학회, 1997; 조규태, 「천도교청년동맹의 조직과 활동」, 『충북사학』 9, 충북대학교 사학회, 1997; 성주현, 「1920년대 경기도지역 천도교와 청년동맹」, 『경기사학』 4, 경기사학회, 2000; 성주현, 「일제강점기 천도교청년단체의 창립과 그 배경」, 『문명연지』 17, 한국문명학회, 2006.

39) 신일철, 「천도교의 민족운동」, 『한국사상』 21, 한국사상연구회, 1989; 김도형, 「1920년대 천도교계의 민족운동 연구」, 『역사와 현실』 30, 한국역사연구회, 1998; 김정인, 「천도교의 3・1운동 前史」, 『한국민족운동사연구』 22, 한국민족운동사연구회, 1999; 이용창, 『1920년대 천도교의 분규와 민족주의운동』, 중앙대학교 대학원 석사학위논

문, 1993; 김정인, 「1910~25년간 천도교 세력의 동향과 민족운동」, 『한국사론』 32, 서울대학교 국사학과, 1994; 김정인, 『일제강점기 천도교단의 민족운동 연구』, 서울대학교 대학원 박사학위논문, 2002; 조규태, 『1920년대 천도교의 문화운동 연구』, 서강대학교 대학원 박사학위논문, 1998; 김정인, 「일제강점기 후반(1931-1945) 천도교의 친일문제」, 『동학연구』 9·10, 한국동학학회, 2001; 성주현, 『일제강점기 만주지역 천도교인의 민족운동연구』, 경기대학교 대학원 석사학위논문, 2003; 김세영, 「일제강점기 수원지역 천도교인의 항일독립운동」, 『상명사학』 8·9, 상명사학회, 2003; 김정인, 「1920년대 전반기 천도교의 노선갈등과 분화」, 『동학학보』 5, 동학학회, 2003; 성주현, 「일제하 만주지역 천도교인의 민족운동」, 『동학학보』 5, 동학학회, 2003; 성주현, 「1920년대 상해지역 천도교인의 활동과 민족운동」, 『문명연지』 6-3, 한국문명학회, 2005; 이승렬, 「일제하 천도교계열의 자본주의 인식의 변화와 인간관」, 『한국민족운동사연구』 46, 한국민족운동사학회, 2006.

40) 조규태, 「1920년대 천도교연합회의 변혁운동」, 『한국근현대사연구』 4, 한국근현대사연구회, 1996.

41) 조규태, 「천도교 구파와 신간회」, 『한국근현대사연구』 7, 한국근현대사학회, 1997; 성주현, 「1920년대 천도교의 협동전선론과 신간회의 참여와 활동」, 『동학학보』 10, 동학학회, 2005.

42) 표영삼, 「천도교와 6·10만세운동」, 『한국민족운동사연구』 14, 한국민족운동사연구회, 1996; 장석흥, 「천도교구파와 6·10만세운동」, 『북악사론』, 국민대학교 국사학과, 1997.

43) 유준기, 「抗日秘密結社獨立運動團體 吾心黨에 대한 연구」, 『한국민족운동사연구』 11, 한국민족운동사연구회, 1995.

44) 김정인, 「1920년대 중후반 천도교 세력의 민족통일전선운동」, 『한국사학보』 11, 고려사학회, 2001; 성주현, 「1930년대 천도교의 반일민족통일전선운동에 관한 연구 - 갑산·삼수·풍산·장백현 지역의 조국광복회를 중심으로-」, 『한국민족운동사연구』 25, 한국민족운동사학회, 2000.

45) 송준석, 「소춘 김기전의 아동인격 해방의 교육사상」, 『한국교육사학』 17, 한국교육학회 교육사연구회, 1995; 윤해동, 「한말 일제하 천도교 김기전의 '근대'의 수용과 민족주의」, 『역사문제연구』 창간호, 역사문제연구소, 1996.

46) 황문수, 「야뢰에 있어서의 인내천사상의 전개」, 『한국사상』 12, 한국사상연구회, 1974; 황문수, 「이돈화의 신인철학사상」, 『숭산박길진박사고희기념 한국근대종교사상사』, 숭산박길진박사고희기념사업회, 1984; 황선희, 「1920년대 천도교의 신문화운동-이돈화의 삼대개벽론을 중심으로」, 『용암차문섭교수화갑기념사학논총』 1989; 황선희, 「이돈화의 사상연구-인내천논증을 중심으로」, 『상명사학』 창간호, 상명사학회, 1993; 허수, 「1920년 전후 이돈화의 현실인식과 근대철학 수용」, 『역사문제연구』 9,

역사문제연구소, 2002; 김형기, 『20세기 전반 후천개벽사상의 연구』, 한양대학교 대학원 박사학위논문, 2002; 허수, 「1920년대 전반 이돈화의 개조사상 수용과 '사람성주의'」, 『동방학지』125, 연세대 국학연구원, 2004; 허수, 「1905~1924년 천도교 종교사상의 형성과정-이돈화의 인내천 논증을 중심으로-」, 『역사문제연구』12, 역사문제연구소, 2004; 허수, 『일제하 이돈화의 사회사상과 천도교』, 서울대학교 대학원 박사학위논문, 2005.

제2장 1920년 전후 천도교청년단체의 조직과 활동

1) 이돈화, 「종교의 양측면」, 『천도교회월보』91호, 1918.2, 10쪽. 이러한 종교의 양면성은 동학에서부터 제시되었다고 할 수 있다. 다만 이돈화는 이를 좀 더 근대적 이론적으로 뒷받침하고자 하였던 것으로 보인다. 이에 대해서는 허수, 「일제하 이돈화의 사회사상과 천도교-종교적 계몽을 중심으로-」, 서울대 박사학위논문, 2005를 참조.

2) 허수, 앞의 논문, 48쪽.

3) 春坡生, 「만족한 일일」, 『천도교회월보』109호, 1919.9, 44-56쪽. 8월 2일경 박달성, 박래홍, 조기간 등 청년과 천도교회월보과 주임 유재풍 등 청장년 10명은 영흥집에서 모임을 갖고 '노년은 노년, 청년은 청년하면서 서로 길을 가르지 말고 共通主義를 가지고 一致的 行動'을 위한 준비를 논의하였다. 그러나 이 모임에서 청년층은 노년층보다는 청년층을 중심으로 새로운 길을 모색하기로 하였다.

4) 정도준, 「正養題下에 大告天下」, 『천도교회월보』108호, 1919.8, 39-40쪽.

5) 민영순, 「천도교61년 연보」, 『천도교회월보』116호, 1920.4, 32쪽.

6) 천도교청년교리강연부가 창립일을 9월 2일로 정한 것에 대해 조규태는 齋藤實이 총독으로 취임한 날로 의미를 두었지만 실제로 세계청년운동과 사회주의의 활동을 의식한 면도 없지 않았다고 보인다. 이날은 1885년 이탈리아에서 발기한 '국제무산자청년의 날'이었다.(김병준, 「천도교청년당의 출현」, 『천도교회월보』157호, 1923.10, 8쪽)

7) 「조선치안개황」, 조선총독부경무국, 1922, 72쪽.

8) 이돈화, 「일반의 기대하에 立한 2대 청년단체」, 『개벽』3호, 1920.8, 57쪽.

9) 조기간, 『천도교청년당소사』, 천도교청년당본부, 1935, 15쪽.

10) 민영순, 「교리강연부일반-금일의 소득」, 『천도교회월보』111호, 1919.11, 34쪽.

11) 박찬승, 『한국근대정치사상사연구』, 역사비평사, 1992, 177쪽.

12) 「개벽」, 『개벽』창간호, 1920.6.25, 1쪽.

13) 정도준, 「포덕천하」, 『천도교회월보』113호, 1920.1, 51-58쪽.

14) 이돈화, 「천도교청년임시교리강습회에 취하여」, 『천도교회월보』114호, 1920.2, 1-3

쪽.

15) 「천도교청년교리강연부의 설립」, 『천도교회월보』110, 1919.10, 64쪽.

16) 정도준, 「천도교지청년」, 『천도교회월보』115, 1920.3, 46쪽.

17) 사형환, 「對교리강연부 청년제군」, 『천도교회월보』114, 1920.2, 57-59쪽.

18) 은명생, 「쾌히 교리강연부에 응하라」, 『천도교회월보』112, 1919.12, 40쪽.

19) 「교리강연부의 확장」, 『천도교회월보』111호, 1919.11, 68-69쪽.

20) 천덕송은 천도교 의식이나 행사 때 부른 노래이다. 기독교의 찬송가와 같다.

21) 「교리강연부의 확장」, 69쪽.

22) 速記中, 「교리강연부의 第1 例會觀」, 『천도교회월보』110호, 1919.10, 63쪽.

23) 速記中, 「교리강연부의 第1 例會觀」, 『천도교회월보』110호, 1919.10, 63쪽; 敬菴(李
　　觀), 「교회의 月史」, 『천도교회월보』112호, 1930.12, 20쪽; 정용서, 「일제하 천도교청
　　년당의 정치・경세사상 연구」, 연세대학교 대학원 석사학위논문, 1997, 9쪽; 조규태,
　　『천도교의 문화운동론과 문화운동』, 국학자료원, 2006, 30쪽.

24) 교리강습소는 1910년대 천도교에서 전국적으로 800여 개를 설립하여 천도교 교리
　　와 역사, 그리고 근대적 신학문을 교육한 기관이다. 수업연한은 정규반은 3년, 특별과
　　는 2년, 속성과는 3개월이었으며, 교과목은 敎理, 修身, 한글, 한문, 日語, 산술, 역사,
　　理科, 圖書, 農業, 體操, 唱歌 등이었다.(『천도교교리강습소규정』, 천도교중앙총부,
　　1911; 성주현, 『일제강점기 만주지역 천도교인의 민족운동연구』, 경기대학교 대학원
　　석사학위논문, 2002, 63-64쪽)

25) 정도준은 「心理學綱要」를 6회 연재했으며[『회월보』97-100호(1918.9-12) 102호(
　　1919.2) 105호(1919.5)], 김옥빈은 「세계종교사」를 11회 연재했다.[『회월보』97-99호
　　(1918.9-11) 101-104호(1919.1-1919.4) 107-110호(1919.7-10) 112호(1919.12)]

26) 김봉국, 「講演部를 위하야」, 『천도교회월보』114호, 50면.

27) 隱名生, 「쾌히 교리강연부에 응하라」, 『천도교회월보』112호, 1919.12,

28) 김봉국, 「강연부를 위하여」, 『천도교회월보』114호, 51쪽.

29) 『매일신보』1920년 4월 6일자, 「천도교강연부 설치」.

30) 조기간, 『천도교청년당소사』, 16쪽.

31) 교리강연부의 강연 활동은 『천도교회월보』110-116호에 게재되었다.

32) 「교리강연부의 확장」, 『천도교회월보』111호, 1919.11, 68-69면.

33) 민영순, 「천도교 61년 연보」, 『천도교회월보』116호, 1920.4, 32면.

34) 「교리강연부의 확장」, 69면.

35) 「중앙총부휘보」, 『천도교회월보』114호, 1920.2, 76면; 민영순, 「천도교 61년 연보」,
　　32면.

36) 이돈화, 「천도교청년임시교리강습회에 就하야」, 『천도교회월보』114호, 1-6면.

37) 조규태, 『천도교의 문화운동론과 문화운동』, 국학자료원, 2006, 34쪽.

38) 「천도교청년교리강연부의 명의개정」, 『천도교회월보』117호, 1920.5, 114쪽. 천도교 청년회 설립일에 대한 기록은 자료에 따라 차이가 있다. 1920년 4월 25일은 당시 발행하였던 천도교 기관지 『천도교회월보』117호가 유일하다. 그렇지만 천도교청년회와 천도교청년당의 연혁을 처음으로 정리한 『천도교청년당일람』과 천도교청년당 창립 10주년을 기념하여 간행한 『천도교청년당소사』에는 1920년 3월이라고 하였다.

39) 「천도교청년교리강연부의 명의개정」, 『천도교회월보』117호, 1920.5, 114쪽.

40) 조기간, 『천도교청년당소사』16쪽.

41) 김병준, 「지상천국의 건설자 천도교청년당의 출현」, 『천도교회월보』157호, 1923.10, 8쪽.

42) 이돈화, 「조선신문화건설에 대한 도안」, 『개벽』4호, 1920.9, 9-16쪽.

43) 일연(조기간), 「우리당의 제3기 임무」, 『당성』18호, 1933.1, 1면. 이 글에는 "우리당은 거금 14년 전 포덕 60년(1919)에 처음으로 일어났다. 천도교청년회라는 이름으로 64년(1923)까지 5년 동안을 나왔다. 이 5개년 동안에는 안과 밖을 통하여 천도교의 교리와 새 문화를 선전하기에 전력을 다하였다"라고 하였다. 또한 정응봉도 "삼천리 방방곡곡에 문화, 문화운동(文化運動)의 소리가 우후죽순처럼 일어나게 되었다. 이때에 있어 조선청년운동의 선구적(先驅的)으로 일어난 것이 곧 천도교청년회이었다. 청년회는 교회의 내부에 있어 교리를 천명하여 청년동덕을 활동케 함과 동시에 밖으로 일반 동포의 신문화운동에 대하여 선구적 임무를 다하였다."라고 하였다.(정응봉, 「천도교청년당 건당 10주년을 당하여」, 『신인간』71호, 1933.9, 19쪽)

44) 천도교청년회본부의 부서는 『천도교청년회회보』3호 및 『천도교청년회회보』4호를 참조하였다.

45) 천도교청년회는 초기에는 포덕부, 편집부, 지육부, 음악부, 체육부 등 5개의 부서를 두었으나 1921년 4월 제3회 정기총회에서 김기전의 발의로 실업부를 설치하였다.

46) 『천도교청년회회보』3호, 4쪽.

47) 『천도교청년회회보』4호, 11쪽.

48) 본 표는 『천도교청년회회보』, 『천도교회월보』, 『천도교청년당소사』를 참조하여 작성하였다.

49) 천도교청년회의 명칭 변경 시기에 대해서 『천도교청년당소사』, 『천도교청년운동 10년간 약사』 등에서는 1920년 3월로 기록되어 있으나 교리강연부가 주최한 청년임시강습회가 4월 1일 끝났고, 4일 후인 천도교 창도일인 4월 5일 기념식 후 교리강연부 주최로 특별대강연회를 개최하는 것으로 보아 중앙의 천도교청년회의 명칭 변경시기는 1920년 4월로 보는 것이 타당하다. 그렇지만 지방에서는 1920년 3월에 천도교청년회 지회가 이미 조직되어 활동한 사례가 적지 않았다.

50)「천도교청년교리강연부의 명의 개정」,『천도교회월보』117호, 1920.5, 114쪽.

51)「천도교 의주종리원」,『천도교회월보』161호, 1924.2, 28쪽.

52)「천도교 장흥종리원」,『천도교회월보』163호, 1924.4, 48-49쪽.

53)「천도교 희천군종리원」,『천도교회월보』165호, 1924.6, 26쪽.

54)「천도교 전주종리원」,『천도교회월보』168호, 1924.9, 32쪽.

55)「천도교 태천종리원」,『천도교회월보』170호, 1924.11, 34쪽.

56)「천도교 박천군종리원」,『천도교회월보』173호, 1925.2, 37쪽.

57) 장경진,「서산 청년지회원 여러분에게」,『천도교회월보』126호, 1921.2, 78쪽.

58)『동아일보』1920.6.28,「전주 천도교청년회」. 전주지회 창립 임원진은 다음과 같다.
회장 李宗煥, 간의원 宋永燮 朴泰俊 金永浩, 포덕부장 金昇文, 간사 金東日 金永植, 편
집부장 梁燦淳, 간사 金仁幸 朴炳暾, 강연부장 趙在涉, 간사 金大駿 李光玭, 음악부장
金大駿, 간사 鄭一珠 全山石, 체육부장 張千鍾, 간사 宋柱成 鄭宣寅, 간의원 長千鍾 金
大駿 李宗煥 金永浩 趙聖德, 고문 具昌根 朴在德, 찬무원 閔泳軫 金聲嘩 安昇煥

59) 전주지회 취지서는 다음과 같다.
"吾人은 반드시 自立할만한 覺醒이 有하여야 할 것이요, 歸依할만한 信條가 有하여야
할 것이라. 世界의 新風化는 吾人을 驅하여 新覺醒을 挑發케 하며 世界의 新氣運은 吾
人을 撻하여 新信仰을 要求케 되도다. 吾人은 어디까지든지 天道敎의 眞理인 人乃天
主義 下에서 新覺醒을 啓發하여 信仰을 確立하고자 하는 者이니, 吾人의 覺醒한 바 宗
旨가 旣히 明하였고 吾人의 理想한 바 目的이 旣히 表現된 以上은 吾人은 其 宗旨를
爲하여 理性의 啓發을 催하고 其 目的을 爲하여 活動의 法步을 開할지라. 然이나 事는
但히 空論과 是非로서 成하는 者이 아니요, 此를 貫徹할만한 基礎와 實踐할만한 機關
이 有한 後에야 庶幾하나니, 是 乃 天道敎靑年會가 成立된 所以인저. 大神師 曰 正其心
養其才라 하셨으니, 此는 吾敎人된 者 一般이 實踐躬行할 信條임과 同時에 靑年된 者
의 銘胸踐行할만한 法文이니, 若 吾敎門에 雖幾千萬의 靑年이 有할지라도 萬一 心이
正한 바 無하고 才에 養한 바 無하면 此는 一種의 害物不過한 者라. 故로 本 靑年會는
特히 神聖의 心法을 體하여 內로 德性을 修鍊하며 外로 智識을 廣求하며 進하여 吾敎
理의 闡明을 期圖하며 吾敎風의 廣布를 自擔하여써 大天大地가 總히 神聖의 心法 下
에 融和하기를 目的하나니, 惟吾 靑年은 此意에 體하여 各自의 天心을 正하고 各自의
天才를 養하여써 本會의 趣旨를 貫徹할진저."

60)「지방청년회 특별강연」,『천도교회월보』117호, 1920.5, 114쪽 및「천도교청년회 특
별강연회」,『천도교회월보』118호, 1920.6, 102-103쪽.

61)『동아일보』1920.6.3,「천도교청년회 조직」.

62) 鸎巖,「동경에서 거행한 兩 大式의 상황」,『천도교회월보』128호, 1921.4, 104-106쪽.

63)『동아일보』1920.8.24,「천도교청년회 창립」. 강계지회의 회원은 107명이며, 회장은

劉漢龍이 선임되었다.

64) 『동아일보』1920.9.18,「영변 천도교청년회」. 창립 총회에서 선임된 임원은 다음과 같다. 회장 李峻壎, 고문 吉學晟 康明奎, 포덕부장 張東淳, 강연부장 金萬鍊, 간의원장 李龍河 재무 金○燦;『동아일보』1920.9.18,「천도청년회 창립회」. 창립 당시 임원진은 다음과 같다. 회장 朴棟周, 서무원 金昌祚, 외무 崔運燮, 포덕부장 李忠祿, 편집부장 趙政均, 강연부장 尹元澤, 음악부장 李元根, 체육부장 韓明善

65) 발기인은 방정환(대표), 김상근, 이기정, 정중섭, 박달성 등 5명이었다.

66) 이날 모임에 참가한 인물은 발기인 5명 외에 이태운, 박춘섭, 김광현, 등이었다.

67) 박춘파,「동경에 있는 천도교청년의 현황을 보고하고」,『천도교회월보』126호, 1921.2, 54-55쪽.

68) 농암,「동경에서 거행한 양 대식의 상황」, 105-107쪽.

69) 『동아일보』1922.2.20,「천도청년 지회 창립」. 창립 임원진은 다음과 같다. 회장 金吉昊, 간무 張應杰 金炳洙, 고문 崔丹鳳.

70) 김병준,「천도교청년당의 출현」,『천도교회월보』157호, 1923.10, 9쪽.

71) 조규태,『천도교의 문화운동론과 문화운동』, 국학자료원, 2006, 106쪽. 천도교청년회의 문화운동에 관해서는 이 책을 참조할 것.

72) 이에 대해서는 졸고,「동학혁명 참여자의 혁명 이후 활동」,『문명연지』6-1, 한국문명학회, 2005를 참조할 것.

73) 1923년 말까지『동아일보』를 통해서 확인할 수 있는 기독교청년회 지방조직은 다음과 같다. 선천 신의주 달성(대구 교남) 북진 신천 동경 곽산 평양 유신 사리원 구암(군산) 진주 함흥 고성(경남) 의주 영암 원산 영천 광주(전남) 동래 철산 청정(정주) 회중(강계) 곡산 인천 거창 단천 안주 재령 등이다.

74) 「연합회휘보」,『아성』창간호, 1920.3, 103-106쪽.

75) 경기도경찰국,「조선청년회연합회 제4회 정기총회 개최의 건」, 경고비 5495호, 1923년 4월 14일;『일제하사회운동사자료총서』4, 227쪽. 그리고 1925년 5회 정기총회에는 28개 지역청년단체가 참가하였다.

76) 이현주,「전조선청년당대회·연구」,『한극근현대사연구』9, 한국근현대사연구회, 1998, 186-187쪽.

77) 『동아일보』1920.8.31,「천도교 교리연구회」. 연구회의 임원진은 다음과 같다. 회장 趙觀溶, 총무 張載文, 연구부장 金泳根, 포덕부장 羅文赫, 강연부장 朱熙鎭, 문예부장 金昌軾.

78) 장재문,「겸이포교리연구회에 대하여」,『천도교회월보』122호, 1920.10, 76쪽.

79) 『동아일보』1920.9.12,「교리연구회 강연회」.

80) 『동아일보』1920.9.4,「광제청년회 창립」. 회장은 송진영, 부회장은 이문희, 총무는 조

옥상, 고문 이원경 최재우이다.

81) 『동아일보』1921.3.6, 「천도교여자청년회」. 그런데 妙香山人, 「평양여자청년회 설립에 대하여 나의 느끼는 몇 가지」, 『천도교회월보』126호, 1922.2 66쪽에서는 지난달 30일에 조직되었다고 밝혔다. 이에 따라 조규태는 1921년 1월 30일에 설립되었다고 판단하였다.(조규태, 『천도교의 문화운동론과 문화운동』, 207쪽) 설립일자에 대해서는 논란이 있을 수 있지만 본고에서는 『동아일보』의 기사에 따른다. 또한 『천도교청년회회보』3호에 따르면 1921년 2월에 창립되었다고 보고하였다.(『천도교청년회회보』3호, 17쪽)

82) 『동아일보』1921.4.17, 「천도여자청년 야학」.

83) 「간도여자청년회 발기」, 『천도교회월보』128호, 1921.4, 109쪽.

84) 『조선일보』1921.5.8, 「여자청년회 창립」.

85) 「안주여자청년회 성황」, 『천도교회월보』130호, 1921.6, 111쪽; 『시대일보』1924년 4월 2일, 「안주의 상황」.

86) 『시대일보』1924.9.12, 「여자야학 개강」.

87) 『천도교청년회보』4호, 21쪽.

88) 김응조, 앞의 책, 48면.

89) 『천도교청년회회보』4호, 17쪽.

90) 『동아일보』1921.5.19, 「천도교청년친목회」.

91) 『동아일보』1921.5.19, 「천도교친목 강연」.

92) 『동아일보』1921.5.29, 「천도교청년연합회」.

93) 『동아일보』1921.8.25, 「천도청년 연합친목」.

94) 『동아일보』1920.6.3; 6.28; 9.18; 1921.10.15.

95) 『동아일보』1921.10.22; 1922.1.3; 1923.8.18.

96) 『동아일보』1922.1.11; 1.24; 4.10. 평양천도교소년회의 주요활동은 강연회, 토론회, 야유회 등이 있다.

97) 『천도교청년회회보』3호, 17쪽.

98) 『천도교청년회회보』4호, 14-15쪽.

99) 『조선일보』1922.12.16, 「천도교 축구단 조직」. 임원에는 단장 金永浩, 회계 姜信甲, 간사 金炳寶 徐永德, 주무 黃慶秀이 각각 선임되었다.

100) 『천도교청년회회보』4호, 15쪽.

101) 『동아일보』1920.9.23, 「강계천도교청년회」.

102) 『동아일보』1922.7.16, 「천도교청년 연예」.

103) 『동아일보』1922.7.16; 7.19; 8.1.

104) 『동아일보』1922.8.2; 9.1.

105) 『동아일보』1921.6.29,「천도교청년 간의회」.

106) 『동아일보』1922.5.18.

107) 『동아일보』1922.5.18,「천도교청년회 총회」.

108) 『동아일보』1921.7.7,「천도교청년회 총회」.

109) 『동아일보』1921.4.21,「천도교청년회 총회」.

110) 『동아일보』1922.8.1,「천도교청년회 부흥」. 당시 임원진은 다음과 같다. 회장 白宗
聖, 총무 張鎬容, 포덕부장 朴泰興, 지육부장 朴英彦, 체육부장 盧瀅奎, 서기 李元燮,
간의원 李惟淳 朴鑶杰 趙文植 高周成.

111) 『동아일보』1938.9.26,「교육계 공로자 장씨 3천원을 혜척」; 1929.5.12,「식산회를
조직 공동소작 실시」.

112) 『천도교청년회보』4호, 12쪽.

113) 김병준,「지상천국의 건설자 천도교청년당의 출현」,『천도교회월보』157호, 1923.
10, 9쪽.

114) 『동아일보』1922.10.13,「천도교유신청년회」.

115) 「最近ノ天道敎ノ其ノ分裂ヨリ合同ヘノ經過」, 1930.12(『齊藤實文庫』10, 574-575
쪽);조규태,「1920년대 천도교연합회의 변혁운동」,『한국근현대사연구』4, 한국근현
대사연구회, 1996, 224쪽.

116) 『동아일보』1922.10.1,「천도교청년순회강연」; 1923.8.26,「천도유신청년 순강」.

117) 『조선일보』1922.12.16,「천도유신 대강연」.

118) 『동아일보』1924.2.6,「고흥천도교유신청년회 창립」.

119) 이 의무금은 천도교청년회에서 천도교청년당으로 전환한 지 2년이 경과한 후인
1925년의 상황이었다. 그렇지만 청년회의 의무금 역시 같을 것으로 본다.

120) 「제4회 정기총회회록」,『천도교청년회회보』3, 천도교청년회, 1921.10, 6면.

121) 『천도교청년회회보』3호, 15쪽.

122) 『천도교청년회회보』3호, 16쪽.

123) 『천도교청년회회보』4호, 19-20쪽.

124) 이현희,「일제의 천도교 탄압정책」,『신인간』463호, 1988.9, 27쪽, 재인용.

125) 「조선소요사건상황」,『독립운동사자료집』제6집, 독립운동사편찬위원회, 1973, 657
쪽.

126) 이와 같은 기사는 당시 신문 중 유일하게 『매일신보』에만 게재하였다. 『동아일보』
나 『조선일보』에는 이와 관련된 기사가 보이지 않는다. 이러한 점에서 『매일신보』는
총독부의 의중을 제대로 반영하였다고 생각된다.

127) 『每日申報』1919.4.24.

128) 『每日申報』1919.5.3.

129) 「每日申報」, 1919년 5월 22일 자.

130) 「매일신보」, 1919년 6월 1일 자.

131) 「매일신보」, 1919년 6월 19일 자.

132) 「3.1운동사(상)」, 『독립운동사』제2권, 독립운동사편찬위원회, 1971, 732면.

133) 앞의 책, 21면.

134) 「天道教靑年會會報」제3호, 1921. 12. 4면; 『韓國思想』제16집.

135) 『천도교회월보』127호, 122쪽. 포교문의 내용은 다음과 같다.

〈天道教 布教文〉天道教 元祖 水雲大神師 崔濟愚-距今 六十一年前 庚申 四月 五日에 天道를 大覺하시고 衆生에게 일렀으되 ●一天下의 飜覆運數 다시 開闢되나니 이곳 後天精神開闢이니라. 이 世上은 過去 모든 聖道聖法으로써 足히 건지지 못할 것이요 오즉 天道 그대로를 널리 億兆에 깨닷게 하야 다가티 一體에 同歸케 하라. ●天道는 儒·佛·仙-其他 모든 것이 아니요, 그 모든 것의 大源을 直接으로 깨닷게 함이니 故로 天道는 모든 不圓滿에 對한 圓滿이니라. ●나는 上帝를 아노니 上帝는 곳 내니라. 곳 億兆이니라. 사람의 手足動靜-이 곳 鬼神이며 마음 用事-이 곳 氣運이며 말하고 웃는 것이 이 곳 造化니라. 이것이 곳 上帝의 權能이며 이것의 無窮無窮을 앎이 곳 天道를 앎이니라. ●너이는 上帝를 바르게 미드라. 遠에 求치 말며 虛에 拜치 말며 他에 依치 말라. 오즉 네 몸에 돌어와 上帝의 참 面目을 보라. 너이는 무엇을 미드니 보다는 너로써 너를 미듬이 가장 참 미듬임을 알라. 그러함이 上帝를 바로 恭敬함이며 바로 섬김이니라. ●너이는 上帝를 바르게 밋지 못하엿슴으로써 모든 虛僞-이에서 나게 되엇나니 億兆-만약 億兆 自己 스스로가 上帝임을 깨달으면 萬理-이에서 正하고 萬事-이에서 正하고 世界-이에서 正하리라. ●너이가 萬一 億兆 스스로가 上帝임을 깨달으면 딸아서 곳 天國이 곳 이 世界 임을 알게 되리라. 그리하야 너이는 너이의 努力에 因하야 不完全으러부터 完全, 不合理로부터 合理에 나아가면 이 世界는 變하야 天國이 되며 이 億兆는 다가티 天人이 되리라. 곳 人乃天이 되리라. ●너이가 萬一 億兆 스스로가 上帝임을 깨달으면 딸아서 長生이 무엇임을 알게 되리라. 그리하야 너이로써 建設한 이 天國의 中에서 너이의 性靈이 未來永遠한 億兆의 生命과 結合하야 永久長生하리라. ●너이는 아즉 이 不完全한 世界로써 完全한 天國을 建設키 爲하야 굿건히 敎會를 組織하며 德化를 宣傳하야 後代億兆에게 이 法이 가장 참된 眞理임을 傳하야 주라. 그리하야 너이는 너이로부터 먼저 一體에 同歸하라. 上은 水雲大神師의 遺訓中 一節이옵니다. 우리는 이 世上이 곳 後天運數임을 알며 그리하야 天道의 最高理想인 人乃天主義가 모든 億兆로써 한울되게 하며 世界로써 天國되게 하며 우리로써 永生되게 함을 確實히 밋나니 四海兄弟-다가티 이 健全한 信仰에 돌아와 上帝의 心法을 發揮하기를 懇切히 비옵나이다. - 天道敎靑年會

136) 「각 지회의 상황일람」, 『천도교청년회회보』3, 16쪽.

137) 「각 지회의 상황일람」, 『천도교청년회회보』 4, 17쪽.

138) 위의 글, 15쪽.

139) 위의 글, 17쪽.

140) 『조선일보』 1921.8.19, 「기념식 거행과 순강대 조직」. 철산지회의 순회강연대 활동
은 다음과 같다.

강연대	연사	순회 일정 및 순회 지역
南隊	박영 정○하 최영진	8월 24일 철산면 동천동, 25일 백량면 삼금동, 26일 백량면 쌍암동, 27일 철산면 장평동, 28일 철산면 동창동, 29일 철산동 근천동, 30일 백량면 풍천동, 31일 정혜면 육성동, 9월 1일 정혜면 탑현동, 2일 부서면 부평동
北隊	정윤석 배정환 김원택	8월 24일 여한면 가봉동, 25 여한면 덕화동, 26일 서림면 작현동, 27일 서림면 인수동, 28일 서림면 서림동, 29일 서림면 연상동, 30일 참면 이응면, 31일 참면 월안동, 9월 1일 참면 차련관, 2일 차면 신곡동

141) 「각 지회의 상황일람」, 『천도교청년회회보』 3, 15-18쪽.

142) 「각 지회의 상황일람」, 『천도교청년회회보』 4, 12-21쪽.

143) 『천도교회월보』 130호, 110쪽.

144) 『동아일보』 1921.3.13, 「천도교원 전도강연」.

145) 『조선일보』 1921.9.7, 「천도교청년 전도대」.

146) 『동아일보』 1921.8.14, 「천도교청년 전도대」 및 9.19, 「천도교청년 전도대」; 『조선일보』 1921.9.18, 「천도교청년 전도대」.

147) 『천도교회월보』 126호(1921.2)부터 140호(1922.4)까지 辛酉布德狀況 참조.

148) 金秉濬, 「送舊迎新, 過去 一年의 事業을 報告하면서 新年의 新發展을 바람」, 『천도교회월보』 137호, 1922.1, 20쪽.

149) 「본회의 각부 사업경과」, 『천도교청년회회보』 3, 4쪽. 천도교소년회는 1921년 6월 5일 회장 구자홍, 간무 김도현 신상호 정인엽 장지환, 총무 김기전, 고문 정도준 박사직, 지도위원 이병헌 박용회 차용복 강인택 김상율 조기간 박래홍 김인숙 등을 선임하였다.

150) 『동아일보』 1920.8.18, 「평양소년 강연회」.

151) 『동아일보』 1921.12.29, 「천도소년창립」.

152) 『동아일보』 1922.1.11, 「천도소년 강연회」.

153) 『동아일보』 1922.1.24, 「천도소년 토론회」.

154) 『동아일보』 1922.4.10, 「천도소년 야유회」.

155) 「소년회 강연상항」, 『천도교회월보』 141호, 1922.5, 96쪽.

156) 『동아일보』 1921.10.22, 「천도교소년 원족회」.

157) 『동아일보』 1922.1.3, 「안주천도 인일기념」.

158) 『동아일보』 1923.5.26, 「소년기념 연예회」; 5.30, 「천도소년 기념연예」.

159) 『동아일보』 1923.5.4, 「안주의 어린이 선전」. 이날 행사는 타지방에서 어린이날 행사를 전면 금지함에 따라 안주에서도 처음에는 금지시키고자 하였다. 그러나 안주경찰서는 금지할 것이 아니라 오히려 조장할 일이라 하여 간신히 행사를 할 수 있었다.

160) 『동아일보』 1921.9.18, 「소년회 축구대회」.

161) 『동아일보』 1923.2.12, 「천도교소년회 창립」. 창립 당시 임원은 다음과 같다. 전무위원 김병주, 유락부 황철수 박태기, 담론부 박태홍 이창균, 학습부 김영호 김기호, 위열부 오경표 강치남. 이들은 청년회원으로 소년회를 지도하는 부서별 위원들이다.

162) 『동아일보』 1923.5.12, 「어린이날 少年會成」. 창립 당시 임원은 다음과 같다. 지도위원 박영, 배정환 정윤석, 전문위원 김영선, 위원 박홍문 정윤성 김종순 등이다. 당일 회원으로 102명이 가입하였다.

163) 『동아일보』 1923.8.18, 「함흥소년 음악회」.

164) 「소년회 상황」, 『천도교회월보』 144호, 1922.9, 77-78쪽. 소년회 임원은 다음과 같다. 회장 김문수, 총무 강종수 김응영, 회계 및 서기 김초수, 학습부장 김형걸 부원 김형후 김호순, 유락부장 김초수 부원 김호수 김능영, 담론부장 김붕영 부원 김형섭 김송영, 위열부장 김사영 부원 김경수 김활순. 시일학교 임원은 다음과 같다. 교장 김학영, 설립자 강홍수, 회계 및 서기 강길수, 교원 김형모 김초수 김호수 김형걸.

165) 『동아일보』 1920.8.31, 「천도교 교리연구회」; 장재문, 「겸이포교리연구회에 대하여」, 『천도교회월보』 122호, 1920.10, 74-76쪽.

166) 장재문, 「동명학교를 소개함」, 『천도교회월보』 167호, 1924.8, 40-42쪽.

167) 『동아일보』 1922.8.12, 「천도소년 순회가극」; 8월 14일, 「가극단 강동착발」; 9월 1일, 「소년가극단 착발」; 9.3, 「겸이포 소년가극 내남」.

168) 『동아일보』 1922.8.20, 「천도소년 가극단」.

169) 갤추물의 한자명은 芥秋勿이다.

170) 『동아일보』 1923.6.5, 「갤추물소년회 창립」. 당일 선임된 임원은 다음과 같다. 위원장 정재일, 위원 오형락 최병모 승재섭 이낙범 김병희 박순경 장병섭 정달배 신동근, 지도위원 김두성 장재빈 장재문 나두찬.

171) 『조선일보』 1923.7.5, 「겸이포 야구회」. 당시 야구대회에 참가한 단체는 천도교소년단, 朝日團, 普敎團, 飛虎團 등이었으며, 천도교소년단이 우승을 하였다.

172) 「본회의 각부 사업경과」, 『천도교청년회회보』 3, 5쪽.

173) 「지방청년회 특별강연」, 『천도교회월보』 117호, 1920.5, 114쪽 및 「천도교청년회 특별강연」, 『천도교회월보』 118호, 1920.6, 101-103쪽.

174) 「지방청년회의 강연상황」, 『천도교회월보』 119호, 1920.7, 106-108쪽.

175) 「천도교청년회 강연상황」, 『천도교회월보』 122호., 1920.10, 107-108쪽.

176) 「본회의 각부 사업경과」, 『천도교청년회회보』 3, 5쪽.

177) 「본회 각부 경과보고」, 『천도교청년회회보』 4호, 8쪽.

178) 『동아일보』, 1921.6.22, 「사고」.

179) 관상자, 「함흥과 원산의 인물백태」, 『개벽』 54호, 1924.12, 108쪽.

180) 『조선인사흥신록』, 133-134쪽.

181) 『동아일보』 1922.4.11, 「사고」.

182) 『동아일보』 1921.3.11, 「사고」.

183) 『동아일보』 1924.11.7, 「진주사건 後報」.

184) 『시대일보』 1924.4.1, 「노공 집행위원회」 및 「노공 정기총회」.

185) 『동아일보』 1920.6.4, 「황주의 천도교 강연」.

186) 『동아일보』 1922.1.11, 「천도교청년 강연」.

187) 성주현, 「천도교청년당 도쿄당부의 조직과 활동」, 『재일코리안운동과 저항적 정체
성』, 선인, 2016, 112-120쪽을 참조함.

188) 『동아일보』 1920.6.22, 「동경유학생 순강」. 이날 강연은 부산청년회와 동아일보 지
국에서 후원하였으며, 박달성은 '당면의 문제와 요구의 인간', 전민철은 '현대사조와
인내천주의', 방정환은 '잘살기를 위하여'라는 제목으로 각각 강연하였다. 참석인원은
7백여 명으로 성황리에 마쳤다.

189) 『조선일보』 1921.6.16, 「천도교지회 선전대」; 「천도교청년회동경지회 순회강연 상
항」, 『천도교회월보』 131호, 1921.7, 102쪽.

190) 『조선일보』 1921.7.19, 「순회강연의 상황」.

191) 『동아일보』 1921.7.4, 「유학생 순회강연단」.

192) 『동아일보』 1921.6.24, 「동경유학생 순강단」.

193) 『조선일보』 1921.7.19, 「순회강연의 상황」.

194) 『동아일보』 1921.7.10, 「소년에게 강연」.

195) 「천도교청년회동경지회 순회강연 상항」, 『천도교회월보』 131호, 1921.7, 102쪽.

196) 『동아일보』 1920.7.10, 「중지명령도 있은 천도교청년회 강연」.

197) 『동아일보』 1920.7.10, 「소년에게 강연 천도교소년회에서」.

198) 「천도교청년회동경지회 순회강연상황 속보」, 『천도교회월보』 132호, 1921.8, 101쪽.

199) 『동아일보』 1921.8.7, 「검사가 又 控訴」.

200) 『동아일보』 1921.7.17, 「천도교강단원산착」.

201) 『조선일보』 1921.8.1, 「30일 원산서를 出한 박달성군 동정」; 『왜정시대인물사료』 1
권.

202) 「지방청년회의 대활동」, 『천도교회월보』 122호, 108쪽.

203) 『동아일보』 1920.8.29, 「천도교순회강연단」.

204) 『동아일보』1921.3.23,「천도교청년회 순강」.
205) 「각군 지회 순회강연 상황」,『천도교회월보』128호, 102-3쪽;『동아일보』1921.3.17,
「천도교청년회 순강」. 그런데 강연 제목은 약간의 차이가 있다. 즉 변창순의 경우『동
아일보』에는 '오로지 종교에 의뢰 신앙하라'로 되어 있다.
206) 『동아일보』1920.9.10,「천도교청년회 순강」.
207) 『동아일보』1921.6.1,「겸이포천도교 강연」.
208) 「각군 지회 순회강연 상황」,『천도교회월보』128호, 102쪽.
209) 『동아일보』1922.3.1,「천도교회 순강 예정」; 3.23,「천도교구 순강 소식」. 평강지회
의 강연단과 일정은 다음과 같다. 제1단 이태윤 권대길 3월 10일 평강면 복계리, 14일
현내면 감둔리, 15일 역내리, 16일 남면 중동리, 제2단 권대완 권영해 3월 13일 평강면
신촌리, 14일 평강면 나매리, 16일 서면 정산리, 제3단 권태길 김인환, 3월 13일 현내
면 적동리, 고사변 중평리, 16일 목전면 삼양리. 이후 허선과 김규하가 추가되었다.
210) 『동아일보』1921.6.26,「천도교 지방순강단」.
211) 『동아일보』1921.6.28,「천도청년 지방순강」; 6.29,「천도청년 지방순강」; 7.1, 천도
교청년 순강단」; 7.4,「천도교 지방강연단」; 7.17,「천도청년 특별순강」.
212) 「각군 순회강연 상황」,『천도교회월보』130호, 110쪽;『동아일보』1921.5.28,「창성
천도교청년회」.
213) 「각군 순회강연 상황」,『천도교회월보』130호, 110쪽.
214) 「강연 상황」,『천도교회월보』136호, 111쪽;『동아일보』1921년 12월 6일,「천도교청
년회 순강」.
215) 『동아일보』1922.11.6,「천도교청년회 순강」.
216) 『동아일보』1920.9.12,「천도교청년회 순강」.
217) 『동아일보』1922.8.22,「강연대 출발 준비」.
218) 『동아일보』1922.2.16,「천도교청년회 순강」; 3월 14일,「천도청년 강연대」.
219) 『동아일보』1920.9.2,「천도교청년회 순강」.
220) 『동아일보』1922.2.20,「천도청년 지회 창립」.
221) 『동아일보』1922.2.13,「천도교청년 강연대」.
222) 『동아일보』1921.3.28,「천도교 곽산지회」.
223) 이돈화,「천도교청년임시교리강습회에 就하여」,『천도교회월보』114호, 1920.2, 1
쪽.
224) 이돈화,「천도교청년임시교리강습회에 就하여」, 4-5쪽.
225) 강인택,「좀 보시오 거룩한 우리 강습회 보고의 횡설수설을」,『천도교회월보』127호,
1921.3, 91쪽.
226) 강인택, 앞의 글, 95쪽.

227) 「강습회중 수여식」, 『천도교회월보』116호, 1920.4, 142쪽; 「교리강습회 수료식 상황」, 『천도교회월보』128호, 1921.4, 112쪽.

228) 『동아일보』1921.4.29, 「교리강습증 수여식」.

229) 『동아일보』1921.4.20, 「사범강습회 개강식」.

230) 「강습회 상황」, 『천도교회월보』140호, 1922.4, 100쪽.

231) 「강습회 상황」, 『천도교회월보』151호, 1923.4, 74쪽.

232) 『동아일보』1921.3.3, 「천도교 교리강습회」; 4월 24일, 「천도교리강습 종료」; 『천도교회월보』130호, 111쪽.

233) 「교리강습회 상황」, 『천도교회월보』138호, 1922.2, 93쪽.

234) 『동아일보』1921.11.19, 「천도교리강습 개설」.

235) 『동아일보』1921.3.7, 「천도교강습회 수업」; 『천도교회월보』128호, 1921.4, 102쪽.

236) 『동아일보』1922.2.4, 「안주천도교 강습회」.

237) 『동아일보』1922.2.5, 「안주천도교 강도회」.

238) 『동아일보』1922.1.21, 「천도교 자산강습회」.

239) 『동아일보』1922.3.1, 「천도교청년 강습회」; 4.11, 「천도청년 강습 수료」.

240) 『동아일보』1922.4.11, 「천도교청년 강습 확장」.

241) 『천도교회월보』131호, 102쪽.

242) 『동아일보』1922.2.26, 「임시교리 강습회」.

243) 『동아일보』1920.9.25, 「천도교 교리강습회」.

244) 『동아일보』1921.9.1, 「덕천 천도청년 강습」; 9.27, 「덕천 천도 강습회」.

245) 『동아일보』1921.10.14, 「유양준씨의 독지」.

246) 『천도교회월보』140호, 99쪽.

247) 『동아일보』1921.4.11, 「천도교리강습 수료」.

248) 『동아일보』1921.11.27, 「천도교리 강습회」.

249) 『동아일보』1923.6.25, 「천도청년강습 속개」.

250) 『천도교회월보』127호, 113-114쪽.

251) 『천도교회월보』128호, 102쪽.

252) 박용채, 「풍산군 교리강습회에 대하여」, 『천도교회월보』124호, 107-109쪽.

253) 『동아일보』1921.3.25, 「김해군 천도교 발전」.

254) 『천도교회월보』31호, 102쪽.

255) 『천도교회월보』139호, 103쪽.

256) 「각군 강습회 상황」, 『천도교회월보』131호, 1921.7, 102쪽.

257) 『천도교회월보』138호, 93쪽.

258) 『동아일보』1922.2.1, 「성천천도 교리강습」; 『천도교회월보』138호, 93쪽.

259) 『천도교회월보』140호 99쪽.

260) 「오씨 교육열성」, 『천도교회월보』135호, 1921.11, 105-106쪽.

261) 유재풍, 「부인강습회에 대하여」, 『천도교회월보』128호, 21쪽.

262) 유재풍, 앞의 글, 23쪽.

263) 박사직, 「부인강습에 대한 數句語」, 『천도교회월보』126호, 61-65쪽.

264) 『동아일보』1921.12.3, 「천도교 강습수업식」.

265) 「각군 강습회 상황」, 『천도교회월보』127호, 1921.3, 114쪽.

266) 「여자강습회 상황」, 『천도교회월보』137호, 1922.3, 115-116쪽; 『동아일보』
1921.12.20, 「천도교여자강습회」.

267) 「각군 강습회 상황」, 『천도교회월보』127호, 1921.3, 113-114쪽.

268) 앞의 글, 114쪽.

269) 「각군 강습회 상황」, 『천도교회월보』128호, 1921.4, 102쪽.

270) 『동아일보』1921년 4월 17일, 「천도여자청년 야학」; 7월 27일, 「천도교 여자야학 폐
강」.

271) 「여자강습회 상황」, 『천도교회월보』132호, 1921.8, 101쪽.

272) 『동아일보』1921.9.23, 「천도교여자강습회」.

273) 「각군 강습회 상황」, 『천도교회월보』131호, 1921.7, 103쪽.

274) 『동아일보』1921.7.10, 「천도교여자강습회」.

275) 『동아일보』1921.9.29, 「천도여자야학 근황」.

276) 『동아일보』1922.4.4, 「천도여자강습소」. 운영진은 소장 안상렬, 소감 최승균, 학감
김대준 최무진, 강사 김용숙 오경윤 이학수 등이다.

277) 『동아일보』1922.3.10. 「신포 천도여자 야학」. 운영진은 회장은 이현재, 회감은 우균
화(여), 회계는 김진형, 강사는 송두용 우승락 등이었다.

278) 『동아일보』1922.4.11, 「천도교부녀강습회」. 부녀강습회 발기회 임원은 개설자 김하
룡, 회장 이영재, 학감 이재설, 위원 박창순 김태훈 고병현 정일 김태준, 회계 김태훈,
강사 이영재 김태석 등이었다.

279) 『동아일보』1922.4.27, 「부녀교리강습소」.

280) 「강습회 상황」, 『천도교회월보』141호, 1922.5, 95쪽; 「강습회 상황」, 『천도교회월
보』143호, 1922.7, 108쪽.

281) 「강습회 상황」, 『천도교회월보』151호, 1923.4, 74쪽.

282) 「부인강도회 상황」, 『천도교회월보』137호, 1922.1, 114-115쪽. 이외에 포덕부는 포
덕에 종사, 재무부는 금전수지장리를 담당했다. 임원진은 회장 임신화, 부회장 이화
화, 포덕부장 홍수정 간사 장석화 정선화 전윤화 정종화 정석화 조문화 이연화 정수정
안진화 노봉화, 지육부장 심수정 강사 김영희, 재무부장 김봉화 간사 장경화 등이며,

목적은 오관실행, 여자의 신지식 배양, 舊慣打破 新慣養成, 특성-圓滿集合性 양성, 純實無爲性 발휘 등이다.

283) 「분의여중에 출몰하던 보성학교는 금후 안전하게 되었다」, 『천도교회월보』154호, 1923年 7, 1-7쪽; 김광식, 「일제하 불교계의 보성고보 경영」, 『한국민족운동사연구』 19, 한국민족운동사학회, 1998, 315-316쪽..

284) 동덕여학원, 『동덕여학교70년사』, 보신재, 1980, 90쪽.

285) 이원행, 「우리 교우의 신자각하에 설립된 강계사립중일학교를 소개함」, 『천도교회월보』149호, 1923.2, 43쪽.

286) 이외에도 중일학원 설립 발기인은 종리사 이응화, 포덕원 유한룡, 서무원 김영순, 경리원 김세훈, 김명준 김원서, 백인옥, 한병선, 강태일, 김윤태, 김택열, 박병걸, 장창덕, 차응남, 한문욱, 김성구, 이응빈, 유한익, 이영주, 이윤조, 이경서, 인찬언, 김운기, 이병식, 한봉주, 최창원, 이도윤 등이 있다.

287) 『동아일보』1920.5.2, 「이정화 일파의 예심종결서」.

288) 「강계강습원 설립」, 『천도교회월보』130호, 1921.6, 110쪽.

289) 이원행, 앞의 글, 45쪽.

290) 『동아일보』1921.10.1, 「강계 중일학교 소식」; 10.3, 「중일교기성회 발기」. 당시 기성회발기인 권유위원은 이정화, 송병관, 윤창수, 김종합, 김태희, 김풍, 전시항, 백인옥, 정신진, 심기석, 송정주, 김문벽, 이풍재, 유한룡, 김명준, 한경하, 오봉빈, 김석련 등이었다.

291) 『동아일보』1921.12.9, 「중일기성 선전강연」; 일기자, 「자연의 왕국 강계를 보고」, 『개벽』16호, 1921.10, 82쪽.

292) 이원행, 앞의 글, 45쪽.

293) 『동아일보』1922.3.26, 「중일원 기부금 허가」.

294) 「중일학교 확장」, 『천도교회월보』163호, 1924.4, 44쪽.

295) 『시대일보』1924.10.29, 「중일교 유망」.

296) 『동아일보』1925.3.9, 「중일학원 필경 휴학」.

297) 「각군 강습회 상황」, 『천도교회월보』131호, 1921.7, 103쪽.

298) 「강습상황」, 『천도교회월보』134호, 1921.10, 105쪽.

299) 춘파, 「兩西 50일 중에서」, 『개벽』64호, 1925.12, 81쪽. 이에 앞서 1924년 5월 14일 구성강습원 학생 60여 명이 삼성광업소로 원족을 간 적이 있으며, 이때 삼성광업소에서 운동구 대금으로 1백원을 기부한 적도 있다.(『시대일보』1924년 5월 28일, 「삼성광업소 독지」).

300) 『동아일보』1921.8.22, 「안주 천도 보교 경영」.

301) 『동아일보』1921.6.21, 「아동교육이 최급무」.

302) 『동아일보』 1921.10.20, 「천도교학교 상량식」.

303) 『동아일보』 1921.12.7, 「안주천도교구회」

304) 『동아일보』 1922.4.12, 「안주천도교 신사업」. 입학요령은 다음과 같다.

　　・入學者의 年齡은 만 10세 이상의 健全方正한 男子

　　・學生의 定員은 甲乙班 各 百名式

　　・入學願書는 4월 18일 以內로 安州 天道教區室로 提出할 事

　　・但 定員 超過時는 若干의 試驗을 行함.

305) 『동아일보』 1923.3.2, 「안주 보광교생 모집」.

306) 『동아일보』 1923.4.9, 「보광학원 졸업식」.

307) 『동아일보』 1923.4.20, 「보광학원 4부제」. 한편 1924년 4월 현재 안주군의 교육기관은 아래 〈표〉와 같다.(『시대일보』 1924.4.27, 「안주교육상황」)

학교	학급수	교원수	학생수	비고
안주공립농업학교	4	6	200	
안주보광학원		5	230	4부제, 보통과 고등속수과 6년 정도
사립유신학교	4	4	183	
사립대흥학교		4	200	수업년한 4년
안주공립보통학교	6	10	300	
만성공립보통학교	4	4	290	
입석공립보통학교	4	4	300	
사립동명학교	4	2	98	
사립도명학교		2	68	
사립대명학교	4	2	50	
사립공성학교	3	2	50	
유성강습소	6	3	85	
상인강습소	3	2	50	
마산강습소	3	1	30	
내삼강습소	3	2	50	
평율강습소	4	3	80	
명학강습소	3	1	70	
남상강습소	3	2	100	

308) 『동아일보』 1925.3.30, 「보광교의 기부」.

309) 『동아일보』 1924.4.5, 「보광학교 증축」.

310) 장재문, 「동명학교를 소개함」, 『천도교회월보』 167호, 1924.8, 40-42쪽; 『시대일보』 1924. 6.13, 「매약행상으로 학교 확장을 계획」; 『동아일보』 1924.6.14, 「동명교기성회」. 당시 기성동맹회는 1924년 6월 1일 창립총회를 갖고 다음의 사항을 결의하였다.

1. 문화본위인 사립동명학원을 동명학교로 기성할 사. 1. 농촌소년본위인 사립동명학교를 설립코자 서약 결맹할 사. 1. 결의안은 총자본금을 1만원으로 할 사. 사용방법의 내역은 금 3천원 교사건축비, 금 5백원은 基地代 , 금 5백원은 개교까지 제잡비, 금 5천원은 기본금. 그리고 기성동맹회 집행위원은 승건순 임재선 노태수 원용준 김영근 윤치걸 장영필 조승호 김두성 장의현 장재문 등이었다.

311) 『조선일보』 1923.6.5, 「보신학원 창립」; 6월 22일 「보신야학원의 개학」.

312) 『동아일보』 1921.10.14, 「천도교회 개량서당」.

313) 「해주 천영강습소 상황」, 『천도교회월보』 147호, 1922.12, 87쪽.

314) 『동아일보』 1922.2.8, 「해주 천도학교 생도맹휴 진상」.

315) 「해주 여자야학회 성황」, 『천도교회월보』 147호, 87쪽.

316) 『동아일보』 1922.10.17, 「천도교구 교육사업」.

317) 『동아일보』 1923.2.3, 「유망한 보성학원」; 2.6, 「보성학원 대확장」.

318) 『동아일보』 1925.9.3, 「보성학원 부활 유림에서 경영」.

319) 『동아일보』 1924.3.8, 「안악 종교 근황」. 이 기사에 의하면 천도교는 집회소 16곳, 전도자 16명, 신도수는 411명이었다. 이외에 기독교가 포교소 25, 포교자 26, 신도수 1,984명, 천주교는 포교소 4, 포교자 7, 신도수 547명, 불교는 포교소 3, 포교자 1, 신도수 126명, 시천교는 집회소 6, 전도자 4, 신도수 109명이었다.

320) 『동아일보』 1922.8.4, 「천도교인 교육열」; 1923.2.26, 「천도교인의 교육열」.

321) 『동아일보』 1922.8.23, 「안악강습소 설립」.

322) 『동아일보』 1922.9.12, 「양성강습소 개학」.

323) 『동아일보』 1923.4.11, 「양성강습 생도 모집 .」

324) 『동아일보』 1923.8.29, 「안악 양성강습생 증모」.

325) 『동아일보』 1923.2.9, 「양성강습 유지 협의」. 강습소 유지 협의원은 이인배(의장) 이문룡 박도환 임창익 송영서 연학빈 전승근 원성보 원성호 이정민 등이다.

326) 『동아일보』 1923.4.5, 「양성강습 후원회」. 후원회원은 이문룡(회장) 이정민(부회장) 원성보(서기) 한응조 원성환 박도환 윤기선 김두수 원성환(이상 실행위원) 등이다.

327) 『동아일보』 1923.4.18, 「양성강습소 유망」. 당시 새로 선임된 교직원은 다음과 같다. 소장 현행묵, 소감 김홍량, 재무 박도환, 회계원 원성보, 사무원 김순오, 고문 이문룡 이인배 민치환 김승주, 협의원 신봉화 외 13인.

328) 『동아일보』 1933.1.8, 「양성강습소 돌연 패쇄명령」.

329) 『동아일보』 1920.9.16, 「단천 양교의 여학교」.

330) 『동아일보』 1921.9.8, 「천도교구 교육확장」.

331) 『동아일보』 1921.10.7, 「길주천도교 신사업」.

332) 『동아일보』 1922.4.21, 「김제 천도교구 미거」; 6.12, 「소성의숙 원족회」.

333) 『동아일보』 1922.11.12, 「김제 천도청년 사업」.

334) 『동아일보』 1922.4.21, 「불취학생 수용계획」.

335) 『동아일보』 1922.4.23, 「양교회의 구제책」.

336) 『동아일보』 1922.7.1, 「광제학원 강습 호적」.

337) 『동아일보』 1921.9.16, 「천도청년 주야학회」; 『조선일보』 1921.9.19, 「함흥천도교 강 습소」. 당시 강사는 崔淳化, 崔周彦, 崔基運, 李尚燮, 張文吉, 申鉉吉, 李晋根, 이희섭 등이었다. 여자부는 유병선, 김봉익이 강사로 활동하였다.

338) 『동아일보』 1922.5.30, 「천도청년 활동사진」; 6.4, 「청년활동사진래신」; 6.11, 「입학 구제 활동사진」; 7.22, 「천도청년 활동대」.

339) 『동아일보』 1921.9.19, 「천도청년회 신사업」.

340) 『대한민국인사록』, 174-175쪽.

341) 『동아일보』 1922.4.5, 「김해청년회 강연회」; 1923.9.9, 「청년 '데' 기념강연」.

342) 『조선총독부직원록』 (1921 · 1922).

343) 『동아일보』 1928.6.28, 「지방문제 강연」.

344) 『조선총독부직원록』 (1926).

345) 『동아일보』 1921.12.25, 「창녕노동야학 근황」.

346) 허진구는 『시대일보』가 창간되자 진주지국장으로 활동하였으며, 무산자 대중의 사 회학설 보급을 위한 『무산자신문』을 취급하였다.(『시대일보』 1924.10.2, 「면민대회결 의」; 1925. 12.16, 「진주에도 무산자신문」).

347) 「진주노동야학교 성황」, 『천도교회월보』 129호, 1921.5, 102쪽.

348) 『동아일보』 1921.12.30, 「여자강습회 개학」.

349) 『동아일보』 1921.10.15, 「천도교전교실 신설」; 1922.3.13, 「천도청년 야학회」.

350) 『조선일보』 1923.7.15, 「천도교의 야학 성황」. 야학 운영비는 金敎玹 鄭晉武가 부담 하였다.

351) 「각군 강습회 상황」, 『천도교회월보』 131호, 1921.7, 103쪽.

352) 『동아일보』 1922.5.8, 「양주 금오야학 소식」.

353) 『동아일보』 1922.4.9, 「천도교 유아원 계획」.

제3장 천도교청년당의 창립과 조직체계

1) 『동아일보』 1922.7.6, 「정치와 중심세력」.

2) 『동아일보』 1922.7.25, 「민족적 자각을 促하노라」.

3) 『동아일보』 1923.4.1, 「창간 3주년 애독자 제군에게」.

4) 『동아일보』 1923.4.16, 「대동단결의 필요」.

5) 魯啞, 「중추계급과 사회」, 『개벽』 13호, 1921.7, 24-31쪽.

6) 魯啞, 「중추계급과 사회」, 『개벽』 13호, 27쪽.

7) 이돈화, 「혼돈으로부터 통일」, 『개벽』 13호, 12쪽. 이돈화는 이 글에서 "崔水雲의 사상은 전조선 민족의 사상 개척자이며 전세계 인류의 사상 개척자임을 단언코자 하노니, 하고이뇨. 전조선은 혹은 전세계는 직접반접으로 점차 그의 사상과 접근하여 오며 융화하여 옴으로 써라. 어찌하였던지 小하던지 大하던지 正이던지 邪이던지 금일에 坐하여 아직도 최수운으로 조선 신사상가의 개척자라 함을 주저하는 者ㅣ 있다 하면 그는 실로 사실에 맹목한 질투가라 云치 아니치 못할지라. 그의 사상이 한 번 일어남에 조선의 사상계는 각종의 파동으로 치열한 변화를 일으키게 된 것은 조금이나마 식견이 있는 人이면 누구나 此에 반대의 용기가 나지 못함이라. 그럼으로 오인은 그를 가리켜 순조선인 개척자라 함을 마지 아니하며"라고 하여 천도교의 역할을 강조하였다.

8) 「조선의 특이한 처지와 이에 대한 특이한 구제책」, 『개벽』 31호, 1923.1, 28쪽.

9) 「곧 해야 할 민족적 중심세력의 작성」, 『개벽』 34호, 1923.4, 5쪽.

10) 「민족일치, 대동단결을 云爲하는 이에게」, 『개벽』 35호, 1923.5, 16-17쪽.

11) 정용서, 『일제하 천도교청년당의 정치·경제사상 연구』, 연세대학교 대학원 석사학위논문, 1997, 15쪽.

12) 천도교청년들은 『개벽』을 통해 당시 조선의 경제적 상황을 다음과 같이 지적하였다. "농업의 경우 조선의 국토의 主人인 자격을 잃은 지 오래고 금춘부터 경우 전경작지의 3분의 1을 갈아먹는 客으로 온 농민에 지나지 않는다. (중략) 2천만 조선인은 일편의 토지도 가지지 못한 유리의 乞丐群으로 화하여 기아의 떼송장이 3천리에 편만하게 될 것이니 (중략) 조선인의 공업이 어데 있느냐. 직공, 철공, 도공, 목공 등 조선인의 수공업은 외국인의 정교하고 가천한 기계공업품의 수입으로 하여 불과 수십 년간에 거의 전멸이 되고 말았다. 소주 약주의 주조도 대규모의 외국인에게 빼앗기고 근근이 지탱해오는 피혁공까지 양화의 수입에 半死가 되고 고무靴의 수입에 전멸되고 말았다. (중략) 그러면 공업으로 조선인이 살 수 없다면 상업으로 먹고 살지 못할가. 상업은 공업이 있은 뒤에야 있을 것이다. (중략) 공업 없는 상업은 결코 민족적 富를 증가하는 것이 아니요 도리어 소멸하는 것이니 조선인은 결코 상업으로 먹고 살 수 없는 현상이다. (중략) 진실로 이러한 철저한 빈궁은 오직 조선인 경제의 특이한 상태이다."(「범인간적민족주의」, 12-17쪽)

13) 「조선의 특이한 처지와 이에 대한 특이한 구제책」, 『개벽』 31호, 1923.1 29-31쪽.

14) 장기영은 천도교 성천교구에서 운영하는 보광강습소 강사였으며, 1922년 12월 24일 인일기념을 맞아 '우리의 3대 급무'를 강연하였다.(『동아일보』 1923.4.14, 「성천 천도교강연회」; 1922.12.29, 「성천 천도교 대강연」)

15) 『동아일보』1923.6.10,「조만식씨 강연」. 이날 강연은 천도교청년회 성전지회의 주최와 동아일보지국의 후원으로 개최되었으며, 曺晩植이 '청년의 활약'이란 제목으로 강연을 하였다.

16) 「곧 해야 할 민족적 중심세력의 작성」, 『개벽』34호, 1923.4, 4-13쪽.

17) 김명식, 「각성한 청년에게」, 『아성』3호, 1921.7, 3-4쪽; 이기훈, 「일제하 청년담론 연구」, 136쪽.

18) 김명식, 「現代思想의 이해」, 『아성』4호, 1921.10, 16-17쪽.

19) 신태악, 「우리의 급선무」, 『조선일보』1921.1.1(其二).

20) 이기훈, 「일제하 청년담론 연구」, 137-139쪽.

21) 전명혁, 「1920년대 공산주의운동의 기원과 조선공산당」, 『한국공산주의운동사연구-현황과 전망』, 아세아문화사, 1997, 102쪽; 이현주, 「'서울파'의 민족통일전선운동과 신간회(1921-1927)」, 『한국근현대사연구』7, 1997, 164쪽.

22) 주종건, 「무산계급과 물산장려」(12), 『동아일보』1923.4.17.

23) 성태, 「왼편을 향하여」, 『개벽』38호, 1923.8, 24쪽.

24) 박종린, 『일제하 사회주의 사상의 수용에 관한 연구』, 연세대학교 대학원 박사학위논문, 2006, 83쪽.

25) 「장차 열릴 전조선청년당대회」, 『개벽』33호, 1923.3, 88쪽.

26) 「곧 해야 할 민족적 중심세력의 작성」, 『개벽』34호, 1923.4, 4-13쪽.

27) 北旅東谷(이민창), 「海內 海外의 동지에게」, 『개벽』34호, 1923.4, 17-18쪽.

28) 「濟世安民지책이 차호아 피호아」, 『개벽』35호, 1923.5, 7-8쪽.

29) 권희영, 『한인 사회주의운동 연구』, 국학자료원, 1999, 502-503쪽.

30) 김병준, 「천도교청년당의 출현」, 『천도교회월보』157, 1923.10. 8쪽.

31) 김정인, 「일제강점기 천도교단의 민족운동연구」, 93쪽.

32) 이종린, 「금회분규의 원인과 결과에 거하여 諸賢의 일고에 供함」, 『천도교회월보』141, 1922.5, 6쪽.

33) 김홍식, 「지방에 계신 동덕에게 근고하노라」, 『천도교회월보』144, 1922.8, 42쪽.

34) 김병준, 「천도교청년당의 출현」, 9쪽.

35) 「천도교청년회공고」, 『천도교회월보』141, 45쪽.

36) 안건호, 「조선청년회연합회 조직과 활동」, 『한국사연구』88, 129쪽.

37) 「太平洋會議=對スル金東成所感」, 『朝鮮治安狀況』1922, 333쪽.

38) 정용서, 「일제하 천도교청년당의 정치·경제사상 연구」, 14쪽.

39) 김병준, 「지상천국의 건설자 천도교청년당의 출현」, 『천도교회월보』157호, 1923.10, 9쪽.

40) 김도현, 「천도교청년당운동 10주년기념」, 『신인간』40, 1929.10, 33쪽.

41) 허수, 『일제하 이돈화의 사회사상과 천도교』, 서울대학교 대학원 박사학위논문, 2005, 90-91쪽.

42) 「民族興替의 분기점」, 『개벽』 20호, 1922. 2, 2-3쪽.

43) 「문화운동의 석금」, 『개벽』 21호, 1922. 3, 2-3쪽.

44) 묘향산인, 「남북 조선을 순회한 자의 酬酌」, 『개벽』 29호, 1922. 11, 38-41쪽.

45) 이돈화, 「輿論의 道」, 『개벽』 21호, 12쪽. 이돈화는 당시의 사정에 대해 "청년기의 아직 개성이 완전한 발달을 遂치 못한 자로써 일조의 호기심의 被驅한 바 되어 輿論的 濁流 중에 투입한다 하면 不知不識間 그 심리가 嫉妬 驕慢 中傷的 악덕화로 되어 문득 청년의 미덕을 失할 우려가 不無하다"라고 하였다.

46) 이돈화, 「인류상대주의와 조선인」, 『개벽』 25호, 1922. 7, 6쪽.

47) 천도교청년회는 『개벽』지를 통해 1923년 3월부터 '조선문화의 기본조사'라는 제하에 各道號를 발행하였다. 이 사업은 청년회의 주요인물인 박달성, 차상찬 등이 전국을 답사 취재하면서 11개도를 1925년 12월까지 경남(33호, 1923. 4), 경북(36호, 1923. 6), 강원(42호, 1923. 12), 경기(47호, 1924. 5), 경성(48호, 1924. 6), 평남(51호, 1924. 9), 함남(53 · 54호, 1924. 11 · 12), 충북(58호, 1925. 4), 황해(60호, 1925. 6), 전남(63호, 1925. 11), 전북(64호, 1925. 12)의 순으로 게재되었다.

48) 「汎人間的民族主義」, 『개벽』 31호, 1923. 1, 3쪽. "금일의 사상계는 민족주의와 인류주의의 양대 병립을 보게 되었나니 민족주의가 생활의 이해타산을 민족으로 하게 됨과 인류주의가 그를 또 인류전체상으로 본 것은 그가 정치상 사회사상상으로 나타나게 됨에는 혹은 국가주의가 되며, 혹은 제국주의가 되며, 혹은 사회주의가 되며, 혹은 정의인도문제가 되며, 종교도덕문제가 되어 천하의 억조-그 소향을 미지하게 되고 더욱 근일 우리들의 조선사상계에 있어는 민족주의와 인류주의(사회주의)가 양양 병립하여 호상 논쟁과 필봉으로 그 자웅을 決코자 하는 태도를 감행하는 중에 있나니, 오인은 차제에 있어 此兩個 主義를 利弊를 一言하여서 汎人間的民族主義가 무엇보다도 가장 우리들의 취할 바 正道인 것을 槪言코자 하노라."

49) 「문제의 해결은 자결이냐 타결이냐」, 『개벽』 33호, 1923. 3, 13쪽.

50) 「민족일치, 대동단결을 운위하는 이에게」, 『개벽』 35호, 1923. 5, 15-16쪽. "오늘의 우리 형편에 있어는 그와 같은 운동 (생략) 이것으로써 우리가 완전히 구제될 것이라고 믿는다 하면 이는 큰 잘못이다. (중략) 정치의 배경을 떠나서 실력을 양성할 수는 있으며, 가령 백보천보를 讓하여 우리가 근근이 하나이나 혹은 둘만한 실력을 얻는다할지라도 우리의 바로 곁에서 열이나 스물의 실력을 얻는 자가 따로 있다 하면 그것이 무슨 실력이 될 바가 있을까"

51) 起瀍, 「농민운동, 국산운동이 발흥하기까지」, 『개벽』 32호, 1923. 2, 48-50쪽.

52) 정용서, 『일제하 천도교청년당의 정치 경제사상 연구』, 연세대학교 대학원 석사학위

논문, 1997, 15쪽.

53) 윤해동, 「한말 일제하 천도교 김기전의 근대 수용과 민족주의」, 『역사문제연구』 창간호, 역사문제연구소, 1996, 247쪽.

54) 「곧 해야 할 민족중심세력의 작성」, 『개벽』 34호, 1923.4, 4-13쪽.

55) 기전, 「죽을 사람의 생활과 살 사람의 생활」, 『개벽』 57호, 1925.3, 5-7쪽.

56) 基瑔, 「천도교청년당의 과거 1년을 회고하면서」, 『천도교회월보』 171호, 1924.12, 13-14쪽.

57) 위의 글, 14쪽.

58) 『조선일보』 1926.2.27, 「조기간 외 3씨 중국국경에서 체포」; 차기숙, 「관속에 들어가 국경 넘어」, 『신인간』 350호, 1977.9, 43-45쪽. 차기숙의 증언에 의하면 조기간은 소련에서 1년 동안 머물면서 공산당의 정치체제를 연구하다가 중국관헌에 체포되어 일본 영사관에 인도되어 압송되었다고 밝혔다. 그리고 『조선일보』의 기사에는 하얼빈에서 해삼위로 가다가 체포되었다고 기록되어 있다.

59) 「청년당전국대표임시대회회의록」, 『신인간』 16호, 1927.9, 38-41쪽. 회의록에는 43조로 되어 있다고 하였지만 종로경찰서에서 이수한 보고에 의하면 일문으로 번역된 당헌은 8장 42조로 되어 있다.

60) 조기간, 「당적 생활」, 『신인간』 15, 1927.7, 14쪽.

61) 김형준, 「黨의 歷史性」, 『당성』 17호, 1932.12, 2면. 김기전은 당의 해석을 다음과 같이 하였다. "첫째, 천도교의 주의 목적은 수운주의의 원리 밑에서 지금까지의 非人間本位의 세상을 人間本位로 만드는 것, 즉 후천개벽 지상천국건설에 잇는 것이다. 둘째, 이러한 주의 목적을 달성한다는 것은 천도교의 주의 목적을 단순히 관념하고 있을 것이 아니라 그것을 일반적으로 현실적으로 蒼生級을 통하여 실현하는 구체적 실천적 활동 운동을 요하는 것이다. 셋째, 그런데 이것을 구체적으로 실천하기 위하여 천도교의 역사적 사명을 의식한 동덕으로서 당의 주의 목적을 직업적으로 실천할 가장 黨的 의식이 있는 분자의 결합이 안되면 안될 것이다. 넷째, 이렇게 철저한 구성분자로서 창생급을 적으로 대표하여 아주 긴밀하게 체계있게 유기적으로 조직된 것이 즉 우리 黨이다."

62) 조기간, 『천도교청년당소사』 10-11쪽.

63) 「黨務釋要」, 『신인간』 16, 45쪽.

64) 조기간, 『천도교청년당소사』, 천도교청년당본부, 1935, 22쪽 및 10쪽. 그리고 당헌 제1조를 다음과 같이 좀 더 분석하고 있다.
"一, 天道敎의 主義, 目的을 그대로 黨의 主義 目的으로 하는 것이니, 天道敎의 主義 目的은 우리가 다 아는 바와 같이 吾心卽汝心-人乃天의 原理下에서 保國安民 布德天下하여 地上天國을 建設하는 것인 바, 이것이 곧 黨의 主義 目的이라는 말이다.

二, 社會的으로 達成하고자 하는 것이니, 社會的이라 함은 다시 말하면 一般的 現實的이라고도 할 수 있는 意趣인 바, 天道敎의 主義 目的이라 하면 이것을 單히 머리 속에 담아두고 觀念만 하는데서 그치거나 또는 그를 하는 데에서 그것을 成就하려는 것이 아니라 그것을 一般 蒼生을 통하여 現實的으로 成就하려는 것이니, 그러함에는 現實的 具體的 勞力, 運動을 要하게 되는 것이다.

三. 이에 終始할 同德을 結合하는 것이니, 즉 黨憲에 있음과 같이 天道敎의 歷史的 使命을 意識하는 同德으로서 黨의 主義 目的에 거의 職業的으로 始終할 사람, 다시 말하면 단순히 天道敎 思想만이 아니요, 行動의 위에서 充分히 그 意識을 動作하여 본 사람, 그래서 그로써 性格이 이어진 사람, 다시 말하면 天道敎와 自己가 둘이 아닌 사람이라야 할 것이다.

四, 한 개의 有機體를 組織하는 것이니, 有機的 組織-이것은 우리 部分되는 制限된 個身을 結合하여 하나의 커다란 全的機關을 組成함을 이름이다. 組成하되 俱樂部式이나 會式이 아니요, 아주 緊密하게 體系가 있는 有機的 組織을 가지는 것이다. 黨의 偉大한 生命은 여기에서 醞釀되며 稟賦되는 것이다.

65) 조기간, 『천도교청년당소사』 18-20쪽.

66) '同德'은 천도교에서 교인을 호칭하는 용어이다. 즉 '덕을 함께 한다'는 의미를 내포하고 있지만 넓은 의미에서는 전위적 성격 그 자체를 지닌다고도 할 수 있다.

67) 조기간, 『천도교청년당소사』, 22-23쪽.

68) 전위당의 개념은 1902년 레닌에 의해 확립되었는데, 식민지 조선에서도 3 · 1운동 이후 사회주의가 보급되면서 사회주의 계열 청년단체에서도 이를 활용하였다. 1924년 11월에 조직된 북성회는 "전위분자들은 이제부터는 어디까지나 현실을 토대로 해가지고 대중과 함께 자본가의 본진을 향하여 돌진할 터이므로 우리는 모든 것을 근본적으로 개혁해서 이러한 신국면에 적용하고자 진형을 새로 정돈하고 戰策을 새로이 수립하자"라고 하여, 대중화운동을 위한 전위적 조직과 활동을 표명하였다. 뿐만 아니라 같은 달에 조직된 화요회도 이와 같은 전위조직으로서의 성격을 보여준다. 이처럼 1920년대 중반 들어 대부분의 사회주의 사상단체들이 전위적 정당으로 전환하였을 뿐만 아니라 1924년에 결성된 조선노동총동맹은 1920년대 초반의 사회주의 사상단체가 전위당 건설운동으로 발전함에 따라 형성된 것으로도 볼 수 있다. (유시현, 「사회주의 사상의 수용과 대중화운동」, 『한국 공산주의 운동사 연구』, 아세아문화사, 1997, 52쪽) 유시현은 1920년대 사회주의운동의 경우 사상단체를 중심으로 시기구분을 하면 선전활동기(1920-21), 대중운동관계기(1922-23), 전위조직체 결성시기(1924-25), 해소논의와 해체과정 등 4기로 구분하였다.

69) 김형준, 「당원이란 무엇인가?」, 『당성』 4호, 1931.7, 6면. 김형준은 청년당의 전위론을 다음과 같이 설명하였다; "先覺한 前衛는 초기에 있어서는 먼저 하층민중의 불안과

그 전환책을 한 개의 主義, 思想으로 선전하게 된다. 그리하여 主義 主張에 공명하는 일종의 민중 가운데의 선각자들은 그 主義 主張을 중심으로 하여 그 불안을 전환시킬 목적의식 밑에서 한 개의 집단을 형성하게 되는 것이다. 이러한 實例로는 이조 말엽의 東學이 출현한 사실에서 窺知할 수 있을 것이다."

70) 김형준, 「당원이란 무엇인가?」, 6면.

71) "즉 당원은 낡은 형태로부터 새로운 형태로 전환되려는 역사적 단계에서 그 새 단계를 창조하려는 다수 민중층으로부터 그것을 먼저 철저히 깨닫고 이 단계의 과제를 실천할 자각을 가진 사람들로서 일러진 당의 구성분자가 당원이라는 말이다. (중략) 당원은 새로운 단계를 대표한 다수 민중의 지도자이다. 당원은 그러한 새로운 운동을 전체적으로 통제 지도하는 前衛이다."

72) 조기간, 『천도교청년당소사』, 23-24쪽.

73) 김병제, 「院과 黨의 密的 關係」, 『당성』 3호, 1931.6, 6면.

74) 이러한 관계는 재정적 지원에서도 확인되고 있다. 중앙의 중앙종리원은 청우당에 사업보조비로 매년 7천 원 이상을 지원하였으며, 지방도 지방종리원에서 청년당 지방부의 활동에 적극으로 재정을 지원하였다.

75) 조기간, 『천도교청년당소사』, 24-25쪽.

76) 조기간의 『천도교청년당소사』에는 黨義와 黨紀를 다음과 같이 설명한다. 당의와 당기는 그 정신과 목적에 있어 당운동을 진행 발전시키는 主心的 중요임무를 가짐은 하나이나 그 작용과 표현에 있어서는 두 가지 방면을 갖게 되는 것이다. 이를 분석하여 말하면, 당의라 하면 정신적 도덕적 방면이요, 당기라 하면 형식적 법률적이라 할 것이다. 그 제재적 효용방면으로 보면 형식적 제재에 있어는 黨義의 制裁가 당기적 제재에 不及하나 정신적 제재에 있어는 당기적 제재보다 더욱 엄밀한 것이요, 당기적 제재는 이에 反하여 형식적 제재는 嚴極하나 정신적 제재에 있어는 당의적 제재에 不及한 것이다. 당기의 제재는 기관에 의하여 처벌하는 것이요, 당의의 제재는 黨員間 輿論에 의하여 그 시비를 指摘하게 되는 것이다. (중략) 사실상으로 우리 黨員 중에 형식으로는 우리 黨의 당원이면서 故意 又는 無意識的으로 우리 黨 이외의 재래식의 唯心的 觀念主義나 唯物의의 機械的 分解主義를 가질 뿐이요, 우리 黨의 人間本位 人間中心의 本元思想에서 떠나 있는 黨員이 있다면 형식으로는 우리 당원이라 할 수 있으나 진정한 의미에서는 당원적 생명이 乏盡한 것으로 보는 것은 물론이다.

77) 김병제, 「院과 黨의 密的 關係」, 11쪽; 小春, 「사상과 경향」, 『개벽』 39, 1923.9, 128쪽.

78) 翠生, 「어째서 절대 복종을 해야 하는가」, 『신인간』 21, 1928.8, 30-31쪽.

79) 『동아일보』 1923.9.23.

80) 『동아일보』 1923.9.2; 김병준, 앞의 글, 10쪽; 조기간, 앞의 책, 102쪽.

81) 김병준, 「오로지 現生主義의 信仰에 歸依하라」, 『천도교회월보』 155호, 1923.8, 12-16

쪽. 김병준은 이 시기 기존 종교의 來世主義를 비판하고 現生主義를 강조하였다; "천
도교의 교의는 절대로 來生을 부인하고 現生을 貴重視한다. 즉 現世 그대로 天堂과 極
樂을 만들려한다. 그럼으로 우리 敎의 性靈出世說에 의하면 性靈은 根本에서 出世이
라 하였다. 다시 말하면 性靈은 따로 가는 곳이 없다. 즉 先代億兆의 精靈은 現代億兆
의 精靈과 融合一致하여 영원히 現世界에서 活躍한다 하였다. 그러면 性靈으로나 肉
身으로나 現世를 버리고는 갈 곳이 없다."

82) 인내천주의와 수운주의는 당시 청년당 이론가들이 사용하였던 용어이며, 동일한 의
미를 가지고 있다. 당시 청년당은 주로 인내천주의라는 용어를 주로 사용하였으며, 때
에 따라서는 이를 수운주의로 표현하였다. 인내천주의 또는 수운주의는 李敦化가 논
리적으로 이념화하였고 청년당은 이를 당의 모든 분야에 적용하였다.

83) 이돈화, 「最近 朝鮮社會運動의 二三」, 『개벽』 2, 1920.7, 18-19쪽.

84) 이돈화는 "水雲主義는 究竟의 理想인 地上天國을 最終의 目標로 하고 그 目標를 達成
하기 爲하여 그 時代 그 時代의 現實問題를 解決하면서 永遠의 理想으로 勇進하며 突
進하는 主義이다"라고 인식하였다.

85) 이돈화, 「누가 나를 부르나」, 『신인간』 18호, 1927.11, 6쪽.

86) 김병준, 「오로지 現生主義의 信仰에 歸依하라」, 10쪽.

87) 김병준, 「勿驚! 60일간 7천호 돌파」, 『신인간』 23, 1928.4, 6쪽.

88) 김병준, 「지상천국의 건설자 천도교청년당의 출현」, 『천도교회월보』 157호, 1923.10,
10쪽.

89) 임형진, 『동학의 정치사상-천도교청우당을 중심으로』, 모시는사람들, 2004, 285쪽.

90) 『동아일보』 1923.9.2; 김병준, 앞의 글, 10쪽; 조기간, 앞의 책, 102쪽.

91) 천도교청년당의 당원인 공진항은 사람性에 대해 다음과 같이 정의한다; "사람性이란
사람 固有의 性質 위에 다시 社會的 環境의 끼침을 움직여 되어지는 사람 特有의 心的
性質이다." 좀 더 자세한 것은 孔濯, 『자수대학강의 사회과』, 천도교청년당본부, 1933;
『자수대학강의』(영인본), 경인문화사, 1972)를 참조할 것.

92) 김병준, 「지상천국의 건설자 천도교청년당의 출현」, 『천도교회월보』 157, 1923.10,
10-11쪽.

93) 당시 천도교청년당이 강령을 통해 신제도를 나름대로 구상하고 있었던 것으로 보인
다. 그러나 일제의 감시와 통제로 인해 자세하게 언급하지 못하였다. 그러나 해방 후
작성한 『천도교정치이념』에 따르면 신제도의 구체성을 확인할 수 있다. 여기에 대해
서는 임형진, 『동학과 천도교청우당의 민족주의연구』, 경희대 대학원 박사학위논문,
1998; 성주현, 「解放後 天道教青友黨의 政治理念과 路線」, 『경기사론』 4·5, 경기대사
학회, 2001을 참조할 것.

94) 천도교청년당의 3대개벽은 정신개벽, 민족개벽, 사회개벽을 이르고 있는데, 『천도교

청년당소사』에는 정신개벽에 대해서만 설명하고 있고, 민족개벽과 사회개벽은 생략 되었다. 이는 일제강점기 출판물 검열에 의해 삭제되었거나 의도적으로 누락시킨 것 으로 추정된다. 삼대개벽에 대해서는 이돈화의 주요 저서인『신인철학』,『인내천요 의』,『동학지인생관』등을 참조할 것, 이외에 황선회,「1920년대 천도교청년당의 신문 화운동과 3대개벽론」,『한국 근대사의 재조명』, 국학자료원, 2003을 참조할 것.

95) 조기간,『천도교청년당소사』, 28-29쪽.

96)「사회상식술어」,『당성』12호, 1932.6, 6면.

97) 조기간,『천도교청년당소사』, 29-30쪽.

98) 조기간, 앞의 책, 32쪽.

99) 천도교의 교의는 다양하게 해석하고 있지만 기본적으로 布德天下, 廣濟蒼生, 保國安 民, 地上天國建設이다.

100) 조기간,『천도교청년당소사』, 29-30쪽.

101) 천도교는 오지영 등의 혁신세력이 천도교연합회를 조직, 교문을 별립하자 1923년 3 월 31일 임시종법사회의를 개최하였다. 이 회의는 4월 13일까지 10여 차례 개최한 결 과 教憲을 폐지하고 教務規程을 제정하였으며, 불문법에 위한 운영체제를 채택하였 다.

102) 조기간,『천도교청년당일람』, 1928, 2쪽.

103)「휘보」,『천도교회월보』175호, 1925.4, 30-31쪽.

104) 이 시기는 민족주의 진영의 분화와 사회주의 사상이 급속하게 보급되면서 사회주의 사상이 노농운동의 지도이념으로 정착되어 가던 때였다. 또한 국내 민족운동의 흐름 은 민족협동전선을 민족운동의 새로운 돌파구로 인식하기 시작하였다.

105) 천도교의 2차 분규에 대해서는 본 논문 제4장 제1절을 참조 바람.

106) 천도교청년동맹에 대해서는 조규태,「천도교청년동맹의 조직과 활동」,『충북사학』 9, 충북대학교 사학과, 1997을 참조할 것.

107)「청년당시보-청년당전국대표임시대회회록」,『신인간』16호, 1928.9, 38-42쪽.

108)「공함 제9호」, 1926년 5월 31일자, 천도교중앙종리원; 이동초,『천도교회 종령존안』, 모시는사람들, 2005, 310쪽.

109) 起田,「천도교청년당 성문당헌을 발포하면서」,『신인간』16호, 1927.9, 7쪽.

110) 조기간,『천도교청년당소사』, 32-33쪽.

111) 조기간,『천도교청년당소사』, 33쪽.

112)「黨務釋要」,『신인간』16호, 1927.9, 45-46쪽.

113)『조선일보』1926.2.27; 차기숙,「관속에 들어가 국경 넘어」,『신인간』350호, 1977.9, 43-45쪽.

114) 조기간,『천도교청년당소사』, 34-35쪽.

115) 조기간, 『천도교청년당소사』, 35쪽.

116) 이돈화, 「종교의 양측면」, 『천도교회월보』 91호, 1918.2, 10쪽.

117) 이돈화, 「천도교의 역사 及 교리(속)」, 『반도시론』 2-6호, 1918.6, 40쪽.

118) 앞의 글, 23쪽.

119) 「범인간적민족주의」, 『개벽』 31호, 1923.1, 3쪽.

120) 「범인간적민족주의」, 9-10쪽.

121) 공탁(공진항), 「조선인의 전적 의식을 대표할 천도교의 민족화를 望함」, 『신인간』 창
간호, 1924.4, 34-35쪽.

122) 「머리말」, 『천도교청년회회보』 4, 1921.12, 1-2쪽. "動은 곧 力을 意味하는 것이며,
力은 곧 中心을 意味하는 것이외다. 中心이 있는 곳에 力이 있는 것이며, 力이 있는 곳
에 動이 생기는 것이외다. (중략) 人生의 中心은 무엇인가. 이를 生理的으로 보면 神經
力의 集中이라 하는 것이며, 社會的으로 보면 團體力의 集中이라 하는 것이다. (중략)
같은 사람 중에도 國家와 對國家, 民族과 對民族의 榮枯盛衰도 또한 力의 集中 如何에
의하여 그의 勝敗를 解決하는 것이다. 여러분 우리가 한결같이 信仰하는 우리 天道教
는 由來 團體의 力으로 今日 이마만한 繁榮을 이뤘으며, 그리하여 將來에 대한 榮枯盛
衰의 點도 또한 團體力의 如何에 關係할 것은 明若觀火한 일이외다."

123) 천도교의 분화와 관련해서는 이용창, 「1920년대 천도교의 분규와 민족주의운동」,
중앙대 대학원 석사학위논문, 1993; 『천도교청년회의 활동과 교단분규』, 『천도교청년
회80년사』, 천도교청년회중앙본부, 2000을 참조할 것.

124) 「곧 해야 할 민족적 중심세력의 작성」, 『개벽』 34, 1923. 4, 4-13쪽.

125) 「천도교청년당전국대표위원대회 개최ニ關スル件」, 『국내외항일운동문서』, 국사편
찬위원회, 1927.

126) 「당무석요」, 46쪽.

127) 「당무석요」, 46-47쪽.

128) 「선언선언」, 『신인간』 23, 1928.4, 18쪽 : 조기간, 「새로 입당한 1천칠백여 동덕에게」,
『신인간』 30, 1928.12, 11-12쪽.

129) 「黨務處理上 注意事項」, 『국내외항일운동문서』, 국사편찬위원회, 1927.

130) 당시 당본부 상무위원회 발표에 의하면 당부가 470여 部라고 하였다. 그러나 1928년
6월 간행된 『천도교청년당일람』에 의하면 설립된 지방당부는 69개이며, 1935년에 간
행된 『천도교청년당소사』에 의하면 설립된 지방당부는 113개였다. 이러한 점에서 볼
때 1927년 6월 현재 설립된 지방당부는 70여 개 정도로 판단된다. 다만 당시 교단의
지방조직은 군단위에서 리단위로 전환되었기 때문에 리종리원을 기준으로 하면 470
여 개의 지방당부의 설립은 전혀 불가능한 것은 아니라고 본다.

131) 「산하대세는 날로 오교에 盡歸한다」, 『신인간』 14호, 1927.7, 38쪽.

132) 「특종위원회 운용에 대하여」, 『당성』 12호, 1932년 6월 1일자, 2면.

133) 『黨聲』 11호, 1932년 5월 1일자, 2면. 특종위원에는 金秉濬 趙基栞(사회부) 金公善 鄭應琫 金秉濟(종교부) 金亨俊(철학부 겸 예술부) 李應辰(정경부) 등이 임명되었다.

134) 「당무석요」, 47쪽.

135) 「社交團體要綱」, 『당성』 20호, 1933년 4월 1일, 3면. 사교단체 교섭요강은 다음과 같 다. 一. 名稱은 何何 俱樂部, 何何 親睦會, 其他 社交上의 適應한 것으로써 할 것. 二. 趣旨는 互相親睦을 主로 할 것. 三, 會員은 그 地方有志 中으로 構成할 것. 四. 位置는 邑內와 村落을 勿論하고 適宜히 定할 것. 五. 會務는 幹事 若干人을 置하여 簡明하게 處理할 것. 六. 會費는 黨部 혹은 關係會員의 負擔으로써 할 것. 七. 一地方에 社交團 體 組織이 數個所에 達할 時는 隋時로 聯合親睦會를 開함을 得할 것. 八. 社交團體의 組織은 黨部 及 關係 各 機關의 協力으로써 實現할 것.

136) 『매일신보』 1912년 11월 1일자.

137) 일제는 1915년 8월 16일에 제정한 「포교규칙」 제1조에 의하면 "本令에서 宗敎라 稱 함은 神道, 佛敎 및 基督敎를 말함"이라 하여 일본 국가종교의 성격을 갖는 신도와 재 래의 불교, 서양의 후원을 받는 기독교만 종교로 인정하였다. 그 외 한국에서 자생한 종교는 '유사종교'라 하여 탄압하였다.

제4장 1920년대 중후반 천도교단의 분규와 천도교청년당의 대응

1) 박사직, 「천도교 양차분규비화」(1), 『신인간』 49호, 1930.7, 24-27쪽.

2) 고 최동희 씨는 일반 도인의 공지하는 바 해월신사의 장자이었다. 氏는 평소에 자기 스 스로 생각하기를 "聖師께서 해월신사의 유업인 천도교를 승계하여 가지고서 多百萬 信徒에게 숭배를 받으며 또는 화려한 생활을 하고 있으며, 최 씨 자기에게는 아무 권 리도 금전도 주지 않는다'는 그것이었다. 금회 서사 在監의 時를 際하여 최씨는 暗中 活躍을 試하되 즉 해월신사를 崇奉하는 各宗派(天道敎, 侍天敎, 靑林敎 等)를 종합시 키고 자기가 스스로 道主라든가 혹은 선생이 되어 가지고 그 교회의 전권을 행사하여 보겠다는 이것이 최 씨의 一時의 理想夢이었다. 실제로 최동희는 1916년부터 1918년 무렵까지 이상우, 오지영, 원우관 등과 함께 천도교와 시천교를 통합하려고 하였다.

3) 두 번째 요인인 이종훈과 홍병기의 불평은 교회 원로인 이종훈과 홍병기에게 당시 대 도주였던 박인호에 이어 대도주 직을 승계하겠다는 손병희의 사전내락설이 3·1운 동과 손병희의 영어로 이루어지지 못하고, 출옥 후 교헌 개정으로 대도주가 될 가능성 이 없다는 불만이었다.

4) 세 번째 요인인 박인호의 침금용 남용은 박인호가 대도주로 있는 동안 9만 원을 남용하

였다는 것이다.

5) 네 번째 요인인 박인호에 대한 오지영의 私感은 박인호의 아들 박래홍을 속이고 인장을 남용하여 교단의 소유이며 자신이 거주하던 집을 放賣하였던 부정사건이었다. 이후 이를 알게 된 박인호는 손병희가 道師 직책을 줄 때 이를 반대하였다. 이에 인해 오지영은 박인호에 대한 감정을 가지게 되었다.

6) 다섯 번째 요인인 舊退新進은 제1차 세계대전 이후 新思潮의 유입이었다. 즉 사회주의의 유입으로 구세력의 퇴진을 의미한다.

7) 오관제(五觀制)는 1사4관으로 대종사(大宗司), 현기관(玄機觀), 전제관(典制觀), 금융관(金融觀), 공선관(共宣觀)을 말한다.

8) 오과제(五課制)는 포덕과(布德課), 교육과(教育課), 편집과(編輯課), 서무과(庶務課), 경리과(經理課)를 말한다.

9) 박사직, 「제1차 분규로부터 박춘암이 교주 사면하기까지-천도교양차분규비화」(2), 『신인간』50호, 1930.9, 28-30쪽.

10) 『동아일보』1922.6.9, 「만사를 위원에 일임」.

11) 『동아일보』1922.10.13, 「천도교유신청년회」.

12) 『동아일보』1922.12.27, 「유신파의 신활동」; 「천도교 내홍의 건」, 『일제하사회운동사자료총서』4, 고려서림, 1992, 53쪽; 「最近ノ天道教ト其ノ分裂ヨリ合同ヘノ過程」, 『齋藤實文庫』11, 455쪽.

13) 그러나 일부지역에서는 신구의 갈등이 적지 않았다. 대표적인 곳이 김봉국이 활동하였던 평남 성천이었다. 『동아일보』1924.10.8, 「성천 천도교 신구양파 반목」.

14) 「중앙총부휘보」, 『천도교회월보』151호, 72쪽. 그 내용과 인물은 다음과 같다. "3년을 亘하도록 해결되지 못하였던 본 교회의 분규사건은 其間 妥合期成會 제씨의 성심알선으로 평화의 분위기가 점차 접근하여지든 바 금회 임시종법사회의 대용단으로 유래의 규제를 초탈하여 교회의 모든 일은 오직 不文法으로 하게 된 결의하에서 彼此 주의 동일하고 의사 합치되어 遂히 본월 9일 오후 3시 본 교당 2층에서 융용한 화기로 평화경고식을 거행하였는데, 당일 중립측 또는 他 일방으로부터 평화회에 찬동 참가한 제씨를 열거하면 이종훈, 홍병기, 정계완 이하 생략"

15) 「교회의 일체 명칭 개정」, 『천도교회월보』152호, 1923.5, 23쪽; 「임시종법사회회록」, 『천도교회월보』152호, 38-41쪽.

16) 『동아일보』1925.1.18, 「천도교 신계획」.

17) 「경고」, 『천도교회월보』178호, 1925.7, 23쪽 및 「천도교의절」, 『천도교회월보』178호, 25쪽.

18) 『동아일보』1925.6.24, 「천도교 신구 충돌」.

19) 『동아일보』1925.6.27, 「천도교 분규 해결」.

20) 『동아일보』1925.8.17,「천도교분규문제」;『조선일보』1925.8.17,「天道教又波瀾」.

21) 京城鐘路警察署長,「天道教教人大會ニ關スル件」(1915.8.17).

22) 이외에도 "本教會中央宗理院 宗法師 崔麟과 主任宗理師 鄭廣朝 李仁淑 崔碩連 등이 재임 이래로 宗規를 개정하여 背師亂道할 뿐 外라. 公金을 濫用한 事實이 有함으로 右人 등을 逐出하고 자에 광고함"이라는 광고도 있었다.

23) 『동아일보』1925.8.18,「중앙종리원 임원 총사직」.

24) 『조선일보』1925.8.17,「청년당이 분기 성토」.

25) 『동아일보』1925.8.18,「복구운동 방지단」; 경성종로경찰서장,「天道教教人大會ニ關スル件」(1915.8.17).

26) 『동아일보』1925.8.18,「양편에 설유 박인호씨가 임석하여」;『조선일보』1925.8.18,「박인호씨 출동 중재」.

27) 『조선일보』1925.8.18,「천도교 분규」.

28) 『동아일보』1925.8.19,「중립측 통일기성회」.

29) 『조선일보』1925.8.21,「삼도 교인의 통일에 대한 결의」;『동아일보』1925.8.21,「기호측 종리사 새 기치로 통일운동」.

30) 『동아일보』1925.8.20,「종리사총회 휴회」;『조선일보』1925.8.21,「종리사총회는 무기연기」.

31) 『동아일보』1925.8.21,「소위 교인대회 끝까지 주장을 고집」.

32) 『조선일보』1925.8.21,「천도교 해결 서광」.

33) 『동아일보』1925.8.21,「청년당의 분기와 통일의 서광」.

34) 『조선일보』1925.8.22,「분규중의 천도교 각측 대표 간담회」.

35) 『조선일보』1925.8.22,「천도교회 파란 후보 오영창 씨 우대문제 각군 대표들이 주창」.

36) 『동아일보』1925.8.23,「무조건 해결 기필코 통일」.

37) 『조선일보』1925.8.23,「교인대회는 해산」.

38) 『동아일보』1925.8.9,「천도교 분규여파 평안 총교도 분기」.

39) 『조선일보』1925.8.23,「남포 천도교인 혁신파에 찬동」. 진남포종리원의 교인대회 결의사항은 다음과 같다. 一, 京城에 開催된 天道教人大會는 그 內容이 卑劣한 野心家 吳榮昌의 部下 幾個人의 凶計이므로 吾人은 絶對로 否認함. 一, 時代錯誤의 教主制를 主唱하고 黯然히 利己的 空中樓閣을 夢想하여 愚昧한 教友를 愚弄하는 吳榮昌 及 一派를 徹底히 埋葬할 事. 一, 公正한 宗理師制를 贊同하여 時局의 匡正과 教務의 進興을 促成할 事.

40) 『동아일보』1925.8.29,「천도교 분규와 청년당측의 격문」. 격문에 서명한 청년당원은 다음과 같다. 조기간 김기전 박달성 이돈화 박사직 이두성 차상찬 허익한 민영순 홍광호 계연집 최단봉 강우 김병준 최안국 방정환 홍일창 최두선 송기중 이성삼 윤현우 김

창현 이태운 김이국 김공선 박홍섭 홍종현 이초옥 정윤석 백응규 설인기 장진수 오봉빈 박태우 김덕린 한선익 박준기 전준성 최병호 조처항 김세환 양원섭 백낙순 박군실 이을 신원균 김홍식 황룡연 황경주 외 재경청년 1동.

41) 『조선일보』 1925.8.29, 「천도교청년 飛檄」.

42) 『동아일보』 1925.8.29, 「중앙종리사도 성명서를 발표」. 당시 성명서에 연명한 인물은 다음과 같다. 임예환 고주성 윤승각 윤기호 김진팔 민영순 박태우 장진수 박준기 한선익 박기섭 이현희 채규송 강신교 이수일 이초옥 이성삼 최사민 김명서 김이선 김공선 장승관 문철모 유개선 한운혁 홍종현 김창연 김태련 홍만규 양원섭 장대길 백응규 정유석 김안실 홍기조 이군오 최안국 나인협 유경운 김선호 오봉빈 원용건 장운국 김덕린 차상찬 전준성 설린 김창현 주회락 임근태 서달제 백낙순 조기간 홍광호 허익환 김기전 박군실 이재현 박달성 박사직 이유정 이정화 정응봉 조봉호.

43) 천도교통일기성회 발기인 명단은 다음과 같다. 박준승 이병춘 구창근 윤민 김의태 이종린 이용준 김용배 최준모 임성춘 정용근 박영창 이시우 한순회 송년섭 홍종각 김종오 김재계 이종화 신학균 김유경 신태순 유희준 박기신 김윤환 이경택 강세희 손재기 유태홍 윤원세 김경함 한현태 김영륜 오상준 오용실 이세헌 권동진 정상렬 오일철 김인하 김명배.

44) 『동아일보』 1925.9.5, 「통일기성회의 공함」.

45) 『조선일보』 1925.9.5, 「천도교 통일기성」.

46) 『조선일보』 1925.11.5, 「천도교 합동 서광」.

47) 『동아일보』 1925.11.5, 「통일되는 천도교 두파는 이미 원만히 합동」. 그리고 고문으로 권동진 박준승 이병규 이명선 길학성 한현태 김명준 등이 추대되었다.

48) 『조선일보』 1925.11.17, 「박인호씨가 윤고 반포」. 윤고문의 내용은 다음과 같다; "이러한 큰 도에 적은 일에 힘쓰고 믿음으로 통일하고 규모일치하라는 신성의 가르침을 뒤져 동귀일체의 이상을 실현하지 않으면 아니 된다."(『동아일보』 1925.11.18, 「박인호씨 윤고」.

49) 『조선일보』 1925.12.23, 「천도교 양파 교일교섭의 개시」.

50) 『조선일보』 1925.12.23, 「'기관', '정신' 두 문제로 의견이 不一한 천도교」.

51) 『동아일보』 1925.12.26, 「천도교 합동 파열」; 『조선일보』 1925.12.26, 「천도교 양파의 통일교섭 遂破裂」.

52) 동아일보』 1925.12.26, 「중앙위원 총회」; 『조선일보』 1925.12.26, 「중앙위원회는 방침을 결정하였다」.

53) 『동아일보』 1925.12.27, 「종리사 총회 일곱 가지 결의」.

54) 『동아일보』 1925.11.26, 「중앙위원에 경고」. 경고문의 내용은 다음과 같다; "前 所謂 敎人大會에서 主張하던 4世 敎主 儀節問題 곧 敎會紛糾의 焦點問題를 이미 抛棄한 以

上은 該會 及 統一期成會는 自然 消滅에 歸할 것이오. 中央宗理院의 現制度가 依然히 進行할 뿐인즉 所謂 中央委員會란 個別機關을 立할 理由와 必要가 全無할 것이므로 此를 絶對否認하고 速히 解散하기를 警告함."

55) 『동아일보』 1925.9.9, 「영산천도교에서 오영창 씨 반대」.

56) 『동아일보』 1925.8.18, 「천도교사건과 통영 교인 결의」. 이날 통영종리원에서는 다음의 네 가지 사항을 결의하였다; "一, 京城서 開催된 所謂 天道敎人大會라는 것은 烏合之卒의 會合임을 認함. 一, 吳榮昌 朴○○ 等은 奸小輩로 認함. 一, 李謀의 主張하는 所謂 統一期成會의 八方美人主義를 絶對排斥함. 一, 吾人은 現下 敎人全體의 現議會制度를 絶對 擁護함."

57) 『동아일보』 1925.10.1, 「복구운동은 배척 의회운동은 옹호」. 고원 천도교인대회에서는 다음의 사항을 결의하였다; "一, 吳榮昌 一派의 復舊運動은 絶對排斥하기로 함. 一, 統一期成會는 主義蒙昧하므로 此는 絶對否認하기로 함. 一, 敎人全體意思에 基本된 現制度 卽 議會制度는 絶對擁護하기로 함."

58) 조기간, 『천도교청년당일람』 1928, 2쪽.

59) 이에 관한 세부내용은 다음과 같다. 첫째 敎書를 비롯하여 교양서 등을 매일 1項目 이상 읽도록 했다. 둘째 매주 노동의 신성을 함양하기 위해 매주 토요일을 노동일로 정하여 개인적 또는 단체적으로 3시간 이상 직접 일을 하도록 했다. 이에 따라 중앙본부 당원은 매주 토요일 중앙대교당에서 가마니 또는 봉투, 새끼를 꼬았다. 셋째 시간엄수로 집회, 집무, 작업이나 개인적인 약속에 대해서는 반드시 시간을 엄수토록 했다. 넷째 色衣實行로, 여름옷 이외에는 반드시 염색한 옷을 입도록 했다.(김병준, 「지상천국의 건설자 천도교청년당의 출현」, 『천도교회월보』 157호, 1923.10, 12쪽; 『동아일보』 1923.9.23, 「천도교청년당원 매토요일에 노동실행」)

60) 「청년당 신년계획」, 『천도교회월보』 196호, 1924.1, 33쪽.

61) 基泉, 「천도교청년당의 과거 1년을 회고하면서」, 『천도교회월보』 171호, 1924.12, 14쪽.

62) 특히 이 시기에 사회주의에 경도되는 교인을 지도하기 위해 천도교중앙총부는 注意事項을 각 종리원에 발포하였다; "一, 우리는 '人乃天' 宗旨를 信하는 者이다. 吾人의 生命이 天卽眞理에 在함을 깊이 깨닫고 吾人의 生活은 항상 眞理에서 求할 事. 一, 眞理의 生活은 精神的으로는 神敎聖訓를 體하여 間斷없이 性靈을 修煉하고 肉體的으로는 自己의 天賦한 勞動力을 勤苦自作하여써 自存을 保存할 事. 一, 廣濟蒼生의 大理想을 抱持하고 吾宗大團의 一員된 責任과 義務를 盡할 事. 一, 崇嚴한 道人의 身分을 恪守하여 近來 流行하는 모든 主義를 超越하여 물들지 말고 特히 政治 卽 時事에 干與치 말 事"

63) 기간, 「천도교청년당의 과거 1년을 회고하면서」, 14쪽.

64) 1924년에 설립된 청년당의 지방부는 다음과 같다. 곡산부 1월 7일, 정평부는 1월 12일, 의주부는 5월 11일, 평양부 5월 26일, 안주부 11월 14일, 신흥부 11월 20일.

65) 2차 분규가 시작되는 1925년 6월 이전까지 설립된 청년당 지방부는 다음과 같다. 선천부 4월 1일, 사천부 4월 5일, 양덕부 5월 6일, 순안부 6월 16일.

66) 『동아일보』 1923.10.28, 「동경재류동포 및 서선이재민구호회」(광고).

67) 『동아일보』 1923.12.5, 「단체의 불참가로 정주지방회 연기」.

68) 『동아일보』 1924.1.13, 「문예단 순회극」. 이외에도 정평지회(『동아일보』 1924.4.2, 「청년회 연합강연」), 강계지회(『동아일보』 1924.5.13, 「강계 2차 정구」), 단천지회(『동아일보』 1924. 4.22, 「제1회 단천축구대회(광고)」), 원산지회(『동아일보』 1925.4.30, 「천도교강연회」), 신의주지회(『시대일보』 1925.5.15, 「국민회원 강연을 희롱했다고 고소」), 평양지회(『시대일보』 1925.7.25, 「본보를 통하여 평양 각단 수해를 위문」, 박천지회(『동아일보』 1925.11.28, 「이돈화 씨 강연」) 등도 청년회 명칭을 사용하였다.

69) 『시대일보』 1924.9.18, 「천도청년회 창립」.

70) 조규태, 『천도교의 문화운동론과 문화운동』, 국학자료원, 2006, 119쪽. 이에 비해 소년회 활동은 여전히 활발하게 나타난다.

71) 基焞, 「신인간 되는 방편」, 『신인간』 3호, 1926.7, 22-25쪽; 조규태, 「1920년대 천도교의 문화운동연구」, 서강대학교 박사학위논문, 1998, 78-86쪽; 김정인, 「일제강점기 천도교단의 민족운동연구」, 서울대학교 박사학위논문, 2002, 158-159쪽. 김기전은 보성전문학교, 조기간은 일본대학 사회학과, 박달성은 동양대학 종교학과, 박사직은 동양대학 종교학과, 방정환은 동양대학 철학과를 졸업했다.

72) 조기간, 『천도교청년당일람』, 3쪽; 『동아일보』 1926.6.28, 「신인간자학 참가 2천명」.

73) 「시일학교 통칙」, 『신인간』 7호, 1926.11, 50-51쪽; 조기간, 『천도교청년당일람』, 3-4쪽. 시일학교에 대해서는 성주현, 「일제하 천도교청년당의 교육운동-시일학교를 중심으로」, 『문명연지』 제2권 제1호, 한국문명학회, 2000을 참조할 것.

74) 부문운동에 대해서는 본 논문 제5장에서 다루고자 한다.

75) 조기간, 『천도교청년당소사』, 41쪽.

76) 포덕날은 포덕선전일과 같은 의미이다. 처음에는 포덕선전일로 표기하였으나 일반적으로는 포덕날로 많이 사용하였다. 본고에서는 포덕날로 사용하고자 한다.

77) 조기간, 『천도교청년당소사』 18쪽.

78) 「청년당시보」, 『신인간』 33호, 1929.3, 51쪽.

79) 조기간, 『천도교청년당일람』, 4쪽.

80) 「온 땅 온 사람의 환영 속에서 천도교의 큰 외침이 울어 동하던 11월 1일」, 『신인간』 8호, 1926.12, 26-27쪽.

81) 김병준, 「포덕회는 왜 조직하였는가」, 『신인간』 20호, 24-25쪽.

82) 김병준, 「포덕회는 왜 조직하였는가」, 25쪽.

83) 「천도교청년당휘보」, 『신인간』20호, 60-61쪽. 포덕회연합회는 1927년 12월 23일에 설립되었으며, 임원은 회장 나용환, 부회장 정광조, 간사 이돈화, 김기전, 김병준이었다. 이날 결성식에서는 첫째 3호 이상 7호 이하의 布德組를 일률적으로 조직할 것, 둘째 2인 1대의 포덕대를 조직할 것, 셋째 회원 1인3호 이상 포덕, 넷째 백만호 윤방의 실행, 다섯째 평이한 포덕문을 작성, 여섯째 포덕연합회 상설기관 설치할 것 등을 결의하였다.

84) 포덕 활동의 결과 다음과 같이 교세가 확장되었다. 영변부 61명, 신흥부 36명(『신인간』19호, 49쪽) 박천부 40호, 성천부 60여 명, 30여 호로 이중 입당한 동덕도 다수였다.(『신인간』20호 57-59쪽) 진남포부 18호, 양덕부 30여 호, 고토부 26호, 통영부 15명, 진남포부 36명, 영변부 98호 343명, 개천부 30여 호(『신인간』21호, 61-62쪽) 또한 지역별로 1백호 이상 교세가 확장된 곳은 희천 888호, 영변 425호, 함흥 359호, 맹산 340호, 구성 320호, 북청 300호, 신흥 271호, 양덕 294호, 삭주 245호, 성천 245호, 안주 232호, 정주 230호, 덕천 223호, 의주 219호, 강서 211호, 단천205호, 상원202호, 태천 151호, 갑산 143호, 청성 141호, 홍원 140호, 경흥 138호, 고원 136호, 박천 117호, 정평 115호, 곽산 109호, 풍산 101호, 영원 100호 등이었다. 특히 상원은 18호에 불과하였는데 202호로 증가하였다. 이로 인해 복설된 종리원이 7, 8곳이나 되며, 아간은 1호도 없는 지역이었음에도 불구하고 7, 80호로 교세가 구축되었다.(김병준, 「물경! 60일간 7천호 돌파」, 『신인간』22, 5-6쪽) 또한 용천부 150호, 벽동부 35호, 영변부 22호 66명(『신인간』24호, 57쪽) 홍원부 27명, 영변부 37명(『신인간』25호, 57쪽)이 증가하였다. 이와 같이 포덕이 성공적으로 이루어진 것은 내적으로는 첫째, 主義의 힘, 둘째, 機關의 힘, 셋째, 人物의 힘 내지 活動의 힘이었다고 분석하였다. 그리고 외적 요인으로는 첫째, 구종교 구도덕에 만족치 못하고 현실적 생활을 요구하는 신앙성의 향상한 것, 둘째, 고립적 생활에 비애하는 대중의 귀의처를 찾는 경향이 많은 것, 셋째, 오랫동안 남의 것만 흠모하던 조선 사람으로서 이제는 제 것도 좀 알아보겠다는 민족성의 발달할 것, 넷째, 유래 단체적 사업에 실패를 거듭한 경험가들의 다시 공고한 배경을 구하는 추세가 있다는 것, 다섯째, 오랜 동학군으로서 이제껏 잠자고 있다가 대세에 밀리어 다시 신앙이 부활되는 것으로 분석하고 하였다.(김병준, 「물경! 60일간 7천호 돌파」, 『신인간』22호, 6-7쪽)

85) 「청년당시보」, 『신인간』12호, 1927.5, 65-68쪽.

86) 「청년당시보」, 『신인간』14호, 1927.7, 44쪽.

87) 종로경찰서장, 「天道敎靑年黨全國代表委員大會 開催＝關スル件」, 1927년 8월 17일자.

88) 기전, 「새로 입당된 7백 동덕에게」, 『신인간』19호, 5쪽.

89) 조기간, 「새로 입당된 1천7백여 동덕에게」, 『신인간』30호, 10쪽.

90) 「중앙종리원휘보」, 『신인간』12호, 59-60쪽. 당시 포교상황을 보면 순성포 890명, 명
   성포 1050명, 진성포 765명, 지경포 785명, 영법포 555명, 진신포 700명, 지신포 900명,
   시신포 750, 지법포 725명 등이었다.

91) 「산하대운이 날로 오교에 진귀한다」, 『신인간』14호, 1927.7, 36쪽.

92) 김병준, 「물경! 60일간 7천호 돌파」, 『신인간』23호, 1928.4, 5쪽 ; 박달성, 「회고 교회
   의 1개년」, 『신인간』30호, 1929.1, 2쪽.

93) 김도현, 「당 창립 5주년 기념을 지내고서」, 『신인간』28호, 1928.10, 20쪽.

94) 박달성, 「68, 69년의 계선에 서서」, 『신인간』20호, 1928.1, 3쪽. 1927년 8월 14일 이
   후 11월까지 7백여 명의 당원이 새로 입교하였다.(起田, 「새로 입당한 7백 동덕에게」,
   『신인간』19호, 1927.12, 5쪽)

95) 박달성, 「회고 교회의 1개년」, 『신인간』30호, 1929.1, 3쪽.

96) 조기간, 『천도교청년당일람』13-19쪽.

97) 만주지역은 장백현부, 관전(현)부, 용정부, 봉(황)성부이다.

98) 일본지역은 동경부이다.

99) 조기간, 『천도교청년당소사』, 80-101쪽.

100) 1927년 6월 2일 함남 풍산당부, 7월 7일 함남 장진부, 8월 10일 경남 창녕부, 9월 4일
   함남 청진부, 9월 15일 평남 순안부, 9월 19일 만주 관전부, 10월 9일 함남 북청부와 원
   산부, 10월 23일 평남 강동부, 11월 2일 평북 태천부와 신의주부, 11월 11일 함남 갑산
   부, 11월 1일 평남 성천부, 9월 25일 평북 박천부, 만주 장백현부, 함남 삼수부, 평남 개
   천부, 12월 4일 함남 문천부, 12월 22일 평북 철산군 차련관부, 1928년 1월 8일 평남 철
   산부, 1월 11일 평남 순천군 자산부, 1월 29일 평남 순천부, 2월 7일 평남 상원부, 3월
   27일 경남 진주부, 3월 만주 용정부, 3월 28일 평북 운산부, 3월 31일 함남 성진부, 5월
   1일 평남 강서부, 4월 24일 중국 봉천성 毛旬子部, 4월 24일, 중국 봉천성 봉성현 석두
   성의 봉성부, 6월 17일 평남 개천군 동상부, 7월 25일 평남 순천군 숙천부, 7월 28일 황
   해 황주부, 7월 15일 평북 후창부, 9월 30일 함북 길주당부, 9월 8일 경북 영천부, 9월
   15일 경기 용산부, 10월 20일 경남 남해부, 12월 9일 힘북 회령부, 10월 25일 만주 연
   길부, 10월 20일 만주 의란구부, 11월 26일 만주 삼도구부, 11월 20일 만주 화룡부, 2월
   31일 만주 林江統一部가 설립되었다.

101) 종로경찰서장, 「天道敎靑年黨全國代表委員大會 開催ニ關スル件」, 1927년 8월 17일자.

102) 「청년당시보」, 『신인간』45호, 1930.3, 61쪽.

103) 조기간, 『천도교청년당일람』, 5쪽.

104) 「당무석요」, 『신인간』16호, 1927.9, 46쪽.

105) 종로경찰서장, 「天道敎靑年黨全國代表委員大會 開催ニ關スル件」, 1927년 8월 17일
   자. 지방부의 접 조직현황은 〈부록〉을 참조할 것.

106)「청년당휘보」,『신인간』33호, 1929.3, 54쪽.

107)『동아일보』1929.2.5,「맹산접대표대회」.

108) 당헌 제29조의 내용은 다음과 같다. "各 地方部는 隨時 道聯合會를 열고 그 道內의 一般情形과 黨勢를 研究 批判하여 道別的 活動機能을 發揮함을 得함".

109) 조기간,『천도교청년당일람』, 7쪽.

110)「중앙종리원휘보」,『신인간』21호, 1928.2, 57-58쪽.

111) 조기간,『천도교청년당일람』, 4쪽.

112) 천도교청년회본부,『천도교청년회80년사』, 2000, 451-459쪽 참조,

113) 조기간,『천도교청년당일람』, 6쪽.

114) 조선정형연구회는 조선 사람은 무엇보다도 조선의 정형을 잘 아는 한다는 필요에 따라 설치되었다. 정형연구회를 설치한 것은 1927년 2월 신간회 창립 이후 지역의 동향을 파악하고 이를 지방부 활동에 반영하고자 한 것으로 보인다.

115) 조기간,『천도교청년당일람』, 4-6쪽.

116)「천도교청년당 제4차 전당대회」,『신인간』47호, 1930.5, 56쪽.

117)「청년당휘보」,『신인간』48호, 1930.6, 66쪽.

118) 청년당의 육체훈련은 당시 보급되던 덴마크 체조였다.

119)「휘보」,『신인간』51호, 1930.9, 57쪽.

120) 조기간,『천도교청년당소사』, 58쪽.

121) 조기간,『천도교청년당소사』, 58-59쪽.

122) 당의식의 확립 내용은 다음과 같다.

1. 우리 교에서 이르는 바 '도'라는 그것은 이 시대의 변천과 관계가 없이 먼 옛적부터 이 천지간에 어느 한 모퉁이에 가만히 박혀있던 것을 우리 선생님(수운 최제우-필자 주)께서 문득 찾아낸 것이 아니라 선천시대가 꺼꾸러지고 후천시운이 열리는 이즈음에서 후천배포의 그 이치와 그 방책을 받아 놓은 것이라는 것, 그러므로 우리 '도'의 일체는 오늘이라 하는 이 시각을 때어가지고는 생각할 수 없는 것이라는 것. 2. 한 시대가 가고 새 시대가 열리는 때에 있어 새 시대를 짓는 그 무리는 전시대를 주재하던 그 이치로나 그 무리로서는 안 되고 그 전시대의 것과는 끔찍스럽게 다른 이치와 다른 층의 사람으로야만 되는데 천도교의 이치와 사람이 곧 그것이었다는 것. 3. 그럼으로 천도교의 모든 비밀, 모든 조화는 이 이치로써 이 사람(오늘날까지의 시대에 있어서 불행하게 있는 사람)을 조직함에뿐 있다는 것. 4. 이것이 이제로부터 60여 년 전에 생긴 조선의 동학당인 동시에 이것을 의식적으로 계승 전개시키는 것이 우리 당이라는 것. 5. 그래서 자기가 당원이 되었다함은 자기 스스로가 새 세상을 치워나가는 주동인물이 되었다는 것을 알아차리는 것.

123) 기전,「새로 입당된 7백 동덕에게」,『신인간』19호, 5-7쪽

124) 조기간, 『천도교청년당일람』, 2-3쪽.

125) 「청년당시보」, 『신인간』 9호, 1927.1, 28쪽.

126) 조기간, 『천도교청년당일람』, 3-4쪽.

127) 1927년 12월 1일부터 20일까지 시행한 제3회 신인간자학 연구문제는 다음과 같다.
1. 義菴聖師에서 乙巳 以降으로 우리 敎會의 進展을 위하여 勞心作策하신 중의 3대 사건을 상기하라. 2. 대신사 성령출세설의 인생관적 의의를 말하라. 3. 의암성사께서 몇 살에 입도하여 몇 살에 도통을 받으시고 몇 살에 甲午東學運動을 추리키고 몇 살에 환원하였는가.(이상 의암성사 편에서) 1. 대신사의 탄생연대와 청도연대와 갑오동학운동 乙巳의 천도교 개명, 기미운동의 연대를 포덕기원과 서력기원으로 아울러 표시하라. 2. 을사 12월 1일에 천도교로 개명한 이유 여하. 3. 性身雙全의 의의 여하. 4. 대신사의 사상경로는 여하. 5. 지기기화의 의의 여하.(이상 체계약람에서) 1.당의 의의와 정책을 개시하라. 2. 당헌은 전부 몇 장 몇 조문으로 이루어진 것인가. 3. 당본부와 지방부와 접의 기능을 명시하라. 4. 본당의 최고기관은 무엇인가. 5. 당원의 일상훈련은 어느 기관을 중심삼아 할 것인가. 6. 독신남녀라고 인하는 표준 여하. 7. 당원으로 부담하는 금전상 의무의 종류를 記하고 그런 義務를 아니 지지 못하는 理由를 단 한마디 표어식으로 말할 것.(「청년당시보」, 『신인간』 19호, 1927.12, 39쪽)

128) 김보영은 1929년 동경 일본체육회 체조학교 2학년으로 개교 이래 최고 성적으로 포창을 받았으며, 1931년 조선체육연구회 주사로 덴마크 체조 보급에 앞장섰다.(『동아일보』 1929.1.20, 「체조학교의 천재 김보영 군 포창」; 1931.9.4, 「丁末體操 시조 뿍씨를 맞으며」)

129) 이긍종은 1917년 경성법학전문학교를 졸업하고 미국 콜롬비아대학에서 경제학 박사학위를 받았다. 귀국 후 경성법학전문학교 강사로 활동하였다.(『조선인사흥신록』, 525쪽)

130) 「院黨社 연합 주최 지도자 강습회」, 『당성』 10호, 1932.4, 2면.

131) 이석보는 1925년 7월 實向會 집행위원, 1928년 원산각단체협의회 준비위원, 1930년 4월 조선노동사 중앙집행위원으로 활동하였다.

132) 「당원의 교양훈련과 당세확장책」, 『당성』 10호, 1932.4, 2면. 구체적인 내용은 다음과 같다; "가. 기관지를 확충합시다. 『당성』에 주로 현실적인 단편 단편의 교리, 교사와 부문운동 및 조합이론의 운동과 실제 등을 내용으로 하는 기사를 자주 게재하여 월 2회 간행이나 주간으로 해서 당원들의 독서의 큰 도움이 되게 하였으면 좋겠습니다. 나. 당 강습을 자주 개최합시다. 당본부 주최로 3대 기념을 기회로 하여 지도자 강습을 열고 지방당부로서는 년 3차 이상 당 강습을 열어서 일반당원의 교양훈련에 큰 힘이 되게 함이 좋을까 합니다. 다. 육체훈련에 일단의 노력을 합시다. 체육부서를 엇다 예속시키지 말고 별설하여 일반당원으로 하여금 그에 대한 관심을 크게 가지게 하며,

다음 당본부로서 적의 또 유효한 교안을 작성 발표하여 일반당원이 실행하도록 하였으면 합니다.”

133) 1927년 4월부터 1930년 9월까지 『신인간』과 『동아일보』를 분석한 결과 50개 지방부에서 120회의 강습회, 강연, 강좌 등을 실시하였다.

134) 金永煥은 황해도 곡산 출신으로 1927년부터 당본부 상무로 활동하였다.

135) 「청년당휘보」, 『신인간』 28호, 1928.10, 54쪽. 당시 강사와 교과목은 조선역사의 박사직, 한글의 한정호, 기독교의 길윤기, 불교의 박사직, 회회교의 민석현, 사회의 최광룡, 천도교의 김정주였다.

136) 「청년당휘보」, 『신인간』 39호, 1929.9, 60쪽. 당시 과목과 강사는 다음과 같다. 당의식; 김정주, 교리; 박사직, 중국 국민당의 현상; 민석현, 한글; 한정호·장한섭, 이조사; 박사직, 세계정형; 조선-김형준, 세계정형; 구미-최광룡, 세계정형; 러시아-김정주.

137) 吉允箕과 박사직은 일본대학 종교학과에 재학 중이었다.

138) 「청년당휘보」, 『신인간』 28호, 1928.10, 55쪽.

139) 「청년당휘보」, 『신인간』 33호, 1929.3, 54쪽.

140) 「청년당휘보」, 『신인간』 34호, 1929.4, 67쪽; 「청년당휘보」, 『신인간』 45호, 1930.3, 61쪽.

141) 「청년당휘보」, 『신인간』 15호, 1927.8, 45쪽.

142) 「청년당휘보」, 『신인간』 21호, 1928.2, 60쪽.

143) 조기간, 『천도교청년당소사』 19쪽.

144) 『중외일보』 1927.8.27, 「사고」; 1928.4.22, 「천도교청년당 벽동부 당대회」.

145) 「청년당시보」, 『신인간』 8호, 1926.12, 37쪽.

146) 『중외일보』 1927.11.6, 「벽동군의 농민연합 발기」. 준비위원은 김태식, 김경호, 최종린, 김명호, 김원룡이었으며, 이들은 청년당 벽동부 집행위원으로 활동 중이었다.

147) 『중외일보』 1927.11.20, 「평북 벽동군 농민연합회 창립」. 벽동농민연합회의 선언 강령은 다음과 같다. 선언 우리는 현하 농민의 각성으로 된 각 농민단체를 유기적으로 연결하여 시대의 요구에 부합되는 새 이론 밑에서 일치 단결의 힘으로써 慘酷한 우리 농민의 생활환경을 혁신하여 농민본위인 새세상을 確設코자 左의 강령하에 벽동농민연합회를 조직함. 강령 1. 우리는 단결력에 의하여 무산농민의 합리적 신생활을 기함, 2.우리는 계급의식으로써 농민대중의 계몽운동을 실현함, 3.우리는 전적으로 농민운동을 촉진키 위하여 지방농민의 조직적 훈련을 기함. 한편 참가단체는 벽동농우회, 上西농우회, 檜坪농촌청년회, 下西농촌청년회, 社農청년회, 松一농우회, 松四농촌청년회, 北下농민사우회, 大平농촌청년회, 平內농민회, 六四양봉청년회 등이다.

148) 『동아일보』 1928.2.14, 「벽동농민강좌」.

149) 『중외일보』 1928.2.15, 「벽동농민연합 회체 변경」; 『동아일보』 1928.2.17, 「명칭 변

경하고 운동방침 확대」;『중외일보』1928.3.4,「벽동 면 각처에 洞농민사 조직」;「檜下農靑을 농민사로 변경」.

150)『중외일보』1928.2.14,「농촌야학 지도자 강습」.

151)『중외일보』1927.11.30,「농민강습 及 야학을 81처에 개설」;『동아일보』1927.12.3, 「의주농민야학 기히 81처」.

152)『중외일보』1928.3.3,「의주농민회 제1회 정총」;『동아일보』1928.3.7,「의주농민회 농민사로 변경」. 제1회 정기대회에서 명칭 변경에 대해 논란이 없지 않았다. 즉 1백여 명의 회원이 참석한 대회에서 조선농민사의 지도를 받자는 다수 회원과 농민회 그대로 조선농민의 지도를 받자는 극소수 회원 간의 의사충돌이 있었으나 결국 조선농민사로 조직체를 변경하였다.

153) 김형준은 동아일보 용천지국 운향분국 총무 겸 기자, 천도교청년당 용천부 상무 겸 집행위원, 운향청년회 사회부위원, 용천소작조합 운향지부장, 용북농민조합 발기인 등으로 활동하였다.『동아일보』1928.3.4,「사고」; 3.19,「사고」; 조기간,『천도교청년당소사』, 83쪽;『중외일보』1927.5.16,「운향청년 창총」; 6월 10일,「용천소작조합 이시총회 개최」; 1928.1.22,「용북농조 창립총회」.

154) 김사택, 이병관, 박종해 등은 1929년 4월 29일 개최한 용천부 당원대회에서 집행위원으로 선임되었다.『중외일보』1929.5.4,「용천천청당원회」. 이밖에도 이병관은 운향청년회 위원으로 활동하기도 하였다.『중외일보』1927.5.16,「운향청년 창총」.

155)『동아일보』1927.10.20,「용천농민연합회 거 16일 창립대회」. 용천농민연합회의 강령은 첫째 단체의 위력에 의하여 무산농민의 합리적 생활을 완성할 만한 농업경리를 계획 건설할 일, 둘째 우리 농민에게 지적 교양과 계급의식을 환기하여 사회적 지위를 향상시킬 것, 셋째 농민운동의 전국적 통일을 촉진키 위하여 지방 농민의 조직적 훈련을 기망함. 창립총회에서 김형준은 전임상무 겸 조직선전부 위원, 김사택은 쟁의부 위원, 이병관은 서무부 위원, 박종해와 홍기하는 감사로 각각 선임되었다.

156)『중외일보』1928.1.30,「용천농민연합 회체 변경 결의」. 용천농민사로 전환한 후 김형준은 이사장, 이병관과 김사택은 이사, 박종해와 홍기하는 감사로 선임되었다.

157)『동아일보』1926.6.16,「농민운동연기」; 8.31,「순회탐방(61)-안주지방대관(2)」; 1927.3. 10,「안주농련 정총」.

158) 고원부에서 설립한 건천농군회는 이후 건천농민사로 전환되었다.(『중외일보』1929.9.17,「건천농민 정총」)

159)『동아일보』1926.8.31,「고원노동 창립」.

160)『중외일보』1927.12.22,「단천농민연합 정기대회」;『동아일보』1928.2.14,「농민리회 창립」.

161) 선천부에서 설립한 회양야학교의 주무로 활동한 차중건, 문병전, 차원순, 차윤호 등

은 1928년 3월 17일 삼성농민사를 창립하는데 주도적 역할을 하였다.(『중외일보』 1928.3.25,「삼성농민사 창립」) 그리고 박득순은 신간회 선천지회 위원으로 활동하였다.(『중외일보』1927. 5.16,「신간지회 발기」)

제5장 1930년대 천도교청년당의 조직 변화와 당세 확장

1) 『조선일보』1930.4.9,「천도교 일파의 소위 자치운동 대두?」.
2) 『조선일보』1930.4.9,「이돈화씨는 반대, 모 소식통 담」.
3) 청년동맹은 1930.4.8, 긴급상무위원회를 개최하고 "본월 4일에 최린파 천도교 일부에서 소위 조선자치운동을 하기로 결의하였다 하니 이는 천도교의 정신에 위반되므로 我等은 此를 절대반대함"을 결의하였다.(『조선일보』1930.4.9,「청년동맹, 긴급위원회 열고 반대 결의」)
4) 『조선일보』1930.4.10,「소위 자치문제로 질문 끝에 폭력 난투」. 천도교청년당은 천도교측의 민족운동의 중심단체 형성론과 전위정당론에 입각하여 세워진 것으로서, 천도교, 특히 천도교 신파측의 정치운동을 위한 단체의 성격이 있었다고 할 수 있다. 천도교 신파는 천도교청년당을 민족운동의 중심단체로 만들고자 하였으며, 이를 위해서는 천도교청년당의 세력기반을 확대하는 것이 필요했다. 천도교청년당 산하의 각 부문운동 단체들은 그러한 세력 확대를 목표로 결성된 것이었다. 그 결과 천도교청년당은 상당한 세력을 거느리면서 나름의 정치적 역할을 모색할 수 있었다. 그리고 그것은 최린 등 천도교 신파의 자치운동이 현실화되었을 때 상당한 파워를 가질 수도 있었다. 하지만 천도교 신파의 자치운동은 현실화되지 못한 채 끝나고 말았다. 따라서 천도교 청년당도 소기한 바, 정치적 역할을 수행하지는 못하였다.
5) 『조선일보』1930.10.23,「천도교 양파의 합동 현실화」.
6) 『조선일보』1930.12.25,「천도교 신구 양파 원만히 합동 성취」.
7) 『조선일보』1930.12.29,「청년 천도교인 합동 사무 진행」.
8) 「집회취체상황보고」, 종로경고비 제1797호, 1931.2.17;『동아일보』1931.2.18,「청년당과 청년동맹 兩團體도 遂合同」.
9) 「당휘보-당맹합동대회」,『천도교회월보』242호, 1931. 2, 60쪽.
10) 한편 부문운동을 지도하는 각 부문위원은 幼少年部에 方定煥 李根培 孔興文, 靑年部에 朴達成 李學仲 趙鳳昊, 學生部에 具中會 林浣 金秉濟, 女性部에 桂淵集 全義贊 劉漢日, 農民部에 金秉濬 金一大 李智鉉, 勞動部에 姜友 朴漢珪 李炳憲, 商民部에 曺定昊 金玉斌 등을 각각 임명하였다. 부문위원은 대부분이 청년당측에서 차지하고 있는데, 이는 부문운동을 그동안 청년당에서 지도하였기 때문이었다.

11) 원래는 당과 중앙집행위원회의 사무상 통제 감독 및 당원간의 규율에 대한 감찰을 위한 통제과, 당원의 훈련으로서 理想 달성을 위한 훈련과, 포덕방법을 원만 또는 민활하게 하기 위한 선전과 등 3과를 신설하고자 하였다. 그러나 회의 결과 선전과와 통제와 훈련을 포함한 통훈과 등 2과만 신설되었다.

12) 조선노동사에 대해서는 다음 장에서 보다 구체적으로 살펴보고자 한다.

13) 「집회취체보고상황」, 종로고경비 제4128호, 1931.4.6; 「휘보-청우당 제1차 대표대회」, 『천도교회월보』244호, 1931.4, 42쪽.

14) 「당화주간 강행」, 『당성』16호, 1932.11, 1면.

15) 「黨化週刊 設行에 對하여」, 『黨聲』6호, 1931.10, 1면.

16) 「당화주간을 지나고서 각 지방대표들의 보고」, 『黨聲』8호, 1932.1, 3면.

17) 「당화주간을 지나고서 각 지방대표들의 보고」, 3면.

18) 청년당의 체육과 이를 위한 보급에 대해서도 적지 않은 관심을 보였다. 청년당은 1927년 4월 6일 당 산하에 체육부를 설립하였다. 체육활동으로는 체육대를 조직하여 덴마크 체조, 무술연습, 조기운동, 기타 일반 보건체조 등을 강습 및 연습하였으며, 연중 세 차례에 걸쳐 체조강습회를 개최하였다. 1934년 3월 현재 체육대는 133개, 대원은 4,442명 정도였다. 이외에도 『체육강의』를 발행하여 일반보건운동도 전개하였다. (『동아일보』1934.3.3, 「4천 대원을 거느린 천도교청년당 체육부」)

19) 『黨聲』, 제4호 4면, 제6호 4면, 제7호 6면

20) 「東京에서는 夏期講座를」, 『黨聲』제6호(1931. 10. 1) 7면

21) 「당휘보-당본발 제1호」, 『천도교회월보』242, 60-61쪽.

22) 「公函」. 이 공함에 의하면, "양방이 各立해 있는 곳에서는 곧 양방 대표자가 상의하여 합동회의를 열어 新組織을 速行하여"라고 하여 합동대회의 개최를 지시하였다.

23) 「집회취체상황보고」, 종로경고비 제2402호, 1931.2.27.

24) 『동아일보』1931.3.4, 「강계천도교 양파 합동대회」.

25) 『동아일보』1931.3.8, 「천청 합동대회」.

26) 『동아일보』1931.3.21, 「청우당 조직 양파가 합동」.

27) 분규의 발단이 된 '수월집의춘'과 '부인재호'의 내용은 다음과 같다. 신구 양파 합동 다음해인 1931년 8월 19일에 박인호는 '正水月執義春'이라는 법문을 만들어 교인들에게 선수케 하는 한편 독신 부인에게 齋號를 만들어 수여했다. 이에 대해 신파측은 박인호가 법문을 만들어 구파교인들에게 선수하는 것은 해월과 의암의 계통을 파괴하는 것이며, 교회에 堂號가 있는데도 별도로 재호를 만들어 구파 부인들에게 수여하는 것은 따로 기관적 행사를 하여 기관을 무시하는 처사라고 하면서 대회에서 이를 취소하는 건의안을 통과시켰던 것이다. '水月執義春'의 水는 수운 최제우를, 月은 해월 최시형을, 義는 의암 손병희를, 春은 춘암 박인호를 지칭하는 것으로, 이에 대해 신파측은

구파측이 박인호를 4세 교조로 정당화시켜 기정사실화 하려 한다고 판단하였다. 이에 대해 구파측은 법문과 재호는 박인호가 이미 대령 정광조를 불러 교인 전반에 수여하라고 지시했는데도 시행치 않았다고 하면서, 신파측이 대회에서 이를 문제시하여 다시 분규를 야기시켰다고 성토했다.

28) 「天道教 第二回大會會錄」, 『신인간』 55호, 1932.5, 57-59쪽.

29) 『천도교회월보』 256호, 1932.5, 86쪽.

30) 『신인간』 55호, 57쪽 및 60쪽. 새로 구성된 임원은 대령에 정광조, 부대령에 최석련, 성도관정에 오상준, 경도관정에 김병준, 신도관정에 최단봉, 법도관정에 이군오, 감사관정에 정용근, 종법사장에 이인숙, 고문에 최린 · 라용환 · 이병춘 · 홍병기 · 김경연이다.

31) 이날 대회에서는 중앙집행위원 및 중앙감사위원을 선임하고 당대표에 조기간, 부대표에 정용봉을 선출했다. 그리고 대회 후 4월 8일과 18일 두 차례의 중앙집행위원회를 열고 각 부서 임원을 다음과 같이 선임했다. 당무위원 김이국 이응진 주희락, 농민부수석위원 김공선, 노동부수석위원 김형준, 소년부수석위원 全義贊, 청년부수석위원 具中會, 학생부수석위원 김병순, 여성부수석위원 김병제, 상민부수석위원 김옥빈, 기무과 정용봉 김이국, 재무과 주희락, 부무 및 선전과 이응진, 통훈과 조기간.(『당성』 11호, 1932.5, 2면, 「전당대표대회」)

32) 『당성』 11호, 1932.5, 2면.

33) 김기전, 「소회의 일단을 당원 여러분에게 드립니다」, 『당성』 11호, 2면.

34) '教'는 천도교를 뜻한다.

35) '黨'은 천도교청년당을 뜻한다.

36) '會'는 천도교소년회와 천도교학생회, 천도교청년회를 뜻한다.

37) '團'은 천도교내성단을 뜻한다.

38) '社'는 조선농민사와 조선노동사를 의미한다.

39) 김기전, 「所懷의 一端을 黨大會員 여러분에게 드립니다.」, 『당성』 11호, 1932.5, 2면. 김기전은 조선의 중심체가 되기 위해 다음의 사항을 촉구하였다. 1. 어디까지의 實勢力 擴植과 自訓練의 完全獲得을 목표로 관계 전원의 總感奮, 總躍起를 促할 것, 2. 별로 남부 및 중부 조선에의 실세력 부식을 策하되 北辰圓滿南河回의 표어를 大揭하여 地元同德의 躍起를 구하는 이외에 특히 서북동덕의 의거를 촉하게 할 것, 3. 여성 및 청장년층에 있어서 재래의 계몽적 훈련에서 일보 진하여 별로 현실적인 훈련 및 활동에 전진케 하며 당과 단의 관계를 규정하며 농민사 및 노동사에 여성부를 두는 것은 그 실천의 일이 아닐까 하옵는 것, 4. 농민사 노동사 내성단 청소년회 등 각 관계 단체의 대회에서 한결같이 육체훈련의 실행을 결의하여 一致 肉訓의 완성을 기할 것, 5. 이상촌적 의미에서 보다도 교양, 훈련, 선전의 의미에서 천도교적 自主村落을 건설하는

구체적 규정을 의정할 것, 6. 일층 사회의 친선을 짓고 동귀일체의 外圍를 짓는 의미에서 중앙 지방이 한가지로 사회적 친목기관의 형성을 촉할 것.

40) 「당지방부 활동상황」, 『당성』 14호, 1932.8, 6면.

41) 청우당은 원래 1932년 4월 3일 제2차 전당대회를 준비하였으나 청년당과 청년동맹으로 양분됨에 따라 신파측 청우당의 회의 차수를 1차로 변경하고 4월 6일 전당대회를 개최하였다.

42) 이에 대해 정응봉은 다음과 같이 특종위원회 설치의 필요성을 주장하였다. "우리 당으로서는 비록 일률적 실시는 못하였지만 종래로 정형연구위원 혹은 학술연구위원 같은 것을 설치하고 종교, 정치, 경제, 예술, 기타 내외 정형에 관한 연구를 하여 온 것은 사실이다. 그러나 우리 당생활이 더욱 규율적으로 정돈됨에 따라서는 이런 연구문제를 막연하게 함보다 전기와 같은 각부에 대한 현실을 일층 구체적으로 조사연구하고 비판 규정할 뿐 아니라 한걸음 나가서 여기에 대한 천도교적 문화수립을 강구치 않아서는 안 될 것이니 이에 관한 특종위원을 설치하고 (당헌 49조에 의지하여) 이것을 전당적으로 규모일치하게 실시하도록 할 것이다. 따라서 이 위원은 당무 지도의 최고직능을 발휘하는 책임까지 가지도록 할 것이다. 그렇다 해서 그것이 당본부와 별립되는 이원적 조직으로 되지 않을 것은 물론이다."(정응봉, 「제2차 전당대표대회를 際하여」, 『당성』 10호, 1932.4, 1면)

43) 김형준, 「당동경부의 학술연구회에 대하여」, 『黨聲』 3호, 1931.6, 4면.

44) 「집회취체상황보고」, 종로경고비 제4212호, 1931년 4월 7일자; 『동아일보』 1931.4.11, 「수운주의연구회」.

45) 발기인은 다음과 같다. 조정호(경성) 김병제(경성) 설린(경성) 임연(경성) 조종오(경성) 김사용(경성) 김기전(경성) 정응봉(경성) 김형준(동경) 한정호(동경) 이응진(동경) 최태훈(명천) 조봉호(시흥) 백세명(의주) 한태석(정평) 김달현(고원) 조덕구(고원) 유재순(고원) 문룡종(함흥) 한태연(함흥) 박정렴(함흥) 김석균(함흥) 염석범(단천) 김병준(양덕).

46) 수운주의연구회 규약은 다음과 같다.

제1장 총칙

제1조 본회는 수운주의연구회라 칭함.

제2조 본회의 본부는 천도교중앙종리원에 설치함.

제3조 본회의 목적은 수운주의의 이론적 체계를 구명 발전키로 함.

제4조 본회 회원은 본회에서 구명한 이론에 합치한 행동을 지킴.

제5조 본회 회원은 제3조 제4조를 실행할 결심을 한 자로 회원 2인 이상의 보증과 사무국의 인가를 경하여야 함.

제2장 기관

제6조 본회는 일체 사무를 운전할 사무국 연구국 편집국을 置함.

(1)사무국 本局 내에는 서무 재무 선전의 3부를 置하고 그 部에 해당하는 사무를 처리할 국장 1인을 置하고 本局을 대표함. (2)연구국 本局 내에는 종교 철학 예술 정치 경제 사회문화 등의 6부를 置하고 연구할 각부의 책임자 1인씩을 置하되 국장 1인을 두고 각부를 통활하며 본국을 대표함. (3)편집국 局員 약간 명을 置하고 기관지 일반출판물 등의 임무를 담당할 국장 1인을 두고 本局을 대표함

제7조 본회 운전에 관한 중요사항은 역원회에서 결정하며 역원회는 3분의 1 이상 출석을 요함.

제8조 본회 역원은 정기대회(4월중)에서 선정함.

제9조 고문 약간을 置하며 연구 기타 지도 또는 자문을 담당함

제3장 경비

제10조 본회 경비는 회원의 의무금 50전, 연례금은 1원으로 함.

제4장 규율

제11조 회원으로서 본회 정신에 위반한 행위를 할 때는 역원회의 결의에 따라 징계 정권 또는 출회를 명함.

제5장

제12조 회칙은 대회결의로부터 변경할 것을 득함.

47) 전형위원은 김형준, 백세명, 김사용, 김병제, 김병순 등이다.

48) 위원은 김형준, 한정호, 조정호, 백세명, 조봉호, 김병제, 이응진, 설린, 임연, 조종오, 김사용, 김병순 등이다.

49) 『조선일보』 1931.4.9, 「수운연구회 창립」.

50) 임연, 「인내천주의연구회 창립」, 『천도교회월보』 247호, 1931.7, 19-21쪽.

51) 특종위원회의 운영방침은 다음과 같다. 1. 특종위원의 선거는 집행위원 중에서 5인 내지 7인을 常務會에서 선정하여 집행위원회의 동의를 얻을 것, 2. 각부 연구위원의 선정은 상무위원과 각부 수석위원 연석회에서 2인 내지 3, 4인을 선정할 것, 3. 각부 수석회에서 연구요항을 정하는 것은 그 부문의 과학을 (1)사적으로 고찰할 것 (2)개념을 얻기 위하여 개론을 볼 것 (3)현재의 상황을 알기 위하여 현상을 學的 또는 數字的으로 연구할 것, 넷째는 각부에서 연구할 書册을 지정 내지 구입하는 것으로 史的, 槪論, 現狀에 관한 책을 일시 또는 순차적으로 구득하여 각부 연구위원이 분담 연구케 할 것, 다섯째는 연구회합 장소, 시간, 회수로 장소는 依形便하여 조용한 곳으로 정하고 시간은 연구위원의 형편에 依할 것, 회수는 최소한도로 1주 1차일 것, 여섯째는 특종위원회와 각부 연구회를 소집하는 것으로 특종위원회는 당대표가, 각부 연구회는 각부 수석이 각히 소집할 것, 일곱째는 특종위원회와 각부 연구회의 사무처리로 특종위원회는 대표가, 각부 연구회는 각 수석이 하되 문부를 비치하여 모든 토의, 결의사

항과 연구진행의 성적을 기록 성책하여 둘 것.(특종위원회,「특종위원회 운용에 관하여」,『黨聲』12호, 1932.6, 2면)

52) 『黨聲』11호, 2면.

53) 일기자,「당헌의 해석운용에 대하여-특히 개정된 요점을 들어」,『黨聲』19호, 1933.2, 2면.

54) 특종위원회 설치 당시 특종위원에 대해서는 기록에 따라 약간의 차이를 보인다. 즉 조기간의『천도교청년당소사』에 의하면 특종위원은 다음과 같다; "종교부 김병제, 조종오, 김병준, 전의찬, 철학부 김형준, 김병제, 조기간, 김이국, 정경부 이응진 ,김병순, 김공선, 정웅봉, 김일대, 김병준, 조기간, 사회부 조기간, 강우, 설린, 김형준, 차상찬, 정웅봉, 예술부 김형준, 조정호, 최정익, 백세명, 체육부 이응진, 백세명, 이석호, 이근배, 정성호." 특종위원의 명단은『당성』에는 7명에 불과하지만『천도교청년당소사』는 체육부를 제외하고도 26명(중복 포함)의 이름을 밝혔다. 본에서는 설치 당시의 자료인『당성』에 따른다.

55) 청년당은 기관지『당성』을 통해 시중회의 활동을 지속적으로 보도하였다. 즉「萬目注視中 時中會의 고고 제1성」,『당성』34호, 1934.9, 2면;「조선현실운동의 봉화 시중회의 제1차 대회」,『당성』36호, 1934.12, 3-4면;「시중회의 소식, 도장건축 잡지발행」,『당성』39호, 1935.6, 2면 등이 있다. 특히 36호에서는 취지, 실행요강, 회칙까지 소개하였다.

56) 『黨聲』11호, 1면.

57) 石靜은 필명으로 김도현으로 추정된다. 김도현은 청우당 결성 당시 재무과 상무집행위원으로 활동하였다.

58) 석정,「신간회 해소 가결」,『黨聲』3호, 1931.6, 2면.

59) 조기간,「조선운동과 영도문제」,『신인간』59호, 1932.9, 4-7쪽.

60) 정용서,『일제하 천도교청년당의 정치·경제사상 연구』, 연세대학교 대학원 석사학위논문, 1997, 24-25쪽.

61)「철학을 연구하려는 당원들에게」(철학부),「사회상식술어」(사회부),「우리 당원은 정치경제를 어떻게 연구할까」(정경부),「조선은 어디로 가나」(정경부),「종교연구는 어떻게 할까」(김형준),「일본의 만주국 승인과 극동정국의 금후 전망」(정경부),「사회학은 어떻게 연구할까」(사회부),「比律賓 독립운동의 석금」(김병순) 등이 있다.

62) 사회주의자의 반천도교운동에 대해 특종위원 중 김형준, 임연, 조기간 등이 대표적으로 반론을 제기하였다. 임연,「천도교와 반종교운동」,『천도교회월보』248호, 1931.8; 편집실,「방향전환의 조선종교운동」,『천도교회월보』248호; 김형준,「수운주의 입장에서 본 반종교운동」,『당성』6호, 1931.10; 김일천,「종교와 반종교운동에 대하여」,『농민』3권 1호, 1932.1; 瀧霞,「기성종교와 반종교운동」,『신인간』57호, 1932.7; 일당,

「방공령은 선포되었다」,『당성』1호, 1932.8; 김일우,「맑스주의 반종교이론의 비판」,『신인간』58호, 1932.8; 조기간,「사이비운동자들에게」,『신인간』58호; 김일우,「맑스주의 반종교이론비판」,『신인간』59호, 1932.9; 이척,「사이비운동이론의 비판」,『신인간』63호, 1933.1; 김일우,「사이비 반종교투쟁의 비판」,『신인간』63호; 김동준,「맑스주의 기초이론의 비판」,『신인간』63호;「부동분자와 사이비운동 청산 배격에」,『당성』18호, 1933.1.

63) 기간,「관서의 당순열을 마치고서」,『당성』14호, 1932.8, 5면.

64) 일기자,「窮農民의 當面救急을 어떻게 할까」,『당성』13호, 1932.7, 1면. 이밖에도 농민의 구제책으로 첫째 농민 전체를 자작농으로 할 것, 둘째 집단적 협동농업, 셋째 농민 부채의 감하 및 탕감, 넷째 소작료 감하, 다섯째 농민의 일반 부담 폐지 등을 제시하였다.(일기자,「추수기를 앞두고 농촌구제의 대책을 약간 제세함」,『당성』15호, 1932.10, 2면)

65)「우리 당의 3대 實案」,『당성』임시호, 1932.9, 1면; 일당,「포덕날과 당화주간을 앞두고」,『당성』15호, 1932, 1면.

66)「당화주간 중의 각당부의 활동상황」,『당성』18호, 1933.1, 4면.

67) 청우당은 1932년 4월 4일 신구 양파로 분화되었지만 신구 양파에서 1년 동안 천도교 청우당이란 명칭을 같이 사용하였다. 본고에서는 편의상 분화 이후를 청년당이라고 하였다.

68) 청년당은 임시전당대회에서 당헌 개정의 필요성을 첫째 민주적 중앙집권적, 둘째 발전적 및 통일적, 셋째 활동적, 넷째 신축성, 다섯째 치밀성 등으로 언급하였다.(「당헌 수정을 앞두고 조직론에 대하여」,『당성』18호, 1933.1, 2면)

69)『思想ニ關スル情報』, 京城地方法院檢査局, 1932

70)『당성』20호, 1933년 4월 1일, 3면. 체육대, 교육대, 사교단체 조직방법은 다음과 같다.
〈體育隊에 관하여〉
1. 체육대의 조직 요항 : 체육대의 조직은 접이나 당원을 중심하고 지방적으로 정기 체육 時에 참가할 수 있는 사람으로써 조직함.(체육실시 시간은 1일 1차 혹은 1주 1차-대원수의 제한은 無함) 一.체육대는 반드시 그 지방당부에 배속되어 그 당부 체육부위원의 지휘를 받음, 一.대원의 자격은 50세 이하의 남녀(당원 기타 일반)로 함, 一.체육을 실행하는 동안 대원을 지휘하기 위하여 좌의 임원을 置함. 가.隊長 1인, 나.副隊長 1인(단 부대장은 대장을 보좌하며 대장이 유고시는 대장을 대신하여 대원을 지도함)
2. 체육대의 약속 : 一.정기체육시에 대원은 반드시 참가할 것, 一.체육을 실행할 시 대원은 일체의 言笑를 금함, 一.체육을 실행하는 동안 대원은 대장의 명령에 절대복종할 것, 一.대원은 평소 앉을 때나 설 때에 자세를 엄숙히 가질 것, 一.대원은 걸음을 활발히 걸을 것, 一.대원은 눈을 힘있게 뜰 것.

3. 체육대의 신조 : 대원은 下의 3大條를 가질 것. 가.육체를 건전히 함, 나.협동정신을 함양할 것, 다.규율적 생활을 체득함.

4. 체육대의 과목 : 一.체육의 과목은 정말체조, 국민체육, 교련 3부로 함.

附 : 黨體育部에서는 지도의 일치를 위하여 수시로 체육지도자(대장) 강습을 開할 것.

〈교육대 조직 요항〉一. 각 당부는 그 지방의 미취학아동 및 성인문맹에게 한글보급을 위하여 교육대를 조직할 것. 二. 교육대원은 당원 및 기타 교육유지 중으로써 정할 것. 三. 1隊의 인원은 3인 이내로써 하고 隊數와 활동구역은 그 지방 형편에 의하여 적의히 할 것. 四. 대원의 활동 시기는 정기 또는 임시로 하되, 농한기를 주로 하며 1期를 3일 내지 1주간으로 할 것. 五. 대원은 각기 담당한 구역 내의 피교육자를 조사하여 교육을 受케 하며 그 지방 유지와 상담하여 교육실시에 관한 장소 기타 필요한 제반 편의를 圖할 것. 六. 비용은 각 지방당부에서 적의히 지변할 것. 七. 각당부는 교육대원에게 교육실시(교재 및 기타 방법 등)에 관한 일정한 지시를 충분히 하여 각기 활동에 대한 실적을 얻게 하도록 노력할 것. 八. 각당부는 天日紀念 前(3월 5일 내지 동 15일)으로 1기의 교육실시를 단행할 것. 九. 각당부는 대원명부 및 피교육자의 명부를 작성하고 그 부본을 당본부로 修補할 것. 단 교재는 농민사 편찬 '한글독본' 기타 적의한 것으로 할 것.

〈사교단체 조직 요항〉一. 명칭은 何何俱樂部, 何何親睦會, 기타 사교상의 적응한 것으로써 할 것. 二. 취지는 호상친목을 주로 할 것. 三. 회원은 그 지방 유지 중으로 구성할 것. 四. 위치는 邑部와 村落을 물론하고 적의히 정할 것. 五. 회무는 간사 약간인을 置하게 간명하게 처리할 것. 六. 회비는 당부 혹은 관계회원의 부담으로써 할 것. 七. 1지방에서 사교단체 조직이 수개 소에 달할 시는 수시로 연합친목회를 開함을 득할 것. 八.사교단체의 조직은 당부 및 관계 각 기관의 협력으로써 실현할 것.

71) 당세 확장 3년 계획의 1차년도는 『당성』19호, 1933.2, 2면, 2차년도는 『당성』29호, 1934.2, 1면을 참조하여 작성함. 3차년도는 조직의 개편과 방향전환으로 계획 자체가 폐기.

72) 「각 지방당부의 신진용」, 『당성』 20호, 1933.4, 4면.

73) 「당세확장 계획 제2기분 실행배정」, 『당성』 25호, 1933.10, 3면.

74) 「歲色將暮-74년을 보내면서」, 『당성』 27호, 1933.12, 1면.

75) 村山智順, 『朝鮮の類似宗敎』, 國書刊行會, 1935, 852-858쪽.

76) 〈부록〉을 참조할 것.

77) 260명 중 1명은 입당 시기가 확인되지 않는다.

78) 청년당은 이러한 목적을 위해 시일학교와 통속운동을 전개하였을 뿐만 아니라 조선 농민사의 야학 등을 운영 문자보급운동을 전개하였다.

79) 대표적인 당원으로는 林聖儀(여주), 白燕淳(공주), 朴榮圭(부여), 朴鍾憲(홍성), 李敏

龜(성주), 權重輝(성주), 黃信五(상주), 朴來玉(김해), 朴瓚枸(부산), 李泰成(撫順), 承龍煥(하와이), 申性模(뉴욕), 孔濯(파리), 孫學海(베를린), 權泰鎰, 尹世元(양주), 申貞均, 金鍾璣, 金性璡, 張元相 등이 수록되어 있다. 이중에서 손학해의 경우 독일에서 의학박사학위를 받은 의사로 알려져 있지만 그가 천도교청년당원이었다는 것은 밝혀지지 않았던 인물이다. 그렇지만 『당원성적일람』를 통해 그가 분명한 천도교청년당 당원으로서 당적을 가지고 있음을 확인할 수 있다. 또한 신성모의 경우도 우리나라 최초의 항해사로만 알려졌는데 그 역시 천도교청년당원으로서 활동하였음을 알 수 있다.

80) 김병제, 「천도교 자주촌건설에 대하여」, 『당성』19호, 1933.2, 2면.

81) 1930년대 들어 농민 생활의 어려움은 매우 현실적인 문제로 등장하였다. 이에 청년당은 당시의 농민을 '窮農民'이라고 표현하기도 하였다. 1920년부터 1934년까지 전개되었던 산미증산계획은 농민의 생활을 지속적으로 몰락시켰다. 자작농과 자소작 병작농의 비율은 계속 줄어드는 대신 소작농의 비율은 계속 증가하였다. 1920년 자작농과 병작농의 비율은 각각 19.7%, 39.2%이었지만 1934년에는 17.1%, 24.7%로 감소하였다. 이에 비해 소작농은 37.6%에서 51.9%로 증가되었다.(강태훈, 「일제하 조선의 농민층분해에 관한 연구」, 『한국 근대 농촌사회의 농민운동』, 열음사, 1988, 185쪽)

82) 일기자, 「농촌구제책에 대하여-농촌파멸의 원인」, 『당성』14호, 1932.8, 2면.

83) 일기자, 「추수기를 앞두고서 농촌구체의 대책을」, 『당성』15호, 1932.10, 2면.

84) 청년당 간부 김병순은 공동경작을 통한 농민의 이익을 다음과 같이 제시하였다.(김병순, 「당면문제의 ABC」, 『농민』21호, 1932.2, 6쪽)

가. 노동에 관한 이익 : 1. 공동작업은 축력 및 기계력 등의 이용 능률을 안전케 할 수 있다. 2. 작업 능률을 증진한다. 3. 노동시간을 절약한다. 4. 도로를 생략한다. 5. 잉여 노동력을 유효하게 이용할 수 있다.

나. 비용에 관한 이익; 1. 기구 기계의 공동이용에 의하여 설비비의 감소. 2. 건축 등의 공동이용에 의한 건축비 감소. 3. 염가로 구입. 4. 소비경제에 도로를 생략. 5. 비료 飼量의 유효이용에 의하여 구입의 감소.

다. 생산증진에 의한 이익; 1. 전문 기술숙련 등을 응용하여 분업이 잘되므로 수량과 농산물의 품질을 향상한다. 2. 지방 증진과 경지개량이 용이하면 생산물의 품질과 수량을 향상시킨다. 3. 병중 해충의 방제를 완전히 한다. 4. 비료용수의 유효활동에 의하여 생산을 증산시킨다. 5. 경지관리를 완전히 함으로 경작면적을 증대하고 사육수량 등을 증가시킨다.

라. 생산품의 통일과 대량생산에 의하여 가액을 향상시킨다.

마. 판매법의 개량 판로 확장이 용이하다.

바. 가공이 완전하고 요이하면 이익이 증대된다.

사. 共同忻事를 하면 예산가계를 할 수 있다.

아. 자본금을 최유효 이용할 수 있다.

자. 자금차입이 용이하고 상환법도 확정할 수 있다.

차. 공동사업 수행이 용이하다.

카. 일상 안심하고 유쾌한 생활을 할 수 있다.

타. 노약 보호와 교육의 완전을 기할 수 있다.

파. 전문기술 기타 연구가 용이하다.

85) 공작계는 1933년 3월 6일 "천도교인이 공동으로 생산사업에 종사하여 실제적으로 호
상협동하는 정신을 양성하고 경제적 향상을 圖함"을 목적으로 천도교의 가장 기초단
위조직인 部를 중심으로 조직하였다. 공작계의 규약은 다음과 같다.

제1조 공작계는 천도교인이 공동으로 생산사업에 종사하여 실제적으로 호상협력을
양성하고 경제적 향상을 圖함을 목적으로 한다.

제2조 공작계는 천도교회의 部를 1단위로 하여 1部 이상이 존재한 지방에 此를 설치
하고 그 구역 내에 在住하는 교인은 필히 계원이 됨.

제3조 공작계는 제1조의 목적을 달성하기 위하여 토지를 매입, 개간 또는 借受하여 此
를 공동으로 경작하거나 또는 기타 생산사어에 공동으로 협력 종사함.

제4조 계에는 계장 1인과 간사 약간 인을 置하되, 계원의 호선으로 此를 정하여 지방
위원장에게 보고함. 계장의 임기는 3개년으로, 간사는 1개년으로 함.

제5조 계원은 계장과 간사의 지휘에 從하여 토지를 공동경작 또는 기타 생산에 공동
종사함. 此에 要하는 노무와 물자를 가능한 한도 내에서 계에 지공하는 의무를 有함.
단 노무와 물자의 제공은 계원총회의 결의로 차를 정함.

제6조 토지취득의 방법과 공동경작, 기타 공동생산에 관한 상세한 규정은 각기 지방
형편에 의하여 계원총회에서 此를 의정하고 지방위원장에게 此를 보고함.

제7조 공동경작 또는 공동생산에 의한 생산물의 취득은 좌의 방법으로 처리함. 1.공동
저금(계장, 간사의 연명으로) 2.계원의 자작농 기성에 관한 자금 융통 3.계원의 애경상
조 4.교회의 사업 성취에 대한 기여.

제8조 제7조 각하의 처리는 필히 지방위원장의 인가를 要하고 지방위원장은 此를 중
앙위원장에게 보고함.

제9조 공작에 의한 생산물의 보관 및 처리는 계장과 간사가 공동책임으로써 此를 장
리함. 단 수지의 명세를 계원총회에 수시 보고하고 此를 지방위원장에게 보고함.

제10조 공작계를 통일 또는 지도 관리하기 위하여 중앙에는 중앙위원회를, 지방에는
지방위원회를 설치함. 중앙위원회는 중앙종리원 직원으로, 지방위원회는 지방종리원
직원 및 종리사로 조직함. 위원회는 위원장 1인, 간사 약간 인을 置하되, 위원의 호선
으로 此를 정함.

제11조 각 계장은 계의 상황을 春秋 2期에 分하여 지방위원장에게 보고하고, 지방위

원장은 此를 중앙위원장에 보고함. 단 필요에 의하여는 수시 보고도 有함.

제12조 본 공작계의 사업계획은 제1기를 3년으로 함.

제13조 본 규약에 미비한 사항은 지방형편에 의하여 계원총회의 결의로 시행하되, 필히 지방위원장의 인가를 要함.(「공작계규약」, 『신인간』 67호, 1933.5, 28쪽)

86) 당단장의 순회요강은 다음과 같다.

一. 금반 공포된 중앙집행위원회의 의정사항에 즉하여 1. 수련에 일층 주력할 것, 2. 당세확장 계획안 제2년도는 추후 발표되는 본당 지시에 의하여 십분 실행할 것, 3. 黨科學 수립에 대한 의의를 철저히 인식하고 이에 대한 학습을 충분히 할 것, 4. 당성 및 자수대학강의의 정독 및지지 선언에 십분 노력할 것, 5. 75년도 연례금은 2월 말까지 완납할 것, 6. 관내 당부의 문부 및 재정처리의 감독을 엄격히 할 것, 7. 관내 당부 및 그 관계자 각 기관의 連絡氣化를 원만히 할 것, 8.기타 일반 당무의 진전을 독려할 것 二. 당단 순회를 2월 중에 완료할 것. 三. 순회일활 통지의 부본 1건을 당본부에 즉 회부송할 것. 四. 순회상황을 순회 완료 후 5일 이내로 당본부에 보고할 것. 五. 당단장의 사정으로 순회키 불능할 시는 서면으로써 상세히 독려할 것.(「黨團 순회에 관한 요항」, 『당성』 29호, 1934.2, 4면)

87) 「당단구역변동과 당단장 선체」, 『당성』 29호, 1934.2, 4면. 제17단당장은 한주방이었으며, 제11당단장은 김대연, 제15당단장은 임문호로 교체되었다.

88) 『한국근대민중운동사』, 돌베개, 1989, 407쪽.

89) 임경석, 「조선공산당 재건운동」, 『한국사』 15, 한길사, 1994, 198쪽.

90) 윤선자, 「조선총독부의 종교정책과 천주교회의 대응」, 국민대학교 박사학위논문, 1997, 186쪽.

91) 여암선생문집편찬위원회, 『여암문집』 하, 1971, 321-322쪽 및 341-342쪽.

92) 『조선일보』 1934.11.8; 11.21.

93) 오심당에 대해서는 유준기, 「항일비밀결사 독립운동단체 오심당에 관한 연구」, 『한국민족운동사연구』 11, 한국민족운동사연구회, 1995 및 표영삼, 「비밀결사 오심당」, 『천도교청년회80년사』, 천도교청년회본부, 2000를 참조할 것.

94) 『동아일보』 1934.9.22, 「천도교 평양종리원 중요간부 등 검거」; 1934.9.23, 「천도교 중요인물 평양서에 속속 피검」. 한편 최린은 청년당 간부들이 자신을 따돌리고 비밀리에 오심당을 결성한 데 대해 가슴을 치며 통탄하였다고 한다.(『천도교약사』, 천도교중앙총부교서편찬위원회, 2006, 316쪽)

95) 『당성』 37호, 1935.2, 1면.

96) 『당성』 37호, 1935.2, 1면.

97) 당시 청년당의 집행부는 다음과 같다. 당두 조기간, 총무 정응봉, 포덕부장 정응봉, 포덕부원 임문호, 수도부장 이춘국, 경리부장 이춘국.(『당성』 37호, 1935.2, 1면)

98) 『당성』37호, 1935. 2, 4면.

99) 『당성』37호, 1935. 2, 1면.

100) 「당무개신 후 제일차순강」, 『당성』37호, 1935. 2, 1면.

101) 林文虎, 「全黨大會를 맛치고」, 『신인간』123호, 1938. 6, 14쪽.

102) 일제강점기 천도교는 유사종교라 하여 학무국의 종교과가 아니라 경무국에서 담당하였다. 이에 따라 천도교는 늘 감시와 통제의 대상이었다. 3·1운동 이후 가장 크게 세력이 확장되었던 유사종교의 하나가 보천교였다. 일제는 보천교의 세력을 제거하기 위해 각종 탄압을 통해 보천교를 해체하고자 하였다. 이로 인해 한때 식민지 조선에서 가장 유력하였던 보천교는 1930년 후반 결국 해체의 길을 갈 수밖에 없었다. 이러한 보천교의 해체는 천도교단에 적지 않은 영향을 주었을 것으로 판단된다.

103) 『조선일보』1937. 8. 6, 2면.

104) 『조선일보』1937. 8. 15, 2면.

105) 『조선일보』1937. 8. 30, 2면.

106) 林文虎, 「全黨大會를 마치고」, 『신인간』123호, 1938. 6, 15-16쪽.

107) 『조선일보』1938. 6. 23, 2면.

108) 「中央彙報」, 『신인간』128호, 1938. 11, 표지 뒷면.

109) 『조선일보』1939. 4. 5, 2면.

제6장 천도교청년당의 민족운동론과 대중운동

1) 「머리말」, 『천도교청년회회보』4호, 1922. 9, 1쪽.

2) 「민족일치, 대동단결을 云爲하는 이에게」, 『개벽』35호, 1923. 5, 16-17쪽.

3) 정용서, 『일제하 천도교청년당의 정치·경제사상 연구』, 연세대학교 대학원 석사학위논문, 1997, 15쪽.

4) 「곧 해야 할 민족적 중심세력의 작성」, 『개벽』34호, 1923. 4, 4-13쪽.

5) 基栞, 「천도교청년당의 과거 1년을 회고하면서」, 『천도교회월보』171호, 1924. 12, 13-14쪽.

6) 김병준, 「지상천국의 건설자 천도교청년당의 출현」, 『천도교회월보』157호, 1923. 10, 8-12쪽.

7) 전명혁, 「1920년대 코민테른의 민족통일전선과 서울파 사회주의 그룹」, 『한국사학보』11, 고려사학회, 2001. 216쪽.

8) 성주현, 「1930년대 천도교의 반일민족통일전선에 관한 연구」, 『한국민족운동사연구』25, 한국민족운동사학회, 2000 참조.

9) 『동아일보』 1925.8.28.-9.6의 사설 「세계대세와 조선의 장래」(전10회) 참조.

10) 金起田, 「봄날의 雨路를 밟으면서」, 『開闢』 22호, 1922.4, 48쪽.

11) 起田, 「먼저 有識有産者側으로부터 反省하라」, 『개벽』 24호, 1922. 6, 5쪽.

12) 천도교의 분규와 관련해서는 이용창, 「1920년대 천도교의 분규와 민족주의운동」, 중앙대 대학원 석사학위논문, 1993 및 『천도교청년회의 활동과 교단분규」, 『천도교청년회80년사』, 천도교청년회중앙본부, 2000을 참조할 것.

13) 「곧 해야 할 민족적 중심세력의 작성」, 『개벽』 34호, 1923.4, 4-13쪽.

14) 李鍾麟, 「우리부터 同歸一體主義로 一體同歸」, 『천도교회월보』 180호, 1925.10, 8쪽.

15) 김준엽·김창순, 『한국공산주의운동사』 2, 아세아문제연구소, 1970, 432쪽.

16) 강달영은 1915부터 4월 1916년 8월까지 천도교 진주교구 典制員으로 활동하였다. (『천도교회월보』 57호 44쪽 및 74호 38쪽)

17) 「시평·만홍회란 무엇인가?」, 『개벽』 72호, 1926.8, 39-42쪽.

18) 이정섭, 「民族單一黨論」, 『농민』 제2권 제6호, 1931, 6, 10-17쪽. 이정섭은 신간회에 대해 다음과 같이 비판하였다; "적어도 一民族의 多部分의 사람을 한군데 묶어 一定한 政治運動을 하려는 意味의 民族單一黨이라면 그는 무엇보다도 먼저 그 民族性에 適切한 그 民族現實에 適應한 指導의 原理原則부터 樹立하여 그로서 그 民族을 團結하며 領導함이 아니면 民族單一黨이란 形成하기가 매우 어려운 것이다. (중략) 朝鮮 民族性과 現實이란 諸輿件을 土臺로 삼고 그 위에 建設한 어떤 主義 思想으로써 朝鮮人에게 動하여 나갈 方向과 方針을 納得시킴 없이 新幹會가 朝鮮民族單一黨 되기에는 그 準備가 너무나 疏忽하였다. (중략) 新幹會가 右傾團體이었나 左傾團體이었나. 이른바 三大綱領으로는 그 正體를 捕捉할 바이 도무지 없고 그 構成分子를 보면 右傾分子도 많거니와 左傾分子도 또한 相當한 數이다. 簡單히 말하면 糢糊한 混血團體이었다. 糢糊하다 하노니, 何故오 하면 氷炭不容의 左右傾分子를 網羅한 團體인만큼 截然한 指導 理論을 가질 수 없을 뿐만 아니라 그 綱領조차 너무 平凡한 까닭이오. 混血이라 하노니, 何故오 하면 左傾다운 右傾團體요 右傾다운 左傾團體인 까닭이다. 이와 같은 矛盾을 自體內에 包藏하고 있는 新幹會야말로 '맑스'의 辨證法에 依하여 當然히 解消될 運命에 있었던 것이다.(중략)"

19) 김병준, 「민족적 대협동기관 필요의 유무와 그 가능성 여하-各團을 토대로」, 『혜성』 1호, 1931.3, 11쪽.

20) 박문희, 「신간회 해소문제 비판-전국적 해소와 시기」, 『삼천리』 11호, 1931.1, 18쪽. 박문희는 이 청년당원과 대화를 하면서 정치적 교양이 있고 훈련이 잘되어 있는 느낌을 받았으며, 신간회에 가입하지 않은 유력한 방계 세력이 있다고 인식하였다.

21) 박찬승, 『한국근대정치사상사연구』, 역사비평사, 1992, 340쪽.

22) 김병순, 「피XX계급의 운동방략은 어떻게 할 것인가」, 『농민』 2-8호, 1931.8, 6-8쪽.

23) 정용서, 『일제하 천도교청년당의 정치·경제사상 연구』, 27쪽.

24) 이돈화, 「단체생활과 의지력」, 『혜성』 2호, 1931.4, 17쪽.

25) 「조선민중에게!!」, 『한국학보』 70호, 1993, 239-240쪽.

26) 이돈화, 「조직의 철리」, 『신인간』 59호, 1932.9, 1-3쪽.

27) 조기간, 「조선운동과 영도문제」, 『신인간』 59호, 1932.9, 4-7쪽.

28) 조기간, 「조선운동의 영도문제」, 7쪽.

29) 이러한 입장에서 당시 사회주의자들을 다음과 같이 비난하였다; "세상에는 호랑이가 양을 잡아먹기 위하여 양의 탈을 쓰며 도구리가 비둘기를 잡기 위하여 비둘기 가죽을 쓰고 대낮에 횡횡하는 것이 얼마라도 있다. 신식건달들이 사람을 때리고 싶은데 그 방법으로는 머리를 길다랗게 기르고 벚나무 몽둥이를 끌고 사회주의를 표방하면서 사람을 치는 것 같은 것, 극단적 사회주의를 표방하기에 그이는 아마 철저한 주의자인가 하였더니 알고 보면 몇 천석꾼으로서 자기의 것이 없어질까 무서워 남의 것을 그저 공짜로 먹기 위하여 하였고, 또 그와 같이 철저히 부르짖는 이가 있기에 아마 그이는 어지간한가보다 하였더니 어떤 그 주의와 맞지 않은 기관에서 생활을 보장하여주니까 또한 그 일을 여간만 충실히 잘하는 것이 아니다. 자. 그리고 본즉 어떤 사람들의 말을 듣거나 나타내는 빛만 보고는 도저히 호랑인지 양인지 독수리인지 비둘긴지 알아낼 도리가 없는 것이다."

30) 편집국, 「종교시평」, 『신계단』 1932.11,

31) 『중앙일보』 1932년 11월 26일, 「천도청우당 신계단사의 분규」.

32) 「천도교정체폭로비판회 창립대회 회록」, 『신계단』 1933.1.

33) 『신계단』 1933.1.

34) 「사이비운동의 청산을 위하여」, 『신인간』 1933.2, 77쪽. 이날 결의사항은 다음과 같다. "(1) 주의나 사상을 달리하는 단체나 개인 사이에 엄정한 이론으로써 싸우는 것은 당연한 일로 認한다. (2) 잡지 『신계단』 11월호에 실린 천도교에 대한 侮辱적 기사는 자칭 주의를 표방하고 고의로 민중단체를 음모 중상하는 행위로서 이것은 사회운동 선상의 일대 죄악으로 認하고 그들을 철저히 응징하기로 함. (3) 일개 잡지사의 죄악적 행위를 옹호하는 이른바 '천도교정체폭로비판회' 운운은 죄악을 조성하는 죄악으로 인하고 그 박멸을 기함. (4) 우리는 일반 민중운동단체에 대하여 진격한 우의를 존중하는 동시에 현하 조선민중의 환경적 약점을 이용하여 상호음모 중상하는 개인이나 단체에 대하여는 민중의 앞날을 위하여 어디까지 응징 또는 청산하기를 각오함."

35) 일기자, 「천도교청우당의 신단계사 습격사건과 천도교정체폭로비판회 조직경과」, 『비판』 1933.1.

36) 『중앙일보』 1932년 12월 25일, 「천도교 인일기념 식장에서 비판 연설」.

37) 「天道敎正體暴露批判會ノ動靜ニ關スル件」, 종로경고비 제16745호, 1932년 12월 27

일.

38) 조기간, 「계몽운동의 대필요;신계단 및 비판사의 미몽을 파함」, 『신인간』63호, 1933.1, 11쪽.

39) 정경부, 「새해를 맞으면서 조선 현실의 회고와 전망」, 『黨聲』18호, 1933.1, 3면.

40) 이에 대해서는 당시에 발표되었던 글이 우선 참조된다. 조선지광사 편집부, 「天道敎 暴行事件의 顚末과 우리의 聲明」, 『신계단』4호, 1933.1;, 「東學黨과 東學亂-天道敎 의 歷史的 考察 第一部」, 『신계단 4호』; 백목생, 「天道敎派機構의 解剖」, 『신계단』4 호; 한설야, 「天道敎의 政治的 意義」, 『신계단』4호;「天道敎의 財政」, 『신계단』4호; 서 강백, 「民族쑈의 表面的 跳梁-天道敎靑友黨의 暴行을 보고」, 『신계단』4호; 한장경, 「暗示 耳語의 天道敎의 政治運動 裏面」, 『신계단』4호; 김철하, 「天道敎에 對한 나의 反駁」, 『신계단』4호;「天道敎靑友黨이란 무엇인가?」, 『신계단』4호;「聲名書-暴力團 化한 天道敎의 正體를 暴露함」, 『신계단』4호;「天道敎正體暴露批判會經過報告」, 『신 계단』4호; 김동민, 「이러타의 聲明文을 批判함-天道敎에 對한 鬪爭을 그들은 어떠케 拒否했나」, 『신계단』5호, 1933.2; 한철호, 「天道敎人의 農村觀-白民氏의 興奮을 鎭靜 하기 爲하야」, 『신계단』5호; 소인, 「天道敎靑年黨의 虛構」, 『신계단』6호, 1933.3; 안 병주, 「天道敎가 農民에게 무슨 利益을 준단 말가」, 『신계단』10호, 1933.7. 이 외에도 『비판』에도 이와 관련된 글이 있다. 사회주의자의 반천도교운동과 청년당의 대응은 1930년대 초 민족운동 노선과 관련하여 매우 중요한 문제이다. 빠른 시간 내에 '1930년 대 초 천도교청년당의 운동노선과 반천도교운동'에 관한 논문을 발표를 하고자 한다.

41) 이돈화, 「단체생활과 의지력」, 『혜성』2호, 1931.4, 28-29쪽.

42) 극장의 우상은 자기 자신의 사색(思索)에 의하지 않고, 권위나 전통에 의지하려고 하 는 편견으로, F. 베이컨의 4대 우상의 하나이다. 즉 베이컨은 종래 사상가의 교설(敎說) 은 사물(事物)이 실제로 존재하는 모습과는 다른 사물을 가르치고 있으므로 그것을 일 종의 요술이라 하고, 극장의 무대 위에서 사실처럼 보이려는 요술 같은 것을 믿어서는 안 된다고 주장하였다.

43) 김병순, 「피XX계급의 운동방략은 어떻게 할 것인가」, 『농민』2-8, 1931.8, 4쪽.

44) 최린, 「운동화보다 사업화」, 『농민』1-6, 1930.10, 4쪽.

45) 정용서, 『일제하 천도교청년당의 정치 경제사상 연구』, 연세대학교 대학원 석사학위 논문, 1997, 25-26쪽.

46) 정응봉, 「법적 관계 문제에 다하여 사원 여러분께 고합니다」, 『농민』1-6호, 1930.10, 18쪽.

47) 조기간, 「조선운동과 영도권문제」, 4-7쪽.

48) 「전당임시대회 개최」, 『당성』17호, 1932.12, 2면.

49) 「임시전당대회를 열면서」, 『당성』17호, 1면.

50) 일기자, 「당헌의 해석운영에 대하여」, 『당성』 19호, 1933.2, 2면. 그 내용은 다음과 같다. 첫째, 黨頭의 직능을 강화하기 위해 당두를 보좌할 특별위원을 두었다. 둘째, 당본부의 부서는 총무부, 조직부, 훈련부, 선전부로 설치하고 각부의 직무는 통일과 충실한 연락을 위해 총무과를 경유하도록 하였다. 셋째, 중앙집권을 강화하기 위해 중앙검찰위원을 두었다. 넷째, 인내천주의 문화수립과 전문가 양성을 위해 학술연구위원을 두었다. 다섯째, 지방부의 지도감독을 엄격히 하기 위해 黨團을 설정하였다.

51) 「당세확장 3개년 계획」, 『당성』 19호, 1933.2, 1면.

52) 청년당은 1933년 들어 당원의 임무 7개조를 규정하였다. 1. 주문을 읽어 절대정신을 확립하자. 2. 글을 읽어 지식의 무기를 갖자. 3. 체육을 꼭 실행하자. 4. 직접조직으로 포덕에 힘쓰자. 5. 민중조직에 힘쓰자. 6. 경제운동에 다 같이 노력하자. 7. 문화운동으로서 다 같이 문자보급에 힘쓰자.(「새해에 새 느낌으로 당원 임무의 7개조」, 『당성』 18호, 1933.1, 2면)

53) 이 시기 청년당은 당 조직 원리를 다음과 같이 수정하였다. 첫째, 민주적 중앙집권제라야 한다. 둘째, 발전적이며 통일적이어야 한다. 셋째, 신축성이 풍부하여야 한다. 넷째, 활동적이어야 한다. 다섯째, 가장 치밀하게 하여야 한다.(「당헌 수정을 앞두고 조직론에 대하여」, 『당성』 18호, 2면)

54) 정용서, 「일제하 천도교청년당의 정치 · 경제사상 연구」, 28-29쪽.

55) 「재선서 준비는 어찌 되었나」, 『당성』 22호, 1933.6, 1면. "이미 얼마나한 역사적 힘을 가지고 앞으로 획시기적 임무를 다하기 위하여는 반드시 현재의 자체를 일정한 규율 밑에서 한 번 큰 정돈을 할 필요가 있는 것이니, 우리 당의 오늘날 재선서는 이점에서 더욱 중대한 의의를 가지게 된 바이다. (중략) 멀지 않은 장래에 앞에 두고 있는 오늘에 우리 당원은 단순히 관념으로써의 고찰보다는 현실적으로 당의 모든 의무를 충실히 이해하여 당원으로서의 한낱 완전한 자격을 보지하도록 하는 것이 재선서를 준비하여 가는 큰 표준이 될 줄로 안다."

56) 오심당에 대해서는 유준기, 「항일비밀결사 독립운동단체 오심당에 관한 연구」, 『한국민족운동사연구』 11, 한국민족운동사연구회, 1995 및 표영삼, 「비밀결사 오심당」, 『천도교청년회80년사』, 천도교청년회본부, 2000를 참조할 것.

57) 『동아일보』 1934년 9월 22일, 「천도교 평양종리원 중요간부 등 검거」; 1934년 9월 23일, 「천도교 중요인물 평양서에 속속 피검」. 한편 최린은 청년당 간부들이 자신을 따돌리고 비밀리에 오심당을 결성한 데 대해 가슴을 치며 통탄하였다고 한다.

58) 「수정 발표된 당헌조항」, 『당성』 38호, 1935.5, 5면.

59) 「천도교청년당임시전당대회의정안」, 『당성』 37호, 1935.2, 1면.

60) 한글학회, 『우리말큰사전』, 어문각, 1992, 4337쪽.

61) 『새국어대사전』, 한국도서출판중앙회, 1996, 1321쪽.

주석 | 493

62) 『국어대사전』, 민중서림, 1988, 3879쪽.

63) 심의성, 「論我敎育界의 時急方針」, 『대한자강회월보』 5, 1906.11, 9-11쪽.

64) 『대한매일신보』 1908년 7월 7일자.

65) 『대한매일신보』(한글판) 1908년 7월 7일자.

66) 김기전, 「농촌개선에 관한 도안」, 『개벽』 6, 1920.12, 14-15쪽.

67) 「各地 靑年團體에 對한 現代名士의 要求」, 『개벽』 6호, 1920.12, 42쪽.

68) 신식, 「문화의 발전 及 운동과 신문명」, 『개벽』 14호, 1821.8, 25쪽.

69) 安懷南, 「통속소설의 이론적 검토」, 『문장』 2-9호, 1940.11, 152쪽.

70) 이태준, 「통속성」, 『문장』 2-7호, 1940.9.

71) 『매일신보』 1915.3.12.

72) 『매일신보』 1920.8.12.

73) 『매일신보』 1917.1.21.

74) 일본은 1886년 관제로서 통속교육을 문부성 학무국 제3과의 업무로 분장하였으나 실제적으로는 운영되지는 못하였다. 그렇지만 현실적으로 통속교육강화회, 통속교육회 등을 중심으로 통속교육이 전개되었다.

75) 이정연, 「구한말 통속교육 및 사회교육개념의 도입과 그 실태에 관한 연구」, 『평생교육학연구』 9-1호, 한국평생교육학회, 2003.5, 94-96쪽.

76) 『매일신보』 1920.4.14.; 『동아일보』 1920.4.14.

77) 『동아일보』 1926.3.4.

78) 『동아일보』 1927.9.18.

79) 『동아일보』 1929.8.6.

80) 「우리 사회의 실상과 그 추이」, 『개벽』 11호, 1921.5, 102쪽.

81) 『동아일보』 1925.3.22.; 1927.11.23.

82) 일반적으로 통속과 대중의 의미는 엄밀하게 본다면 구별될 수 있으나 대체로 동일한 의미로 쓰이기도 한다. 그렇지만 문학에서는 엄격히 구분한다. 통속(성)은 독자 대중의 저급한 수준의 취향에 영합하기 위해 모방적, 도식적, 선정적, 감상적 특성이 있지만 대중(성)은 통속성뿐만 아니라 숭고함, 우아함, 골계, 비장함 등의 미학적 특성을 아울러 포함하고 있다. 그렇지만 통속운동에서는 이러한 의미로 구분한다는 것은 무리가 있다고 본다.

83) 『동아일보』 1932.6.14.; 11.6.; 1933.5.28.

84) 『동아일보』 1932.11.17.; 1933.5.9.; 7.6.; 1934.11.11.

85) 趙基栞『天道敎靑年黨小史』 1934, 65쪽.

86) 鄭應琫, 「端午名節을 압두고 通俗運動에 對하야」, 『黨聲』 제3호, 1931.6.2, 5면.

87) 趙基栞, 『천도교청년당소사』, 66쪽.

88) 金明昊,「紀念布德과 通俗運動」,『신인간』35호, 1929.5, 10쪽.

89) 秋岡,「通俗運動과 冬期利用」,『신인간』42호, 1929.12, 24쪽.

90) 『제국신문』1899.3.27.

91) 『동아일보』사설, 1926.9.11.

92) 「弊習陋眔부터 개혁하자」,『동아일보』1926.9.12-20.

93) 秋岡,「通俗運動과 冬期利用」,『신인간』42호, 1929.12, 24-25쪽.

94) 秋岡, 앞의 글, 25-26쪽,

95) 추강 김병제는 '통속운동에 잇서서 우리 교회의 자체 안악에서는 벌서 멧년 혹은 멧해 전부터 실지로 실행한 결과 교회 전체를 통하야 일매진 성적을 어덧다.'고 하였다.

96) 鄭應琫,「端午名節을 압두고 通俗運動에 對하야」,『黨聲』제3호, 1931.6.2, 5면.

97) 『동아일보』1926.9.11, 〈사설〉.

98) 박달성은 흰옷과 상투를 하는 것에 대하여 다음과 같이 비판하였다; "상투(髻)! 상투 이것은 '우리 조선 민족은 이마만치 미개하엿노라'는 공고판입니다. 다시 말하자면 아 직까지 상투를 가지고서 얼굴을 번뻔하게 돌아다니는 놈들은 '나는 이마만치 완고한 놈이오 나는 이마만치 위생을 모르는 미개한 놈이노라'고 스스로써 자기 못난 것을 광 고하고 돌아단이는 놈들이다. 상투를 가젓거든 각각 제집안 구석에 가만히 업데여서 나오지 말거나! 만일 나오려거든 상투를 깍고서 나오거나!! 힌옷(白衣)! 힌옷 이것도 역시 '우리 조선 민족을 이마만치 미개하엿노라'는 광고판이다. 다시 말하자면 아직까 지 더-눈보래가 살쌀끼언치는 삼동설한에 살-핏한 힌옷을 입고 돌아단니면서 보는 사 람의게까지 추위를 늣기게 하는 그놈들은 '나는 이마만치 경제사정이 부족한 놈이로 다'고 스스로써 자기의 미개를 광고하고 돌아단이는 그놈들입니다. 힌옷을 입엇거든 각각 제집안 구석에 가만히 업더여서 나오니 말거나! 만일 나오려거든 힌옷을 벗고 나 오거나!!"

99) 박사직, 앞의 책, 및 『동아일보』1926.9.11, 〈사설〉.

100) 『신인간』9호, 1927.1, 28-29쪽.

101) 『동아일보』1927.1.27.

102) 『조선일보』1930.2.14.

103) 「靑年黨彙報」,『신인간』31호, 1929.1, 67쪽.

104) 李蕙淑,「女性運動에 關한 세가지 問題」,『黨聲』9호, 1932.2, 5면.

105) 『신인간』31호, 1929.1, 70쪽.

106) 『신인간』40호, 1929.11, 58쪽.

107) 『신인간』50호, 1930.8, 62쪽.

108) 『신인간』30호, 1928.12, 50쪽.

109) 『신인간』42호, 1929.12, 48-49쪽.

110) 『신인간』22호, 1928.3, 71쪽.

111) 『신인간』26호, 1928.8, 59쪽.

112) 『신인간』40호, 1919.10, 58쪽.

113) 『당성』8호, 1932.7, 4면.

114) 한빛, 「迷信은 웨 생기는가」, 『농민』4-4호, 1993.4, 28쪽.

115) 金明昊, 「紀念布德과 通俗運動」, 『신인간』35호, 11쪽.

116) 『신인간』45호, 1930.3, 61쪽.

117) 『신인간』46호, 1930.4, 75쪽.

118) 『조선일보』1930.2.14.

119) 『조선일보』1930.1.10.

120) 『동아일보』1927.5.10.

121) 『東亞日報』1927.5.14.

122) 『東亞日報』1927.6.1.

123) 『東亞日報』1927.5.17.

124) 『東亞日報』1927.6.4.

125) 『신인간』30호 1928.12, 50쪽.

126) 『신인간』46호, 1930.4, 75쪽.

127) 『신인간』51호, 1930.9, 58쪽

128) 『신인간』50호, 1930.6, 62쪽.

129) 金明昊, 「紀念布德과 通俗運動」, 『신인간』35호, 1929.5, 12쪽.

130) 『朝鮮農民』4-9호, 1928.12, 28쪽.

131) 앞의 책, 30-34쪽.

132) 위의 책, 26-37쪽.

133) 앞의 책, 35-37쪽.

134) 金明昊, 앞의 「紀念布德과 通俗運動」.

135) 孔濯, 「우리 文化와 우리 글」, 『신인간』71호, 1933.9, 3쪽.

136) 북해생, 「조선 사람되여서 몬저 힘쓸 일이 무엇일가?」, 『신인간』2호, 1926.5, 26쪽.

137) 朴思稷, 「내가 만약 농촌순회를 한다면-위생, 료리, 잡지」, 『신인간』49호, 1930.7, 6쪽.

138) 楊奉根, 「朝鮮農民의 保健問題」, 『농민』3-2호, 1932.2, 36쪽.

139) 海彰, 「農民生活의 當面問題」, 『農民』4-2호, 1933.2, 30쪽.

140) 尹治衡, 「虎列剌에 對한 注意」 및 劉洪鍾, 「下痢와 衛生」, 『신인간』5호, 1926.9, 39-40쪽.

141) 閔泳珍, 「衛生講座-農村과 衛生(其三)」, 『조선농민』2-12호, 14-15쪽.

142) 德菴, 「환절긔에 특히 주의할 급성위장병에 대하야」, 『농민』 4-10호, 36쪽.

143) 金應芳, 「추위에 注意할 急性肺炎이란 어떤 것인가」, 『농민』 4-11호, 46-47쪽.

144) 「救急秘方」, 『農民』 1-3호, 28-29쪽 및 1-4호, 18쪽.

145) 春坡, 「家庭通俗講座-主婦生活의 日常 (1)-(4)」, 『신인간』 25-28호,

146) 何心子, 「新人間的 通俗講座」, 『신인간』 46호, 32-35쪽.

147) 李于天, 「農村料理法-외김치담으는 법」, 『농민』 1-3호, 23쪽.

148) ----, 「農家料理法-여름나물 만드는 법」, 『농민』 1-4호, 17쪽.

제7장 천도교청년당의 부문운동

1) 星山學人, 「조선사회운동개관-을축 1년 총수확기(긔6)」, 『동아일보』 1926.1.6.

2) 전상봉, 『한국근현대청년운동사』, 두리미디어, 2004, 92-93쪽.

3) 조기간, 『천도교청년당일람』, 4쪽.

4) 조기간, 『천도교청년당소사』, 38-40쪽.

5) 「우리 당의 부문운동에 대하여」, 『신인간』 47호, 1930.5, 24쪽.

6) 「청년당휘보」, 『신인간』 9호, 1927.1, 28쪽. 그 내용은 다음과 같다. "우리의 부문운동이 내내 대외의 兩種으로 진행하는 것을 일반이 공인하는 바이어니와 우선 내내로 소년회, 사월회, 학생회, 청년여자회, 농민회, 노동회 등 단체를 전국적으로 통일하기로 한 것입니다."

7) 「黨 제2차 확대중앙집행위원회 결의사항의 건」, 黨本發 제15호, 1929년 1월 8일자; 「黨 제2차 확대중앙집행위원회의 중요결의 사항」, 『신인간』 32호, 1929.2, 57쪽.

8) 이를 위해 청년당은 당원이 실제 참여하는 부문운동에 대한 구체적인 '全部門의 총괄적 요항'과 '各部 要項'을 함께 마련하였다.

〈甲. 全部門의 總括的 要項〉

우리 黨은 어느 部門을 莫論하고 爲先 다음 네 가지를 共通한 要項으로 定한다.

첫째, 黨의 精神(우리道)과 綱領·政策·標語·決議 等을 盛히 宣傳하여 關係民衆으로 하여금 늘 黨의 存在와 氣勢, 또는 우리黨과 自己生活과에 어떠한 關係가 있는 것을 잘 알릴 것.

둘째, 未組職民衆의 組織化와 旣成團體의 指導로써 널리 黨的 實勢를 扶植할 것.

셋째, 文字啓蒙과 思想啓蒙에 注力하여 民衆의 基礎의 覺醒을 促進시킬 것.

넷째, 民衆의 社會的 經濟的 一般生活上의 當面利益 獲得에 努力할 것.

〈乙. 各部 要項〉

(1) 農民部; 一. 總括要項의 1, 2, 3, 4項을 遵守하는 下에서 다음 各項을 遂行할 것. 二.

文字敎養과 思想啓蒙으로써 그의 意識的 覺醒을 促進하는 동시에 그들을 封建的 및 近代的의 모든 눌리움에서 풀어내기에 힘쓸 것. 三. 爲先 簡易한 農民學校 및 기타의 敎學實施를 通하여 農民技術 및 農業經營方法의 向上을 促進할 것. 四. 消費 및 生産 組合을 組織하여 農民生活의 當面利益을 圖할 것. 五. 耕作者로서의 耕作權 保障을 얻기에 힘쓸 것.

(2) 勞動部; 一. 總括要項의 1, 2, 3, 4項을 遵守하는 下에서 다음 各項을 遂行할 것. 二. 文字敎養과 思想啓蒙으로써 그의 意識的 覺醒을 促進하는 동시에 그들을 近代的 生活의 눌리움에서 풀어내기에 힘쓸 것. 三. 勞動者의 生活을 保障할만한 最低賃金의 設定, 時間의 短縮 其他 待遇의 改善에 힘쓸 것. 四. 勞動者 自體의 組合을 設하여 互相間의 親合, 敎養 및 一般 利益의 圖得에 힘쓸 것.

(3) 靑年會; 一. 總括要項의 1, 2, 3, 4項을 遵守하는 下에서 다음 各項을 遂行할 것. 二. 文字敎養과 思想啓蒙으로써 勤勞 靑年大衆의 意識的 覺醒을 促進할 것. 三. 人格的 基礎敎養을 힘쓰는 동시에 當面 當面의 現實問題에 關心하는 緊張한 敎養을 힘쓸 것. 四. 모든 運動의 界線에서 늘 先驅的 前衛의 任務를 遂行하게 할 것. 五. 社會의 經濟的 모든 靑年生活의 有利條件을 圖得케 할 것.

(4) 학생회; 一. 總括要項의 1, 2, 3, 4項을 遵守하는 下에서 다음 各項을 遂行할 것. 二. 立身揚名 第一主義의 淺薄한 利己心을 矯正할 것. 三. 各其 學校에서 適宜有效한 會合 生活을 營行하여 學生生活의 一律的 向上을 圖하게 할 것. 四. 社會生活의 實際를 硏究하여 한 個 公民으로서의 살아가고 일해 갈 基礎敎鍊을 얻게 할 것.

(5) 女性部; 一. 總括要項의 1, 2, 3, 4項을 遵守하는 下에서 다음 各項을 遂行할 것. 二. 文字敎養과 思想敎養으로써 原始의 迷信, 封建的 從屬 및 近代的 金權思想 등을 退治하고 人乃天主義에 의한 女性의 人間的 本位와 社會的 使命을 認識케 할 것. 三. 法律上 經濟上으로 男女의 地位의 關係의 平等을 얻게 할 것. 四. 女性便의 意思를 無視하고 單히 다른 一方의 意思에 뿐 의하여 不當한 結婚과 其他 人身賣買의 惡習을 없이하기에 努力할 것. 五. 母性保護에 대한 觀念, 慣例를 社會的으로 喚起케 할 것.

(6) 幼少年部; 一. 總括要項의 1, 2, 3, 4項을 遵守하는 下에서 다음 各項을 遂行할 것. 二. 幼少年의 生理的 發育과 心理的 發育을 拘束하는 모든 弊害의 矯正에 힘쓸 것. 三. 在來의 封建的 倫理의 壓迫과 君子式 敎養의 典型을 버리고 幼少年으로의 純潔한 情緖와 快活한 氣像의 涵養을 힘쓸 것. 四. 文字敎養과 平易한 科學知識의 普及에 힘쓸 것. 五. 幼少年의 早婚 및 過勞를 防止할 것. 六. 簡單한 社會生活의 訓練을 試하여 幼少年으로의 相當 程度에서 自立自律의 精神을 기르게 할 것. 七. 童話, 童謠, 歌劇, 舞踊, 遊戲, 競技, 體操, 野遊, 登山, 水泳 등 幼少年 生活에 必要한 少年藝術 및 體育의 普及에 힘쓸 것

(7) 常民部; 一. 總括要項의 1, 2, 3, 4項을 遵守하는 下에서 다음 各項을 遂行할 것. 二.

小商民에게 그의 近代的 運命과 商業의 近代的 意識을 認識케 할 것. 三. 金融政策, 經濟政策의 適宜有效한 對策을 樹立하여 小商民으로서의 모든 便益을 圖得케 할 것.(조기간, 『천도교청년당소사』, 42-46쪽)

9) 銘心要의 내용은 다음과 같다.

一. 부문운동을 지도함에는 소위 全體性과 部分性을 잘 區分하여 그 단체 그 운동이 한 부문으로서 존재케 할 것이요, 그 운동이 독립적으로 우리 黨과 對立하여 존재치 못하게 할지니, 例하면 부문운동으로 농민단체를 조직한다 하면 그것이 저 노동조합이나 학생단체와 같이 전체운동을 위하는 일종의 부문운동으로서 자체의 교양과 당면의 이익을 위하여 존재케 할지요. 그로써 일종의 독립적 정당적 형태를 생각하는 농민당을 만들지 못하게 할 것이다. 만일 이와 같이 黨의 다원적 존재를 허용한다 하면 그 부분 목적이나 전체 목적을 아울러 達하지 못하고 以黨開闢의 우리의 單一精神에 違背되는 故이다. 누구나 자기가 專心的으로 스 便에 노력하면 그 便의 일이 그냥 擴大하여 보여지는 동시에 不知中에 全體性을 잊고 部分性에 從命하게 되는 수가 있는 것이다. 그러나 우리 黨員은 그것을 익히지 아니하면 안된다.

二. 부문운동을 하여 나갈 때에 반드시 준수해야 할 것은 그 部의 黨員이나 또는 일반 당원이 자기 개인행동으로써 하지 말고 반드시 일정한 黨의 지시를 받아가면서 할 것이니, 만일 그렇게 아니하면 부문운동은 하등의 黨的意識이나 統制를 갖지 못하는 바 如何히 잘되어간다 할지라도 黨을 위하여는 決定的 利益이 되지 못할 것이다. 그러므로 例如 농민운동은 農民部가 있어 그 일의 책임을 맡되 農民部는 黨의 전체의사로 이뤄진 일정한 정도와 정책에 있어 일반이 거기에 準照하여 실행케 하며 기타의 6부에 있어서도 이렇게 해야 할 것이다. 요컨대 일의 경중, 대소를 불문하고 당의 관계하는 일에는 반드시 黨的系統, 統一이 있어야 할 것인 바, 더욱 그러할 의무를 느끼게 되는 것이다.

三. 부문운동은 敎外의 일반 蒼生을 相對로 함에 있는 동시에 敎內에 대한 것이 있는 것을 (例如 天道敎少年會, 仝靑年會 기타 이에 준할만한 敎內의 諸團體) 기억하여야 할 것이요, 그 운동의 방법에 있어서도 스스로 다를 것을 잊지 말 것이니, 이 敎內의 운동은 직접으로 천도교란 名詞를 冠하여 나아감도 좋으나 형편에 의하여는 그리 아니할 수도 있는 것이니, 이것은 지도자의 요량에 맡길 수밖에 없는 일이다.(조기간, 『천도교청년당소사』, 46-48쪽)

10) 정응봉, 「제2차 전당대표대회를 제하여」, 『당성』 10호, 1932.4, 1면.

11) 조기간, 『천도교청년당소사』, 49-50쪽.

12) 천도교소년단체는 천도교 청년단체처럼 시대에 따라 다양하게 명칭이 바뀌었다. 1921년 4월 천도교청년회 포덕부 산하 소년부로 출발하여 1921년 5월 천도교소년회, 1929년 4월 3일 천도교소년연합회, 1930년 4월 3일 천도교소년연합회총본부로 명칭

을 사용하였다.

13) 조기간, 『천도교청년당일림』, 9쪽; 조기간, 『천도교청년당소사』, 40쪽. "어린이의 정서를 함양하며 윤리적 대우와 사회적 지위를 인내천주의에 맞도록 향상시키기 위하여 김기전·방정환 등의 주선으로 1921년 4월에 경성에서 비로소 천도교소년회가 창립하다."

14) 『동아일보』 1921년 5월 22일, 「천도교소년회 조직」.

15) 「敬通」, 『신인간』 12호, 1927.5, 78쪽.

16) 「본회의 각부 사업경과」, 『천도교청년회회보』 3호, 1921, 3-4쪽.

17) 박달성, 「北行三日間」, 『개벽』 52호, 1924.10, 102쪽.

18) 차용복은 3·1운동에 참여하였다가 검거되어 6개월간 복역한 경험이 있으며, 1920년 5월 동아일보 정주지국 기자로 활동하였다. 1921년 8월 청년회 간의원, 그리고 이해 동경유학생 순회강연단과 함께 해주, 사리원 등 서선지역에서 강연을 하기도 하였다.

19) 조기간, 『천도교청년당소사』, 91-92쪽.

20) 「全朝鮮記者大會ノ件」, 종로경고비 제2755호, 1925년 4월 17일자.

21) 『중외일보』 1927.11.30, 「곽산신간지회 창립대회」.

22) 『동아일보』 1921.5.22, 「천도교소년회 조직」.

23) 妙香山人, 「천도교소년회의 설립과 其 波紋」, 21쪽.

24) 『동아일보』 1921.6.12, 「천도교소년 운동회」.

25) 『동아일보』 1921.6.20, 「천도소년 탁족회」.

26) 『동아일보』 1921.9.1, 「천도교소년의 백두산 강연회」. 이날 강연회에서 민태원 외에도 김기전이 '조선소년의 사회적 지위'라는 제목으로 강연을 가졌다.

27) 『동아일보』 1921.9.12, 「천도소년 등반」.

28) 『동아일보』 1921.10.16, 「천도소년 운동회」; 「천도교소년회 상황」, 『천도교회월보』 135호, 1921.11, 108-109쪽.

29) 「소년회 소식」, 『천도교회월보』 139호, 1922.3, 112쪽.

30) 「천도교중앙총부휘보」, 『천도교회월보』 140호, 1922.4, 101쪽.

31) 『동아일보』 1922.6.18, 「천도교소년 환등강연회」.

32) 『동아일보』 1922.7.2, 「소년소녀가극회」.

33) 『동아일보』 1922.12.25, 「천도교소년회 환등강연회」; 「소년회 주최 강연 급 환등회」, 『천도교회월보』 148호, 1923.1, 80-81쪽.

34) 『동아일보』 1922.5.1, 「10년 후의 조선을 慮하라」; 5.2, 「街路로 취지 선전」.

35) 『동아일보』 1923.4.23, 「소년운동의 신기치」.

36) 천도교소년회 규약은 본서 〈부록편〉 참조.

37) 조기간, 『천도교청년당소사』, 51쪽.

38) 『어린이』 3호, 7쪽.

39) 『동아일보』 1923.5.4, 「안주의 어린이 선전」.

40) 『동아일보』 1922.9.18, 「소년회 축구대회」.

41) 『동아일보』 1922.4.10, 「천도소년 야유회」.

42) 『동아일보』 1923.5.6, 「천도소년 축하회」.

43) 「敬通」, 『신인간』 12호, 1927.5, 78쪽.

44) 소년연합회 규약 기초위원은 방정환, 김도현, 이두성, 이정호, 김기전이었다.

45) 소년연합회 중앙집행위원은 방정환, 김기전, 김도현, 이정호, 전경흠, 백중빈, 박태근 등 7명이었다.

46) 「천도교소년연합회회록」, 『신인간』 23호, 1928.4, 73-74쪽.

47) 오월회는 1925년 5월 30일 정교홍을 중심으로 반도소년회, 불교소년회 등이 발기하여 조직된 소년단체로 사회주의이념을 표방하는 무산소년운동단체였다. 5월 31일 천도 교소년회 등 소년운동협회와 오월회는 두 기구를 합동하여 조선소년운동협의회를 구 성하였으나 3개월 만에 오월회가 경성소년연맹회를 결성함에 따라 소년운동계는 민 족주의계와 사회주의계로 양분되었다. 이에 따라 1927년 5월 어린이날은 천도교소년 회가 이끄는 소년운동협회와 오월회가 각각 기념행사를 가졌다. 그러나 소년운동을 왜곡시킨다는 여론에 따라 이해 10월 16일 연합하면서 조선소년연합회를 결성하고 방정환이 위원장이 되었다. 1928년 3월 22일 개최한 제1회 총회에서 회명을 조선소년 총동맹으로 변경하고 정교홍이 위원장이 되었다. 이후 지도노선이 무산소년 중심의 사회주의로 경도되자 천도교소년회는 조선소년총동맹에서 탈퇴하였다.

48) 『동아일보』 1929.5.2.

49) 「少年會敎養運動 指示事項」, 『신인간』 38호, 1929.8. 61-62쪽.

50) 『신인간』 46호, 1930.4, 77쪽; 「天道敎少年會沿革」, 『당성』 8호, 1932.1, 2면.

51) 「어린이날기념 축하상황」, 『신인간』 48호, 1930.6, 68쪽.

52) 『천도교회월보』 243호, 1931.3, 뒷표지.

53) 『당성』 8호, 1932.1, 2면.

54) 「少年聯合會大會」, 『당성』 11호, 1932.5, 2면.

55) 정성호, 「少年運動의 實際指導」, 『당성』 28호, 1934.1, 4면

56) 조기간, 『천도교청년당소사』, 50쪽. 천도교 소년회 지방조직에 대해서는 본서 〈부록〉 참조.

57) 천도교청년회는 서론 주)에서 설명하였듯이 네 번의 같은 명칭이 있다. 본절의 천도 교청년회는 천도교청년당의 부문단체로서 천도교청년회이다. 그런데 이 천도교청년 회는 처음 이름은 천도교사월회였다. 이후 천도교청년당과 천도교청년동맹이 합동함 에 따라 1931년 4월 12일 천도교청년회로 변경하였다.

58) 崔泰勳,「四月會와 그 發展에 對한 私見」,『신인간』37호, 1929.7, 20쪽.

59) 洪淳穆,「四月會自學答案」,『신인간』34호, 1929.4, 65쪽.

60) 앞의 글.

61) 金蘆谷,「四月會 少年會 聯合大會를 앞두고」,『신인간』34호, 37쪽.

62) 청진당부와 통영당부의 사월회는 서무부, 말부, 글부, 주먹부 등으로 부서를 정하였다.

63)「청년당시보」,『신인간』8호, 1926.12, 34쪽.

64)「四月會自學答案」,『신인간』34호, 1929.4, 65쪽.

65) 규약은 〈부록〉을 참조할 것.

66)『신인간』24호, 1928.6, 58쪽.

67) 위의 글.

68) 위의 글.

69)『신인간』30호, 1928.12, 56쪽.

70)『신인간』43호, 1930.1, 70쪽.

71)『신인간』46호, 1930.4, 78쪽.

72)『신인간』24호, 1928.6, 58쪽.

73)『신인간』44호, 1933.1, 63쪽.

74) 예를 들면 당화주간이나 천도교의 기념일인 천일기념, 지일기념, 인일기념을 기해 거교적으로 포교 활동 및 회원증모를 하였다.

75)『신인간』48호, 1930.6, 68쪽.

76)『신인간』24호, 1928.6, 58-59쪽.

77)『신인간』25호, 1928.7, 60쪽. 第1班 代表 한동규, 第2班 代表 김경서, 第3班 代表 홍관주, 第4班 代表 원기연, 第5班 代表 盧亨祐, 第6班 代表 곽기훈, 第7班 代表 李東益, 제8班 代表 郭永完, 第9班 代表 金利演, 第10班 代表 전경도.

78) 裵昌化,「農村夜學 實感을 서울에 계신 ᄎ兄의게」,『신인간』13호, 1927.6, 33-34쪽.

79)「靑年黨時報-侍日學校通則」,『신인간』7호, 1926.11, 50-51쪽 참조.

80) 金泳煥,「各地에 內修團 地方部가 簇生함을 보고 一言을 擧하야」,『신인간』14호, 1927.7, 38쪽.

81)『신인간』24호, 1928.6, 58쪽.

82)『신인간』37호, 1929.7, 59-60쪽.

83)『신인간』24호, 1928.6, 58-59쪽.

84)「四月會 第二回 自學規定」,『신인간』37호, 1929.7, 57-58쪽.

85) 천도교청년회 규약은 〈부록〉을 참조할 것.

86) 강령은 다음과 같다. "一, 靑年大衆의 社會 地位向上을 期함, 一, 靑年大衆의 水雲主義

的 教養과 現實的 訓練을 期함, 一, 靑年大衆의 鞏固한 團結로써 全的 運動을 支持함"(
『당성』16호, 1932.11, 5면)

87) 『당성』 임시호, 1932.9, 2면.

88) 『당성』16호, 1932.11, 5-6면.

89) 『黨聲』16호, 1932.11, 6면.

90) 천도교 여성단체는 청년단체와 마찬가지로 복잡하고 다양하다. 그리고 이들 여성단
체는 청년단체의 직간접적인 영향을 받았다. 초기 여성단체는 1921년 1월 평양여자청
년회를 비롯하여 천도교함흥여자지육부, 천도교여자청년회, 천도교청년여자회, 천도
교내수단, 천도교여성동맹, 천도교내성단, 천도교내수회 등으로 일제강점기까지 활동
하였다. 이들 여성단체 중 전국적인 조직을 갖춘 여성단체는 천도교내수단이 처음이
며, 이후 1926년 교단의 분규로 신파는 천도교내수단, 구파는 천도교여성동맹으로 각
각 분화되었다가 1930년 12월 교단이 합동하자 천도교내성단으로 통합되었다. 1932
년 4월 교단이 재분화되자 신파는 천도교내성단, 구파는 천도교여성동맹으로 별립하
였다. 이후 청년당이 해체된 이후 1940년 신구 양파가 합동함에 따라 여성단체도 천
도교내수회로 합동되었다. 본고에서는 청년당이 해체되는 시기까지로 한정하여 초
기 여성단체는 개괄적으로 살펴보고자 한다. 천도교 여성단체에 대한 연구성과는 정
경숙, 「천도교 여성단체에 대한 일 고찰-1920년대를 중심으로」, 『이화사학연구』 9, 이
화사학회, 1976; 박용옥, 「동학의 남녀평등사상」, 『역사학보』 91, 역사학회, 1981; 권
경애, 「천도교 언론활동에 나타난 여성운동 연구」, 『동학학보』 창간호, 한국동학학
회, 2000; 조응태, 『동학과 천도교의 여성관 변천에 관한 연구』, 가톨릭대학교 대학원
박사학위논문, 2004; 김응조, 『천도교여성회60년사』, 천도교여성회본부, 1984; 김응
조, 『천도교여성회70년사』, 천도교여성회본부, 1994; 김경애, 「東學, 天道敎의 男女平
等思想에 關한 硏究-經典·歷史書·機關誌를 中心으로」, 『여성학논집』 창간호, 이화
여대 한국여성연구소, 1984; 박희순, 「천도교의 여성계몽운동; 만세보와 개벽지를 중
심으로」, 『상명사학』 창간호, 상명사학회, 1993; 조규태, 「천도교내수단과 여성운동」,
『여성-역사와 현재-』, 국학자료원, 2001을 참조할 것.

91) 『동아일보』1920년 4월 9일, 「신간안내-신여자」. 『신여자』는 "인습적 도덕을 타파하
고 보수적 구사상을 탈겁하여 자유 평등을 절규하며 여자의 개성미를 발휘하여 신생
명으로 우리 사회를 美ㅇ케 함"을 주장하였다.

92) 『동아일보』1920.5.23, 「신간안내-여우」.

93) 윤정란, 『한국 기독교 여성운동의 역사』, 국학자료원, 2003, 84-85쪽

94) 김철자·조찬석, 「1920년대 서울지방의 여성운동」, 『인천교대논문집』13, 인천교대,
1979, 110-111쪽.

95) 이재화, 『한국근대민족해방운동사』I, 백산서당, 1986, 206쪽.

96) 평양여자청년회는 1921년 1월 30일 송영화, 고영숙, 차기숙, 김연화, 송학선, 송성옥 등 6명의 발기로 조직되었다. 회장은 고영숙이 선임되었고, 조직 당시에는 회원이 30 여 명이었으나 이해 12월 말경에는 52명으로 증가하였다. 주요 활동은 평양에서 전개 된 물산장려운동에 참여하였으며, 저축장려운동 등을 전개한 바 있다.

97) 천도교함흥여자지육부는 1921년 11월 20일 창립되어 토론 및 강연회를 조직하고 매 월 1회 이상 교리와 상식 등을 강론하였다.

98) 천도교여자청년회는 1922년 초 경성에서 설립되었다.

99) 『시대일보』1924.4.4, 「천도교에 내수단」; 「천도교내수단이 조직되었습니다」, 『천도 교회월보』163호, 1924.4, 36쪽 및 41쪽.

100) 내수단 규약은 〈부록〉 참조.

101) 『동아일보』1927년 6월 4일, 「천도교여성동맹 6월 2일 창립」; 『중외일보』1927년 6 월 일, 「천도교의 여성동맹 2일 정오에 창립총회」; 김숙, 「여성동맹의 사명」, 『천도교 회월보』198호, 1927.6, 16-17쪽. 천도교여성동맹은 1927년 6월 2일 창립총회를 개최하 고 약속과 규약을 통과시키고 집행위원 10명(박명화 한봉소 홍종희 김상화 강운화 박 정자 김숙 이소암 김수월 박호진)을 선임하였다. 이후 근우회가 결성되자 1928년 4월 5일 제1회 전국대표대회에서 근우회 지지를 결의하였고, 근우회 본부 및 지회에 참여 하였다. 주요활동은 강연, 토론회, 여자야학 등을 전개하였으며, 지방조직인 지회는 완 도지부, 선천지부, 예산지부 등이 확인되고 있다. 천도교여성동맹은 1930년 12월 신구 양파가 합동함에 따라 신파의 천도교내수단과 합동하여 천도교내성단을 조직하였다.

102) 지방부에 관한 규약은 다음과 같다. "제1조 20인 이상의 단원이 있는 곳에는 지방부 를 둘 수 있습니다. 특별한 사정이 있을 때에는 다르게 할 수도 있습니다. 제2조 지방 부에 단원의 입단금은 그 반액을 본단에 보냅니다. 제3조 지방부의 기관조직은 단규 에 의해서 합니다."

103) 천도교내수단 단부 조직현황에 대해서는 〈부록〉을 참조할 것.

104) 『시대일보』1924.5.15, 「평양 내수단 발회식」.

105) 김응조, 『천도교여성회70년사』, 천도교여성회본부, 1994, 85쪽.

106) 앞의 책, 97쪽.

107) 천도교내성단 규약은 〈부록〉을 참조할 것.

108) 『동아일보』1931.3.18, 「천도교여성단체 합동대회를 개최」.

109) 김응조, 위의 책, 116쪽.

110) 이종린, 「일치하자! 일치하자!!」, 『천도교회월보』164호, 1924.5, 2-5쪽.

111) 김진욱, 「물들인 옷 실시에-또 의복개량을 말함」, 『천도교회월보』169호, 1924.10, 60-62쪽.

112) 杉園(김진욱), 「염색옷을 어떠한 방법으로 하는 것이 좋을까」, 『천도교회월보』173

호, 1925.2, 29-30쪽; 三圃, 「염색은 어떠한 방법으로」, 『천도교회월보』175호, 1925.4, 22-24쪽.

113) 「청년당시보-경통」, 『신인간』9호, 1927.1, 27-29쪽.

114) 「천도교내수단대회회록」, 『신인간』23호, 1928.4, 71쪽.

115) 「천도교내성단 제2차 대표대회」, 『당성』10호, 2면. 내성단은 출석하는 대표의 복장을 '染色衣와 단추를 달 것'으로 규정하였다.

116) 신남홍, 「천도교 부인의 규모일치 문제」, 『신인간』23호, 1928.4, 34쪽.

117) 『시대일보』1924.10.5, 「평양천도교도 흑의동맹」.

118) 「내수단소식」, 『신인간』26호, 1928.8, 59쪽.

119) 「내수단소식」, 『신인간』31호, 1929.1, 70쪽.

120) 「내수단소식」, 『신인간』31호, 1929.1, 70쪽.

121) 「내수단소식」, 『신인간』40호, 1929.10, 58쪽.

122) 「내수단소식」, 『당성』4호, 1931.7, 5면; 「내수단소식」, 『당성』5호, 1931.8, 7면.

123) 김병준, 「우리당의 여성운동에 대하여」, 『당성』7호, 1931.11, 4면.

124) 「본단 공함 제2호」, 『신인간』15호, 1927.7, 48쪽.

125) 「내수단단보-공함 제6호」, 『신인간』19호, 1927.12, 36쪽.

126) 김영환, 「각지에 내수단 지방부가 졸생함을 보고 일언을 거하여」, 『신인간』15호, 1927.7, 38쪽.

127) 「내성단 활동」, 『신인간』21호, 1928.2, 66쪽.

128) 「경성내수단 2회 강습」, 『신인간』25호, 1928.7, 59쪽.

129) 「내수단소식」, 『신인간』31호, 1929.1, 69쪽.

130) 『동아일보』1925.1.31, 「천도교내수단 강연」.

131) 『동아일보』1927.11.4, 「천도교 포덕데이 3일간 기념강연」.

132) 『중외일보』1929.5.12, 「내수단 주최 보육대강연」.

133) 『동아일보』1928.9.13, 「곽산 여성문제 강연」.

134) 『동아일보』1929.1.26, 「정주내수단 순회」.

135) 「내수단소식」, 『신인간』38호, 1929.8, 60쪽.

136) 「내수단소식」, 『신인간』46호, 1930.4, 76쪽.

137) 『동아일보』1930.3.15, 「집회」.

138) 『한국사』49, 국사편찬위원회, 2001, 184쪽.

139) 『동아일보』1925.7.31, 「청총위원의 신계획」.

140) 『시대일보』1925.11.21, 「농민운동과 노동운동을 분립」.

141) 『동아일보』1925.6.17, 「농민조합 설립」; 『시대일보』1925.6.18, 「하씨의 농촌사업」. 당시 이들 신문은 제1착으로 농민조합이 결성되었다고 하였다. 창녕농민조합은 일본

早稻田大學 정경과에 재학중이던 河駿錫이 신병으로 귀국하여 1925년 6월 10일 농민조합을 창설하였다. 그런데 하준석은 1930년 도평의원, 1939년과 1940년 중추원 참의로 활동하였다.

142) 농민조합운동에 대해서는 이준식, 「일제 침략기 농민운동의 이념과 조직-함경남도 평지대의 경우」, 연세대학교대학원 박사학위논문, 1991; 지수걸, 『일제하 농민조합운동 연구-1930년대 혁명적 농민조합운동』, 역사비평사, 1993을 참조할 것.

143) 기독교 농민운동에 대해서는 한규무, 『일제하 한국기독교 농촌운동 1925-1937』, 한국기독교역사연구소, 1997; 장규식, 『일제하 한국기독교민족운동연구』, 혜안, 2001의 제3장 제3절 「농촌운동과 농촌재건의 논리」를 참조할 것.

144) 미상, 「曠古未有의 大水難에 際하야」, 『개벽』62호, 1925.8, 3쪽.

145) 김정인, 「일제강점기 천도교단의 민족운동 연구」, 서울대학교 박사학위논문, 2002, 164쪽.

146) 조기간, 『천도교청년당소사』, 40쪽.

147) 『동아일보』1925.10.2, 「농촌계발을 목적으로 조선농민사 조직」. 조선농민사 창립일은 그동안 박사직이 「조선농민사의 창립 제5회 기념을 맞으면서」(『농민』1-6호, 1930.10, 2쪽)와 『천도교청년당소사』 등에서 1925년 10월 29일 또는 1925년 10월에 창립되었다고 하였다. 이에 따라 대부분 조선농민사의 창립일을 1925년 10월 29일로 본다. 그러나 이는 명백한 오류로 보인다. 『동아일보』는 1925년 10월 2일자에 조선농민사 창립에 대해 자세하게 보도하고 있으며, 『천도교청년당일람』에는 1925년 9월 29일 창립되었다고 기록하였다.

148) 본고에서는 체제상 조선농민사에 대하여 약술하였다. 조선농민사의 자세한 것은 지수걸, 「朝鮮農民社의 團體性格에 관한 硏究; 天道敎靑年黨과의 관계를 中心으로」, 『역사학보』106, 역사학회, 1985; 노영택, 「日帝下 天道敎의 農民運動硏究 1」, 『한국사연구』52호, 한국사연구회, 1986; 노영택, 「日帝下 天道敎의 農民運動硏究(2): 李晟煥의 農民運動 認識」, 『용암차문섭교수화갑기념 사학논총』, 화갑기념논총간행위원회, 1989; 노영택, 「천도교 농민운동의 전개과정-조선농민사의 성격을 중심으로」, 『한민족독립운동사논총』, 수촌박영석교수화갑기념논총간행위원회, 1992; 송명실, 『1920년대 천도교의 농민운동에 관한 연구』, 상명여대 교육대학원 석사학위논문, 1992; 유현정, 『일제하 조선농민사 운동의 전개와 성격변화』, 동아대학교 대학원 석사학위논문, 1993; 박지태, 「日帝下의 서울에서의 朝鮮農民社 活動」, 『향토서울』58, 1998; 정용서, 『1930년대 天道敎勢力의 農業問題 認識과 農業改革論』, 연세대학교 대학원 석사학위논문, 2002; 조성운, 「日帝下의 맹산군농민사의 활동과 민족운동」, 『정신문화연구』91호, 한국정신문화연구원, 2003; 조성운, 「1930년대 天道敎의 理想農村建設論과 共作契」, 『동학연구』16호, 한국동학학회, 2004; 조규태, 「天道敎 新派의 自治運動과 朝

鮮農民社의 크레스틴테른 加入 活動」, 『한국민족운동사연구』 48호, 한국민족운동사학회, 2006를 참조할 것.

149) 『천도교청년회80년사』, 276-277쪽.

150) 박지태, 「조선농민사의 조직과 활동」, 『한국민족운동사연구』 19호, 한국민족운동사연구회, 1998, 283-284쪽.

151) 김정인, 앞의 「일제강점기 천도교단의 민족운동 연구」, 167쪽.

152) 앞의 논문, 166쪽.

153) 金一大, 「조선농민사략사」, 『농민』 1권 6호, 1930.10, 14쪽; 『동아일보』 1928.4.7; 4.8; 『조선일보』 1928.4.8. 중앙이사는 이성환·김기전·조기간·김도현·최두선·박달성·이돈화·김일대·백세명·박태근·임문호·김태련·이단·김병제(이상 천도교인)·김준연·朴瓚熙(이상 동아일보 사원)·柳光烈(조선일보사원)·鮮于全, 黃英煥·李昌輝·韓長庚(무소속), 이사 후보 明容駿·姜友·金泳煥·金京浩(이상 전부 천도교인), 기율심사위원은 車相瓚·金秉濬·鄭應琫, 동후보 梁昇郁·田俊成(이상 전부 천도교인)이었다. 그리고 중앙간부로 중앙이사장은 이성환, 부이사장은 선우전, 총비서는 김도현이었다.

154) 전조선농민사편집실, 「조선농민사의 연혁」, 『조선농민』 6권 4호, 1930.6, 32쪽.

155) 앞의 글, 32-33쪽.

156) 앞의 글.

157) 「조선농민사 사우회 교칙」, 『조선농민』 2-11호, 1926.11.

158) 「조선농민사 마동사우회칙」, 『조선농민』 3-6호, 1927.6, 41쪽.

159) 전조선농민사편집실, 「조선농민사의 연혁」, 『조선농민』 6권 4호, 1930. 6, 29쪽.

160) 정평군농민사, 맹산군농민사, 홍원군농민사, 장진군농민사 등이 사례이다.

161) 함흥군농민사, 벽동군농민사, 단천군농민사, 안주군농민사 등이 사례이다.

162) 1933년의 조선농민사의 세력은 35개의 단체에 33,897명의 맹원을 가졌던 조선농민총동맹의 세력을 능가하였다.

163) 『천도교청년회80년사』, 283쪽.

164) 「조선농민략사」, 『농민』 40호, 1933.10, 29쪽.

165) 『조선농민』 제3권 12호, 1927.12, 15-25쪽.

166) 韓元彬, 「共生組合이란 무엇인가」, 『신인간』 55호, 1932.5, 47쪽. 공생조합을 설치한 이유는 경제적인 문제 외에 천도교 전교를 통한 천도교 이념의 실현이란 종교적 목표도 있었다. 이와 관련하여 당시 교회에서 주장한 설치 배경에 대한 주장을 제시하면 다음과 같다.; "첫째, 많은 창생을 접촉하고 천도교의 주의를 선전하는 것이다. 둘째, 창생들에게 당면이익을 제공하면서 그들로 하여금 오늘의 현실이 그 내재적 관계에서 반드시 일층 새로운 사회로 나아가고야 말 것을 알려주며 창생들 자체로서도 사회

경제를 운전할 수 있다는 것을 스스로 체험시키며 자신을 갖게 하는 의미에서입니다. 셋째, 공생조합은 조합원 상호간에 경제적 부조만을 목적으로 하는데 그치지 않고 우리당이나 농민사·노동사의 모든 일에 대하여 물질적 또는 정신적으로 원조자의 역할을 가지는 데서입니다. 그리하여 社나 黨에 대하여 대립이라든가 또는 중립의 태도를 가지지 않고 그것들과 일종의 협조적 기관이 되는 의미에서입니다."(金亨傑·朴新德, 「共生組合은 왜 하는가?」, 『신인간』 58호, 1932.8, 28쪽)

167) 그 사례는 다음과 같다. 1931년 8월 평안도·황해도의 농민공생조합의 대표들은 이 지역의 조합수가 50여개에 달하자, 조합 간에 업무의 통일과 긴밀을 도모하고자 관서지역 농민공생조합연합을 설립하기로 협의하고 8월 10일 평양의 천도교당에서 농민공생조합관서연합의 창립총회를 개최하였다. 1932년 10월 강서, 증산, 함종, 자복, 광양만, 진지동, 진남포, 가룡, 남양 등 9개소의 공생조합은 연합회의를 개최하고, 동년 11월과 12월 연합선전대를 조직하여 활동하였고, 동년 12월 21일 평안도 지역의 공생조합에서는 평양지부 주최로 평안도농민공생조합운동자협의회를 조직하였다.

168) 『동아일보』 1931.5.17, 「조선노동사 13일에 창립」; 「조선노동사 창립」, 『당성』 3호, 1931.6, 2면; 「조선노동사 창립」, 『천도교회월보』 297호, 1931.7, 45-46쪽.

169) 「조선노동사 규약」, 『당성』 4호, 1931.7, 6면. 조선노동사 규약은 〈부록〉 참조할 것.

170) 최광모, 「생각나는 몇 가지」, 『당성』 5호, 1931.8, 4면.

171) 이석보, 「당원들아 노동운동에 맹렬히 하자」, 『당성』 11호, 4면.

172) 현조, 「조선노동사의 특징과 그 발전책」, 『당성』 13호, 1932.7, 3면.

173) 이석보, 앞의 「당원들아 노동운동에 맹렬히 하자」.

174) 「조선노동사 제1차 대표대회 경과」, 『당성』 11호, 1932.5, 2면.

175) 「당화주간 이용에 관한 건」, 朝鮮勞發 제10호, 1931년 10월 6일자.

176) 조봉호, 「노동대중의 조직에 일층 노력하자」, 『당성』 20호, 1933.4, 2면.

177) 상조부는 조선노동사의 실제 조직은 아니었으나 노동자의 실제적 이익을 도모하기 위해 중요하게 인식하였다. 부위원장 구중회는 다음과 같이 상조부의 중요성을 밝혔다; "규약 외에 상조부를 設하여 애경상간의 길을 연 것은 다음 두 가지 필요를 이유로 한 것이다. 즉 한 가지는 노동자는 목전생활에 불안을 느끼는 사회적 약자로써 불시에 닥쳐오는 病死와 禍亂에 아무 준비와 보장이 없는 인간으로서의 고독을 서로 서로 부조하자는 현실의 필요이요, 또 한 가지는 조선노동자의 생활을 과거 역사적으로 고찰할 때 이 상조의 정신과 사업이 늘 계속하여 왔음을 볼 수 있나니, 조선의 고래의 미풍양속의 하나인 契란 것이 그 형태이다. 喪布契 婚契 鼎契 혹인 數契 등은 그 형태 각종류이다. 이와 같이 그들의 과거 역사상으로 뿌리깊은 契의 정신을 이용 선도하여 각방면의 광범위의 노동층을 가장 원만히 망라하고 포용하자는 것이 그 다음 이유이다. 이와 같은 정신의 상조부는 그 조직과 운용 여하에 따라서 많은 효과를 거둘 수 있을

것을 믿는다. 그 실무에 대하여는 첫째, 그 실제 처리가 各人의 이해, 득실에 관한 만큼 극히 복잡하고 잘못하면 말썽이 많을 일이니, 部員數의 과대한 다수임을 피할 것, 둘째, 사원수가 다수일 때는 직업별로 구분하여 同種類의 직업자로써 일부 員을 만들어서 그 실무만은 치밀한 주의와 주도한 용의가 극히 필요할 것이다."(구중회, 「노동사의 각 중요 部務에 대하여」, 『당성』9호, 1932.2, 4면)

178) 현초, 「조선노동사 조직방법」, 『당성』4호, 1931.7, 8면.

179) 정응봉, 「노동사 조직에 대하여」, 『당성 3호』1931.6, 3면.

180) 조기간, 『천도교청년당소사』, 54쪽.

181) 『입당원서』1936. 〈부록〉을 참조할 것.

182) 「당지방부 활동상항」, 『당성』3호, 1931.6, 8면.

183) 「당지방부 활동상항」, 『당성』4호, 1931.7, 8면.

184) 계연집, 「노동자와 학생 포덕에 전력함」, 『당성』5호, 1931.8, 3면.

185) 「당지방부 활동상항」, 『당성』5호, 1931.8, 6면.

186) 「당지방부 활동상황」, 『당성』14호, 1932.8, 6면.

187) 「노동사, 학생회도 대발전」, 『당성』임시호, 1933.4, 1면.

188) 박찬표, 「노동운동에 전력」, 『당성』18호, 1933.1, 3면.

189) 망원한국사연구실, 『한국근대민중운동사』, 돌베개, 1989, 283쪽.

190) 앞의 책, 288쪽.

191) 앞의 책, 288-298쪽.

192) 金玉斌, 「細小商民을 爲한 特別對策講究」, 『黨聲』24호, 1933.9, 5면.

193) 金玉斌, 「細小商民層의 現實에 對한 覺醒」, 『黨聲』28호, 1934.1, 6면.

194) 趙基栞, 『天道敎靑年黨一覽』, 5-6쪽.

195) 趙基栞, 『天道敎靑年黨小史』, 73쪽.

196) 趙基栞, 앞의『天道敎靑年黨小史』, 64쪽.

197) 「靑年黨時報」, 『신인간』17호, 1927.10, 37쪽.

198) 「靑年黨時報」, 『신인간』18호, 1927.11, 37쪽.

199) 趙基栞, 위의『天道敎靑年黨小史』, 73-75쪽.

200) 앞의 책, 76쪽.

201) 조기간, 위의『天道敎靑年黨小史』, 76-79쪽.

202) 金玉斌, 『黨聲』24호, 1933.9, 5면.

203) 앞의 글.

204) 金玉斌, 「細小商民層의 現實에 對한 覺醒」, 『黨聲』제28호, 1934.1.1, 6면.

205) 『黨聲』제19호, 1934.2.1, 2면.

206) 『黨聲』제29호, 1934.2.1, 1면.

207) 『黨聲』 제38호, 1935.4.1, 5면.

208) 산미증산정책의 본질적인 목적은 첫째, 파쇼적 식민지 권력을 배경으로 한 조선쌀의 조직적 약탈, 둘째, 막대한 국가자본의 조선농촌 투자를 통한 독점자본과 지주들의 이윤보장, 셋째, 일본 농민의 대량 이주를 통한 조선 지배 체제의 강화였다.(『한국근대민중운동사』, 298-290쪽)

209) 洪世煥, 「六十九年을 마즈며 商民部를 代하야」, 『신인간』 20호, 1928.1, 23쪽.

210) 金明昊, 앞의 「紀念布德과 通俗運動」, 32쪽.

보론: 해방 후 천도교청우당의 부활과 활동

1) 孫世一, 「解放前夜」, 『新東亞』 1965.8, 동아일보사, 421쪽.

2) 여운형은 엔도(遠藤)과의 만남에서 치안을 맡는 대신 다음 다섯 가지 조건을 제시하였다. ①全國을 통하여 政治犯, 經濟犯을 즉시 석방할 것. ②8월, 9월 10월 3個月間의 食糧을 보장할 것. ③治安維持와 建國을 위한 政治活動에 대하여 절대로 간섭하지 말 것. ④靑年과 學生을 조직 훈련하는 데 절대로 간섭하지 말 것. ⑤勞動者와 農民을 建國事業에 조직 동원하는데 절대로 간섭하지 말 것(송남헌, 『韓國現代政治史』 1, 성문각, 1980, 34-35쪽)

3) 손세일, 앞의 책, 423-424쪽.

4) 宋南憲, 『解放三年史』 I, 까치, 1977, 35쪽.

5) 최영희, 『격동의 해방3년』, 한림대학교 아시아문화연구소, 1996, 33쪽.

6) 『如菴文集』 上, 如菴先生文集編纂委員會, 1971, 147-149쪽 및 『如菴文集』 下, 45-47쪽.

7) 『每日新報』 1945.9.23.

8) 『매일신보』 1945.9.28; 10.1.

9) 金鍾範 · 金東雲, 『解放前後의 朝鮮眞相』 第2輯, 朝鮮政經研究社, 1945, 128쪽.

10) 『自由新聞』 1945.10.11.; 『매일신보』 1945.10.14.

11) 『자유신문』 1945.11.5.; 『매일신보』 1945.11.6.

12) 「開闢日誌」, 『開闢』 복간호(73호), 1946.1, 125-126쪽.

13) 李敦化, 『黨志』, 天道敎靑友黨, 1946: 『신인간』 464호, 1988.11, 73-79쪽.

14) 「復刊辭」, 『開闢』 제73호, 1946.1, 23쪽.

15) 『중앙신문』 1945.12.8.; 『민중일보』 1945.12.9.

16) 『北韓年表』, 국토통일원, 1980, 31-32쪽.

17) 『大韓民國政黨史』 제1집, 중앙선거관리위원회, 1981, 1221쪽.

18) 『北韓年表』, 44쪽.

19) 당시 수정된 강령과 정책은 다음과 같다.

1. 蘇聯 및 諸民主主義 國家와의 積極 親善을 圖謀함
2. 反日反帝的 新民主主義 諸政黨과 友好協助하여 民族統一戰線을 期함
3. 人乃天의 新文化로써 民族元氣의 振作과 新生活의 創造를 期함
4. 勞動者, 農民, 漁民, 小市民, 勤勞知識層의 生活向上을 期함
5. 重要産業의 國家經營과 土地의 國有化를 期함
6. 人民教育의 一切를 國家負擔으로 하여 社會教育의 徹底化를 期함
7. 人格向上과 技術重點의 教育制度 實施를 期함
8. 20歲 以上의 男女에게 選擧權과 被選擧權을 賦與함
9. 鑛工業, 小産業의 急速한 發達과 農業의 科學化, 中農化를 期함
10. 失業防止, 保健, 衛生, 教養, 文化 等 社會政策의 實施를 期함
11. 言論, 集會, 信仰, 結社, 出版의 自由
12. 女性의 政治的, 經濟的, 文化的 平等을 期함

20) 『天道教政治理念』, 319쪽.

21) 앞의 글, 36쪽.

22) 앞의 글, 38쪽.

23) 이돈화, 『黨志』(이하 『신인간』기준), 463호, 72면.

24) 趙基栞, 『天道教靑年黨小史』, 천도교청년당본부, 1935.

25) 「天道教政治理念」, 『東學』 제1집, 1990, 300-301쪽.

26) 앞의 글, 301쪽.

27) 이돈화, 『黨志』, 464호, 69쪽.

28) 앞의 「天道教政治理念」, 301쪽.

29) 정치적 안민은 國家政體로 완전한 독립국가를 의미한다. 즉 人民이 人民을 바르게 살게 하는 민주정치로서 인민이 주권을 가져야 하며, 法律使用權·選擧權·被選擧權·罷免權·懲戒權·復決權 등도 인민에게 주어져야 한다.

30) 경제적 안민은 인민의 경제생활이 아래를 표준으로 하는 평등보다는 위로 표준하여 평등시키자는 의미이다. 즉 高度生産을 통한 共通分配와 이를 통한 經濟平等을 뜻한다. 그리고 노동을 生活苦勞動·責任勞動·義務勞動·藝術化勞動으로 구분하고 이중 생활고노동을 제외한 세 가지 노동으로 경제평등을 실행하면 고도의 경제생산도 얻을 수 있다는 것이다.

31) 문화적 안민은 종교와 도덕으로 정신적 불안으로부터의 해방과 새 윤리의 수립을 의미한다.

32) 이돈화, 『教政雙全』 18-19쪽.

33) 이돈화, 『黨志』, 464호, 69-70쪽. 이돈화는 이외에도 恒産運動, 國民氣化運動의 振作, 政

治訓練을 제시하기도 하였다.(이돈화,「痛哭할 現象과 三大實踐運動」,『開闢』, 74호, 1946. 4, 10-16쪽 참조)

34) 앞의「天道敎政治理念」, 304쪽.

35) 여기서 精神開闢은 過去의 잘못된 觀念形態에 대한 근원적인 全部改革을, 民族開闢은 民族의 完全解放과 새 시대에 맞는 民族的 自己 革新을, 社會開闢은 舊社會制度를 根本的으로 改革하여 모든 사람의 性能을 最大限으로 發揮시키고 모든 사람의 生活을 最高度로 향상시키는 것을 의미한다.

36)「天道敎政治理念」, 302쪽.

37)「天道敎政治理念」, 303쪽.

38) 위의 글, 305-306쪽.

39) 앞의 글, 306-308쪽.

40) 위의 글, 308-311쪽.

41) 앞의 글, 311-314쪽.

42) 위의 글, 314-318쪽.

43) 앞의 글, 304쪽.

44) 앞의 글, 318-319쪽.

45) 위의 글, 319쪽.

46)「復刊辭」,『開闢』복간호(73호), 1946.1, 2-3쪽.

47) 이돈화,「朝鮮完全獨立까지의 吾人의 期待와 準備」,『開闢』73호, 1946.1, 28-29쪽.

48) 朴宇天,「全民一體論-우리의 民族理念과 階級問題 관견」,『開闢』74호, 1947.4, 20쪽.

49) 朴宇天, 앞의 글, 34쪽.

50)『자유신문』1945.10.13.

51)『朝鮮日報』1945.11.29.;『民衆日報』1945.11.2.

52)『自由新聞』1945.12.12.

53)『민중일보』1945.12.15.

54) 조규태, 앞의 책, 672면. 천도교청우당의 김기전·이응진 등은 1945년 11월 27일 오전 9시 임시정부의 주석인 김구를 방문하여 환영의 뜻을 표하였다. 그리고 오후 2시에는 돈암장의 이승만을 방문하였다. 이승만보다 김구를 먼저 방문하였던 것은 김구가 최근의 주석이었다는 점과 아울러, 천도교에서 이승만보다 김구를 더 선호하였던 점과 관련이 있다고 하겠다. 천도교인들은 대한민국임시정부 시절 이승만 정권이 천도교인들을 중용하지 않자, 신숙 등이 중심이 되어 이승만 정권을 비판하고 임정의 창조운동을 전개하는 등 이승만과 별로 사이가 좋지 않았지만 일찍이 동학접주 출신으로 천도교인인 최동오 등을 요직에 기용하였던 김구에 대해서는 호감을 갖고 있었던 것이다.

55)『자유신문』1945.12.17.

56) 『서울신문』1945.12.21. 그리고 그날 이 연합회는 1946년 1월 상항에서 열릴 연합국회의에 조선독립의 촉성을 진정하기로 하였다. 이 연합대회의 천도교측 대표는 오상준이었다. 이단은 총무부장으로 활동하였다.

57) 『서울신문』1945.12.18.

58) 宋南憲, 『韓國現代政治史』1, 성문각, 1980, 202-203쪽.

59) 『중앙신문』1945.12.30.

60) 『자유신문』1945.12.30.

61) 『조선일보』1945.12.29.

62) 『서울신문』1946.1.1. 김기전과 정광조 외에 천도교인 참여자는 위원장 권동진, 부위원장 오세창, 위원 백세명 · 최준모 · 이군오 · 이인숙 · 박완 등이다.

63) 신탁통치반대국민총동원위원회에서 발표한 9대 행동강령은 다음과 같다. 1. 三千萬一死로 自由를 戰取하자. 2. 反獨立的 言動은 一切로 排擊하자. 3. 託治順應者는 反逆者로 處斷하자. 4. 大韓臨時政府를 絶對로 守護하자. 5. 臨政命令에 服從하여 規律있게 行動하자. 6, 親日派 反逆分子의 謀略을 粉碎하자. 7. 倭寇를 徹底히 驅逐하자. 8. 外國軍政의 撤廢를 主張하자. 9, 託治政權을 不合作으로 擊退하자. (『동아일보』1945년 12월 30일자)

64) 『서울신문』1946.1.19.

65) 『조선일보』1946.1.21.

66) 宋南憲, 앞의 책, 224-225쪽.

67) 都珍淳, 「1945-48년 右翼의 動向과 民族統一政府樹立運動」, 서울대학교대학원 박사학위논문, 1993, 42-43쪽.

68) 『조선일보』1946.1.26. 비상국민회의에는 혁명단체 및 정당, 종교단체, 교육단체, 문화단체, 부녀단체, 청년단체, 직업단체, 노동단체 등 61개 단체가 참여하였다. 비상국민회의의 초기인 주비회에는 천도교와 청우당이 참여하였으나 최고정무위원(후에 민주의원) 선임과 국민회의로 개칭할 때에는 참여하지 않은 것으로 보인다. 왜냐하면 종교대표에 천도교가 빠져 있으며 이후 청우당은 주로 민전과 연대활동을 하기 때문이다.

69) 宋南憲, 앞의 책, 236-237쪽.

70) 『자유신문』1946.2.1.

71) 『중앙신문』1946.2.8.

72) 『조선일보』1946.2.11.

73) 『조선일보』1946.2.13.

74) 『서울신문』1946.2.15.

75) 民主主義民族戰線 編, 『朝鮮解放年譜』, 文友印書館, 1946.10, 129-133쪽. 서중석, 『한국현대민족운동연구-해방 후 민족국가건설운동과 통일전선』, 역사비평사, 1998, 54쪽

재인용.

76) 청우당이 민전과 연대하여 활동함에 따라 권동진·오세창을 중심으로 이승만의 獨促에 참여하여 활동하던 구파 계열과 정치이념적으로 갈등을 겪게 되었으며 결국 1946년 5월 구파는 교단의 분립과 동시에 천도교보국당을 결성하였다.

77) 3·1운동 공동기념식 준비를 위해 참여한 정당은 한민당, 국민당, 신한민족당, 인민당, 공산당, 서울시인민위원회, 독립동맹과 조선민주당 등 7개 정당이었다.(서중석, 앞의 책, 353쪽)

78) 서중석, 앞의 책, 353쪽.

79) 『한성일보』1946.3.3.

80) 『조선일보』1946.3.13; 조규태, 앞의 책, 676-677쪽.

81) 『독립신문』1946.7.2.

82) 『자유신문』1946.9.24. 청우당의 성명서 내용은 다음과 같다. 一. 農民의 生計를 考慮하여 收集方法을 更正하라. 一. 農民의 生産意識을 減殺시키지 말라. 一. 今般 發表한 正租의 公正價格으로 供出하고 그 收入으로서 農民의 生必品을 購入할 수 없다. 例를 들면 正租 十斗의 供出代金으로 겨우 廣木 1疋을 살 수 있는 程度이다. 이렇게 되면, 明年부터는 農民의 自家 所要되는 것 밖에 耕作치 않을 우려가 있다. 그러므로 그 價格을 引上하든가 供出量에 比例하야 生必品을 公正價格으로 責任供給하든가 하여야 될 것이다. 一. 米穀收集方法은 一律的으로 全收穫의 三割로 하여 行政官公吏 外에 政黨·社會團體員을 參加 指導케 하여야 한다. 一. 一人當 三合式 配給할 때까지는 食糧應急對策으로서 小量의 自由賣買와 搬入을 認定하되 謨利行爲만은 嚴重 取締할 것. 一. 實情에 맞고 實行性있는 食糧對策을 樹立키 爲하여 民間을 事實로 代表할 수 있는 團體의 專門家를 總網羅하여 熟議하여야 될 것이다. 一. 收集末端機關에는 面公吏, 警察官駐在所, 學校職員 等의 親戚·親友 等의 情實關係로 多量 供出할 分子는 供出치 않고 部落에서 아주 勢力 없는 細農民만이 出産米 全部를 뺏기는 弊端을 防止하여야 된다.

83) 『서울신문』1946.8.20.

84) 『대동신문』1946.11.22.

85) 『경향신문』1946.11.5. 및 『자유신문』1946.11.5. 청우당의 적산 처리 방안에 대한 성명 내용은 다음과 같다; "日帝 四十年間 우리 同胞를 搾取한 物的 證據인 敵産은 우리 國土에 充滿하여 있다. 土地 建物 工場 鑛山 同設備 船舶 陸上交通機關 商品 原料 等 全民族 富力의 大部分이라 할 수 있다. 이 敵産을 휩싸고서 謀利輩는 勿論 모든 惡德輩는 暗中飛躍을 하여 敵産處理는 不公平 또는 不正하게 되어 民衆의 怨恨을 사고 있다. 우리 同胞의 膏血을 搾取하고 또는 强權으로 奪取하였던 敵産이 우리 國家建設의 土臺가 되고 愛國者들의 生活保障에 利用되지 아니하고 日帝의 協力者 或은 通譯輩

惡德輩의 謀利의 對象이 되어 民怨의 標的이 되는 것은 크게 遺憾스럽게 생각하는 同
時에 正當한 與論과 社會的 壓力 糾彈으로서 이 脫線的 處事를 防止訂正하여야 할 것
을 提議하는 바이다."

86) 『중외신문』 1946.8.19.

87) 『조선일보』 1946.10.10.

88) 『조선일보』 1946.10.23. 청우당뿐만 아니라 천도교단에서도 조기간을 통해 영남 일대
소요사태의 수습 방안을 다음과 같이 발표하였다; "핍박한 민생문제란 도화선이 부지
불식간에 밑으로 만연되지 않았던들 어떤 정치적 충동의 불꽃만 가지고 이번 영남사
건이 폭발할 리는 만무했으리라고 나 역시 직감하고 있다. 그러나 저러나 건국도상에
서 호소할 길을 분간할 여유도 없이 겨레끼리 아까운 피를 흘리게까지 된 것은 저윽이
원통한 일이거니와 당면한 긴급과제는 어떻게 해야 이미 공무자와 민중 양편이 서로
맞받은 마음의 상처를 아물게 해서 들뜬 민심을 가라앉히겠느냐 하는 것이다. 나로서
는 이즈음 각 단체에서도 논의되고 있다시피 이 문제는 어디까지나 우리들 자신의 힘
과 열로서 해결해야 될 것이니만치 각 정당 각층 각 단체가 힘을 모아 단일한 선후처
리 기관을 장만해서 각 지방에다 일종의 선무반을 파견하되 공무자 특히 보복심에 사
로잡히기 쉬운 경찰관이며 민중 특히 농민 노동자들과 서로 흉금을 더놓고 대국적인
동포애에 호소하여 쓰라린 가슴 뭉친 마음을 어루만져 주고 풀어 주기에 노력함으로
써 하루 바삐 자주독립 전취란 큰 깃발 아래로 겨레의 마음을 통일시키는데 전력을 다
하지 않으면 안될 것으로 믿는다."(『조선일보』 1946.10.27)

89) 『서울신문』 1946.10.24.

90) 『조선일보』 1946.10.25. 및 『서울신문』 1946.10.25.

91) 서중석, 앞의 『한국현대민족운동연구-해방후 민족국가건설운동과 통일전선』, 387쪽.

92) 『독립신문』 1946.5.11; 서중석, 앞의 책, 388-389쪽.

93) 송남헌, 『解放三年史』, 370쪽; 조규태, 앞의 책, 678쪽.

94) 『현대일보』 1946.9.5.

95) 『조선일보』 1946.9.17.

96) 『서울신문』 1946.9.19.

97) 최영희, 앞의 책, 286쪽.

98) 『서울신문』 1946.7.28.

99) 『동아일보』 1946.7.31.

100) 『동아일보』 1946.10.8.

101) 『서울신문』 1946.10.18.

102) 『동아일보』 1946.10.7.

103) 『동아일보』 1946.10.9.

104) 『독립신문』1946.11.13.

105) 『서울신문』1946.11.16.

106) 各黨懇談會는 1946년 7월 좌우합작위원회 구성 이후 가장 폭이 큰 정치협의체의 성격을 지녔다.(서중석, 앞의 책, 590-591쪽)

107) 『동아일보』1946.11.16.

108) 『조선일보』1946.11.20.

109) 『대동신문』1946.11.24.

110) 도진순, 앞의 「1945-48년 右翼의 動向과 民族統一政府樹立運動」, 79쪽.

111) 『조선일보』1946.10.25 및 『서울신문』1946.10.25.

112) 『서울신문』1046.10.29. 이날 공동성명서와 조미연합위원회 위원 파견을 거부하는 회담서의 내용은 다음과 같다.

〈입법기관에 대하여〉 118호 입법기관 법령에 의하여 강요되고 있는 입법기관 설치에 대하여는 此를 전면적으로 거부하고 진정한 민주주의 방법에 의하여 구성될 조선민족의 자주독립의 자유스러운 총의를 대표할 수 있는 기관의 설치를 주장함. 이 기관구성에 대하여는 추후 발표키로 함.

〈회답서〉 조선주둔 미군총사령관 존·알·하지중장 각하. 今日 26일부 각하의 서한은 감사히 읽었읍니다. 각하가 아시는 바와 같이 우리 각 정당연석 간담회는 今番 남조선비상사태의 진상을 엄정히 구명하고 이에 대한 정치적 대책을 전 민족적 입장에서 세우기 위하여 연합조사단을 구성하고 그 조사 실행에 필요한 便宜를 보아주기를 각하에게 요망하였읍니다. 이에 대하여 각하는 각하의 지정하에 속행되고 있는 한민공동회의에 대표 3인을 파견하여 공동 협조할 것을 慫慂하여 왔읍니다. 그러나 본 간담회로서는 이하 이유에 의하여 대표를 파견할 수 없음을 遺憾으로 생각합니다. 연합조사단의 결성은 군정측의 조사에 협조하려는 의사에서 아니라 조선민족 자주적 입장에서 독자적 조사를 결행할 목적에서 출발한 것이며 군정당국에는 오직 편의를 보아주기를 요구하였던 것입니다. 今般 남조선사태는 진상여하를 막론하고 위정자가 그 책임을 져야 할 민중운동이므로 군정과 협조 조사를 한다는 것은 사태발생의 眞因을 구명할 수 없을 것. 한민공동회담은 비록 호의에서 출발하였다 해도 그 결과는 우리민족 자주적인 입장에서 남조선사태를 조사 검토 해결키 不能한 것이매 이번 사태 조사의 주체를 각정당 연합조사단에 두어야 할 것.

113) 『조선일보』1946.11.2. 新進黨에서는 立議選擧에 대한 동당의 태도를 다음과 같이 표명하였다; "남조선과도입법의원선거라는 민족의 자주성을 몰각한 법령 제118호에 의한 비민주주의적인 선거방법은 이해키 곤난하다. 또는 거부권행사에 있어 대책을 강구치 않고 정한 제5조와 如한 주권자 독재가 예산 및 결산에 대한 하등의 권한이 없는 점 현하 국내실정으로 보아 의원선거에 適期가 아닌 시에 강행 발족함은 타당치 않

다고 본다. 이상의 諸點을 지적하여 본당으로서는 첫째 118호 법령을 수정하여 적정한 애국지사로써 조직케 할 것 둘째 상당한 준비기간을 두어 진정한 민주주의적으로 總攝케 할 것을 要望한다."

114) 『제3특집』 1946.12.10.

115) 『동아일보』 1946.12.8; 『경향신문』 1946.12.8; 『조선일보』 1946.12.8, 宋南憲, 『韓國現代政治史』 1,319쪽. 최동오는 좌우합작위원회, 강순은 근로대중당, 정광조는 천도교 소속으로 선임되었으며, 천도교보국당의 신숙은 여운형, 장건상, 홍명희, 조완구, 엄항섭이 선임을 거부하여 관선의원으로 보선되었다.

116) 『조선일보』 1946.12.26. 담화문 내용은 다음과 같다; "일단 개방한 적산 요정을 다시 1개월의 유예를 한다는 것은 군정당국의 실정에 어두운 처사이다. 생사기로에 있는 전재동포를 구하는 것과 기업자의 폐업과의 경중을 물을 때 조선 사람이면 삼척동자라도 불쌍한 전재동포를 살리자고 할 것이다. 군정의 朝令暮改의 처사는 민중을 우롱하는 결과 밖에 아무것도 없다. 돈 있는 사람은 돈을 내고 집 있는 사람은 지을 주어 민족의 힘으로 극한과 싸우는 그들을 살리는데 총동원하는 동시에 국내 실정을 모르는 미군정을 몇 개인의 사정으로 옳지 못하게 하는 무리는 철저히 때려 부서야 한다."

117) 『조선일보』 1946.11.19. 성명서 내용은 다음과 같다; "전재동포의 태반이 집과 양식이 없어 영양부족에 허덕이고 있는데 닥쳐오는 겨울은 그들의 생명을 위협하고 있다. 당국의 이렇다 할만한 대책도 없는데 동포들과 동거동식하는 따뜻한 동정조차 없다면 수많은 전재동포는 구할 길이 없다. 다시 한 번 엄동을 앞둔 전재동포를 구제하기 위하여 분기하자."

118) 『경향신문』 1946.12.25. 담화문 내용은 다음과 같다; "(1)산업의 萎縮 道德의 頹廢 교통 통신의 혼란 관공리의 墮落 無能 민심의 부동 등 우리민족이 일찌기 경험하여 본 일이 없는 빈곤 혼란 상태를 모름지기 미소 양국은 대국으로서 또한 선진국가로서 책임감을 깊이 느끼는 바 있어야 할 것이며 단연히 현하의 난국을 수습하고 책임을 완수하기 위한 새로운 출발이 있어야 할 것이다. (2)재일동포 30여 년의 장구한 시간에 온갖 압박 착취 밑에서 인내와 혈투로서 축성하였던 생활난이 해방이 된 오늘에 와서 도리어 극악한 조건의 박해를 당한다함은 언어도단이다. 이 무차별적 박해에 못 이겨 반대의사를 표시한다고 하여 발포까지 하여 다수의 부상자를 내었을 뿐만 아니라 정당한 대표자를 체포하여 자유까지 박탈하였다 함은 용인할 수 없다."

119) 최영희, 앞의 책, 307쪽. 청우당의 1947년 연두사의 내용은 다음과 같다; "모스크바 삼상회의에서 우리 임정수립에 대한 결정을 본지도 1주년이 지나고 미소공위가 휴회된 지 반년이 넘도록 속회에 대한 진행도 보이지 않고 있음은 미소양국이 조선 문제에 대하여 무성의하다고 비난하지 않을 수 없다. 모름지기 미소양국은 직접적인 자기문제가 아니고 약소민족인 조선 문제라 할지라도 너무 무성의한 태도를 버리고 해방국

가로서 선진국가로서의 책임을 다하는 의미에서 하루 속히 공위를 속개하여 주둔군의 철퇴로 만고의 근원인 38선을 해소시켜 주기를 요망하는 동시에 우리 민족으로서는 이 비참한 현실을 극복하기 위하여 일대 반성이 있어야 할 것을 주장한다. 자주독립 이라는 것은 자체의 힘으로만 가능한 것이다. 외국의 원조를 받는 한 자주독립이라고 할 수 없는 것이다. 미소공위는 아직 언제 열릴는지도 모르고 재개된다고 하여도 반드 시 성공하리라고 볼 수 없는 것이다. 제1차 회담과 같이 또 다시 무기휴회하지 않으리 라고 보증할 수 없는 것이다. 그러므로 우리는 우리 힘으로 독립할 길을 찾아야 할 것 이 원칙이다. 그렇다고 하여서 국제관계를 무시하여 삼상결정을 부정하라는 말은 아 니다. 삼상결정의 실현은 조선독립의 첩경이다. 국제관계를 무시하고는 존립할 수 없 는 것이다. 그렇다고 하여서 자체의 역량을 표시하지 않고는 공위도 열리지 않을 것이 며 재개된다 하더라도 성과를 보기 힘들 것이다. 미소공위는 조선민족 자체가 임시정 부를 수립하는 것을 원조하게 되어 있는 것이다. 그럼에도 불구하고 먼저번 미소회담 에서는 조선인의 의사도 들어보지 않고 원조자인 자기네들끼리만 시비를 하다가 헤어 진 모양이니 싱거운 일이라 아니할 수 없지마는 우리 민족끼리 찬탁이니 반탁이니 하 여 분립항쟁만 하고 정부수립을 위하여 일치합력하지 못한 데 원인한 것도 사실이다. 그러므로 우리는 하루바삐 민족상호간의 이유 없는 알력을 버리고 진정한 동포들의 총망에 응답하기 위하여 남북의 민족대표와 단체지도자들은 만난을 배제하고 긴밀한 연락과 합작을 도하여 총집결된 역량과 열로서(모든 반동세력을 배제하면서) 미소공 위를 촉개하며 나아가 38선을 소멸시켜야 할 것이다. 우리들의 공고한 결의와 과감한 행동 앞에는 38선도 소멸되고 난산의 남북통일의 임정도 수립될 것이다.”(『조선일보』 1947.1.1)

120) 「입의속기록 제16호」, 『자료대한민국사』 4, 국사편찬위원회, 1971, 102-103쪽.

121) 『동아일보』 1947.1.25. 및 『조선일보』 1947.1.25; 『자료대한민국사』 4, 123-124쪽.

122) 공위 재개에 관한 양군사령관의 서한내용에 관한 내용은 다음과 같다; “공보부특별 발표: 조선주둔미군사령관 「죤·R·하지」 중장은 미소공동위원회 재개에 관하여 북 조선주둔소군사령관 「치스챠코프」 중장과 최근 서한교환의 내용을 금일 발표하였다. 전반에 교환한 10월 26일부 소련측의 서한과 11월 1일부 미국측의 서한의 내용은 이 미 11월 상순에 당지에서 표된 바이며 최근서한의 교섭은 11월 26일부 소련측의 서한 에 대한 미국측의 12월 24일부 회신이었다. 소련측은 11월 26일부 서한에 있어서 下記 諸項밑에서 조선인각단체와 협의한다는 조건에서 미소공동위원회를 재개하기를 제 의하였다.

1) 공동위원회는 반드시 조선에 관한 「모스크바」 결정을 전적으로 지지하는 민주주의 정당 及 사회단체와 협의할 것, 2) 공동위원회와 협의하기 위하여 초청을 받은 각정당 及 사회단체는 적극적으로 「모스크바」 결정의 반대를 주장하는데 동의한 대표자들을

임명하지 말 것, 3) 공동위원회와 협의하기 위하여 초청을 받은 각정당 及 사회단체는 「모스크바」결정 及 공동위원의 임무에 대하여 此를 반대 또는 반대할 의사를 가지지 않을 뿐 아니라 타인에게 此를 선동치 말 것. 만일 如斯한 정당과 단체가 있을 때는 양국대표의 상호협정으로써 금후 공동위원회와의 협의에서 此를 제외할 것.

미국측 12월 24일부 회답은 이미 성명한 미군사령관의 주장과 조선국민에게 자기네의 임시정부를 조직하는데 있어서의 광범위한 의사발표의 자유를 부여하기 위하여 소련측 제안의 수정을 제의한 바에 의한 것인데 此를 요약하면 다음과 같다.

제의의 其一은 다음과 같이 해석할 것이다. 즉 공동위원회 성명서 제5호에 서명한 것은 「모스크바」결정을 전적으로 지지한다는 성의를 성명한 것으로 간취되므로 서명한 정당과 단체는 최초협의에 참가할 자격이 있을 것이다. 제의의 其二는 성명한 정당 또는 단체가 「모스크바」결정을 실행하는 데 있어서 자당의 의사를 가장 잘 대표하여 주리라고 믿는 대표를 임명하는 것은 그 정당 또는 그 단체의 권리라고 미국측에서는 사유하는 바임. 그러나 만일 該代表가 「모스크바」결정 실행에 있어서나 연합국에 대하여 상반된다고 믿을만한 정당한 이유가 있는 경우에는 공동위원회는 상호협의한 후 성명한 단체로 하여금 다른 대변인을 선정케 할 것. 제의 其三은 다음과 같이 문구를 수정하기를 제안한다. 즉 공동위원회와 협의하기 위하여 초청을 받은 개인 정당 及 사회단체는 공동위원회 성명서 제5호에 서명한 후는 공동위원회의 임무에 대해서나 연합국에 대해서나 또는 「모스크바」결정의 실천에 대하여 적극적 반대를 교사 선동하지 못함. 공동위원회 성명서 第5號에 서명한 개인 정당 혹은 사회단체로써 공동위원회의 사무에 대해서나 연합국에 대해서나 또는 「모스크바」결정의 실천에 대하여 적극적 반대를 교사 선동하는 자는 이후 공동위원회와의 협의에서 此를 제외할 것. 그리고 如斯한 개인 정당 혹은 사회단체를 제외하는 것은 공동위원회의 동의로써 此를 결정할 것.'(『동아일보』1947.1.12)

123) 『조선일보』1947.1.16.
124) 『조선일보』1947.1.16.
125) 『조선일보』1947.1.19.
126) 『조선일보』1947.2.1.
127) 최영희, 앞의 『격동의 해방3년』, 326쪽; 『조선일보』1947.2.20.
128) 『경향신문』1947.3.2. 및 『조선일보』1947.3.2.
129) 『현대일보』1947.4.5; 『중외일보』1947.4.15; 『중외경제일보』1947.4.16.
130) 『독립신문』1947.2.13 및 『경향신문』1947.2.13.
131) 『민보』1947.4.15. 성명서 내용은 다음과 같다; "미국은 민주주의 국가이다. 그러므로 조선에도 완전한 민주주의를 실시하여야 할 것이다. 그럼에도 불구하고 금번 민전요인들에 대하여 비공개재판을 한 것은 사건 내용 자체는 막론하고 군정재판이 비민

주적 암흑재판이라고 지적하지 않을 수 없다." 한편 신신진당의 성명서 내용은 다음과 같다; "남조선은 미군정하에 있음으로 물론 군정재판은 할 수 있다 하더래도 미국은 조선에 민주주의 국가를 건설하려는 이때이니 만큼 가능한 한 조선인의 사법재판에 회부해야 할 것이며, 방청객과 신문기자의 출입도 엄금하는 비민주적 재판을 하지 말고 공개재판을 하여 사실을 사실대로 알기를 바란다."

132) 『조선일보』 1947.2.4.

133) 『동아일보』 1947.2.1.

134) 『경향신문』 1947.2.4; 『동아일보』 1947.2.4; 『서울신문』 1947.2.4. 통일전선결성준비위원회 상임위원은 다음과 같다. 조봉암 李光鎭 金燦 裵成龍 金成璹 朴錦 朴文熹 李克魯 金若水 安炳武 金在浩 金炳淳 鄭伊衡 伊鳳烈 廉廷權.

135) 『조선일보』 1947.2.11. 성명서 내용은 다음과 같다; "우리 당은 우리 민족 우리 인간의 당연한 기본노선을 행진하기 위하여 과거와 현재에 있어서 활약하여 온 것이다. 남북통일의 민주주의정권을 수립하는 것도 이 기본노선 행정의 일부에 속하는 것이다. 여기에서 우리 당은 좌익이나 우익을 논할 것 없이 그들이 과거의 과오를 청산하든가 또는 반동적 영역에서 벗어나 민주주의적 신출발을 할 때에는 그들과 손을 맞잡고 커다란 연합전선을 형성하려고 하였으며 앞으로 그러한 시기가 멀지 않다고 믿고 있다. 그러니만치 우리 黨은 아직까지 좌우익 소속하지 않은 집단이나 인사들이 최근 새로운 연합체를 결성하려는 노력에 대하여 관심을 가지고 어느 정도의 협조를 하여 온 것은 이상에서 논의한 민주주의자의 총연합체를 형성하는 매개적 노력을 하는 임시적 연락기관으로 인정하고 한 것이오 결코 제3세력을 결성하여 혼란을 조장하는 데는 절대로 행동을 같이할 수 없을 것이다. 민주주의자의 총연맹체가 형성되기 전에 편협한 단체를 조직한다든가 그러한 기구에 투입하지 않을 것을 부언하여 둔다."

136) 『경향신문』 1947.2.16.

137) 『동아일보』 1947.3.5; 『자료대한민국사』 4, 369-371쪽. 5차 연속성명서 내용은 다음과 같다; "1) 조선신문이 조선독립을 위한 막부협정의 실천 제단계를 설명한 최근의 공동위원회의 연속 발표를 대대적으로 게재한 데 대하여 감사하는 바이다. 그러나 일반적으로 보아 발표된 특별한 점에 대한 건설적 비평보다 불일치에 대한 각종 각색의 자기비평을 한 기사를 게재한 것은 대단히 유감으로 생각되는 바이다. 불행히도 막부협정의 반대는 1熟語에 기인되었다. 협정 각 조항에 의하여 朝鮮에 보장된 위대한 혜택은 다수의 이 1熟語 반대의 언사로 인하여 무시되었고 매장되었다. 이 위대한 혜택을 이해하고자 신중히 막부협정 전부를 검토한 자도 그들이 신탁이라는 숙어에 반대하는 자들로부터 반역자라고 비난을 당하지 않도록 협정 지지표시를 두려워하고 있다. 일부분에 관한 오해된 이념에 대한 맹목적인 고집이나 타부분에 관한 정직한 소신의 발표를 무서워하는 것은 모두 민주주의에 도달하지 못할 것이다. 공동위원회는 장

차의 독립과 직접 개인 또는 政治的 利慾보다 더 중대한 국가의 복리를 생각하는 조선인에게 이전에 발표한 4회의 성명서를 신중히 재검토할 것을 재차 요망하는 바이다. 재검토를 돕기 위하여 이전 성명서의 요점을 간단히 다음에 열기하는 바이다. 가) 조선에 관한 莫府協定의 조항은 우호심과 원조심에서 결정되었으며 결코 조선을 외국의 지배하에 둘 일 방법으로 결정된 것은 아니다. 즉 이와 반대로 이 조항은 조선이 진정한 독립된 안정국가가 될 제단계를 순서 있게 규정한 것이다. 조선이 장래에 위협을 받지 않도록 견고한 정부를 재수립하자는 것이 막부협정의 의도이다. 나) 莫府協定은 조선의 완전독립을 보증한다. 다) 조선의 연합국참가를 준비하기 위한 국제적 원조와 조력의 일과도기로 생각할 수 있다. 라) 莫府協定의 실천은 연합국을 포함한 여하한 국가의 지배도 받지 않을 조선의 건설을 예상한다. 마) 경제적으로나 정치적으로 자립할 수 있는 조선 또 동양에 있어서 평화유지에 기여할 수 있는 국가를 생각할 수 있다. 바) 북조선 소군사령관과 서간교환에 있어서 미국의 의도는 항상 불변하였다. 미국은 莫府協定 이행문제에 있어서 조선인에게 의사발표자유의 권리를 거부할 수 없다는 것을 주장한다. 그러나 이와 동시에 여하한 단체도 공동위원회의 사업의 순조로운 진행을 방해하거나 적극적으로 반대할 것을 조장함으로써 其 진행을 와해시키고자 하는 것은 용허하지 않을 것이다. 2) 조선인이 여하한 고려도 없이 악의의 의미로 해석하고 있는 신탁이라는 숙어의 의미는 연합국이 신조선 국가에 대하여 일종의 공동관리의 원조와 조력을 하자고 하는 것이며 원조와 조력의 정확한 성질은 조선임시정부와 협의하여 공동위원회에서 결정되어야 할 것이다. 또 과도기 중 조선임시정부의 안정과 권위를 유지하자는 것도 의미하는 것이다. 끝으로 「하지」중장이 미국으로 출발하기 직전에 사려있는 조선인과 그들의 지도자를 위하여 발표한 특별성명을 인용하는 것이 적당하다고 생각한다. 이 모든 조선문제는 국제적 성질을 가진 문제라는 것을 우리는 명심하여야 된다. 여러분이나 본관은 莫府協定의 一語도 변경할 수 없다. 일부 조선인은 신탁반대의 전국적 운동으로써 서명국가에게 협정을 변경하도록 할 수 있을 것이라고 생각하고 있는 것 같다. 그러나 그것은 의외의 방면의 영향을 미칠 것 이외에는 아무것도 없다. 남북조선이 통일하여 임시정부를 수립하고 여러분중의 진정한 애국자와 같이 장차 임무를 수행할 일기관인 위대한 연합국의 행동에 대하여 사회적 소동을 계속하는 것보다 독립을 성취하는 것이 더 중대한 것이다. 本官은 여러분에게 無思慮의 애국운동을 하여 비애국적인 결과를 초래하지 않도록 또 통일조선을 위한 임시정부수립을 지연시키는 선동을 계속하지 않도록 절실히 요망하는 바이다."

138) 『동아일보』 1947.3.7.

139) 『경향신문』 1947.4.13; 『동아일보』 1947.4.13; 『조선일보』 1947.4.15. 성명서 내용은 다음과 같다; "1) 남조선주둔미군사령관은 현재까지 수차나 미소공동위원회를 재개시키고자 노력하였으나 북조선주둔소군사령관은 공위협의에 있어서 대부분의 조선지

도자를 제외시키는 결과를 초래하는 방법을 항상 고집하였다. 2) 莫府協定締結後 16개월이 경과되었음에도 불구하고 조선 문제에 관하여서는 아무런 진전을 보이지 못하고 있으므로 미측은 조선의 정치문제 해결을 위한 업무를 즉시 재개하는 것을 요망한다. 3) 조선의 독립을 회복시키는데 있어서 소련은 가급적 속히 미측과 협력할 것을 요망한다. 4) 소측이 미측과 협조하는데 있어서는 다음의 두 가지 사항이 유의되어야 할 것이다. 가) 조선의 독립책을 진전시키며 해결시키는 목적으로 소련은 미측과 함께 미소공동위원회 재개에 대한 합의에 노력하되 이는 민주주의적인 자유의사표시의 권리를 존중하는 원칙하에서 하여야 할 것. 나) 1947년 하기내에 현재까지의 미소공동위원회의 업무를 華府 莫府 양당국이 재검토하기 위하여 기일을 결정할 것. 5) 한편 미측은 莫府協定에 인한 책임을 유의하고 있는만치 이 이상 지연됨이 없이 이 협정의 목적을 조장시킬 조치를 남조선에서 단독적으로 취할 수밖에는 방도가 없다."

140) 『조선일보』1947.4.15.

141) 『조선일보』1947.6.4; 『동아일보』1947.6.4. 공동공보 제1호의 내용은 다음과 같다; "1) 조선임시정부수립에 관련하여 공위협의에 참여한 조선정당 급 사회단체를 심의중인 공위는 이 문제에 대하여 신속한 진전을 보고 있다. 2) 조선정부의 형태 구조 헌장 급 정강에 대한 광범한 조선인의 의견 견해를 청취하기 위하여 공위는 수일 내에 이에 대한 질문서를 배포할 것이다. 3) 현재 분과위원회는 공위협의 참여에 관한 세목과 또 前記 질문서를 작성중인데 이는 4일 공위전체회의에 제출될 것이다."

142) 『동아일보』1947.6.25.

143) 『중앙신문』1947.6.24.

144) 『광명일보』1947.6.19; 『조선일보』1947.6.24.

145) 『중앙신문』1947.6.24.

146) 『경향신문』1947.6.13.

147) 『동아일보』1947.6.15.

148) 『광명일보』1947.6.17.

149) 『조선일보』1947.6.19; 『경향신문』1947.6.19; 송남헌, 『한국현대정치사』1, 355쪽.

150) 이에 대해서는 송남헌의 『한국현대정치사』1에서는 신진당, 사회민주, 민주당 한독파, 청우당, 민중동맹 등 5당이 공위추진을 위한 행동통일로 '5당캄파투쟁'을 하였다고 기록하였다.(『한국현대정치사』1, 354쪽)

151) 『경향신문』1947.6.21.

152) 송남헌, 앞의 책, 354-355쪽.

153) 『경향신문』1947.6.21.

154) 『조선일보』1947.7.19. 메시지 내용은 다음과 같다; "美蘇共委문제가 협의대상문제로 그 진행이 삽체되고 있는 것은 임정수립을 焦待하고 있는 우리 3천만 민중에게 있

어서는 감내하기 어려운 일이다. 이 문제는 共蘇 양국 대표 사이에만 문제될 성질의 것이 아니라 실로 우리 자신에 緊關된 중대문제이니 만큼 우리는 당연히 이에 발언권을 갖지 않을 수 없다. 더욱이 이 문제로 말미암아 共蘇 진행이 지연되고 있는 이때 조선인민의 발언을 요청하는 것은 공위결정을 완벽화시키는 소이도 되는 것이니 그 선택기준에 대하여 三相決定을 전면적으로 지지하는 각 정당에 이를 자문하여 문제의 신속 及 정당한 해결을 짓도록 힘써 주기를 긴급 제청하는 바이다."

155) 『서울신문』 1947.7.6.

156) 『서울신문』 1947.12.23; 『동아일보』 1947.12.23; 송남헌, 앞의 책, 356쪽. 결성식에는 정당 15, 사회단체 25 외에 개인 자격으로 참여하였다. 정당은 민중동맹, 신진당, 사회민주당, 청우당, 보국당, 근로대중당, 조선공화당, 조선대중당, 민주한독당, 신한국민당, 민국독립당 등이다.(『독립신문』 1947.9.17)

157) 『동아일보』 1948.3.23.

158) 『조선일보』 1947.7.17; 『중앙신문』 1947.7.17. 성명서 내용은 다음과 같다; "적산은 당연히 국유로 될 것이며, 그 처리는 임시정부 수립 후에 시행해야 할 것은 두말할 여지가 없다. 임정이 수립되기 전에 군정당국이 적산 그 불하를 단행한다면 탐관오리와 악질모리배의 사리사욕을 채우게 될 터이니 불하법령의 철회를 주장한다."

159) 『새한일보』 1-8, 1947년 중순, 9면; 서중석, 앞의 책, 589쪽.

160) 『경향신문』 1948.1.16.

161) 『조선일보』 1948.1.25.

162) 이에 대한 자세한 내용은 『3·1재현운동지』(신인간사, 1969) 참조.

163) 『조선일보』 1948.4.13; 『대동일보』 1948.3.21.

164) 『서울신문』 1948.4.4; 『조선일보』 1948.4.4.

165) 『조선일보』 1948.5.8.

166) 『조선일보』 1948.3.31.

167) 『조선일보』 1948.4.21. 및 4.28. 그러나 자격 심사에서 4명만 통과되었다. 이 외에도 천도교인으로는 최동오, 신숙이 참여하였다.

168) 『동아일보』 1948.3.31.

169) 『조선일보』 1948.7.13; 송남헌, 앞의 책, 473쪽.

170) 『조선일보』 1948.6.13.

171) 『중외일보』 1947.4.1; 『민보』 1947.4.11.

172) 『조선일보』 1947.4.15; 『대동일보』 1947.4.16; 『민보』 1947.4.16; 『중외일보』 1947.4.16.

173) 『동아일보』 1947.4.27.

174) 『동아일보』 1947.6.22; 『조선일보』 1947.6.22.

175) 『동아일보』 1947.4.25.

176) 당시 청우당은 일반 여론으로부터 七分은 左, 三分은 右로 알쏭달쏭한 정당으로 인식되었다.(『현대일보』 1948.1.21)

177) 『문화일보』 1947.7.2.

178) 『자유신문』 1948.7.17; 『중앙신문』 1948.7.17.

179) 『조선일보』 1947.8.13.

180) 『동아일보』 1947.8.16.

181) 『독립신문』 1947.8.17; 『현대일보』 1947.8.21. 및 9.9.

182) 『경향신문』 1949.9.7; 『동아일보』 1949.9.7.

183) 『충청매일』 1949.12.27.

1. 신문 · 잡지

『대한자강회월보』	『대한매일신보』	『동아일보』	『조선일보』
『시대일보』	『중외일보』	『조선중앙일보』	『중앙일보』
『매일신보』	『천도교회월보』	『개벽』	『신인간』
『농민』	『어린이』	『삼천리』	『현대평론』
『공제』	『아성』	『반도시론』	『동광』
『신동아』	『조선농민』		

2. 자료

「天道敎敎人大會ニ關スル件」
「天道敎靑年黨全國代表委員大會 開催ニ關スル件」
「집회취체상황보고」
「천도교청년당 상무위원회ニ關スリ-黨務指示事項(其一)」
「대표회의 결정사안」
「제3차 전당대표대회의 결의실행독려의 건」
「제1차 저당대표대회 경과에 관한 건」
「당화주간 실행에 관한 일」
「全朝鮮記者大會ノ件」
『朝鮮治安狀況』1922
한국사료연구소, 『조선통치사료』 7
조기간, 『천도교청년당소사』, 천도교청년당본부, 1935
『시정25년사』, 조선총독부
「조선치안개황」, 조선총독부경무국, 1922,
홍순창 역, 『청년운동의 논리와 역사』, 문우인서관, 1947
『일제하사회운동사자료총서』, 고려서림
『자수대학강의』(영인본), 경인문화사, 1972
이돈화, 『인내천요의』, 천도교중앙총리원, 1928
『국내외항일운동문서』, 국사편찬위원회, 1927
『천도교청년회회보』

『齊藤實文庫』

『독립운동사자료집』제6집, 독립운동사편찬위원회, 1973

『독립운동사』제2권, 독립운동사편찬위원회, 1971

동덕여학원, 『동덕여학교70년사』, 보신재, 1980

『대한민국인사록』

『조선총독부직원록』

조기간, 『천도교청년당일람』1928

『한국공산주의운동사(자료편 2)』

『현대사자료』

『最近に於ける朝鮮治安狀況』1934, 조선총독부

『思想ニ關スル情報』, 京城地方法院檢査局, 1932

村山智順, 『朝鮮の類似宗敎』, 國書刊行會, 1935

『당원성적일람』

『입당원서』

『高等警察要史』

이돈화, 『천도교창건록』, 천도교중앙종리원, 1934

朝鮮總督府警務局 圖書課, 『天道敎槪論』1930

3. 단행본

강동진, 『일제의 한국침략정책사』, 한길사, 1980.

김동명, 『지배와 저항, 그리고 협력』, 경인문화사, 2006.

김영작, 『한말내셔널리즘』, 백산서당, 2006.

김응조, 『천도교여성회60년사』, 천도교여성회본부, 1984.

_____, 『천도교여성회70년사』, 천도교여성회본부, 1994.

김인걸·강현욱, 『일제하 조선노동운동사』, 일송정, 1989.

김준엽·김창순, 『한국공산주의운동사』2, 아세아문제연구소, 1970.

노영택, 『한말 국민국가건설과 국민교육』, 신서원, 2000.

망원한국사연구실, 『한국근대민중운동사』, 돌배개, 1989.

박경식, 『일본제국주의의 조선지배』, 청아출판사, 1986.

박명규, 『한국 근대 국가형성과 농민』, 문학과지성사, 1997.

박찬승, 『민족주의의 시대』, 경인문화사, 2007.

_____, 『한국근대정치사상사연구』, 역사비평사, 1992.

방기중, 『한국근현대사상사연구』, 역사비평사, 1992.

신숙,『나의 일생』, 일신사, 1963.

신인간사,『신인간 총목차』1972.

여암선생문집편찬위원회,『如菴文集』, 1971.

이동초 편저,『천도교회 종령존안』, 모시는 사람들, 2005

전상봉,『한국근현대청년운동사』, 두리미디어, 2004.

정영희,『개화기 종교계의 교육운동 연구』, 혜안, 1999.

조규태,『천도교의 문화운동론과 문화운동』, 국학자료원, 2007.

_____,『천도교의 민족운동 연구』, 선인, 2007.

천도교청년회중앙본부,『천도교청년회80년사』, 2000.

최유리,『日帝 末期 植民地 支配政策研究』, 국학자료원, 1997.

편집실,『국어대사전』, 민중서림, 1988.

한국도서출판중앙회,『새국어대사전』1996.

한국역사연구회 근현대청년운동사 연구반,『한국근현대청년운동사』, 풀빛, 1995.

한국역사연구회,『근대국민국가와 민족문제』, 지식산업사, 1995.

한글학회,『우리말큰사전』, 어문각, 1992.

황선희,『한국근대사상과 민족운동-동학 · 천도교편』, 혜안, 1996.

4. 논문

강태훈,「일제하 조선의 농민층분해에 관한 연구」,『한국 근대 농촌사회의 농민운동』, 열음
사, 1988.

고정휴,「3 · 1운동과 천도교단의 임시정부 수립 구상」,『한국사학보』3 · 4, 고려사학회,
1998.

권경애,「천도교 언론활동에 나타난 여성운동 연구」,『동학학보』창간호, 한국동학학회,
2000.

김덕,「1920년~30년대 기독교청년면려회 연구」, 연세대학교 대학원 석사학위논문, 2001.

김경애,「東學, 天道教의 男女平等思想에 關한 研究; 經典 · 歷史書 · 機關誌를 中心으로」,
『여성학논집』창간호, 이화여대 한국여성연구소, 1984.

김광식,「일제하 불교계의 보성고보 경영」,『한국민족운동사연구』19, 한국민족운동사학회,
1998.

김권정,「1920 · 30년대 한국기독교인의 민족운동 연구」, 숭실대학교 대학원 박사학위논문,
2000.

김도형,「1920년대 천도교계의 민족운동 연구」,『역사와 현실』30, 한국역사연구회, 1998.

김미영,『일제하 천도교신파의 신인간지 연구』, 충남대학교 대학원 석사학위논문, 2004.

김세영, 「일제강점기 수원지역 천도교인의 항일독립운동」, 『상명사학』 8·9, 상명사학회, 2003.

김응조, 「천도교의 문화운동」, 『인문과학연구』 2, 성신여자대학교 인문과학연구소, 1983.

김정의, 「개벽지에 나타난 소년관에 관한 고찰 연구」, 『논문집』 15, 한영여자전문대학교, 1992.

＿＿＿＿, 「근대소년운동연구1」, 『논문집』 10, 한양여자전문대학, 1897.

＿＿＿＿, 「사회운동측면에서 본 소파 방정환」, 『아동권리연구』 3-2, 한국아동권리학회, 1999.

＿＿＿＿, 「소년운동을 통해 본 동학혁명」, 『실학사상연구』 5·6, 모악실학회, 1996.

＿＿＿＿, 「소춘 김기전의 소년해방운동」, 『龜泉元裕漢敎授定年紀念論叢』(上), 혜안, 2000.

＿＿＿＿, 「한국 현대소년운동의 기점과 그 이념」, 『실학사상연구』 10·11, 모악실학회, 1999.

김정인, 「1910~25년간 천도교 세력의 동향과 민족운동」, 『한국사론』 32, 서울대학교 국사학과, 1994.

＿＿＿＿, 「1920년대 전반기 천도교의 노선갈등과 분화」, 『동학학보』 5, 동학학회, 2003.

＿＿＿＿, 「1920년대 중후반 천도교 세력의 민족통일전선운동」, 『한국사학보』 11, 고려사학회, 2001.

＿＿＿＿, 「일제강점기 후반(1931-1945) 천도교의 친일문제」, 『동학연구』 9·10, 한국동학학회, 2001.

＿＿＿＿, 「천도교의 3·1운동 前史」, 『한국민족운동사연구』 22, 한국민족운동사연구회, 1999.

＿＿＿＿, 『일제강점기 천도교단의 민족운동 연구』, 서울대학교 대학원 박사학위논문, 2002.

김형기, 『20세기 전반 후천개벽사상의 연구』, 한양대학교 대학원 박사학위논문, 2002.

노영택, 「日帝下 天道敎의 農民運動硏究 1」, 『한국사연구』 52, 한국사연구회, 1986.

＿＿＿＿, 「日帝下 天道敎의 農民運動硏究(2); 李晟煥의 農民運動 認識」, 『용암차문섭교수화갑기념 사학논총』, 화갑기념논총간행위원회, 1989.

＿＿＿＿, 「천도교 농민운동의 전개과정-조선농민사의 성격을 중심으로」, 『한민족독립운동사논총』, 수촌박영석교수화갑기념논총간행위원회, 1992.

박성수, 「3·1운동의 폭력과 비폭력」, 『한국근대사론』 II, 지식산업사, 1977.

박용옥, 「동학의 남녀평등사상」, 『역사학보』 91, 역사학회, 1981.

박종린, 「일제하 사회주의 사상의 수용에 관한 연구」, 연세대학교 대학원 박사학위논문, 2006.

박지태, 「日帝下의 서울에서의 朝鮮農民社 活動」, 『향토서울』 58, 1998.

박철하, 「1920년대 전반기 사회주의청년운동과 고려공산청년회」, 『역사와현실』 9, 역사비평사, 1993.

박철하, 「일제하 청년운동연구의 현단계와 과제」, 『한국사론』 26, 국사편찬위원회, 1996.

박현서,「3·1운동과 천도교계」,『3·1운동50주년기념논집』, 동아일보사, 1969.

박희순,「천도교의 여성계몽운동;만세보와 개벽지를 중심으로」,『상명사학』 창간호, 상명사학회, 1993.

성주현,「1920년대 경기도지역 천도교와 청년동맹」,『경기사학』 4, 경기사학회, 2000.

_____,「1920년대 상해지역 천도교인의 활동과 민족운동」,『문명연지』 6-3, 한국문명학회, 2005.

_____,「1920년대 천도교의 협동전선론과 신간회의 참여와 활동」,『동학학보』 10, 동학학회, 2005.

_____,「1930년대 천도교의 반일민족통일전선운동에 관한 연구 -갑산·삼수·풍산·장백현 지역의 조국광복회를 중심으로-」,『한국민족운동사연구』 25, 한국민족운동사학회, 2000.

_____,「수원지역의 3·1운동과 제암리 학살사건에 대한 재조명」,『수원문화연구』 4, 수원문화연구회, 2001;

_____,「일제강점기 천도교청년단체의 창립과 그 배경」,『문명연지』 17, 한국문명학회, 2006.

_____,「일제하 만주지역 천도교인의 민족운동」,『동학학보』 5, 동학학회, 2003.

_____,「일제하 천도교청년당의 민족교육 -侍日學校를 중심으로-」,『문명연지』 2-1, 한국문명학회, 2001.

_____,「해방후 천도교청우당의 정치이념과 노선」,『경기사론』 4·5, 경기대학교 사학회, 2001.

_____,「해방후 천도교청우당의 정치활동과 통일정부수립운동」,『문명연지』 2-1, 한국문명학회, 2001.

_____,『일제강점기 만주지역 천도교인의 민족운동연구』, 경기대학교 대학원 석사학위논문, 2003.

_____,「동학혁명 참여자의 혁명 이후 활동」,『문명연지』 6-1, 한국문명학회, 2005.

송명실,「1920년대 천도교의 농민운동에 관한 연구」, 상명여대 교육대학원 석사학위논문, 1992.

송준석,「소춘 김기전의 아동인격 해방의 교육사상」,『한국교육사학』 17, 한국교육학회 교육사연구회, 1995.

_____,「소파(小波) 방정환(方定煥)의 아동교육존중사상의 실천에 관한 연구」,『한국교육사학』 18, 한국교육학회, 1996.

水野直樹,「신간회운동에 관한 약간의 문제」,『신간회연구』, 동녘, 1987.

신용하,「3·1운동의 민족사적 의의」,『한국현대사론』, 한국사학회, 1986.

신일철,「천도교의 민족운동」,『한국사상』 21, 한국사상연구회, 1989.

안경식,「소파의 아동교육운동」, 소파방정환선생서거66주년기념심포지움, 1997.

안병직,「3·1운동에 참가한 계층과 그 사상」,『역사학보』41, 역사학회, 1969.

유시현,「사회주의 사상의 수용과 대중화운동」,『한국공산주의운동사연구』, 아세아문화사, 1997.

유준기,「천도교의 신교육운동」,『산운사학』6, 고려학술문화재단, 1992.

_____,「항일비밀결사독립운동단체 오심당에 대한 연구」,『한국민족운동사연구』11, 한국민족운동사연구회, 1995.

유현정,『일제하 조선농민사 운동의 전개와 성격변화』, 동아대학교 대학원 석사학위논문, 1993.

윤석중,「천도교 소년운동과 그 영향」,『한국사상』12, 한국사상연구회, 1974.

윤해동,「한말 일제하 천도교 김기전의 '근대'의 수용과 민족주의」,『역사문제연구』창간호, 역사문제연구소, 1996.

이경용,「1920년대 초반 노동운동의 분화과정」,『한국근현대이행기 사회연구』, 신서원, 2000.

이기훈,「1920년대 '어린이'의 형성과 동화」,『역사문제연구』8, 역사문제연구소, 2002.

_____,「일제하 청년담론 연구」, 서울대학교 대학원 박사학위논문, 2005.

이동근,「수원 3·1운동에서 천도교의 역할-우정·장안면을 중심으로」,『경기사학』7, 경기사학회, 2003.

이승렬,「일제하 천도교계열의 자본주의 인식의 변화와 인간관」,『한국민족운동사연구』46, 한국민족운동사학회, 2006.

이연복,「만세보의 사설에 나타난 천도교의 교육관」,『동학연구』3, 한국동학학회, 1998.

_____,「천도교 청년당과 신문화운동-출판활동을 중심으로」,『한국사상』12, 한국사상연구회, 1974.

_____,「천도교청년당」,『동학연구』창간호, 한국동학학회, 1997.

이용창,『1920년대 천도교의 분규와 민족주의운동』, 중앙대학교 대학원 석사학위논문, 1993.

이재철,「소파 방정환과 어린이운동」, 소파방정환선생서거66주년기념심포지움, 1997.

이정연,「구한말 통속교육 및 사회교육개념의 도입과 그 실태에 관한 연구」,『평생교육학연구』9-1, 한국평생교육학회, 2003.

이춘영,『소춘(小春) 김기전의 소년해방사상과 실천 연구』, 이화여자대학교 대학원 석사학위논문, 2002.

이현주,「3·1운동 직후 '국민대회'와 임시정부수립운동」,『한국근현대사연구』6, 1997.

_____,「전조선청년당대회 연구」,『한국근현대사연구』9, 한국근현대사연구회, 1998.

이현희,「3·1운동 재판기록을 통해본 천도교 대표들의 분석」,『한구사상』12, 한국사상연구회, 1974.

_____, 「大韓民國臨時政府의 樹立計劃과 天道教」, 『한국사상』 20, 한국사상연구회, 1985.

_____, 「제2독립선언서의 사적의미」, 『동국사학』 15 · 16, 동국사학회, 1981.

_____, 「천도교의 구국정신과 기여도」, 『한국사상』 18, 한국사상연구회, 1981.

_____, 「천도교의 임시정부 수립 시말」, 『향토서울』 48, 서울시사편찬위원회, 1989.

장석흥, 「천도교구파와 6 · 10만세운동」, 『북악사론』, 국민대학교 국사학과, 1997.

전명혁, 「1920년대 코민테른의 민족통일전선과 서울파 사회주의 그룹」, 『한국사학보』 11, 고려사학회, 2001.

정경숙, 「천도교 여성단체에 대한 일 고찰-1920년대를 중심으로」, 『이화사학연구』 9, 이화사학회, 1976.

정용서, 「일제하 천도교청년당의 운동노선과 정치사상」, 『『개벽』에 비친 식민지 조선의 얼굴』, 모시는사람들, 2007.

_____, 「일제하 천도교청년당의 운동노선과 정치사상」, 『한국사연구』 105호, 한국사연구회, 1999.

_____, 「일제하 천도교청년당의 정치 · 경제사상 연구」, 연세대학교 대학원 석사학위논문, 1997.

_____, 『1930년대 天道教勢力의 農業問題 認識과 農業改革論』, 『동방학지』 117, 연세대 국학연구원, 2002.

조규태, 「1920년대 천도교연합회의 변혁운동」, 『한국근현대사연구』 4, 한국근현대사연구회, 1996.

_____, 「3 · 1운동과 천도교 -계획과 전개에 나타난 천도교의 역할을 중심으로-」, 『유관순연구』 1, 천안대 유관순연구소, 2002.

_____, 「전남지역 천도교인의 3 · 1운동」, 『동학연구』 17, 한국동학학회, 2004.

_____, 「천도교 구파와 신간회」, 『한국근현대사연구』 7, 한국근현대사학회, 1997.

_____, 「天道教 新派의 自治運動과 朝鮮農民社의 크레스틴테른 加入 活動」, 『한국민족운동사연구』 48, 한국민족운동사학회, 2006.

_____, 「천도교내수단과 여성운동」, 『여성-역사와 현재』, 국학자료원, 2001.

_____, 「천도교내수단과 여성활동」, 『여성;역사와 현재』, 국학자료원, 2001.

_____, 「천도교단과 대한민국임시정부」, 『한국민족운동사연구』 23, 한국민족운동사학회, 1999.

_____, 「천도교청년동맹의 조직과 활동」, 『충북사학』 9, 충북대학교 사학회, 1997.

_____, 『1920년대 천도교의 문화운동 연구』, 서강대학교 대학원 박사학위논문, 1998.

조성운, 「1930년대 天道教의 理想農村建設論과 共作契」, 『동학연구』 16, 한국동학학회, 2004.

_____,「日帝下의 맹산군농민사의 활동과 민족운동」,『정신문화연구』91, 한국정신문화연구원, 2003.

조응태,『동학과 천도교의 여성관 변천에 관한 연구』, 가톨릭대학교 대학원 박사학위논문, 2004.

中村修,「방정환연구서론」,『청구학술논집』14, 한국문화연구진흥재단(일본), 1999.

지수걸,「朝鮮農民社의 團體性格에 관한 研究; 天道敎靑年黨과의 관계를 中心으로」,『역사학보』106, 역사학회, 1985.

최수일,『1920년대 문학과 개벽의 위상』, 성균관대학교 대학원 박사학위논문, 2001.

표영삼,「천도교와 6·10만세운동」,『한국민족운동사연구』14, 한국민족운동사연구회, 1996.

허수,「1905~1924년 천도교 종교사상의 형성과정 -이돈화의 인내천 논증을 중심으로」,『역사문제연구』12, 역사문제연구소, 2004.

_____,「1920년 전후 이돈화의 현실인식과 근대철학 수용」,『역사문제연구』9, 역사문제연구소, 2002.

_____,「1920년대 전반 이돈화의 개조사상 수용과 '사람성주의'」,『동방학지』125, 연세대국학연구원, 2004.

_____,『일제하 이돈화의 사회사상과 천도교』, 서울대학교 대학원 박사학위논문, 2005.

황문수,「야뢰에 있어서의 인내천사상의 전개」,『한국사상』12, 한국사상연구회, 1974.

_____,「이돈화의 신인철학사상」,『숭산박길진박사고희기념 한국근대종교사상사』, 숭산박길진박사고희기념사업회, 1984.

황선희,「1920년대 천도교의 신문화운동-이돈화의 삼대개벽론을 중심으로」,『용암차문섭교수화갑기념사학논총』1989.

_____,「이돈화의 사상연구-인내천논증을 중심으로」,『상명사학』창간호, 상명사학회, 1993.

근대 신청년과 신문화운동

등록 1994.7.1 제1-1071
1쇄 발행 2019년 9월 1일

지은이 성주현
펴낸이 박길수
편집장 소경희
편 집 조영준
관 리 위현정
디자인 이주향
펴낸곳 도서출판 모시는사람들
        서울시 종로구 삼일대로 457(경운동 88번지) 수운회관 1207호
전 화 02-735-7173, 02-737-7173 / 팩스 02-730-7173
홈페이지 http://www.mosinsaram.com/

인 쇄 천일문화사(031-955-8100)
배 본 문화유통북스(031-937-6100)

값은 뒤표지에 있습니다.
ISBN 979-11-88765-54-6   93900

이 도서의 국립중앙도서관 출판예정도서목록(CIP)은 서지정보유통지원시스
템 홈페이지(http://seoji.nl.go.kr)와 국가자료공동목록시스템(http://www.
nl.go.kr/kolisnet)에서 이용하실 수 있습니다. (CIP제어번호:CIP2019029797)